Hans Werner Neulen

An deutscher Seite

Hans Werner Neulen

An deutscher Seite

Internationale Freiwillige
von Wehrmacht
und Waffen-SS

Universitas

© 1985 by Universitas Verlag, München
Alle Rechte vorbehalten
Schutzumschlag: Christel Aumann, München
Satz: Fotosatz Weihrauch, Würzburg
Druck: Jos. C. Huber KG, Dießen
Binden: R. Oldenbourg, München
Printed in Germany
ISBN: 3-8004-1069-9

Qual und Schweigen!
Könnt Ihr, Zwerge,
fassen des Opfers volle Wucht?
Wisset Ihr, was es heißt zu bringen
Treueid auf fremde Klingen,
bloß um für ein Volk zu ringen
das ratlos, blind, die Rettung sucht?

Henrik Ibsen

Wenn ein Mann nicht bereit ist,
für seine Überzeugung ein Risiko einzugehen,
dann taugt entweder die Überzeugung nichts,
oder der Mann taugt nichts.

Ezra Pound

Inhalt

Vorwort

Weniger als einen Monat nach der Invasion Rußlands im Jahr 1941 erklärte Hitler ausdrücklich:

»Nie darf erlaubt werden, daß ein Anderer Waffen trägt, als der Deutsche! Dies ist besonders wichtig; selbst wenn es zunächst leichter erscheint, irgendwelche fremden unterworfenen Völker zur Waffenhilfe heranzuziehen, ist es falsch! Es schlägt unbedingt und unweigerlich eines Tages gegen uns aus. Nur der Deutsche darf Waffen tragen, nicht der Slawe, nicht der Tscheche, nicht der Kosak oder der Ukrainer.«

Trotzdem sollte es kein Jahr mehr dauern, bis Wehrmachtseinheiten begeistert die unschätzbare Hilfe von gefangengenommenen Freiwilligen der Roten Armee akzeptierten, und nach Schätzung ehemaliger Angehöriger des Ostministeriums dienten bis Ende 1942 ungefähr eine Million Hilfswilliger in deutschen militärischen Einheiten – eine Zahl, die nach General Köstring bis Kriegsende ungefähr konstant blieb.

Der Grund für Hitlers schnelle Meinungsänderung war natürlich die stetige Verschlechterung der militärischen Lage der Deutschen seit Stalingrad, dem Wendepunkt des Krieges. Bis Ende 1942 lag die Entscheidung noch bei Hitler, aber nach der Kapitulation von General Paulus wurde die Gesamtstrategie des Krieges hauptsächlich von den Alliierten bestimmt. Nazi-Führer wie Goebbels und Rosenberg bemerkten voller Unruhe den Niedergang ihrer Sache und unternahmen vergebliche Anstrengungen, mit einer politischen Initiative den mangelnden militärischen Erfolg auszugleichen. In einem Auszehrungskrieg mußten die Alliierten mit ihrer unendlich überlegenen Versorgungslage zwangsläufig den Sieg davontragen. Goebbels beklagt sich in seinem Tagebuch:

»Man wundert sich über so viel politische Instinktlosigkeit in unseren Berliner Zentralbehörden. Wenn wir im Osten eine etwas klügere Politik betrieben hätten, so wären wir sicherlich weiter, als wir sind.«

Irgendwelche Hoffnungen von Goebbels, die russische Front in einen neuen russischen Bürgerkrieg zu verwandeln, wurden von Hitler auf der schicksalhaften Konferenz vom 8. Juni dieses Jahres ein für allemal vernichtet:

»Das kann ich nur sagen: Wir bauen nie eine russische Armee auf, das ist ein Phantom ersten Ranges.«

Der Führer lehnte es ab, ›die russische Karte auszuspielen‹ und wollte lieber Deutschland zerstört und Europa in Trümmern sehen, als auch nur ein Iota von seinem Plan abzugehen, im Osten, in Rußland eine germanisierte Wüste zu schaffen.

Die Geschichte der ›Armee‹ Vlasovs und das Schicksal der Russen, die freiwillig oder unfreiwillig den deutschen Fahnen folgten, ist von großer historischer Bedeutung und auch noch heute äußerst wichtig. Herr Neulen beschäftigt sich weit eingehender als seine Vorgänger mit diesen faszinierenden und tragischen Ereignissen, und mit seiner gründlicher Dokumentierung verleiht er seiner Untersuchung eine solide Grundlage.

Er hat jedoch noch weit mehr geleistet. Er liefert zum erstenmal ein umfassendes Bild *aller* nationalen und regionalen Verbände, die aus einer Vielzahl von Gründen zum Dienst in den Streitkräften des Dritten Reichs verpflichtet wurden. Ihre Motivationen waren so vielfältig wie ihre Nationalitäten. Manche waren Kampf-Verbände aus den Streitkräften von Deutschlands Verbündeten der ›Achse‹ sowie ihre Sympathisanten; die Spanier, die Rumänier, die Italiener, die Vichy-Franzosen, die Finnen, die Kroaten. Es gab andere, die aus voller Überzeugung den propagandistischen Aufforderungen folgten, sich dem europäischen Kreuzzug anzuschließen und den Kontinent von der bolschewistischen Barbarei zu retten. Viele nutzten die Gelegenheit, die sich ihnen durch die deutschen Siege bot, um die Ziele nationaler faschistischer Gruppierungen zu verwirklichen, die im Nationalsozialismus eine verwandte Doktrin fanden; die Pfeilkreuzler Ungarns, die rumänische Eiserne Garde oder die Irische Republikanische Armee. Die Bretonen hofften auf eine Wiedereinführung ihrer alten Sprache, Inder und Araber planten die Zerstörung des englischen Empire, und die Ukrainer kämpften für die Auflösung der Sowjetunion.

Der erbärmlichste und lächerlichste Verband war wahrscheinlich die Legion of St. George, die aus englischen Kriegsgefangenen zusammengestellt wurde. Ihr Anführer machte das Angebot, sie zwischen die deutschen und finnischen Verbände an der Ostfront einzusetzen. Das OKW zeigte sich von dem Angebot nicht beeindruckt, denn nach monatelanger offiziell unterstützter Rekrutierungsarbeit war die

Legion in ihrer ganzen Stärke nicht mehr als einige Dutzend Säufer. Das also sind die entschlossenen, verwirrten Gesichter, die uns aus verblaßten Illustrationen in *Signal* ansehen. Ihre Sache war durch Hitlers Unnachgiebigkeit von Anfang an zum Scheitern verurteilt, und sie schlossen sich einem Regime an, dessen Verbrechen selbst in diesem grausamsten aller Jahrhunderte sprichwörtlich werden sollten. Viele kämpften mit einer Tapferkeit und Zähigkeit gegen einen vielfach überlegenen Feind, die ihnen in praktisch jedem anderen Konflikt ewigen Ruhm eingebracht hätte. *Vae Victis!* Wenn man sich heute überhaupt noch an sie erinnert, so nur mit Verachtung und Haß.

Wenn uns der Krieg aber eines gelehrt hat, so ist es, sich vor Pauschalurteilen zu hüten. Können wir den Balten wirklich Vorwürfe machen, die sich bereits bewaffnet gegen ihre sowjetischen Unterdrücker erhoben hatten, *bevor* die Deutschen einmarschiert waren? War es denn von den ukrainischen Überlebenden der Massaker von Vinnitsa und Lvov, die das NKWD angerichtet hatte, gar so falsch, die vorrückenden deutschen Truppen als Befreier zu betrachten? Und was ist mit denen, die, als sich endlich die Gelegenheit bot, tapfer auf der Seite der Alliierten kämpften, wie die Georgier auf Texel und Bunachienko in Prag? Sicher gibt es unter den Freiwilligen nur allzuviel Männer und Verbände, die mit ihren Taten eine Schande für jede Sache gewesen wären. Die berüchtigte Kaminsky-Brigade beging nach der Niederwerfung des Warschauer Aufstands von 1944 so unsagbare Grausamkeiten, daß man selbst in der SS meinte, er sei zu weit gegangen, und den sadistischen Kommandeur geheim hinrichten ließ. Solche Männer verdienten eine angemessene Strafe, und in vielen Fällen erhielten sie sie auch. Es wäre jedoch vorschnell, diejenigen, die ›anständig‹ Krieg geführt hatten, ohne weiteres zu verurteilen, weil sie sich dem einzigen Verbündeten anschlossen, den sie finden konnten. Eine solche Haltung von den Siegern würde unerträglich scheinheilig aussehen. Wenn es nämlich unentschuldbar unmoralisch war, sich den Nazis anzuschließen, wenn sich keine andere Wahl bot, was ist dann über die Alliierten zu sagen, die bereitwillig (und freiwillig) eine volle Allianz mit einer Macht eingingen, die ebenso böse und noch blutbefleckter war als Nazi-Deutschland?

Hätten die Freiwilligen überlebt, so hätten sie ihr Verhalten mit den gleichen Worten rechtfertigen können, die der britische Premierminister Harold MacMillan zur Verteidigung des englischen Bündnisses mit Hitler fand:

»Wenn dich ein Verbrecher an der Kehle gepackt hat, wirst du dich wohl kaum über die moralischen Qualitäten irgendeines Mannes beschweren, der gegen seinen Willen in den Streit hineingezogen wird. Ob es ganz nach unserem Geschmack war, die Russen zu unseren Verbündeten zu bekommen, stand nicht zur Diskussion. Es war in unserer Isolation offensichtlich ein vom Himmel geschickter Glücksfall.«

Die Geschichte der ausländischen Hilfstruppen Hitlers liefert einen faszinierenden und weithin vergessenen Aspekt des Krieges und ist zugleich ein unschätzbares Gegengewicht zu der ausufernden Literatur über die Widerstandsbewegungen. Es ist eine Geschichte voller Schande, Grausamkeit, Verrat und verlorener Illusionen. Hier und da finden wir in ihr auch echten Idealismus und wahres Heldentum. Insgesamt ist es eine grimmige und blutige Tragödie, zum größten Teil die Tragödie von ganz gewöhnlichen Menschen, die in einen Strudel von Ereignissen hineingezogen wurden, die sie nicht verstehen und schon gar nicht kontrollieren konnten.

Vielleicht lassen wir einem Gegner das letzte Wort. Ein Offizier der Roten Armee dazu:

»Ich wurde von dieser Idee von Gladiatoren verfolgt. Es dauerte viele Jahre, bis sie sich in meinen Gedanken kristallisierte, und selbst jetzt fällt es mir schwer, sie in Worte zu fassen. Es ging grob um folgendes: All wir sowjetischen Männer und Frauen wurden nicht von Pflichtgefühl oder unseren eigenen Wünschen und unserem Willen beherrscht, sondern von einem unausweichlichen Zwang. Ebenso wie der römische Gladiator nicht durch seine Liebe zur Arena, sondern durch Druck von außen in seinen ungleichen Kampf gedrängt wird, so entschied auch ein eiserner Zwang über das Schicksal eines Mannes in einem Konzentrationslager – das Schicksal eines brillianten sowjetischen Generals – und entschied mit der gleichen Gnadenlosigkeit. Jeder einzelne von uns tat etwas, wogegen er sich nicht wehren konnte. Eine unsichtbare Macht hatte es uns bestimmt, zu den Gladiatoren des 20. Jahrhunderts zu werden, und so wurden wir zu Gladiatoren.«

Nikolay Tolstoi
Berkshire, England

Danksagung

Diese Studie hätte ohne die Mithilfe und die Unterstützung zahlreicher Archive, Institute und Privatpersonen nicht erstellt werden können. Es ist dem Autor daher eine angenehme Pflicht, all denen zu danken, die dazu beigetragen haben, daß ein bisher noch recht wenig bekanntes Kapitel der Zeitgeschichte recherchiert, illustriert und dargestellt werden konnte. Zu besonderem Dank verpflichtet ist der Verfasser in Belgien Herrn Rüdiger Legros, Herrn Frans Selleslagh vom Centre de recherches et d'études historiques de la Seconde Guerre Mondiale/Bruxelles sowie Herrn Jan Vincx von der Vereinigung Etnika; in Dänemark Herrn Jan Poul Petersen und Herrn Bengt Holst; in England Herrn Roland Seth; in Frankreich Madame Renate Pellegrin, Herrn Jean Mabire sowie den Herren Robert Soulat und Eric Lefèvre; in Holland Herrn André Snaar und Otto Spronk; Herrn Baldur Möller vom isländischen Justizministerium; in Italien Herrn Dr. Nicola Cospito, Herrn Dr. Claudio Finzi und den Herren Antonio Sterpetti und Nino Arena sowie Herrn Hugh Page Taylor; in Japan Herrn A.M. Nair; Herrn Ressortsekretär Dr. Wille von der Regierung des Fürstentums Liechtenstein; in Luxemburg Herrn André Hohengarten und Herrn Henri Koch-Kent; in Norwegen Herrn cand. phil. P.O. Storlid; in Schweden Herrn Lennart Westberg; in der Schweiz Herrn Béla Somorjai; in Spanien Herrn José Cuadrado Costa, Herrn Carlos Caballero Jurado sowie Herrn Fernando Fernandez-Solis von der Hermandad de la Division Azul/Madrid.

Von den zahlreichen Einrichtungen und Einzelpersonen in der Bundesrepublik, die die Arbeit des Autors nachhaltig gefördert haben, seien hier erwähnt: Herr Dr. Olgred Aule von der Baltischen Gesellschaft in Deutschland e.V.; Herr R. Heinz Beher von der Kameradschaft Bergmann; Herr Bernhardt von der Bundesdruckerei Berlin; Herr A.J. Berzins vom Lettischen Fürsorgeverein e.V.; Herr Alexander Dolezalek vom Dokumentenkabinett Vlotho; Herr Wolfgang Heinzen sowie die Herren Robert Kübler und J. Kairys; Herr E.F. Kamischke von der Kameradschaft des XV. Kosaken-Kavallerie-Korps; Frau Isy Lacour von der Stadtbücherei Köln; Herr Ion Marii; Herr B. Meyer vom Bundesarchiv/Militärarchiv; Herr Andreas von G.-Payer sowie Herr Jost W. Schneider; Frau Slawa Stetzko vom Antibolshevik Bloc of Nations; Herr Peter Straßner; Herr Dr. Hans Umbreit sowie Herr Güntner vom Militärgeschichtlichen Forschungsamt; Frau Ulrike Wirtz; Herr Peter W. Förster vom Johann-Gottfried-Herder-Institut, Herr Carl H. Hammer und – last not least – Frau Gitta Mohr, die die undankbare Aufgabe übernommen hat, das Manuskript in eine lesbare Form zu bringen.

Aufrichtiger Dank gebührt darüber hinaus insbesondere den über 100 Zeugen aus 18 Ländern, die sich dem Autor freundlicherweise für eine Befragung zur Verfügung gestellt haben. Ihre Namen sind im Quellen- und Literaturverzeichnis aufgeführt.

Köln, im März 1984   Hans Werner Neulen

Einleitung

>»Nie darf erlaubt werden, daß ein
Anderer Waffen trägt, als der
Deutsche!«
Adolf Hitler, 16. 7. 1941

>»... Durchbruchsversuche scheiterten
am hartnäckigen Widerstand ...
lettischer und estnischer Freiwilligenverbände.«
Wehrmachtsbericht, 11. 3. 1944

Im Juli 1941 verkündete Adolf Hitler apodiktisch die Exklusivität des deutschen Waffenträgers[1]): »Nur der Deutsche darf Waffen tragen, nicht der Slawe, nicht der Tscheche, nicht der Kosak oder der Ukrainer!« Der rassisch-chauvinistische Absolutheitsanspruch sollte nicht lange vorhalten. Etappenweise erfolgte die militärische Einbindung ausländischer Freiwilligenverbände in die deutschen Streitkräfte, beginnend mit den germanischen Freiwilligen, sich fortsetzend über Balten und Bosnier bis hin zu Kirgisen, Kalmyken und Nordafrikanern. Die in Berlin herausgegebene Zeitschrift für Politik berichtete in der ersten Ausgabe des Jahres 1944[2]): »›Wer zählt die Völker, nennt die Namen‹, so ist man versucht auszurufen, wenn man erfährt, wie gewaltig der Kampfanteil dieser fremdvölkischen Legionen innerhalb des deutschen Heeres heute schon ist.« An Internationalität waren Wehrmacht und Waffen-SS nicht zu überbieten. Vier Namen mögen die Vielfalt und Komplexität des Themas verdeutlichen: Der Sohn des norwegischen Nobelpreisträgers Knut Hamsun diente seit Januar 1943 bei der Waffen-SS, der Sohn des von 1944 bis 1952 amtierenden isländischen Staatspräsidenten Björnsson war Freiwilliger der SS-Kriegsberichtereinheit Kurt Eggers und Prinz Daud, ein Vetter von König Faruk, bekleidete einen Offiziersposten im Osttürkischen Waffenverband der SS. John Amery schließlich, der Sprößling des britischen Kolonialministers, plante den Aufbau eines britischen Freiwilligen-

17

verbandes, der den Namen Legion of St. George tragen sollte. Insgesamt wird man kaum eine Nationalität finden, die nicht Freiwillige für die Wehrmacht oder die Waffen-SS gestellt hat. Hitler war 1944 oberster Kriegsherr eines Heerhaufens, »wie ihn bunter die Welt seit den Tagen eines Xerxes wohl nicht mehr gesehen haben dürfte«.[3])

In der Auseinandersetzung zwischen dem Kommunismus, der als chiliastische Heilslehre mit universalistischen Zielen auftrat, und dem Nationalsozialismus, der germanozentristische Leitvorstellungen postulierte und keine Erlösungsideologie verkörperte, schlugen sich die ausländischen Freiwilligen auf die Seite des Reiches. Diese Tatsache ist nur auf den ersten Blick paradox, denn Moskau und Berlin wechselten während des Krieges die Positionen. Während der Hort des proletarischen Internationalismus, die Sowjetunion, alle ideologisch-militärischen Anstrengungen auf den nationalistischen Großen Vaterländischen Krieg umpolte, ging die faktische Entwicklung in Deutschland den umgekehrten Weg: Stand ursprünglich der angeblich »Großdeutsche Freiheitskampf« im Vordergrund, so erweiterte sich diese imperialistisch-deutsche Position binnen weniger Jahre um einen supranationalen Rahmen, den die ausländischen Freiwilligen der deutschen Streitkräfte und ihre politischen Vertretungen mitbestimmten. Ihre höchste Entwicklungsstufe fand die Supranationalität 1944, als die Freiwilligenbewegung ihren Zenit erreichte und das SS-Hauptamt konkrete Schritte unternahm, um einen Europapaß für ausländische Freiwillige und Fremdarbeiter herauszugeben.

Die mit der Internationalisierung verbundene Evolution war von der NS-Führung nicht gewollt und wurde nur zögernd mitgetragen. Zur Ausnutzung der Wehrkraft ausländischer Völker gaben Himmler und Hitler ihre bedingte Zustimmung, politische Zugeständnisse an die Betroffenen sollten aber in jedem Fall vermieden werden. Ein ideologischer Überbau für die zahlreichen europäischen und außereuropäischen Nationalitäten, die auf deutscher Seite standen, wurde daher nie entwickelt. Während also faktisch die Internationalität bereits Realität geworden war, vertrat Berlin weiter das zwischen deutsch und germanisch oszillierende Primat des Reiches und versäumte es, eine großeuropäische Friedensordnung zu proklamieren. Halbherzige Versuche der letzten Stunde (Wlassow-Bewegung) zeigten richtungsweisende Ansätze, kamen aber zu spät.

Man wird davon ausgehen können, daß mindestens 1,5 Millionen Ausländer dem Deutschen Reich militärische Schützenhilfe geleistet haben, darunter allein eine Million Freiwillige aus dem Gebiet der Sowjetunion. Etwa 250000 Ausländer[4]) sind während des Krieges in deutschen Diensten gefallen, wurden verwundet oder gelten als vermißt. Wer waren die Freiwilligen und ihre politischen Führer, welche Motive führten sie in die Armee eines Landes, die von den meisten ihrer Landsleute als Gegner angesehen wurde? Waren es »Söldner«[5]), »unfreie Sklaven« in der »preußischen Zwangsjacke«[6]) oder war es gar »the best human material that their respective countries had to offer«[7])? Das Buch versucht, auf diese Fragen eine Antwort zu geben.

Bei der Stoff- und Materialfülle mußte sich der Autor notwendigerweise darauf beschränken, eine Schneise ins Dickicht der Fakten zu schlagen. Bereits vorliegende Spezialuntersuchungen zu einzelnen Nationalitäten und ihren Freiwilligenverbänden[8]) kann und will diese Studie nicht ersetzen. Das Schicksal der Nationalarmeen derjenigen verbündeten Staaten, die gegenüber dem Reich nur einen beschränkten Handlungsspielraum hatten – etwa die Slowakei, Kroatien, die Italienisch Soziale Republik – ist kursorisch mitbehandelt worden, da diese Truppen häufig enger an Berlin als an Bratislava, Agram oder Salò angebunden waren.

I   Das Reich und Europa

Anfang Juli 1941 schrieb Generalstabschef Franz Halder in einem privaten Brief[1]): »... alle Staaten Europas, selbst die Franzosen, senden ihre Legionen nach dem Osten. Europa schließt sich gegen Asien zusammen und findet zu der Einigkeit, die der geschichtliche Sinn dieses Krieges ist.«

Halders Prophezeiung sollte sich nicht erfüllen. Hitler und seine Satrapen waren die besten Garanten dafür, das Vertrauen der europäischen Völker in eine supranationale Ordnung zu zerstören. Das nationalsozialistische Dogma der unterschiedlichen rassischen Wertigkeit der Völker mußte jede Einheit Europas sprengen. Die rassenbiologische Optik Berlins engte Europa auf den germanisch deklarierten Raum ein. Aber selbst die germanischen Völker konnten kaum erwarten, in Hitlers Nachkriegseuropa ihr eigenständiges und autonomes Staatsleben zu behalten. Holland, Belgien, Dänemark und Norwegen hätten im besten Fall den Status gleichgeschalteter Vasallenstaaten erhalten, wahrscheinlicher ist, daß sie Provinzen bzw. Reichsgaue des Großgermanischen Reiches geworden wären.[2]) In grotesker Verkennung gingen Hitler und Himmler davon aus, der Zusammenschluß der germanischen Völker ließe sich analog der Bildung des Kleindeutschen Reiches 1871 und des Großdeutschen Reiches 1938 vollziehen.[3]) Kleinstaaten hatten in diesem Großraumkonzept keine Chance. Hitler hatte sich bereits 1928 gegen ihre Souveränität ausgesprochen[4]) und Goebbels vertraute am 8. Mai 1943 seinem Tagebuch an, der Führer habe[5]) »die Konsequenz gezogen, daß das Kleinstaatengerümpel, das heute noch in Europa vorhanden ist, so schnell wie möglich liquidiert werden muß«. Bis Kriegsende sollte die NSDAP ihr imperialistisches Konzept eines im Reich zentrierten Machtblocks mit nach Osten verschobener Grenze nicht aufgeben. Selbst Ende 1943, als im Auswärtigen Amt Überlegungen hinsichtlich eines europäischen Staatenbundes angestellt wurden, hatte der Reichsorganisationsleiter der NS-Partei seinen Propagandisten nichts anderes zu bieten als unverhohlenen Imperialismus. »Jeder gegenwärtige europäische Separatismus germanischer Kleinstaaten« sei »vor der Geschichte widersinnig« liest man in der Schulungsunterlage

»Der Weltkampf des Reiches« vom November 1943.[6]) Den nicht am
»antibolschewistischen Kreuzzug« beteiligten europäischen Staaten
wurde die völlige Rechtlosigkeit angedroht: »Wer sich hier drückt,
kann auch bei der Neuordnung Europas nach dem Siege keine Stim-
me beanspruchen. Über ihn wird bestimmt werden, aber er wird nicht
mitbestimmen.«

Symptomatisch für die NS-Europakonzeption ist, daß eine Aussöh-
nung zwischen Frankreich und Deutschland, die die Vorbedingung für
die europäische Einigung darstellte, von Hitler nicht gewollt wurde.
Goebbels Tagebucheintragung vom 30. 4. 1942 ließ für ein Nachkriegs-
frankreich wenig Gutes erwarten[7]): »Wenn die Franzosen wüßten, was
der Führer einmal von ihnen verlangen wird, so würden ihnen wahrscheinlich die Augen übergehen.« Berlin plante zeitweise, Frankreich
auf die Grenze von 1500 zurückzudrängen, aus Burgund und der Bretagne eigenständige Satellitenstaaten zu machen und sich auf Dauer an
einigen Stellen der Kanalküste festzusetzen. Nur einmal, am 8. 11. 1942,
als die Alliierten in Nordafrika landeten, machte Hitler den Franzosen
ein Bündnisangebot, als er Laval ausrichten ließ, er sei bei einem
Kriegseintritt Vichys bereit, »mit der französischen Regierung durch
Dick und Dünn zu gehen«.[8]) Eine nähere Definition dieser vagen Formulierung hat Hitler tunlichst vermieden.

Ein amputiertes Frankreich hätte jedoch aller Wahrscheinlichkeit nach
ebenso wie die romanischen Staaten Italien, Spanien und Portugal, die
Eigenstaatlichkeit behalten. Dieses »Privileg« verweigerte Berlin den
angrenzenden östlichen Völkern, denen in dem angestrebten nationalsozialistischen Großwirtschaftsraum die Rolle von Heloten zufiel. Polen, die Tschechei, das Baltikum, die Ukraine, für sie war Platz im
Neuen Europa nur als Siedlungsgebiet der germanischen Kernvölker,
ihr nationales Volksleben sollte ausgelöscht werden. Betrachtete Hitler
Europa mithin allein als rein deutschen Verfügungsraum, so konnte
das Reich nie ein positives Ordnungsbild entwickeln, das bei der Mehrzahl der Europäer hätte Vertrauen erwecken können. Die nationalsozialistische Propaganda vermochte es nur teilweise, die Defizite an politischem Inhalt durch nebulöse Europa-Fanfaren auszugleichen. Eröff-
net wurde der Reigen europäischer propagandistischer Veranstaltungen mit einer Tagung des Deutschen Auslandswissenschaftlichen Instituts im Juni 1941, als sich unter dem Motto »Um das neue Europa« 300
Teilnehmer aus 38 Ländern versammelten.[9]) Im Oktober fand in Weimar das erste europäische Dichtertreffen statt, das am 26. 10. zur Grün-

dung eines europäischen Schriftstellerverbandes unter Leitung von Hans Carossa (1878–1956) führte. Die Franzosen, in Erwartung einer europäischen Initiative, hatten einige ihrer bedeutendsten Rechtsintellektuellen nach Weimar entsandt: Pierre Drieu la Rochelle, Robert Brasillach, Abel Bonnard, André Fraigneau, Jacques Chardonne, Ramon Fernandez und Marcel Jouhandeau. Bei der nächsten Arbeitstagung des Verbandes im Oktober 1942 hatte das französische Interesse bereits merklich nachgelassen, denn europäische Programme des Nationalsozialismus waren ausgeblieben. Ohne positive Folgen blieb auch das vom 13.–19. 4. 1942 in Dresden abgehaltene Europäische Frontkämpfer- und Studententreffen, bei dem Vertreter aus 16 Nationen zusammenkamen. Nur der im September 1942 in Wien abgehaltene europäische Jugendkongreß, von Ribbentrop und Goebbels bekämpft, schien den Teilnehmern neue europäische Perspektiven zu eröffnen. Einar J. Rustad, der Leiter der Auslandsabteilung des norwegischen Nasjonal Samlings Ungdomsfylking, berichtet über die Stimmung auf dem Kongreß[10]): »Mit der außenpolitischen Haltung der Hitler-Jugend waren wir ziemlich zufrieden. Die HJ stand wie wir selbst auf dem Konzept ›Europa der Nationen‹. Ich sprach öfter mit Reichsjugendführer Arthur Axmann darüber, und er stand unbedingt auf dem Standpunkt der freien Zusammenarbeit zwischen selbständigen Völkern.« Am 14. 9. entstand in Wien ein Europäischer Jugendverband, dem 14 nationale Organisationen angehörten[11]): die italienische Gioventu Italiana del Littorio, die spanische Falange-Jugend, die flämische NS-Jugend, die wallonische Rex-Jugend, der bulgarische Brannik-Verband, die holländische und dänische nationalsozialistische Jugend, die finnische Jugendorganisation, die kroatische Ustascha-Jugend, die Jugend des Nasjonal Samling, die rumänische Staatsjugend, die ungarische Levente, die slowakische Hlinka-Jugend und schließlich die HJ. Aber mit dem unverbrauchten Idealismus dieser Organisationen allein ließ sich eine europäische Föderation der faschistischen Staaten nicht auf die Beine stellen.

Wenn man im Reich in den ersten Kriegsjahren auf europäische Gedanken stieß, die sich nicht an der absoluten Hegemonie des Reiches, nicht an Unterdrückung und Versklavung orientierten, so stammten sie häufig aus dem Lager der systemimmanenten nationalsozialistischen Opposition. Beispielsweise erschien 1942 in der Zeitschrift »Reich – Volksordnung – Lebensraum« ein anonymer Artikel unter der Überschrift »Herrenschicht oder Führungsvolk«, in dem vor dem

Herrenwahn gewarnt und die Selbsterhaltung und Selbstentfaltung der Völker gefordert wurde[12]): »Im Verhältnis des Führungsvolkes zu den übrigen Völkern der Großraumordnung ist zu beachten, daß Führung auf die Dauer nie ohne oder gegen den Willen der Geführten ausgeübt werden kann.« Der Aufsatz stammte aus der Feder von Dr. Werner Best, der es sich als Ministerialdirektor im Auswärtigen Amt nicht leisten konnte, seine – wenn auch dezente – Systemschelte unter eigenem Namen zu veröffentlichen.[13]) Kritisch zur Ausbeutungspolitik und zur fehlenden Europa-Konzeption des NS-Regimes äußerte sich auch der Schriftsteller Edwin Erich Dwinger in seiner 1943 verfaßten Denkschrift »Das russische Großreich und die Neuordnung Europas«[14]):

> »Auch Napoleons Europakonzeption war nur so lange erfolgreich, als er die neue Idee eines von England abgewandten, in sich geschlossenen europäischen Staatenbundes vertrat. Als er jedoch nach dem umfassenden Siege dem Imperialismus verfiel, die errungenen Länder nicht mehr als Treuhänder zu größerem Ziel verwaltete, sondern seine ursprünglich hohe Idee dadurch erniedrigte, daß er die Länder seiner Familie als Satrapen überantwortete, schloß das enttäuschte Europa sich erneut gegen ihn zusammen, führte es nach dem ersten Rückschlag seinen Zusammenbruch herbei. Er hatte die reine Idee verraten, unter der er einstmals angetreten war, so konnten auch seine Siege nicht währen, denn Ideen bleiben immer das Entscheidende. Halten wir jedoch im Gegensatz zu ihm an dieser Idee fest, überwinden wir das völkische Gesetz, nach dem wir einstmals angetreten sind, wachsen wir aus ihm in europäisches Denken hinein, werden wir damit zum ehrlichen Treuhänder alles uns Zugefallenen, wird uns diese Idee zweifellos auch unbesiegbar machen.«

Seine ketzerischen Gedanken trugen Dwinger Schreibverbot ein. Halblegalen »Widerstand« in Form von Denkschriften betrieb auch Professor Dr. Oberländer, der als Führer eines ukrainischen und kaukasischen Freiwilligenverbandes den Wahnsinn der deutschen Ostpolitik aus eigener Erfahrung kannte. Theodor Oberländer, im Zivilberuf Professor für Staatswissenschaften an der Universität Prag, legte am 15. 3. 1943 eine Denkschrift mit dem Titel »24 Thesen zur Lage« vor, die in einer Attacke gegen die materialistische Auffassung der Rassenfrage gipfelte. Zur Notwendigkeit einer konstruktiven Europapolitik führte Oberländer aus[15]):

> »Die überzeugende Einigung Europas durch diesen Kampf, für

diesen Kampf und für die Zukunft, kann,wenn sie Bestand haben soll, nur durch den *freiwilligen Entschluß* seiner Völker erfolgen, sich zur Kultur des Abendlandes und für seinen Vorkämpfer, Deutschland, zu bekennen... Das Bekenntnis zu dem von uns als Ziel des Kampfes verkündeten Europa setzt ein *klares, gültiges Programm* und den unzweideutigen Willen, es zu befolgen, voraus. Das zunächst inhaltlose Kennwort ›Neues Europa‹ genügt nicht. Der Überlieferung des Abendlandes entsprechend muß dieses Programm als Kernpunkt enthalten: ... durch staatliche Selbständigkeit oder Autonomie gesicherte Eigenständigkeit der Völker ...«

Oberländer machte sich mit seinen Denkschriften, deren Inhalt Admiral Canaris unterstützte, in Berlin bald unbeliebt. Am 11. 11. 1943 wurde er aus der Wehrmacht ausgestoßen.

Europäische Anstöße kamen auch von Offizieren, die mit der europäischen Freiwilligenbewegung in Kontakt standen. Der 1907 in Luzern geborene Dr. med. Franz Riedweg, kurzfristig Mitglied der Schweizer Nationalen Front und Studentenführer der Paneuropa-Union, war vor Kriegsbeginn ins Reich übergesiedelt, wo er die Tochter von Kriegsminister von Blomberg geheiratet hatte. Himmler ernannte Riedweg im Frühjahr 1941 zum Chef der Germanischen Freiwilligen-Leitstelle im SS-Hauptamt. Der Schweizer träumte von einem »Europa unter einer laienordensmäßigen Elite«[16]) und war schon früh bemüht, die germanische Verengung des Reichsgedankens zu durchbrechen und die Waffen-SS zu einer europäischen Armee auszubauen. Seine nonkonformistischen Gedanken – »wir können Europa nicht als Polizeistaat aufbauen unter dem Schutz von Bajonetten«[17]) – brachten Riedweg bald auf Konfrontationskurs zum Reichsführer SS. Als er im Herbst 1943 in der Junkerschule Bad Tölz vor europäischen Freiwilligen eine Rede hielt, in der er das künftige Europa als Staatenbund ansprach, dem souveräne und gleichberechtigte Staaten angehören sollten, wurde er abgesetzt und zum III. (germ.) Panzerkorps versetzt.[18]) Unmittelbar bei Hitler intervenierte ein anderer Offizier der Waffen-SS, Richard Schulze-Kossens. Schulze-Kossens war seit Oktober 1941 Ordonnanzoffizier, seit Oktober 1942 persönlicher Adjutant Hitlers. 1943 übernahm er eine germanische Lehrgruppe in Bad Tölz. Seine Erfahrungen mit Junkern aus ganz Europa beeindruckten ihn so, daß er Hitler die Sorgen und Probleme der europäischen Freiwilligen vortrug[19]): »Mein Führer, die jungen Kerle sind alle in einem großen Gewissenskonflikt. Zu Hause gelten sie als Vaterlandsverräter... Sie kämpfen für uns an der Front, sie kämpfen aber nicht für den Nationalsozialismus und die Partei, sondern sie kämpfen, das ist mein Eindruck, für ihr eigenes Land, damit sie sagen können, wir haben unseren Anteil getragen, jetzt wollen wir aber auch unsere Selbständigkeit haben.« Schulze-Kossens berichtet, Hitler habe ihn daraufhin autorisiert, den Junkern mitzuteilen, ihren Staaten würde nach dem Krieg die Selbständigkeit garantiert.[20]) Man darf diese Aussage Hitlers ohne weiteres als propagandistisch-taktische Lüge einordnen, denn noch im Dezember 1942, bei einem Besuch des holländischen Faschistenführers Mussert, hatte sich Hitler dezidiert gegen eigenständige Staatsgebilde in seinem Großgermanischen Reich ausgesprochen[21]): »Wir könnten nicht einen Staatenbund bilden, d.h. einen Staat, der aus lauter Einzelstaaten bestände, denn bei nächster Gelegenheit würde dieses ganze Gebilde wieder auseinanderfallen. Unbedingt sei also feste Zusammenfügung notwendig.«

Andere fortschrittliche Europakonzepte, die NS-Größen in Nachkriegsmemoiren in den Mund gelegt wurden, sind mit großer Wahrscheinlichkeit apokryph und gehören in den Bereich der politischen Fabel. Dies betrifft zum einen die Aussage Felix Kerstens, des Masseurs von Heinrich Himmler, über die Nachkriegskonzeption des Reichsführers SS. Danach sollte angeblich ein Bund freier, sich selbst regierender Staaten, das europäische Reich bilden.[22]) Diese Aussage steht in diametralem Kontrast zu der tatsächlichen Absicht Himmlers, die Niederlande, Flandern, Wallonien, Dänemark und Norwegen bedingungslos in das Großgermanische Reich einzugliedern.[23]) Da sich Kersten in seinen Memoiren auch sonst als völlig unzuverlässiger Zeuge erwiesen hat[24]), kommt seiner Europaaussage kein Beweiswert zu. Ähnliches gilt für die Tagebuchaufzeichnungen des italienischen Politikers Roberto Farinacci. Er berichtet, er sei im Juli/August 1943 mit Hermann Göring zusammengetroffen, der ihm ein umfassendes europäisches Programm präsentiert habe, das von sieben europäischen Föderationen ausging, die zu drei Superföderationen verschmolzen werden sollten.[25]) Von Historikern wird Farinaccis Tagebuch überwiegend als Fälschung eingestuft.[26]) Diese Einschätzung wird, was das angebliche Göring-Gespräch anbetrifft, dadurch erhärtet, daß Görings Europapläne bisher nirgends aufgetaucht sind oder Erwähnung finden. Warum sollte der Reichsmarschall seine originellen Pläne allein einem entmachteten italienischen Politiker der zweiten Garnitur anvertrauen?

Ausländische Autoren und Veröffentlichungen, die sich mit der näheren staatsrechtlichen und politischen Konstruktion des Neuen Europa beschäftigten, waren im Reich im übrigen wenig gelitten. Der Italiener Giuseppe Solaro veröffentlichte im Februar 1942 in der Zeitschrift »Geopolitica« eine Abhandlung mit dem bemerkenswerten Titel: »Der faschistische Gemeinschaftsbereich des Neuen Europa.«[27]) Solaro schlug vor, innerhalb Europas acht Solidargemeinschaften zu gründen: die Germanische Gemeinschaft, die Römische Gemeinschaft, die Iberische Gemeinschaft, die Französische sowie Britische Gemeinschaft, die Gemeinschaft des Karpatho-Donauraums, die Skandinavische und die Russische Gemeinschaft. Nur für eine Übergangszeit sollten die Pilotnationen Deutschland und Italien sowie Spanien und Finnland das Schicksal der Föderationen allein bestimmen. Ein gemeinsamer korporativer europäischer Wirtschaftsrat, zusammengesetzt aus Vertretern aller beteiligten Völker, sollte die ökonomische Einheit des Kontinents garantieren. Ribbentrop verbot eine Verbreitung dieser Gedanken im Reich und die Stellungnahme des Auswärtigen Amtes zu Solaros Konzept war vernichtend: »hirnverbrannte Veröffentlichung«.[28])

Zurück zur Realität des nationalsozialistischen Neuen Europa. Nach der Niederlage von Stalingrad Anfang 1943 sah sich das Berliner Regime mit der Notwendigkeit konfrontiert, den unter deutscher Herrschaft stehenden Völkern ein irgendwie geartetes Ordnungskonzept zu unterbreiten. Positive für die unterworfenen Völker akzeptable Leitlinien aber unterblieben: »Da Hitler auch nach außen am unbedingten Siegeswillen festhalten wollte und Festlegungen scheute, war der Spielraum sehr gering. Politische Kriegsziele wurden nicht formuliert.«[29]) Die von NS-Presse und Rundfunk wiederholt beschworene, nie aber konkretisierte »Neuordnung Europas« blieb eine »schillernde Seifenblase nationalsozialistischer Propaganda«.[30]) Dies zeigt sich insbesondere bei den im Jahr 1943 erschienenen NS-Publikationen. In ihnen wurde die europäische Neuordnung derartig verblasen-hohl und ausweichend umschrieben, daß es unmöglich war, sich mit dem Begriff zu identifizieren. Professor Adolf Rein von der Universität Hamburg etwa fabulierte[31]): »Europa wird in ›Verfassung‹ kommen, nicht durch ein scheinbar rationales Schema, am grünen Tisch theoretisch nach parlamentarischen Methoden gemacht, sondern durch die geschichtlichen Bildungen, die sich im Werdekampf der Einheitlichkeit dieses innerlich reichsten Völkerverbandes vollziehen.« Ähnlich unverbindlich blieb das 1943 vom Deutschen Institut für außenpolitische Forschung herausgegebene Europa-Handbuch. Von den 26 Mitarbeitern gehörte nur ein einziger – der Franzose Jacques Benoist-Méchin (1901–1983) – einer von Deutschland unterworfenen Nation an. Zudem machte das Fehlen von Polen, Estland, Lettland, Litauen und der Tschechei in der Länderstatistik des Buches deutlich, daß jedenfalls diese von der Landkarte gefegten Staaten kein Anrecht auf einen Platz im Neuen Europa hatten. Völlig ins Bild der nationalsozialistischen Ignoranz und des großdeutschen Chauvinismus paßte auch ein Artikel in der Juli-Nummer der SS-Leithefte. Unter der Überschrift »Idee und Gestalt des Reiches« konnte man lesen, daß selbst für das künftige staatsrechtliche Verhältnis der germanischen Staaten die Begriffe »Bundesstaat« und »Föderalismus« überholt seien, da sie dem rassischen Denken der neuen Zeit nicht entsprächen.[32]) Da die verblendete Führung keine europäischen Impulse gab, mußten die europäischen Freiwilligen, die guten Glaubens den Propagandafanfaren gefolgt waren, feststellen, daß die deutsche Bevölkerung ihrem Engagement zuweilen völlig verständnislos gegenüberstand. Der Schriftsteller Bruno Brehm fragte anläßlich eines Vortrages in Bad Tölz 1942 die ausländischen Offiziersanwärter, wie man sie im Reich empfangen habe[33]): »Die Antworten schwankten zwischen ›Ihr habt daheim wohl nichts zu fressen‹ und ›Du wirst das Kraut wohl auch nicht fett machen‹.« Reichspropagandaminister Goebbels versuchte mit seinem Erlaß über die Behandlung der europäischen Völker vom 15. 2. 1943[34]) zumindest auf propagandistischem Gebiet der von ihm selbst mitentfachten pandeutschen Hysterie gegenzusteuern, aber sein Dekret löste keine grundlegende Kurskorrektur ein.

Nur in einer Dienststelle des Reiches wurden 1943 Europapläne erörtert: im Auswärtigen Amt in Berlin. Von Reichsaußenminister von Ribbentrop existiert eine auf den 21. 3. 1943 datierte Ausarbeitung über einen Europäischen Staatenbund, die in der Anlage eine Gründungsakte für die Euroföderation aufweist.[35]) Danach sollten das Deutsche Reich, Italien, Frankreich, Belgien, Holland, Dänemark, Norwegen, Finnland, Estland, Lettland, Litauen, die Slowakei, Ungarn, Rumänien, Bulgarien, Serbien, Griechenland, Kroatien und Spanien zu den Gründungsmitgliedern des Staatenbundes zählen. Alle anderen Nationen waren aufgerufen, sich der Föderation anzuschließen. Artikel 2 der Gründungsakte bestimmte:

»Die Glieder des ›Europäischen Staatenbundes‹ sind souveräne Staaten und garantieren sich gegenseitig ihre Freiheit und politische Unabhängigkeit. Die Gestaltung ihrer innerstaatlichen Verhältnisse bleibt ihrer souveränen Entscheidung überlassen.« Damit war eine politische Antwort gegenüber der Atlantik-Charta formuliert. Aber Ribbentrop machte in seinem Begleitschreiben deutlich, daß sein ganzes Projekt nicht mehr war als ein verlogener propagandistischer Winkelzug: »Wenn wir überall, d.h. in etwaigen Staatsgebilden, immer die richtigen harten Leute von uns einsetzen, die bei aller äußeren Geschmeidigkeit das reale politische Ziel kompromißlos verfolgen, präjudizieren wir durch einen solchen Staatenbund gar nichts, sondern die Gründung des Großgermanischen Reiches am Ende des Krieges ist dann eine Selbstverständlichkeit.«[36]) Die Gründungsakte des Reichsaußenministers verschwand in einer Schublade. Noch nicht einmal propagandistisch durfte die Idee des Europäischen Staatenbundes wirken. Als Ribbentrop am 5. 4. 1943 den Europa-Ausschuß des AA ins Leben rief, verbot er kategorisch, daß von den Plänen des Ausschusses etwas an die Öffentlichkeit drang. Die Arbeitsgruppe mußte »vertraulich« arbeiten.[37]) Einigen Diplomaten aber genügten die internen Sandkastenspiele im Auswärtigen Amt nicht. Der Gesandte Rudolf Rahn forderte am 19. 8. 1943 energisch eine Kurskorrektur, sein Kollege von Renthe-Fink legte am 9. September eine umfangreiche Ausarbeitung über die Notwendigkeit eines europäischen Staatenbundes vor. Beide Diplomaten stützten ihre Entwürfe auf zynisch-machiavellistische Argumente. Rahn traf mit seinen Formulierungen genau den Ton der hybriden, amoralischen und allein an machtpolitischen Kriterien orientierten NS-Außenpolitik[38]): »Schöne Gesten sind billig und können äußerst wirksam sein. Warum wenden wir sie nicht an? Warum stellen wir nicht auch Zukunftsprogramme auf, die beruhigen, verführen oder doch wenigstens neutralisieren? . . . Seit wann sind wir so ängstlich und keusch geworden?« Renthe-Fink bewegte sich mit seinen Argumenten genau auf der Linie des Reichsaußenministers: »Gefährdet das Einschwenken auf die Linie des Staatenbundes unsere politischen Ziele in Europa? Diese Frage ist zu verneinen. Machtmäßig geben wir nichts aus der Hand . . . Wenn wir den Gegner auf allen Fronten niedergerungen haben, tritt von selbst eine neue Lage ein, die uns ohne weiteres gestattet, unseren Kontinent so zu gestalten, wie es uns zweckmäßig erscheint.«[39])

Waren somit die Gesandten Rahn und von Renthe-Fink noch im September 1943 intransigente Vertreter einer NS-Eroberungspolitik, oder bedienten sie sich der »Sklavensprache« des NS-Regimes, um eigene –

europäische – Ziele durchzusetzen, für die sie bei dem Naturell ihrer Vorgesetzten Ribbentrop und Hitler keine moralischen Gründe vorbringen durften?[40]) Der Autor vermag die Frage nicht zu beantworten. Rahn selbst hat nach dem Krieg zu dem in einem totalitären System notwendigen taktischen Denken und dialektischen Spiel, das in den Dokumenten seinen Niederschlag fand, ausgeführt[41]): »Arme Historiker, die später etwa aus Urkunden der Wahrheit nachspüren wollen und dabei entdecken müssen, daß auch das geschriebene Wort zur taktischen Schwingung eines politischen Willens geworden ist ...«

Am 9. September 1943 legte der Europa-Ausschuß das Ergebnis seiner Arbeit vor. Es handelte sich um 17 Leitsätze, die den hemmungslosen Expansionismus des Nationalsozialismus ausklammerten. Die absolute Hegemonialstellung des Reiches wurde aufgegeben:

»III. Deutschland strebt die Einigung Europas auf föderativer Grundlage an: Freiwilliger, aus der Einsicht der Notwendigkeit geborener Zusammenschluß aller europäischen Völker, die sich historisch bewährt haben, zu einer Gemeinschaft souveräner Staaten.

IV. Die Gliedstaaten des europäischen Bundes behalten ihre Selbständigkeit und Freiheit. Einmischung in die inneren Verhältnisse der Staaten ist nicht beabsichtigt.

V. Die einzige Forderung an die europäischen Staaten ist, loyale, Europa bejahende Glieder der europäischen Gemeinschaft zu sein und an den Gemeinschaftsaufgaben positiv mitzuarbeiten.«[42])

Die Leitsätze flossen niemals in die offizielle Politik des Dritten Reiches ein. Sehr wahrscheinlich wäre es, nach den Verbrechen und Versäumnissen der Vergangenheit, im Herbst 1943 auch bereits zu spät gewesen, die Völker der »Festung Europa« für einen europäischen Staatenbund der Achsenpartner zu begeistern. Machte sich doch sogar in kollaborierenden Kreisen zunehmend Ernüchterung hinsichtlich der wahren Ziele Berlins breit. So schrieb der belgische Journalist Raymond de Becker, der desillusioniert seinen Chefredakteursposten bei der Zeitschrift »Le Soir« aufgab: »Deutschland hätte mit Hilfe ganz Europas siegen können. Dazu aber hätte es eine gesamteuropäische Politik treiben müssen. Das gerade tat es nicht. Die Einheit Europas ist im Werden, aber gegen Deutschland.«[43]) Für andere Kollaborateure, nicht zuletzt solche aus dem sozialistischen Lager, schien selbst in den Jahren 1943/44 noch nicht alles verloren. Nach dem von der DAF ausgerichteten Europäischen Arbeitskongreß in Berlin im Oktober 1943 war es insbesondere die Tagung von Sozialpolitikern und Sozialwissenschaftlern der europäischen Völker am 8. 4. 1944 in Bad Salzbrunn/Schlesien, die Hoffnungen auf eine gerechtere europäische Sozialordnung beflügelte. In den verabschiedeten 17 Grundsätzen[44]) sahen einige europäische Teilnehmer »die Ordnung für das sozialistische Europa von morgen«.[45])

1944 nahm sich eine andere Institution des so oft beschworenen und verfälschten Europagedankens an: das SS-Hauptamt in Berlin und hier insbesondere die Amtsgruppe D. Einer der Motoren dieser überraschenden Entwicklung war Hauptsturmführer Alexander Dolezalek, der im Februar 1944 von der Wehrmacht zur Waffen-SS überstellt worden war. Er betreute im SS-Hauptamt erst die Ostabteilung, bis er Leiter der Planungsabteilung wurde, die Grundsatzfragen bearbeitete. Das Planungsamt konzipierte einen Generalplan 1944, der die Basis für die Werbung der nichtdeutschen Freiwilligen abgeben[46]) und Möglichkeiten aufzeigen wollte, mit den Mitteln der politischen Kriegsführung einen annehmbaren Frieden herbeizuführen.[47]) Als deutsches Friedensziel wurde eine Europäische Eidgenossenschaft vorgestellt. Der dem Schweizer Bundesstaat entlehnte Begriff wurde gewählt, weil die Reichsführung weder die Termini Vereinigte Staaten von Europa noch Paneuropa mitgetragen hätte. Dolezalek machte in einer Rede vor ausländischen SS-Führern im Haus Germanien/Hildesheim im Januar 1945 deutlich, was sich hinter dem Etikett Europäische Eidgenossenschaft verbarg[48]): um das aus dem Germanischen Reich bestehende Kerneuropa sollte sich ein weiterer Ring von »Nachbarschaftsvölkern« und »Genossenschaftsvölkern« legen, der wiederum von einem Ring europäischer Randvölker umschlossen werden sollte. Diese Konzeption hatte Dolezalek von dem deutschen Liberalen Heinrich von Gagern übernommen, der 1849 in der Frankfurter Paulskirche den Plan für die Bildung eines »engeren Bundes« unter preußischer Führung vorgetragen hatte, dem Österreich mittels einer Unionsakte in einem »weiteren Bunde« angegliedert werden sollte. Die europäische Einheit der künftigen Föderation sollte sich unter anderem auf zwei Faktoren gründen: einen völkischen Sozialismus und die Sehnsucht der Völker nach einem dauerhaften Frieden, einer pax augusta. Die europäische Friedensidee hatte sich nach Auffassung der Amtsgruppe D abzuheben von der bisherigen NS-Politik, die der Generalplan 1944 zutreffend als »unverhülltesten Imperialismus« entlarvte. Selbstkritisch wurde eingeräumt, daß »wir ... bis auf den heutigen Tag Herrschaft und Führung mit Gewalt und Bevormundung verwechseln«.[49])

Im Vorgriff auf die Europäische Eidgenossenschaft war die Ausgabe eines Europapasses[50]) vorgesehen. Der Paß, noch kein Ausweispapier im rechtlichen Sinne[51]), sondern ein feierliches Berechtigungs- und Anerkennungspapier, sollte in einer ersten Phase an die ausländischen Angehörigen der deutschen Streitkräfte und ihre Familien vergeben werden, in einer zweiten Phase an verdiente Fremdarbeiter. Durch eine allmähliche Ausweitung des Empfängerkreises auf die gesamte Bevölkerung der Europäischen Eidgenossenschaft und durch eine allmähliche Erweiterung der Rechte sollte aus dem Europapaß mit der Zeit ein juristisch relevantes Dokument werden. Pate gestanden hatte bei dem Konzept des Europapasses das Vorbild des römischen Bürgerrechts. Zu dem geplanten Europapaß holte sich Dolezalek ein Gutachten des Kaiser-Wilhelm-Instituts für Völkerrecht und ausländisches öffentliches Recht in Berlin ein. Anschließend, im Frühsommer 1944, trug er sein Projekt dem zuständigen Abteilungsleiter im Reichsinnenministerium, Dr. Globke, vor, der ihm grünes Licht gab. Nachdem auch die betroffenen obersten Reichsbehörden keine Schwierigkeiten machten, konnte Dolezalek mit der Umsetzung seines Plans beginnen. Der Paß sollte nach einem Entwurf von Professor Johannes Boehland/Berlin in der Reichsdruckerei gedruckt werden. Über den Ausgang des Unternehmens Europapaß, das nicht an bürokratischen oder politischen Hürden scheiterte, berichtet Frau Dr. Herta Schütze, damals im Planungsamt beschäftigt[52]):

> »Allmählich sah man, wohin die großsprecherische, chauvinistische und dumme Politik der deutschen damaligen Führung unter Adolf Hitler gekommen war, die es auch nicht verstanden hatte, rechtzeitig mit einem klaren, ehrenhaften und praktikablen Programm die übrigen Völker Europas ... anzusprechen ... In unermüdlicher Kleinarbeit, durch alle Instanzen hindurch, nach der Genehmigung von ›höchster Stelle‹ (Datum ist mir unbekannt), war nun dieser Europapaß fertig geworden und sollte gedruckt werden, als ein Bombenvolltreffer die Reichsdruckerei vernichtete und alle weiteren Unternehmungen in dieser Angelegenheit unterblieben.«

Die Reichsdruckerei in Berlin, Oranienstraße 91, erlitt bei einem alliierten Luftangriff am 3. Februar 1945 schwerste Schäden.[53]) Durch die Zerstörung der Verwaltungsgebäude gingen fast sämtliche Unterlagen verloren. Mit dem Europapaß war eines der wenigen Dokumente des Dritten Reiches untergegangen, das über den germanischen Zwangsstaat hinaus in eine plurale europäische Zukunft wies.

Es wäre verfehlt zu glauben, die Pläne des Amtes I des SS-Hauptamtes wären bei Kriegsende Allgemeingut der deutschen Führung und ihrer verschiedenen Gliederungen geworden. Dies zeigte sich bereits im Januar 1945, als in Weimar unter dem Motto »Europa in der Entscheidung« ein Kursus des Deutschen Auslandswissenschaftlichen Instituts stattfand. Die Referentenliste wies die letzten bedeutenden Namen von Ausländern auf, die noch auf der Seite des Reiches standen: Minister Cankov aus Bulgarien, die Franzosen Déat und Doriot, der ROA-General Malyschkin, der Führer der Landesleitung Flandern, Jef van de Wiele.[54] Aber selbst noch in dieser Phase des Krieges weigerten sich die deutschen Veranstalter, insbesondere der Tagungsleiter, Professor Dr. Six, den Ausländern irgendwelche Zugeständnisse zu machen, oder den diffusen Begriff des »Neuen Europa« zu konkretisieren.[55] Quos Deus perdere vult, dementat prius.

II Das Phänomen Kollaboration

»Das Gerede von Kollaboration ist
nur für den Augenblick gedacht.«
Joseph Goebbels, 26. 4. 1942

Der freiwillige Einsatz ausländischer Freiwilliger auf deutscher Seite ist
eng mit der Kollaboration verbunden. Unter Kollaboration wird allgemein die Zusammenarbeit mit dem im Land befindlichen Feind verstanden, wobei diese Zusammenarbeit nicht wertfrei, sondern deutlich
negativ interpretiert wird. Sie ist »gegen die Interessen der eigenen Nationen gerichtet«[1]), sie steht für »alle Kontakte verräterischer, eigennüt-
ziger Art mit dem Feind«.[2]) Seit der unmittelbaren Nachkriegsepoche
ist Kollaboration ein Synonym für Verrat schlechthin. Das grob-plaka-
tive, undifferenzierte Feindbild, das dieser Interpretation zu Grunde
liegt, ist die Konsequenz aus der Tatsache, daß die Wertvorstellung von
Kollaboration »von deren Überwindern geprägt worden«[3]) ist. Die Betroffenen selbst, die Kollaborateure, haben sich selbst und ihre Tätigkeit meist anders eingeschätzt. So schrieb der kollaborierende französische Schriftsteller Alphonse de Châteaubriand (1877–1951) am
10. 1. 1945[4]): »Die Zusammenarbeit mit Deutschland vertreten, das
hieß nicht sein Land verraten; ganz im Gegenteil, das hieß ihm auf wirkungsvolle Art helfen. Und wenn man heute die Wahrheit auf den
Kopf stellt ohne die geringste Achtung für all den Mut und die Intelligenz, die man dazu brauchte, und wenn man von dieser Intelligenz und
diesem Mut den hohen Blutpreis entrichten läßt, bedeutet das, uns einem Gesetz des Dschungels auszuliefern, das tierischer und härter ist
als das der Urwälder.«
Der heute gängige Begriff der Kollaboration bedarf in zwei Punkten
der Korrektur: Zum einen ist Kollaboration keine einmalige, allein auf
den Zweiten Weltkrieg bezogene Verhaltensweise, sondern ein in der
Geschichte sich wiederholender Strukturtypus. Zum anderen ist der
Grundsatz Kollaboration = Verrat zu relativieren.
Die deutsch-französische Geschichte der letzten zweihundert Jahre
bietet genügend Anschauungsmaterial für die »vorfaschistische« Zu-

sammenarbeit mit dem Feind. Als französische Revolutionstruppen 1792 Mainz besetzten, fanden sich deutsche Jakobiner und Radikaldemokraten, unter ihnen Georg Forster (1754–1794) zusammen, die unter den Fittichen der Besatzungsmacht eine rege Tätigkeit gegen den Landesherrn entfalteten und Paris 1793 anboten, die Mainzer Republik mit Frankreich zu vereinigen. Ähnlich agierten die deutschen Klubisten in der 1797 ins Leben gerufenen Cisrhenanischen Republik, die die Einverleibung ihrer Gebiete in das revolutionäre Frankreich betrieben. Dies sind zwei Fälle von Ultrakollaboration, wie sie im Zweiten Weltkrieg die strikte Ausnahme war, denn die überwiegende Mehrzahl der collabos der vierziger Jahre paktierte mit dem Feind, um die Unversehrtheit und Souveränität der eigenen Heimat zu erhalten oder wiederzuerringen, nicht aber, um sie preiszugeben. In ihren praktischen Auswirkungen lief auch die Kollaboration rheinischer Separatisten und Partikularisten 1919–1924 mit der französisch-belgischen Besatzungsmacht auf ein Ausscheiden aus dem Reichsverband hinaus. Im Solde der Sieger des ersten Weltkrieges, die westdeutsche Pufferstaaten anstrebten, riefen die Autonomisten eine kurzlebige Rheinische Republik und eine Autonome Pfalz aus, Pseudostaaten, die scheitern mußten, da ihre häufig korrupten Führer die gesamte Bevölkerung gegen sich aufbrachten.[5]) Auch nach dem Zweiten Weltkrieg wurde eifrig weiter kollaboriert, nicht zuletzt auf deutscher Seite, wo die ehemalige Kriegsmarine die militärische Zusammenarbeit mit den siegreichen Westalliierten praktizierte. 16 000 deutsche Matrosen taten in der von der Royal Navy 1945/46 gegründeten und geleiteten German Minesweeping Administration Dienst. Den Amerikanern gingen rund 600 Besatzungsmitglieder des schweren Kreuzers »Prinz Eugen« zur Hand, der unter US-Flagge und in »U.SS.IX 300 Prinz Eugen« umgetauft, im Januar 1946 in den Atlantik auslief. Verrat oder Einsicht in die politischen Notwendigkeiten? Frankreich, das 1940–44 so viele collabos gestellt hatte, betrieb in seinen Kolonialkriegen nun die Kollaboration mit umgekehrten Vorzeichen und ließ Einheimische gegen die aufständische Bevölkerung kämpfen. Das Los dieser Soldaten war bitter. Allein in Algerien sollen 1962 100 000 kollaborierende Muselmanen (Harkis) von ihren Landsleuten umgebracht worden sein.[6]) Rund 400 000 Harkis flüchteten nach Frankreich. Erst im November 1983 signalisierte die Regierung in Algier Bereitschaft, einigen Ex-Kollaborateuren »in Einzelfällen« die Rückkehr in die Heimat zu ermöglichen.[7]) Ein jüngeres Beispiel für Kollaboration bietet der libanesische Major

Saad Haddad, der am 18. April 1979 ein »Freies Libanon« ausrief und bis zu seinem Tod Anfang 1984 in seinem Machtbereich als Stellvertreter Israels fungierte, wobei er auf eine kleine Streitmacht von 2000 Mann zählen konnte.

Ist somit die Kollaboration keine Erfindung machtlüsterner Faschisten und Nationalsozialisten, so kann auch die Gleichung Kollaboration = Verrat nicht ohne weiteres hingenommen werden. Zum Verrat wird das Verhalten der meisten collabos erst aus der Retrospektive, hätten das Reich und seine Verbündeten den Krieg gewonnen, so wären wohl heute nicht Doriot und Degrelle die Verräter, sondern De Gaulle und Pierlot. Auch ist die objektive Ausnahmesituation der Kollaborateure zu gewichten, die oftmals in einem staatsrechtlichen Vakuum operierten[8]), oder, wie im Fall der sowjetischen Untertanen, berechtigte Interessen hatten, sich aus dem Staatsverband zu lösen. Weiter muß bei der subjektiven Tatseite berücksichtigt werden, daß die politische Kollaboration überwiegend nicht aus dem Motiv heraus begangen wurde, dem eigenen Land zu schaden, sondern ihm zu nützen. Mit ihrem später als Verrat qualifizierten Verhalten hatten die Kollaborateure häufig auch durchaus Erfolge, die sich zugunsten der einheimischen Bevölkerung auswirkten: ohne eine umfassende Zusammenarbeit zwischen der landeseigenen und der Okkupationsverwaltung hätte die weiträumige Besetzung dichtbesiedelter Gebiete von Anfang an zu noch größerer Härte der Besatzungsmacht und zu noch schwereren Nachteilen für die Bevölkerung geführt.[9]) Wie das Beispiel Polen zeigt, waren Repression und Terror der Besatzungsmacht gerade dort am größten, wo keine kollaborierende, einheimische Zwischeninstanz zumindest partiell die Interessen der Bevölkerung vertreten konnte.

Welche Kollaborationstypen und -formen hat nun der Zweite Weltkrieg hervorgebracht? Man kann einmal nach der Art der Zusammenarbeit zwischen ökonomischer, administrativer, politisch-ideologischer und militärischer Kollaboration unterscheiden, wobei sich die einzelnen Typisierungen überschneiden. Man kann weiterhin nach Motiv und Intensität der Kollaboration urteilen und zwischen neutraler, taktischer, bedingter und bedingungsloser Kollaboration differenzieren.[10]) Die ideologische und militärische Kollaboration wird dabei häufig mit dem zuletzt genannten Verhaltensmuster gleichgesetzt. Eine objektive Analyse der von den Kollaborateuren angestrebten politischen Ziele zeigt jedoch, daß die bedingungslose Kollaboration, die mit der absoluten Unterwerfung unter die Besatzungsmacht einherging, und die eigenen nationalen Interessen verleugnete, die Ausnahme und nicht die Regel war. Sie blieb eine marginale Erscheinung, beschränkt auf wenige Politiker, aber zahlreiche Profiteure, Zuträger und Polizeispitzel.

Im einzelnen finden wir folgende Kollaborationsmodelle und -zielsetzungen vor:

- antiimperialistische und antikolonialistische Ziele (der palästinensische Großmufti, der irakische Ministerpräsident Rashid Ali al-Gailani, der indische Freiheitskämpfer Subhas Chandra Bose);
- Verwirklichung ethnischer Ziele im Nationalitätenkampf gegen das dominierende staatsführende Volk (Kroaten, Slowaken);
- antikommunistisch-reformistische Neuordnungsideen (Wlassow und die ROA; kosakische und kalmykische Freiwillige);
- antikommunistische Unabhängigkeits- und Selbständigkeitsbestrebungen (Esten, Letten, Litauer; Ukrainer, Georgier, Kaukasier etc.);
- faschistische und nationalsozialistische Neuordnungsideen und Umgestaltung des Kontinents in einen germanischen bzw. europäischen Staatenbund (der Norweger Quisling, der Holländer Mussert, der Wallone Degrelle, die Franzosen Déat und Doriot, der Serbe Ljotić);
- Konservierung des autoritär-antikommunistischen Status quo mit der Hoffnung auf eine Rangverbesserung nach einem deutschen Sieg (Vichy-Frankreich, Griechenland, Serbien unter Nedić).

Allen diesen Kollaborationszielsetzungen ist ein Merkmal gemeinsam: Sie implizierten deutsche Hilfe und Unterstützung bei der Durchsetzung eigener innen- und außenpolitischer Programme und Postulate. Die totale Unterordnung unter die nationalsozialistische Doktrin war damit nicht verbunden, vielmehr sollten die – im Einzelfall begrenzte – Unabhängigkeit, die jeweiligen nationalen Grundwerte und der territoriale Bestand auch gegenüber dem Reich behauptet werden. Eine uneingeschränkte Interessenkongruenz, die volle Identifikation mit dem Nationalsozialismus, enthält keines der Modelle. Die Formel von Werner Rings[11]) »Ich bin zu jeder Leistung und jedem Opfer für die Besatzungsmacht bereit ...« trifft weder auf Quisling zu, der sich verzweifelt um die Selbständigkeit Norwegens bemühte, noch auf Mussert oder Déat und Doriot. Nur in wenigen ausgewählten Fällen – etwa der Norweger Jonas Lie, der Tscheche Moravec, der Däne Clau-

42

sen – kann man eine derartige bedingungslose Kollaboration bejahen. Ansonsten hatten die Kollaborateure durchaus eigene, originäre Ziele im Auge, als sie sich auf eine Zusammenarbeit mit der Besatzungsmacht einließen. Ihr politischer Katechismus von Stärke, Ordnung, Virilität und Heroismus ließ sie zu Verbündeten der Deutschen werden, die Selbstaufgabe stand nie zur Debatte. So wandte sich Maurice-Ivan Sicard, Pressechef der französischen Kollaborationspartei PPF, in einem Schreiben an seinen Parteichef Doriot vom 7. 12. 1943 scharf gegen die von den Nationalsozialisten gewünschte Denationalisierung, Unterordnung und Vasallität der Kollaborateure[12]):

»Wenn ihr Neues Europa mit den Nationalitäten, oder vielmehr mit einigen Nationalitäten aufräumt, wird man uns notwendigerweise in der ersten Reihe der Aufständischen sehen. Gegen den Bolschewismus hast Du ein Beispiel gegeben, aber was nützt es, daß Du Zehntausende von Franzosen der sowjetischen Internationale entrissen hast, wenn wir diese Leute sich heute einer total germanischen ›Internationale‹ anschließen lassen? Unsere Verteidigung der französischen Volksgemeinschaft richtet sich gegen alle Anschläge, egal von wem sie kommen. Frankreich muß seinen Platz im unermeßlichen ›Eurafrique‹ finden, nicht im Schoß Großdeutschlands.«

Die Diktion Sicards läßt erkennen, daß er aus dem Lager der französischen Nationalisten stammt.[13]) Es wäre jedoch verfehlt, sämtliche europäischen Kollaborateure pauschal dem nationalistischen, rechtsextremen oder faschistischen Flügel zuzurechnen. Vielmehr gab es auch zahlreiche rechtsaktivistische Gruppierungen, die nicht mit den Deutschen zusammenarbeiteten. In Belgien war dies die Légion Nationale, deren Führer Paul Hoornaert in einem deutschen KZ starb. In Frankreich widersetzten sich Teile der Untergrundbewegung Cagoule der Kollaboration, in Holland fanden zahlreiche Anhänger der Nationaal Front von Arnold Meijer den Weg in den Widerstand. Es war der strikte Staatsnationalismus, der es den Bewegungen unmöglich machte, mit der Besatzungsmacht zusammenzuarbeiten. Für die kollaborierenden Nationalisten, die einen Teil der staatlichen Befugnisse zugunsten einer übergreifenden europäischen Konzeption abgeben wollten, war der Nationalismus der Résistance ein Rückfall in ein überwundenes Zeitalter. Der französische Schriftsteller Pierre Drieu la Rochelle schrieb 1943/44[14]): »Ihr wollt einen Provinzpatriotismus in der Epoche der Imperien konservieren, in einer Epoche, in der die Flugzeuge in wenigen Stunden die Ozeane überqueren.« Neben Nationalisten, Antikommunisten und Faschisten finden sich auf Seiten der Kollaborateure Sozialisten und Pazifisten. Letzteren schien die europäische Neue Ordnung, die sich ihrer Ansicht nach mit der Zeit mäßigen würde, immer noch erträglicher als der Untergrundkampf der Widerstandsbewegungen und damit die Perpetuierung des Krieges. Viele stießen aus politischer Überzeugung zu den Deutschen, einige aus Enttäuschung am parlamentarischen System[15]), andere »aus einem im Grunde romantischen und antibourgeoisen Lebensgefühl, welches sich in Taten umsetzt, die in einem fort die Schranken der bürgerlichen Ordnung überspringen«.[16])

Den wahren Charakter des NS-Regimes erkannten die meisten Kollaborateure nicht, oder erst dann, als es zu spät für eine Umkehr war. Sie sprangen auf den fahrenden NS-Zug auf, wobei sie fälschlich annahmen, Reiseweg und -ziel mitbeeinflussen zu können. Sie wußten nicht, daß Auschwitz und Treblinka Etappen der Reise waren. Sie ahnten nicht, daß keine Notbremsen vorhanden waren und der Zug in einen abschüssigen Tunnel einfahren würde, an dessen Ende kein Licht mehr Hoffnung signalisierte.

Ein Teil der Tragik der europäischen Kollaborateure liegt darin, daß sie von der deutschen Führung nicht als Partner anerkannt wurden, sondern nur als bloße Befehlsempfänger. Hitler wollte die Kollaborateure vor ihren eigenen Landsleuten so stark kompromittieren, daß sie auf Gedeih oder Verderb an die deutsche Seite gekettet wurden. »Wenn wir das erreicht haben«, so der deutsche Führer am 27. 2. 1942[17]), »dann haben wir ... Leute, die so stark gesündigt haben, daß sie mit uns durch Dick und Dünn gehen.« Auch Reichsmarschall Göring war die von den Franzosen erfundene Formel der »collaboration« suspekt, ihm ging es ebenso wie Hitler allein um Subordination in den besetzten Gebieten[18]): »Ich mache keine Kollaboration. Kollaboration der Herrn Franzosen sehe ich nur in folgendem: wenn sie liefern, bis sie selber nicht mehr können ...« Kein Wunder, daß Marschall Pétain resignierend konstatierte[19]): »Collaboration? Mir wird alle Augenblicke ein Ultimatum zugestellt, und dann und wann bekomme ich ein mageres Trinkgeld.« Letztlich scheiterte die politische Kollaboration beider Seiten. Die deutschen Nationalsozialisten konnten die eroberten Gebiete mit ihren untauglichen politischen Mitteln nicht halten, die europäischen Kollaborateure vermochten weder ihre programmatischen Ziele zu realisieren, noch eine irgendwie geartete europäische Union auf die Beine stellen. Gleichwohl wurde die gescheiterte politische Kollaboration durch die militärische Kollaboration fortgesetzt[20]), nachdem hunderttausende von Ausländern in den deutschen Streitkräften dienten. Die Gründe für die Fortsetzung der militärischen Zusammenarbeit sind vielschichtig. Einzelne Nationalitäten erreichten noch 1944/45 substantielle Vorteile, für die sie jahrelang gekämpft hatten und die ihnen den Verbleib auf deutscher Seite erleichterten. So wuchsen etwa die Wlassow-Bewegung und die Ukrainer um General Shandruk aus der Rolle von Kollaborateuren hinaus und entwickelten sich zu gleichberechtigten Verbündeten des Reiches. Aus dieser Position heraus hofften sie auf eine Verständigungsmöglichkeit mit den Westalliierten. Andere, besonders die Rumänen und Bulgaren, die Balten und Ungarn, hielt eine kompromißlos antikommunistische Einstellung bis zuletzt bei der deutschen Fahne. Für die Wiedergewinnung der Unabhängigkeit ihrer Heimat, die der Westen an die Sowjets ausgeliefert hatte, konnte es nur einen Verbündeten geben: die deutsche Wehrmacht, die den einzig ernstzunehmenden antibolschewistischen Faktor in Europa darstellte. In letzter Stunde erhielt die Wehrmacht sogar einen neuen Alliierten, als die Ukrainische Aufständische Armee (UPA), die bisher sowohl Stalin als auch Hitler bekämpft hatte, die Unterstützung der Deutschen suchte. Im Kampf gegen Moskau bot sich den nationalistischen Ukrainern kein anderer Verbündeter an.

Viele Kollaborateure aus dem Westen hatten sich ideologisch auf das Reich festgelegt. Ihre radikale politische Überzeugung, die sich mit einem tragischen Pessimismus verband, ließ keinen Raum für einen Kompromiß mit den Mächten der Anti-Hitler-Koalition, zumal der Feind die Kollaborateure stigmatisierte. In der Verteidigung des europäischen Kernlandes sahen zudem die Eurofaschisten ihren eigentlichen Kampfauftrag, eine Motivation, die durch die sich verschlechternde Kriegslage eher beflügelt als geschwächt wurde. Das elitäre Selbstverständnis der Freiwilligen verband sich mit dem Stolz, einer neuen, und vielleicht der letzten europäischen Kriegeraristokratie anzugehören. So berichtet der Franzose Pierre Rostaing, Hauptscharführer der Division Charlemagne, über seine Kompanie, die sich im April 1945 freiwillig zum Einsatz in Berlin meldete[21]): »Wir sind keine Deutschen und keine Franzosen mehr, wir sind das letzte Karree eines Europa, das sich zu sterben anschickt.« Insoweit war also nicht, wie häufig behauptet wird, »die Furcht die größte Antriebskraft«[22]) für das

Weiterkämpfen. Einzelnen Kollaborateuren blieb allerdings gar keine andere Möglichkeit, als den Marsch in die Götterdämmerung anzutreten. Wer sich in seiner Heimat als SD-Agent oder Gestapo-Spitzel bestätigt hatte, konnte nicht mehr zurück und hatte alle Brücken zu seiner Nation abgebrochen.

Nach der deutschen Niederlage brach über die Kollaborateure ein Strafgericht herein, das sich häufig nicht an rechtsstaatlichen Grundsätzen orientierte, sondern an Haß und Rachsucht. Zahlreiche Länder warfen die rechtliche Grundmaxime, wonach eine Tat nur dann bestraft werden kann, wenn die Strafbarkeit gesetzlich bestimmt war, bevor die Tat begangen wurde (nulla poena sine lege), über Bord und erließen rückwirkende Strafgesetze. Selbst die Todesstrafe wurde in einzelnen Staaten mit retroaktiver Kraft eingeführt. Die Kollaborateure galten in toto als unwürdige Verräter und gekaufte Kreaturen, der Umgang mit der Todesstrafe und die Verhängung von lebenslänglichen Kerkerstrafen nahmen einen derartigen Umfang an, daß der holländische Strafrechtler Professor van Bemmelen 1948 warnte[23]): »Wenn wir nicht diesem Hunger nach Rache widerstehen, besteht die große Gefahr, daß wir jeden Respekt vor dem Leben verlieren, ein Symptom, das in Deutschland zu den Exzessen von Auschwitz führte.« Mit einem juristischen Trick nahm selbst die Europäische Menschenrechtskonvention vom 4. 11. 1950 den Kollaborateuren die Möglichkeit, die oft rechtswidrigen, weil ohne gültige Strafgesetze ausgesprochenen Urteile, anzufechten: Art. 7 Abs. 2 der Menschenrechtskonvention schloß vom Verbot rückwirkender Strafgesetze sowohl die Kollaborateure als auch die in Nürnberg verurteilten Kriegsverbrecher aus. Wie unschwer zu erkennen ist, handelt es sich hierbei um eine Zweckformel, die dazu dienen sollte, eine bedenkliche Rechtspraxis nachträglich zu legitimieren.[24])

Gleichwohl soll nicht verkannt werden, daß ein gewisser, nicht quantifizierbarer Prozentsatz von Kollaborateuren, große moralische und strafrechtliche Schuld auf sich geladen hat. Dies betrifft insbesondere die Verantwortlichen für das Abschieben und Deportieren von Juden. Wer, wie der französische Ministerpräsident Laval, die staatenlosen und ausländischen Juden den deutschen Henkern überließ, um die eigenen Landsleute mosaischen Glaubens zu retten, konnte aus dem Gewissenskonflikt und Pflichtenwiderstreit nicht ohne Verstrickung in Unrecht und Schuld hervorgehen. Wer weiter als Angehöriger eines ausländischen Wehrverbandes, oder einer Polizei-, Sicherheits- und Partisanenabteilung, an antijüdischen Aktionen beteiligt war, muß sich dieses unrechtmäßige Verhalten zurechnen lassen und wird sich nur in Einzelfällen auf Befehlsnotstand berufen können. Aber selbst der Kreis der kriminellen Kollaborateure hatte Anrecht auf eine Behandlung, die dem demokratischen Selbstverständnis der Sieger entsprach. Die Verfolgung, Diskriminierung und Tabuisierung der Kollaborateure hat sich in unseren Tagen abgeschwächt, aufgehoben ist sie nicht. Noch heute verhängen jugoslawische und sowjetische Gerichte Todesstrafen wegen Kollaboration während der Jahre 1941–1945. Besonders die Sowjets sind unerbittlich, wenn es darangeht, Kollaborateure zu verfolgen.

Die späte Rache: Urteile sowjetischer und jugoslawischer Gerichte aus den Jahren 1980–1983 wegen Kollaboration mit der deutschen Besatzungsmacht und Kriegsverbrechen

UdSSR

Zeit	Angeklagt	Gerichtsort	Urteil
März 1980	7 Weißrussen	Minsk	Todesstrafe
September 1980	3 Ukrainer	Luzk/Westukraine	Todesstrafe
Dezember 1980	4 Sowjetbürger	Moskauer Militärbezirk	Todesstrafe
April 1982	S. Ikajew/ P. Dartschijew	Nordkaukasischer Militärbezirk	Todesstrafe
März 1983	3 Ukrainer	Region Volynsk	Todesstrafe
Juli 1983	Yermak Lukjanow	Nordkaukasischer Militärbezirk	Todesstrafe

Jugoslawien

Zeit	Angeklagt	Gerichtsort	Urteil
Februar 1982	1 Slowene	Oberstes Gericht der Republik Bosnien-Herzegowina	20 Jahre Gefängnis
Oktober 1982	1 Slowene	Lubljana	15 Jahre Gefängnis
November 1982	Stevan Mojič (Serbe)	?	Todesstrafe

In den Jahren 1974 bis 1976 wurden in der Sowjetunion mehr Personen wegen Kriegsverbrechen zum Tode verurteilt, als wegen jeder anderen Straftat. Insgesamt soll es sich um mindestens 40 Fälle gehandelt haben.[25] In Westeuropa ist man mit der Keule der politischen Justiz größtenteils zurückhaltender, man pflegt lieber den Kult der Résistance und verdrängt die Tatsache der Kollaboration. Die wirkliche Vergangenheitsbewältigung steckt noch in den Anfängen. Der das Thema Kollaboration behandelnde Dokumentarfilm »Le Chagrin et la pitié«[26] von Marcel Ophuls etwa konnte erst 1981, mit dreizehnjähriger Verspätung, im französischen Fernsehen gezeigt werden. Auch sonst bewiesen die französischen Behörden, daß sie gewillt sind, »volkspädagogisch unerwünschte« Faktoren unauffällig aus der Welt zu schaffen. »In der Bibliothéque Nationale, Paris, erstaunt das Fehlen vieler wichtiger, äußerst seltener Texte der Kollaboration, die in den Katalogen bibliographisch erfaßt sind: Nachforschungen haben gezeigt, daß Vergangenheitsbewältigung hier auf eine stille, geheime und eigene Art gelöst werden sollte.«[27] Andere Länder praktizieren seit Anfang der 80er Jahre eine verspätete Reinigungs- und Defaschisierungspolitik, die die Frage aufwirft, warum die Justiz der betreffenden Staaten in den letzten vierzig Jahren untätig geblieben ist. Spanien erwog 1983 die Auslieferung eines Ex-Kollaborateurs, obwohl er zwischenzeitlich die spanische Staatsangehörigkeit erworben hatte. In den USA läuft eine Prozeßwelle gegen eingebürgerte Kriegsverbrecher und Kollaborateure aus Europa an, eine Spezialbehörde für die Untersuchung und Verfolgung von NS-Kriegsverbrechen im amerikanischen Justizministerium durchleuchtet Einwanderer speziell aus Osteuropa und der Sowjetunion. Ob in dem Netz der US-Ermittlungsbehörden tatsächlich die wahren Kriegsverbrecher hängenbleiben, oder ob es nur kleine Fische sind, bleibt abzuwarten. Skepsis ist angebracht. So verlangen die amerikanischen Einwanderungsbehörden die Ausbürgerung und Deportation des russischen Emigranten W.D. Sokolow-Samarin. Sie werfen ihm vor, daß er als Mitarbeiter einer Kollaborationszeitung in der Sowjetunion während des Krieges gezwungen war, antisemitische Propaganda-Klischees zu verwenden, um die weitere Existenz des Blattes zu sichern.[28]

Die deutschen Ultrademokraten und Ultrakollaborateure des 18. Jahrhunderts um Georg Forster galten über 150 Jahre als schäbige Verräter und gekaufte Söldlinge des Feindes. Erst nach 1945 hat eine Entwick-

M. M. Rost van Tonningen,
Rivale Musserts und Vertreter der
pangermanistischen Linie
(Frau R. v. T.-Heubel)

Der niederländische Freiwillige
Heinz Slegtenhorst (H. Slegtenhorst)

Deutsch-niederländische Polizeiverbände paradieren durch Den Haag
(J. W. Schneider)

Gerardus Mooyman, der erste mit dem Ritterkreuz ausgezeichnete niederländische Freiwillige (J. W. Schneider)

Der holländische Freiwillige Derk-Elsko Bruins, Richtschütze auf einem Sturmgeschütz
(D. E. Bruins)

Niederländische Waffen-SS ist auf dem Prinsenhof in Den Haag angetreten
(J. W. Schneider)

Staf de Clerq, bis zu seinem Tod im Oktober 1942 Führer des VNV (CGWOII)

Der Flame Remy Schrijnen erhielt das Ritterkreuz am 21. 9. 1944 für seinen Einsatz als Pak-Richt-schütze bei Narwa (R. Schrijnen)

Angehörige der Vlaamsen Wacht ziehen in den Sportpalast von Brüssel ein (CGWOII)

Ein Freiwilliger der Brigade Langemarck begrüßt flämische DRK-Schwestern, Prag 1944 (CGWOII)

Schlacht an der Oder, 23. 4. 1945: Geschütze des 27. Art. Rgt. Langemarck müssen bei Schöningen und Mescherin aus Mangel an Munition und Transportmitteln zurückgelassen werden
(J. Vincx)

lung eingesetzt, die die Mainzer Klubisten objektiver einschätzt und unbefangener würdigt. Was die Kollaborateure des Zweiten Weltkrieges anbetrifft, so wird eine vorurteilsfreie Betrachtung wohl erst dann möglich sein, wenn die Narben des Krieges endgültig verheilt sind.

III   Die Freiwilligen

1. Westeuropa

Holland

Als die Wehrmacht am 10. Mai 1940 die Westoffensive eröffnete, wurden deutsche Stoßtrupps, die die Übergänge über die Maas und den Maas-Waal-Kanal erzwingen sollten, von holländischen Nationalsozialisten unterstützt. Es handelte sich nur um eine Handvoll, etwa 60[1]) im Reich lebende Niederländer, die sich an den landesverräterischen Aktionen beteiligten. Obwohl die Nationaal-Socialistische Beweging der Nederlanden (NSB) mit dem Verrat einzelner nichts zu tun hatte und sich gegenüber Armee und Regierung loyal verhielt, galt sie in den Augen der holländischen Bevölkerung als Fünfte Kolonne Berlins, sie war bis zum Kriegsende als Agent einer feindlichen Macht abgestempelt.

Die 1931 in Utrecht gegründete NSB hatte bei den Provinzwahlen 1935 fast 8% der Wählerstimmen auf sich vereinigen können, aber bereits 2 Jahre später ging ihr Einfluß spürbar zurück, der Stimmenanteil sank bei den Parlamentswahlen auf 4,2%. 1940 verfügte sie noch über 29000 Mitglieder. Parteiführer Adriaan Mussert hatte schon vor der deutschen Besetzung deutlich gemacht, daß er sich eine deutsch-holländische Zusammenarbeit nur bei Anerkennung der Unabhängigkeit seines Vaterlandes vorstellen könne. Ein deutscher Diplomat berichtete im April 1939 über ein Gespräch mit Mussert[2]): »Wenn der Führer, auf dessen Schultern die ganze Macht und die Verantwortung für ganz Europa ruhe, die Niederlande aber zu einem Vasallenstaat machen wolle, hätte die Arbeit der NS-Bewegung in den Niederlanden keinen Sinn und keinen Zweck mehr. Er, Mussert, würde dann die Arbeit seiner Bewegung sofort einstellen.« Diese Linie sollte er bis zum bitteren Ende beibehalten. Er widersetzte sich allen Anschluß- und Eingemeindungsplänen der Deutschen und wurde in seinen öffentlichen Auftritten nicht müde, für die Selbständigkeit Hollands einzutreten[3]): »Wir haben nie verlangt und werden nie verlangen, Deutsche zu werden, so wie ich von einem Deutschen nicht verlange, daß er Holländer wird... Wir lieben unsere Flagge und unser Land, so wie sie ihre Flagge und ihr

Land lieben.« Die Reaktion der Nationalsozialisten ließ nicht lange auf sich warten. Reichskommissar Seyss-Inquart machte kein Hehl aus seiner Abneigung gegen den NSB-Führer[4]): »Mussert: seiner Prägung nach ein liberaler Nationalist mit dem Versuch faschistischer Methoden, der letztlich vor dem Großdeutschen Reich Angst hat.« Musserts politische Linie war mit der der deutschen Nationalsozialisten tatsächlich unvereinbar. Er propagierte ein Großniederländisches (dietsches) Reich, das 14 Millionen Holländer und Flamen, Belgisch-Kongo, die holländischen Kolonien und Südafrika umfassen sollte. Das Dietsche Reich wiederum wollte er in einen germanischen Staatenbund einbringen, der von Deutschland geführt, aber nicht beherrscht werden sollte. Die Konzeption einer übergreifenden europäischen Union stand für Mussert wie für Quisling im Vordergrund der außenpolitischen Überlegungen. In insgesamt fünf Denkschriften versuchte der holländische »Leider« vergeblich den Deutschen die Idee eines germanisch-europäischen Bundes schmackhaft zu machen. Sein letztes Memorandum stammte vom November 1944 und trug den Titel: »Ein Europäischer Block: die ökonomische und militärische Union der Nationen von Europa.«

Ließ sich Mussert somit nicht zu einem gefügigen Adepten der NS-Großraumpolitik umfunktionieren, so schien es 1940, als würden die Deutschen Vertreter der traditionellen holländischen Führungsschicht für ihre Zwecke einspannen können. Der ehemalige Ministerpräsident Hendrik Colijn veröffentlichte im Juni 1940 eine Broschüre mit dem Titel »An der Grenze zweier Welten«, in der er seinen Landsleuten empfahl, sich mit dem deutschen Sieg abzufinden und die Realität der deutschen Führungsrolle anzuerkennen.[5]) De Geer, Ministerpräsident zur Zeit der Invasion, ging sogar noch einen Schritt weiter und kehrte aus dem britischen Exil nach Holland zurück, wo er sich 1942 für die Kollaboration mit der Besatzungsmacht stark machte. Aber diese zaghaften Ansätze eines deutsch-holländischen Frühlings kamen über erste Knospen nicht hinaus, nachdem die verständigungsbereiten holländischen Politiker erkannten, daß von ihnen eine totale Unterwerfung verlangt wurde. Vorbehaltlos auf die deutsche Karte setzten nur wenige Niederländer, unter ihnen das NSB-Führungsmitglied Rost van Tonningen, der schärfste innenpolitische Gegner von Mussert. Rost van Tonningen war bereits in den 30er Jahren als Kommissar des Völkerbundes durch seine stringent großdeutsche und nationalsozialistische Linie aufgefallen.[6]) Nach der deutschen Invasion favorisierte er eine vollständige Integration Hollands in ein Großgermanisches Reich und die Aufgabe der niederländischen Unabhängigkeit. Nach seiner Gefangennahme durch die Alliierten im Mai 1945 erklärte er hierzu[7]: »Ich bekannte mich zur Gleichheit innerhalb eines Germanischen Reiches. Die kurze Erfahrung während der Okkupation hatte mich zu der Überzeugung gebracht, daß eine holländische Quasi-Unabhängigkeit innerhalb einer Germanischen Föderation uns unweigerlich zu einem Protektorat des Reiches machen würde. Ein derartiger Status mußte sicher zu einem Desaster führen wie bei Elsaß-Lothringen nach dem Krieg von 1870.«

Kamen die Deutschen mit ihren Eingemeindungsplänen auf politischer Ebene auch kaum voran, so versuchten sie unverdrossen, die wehrfähige holländische Jugend durch Kriegs- und Militärdienst zu Trägern des Reichsgedankens umzupolen. Eines der Betätigungsfelder der deutschen Behörden war insoweit die holländische Polizei[8], an deren Spitze der HSSuPF Rauter stand. Im Juli 1940 wurde sie durch Freiwillige aus der niederländischen Armee um annähernd 3500 Mann verstärkt. Anfang 1941 vereinheitlichte und zentralisierte Rauter die verschiedenen Polizeiorganisationen. Die holländischen Polizisten erhielten im Lager Schalkhaar eine an SS-Prinzipien orientierte Ausbildung. Der HSSuPF konnte vorerst auch in schwierigen Lagen auf seine holländischen Polizisten zählen: sie halfen beim Abtransport von Tausenden von Juden mit und beteiligten sich an Aktionen gegen den Widerstand. Ab 1943 aber gingen die holländischen Sicherheitskräfte zunehmend auf Distanz zu ihren deutschen Vorgesetzten und setzten sich scharenweise in den Untergrund ab.

Mussert betrachtete die angestrebte Denationalisierung seiner Landsleute mit Sorge. Nachdem Hitler am 25. 5. 1940 die Aufstellung der SS-Standarte Westland angeordnet hatte, versuchte der NSB-Führer, der die Werbung von Holländern für die Waffen-SS als »Schlag ins Gesicht«[9] auffaßte, seinen Parteimitgliedern den Eintritt in die Schutzstaffel zu verbieten. Er sprach von »Landesverrat«, aber sein Verdikt scheint sich nicht überall herumgesprochen zu haben, denn im Februar 1941 verfügte Westland über 600 holländische Freiwillige. Widerstand setzte Mussert anfangs auch der Gründung einer niederländischen SS als Gegenstück zur allgemeinen SS im Reich entgegen. Er erkannte, daß diese Organisation darauf angelegt war, seine in deutschen Augen »separatistische« Bewegung auszuhöhlen und ihre Mitglieder auf einen pandeutschen Kurs einzuschwören. Verhindern konnte er den Aufbau der niederländischen SS unter J.H. Feldmeijer nicht. 1942 in Germaansche SS en Nederland umbenannt, brachte es diese auf eine Maximalstärke von etwa 4000 Mann.[10]) Zusätzlich wurden aus im Reich lebenden Holländern germanische Sturmbanne aufgestellt, in die 7000 Niederländer eintraten.

Im Februar 1941 stellte Mussert seine Vorbehalte gegenüber dem Eintritt von NSB-Leuten in die Waffen-SS zurück.[11]) Damit war die Hoffnung verbunden, daß die holländische Waffen-SS den Kern für eine künftige Nationalarmee abgeben würde. Nachdem die Standarte Westland Bestandteil der Division Wiking geworden war, befahl Himmler am 3. 4. 1941 die Aufstellung einer neuen Formation aus holländischen und flämischen Freiwilligen, die den Namen Freiwilligenstandarte Nordwest erhielt. Einer der niederländischen Freiwilligen war der am 20. 03. 1923 in Vlagtwedde/Provinz Groningen geborene Derk Elsko Bruins. Er stammte aus einer NSB-Familie, sowohl die Mutter als auch der Vater waren Parteimitglieder. Der 18jährige, Parteinummer 158 364, träumte von einem solidarischen germanischen Europa, als er in die Freiwilligenstandarte eintrat. Schon bald erhielt sein Enthusiasmus einen ersten Dämpfer. Die Ausbildung in Hamburg-Langenhorn empfand Bruins als dermaßen entwürdigend, daß er zu Fuß von Hamburg nach Groningen zurückgegangen wäre, wenn er die Möglichkeit dazu gehabt hätte.[12]) Die deutschen Ausbilder scheinen in keiner Weise auf ihre holländischen Rekruten vorbereitet gewesen zu sein, denn sie warfen den Niederländern vor: »In 5 Tagen habt ihr den Krieg verloren.« Ähnliches weiß der am 27. 4. 1922 geborene Freiwillige Jurrien van der Wal zu berichten. Er, vor dem Krieg Büroangestellter, trat am 5. 1. 1941 in die Waffen-SS ein. Seine Eltern waren verschuldete Kleinbauern, van der Wal sah für sich in Holland keine berufliche und ökonomische Zukunft mehr. Da er außerdem deutschfreundlich, antikommunistisch und ein bißchen abenteuerlustig war, hatte sich zum Dienst in der Waffen-SS verpflichtet. Seine Ausbilder bewiesen ein erstaunliches Maß an psychologischem Unvermögen, als sie durchblicken ließen: »Eigentlich seid ihr ja Landesverräter.«[13]) Nichts auszusetzen an der Behandlung durch die deutschen Vorgesetzten hatte demgegenüber der am 1. 5. 1922 in Haarlem geborene Heinz Slegtenhorst. Vor dem Krieg Schüler und seit seinem 18. Lebensjahr NSB-Mitglied, war es ein ganzes Bündel von Motiven, das ihn zum Eintritt in die Waffen-SS bewog. Seine politische Einstellung verband sich mit der Begeisterung für die deutsche Elitetruppe. Hinzu kam seine Vorstellung, daß mit der wachsenden Zahl von Holländern in der Waffen-SS die Chancen für eine Unabhängigkeit der Niederlande proportional steigen würden.[14] Slegtenhorst glaubte zudem an die Möglichkeit, bei Kriegsende würde ein germanisch-europäischer Bund unter der Schirmherrschaft des Großdeutschen Reiches entstehen. Aus dem Kreis der NSB-Idealisten stieß auch Paul van Tienen zur Waffen-SS. Am 5. 11. 1921 auf Java geboren und seit November 1939 Mitglied der Mussert-Partei, wurde van Tienen in den Tagen der deutschen Invasion ein Opfer der hysterischen Spionagefurcht der holländischen Behörden. Sie sperrten ihn unter der absurden Anklage ein, er habe den 50 Kilometer entfernten deutschen Truppen Lichtsignale gegeben und verurteilten ihn zum Tode. Von der Wehrmacht befreit, meldete er sich bereits im Juli 1940 zur Standarte Westland. Über seine Motivation berichtet er rückblickend[15]): »Ich kämpfte in erster Linie für meine Heimat, bewunderte jedoch das nationalsozialistische Deutschland, begeisterte mich für eine germanische Volksgemeinschaft, sah jedoch immer als Endziel Europa.«

Nordwest verfügte Ende August 1941 über 1400 holländische, 805 flämische und 108 dänische Freiwillige. Einen Monat später wurde die Einheit zugunsten der neu entstandenen holländischen und flämischen Legion aufgelöst. Zu diesem Zeitpunkt betrug der holländische Anteil an der Division Wiking 821 Mann. Den Namen Nordwest übernahm das in Den Haag stationierte SS-Wachbataillon 3[16]), das über vier Kompanien verfügte und auch zur Bewachung holländischer Konzentrationslager eingesetzt wurde.

Am 30. 6. 1941 meldete der Vertreter des Auswärtigen Amtes beim Reichskommissar nach Berlin, die NSB und die voll auf nationalsozialistischer Linie liegende NSNAP[17]) unter Ridder van Rappard hätten bisher 4000 Mann für die Waffen-SS und 4000 Mann für das NSKK gestellt.[18]) Kurze Zeit später, am 10. Juli, gab Seyss-Inquart die Aufstellung einer neuen Freiwilligeneinheit bekannt, die speziell zum Einsatz gegen die Sowjetunion bestimmt war. Bei diesem Verband, der Freiwilligen Legion Niederlande, handelte es sich ebenso wie bei den Legionen Norwegen und Flandern sowie dem Freikorps Danmark nicht um eine SS-Truppe im engeren Sinn, sondern um eine geschlossene Einheit unter nationaler Führung[19]), die nicht das Recht hatte, Kragenspiegel mit den SS-Runen zu tragen. Für viele holländische NSB-Mitglieder und Kollaborateure stellte die Legion den Ausgangspunkt eines künftigen nationalen Heeres dar, ein Umstand, der sie in rechten Kreisen populär machte. Ein erstes Kontingent der Legion verließ bereits im Juli Holland. Die deutschen Anwerbekommissionen hatten sich ihre Arbeit leicht gemacht. Weder fand eine medizinische Untersuchung statt, noch wurden Strafregisterauszüge der Freiwilligen eingeholt. So schmuggelte sich manches schwarze Schaf in die Einheit. Die laschen Eintrittskonditionen waren andererseits die Rettung für einige Juden, denen es wohl gelungen ist, sich der Legion anzuschließen und damit der Deportierung in Vernichtungslager zu entgehen.[20])

An einer effektiven deutschen Organisation scheint es während der gesamten ersten Rekrutierungsphase gemangelt zu haben. Der Transportzug der Niederländer erhielt bis Debica (Polen) keine Verpflegung, die Stimmung der Freiwilligen sank auf den Nullpunkt, zumal die deutsche Bevölkerung auf die mit holländischen Aufschriften versehenen Waggons mit kühler Zurückhaltung reagierte.[21]) Die erste Registrierung der Freiwilligen fand in Debica statt, anschließend verlegte die Truppe nach Arys-Süd. Einige Niederländer, die über die Stränge schlugen, machten schon bald Bekanntschaft mit dem berüchtigten SS-Straflager Danzig-Matzkau. Ein zweites Aufgebot holländischer Freiwilliger verließ am 17. August 1941 die Heimat. Anfang 1942 umfaßte die Legion 2933 Mann, darunter 2207 Niederländer. Mit nur 28 Offizieren und Unteroffizieren waren diese im Führungskader stark unterrepräsentiert. Reibereien zwischen Deutschen und Holländern und kleinliche Schikanen des Ausbildungspersonals hielten an. So mußte bis September 1942 ein Viertel der insgesamt 9600 SS-Freiwilligen demotiviert und enttäuscht entlassen werden. Die Legion kam im Januar 1942 an der Wolchow-Front zum Einsatz. Bereits Ende März wurde sie aus der Front genommen, nachdem sie 80% Verluste erlitten hatte.[22]) Wieder aufgefrischt, blieb die Einheit bis April 1943 an der Nordfront. Am 20. Mai 1943 fand in Grafenwöhr die Auflösung der Freiwilligen-Legion statt. Die nationalen Verbände wurden zu größeren internationalen Einheiten umstrukturiert. Diese Maßnahme war nicht nur eine militärische Notwendigkeit, sondern diente gleichzeitig dazu, die Freiwilligen von den in deutschen Augen unbotmäßigen Kollaborationsparteien abzukoppeln. Felix Steiner, Kommandeur der SS-Division Wiking, hatte am 16. 9. 1942 an Berger geschrieben[23]): ». . . werden die Legionen als das Schoßkind der Parteien von diesen gepflegt und gefördert. Die germanische Idee wird aber dort zwangsläufig nicht gefördert.« Die holländischen Freiwilligen sollten ursprünglich der Division Nordland zugewiesen werden, da Mussert aber auf die Beibehaltung eines nationalen Verbandes drängte, entstand die 4. SS-Freiw.-Pz.-Gren.-Brigade Nederland, in die etwa 1700 überlebende holländische Ostfrontveteranen, 3000 neue Rekruten aus den Niederlanden und zahlreiche Volksdeutsche aus Rumänien eintraten. Die deutschen Musterungskommissionen konnten es sich, nachdem die nachlässige Phase vom Juli 1941 überwunden war, im übrigen noch 1943/44 leisten, bei den holländischen Freiwilligen einen scharfen Ausleseмaßstab anzuwenden, da sich stets genügend Bewerber meldeten. So wurden regelmäßig Freiwillige wegen mangelnder Tauglichkeit zurückgewiesen, bis Ende 1944 die strengen Auswahlkriterien aufgegeben werden mußten.[24]

In Holland selbst hatten sich 1944 die innenpolitischen Fronten polarisiert. Die Situation spitzte sich sowohl zwischen der moderaten Mussert-Mehrheit in der NSB und den Anschlußanhängern um Rost van Tonningen zu, als auch zwischen den Kollaborateuren und dem Widerstand. Die NSB war zwar auf rund 100000 Mitglieder angewachsen, aber in ihren Reihen standen zahlreiche Opportunisten und Profiteure, die auf rasche Karriere hofften. Nicht alle NSB-Mitglieder hatten das intellektuelle Niveau des Wirtschaftswissenschaftlers und Soziologen R. van Genechten, der für seinen Beitritt zur Mussert-Bewegung folgende Gründe anführte[25]): Die amerikanische Dominanz über den Kontinent durch eine europäische Einigung mit der Zentralmacht Deutschland als Herzstück zu verhindern; ein Bollwerk gegen die sowjetische Penetration von Europa zu errichten; der Vermassung und sozialen Desintegration Einhalt zu gebieten. Von diesen hehren Zielen war der Untergrundkampf zwischen Widerstandsbewegung und NSB weit entfernt. Im Februar 1943 hatte der schmutzige Krieg mit der Ermordung von General Seyffardt, dem Ehrenkommandeur der Legion Niederlande, begonnen. Zwischen Februar und September 1943 starben 40 NSB-Mitglieder unter den Schüssen von Attentätern, im Jahr 1944 wurden 300 holländische Kollaborateure ermordet.[26] Der englische Geheimdienst wies den Untergrund in Holland an, 14 NSB-Führer zu liquidieren.[27] Wie in Dänemark, so griffen deutsche Dienststellen und einheimische Kollaborateure auch in den Niederlanden zum untauglichen Mittel des Gegenterrors. Die Germanische SS stellte ein »Sonderkommando Feldmeijer« auf, das in Nacht-und-Nebel-Aktionen etwa 45 dem Widerstand nahestehende Personen tötete (Aktion Silbertanne).[28] Musserts Proteste gegen diese Repressalien verhallten ungehört.

Der »Leider« zerrieb sich in einem Vielfrontenkrieg gegen den anglophilen Widerstand, den annexionistischen Flügel seiner eigenen Partei und deutsche Dienststellen. Er mußte es hinnehmen, daß in Valkenburg und Heitjhuijsen germanische Reichsschulen errichtet wurden, die den Holländern den nationalsozialistischen Reichsgedanken einimpfen sollten. Mussert brandmarkte die deutsche Denationalisierungspolitik als Imperialismus, die NSB-Zeitung »Volk en Vaderland« zog im Mai 1943 Vergleiche zwischen der Okkupation der Niederlande durch Napoleon und Hitler.[29] Noch deutlicher wurde Mussert gegenüber dem Ritterkreuzträger Mooyman[30]: »Aus der Gleichberechtigung wird in den Niederlanden nichts ... Wenn man spricht vom germanischen Reich, dann meint man das deutsche Reich und will man die Niederlande einverleiben. Wenn das geschieht, wird es nur über meine Leiche sein.«

Holländer in deutschen Diensten*

Polizei	18 000
Waffen-SS	25 000
Germaansche SS en Nederland	4 000
Germanische Sturmbanne (Holländer in Deutschland)	7 000
Heer	800
Marine	1500
NSKK	9 000
OT Schutzkommandos, Teno, SS-Postschutz etc.	10 000

* Doppelmitgliedschaften durch Fluktuation zwischen den einzelnen Einheiten wahrscheinlich.

Vor dem Hintergrund dieser ideologischen und politisch-nationalen Auseinandersetzungen vollzog sich der Aufbau einheimischer Freiwilligenverbände in Holland mit geradezu erstaunlicher Effektivität. Seit August 1941 war die Zugehörigkeit zu den paramilitärischen Weer Afdeelingen (WA) für alle männlichen NSB-Mitglieder im Alter von 18 bis 40 Jahren verbindlich. Nahezu der gesamte Bestand an Männern und Jugendlichen innerhalb der NSB wurde durch die verschiedensten

Kampf- und Hilfsformationen aufgesogen. Holländer – etwa 1500 – dienten in der deutschen Kriegsmarine, darunter 300 in der Ijsselmeer-Flottille, weitere in der Technischen Nothilfe (Teno), den Schutzkommandos der OT, in Wachabteilungen und im SS-Postschutz.[31]) Der Zustrom zum NSKK war so groß, daß Rauter im November 1943 den Eintritt von Holländern unter 30 Jahren in diese Formation verbot. Nicht genug der einzelnen Verbände, wurde im März 1943 als eine Art Territorialgarde der Landstorm gegründet, dem NSB-Mitglieder im Alter von 17 bis 50 Jahren angehörten. Hinzu trat im November 1943 eine Landwacht, die keinen eigentlichen Kampfauftrag hatte, sondern als interne Sicherheitstruppe und zum Schutz der Kollaborateure eingesetzt werden sollte. Im Herbst 1944 bekämpften drei Landstorm-Bataillone britische und kanadische Truppen, die in Holland vorstießen. Das Jahr 1944 forderte von den niederländischen Ostfrontfreiwilligen ungewöhnlich hohe Opfer. Die Brigade Nederland verlor allein im Zeitraum vom 1. 1. bis 13. 4. 1944 3728 Mann an Toten, Verwundeten und Vermißten. Nach Ansicht ihres Kommandeurs war die Einheit nur noch »bedingt zur Abwehr geeignet«.

4. SS-Freiw.Pz.Gren.Brig. »Nederland«

Verluste der 4. SS-Freiw.Pz.Gren.Brig. Nederland in der Zeit vom 1. 1.–13. 4. 1944 (abzügl. der bei der Truppe Verbliebenen)

	Führer	Unterführ.	Mannsch.
Stabs-Kompanie	4	7	47
SS-Freiw.Pz.Gren.Rgt. 48	32	252	1410
SS-Freiw.Pz.Gren.Rgt. 49	30	161	1257
SS-Aufklärungs-Kp. 54	3	18	93
s.SS.-Pz.Jg.Abt. 54	5	15	73
I./SS-Art.Rgt. 54	3	35	54
SS-Pionier-Btl. 54	9	10	175
SS-Sanitäts-Kp. 54	1	–	6
SS-Feldgendarmerietrupp 54	–	3	2
SS-Nachrichten-Kp. 54	–	1	19
SS-Wirtschafts-Kp. 54	–	–	3
zus.:	87	502	3139

Im Juli 1944 schlossen die Sowjets an der Narwa-Front nahezu das gesamte 48. SS-Freiw.Pz.Gren.Rgt. General Seyffardt der Brigade ein und vernichteten es fast vollständig. Oberscharführer Heinz Slegtenhorst, der sich mit 8 Mann, dem Rest eines Pionierzuges, zu den deutschen Linien durchschlug, erinnert sich[32]): »Wir wurden praktisch wie die Kaninchen gejagt.« Mit der für die Waffen-SS typischen Mischung aus Sarkasmus und Trotz sangen die holländischen Freiwilligen, die der Hölle von Narwa entkommen waren[33]):

»Auf dem Weg nach Narwa da steht ein Bataillon
das sind die letzten Reste von Neerlands Division.
Sie mochten so gerne Moskau sehen,
aber mußten leider stiften gehen
wie einst Napoleon!«

Daß die überlastete Front überhaupt noch hielt, dafür hatte sich die deutsche Führung bei einigen Draufgängern zu bedanken, die buchstäblich nichts aus der Ruhe bringen konnte. Hierzu zählte auch Rottenführer Derk Elsko Bruins, der nach einer Erkrankung nicht zu seinem Ersatztruppenteil (Pak) zurückkehrte, sondern an die Narwa-Front »desertierte«, wo er sich in eine Sturmgeschützeinheit hineinmogelte. Am 26. Juli 1944 erhielt seine Einheit den Befehl, mit drei Sturmgeschützen dem hoffnungslos eingekesselten Regiment General Seyffardt zur Hilfe zu kommen. Der Einsatz scheiterte, aber Richtschütze Bruins, dessen Wagen als einziger zurückkam, hatte 8 sowjetische Panzer abgeschossen.[34]) Am 19. 9. 1944 erhielt Bruins das Ritterkreuz.

Die Brigade Nederland, aus der im Dezember 1944 dem Namen nach die 23. SS-Freiwilligen-Panzer-Grenadier-Division wurde, kämpfte um die Jahreswende 1944/45 im Kurlandkessel, bis sie Ende Januar den Befehl zum Rücktransport ins Reich erhielt. Zu diesem Zeitpunkt hatte das Regiment 49 noch eine Gefechtsstärke von 80 Mann.[35]) Während der Evakuierung sank der deutsche Transporter »Moira«. Nach einer kurzen Neuaufstellung kam die Division in Pommern zum Einsatz und wurde erheblich dezimiert. Die Hälfte ihres Bestandes verlor sie schließlich im Halbekessel bei Berlin.

Zu diesem Zeitpunkt wurden auch in Holland selbst die letzten Patronen verschossen. Die Alliierten hatten im Herbst 1944 bereits einen Teil der Niederlande besetzt, in dem noch unter nationalsozialistischer Herrschaft stehenden Gebiet mobilisierten die Deutschen die letzten Reserven. Im November 1944 entstand aus dem Landstorm Nederland die SS-Freiwilligen-Grenadier-Brigade gleichen Namens, in der auch das SS-Wachbataillon 3 Nordwest aufging. Überstellt wurden der Brigade aus dem Reich 6000 holländische Angehörige der Germanischen Sturmbanne. Im Winter 1944/45 meldeten sich zudem noch zahlreiche Niederländer zum Landstorm. Man darf unterstellen, daß bei diesem Engagement der letzten Stunde der Hunger eine große Rolle spielte, denn im Winter 1944/45 starben in der Festung Holland rund 15000 bis 18000 Niederländer an Unterernährung und mangelnder Fürsorge.[36]) Der Beitrag der Brigade an den Kämpfen gegen die Alliierten war bescheiden, immerhin erwähnte der deutsche Wehrmachtsbericht am 23. 2. 1945 noch einen erfolgreichen Vorstoß der niederländischen Waffen-SS in Mittelholland.[37]) Einen Monat später wurde der Verband als 34. SS-Grenadier-Division Landstorm Nederland geführt. Als im April 1945 auch die Landwehr zum Fronteinsatz herangezogen werden sollte, rebellierten einige Hundert holländische Angehörige dieser Formation. Die Deutschen internierten die Dienstunwilligen für kurze Zeit im KZ Amersfoort. Am 8. Mai 1945 zogen die holländischen Frontfreiwilligen Bilanz: 10000 von ihnen waren auf deutscher Seite gefallen.[38])

Nach der deutschen Kapitulation stellte sich auch für die holländische Regierung die Frage, wie sie mit den rund 50000 Landsleuten, die der Besatzungsmacht militärisch geholfen hatten und mit den zahlreichen Zivilkollaborateuren verfahren sollte. Man entschied sich vorerst für eine harte Linie. Nahezu jeder 70. Holländer wurde verhaftet.[39]), 106 Internierungscamps nahmen die Gefangenen auf. Die Behandlung war in den Anfangsmonaten zum Teil so erniedrigend und unmenschlich, daß holländische Juristen konstatierten[40]): »Es passierten so widerliche Sachen, daß sie als schwarze Seite in unserer nationalen Geschichte angesehen werden müssen.« Ritterkreuzträger Derk Elsko Bruins, der im Sommer 1945 auf einem Truppenübungsplatz bei Arnheim interniert war, berichtet, daß die Ruhrkranken im Dauerlauf zu den Toiletten geschickt wurden. Fiel jemand in Schritt, begann das Wachpersonal zu schießen.[41]) Vereinzelt kamen Fälle von Lynchjustiz vor, es ist nicht ausgeschlossen, daß auch Rost van Tonningen auf diese Weise ums Leben kam.[42])

»Die tatsächlichen Todesumstände meines Mannes, Dr. M.M. Rost van Tonningen.

Mein Mann war Präsident der Niederländischen Bank und Finanzminister in den Niederlanden zur Zeit der deutschen Besatzung. Er wußte alles von der

Kollaboration heute noch führender Männer aus Wirtschaft und Politik in den Niederlanden. Das war Grund genug, ihn für immer zum Schweigen zu bringen.

Anfang 1945 hat er sich freiwillig zur Front gemeldet, da er meinte, daß die Waffen nun entscheiden müßten, ob Europa bolschewistisch werden sollte oder nicht. Das fatale Ende ist jedem bekannt.

Er kam am 8. Mai 1945 als Offizier der SS-Division ›Landstorm Nederland‹ in Elst (Holland) in kanadische Kriegsgefangenschaft der Alliierten. Dieses ist ihm durch eine Erklärung kanadischer Offiziere schriftlich ausdrücklich bestätigt worden. Trotz dieses klaren Sachverhaltes wurde er Anfang Juni 1945 von der Regierung der Niederlande als politischer Häftling ausgesondert. Er kam in das Gefängnis in Utrecht, wurde dann aber in die Zellenbaracken Scheveningen (Den Haag) verschleppt. Dort wurde er dem Pöbel ausgeliefert. Er ist furchtbar mißhandelt und gefoltert worden, nicht um Geständnisse zu erreichen – sondern aus purem Sadismus. Wahrscheinlich ist eine Prämie für seinen Tod ausgesetzt worden. Am 6. Juni ist er angeblich gestorben, nachdem er aus dem höchsten Stock des Gefängnisses gestürzt worden war.

Im Kriegsgefangenenlager in Elst hatte mein Mann zu seinen Kameraden immer wieder gesagt, er würde sich gerne einem ordentlichen Gericht stellen, um sich zu verantworten. Er hat niemals eine Anklage bekommen und auch kein ordentliches Gerichtsverfahren gehabt. Beachtlich ist, daß auch in den rückliegenden Jahren, von der niederländischen Regierung, gegen meinen verstorbenen Mann keinerlei Anklage erhoben wurde. Vom Procureur-Fiscal wurde lediglich mitgeteilt, daß, wegen Nichtvorhandenseins eines Vermögens, von einer Verfolgung abgesehen worden sei. Das Vermögen meines Mannes wurde aber entschädigungslos enteignet. Ich selbst bekam nie eine offizielle Bescheinigung über den Tod meines Mannes.

Im Jahre 1949 kam ich aus der Gefangenschaft. Wegen der Beschlagnahme unseres gesamten Vermögens (Haus, Inventar, Geld, Rücklagen, Pensionen ... alles) forderte ich von der Vermögensverwaltung eine Abrechnung. Ich ersah, daß ein Posten in Höhe von 36 Gulden und 60 Cent an die Stadtreinigung bezahlt worden war. Nach Erkundigung erfuhr ich, daß dieser Posten für die Beseitigung der Leiche meines Mannes gewesen sei. Ich habe den Arzt, der den Tod meines Mannes bestätigte, gesprochen. Die Leiche meines Mannes wies Spuren schrecklicher Folterungen auf. Er wurde nach dem Friedhof Wittebrug (Den Haag) gebracht, laut Aussage des Arztes. Ich ging dorthin, und sprach mit dem Direktor des Friedhofes. Er sagte mir, die Akten seien geheim und er dürfe keine Aussage machen. Dennoch zeigte er mir auf dem Armenfriedhof ein Massengrab mit vielen Verstorbenen.

Nie hat mein Mann an Selbstmord gedacht, er stand immer gerade für seine Taten, er glaubte sich für alles was er getan hat, vor einem ordentlichen Gericht verantworten zu können. Zeugenaussagen und viele Unterlagen, von zum Teil sehr bekannten Persönlichkeiten, sind in meinem Besitz.«

Velp, den 12. November 1982
Holland

Gezeichnet:
Frau F.S. Rost
van Tonningen-Heubel

Die holländische Regierung führte rückwirkend zwei neue Straftatbestände ein, verschärfte rückwirkend Strafandrohungen und beauftragte Sondergerichte mit der Aburteilung von Kriegsverbrechern und Kollaborateuren. Bis zum 1. 11. 1948 hatten Gerichte 47266 Urteile gefällt. 28151 Kollaborateure erhielten 1–5 Jahre Gefängnis, Strafen von 5–10 Jahren wurden 1303 mal verhängt und 531 Personen mußten für zehn Jahre hinter Gitter.[43] Die Strafe für Frontfreiwillige scheint im Durchschnitt 4–8 Jahre betragen zu haben. Derk Elsko Bruins kassierte – in Abwesenheit – 4 Jahre, sein Vater wurde 1945 von Widerstandskämpfern erschlagen. Paul van Tienen, bei Kriegsende Obersturmführer und Absolvent der Junkerschule Prag, erhielt 8 Jahre Freiheitsstrafe, nachdem er kein Schuldbekenntnis ablegen wollte. Verbüßen mußte er nahezu fünf Jahre.[44]) Franz Slegtenhorst, den 1,95 m großen und 105 kg schweren Hünen, traf ein besonders schweres Schicksal, als er am 1. 6. 1945 in US-Kriegsgefangenschaft geriet. Er wurde in der Kaserne von Holzminden durch amerikanische Verhörspezialisten derartig mißhandelt, daß die Ärzte folgende Frakturen und Verletzungen feststellten: Schädelfraktur, Nasenscheidewandbruch, Jochbeinbruch, Fraktur dreier Rippen, linker Hoden zerquetscht.[45]) Die Behandlung der holländischen Frontfreiwilligen besserte sich in dem Maße, in dem die Erinnerungen an die deutsche Besatzung in den Niederlanden verblaßten. Jurrien von der Wal stand erst im Mai 1949 vor den Schranken des Groninger Kantonsgerichts, das eine Strafe von 6 Jahren Internierung verhängte.

Van der Wal meldete sich freiwillig zur Schwerarbeit in einer Zeche. Nach 1½ Jahren Arbeitseinsatz im Lager Brunssum kam er frei. Die Behandlung während seiner Internierung bezeichnet er als zufriedenstellend.[46])

In der ersten Phase der Internierung der niederländischen Freiwilligen befragte der holländische Psychologe Dr. A.F.G. van Hoesel 450 junge Männer nach den Gründen für ihr Engagement. Seine Untersuchung[47]) bleibt in vielen Punkten unbefriedigend. Kann man einige statistische Angaben nachvollziehen – Motiv: Flucht vor der Polizei = 4% der Befragten, Motiv: Abenteuerlust = 15%, und berufsmäßiges Engagement (Pilot, Mechaniker) = 2% – so fällt auf, daß Dr. van Hoesel politischen Idealismus nur 3% der Explorierten zubilligt. Zu diesem Ergebnis gelangt er durch die merkwürdige statistische Einordnung, den 41% der Befragten, die als NSB-Mitglieder und Sympathisanten »automatisch« volontierten, jeden politischen Idealismus abzusprechen.

Internierung war nicht die einzige Strafe für die holländischen Kollaborateure. In 60000 Fällen verloren Niederländer ihre Staatsangehörigkeit. Eine 1951 beschlossene Renaturalisierung ermöglichte jedoch die Rückintegration der Staatenlosen. Nicht mehr ungeschehen machen ließen sich die vollzogenen Todesurteile. Unter Verzicht auf die rechtsstaatliche Tradition der Niederlande war die 1870 abgeschaffte Todesstrafe im Dezember 1943 mit retroaktiver Wirkung eingeführt worden. Sondergerichte verhängten insgesamt 154 Todesurteile, 42 Delinquenten wurden bis 1952 hingerichtet.[48])

Flandern

»Für die Vorwürfe der deutschfreundlichen Gesinnung, die man
uns ... macht, kennen wir nur eine
Antwort: Kein Flame kann je daran
denken, Flandern zu einem deutschen
Protektorat zu machen.«
Gustave De Clerq, Mai 1939

Nach der Einrichtung der deutschen Militärverwaltung im Königreich Belgien erhielt der deutsche Militärbefehlshaber die Direktive, den flämischen Bevölkerungsteil gegenüber dem wallonischen zu bevorzugen, standen die Flamen in der Werteskala der Berliner Rassefanatiker doch an führender Stelle. Aber selbst die ins Auge gefaßte Entlassung aller flämischer Kriegsgefangenen wurde nie realisiert[1]), wenn auch ein Großteil die Lager verlassen durfte. Der flämische Journalist und Nationalist Ward Hermans etwa erreichte im November 1940 durch eine Intervention bei Rudolf Heß, daß rund 79000 Flamen freikamen.[2]) Die belgische Bevölkerung, die zum überwiegenden Teil das Vertrauen in die parlamentarische Demokratie verloren hatte, stand den deutschen Invasionstruppen anfänglich wohlwollend-abwartend gegenüber. Diese Einstellung wird durch die große Zahl freiwilliger belgischer Arbeiter dokumentiert, die im Reich Beschäftigung suchten. Im Juni 1941 hatten bereits 50000 Belgier ihre Heimat verlassen, am 28. 5. 42 wurde in Brüssel der 300000ste freiwillige Arbeiter für die deutsche Rüstungsindustrie verabschiedet.[3]) Sympathie schlug den Deutschen insbesondere aus den Kreisen der flämischen Erneuerungsbewegungen entgegen. Die stärkste Kraft der flämischen Nationalisten war der 1933 gegründete und von Gustave De Clerq geführte Vlaamsch Nationaal Verbond (VNV). Zusammen mit anderen flämischen Gruppierungen hatte der VNV 1936 als Vlaamser Blok 166000 Stimmen und damit 12,7% der flämischen, bzw. 7% der belgischen Wähler für sich gewinnen können. Mit über 184000 Stimmen baute der flämische Block seine Stellung bei den Wahlen von 1939 weiter aus.

Der VNV vertrat wie die NSB in den Niederlanden den großdietschen Gedanken und forderte ein großniederländisches Reich unter Einschluß Luxemburgs und Französisch-Flanderns. Innenpolitisch befürwortete der VNV ein solidaristisches, volkskorporatives Programm. Die Bewegung, die 1939 etwa über 25000 bis 30000 Mitglieder verfügte, wies außer einem pronationalsozialistischen rechten Flügel um Ward Hermans und Raymond Tollenaere einen gemäßigten Flügel um Dr. Hendrik Elias auf, der die Politik des VNV bestimmte. Neben dem VNV existierte noch eine flämische Sektion der Rexisten (Rex-Vlaanderen) und der 1931 gegründete Verbond van Dietsche Nationaal-Solidaristen (Verdinaso), der sich 1934 von flämischen Separatismus losgesagt hatte. Im Mai 1941 wurden sowohl Rex Vlaanderen als auch der Verdinaso mit dem VNV verschmolzen. Der größte Konkurrent des VNV, die 1935 entstandene Deutsch-Flämische Arbeitsgemeinschaft De Vlag, blieb von dieser Fusion unberührt. De Vlag um den Lehrer Dr. Jef van de Wiele entwickelte sich zu Himmlers Partei in Belgien und forderte unverhohlen die Errichtung eines flämischen Reichsgaus. Das politische Glaubensbekenntnis der Gruppe ließ für die flämische Eigenständigkeit kaum mehr Raum: »1. Uneingeschränkte Treue zum Nationalsozialismus. 2. Uneingeschränkte Treue zum Reich. 3. Uneingeschränkte Treue zum Führer.[4]) Die Linie des VNV blieb demgegenüber in Übereinstimmung mit dem flämischen Nationalismus. So hatte De Clerq im Juni 1940 an die Militärverwaltung das Projekt eines autonomen dietschen Staates herangetragen. Den Nationalsozialisten aber war der selbständige dietsche Gedanke als Konkurrenzmodell zum großgermanischen Konzept verhaßt. Heydrich befahl im Dezember 1941, jede pro-dietsche Propaganda in Holland und Flandern mit allen Mitteln zu unterbinden.

Der Dauerkonflikt zwischen dem auf Eigenstaatlichkeit bedachten VNV, der für eine Föderation germanischer Staaten eintrat, und der eindeutschungswilligen De Vlag begann bereits 1940, als Ende September die Algemeene SS-Vlaanderen gegründet wurde, die ab Oktober 1942 als Germanische SS in Flandern auftrat. Diese neue Formation sollte nach Ansicht des SS-Hauptamtschefs Berger alle Flamen aufnehmen, »die bereit sind, sich für ein großgermanisches Reich einzusetzen, und den engen Anschluß Flanderns an Deutschland, notfalls mit Gewalt, zu erzwingen«.[5]) Der VNV verbot seinen Mitgliedern, sich der Algemeenen SS anzuschließen, van de Wiele unterstützte die Truppe. Gleichwohl setzte auch Gustave De Clerq auf die Karte der militärischen Kollaboration, als er im April 1941 die VNV-Mitglieder aufrief, sich der SS-Standarte Westland anzuschließen. Sein Appell hatte nicht zuletzt innenpolitische Gründe: De Clerq wollte sich nicht durch die Deutsch-Flämische Arbeitsgemeinschaft überspielen lassen und hoffte – vergeblich –, die Algemeene SS würde dem VNV unterstellt und könnte damit neutralisiert werden. Der Zustrom zu der bereits im Juni 1940 aufgestellten SS-Standarte Westland in Flandern war recht bescheiden, zumal auch der Verdinaso die Werbung nicht unterstützte. Im September 1940 befanden sich erst 45 Flamen in dem Verband. Die am 3. April 1941 ins Leben gerufene SS-Freiwilligenstandarte Nordwest hatte größeren Zulauf, nachdem der Leiter der Algemeenen SS, René Lagrou, und der Führer der VNV-Miliz Dietse Militie – Zwarte Brigade, Raymond Tollenaere, sich der Werbung annahmen. Vom 14. April bis zum 21. Mai rückten 450 flämische Freiwillige in die Germania-Kaserne in Hamburg-Langenhorn ein, am 1. Juli 1941 betrug der Anteil Flamen bei den Standarten Westland und Nordwest 1200 Mann.[6])

Nach dem deutschen Angriff auf die Sowjetunion schwenkten Verdinaso und VNV vollständig auf die Linie der militärischen Zusammenarbeit mit dem Reich ein. De Clerq und SS-Hauptsturmführer Leib unterzeichneten am 2. 8. 41 gemeinsame Richtlinien für die Legion Flandern[7]), wobei der VNV-Chef besonderen Wert darauf legte, daß die national-flämischen Interessen innerhalb der Legion gewahrt wurden. Die Deutschen setzten sich über zahlreiche Punkte des Abkommens hinweg: weder war die Befehlssprache innerhalb der Legion flämisch, noch wurden die VNV-Freiwilligen in besonderen Kompanien zusammengefaßt, noch der Kommandeur in Übereinstimmung mit dem VNV-Chef berufen. Am 6. August 1941 verließen die ersten 405 Flamen Brüssel, um sich der neuen Einheit anzuschließen. Zusammen mit den von der Standarte Nordwest abgestellten flämischen Freiwilligen bildeten sie den Stamm für die Freiwilligen-Legion. Schon bald hagelte es Beschwerden von Seiten der enttäuschten Flamen, da die Deutschen ihre gegebenen Zusagen nicht einhielten, Freiwillige geprügelt und beschimpft wurden.[8]) De Clerq gab die Beschwerden an Himmler weiter, worauf sich das Betragen des deutschen Kaderpersonals besserte. Am 28. November 1941 betrug die Gefechtsstärke der Legion 1015 Mann, zwei Wochen später rückte die Einheit zum Nordflügel der Ostfront ab. Nach der Schlacht um Kopzy, bei der die Legion Flandern dem 424. Regiment der deutschen 126. Infanteriedivision unterstellt war, sank die Kampfstärke Ende Februar 1942 auf 386 Mann. Die Flamen hatten das Gefühl, sie müßten für das deutsche Regiment die Kastanien aus dem Feuer holen. Im Mai traf für die angeschlagene Truppe der erste Ersatz ein.

1942 stieß auch der am 23. 7. 1915 in Winksele/Flandern geborene Albert Hendrickx zur Legion. Er war seit 1933 Mitglied des VNV und übte vor dem Krieg den Beruf eines kaufmännischen Angestellten aus. Recht anschaulich schilderte er 35 Jahre nach Kriegsende die Beweggründe, die ihn als flämischen Nationalisten in die Reihen der deutschen Streitkräfte brachten[9]):»Der belgische Patriotismus war uns fremd, diesen kunstmäßigen Staat haben wir immer abgelehnt. Der flämische Patriotismus zwang uns zum Kampf, um dadurch die Unabhängigkeit Flanderns und den Eintritt eines freien Flandern in eine neue Epoche mit zu erkämpfen.« Ähnlich dachte der am 24. 12. 21 in Kümptich bei Löwen geborene Bergmann Remy Schrijnen. Ebenfalls VNV-Mitglied, hatte er vor dem Krieg den Dienst in der belgischen Armee verweigert, da ihm das königliche Heer als ein Französisierungsapparat erschien. Der flämische Antimilitarismus der 30er Jahre[10]) war hauptsächlich ein antibelgischer Reflex, erinnerten sich die Flamen doch daran, daß ihre Landsleute im ersten Weltkrieg überwiegend von wallonischen Offizieren geführt worden waren und daß die Weigerung dieser Offiziere, flämisch zu sprechen, manchen des Französischen unkundigen Soldaten das Leben gekostet hatte. Im Juli 1940 verpflichtete sich Schrijnen als freiwilliger Arbeiter nach Kempten/Allgäu. Vor Ausbruch des Rußlandfeldzuges hatte er mehrmals vergeblich versucht, in die Waffen-SS aufgenommen zu werden, wurde aber aufgrund seiner Größe – 1,64 m – stets abgewiesen. Erst im Sommer 1942 gelangte er zur Legion. Der junge Bergmann hoffte auf das Zusammenwachsen eines Großgermanischen Reiches, das die Flamen und Holländer bei Erhaltung ihrer Selbständigkeit aufnehmen sollte. Psychologische Schwierigkeiten, die deutsche Uniform der Waffen-SS anzuziehen, hatte er nicht: »Für mich war das keine fremde Uniform, weil ich mich mit Deutschland immer volksverbunden gefühlt habe«.[11]) Auch Frans Vierendeels, am 21. 10. 1920 in Bost/Flandern geboren und bei Kriegsausbruch Student der Germanistik, hatte aufgrund seiner Größe Schwierigkeiten mit den deutschen Musterungskommissionen, die ihn erst im März 1942 akzeptierten. Vierendeels, der sich selbst als flämischen Nationalsozialisten einstufte und besonders vom sozialen Programm der NSDAP angetan war, über seine Motive:[12]) »Wir glaubten, erst einmal mitkämpfen und mitleisten zu müssen in der Revolution der Neuordnung und vor der Bedrohung des Kommunismus. In dem Kampf sollte Europa sich selbst behaupten und seine Solidarität gewinnen... Nur unsere Leistung konnte für unser Volk eine Gleichberechtigung erzwingen, unter Brudervölkern, die das Gleiche leisteten.«

Nach der Kesselschlacht am Wolchow, wo die Freiwilligen der Legion Flandern zusammen mit Spaniern der Blauen Division kämpften und starben, kamen die Flamen im Juli 1942 vor Leningrad zum Einsatz. Am 31. Dezember 1942 betrug die Kampfstärke der Legion 685 Mann.[13]) Im März 1943 griff der flämische Freiwilligenverband überlegene, bei Krasny Bor durchgebrochene Feindkräfte an. Ende des Monats waren von den 450 eingesetzten Flamen 400 tot oder verwundet.[14]) Die Überlebenden sammelten sich im Mai auf den Truppenübungsplatz Debica, die Legion wurde aufgelöst und zur 5. SS Frw.-Sturmbrigade Langemarck erweitert. Die 679 Flamen, die zu diesem Zeitpunkt im Regiment Westland der Division Wiking dienten, blieben bei ihrer Einheit und wurden nicht für den neuaufzustellenden Verband herangezogen. Die Deutschen hatten mittlerweile die rigiden Musterungs- und Auslesebestimmungen des Jahres 1940 aufgegeben, da die Personalverluste bei Beibehaltung der elitären Rekrutierungsrichtlinien nicht auszugleichen waren. Die Altersgrenzen waren angehoben, die Bestimmungen über die Mindestgröße gelockert worden:

Standarte Westland
17–25 Jahre, 1,74 m (Mindestgröße 1,68 m);
Waffen-SS
17–40 Jahre, 1,70 m (bis 20 Jahre: 1,68 m);
Legion Flandern
17–40 Jahre, 1,65 m;
Sturmbrigade Langemarck
17–45 Jahre, 1,65 m;

Anfang Dezember 1943 hatte die mittlerweile nach Milowitz bei Prag verlegte Sturmbrigade eine Personalstärke von 2022 Mann. In Belgien selbst war es zwischenzeitlich zu einer weitgehenden Militarisierung der nationalistischen Flamen, insbesondere der Anhänger der Kollaborationsparteien, gekommen. Die vom Militärbefehlshaber im Mai 1941 errichtete flämische Wachabteilung bestand ein Jahr später bereits aus 12 Kompanien und 1725 Mann, zwei weitere Kompanien befanden sich in der Ausbildung.[15]) Bei der Luftwaffe tat eine Flaamsche Wachtbrigade Dienst, deren 3362 Mann (Stand: Juni 1943) als Wehrmachtsgefolge galten und die Flugplätze im belgischen und nordfranzösischen Raum bewachten. Weiter hatten sich bis Mai 1943 mehr als 3000 Flamen für das NSKK verpflichtet. Aber die numerische Stärke trog, denn innenpolitisch wurden um die Zukunft Flanderns heftige politische Auseinandersetzungen zwischen Anschlußbefürwortern und Anschlußgegnern ausgetragen. Der VNV, der im Frühjahr 1942 etwa über 100000 Mitglieder verfügte[16]), wehrte sich heftig gegen jede Annexion. Bereits die Massenaufmärsche des Flämischen National-Verbandes vom Juni und Juli 1942 waren von den Initiatoren nicht nur als Beweis der Stärke des VNV angelegt, sondern gleichzeitig als politische Manifestationen für die flämische Unabhängigkeit. Am 14. Juni marschierten 7000 Mitglieder auf, beim Tollenaere-Marsch am 12. Juli wurden 12000 Milizionäre der Dietse Militie-Zwarte Brigade von 40000 Zuschauern gefeiert[17]), am 26. Juli paradierten 3000 uniformierte Frauen und junge Mädchen durch Brüssel. Dr. Hendrik Elias, Bürgermeister von Gent und seit dem Tod Gustave De Clerqs im Oktober 1942 Führer des VNV, befand sich praktisch in einer Art Dauerkonflikt mit der SS, in der er die Speerspitze des deutschen Imperialismus vermutete. In aller Öffentlichkeit ging Elias im April 1943 zur Offensive gegen die nationalsozialistischen Eindeutschungstendenzen über: »Wenn die Idee des Reiches zum Imperialismus oder Annexionismus verkommt, wird der Widerstand nicht nur in Flandern, sondern in ganz Europa wachsen.«[18]) Am 7. Mai machte sich der VNV-Leiter in einem Brief an den Kriegsverwaltungschef Reeder Luft: »Flandern wird sich mehr und mehr darüber klar, daß es systematisch getäuscht wird.«[19]) Zwei Monate später faßte Professor Frans Daels vom VNV in einem Schreiben an die deutschen Behörden noch einmal die Position der flämischen Nationalisten zusammen: »Wir wollen auf immer und ewig mit Deutschland zusammenarbeiten, wir wollen jedoch nicht Selbstmord begehen. Wir stellen nur eine Forderung: die herkömmliche Organisation unserer nationalen niederländischen Unabhängigkeit, das Recht, in unserer Eigenschaft als Volk unsere Einheit durch die Bildung eines niederländischen Staates zu erringen ... Wir wollen beim Aufbau eines germanischen Reiches helfen, aber über den Weg der Anerkennung der eigenen und freien Existenz und nicht als untergeordnetes, gebundenes Volk, das amputiert und auf den Stand der Unterwürfigkeit herabgesetzt wird.«[20]) Die Anliegen des VNV verhallten bei den Deutschen ungehört. Diese verstärkten ihre Unterstützung für die annexionistische De Vlag, deren Mitgliederzahl von 22750 im August 1942 auf 51000 im Jahr 1943 anstieg.[21]) In den Augen von Himmler war die Deutsch Flämische Arbeitsgemeinschaft der beste Garant für ein Reichsland Flandern. Aber selbst van de Wiele hieß trotz aller NS-Begeisterung nicht jede Besatzungsmaßnahme für seine Landsleute gut. Als Sauckel nach der britischen Bombardierung der Eder- und Möhne-Talsperren (16./17. 5. 1943) 9500 belgische Zwangsarbeiter für Wiederaufbauarbeiten forderte, konnte van de Wiele den Deportationsplan verhindern.[22]) Gleichwohl blieb er bis Kriegsende davon überzeugt, daß ein Reichsland Flandern die beste Lösung für seine Heimat darstellte.

Dieses Konzept war mit dem Programm des VNV unvereinbar. Die beiden politischen Gruppierungen standen in offener Feindschaft gegeneinander, für die flämischen Kriegsfreiwilligen der Waffen-SS mußten im März und April 1943 in Antwerpen und Brüssel zwei verschiedene Verabschiedungsfeiern stattfinden, da die von dem VNV und der De Vlag/Germanischen SS Angeworbenen nicht auf einer gemeinsamen Veranstaltung auftreten sollten.

Am 14. 8. 1943 zog der Generalrat des VNV die Konsequenz aus dem Antagonismus zwischen flämischen Nationalismus und nationalsozialistischem Imperialismus: es wurde beschlossen, nicht mehr für die Waffen-SS und Einrichtungen, die eine Annexion vorbereiten sollten (HJ Flandern, Langemarckstudium, Landdienst, Weersportkempen, Kinderlandverschickung etc.) zu werben. Am 25. 8. 1943 begründete Elias diese Entscheidung gegenüber Reeder: »Ich kann jedoch nicht meine Anhänger anspornen, ihr Leben zu opfern, wenn ich selbst keine Garantie für die Zukunft meines Volkes oder für die politische Schulung der Legion habe.«[23]) Der VNV fror die Kollaboration ein, ohne sie vorerst ganz aufzugeben. Beispielsweise unterstützten die flämischen Nationalisten die im August 1943 in Belgien einsetzende Werbung für die deutsche Kriegsmarine. Die Gründe für die Fortsetzung der Kollaboration sind vielfältig. So wollte der VNV seine Einflußmöglichkeiten auf die belgische Verwaltung, in der zahlreiche seiner Mitglieder arbeiteten, nicht verlieren. Weiter glaubte Elias an die Möglichkeit eines Kompromißfriedens zwischen Deutschland und den Westmächten. Für diesen Fall würde die Wehrmacht ihre Truppen aus Belgien evakuieren und der VNV sollte seine militärischen und paramilitärischen Formationen behalten, um die nach dem Rückzug befürchtete Machtergreifung der belgischen Kommunisten zu verhindern.[24]) Der VNV vollzog auch programmatisch eine Kursänderung. Der großdietsche Gedanke wurde zugunsten einer föderalistischen Reform des belgischen Staates zurückgestellt. Schien ein belgischer Zentralstaat doch ein größeres Hindernis für die von Hitler favorisierte Gaulösung zu sein, als das separate Flandern allein.

Die Kehrtwendung des VNV ließ den Zustrom flämischer Freiwilliger für die Waffen-SS spärlicher fließen. Himmler hatte bereits Anfang 1943 mit dem Gedanken gespielt, Flamen zwangsweise zur Waffen-SS einzuziehen und als Vorstufe hierzu einen obligatorischen Arbeitsdienst einzurichten.[25]) Sein Vorstoß stieß auf den entschiedenen Widerstand der belgischen Generalräte. Im Juli 1944 kam Himmler noch einmal auf sein völkerrechtswidriges Projekt der Aushebung belgischer Freiwilliger zurück,[26]) das schließlich im Sand verlief.

Flandern in Uniform. Parteiformationen, Wach- und Sicherungsabteilungen sowie deutsche Verbände mit flämischen Freiwilligen und sonstige Einrichtungen mit Flamen.[1])

Einheit	Stärke	Stand
Waffen-SS	9000 Mann	insgesamt
Heer	?	
Kriegsmarine	500	insgesamt
NSKK	3267	Mai 1943
Zivilkraftfahrkorps	?	
Vrijwillige Arbeidsdienst voor Vlaanderen	2400 Jungen 500 Mädchen	– jährlich
Boerenwacht	51500	Juni 1941
Germanischer Landdienst	2000	1943
Reichsschule Flandern	?	
Heimschule-Flandern	140	1944
Langemarck Studium	150	insgesamt
Vlaamse School – Antwerpen	?	
Junkerswerke-Dessau	400	insgesamt

Vlaamse Wacht	2209	1943
Deutsches Rotes Kreuz	600	insgesamt
Organisation Todt	15000	Juni 1943
Dinaso militanten orde	?	
Vlaamse Fabriekswacht		
im Juni 1943 umgeformt in:		
Vlaamse Wachtbrigade	3362	Juni 1943
Flämische Flakbrigade	2000	1944
Flämische Jungmannschaft	300	insgesamt
Nationaalsocialistische	8000 Jungen	
Jeugd Vlaanderen	6000 Mädchen	– 1943
VNV-Studentenfront	?	
HJ Vlaanderen	700	November 1943
Dietse Militie-Zwarte Brigade		
(Miliz des VNV)	25000	insgesamt
unterteilt in:		
Wachtbrigade		
Motorbrigade		
Hulpbrigade		
Hilfsgendarmerie[2])	700	1943
Algemeene Rijkspolitie	?	
Rijkswacht[2])	9450	Ende 1941
Germaanse SS in Vlaanderen	763	1943
Veiligheidskorps van De Vlag	?	
SS-Wacht Sint-Truiden	60	1941
SD-Wacht	100	insgesamt
Wachgruppe Nordland	500	insgesamt
Erlawacht	?	
Werkschutz Cockeril	100	insgesamt
Reitzwerkschutz	?	

[1]) Doppelzählungen wegen Zugehörigkeit zu verschiedenen Einheiten wahrscheinlich.
[2]) In diesen Zahlenangaben sind sowohl Flamen als auch Wallonen enthalten.

Der politische Kampf um die Vorherrschaft in Flandern drang kaum bis zu den Freiwilligen der Sturmbrigade Langemarck durch, die im Dezember 1943 in die Ukraine verlegt wurden. Nach drei Monate dauernden schweren Abwehrkämpfen war die Brigade auf 400 Mann zusammengeschmolzen und gelangte zur Auffrischung ins Lager Knowitz/Böhmen. Ein flämisches Bataillon und eine Pakabteilung warf die deutsche Führung im Juli 1944 zur Stützung der sich verblutenden deutschen Front an die Narwa. In einem nur sechstägigen Einsatz verlor die Kampfgruppe 90% ihrer Soldaten. Sturmmann Remy Schrijnen mit seinen 7,5-cm-Langrohrgeschütz rettete mehrmals die HKL. Am 29. Juli 1944 stand der verletzte Schrijnen allein – die übrige Geschütz-bedienung war tot oder verwundet – einem Rudel von 30 sowjetischen Panzern gegenüber. Er schoß sieben Panzer ab und schlug den Angriff zurück. Der Wehrmachtsbericht meldetete am 5. August 1944:»In den Kämpfen der letzten Tage bei Narwa hatte sich der flämische SS-Sturmmann Remy Schrijnen in der SS-Freiwilligen-Panzer-Grenadier-Brigade Nederland durch Abschuß von sieben Panzern besonders her-vorgetan.«[27]) Schrijnen wurde als einziger Flame mit dem Ritterkreuz ausgezeichnet. Himmler und van de Wiele empfingen ihn in Berlin. Der De Vlag-Führer war bemüht, den Sturmmann zum Aushänge-schild seiner Organisation zu machen und ihn für die Germanische SS zu gewinnen. Aber Schrijnen ließ keinen Zweifel daran, wem seine po-litischen Sympathien gehörten.[28]) »Ich kenne nur einen Führer der Fla-men, das ist Dr. Elias.«

Am 18. 9. 1944 ordnete der Reichsführer SS an, die Sturmbrigade Lan-gemarck zur 27. SS-Freiwilligen-Grenadier-Division Langemarck aus-zubauen. Zu diesem Zeitpunkt befanden sich zahlreiche flämische Kollaborateure auf der Flucht vor den angloamerikanischen Truppen ins Reich. Noch im Sommer hatte sich das im Mai 1944 gegründete und von Robert Verbelen[29]) geführte Sicherheitskorps, dem De Vlag-Mitglieder und Männer der Germanischen SS angehörten, durch bluti-gen Gegenterror bei der belgischen Bevölkerung verhaßt gemacht. Ein Bataillon des Korps verteidigte zusammen mit deutschen Truppen im Oktober/November 1944 Antwerpen.

Etwa 15 000 flämische Flüchtlinge[30]) sammelten sich hauptsächlich im Raum Lüneburg. Nationalsozialistische Beamte konnten noch einmal ihre Überheblichkeit gegenüber befreundeten Ausländern ausspielen: das Reichsministerium des Innern bezeichnete die Abschaffung der Strohlager für die Exilierten »als zu großzügig«.[31])

Unter den Flüchtlingen befanden sich auch Jef van de Wiele und Hen-drik Elias. Der VNV-Führer, der in einem Gespräch mit Himmler im Februar 1944 vergeblich gefordert hatte, die HJ Flandern und die De Vlag aufzulösen, wobei er auf dem Autonomiestatus Flanderns in einer großgermanischen Konföderation bestanden hatte[32]), verweigerte jede weitere Kollaboration. Im Januar 1945 internierte ihn die Gestapo in Hirschegg bei Oberstdorf. Überlassen wir das abschließende Urteil über die Hoffnungen und Ambitionen des Vlaamsch Nationaal Ver-bond und seines Chefs Dr. Elias dessen ehemaligem Strafverteidiger

Frans van der Elst[33]): »Das Drama von Elias und vom VNV ist identisch mit dem, das sich in allen von den Deutschen besetzten Gebieten abspielte, wo sich die nationalistischen Kräfte in ihren Hoffnungen getäuscht sahen, eine loyale Zusammenarbeit mit Deutschland könnte den Weiterbestand oder die Erringung der Unabhängigkeit ihrer Völker garantieren.«

Van de Wiele blieb weiter auf Kollaborationskurs. Er gründete die Vlaamse Landsleiding (Flämische Landesleitung), die ihren Sitz vorerst in Bad Pyrmont nahm. Dem Konsultativrat der Landsleiding gehörten mit dem Germanisten Borms, dem Schriftsteller Verschaeve und Prof. Dr. A. Jacobs nur Personen an, die nicht De Vlag-Mitglieder waren. Eine Öffnung zur VNV hin aber scheiterte am Widerstand von Elias. Im Dezember 1944 erhielt van de Wiele die deutsche Anerkennung als »Volksgruppenführer« Flanderns. Zum SS-Obersturmbannführer und politischen Kommandeur der neuen flämischen Division ernannt, versuchte er, möglichst viele der in verschiedenen deutschen Einheiten dienenden Flamen in die Division zu integrieren. Der Verband, zuerst noch unter dem Namen Volksgrenadierdivision Flandern bekannt, hatte aber keine so große Integrationskraft, daß sich ihm alle VNVler angeschlossen hätten. Im Gegenteil, der VNV machte bei der Werbung nicht mit. Verschaeve schrieb an Himmler[34]): »Dr. Elias treibt sein Spiel weiter, verbietet seinen Männern Mitwirkung, schlimmer noch, sabotiert eine der wichtigsten Aufgaben des Landesleiters: die Bildung der Volksgrenadierdivision Langemarck. Seinen Männern des VNV rät er ab, sich dafür zu melden.« Von der Vlaamschen Wacht stießen nur 700 Mann[35]) zu der Einheit, vom NSKK gar nur 500 Mann, die HJ Flandern stellte etwa 250 Mann und die jungen flämischen Arbeiter im Reich rund 500 Freiwillige.[36]) Den Kern der in der Lüneburger Heide aufgestellten Division bildeten die 2500 Überlebenden der Sturmbrigade Langemarck. Die Flämische Flakbrigade, die im Juni 1944 entstanden war, verweigerte unter Oberstleutnant W. Turcksin geschlossen den Übertritt zur Waffen-SS. Turcksin unterstellte seine Brigade dem Luftgaukommando XIV in Wiesbaden und fand in der Luftwaffe einen starken Verbündeten: das OKL lehnte die Übergabe der rund 2000 flämischen Flakkanoniere an die Waffen-SS ab. So zählte die 27. SS-Freiwilligen-Grenadier-Division Langemarck im Dezember 1944 erst 6000 Mann.[37]) Entgegenstehende Schätzungen, die der Einheit eine Ist-Stärke von 12 000 Mann[38]) oder gar 15 000 Mann[39]) zugestehen, dürften bei weitem zu hoch gegriffen sein. Die Deutschen hat-

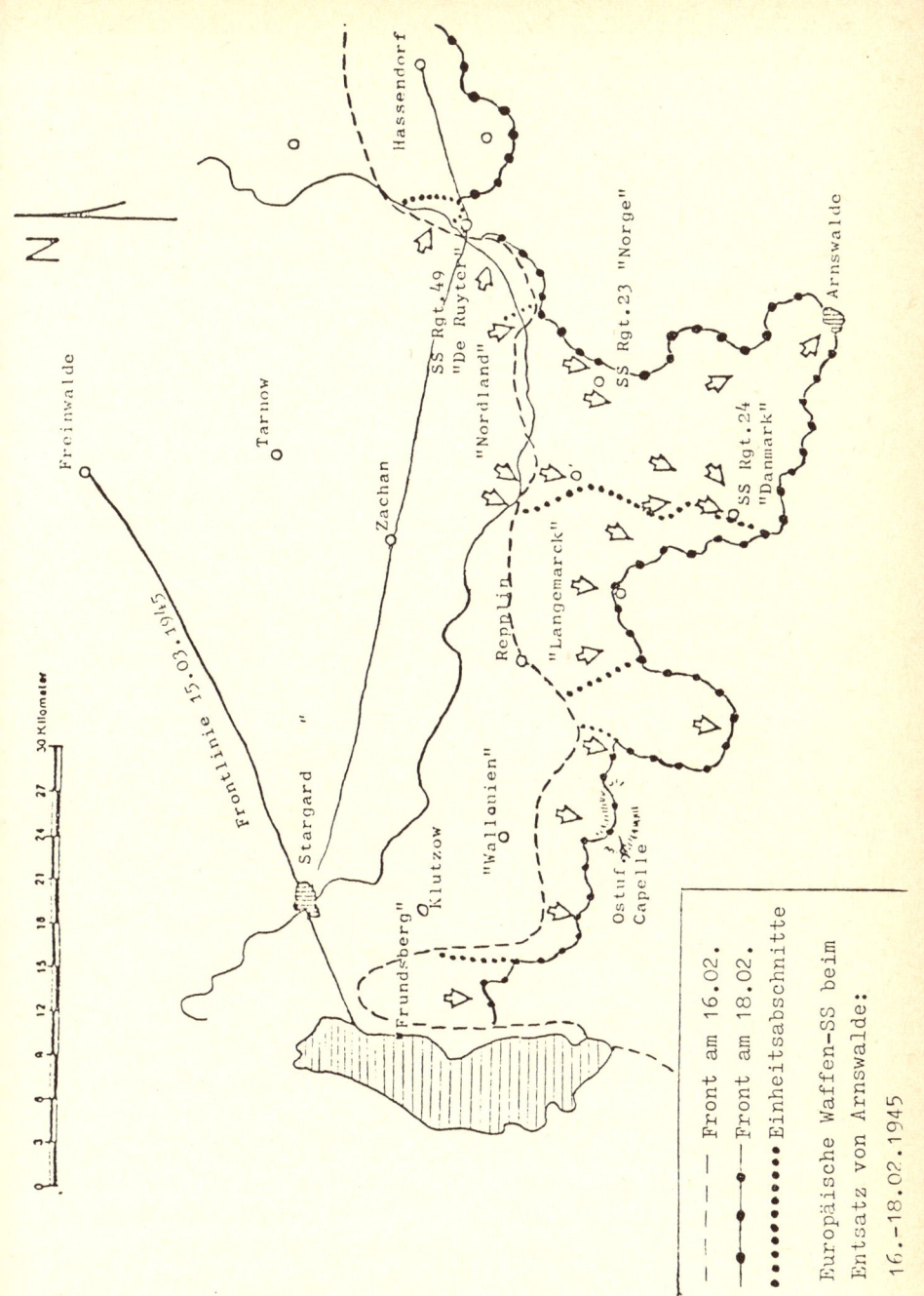

N

Freinwalde

Tarnow

Zachan

Frontlinie 15.03.1945

Stargard

Hassendorf

SS Rgt.49 "De Ruyter"

"Nordland"

SS Rgt.23 "Norge"

Arnswalde

SS Rgt.24 "Danmark"

Repplin

"Langemarck"

"Wallonien"

Klutzow

"Frundsberg"

Ostuf. Capelle

30 Kilometer

- - - - Front am 16.02.
———•——— Front am 18.02.
••••••••••• Einheitsabschnitte

Europäische Waffen-SS beim
Entsatz von Arnswalde:
16.–18.02.1945

77

ten wenig Glück, die personell schwache Division durch einen flämischen Kommandeur attraktiver zu machen. Der Chef der belgischen Gendarmerie während der Okkupation, E. van Coppenolle, lehnte die ihm angetragene Kommandeursstelle und gleichzeitige Beförderung zum SS-Brigadeführer ab.

Die Division Langemarck kam nie als geschlossener Verband an der Ostfront zum Einsatz. Selbst die an die Front geworfenen Verbände, wie etwa das aus 15–17jährigen Flamen bestehende 1. Bataillon des SS-Regiments 68, waren nur zum Teil feldverwendungsfähig. Der dänische Sturmbannführer Oluf Krabbe, seit Mitte April 1945 Bataillonskommandeur von I/68, berichtet[40]): »Die Flamen waren bei meiner Ankunft ungenügend ausgebildet, bewaffnet und ausgestattet. Der Einsatz im April 1945 war nicht zu verantworten und geschah auch im Widerspruch zu vorhergehenden Vereinbarungen.« Ende Januar 1945 wurde eine Kampfgruppe der Division in Stärke von 2000 Mann – zwei Infanteriebataillone und eine Pakabteilung – nach Pommern verlegt. Vom 16. bis 18. 2. waren die Flamen zusammen mit holländischen Freiwilligen der Division Nederland und skandinavischen Angehörigen der Division Nordland an einem verzweifelten Gegenangriff beteiligt, der zum Entsatz der eingeschlossenen Garnison von Arnswalde führte. Die Kampfgruppe verblutete, am 4. März waren nur noch 500 Mann einsatzfähig, die zu zwei Infanteriekompanien und einer MG-Kompanie zusammengelegt wurden. Am 20. März traf Ersatz ein, die aufgefrischte Kampfgruppe griff im April in die Gefechte an der Oder bei Schöningen, Mascherin und Schillersdorf ein. Am 27. 4. ging der letzte Zusammenhalt der halbfertig ausgebildeten Einheiten verloren, 10 Tage später marschierten die flämischen Freiwilligen in westalliierte Gefangenschaft.

Der belgische Staat empfing die heimgekehrten Söhne vorerst mit drakonischer Härte. Etwa 18 000 flämische Uniformträger in deutschen Diensten wurden verurteilt. Strafbar hatten sich auch die 700 Eupen-Malmedyer gemacht, die sich bis zur Annexion des Gebietes durch das Reich 1941 freiwillig zur Wehrmacht gemeldet hatten. 105 Flamen endeten vor Erschießungspeletons, 1022 erhielten lebenslängliche Freiheitsstrafen, 3542 mußten für 10 bis 20 Jahre hinter Gitter und 14 215 flämische Kollaborateure kamen mit einer Gefängnisstrafe von weniger als drei Jahren davon.[41]) Mit der Verhängung der Todesstrafe – seit 1918 hatte keine Hinrichtung mehr stattgefunden – war die belgische Justiz recht großzügig: Selbst einfache Freiwillige kassierten die

Höchststrafe. So Albert Hendrickx, der bei der Division Langemarck gedient hatte. Er wurde zum Tode und zur Zahlung von 200000 Francs Geldstrafe verurteilt. Nach einem Jahr erfolgte die Begnadigung zu lebenslänglicher Freiheitsstrafe, nach 3 Jahren zu 15 Jahren Gefängnis. Ende 1950 wurde er freigelassen und mußte schließlich noch bis 1970 auf die Wiedererteilung seiner Bürgerrechte warten.[42]) Frans Vierendeels, der die Junkerschule Bad Tölz absolviert hatte, tauchte bis 1947 unter und erhielt in Abwesenheit die Todesstrafe, die nach seiner Verhaftung in eine 10jährige Freiheitsstrafe umgewandelt wurde. Absitzen mußte Vierendeels 40 Monate.[43]) Der tapfere kleine Flame Remy Schrijnen, der bis Kriegsende als Pak-Kunstschütze 35 sowjetische Panzer abgeschossen hatte, türmte aus der US-Kriegsgefangenschaft und war auf dem Weg nach Spanien, als ihn die französische Polizei in Paris festnahm. Ende 1945 nach Belgien ausgeliefert, schien seinen Richtern die Todesstrafe ein angemessener Spruch für 2½ Jahre Einsatz an der Ostfront. Schrijnen wurde begnadigt und durchlief die Zuchthäuser und Gefängnisse von Mons, Brüssel, Beverloo, Gent und Brügge. 1950 auf Bewährung freigelassen, konnte er sich seiner Freiheit nicht lange erfreuen. Wegen Verstoßes gegen die Bewährungsauflagen – er hatte sich für eine politische Amnestie eingesetzt – wanderte er von 1953 bis 1955 erneut ins Zuchthaus.[44]) Seit 1962 lebt er zurückgezogen in der Bundesrepublik. Am 12. 5. 1962 kamen auch die letzten vier flämischen Freiwilligen aus der sowjetischen Kriegsgefangenschaft zurück in die Heimat. Sie hatten 18 Jahre in sibirischen Zwangsarbeiterlagern zugebracht.

Exkurs: Französisch-Flandern

Durch den Frieden von Utrecht 1713 gelangten die flämischen Gebiete von Hainaut und d'Artois an Frankreich, in dem sie heute die Départements Nord und Pas-de-Calais bilden. Ein flämischer Regionalismus erhielt erst Auftrieb, als die französischen Behörden 1866 den Gebrauch der flämischen Sprache in den Grundschulen untersagten. Zuerst war es das 1852 ins Leben gerufene Flämische Komitee von Frankreich, das sich der kulturell-politischen Ziele der französischen Flamen annahm. In der Tradition dieser Gruppierung stand der 1924 von Abbé Jean-Marie Gantois gegründete Vlaamsch Verbond van Frankrijk (VV), der sich seit 1937 auf den dietschen Gedanken berief.[1])

Die französischen Behörden lösten den VV im September 1939 auf. Nach der Niederlage Frankreichs glaubte Abbé Gantois, sein Ziel einer Vereinigung der Norddépartements mit Flandern mittels deutscher Hilfe realisieren zu können. Hatte die Besatzungsmacht die Provinzen Nord und Pas-de-Calais doch von Frankreich gelöst und der deutschen Militärverwaltung in Belgien unterstellt. Im Dezember 1940 richtete Gantois ein Schreiben an Hitler, das die Rückkehr Französisch-Flanderns zum Germanischen Reich forderte. Mit Rücksicht auf Vichy-Frankreich kam es nie zu einer umfassenden Unterstützung der franko-flämischen Separatisten durch Berlin, allein die Propagandastaffel in Brüssel gewährte bescheidene Finanzhilfen.

Gantois, dessen Bewegung unter den dem französischen Staat loyal gegenüberstehenden Einwohnern der Norddépartements nur geringen Einfluß gewinnen konnte, beschränkte die Arbeit seiner Partei bis Mitte 1942 auf publizistische Aktivitäten. Die Zeitschriften La Vie du Nord von André Cauvin und Le Lion des Flandres entfesselten heftige Pressepolemiken gegen den französischen Zentralstaat. Im Juli 1942 verstärkte der VV seine Bemühungen um die Verbreitung des dietsch-separatistischen Gedankens, organisierte Manifestationen und gründete die Zuid-Vlaamsche Jeugd, an deren folkloristischen Abenden allerdings nie mehr als 50 Personen teilnahmen.[2])

Gantois betrachtete seine Aufgabe in erster Linie als völkisch-ideologischen Kampf. Eine Militarisierung seiner Bewegung lehnte er ab, so nahm der Vlaamsch Verbond im Gegensatz zu anderen französischen Kollaborationszirkeln nie an Aktionen gegen den Widerstand teil. Als die SS-Kommandatur Brüssel 1943 erwog, eine bewaffnete Formation aus Freiwilligen von kollaborierenden Parteien aufzustellen, widersetzte sich der Abbé diesem Projekt.[3]) Der extremistische Flügel der VV verließ daraufhin die Partei. Im übrigen dienten Flamen aus den Norddépartements in einigen deutschen Verbänden und Hilfsverbänden. Zumindest eine Ersatzkompanie der in Nordfrankreich eingesetzten Abteilung IV der Vlaamschen Wachtbrigade bestand aus Flamen französischer Staatsangehörigkeit.[4])

Gantois und seinen Anhängern wurde im September 1946 der Prozeß durch die französische Justiz gemacht. Diese zeigte Milde, wie sie Politikern anderer rechtsgerichteter Parteien (RNP, PPF) niemals entgegengebracht wurde. André Cauvin wurde in contumaciam zum Tode verurteilt, einige Jahre später aber amnestiert. Abbé Gantois erhielt fünf Jahre Gefängnis, blieb jedoch nur bis 1948 in Haft.[5]) Der durch die Kollaboration diskreditierte flämische Regionalismus hat, beeinflußt durch die Mai-Bewegung von 1968, mittlerweile wieder an Boden gewonnen.

Wallonien

»Für den König gehen wir ins Feld,
für Belgien schlagen wir uns.«
Léon Degrelle, 25. 9. 1941

Die Kapitulation der königlichen Armee am 28. 5. 1940 und die Besetzung des Landes durch deutsche Truppen traumatisierten die belgische Bevölkerung. Wut und Haß entluden sich aber vorerst nicht auf die deutschen Invasionsstreitkräfte, sondern konzentrierten sich auf die nach Frankreich geflohene Regierung. Als der exilierte Minister Spaak einen Emissär aus der Heimat fragte, was die Belgier von der geflüchteten Regierung hielten, bekam er eine deutliche Antwort[1]): »Man spuckt auf sie, Monsieur.« Wie in allen besetzten Ländern, so verfügten die Deutschen aber auch in Belgien über kein geeignetes politisch-psychologisches Konzept, um die latente antiparlamentarische Stimmung und das anfängliche Wohlwollen der Bevölkerung gegenüber den korrekt auftretenden deutschen Truppen langfristig für einen deutsch-belgischen Ausgleich zu nutzen. So konnten auch die belgischen Erneuerungsbewegungen den Schock der Niederlage nicht in eigene innenpolitische Erfolge ummünzen. Die älteste faschistische Gruppierung in der Wallonie war die 1922 von ehemaligen Frontkämpfern gegründete Légion Nationale, deren Blauhemden etwa 5000 Mann stark waren. Geführt von dem 1888 geborenen Lütticher Rechtsanwalt Paul Hoornaert wanderte das Gros der militanten Mitglieder in den nationalen Widerstand, Hoornaert starb am 2. 2. 1944 in einem deutschen KZ. Auf Kollaborationskurs ging demgegenüber die von Léon Degrelle 1935 gegründete rexistische Bewegung, die sich ideologisch am faschistischen Italien orientierte. 1936 errangen die Rexisten mit 21 Sitzen für die Deputiertenkammer und 8 Sitzen für den Senat einen beachtlichen Wahlerfolg. Aber schon 1939 hatte sich ein Großteil der Anhänger von Degrelle abgewandt, mit 4.44% der Wählerstimmen und nur noch 4 Deputierten mußte die Partei eine katastrophale Niederlage einstecken.

Der Wallone Degrelle vermied innenpolitisch die totale Konfrontation mit den flämischen Nationalisten und Separatisten. Sein Programm, so übermittelte der deutsche Botschafter 1936 an das Reichsaußenministerium, sah die Errichtung eines autoritär-korporativen Systems und eine föderalistische wallonisch-flämische Umgestaltung des belgischen Staates vor.[2]) Aber der 34jährige belgische Politiker verfolgte noch ehrgeizigere Ziele. In der zweiten Oktoberhälfte des Jahres 1940 überreichte er der deutschen Botschaft eine Denkschrift, die die Wiederherstellung des Germania Inferior Karls V. und damit den Anschluß Nordfrankreichs und Hollands an ein neues Großburgund forderte.[3]) Die Deutschen waren von diesen Ambitionen wenig angetan, zwar wurden die Rexisten im Mai 1941 zur einzig zugelassenen Partei Walloniens erklärt, aber eine umfassende Protektion durch die Besatzungsmacht erhielten sie nicht. Eine Änderung trat erst mit dem deutschen Angriff auf die Sowjetunion ein.

Wallonische Kollaborationsgruppen neben den Rexisten

Organisation	Organisationsleiter	Parteizeitung	Mitglieder-zahl (Jahr)
Communauté Culturelle Wallone (CCW)	Georges Wasterlain	»Wallonie« »Terre Wallonne« »Chez Nous«	1073 (1942)
Les Amis du Grand Reich Allemand (Agra)	Georges Scaillet (1942) Jean Gérits (1943)	»Notre Combat«	2500 (1942)
Le Mouvement National Populaire Wallon (MNPW)	Antoine Leclercq	»L'Ami du Peuple«	800 (1941)
Le Cercle Wallon et les Maisons Wallonnes (CW-MW)	Fernand-Marie Collard Paul Garain	»Le Bulletin de l'Ouest« »L'Effort Wallon« »L'Almanach du Cercle Wallon« »Le Bulletin des Maisons Wallonnes«	ca. 500
Deutsch-Wallonische Arbeitsgemeinschaft (Dewag)	SS-Brigadeführer Tittmann	–	ca. 100

Etwa 1200 Wallonen meldeten sich umgehend zum antikommunistischen Einsatz auf deutscher Seite, Degrelle schrieb sich für die neue Einheit ein, als bereits 400 Meldungen vorlagen.[4] Im Juli erklärten auch 51 belgische Offiziere im Gefangenenlager Prenzlau ihre Bereitschaft zur Teilnahme am Ostfeldzug, allerdings unter dem Vorbehalt, daß der belgische König ihrem Engagement zustimmte. Das OKH würdigte die Offiziere nie einer Antwort.[5] Da die Waffen-SS 1941 noch das strikte Prinzip rassisch-germanischer Exklusivität vertrat, wurde die Wallonische Legion der Wehrmacht unterstellt. Bei der Verabschiedung von 860 Freiwilligen am 8. August 1941 in Brüssel ließ Degrelle jedoch bereits erkennen, daß er sich taktisch auf die Germanophilie seiner Schutzherren einzustellen vermochte. Er präsentierte die Wallonen als »Germanen französischer Sprache«[6] und ließ in seiner Rede im übrigen keinen Zweifel daran, daß die Wallonen nicht allein aus antikommunistischer Überzeugung zur Ostfront fuhren, sondern auch, um sich bei den Deutschen Verdienste und Anerkennung zu sichern und dadurch die Position Belgiens im Achseneuropa zu stärken. Degrelles großbelgischer Kurs stieß bei den Deutschen auf wenig Gegenliebe.

Die wallonische Legion wurde im Lager Meseritz/Warthegau als Infanteriebataillon 373 aufgestellt und ausgebildet. Über die Legion und den flämischen SS-Verband schrieb der damalige Militärbefehlshaber von Belgien, General Alexander von Falkenhausen, in seinen Erinnerungen[7]: »Die Mehrzahl ihrer Mitglieder waren junge Idealisten, die sich engagierten, weil sie sich der roten Gefahr bewußt waren, die sie bedrohte.« Tatsächlich dürfte ein Großteil des ersten Freiwilligenkontingents aus überzeugten Rexisten bestanden haben. So schätzt der spätere Kommandeur des SS-Freiwilligen-Regiments 69 der Division Wallonie, Jules Mathieu, den Anteil rexistischer Freiwilliger 1941 auf 95%.[8] Das zweite Kontingent, das Belgien am 10. 3. 1942 verließ, soll nahezu überwiegend aus Mitgliedern der rexistischen Parteijugend Jeunesse Rexiste bestanden haben. Einer der rexistischen Heißsporne war der 1923 geborene Fernand Kaisergruber, der sich im März 1941 als freiwilliger Arbeiter nach Köln zur Firma Klöckner-Humboldt-Deutz meldete. Wie viele andere europäische Jugendliche faszinierten ihn die antibolschewistischen Fanfaren des Juni 1941. Im März 1942 stieß er zur Legion, seine Entscheidung war getragen von jugendlichem Enthusiasmus und unverbrauchtem Idealismus. »Ich hatte den Wunsch, etwas Schönes und Großes zu machen«, berichtet er rückblickend.[9] »Um

ehrlich mit mir selbst zu sein, mußte ich mit meiner Person dafür einstehen, mußte ich ein Beispiel geben. Es wäre feige gewesen, wenn ich nicht bis auf den Grund meiner Ideen gegangen wäre, wenn ich abgewartet hätte.« Für einen anderen Freiwilligen waren es christlich-konservative Gründe und der Mythos des heroischen Führers, die ausschlaggebend waren für das Engagement. Henri Philippet war Schüler und knapp 17 Jahre alt, als er sich zur Legion meldete. Seine Motivation erläutert er wie folgt[10]): »Auf der einen Seite meine sehr umfassende religiöse (katholische) Erziehung und ein idealisierter Antikommunismus, der auf die Propaganda christlicher Kreise während des spanischen Bürgerkrieges zurückzuführen ist (damals war ich 12–16 Jahre alt, das Alter des Ideals!). Auf der anderen Seite, um Léon Degrelle zu folgen, der für mich zum unbestrittenen Mythos des Chefs geworden war. Sicher wäre ich trotz meines romantischen Antikommunismus nicht zur Front gegangen, wenn Degrelle sich nicht selbst gemeldet hätte.« Die Ausbildung für die Legionäre in Meseritz endete im Oktober 1941. Unter ihren Fahnen mit dem Burgunderkreuz, dem Symbol Karl V., marschierten die Wallonen zur Front. Am 2. November überquerten sie mit dem Ruf »Vive le Roi!« den Dniepr. Unterstellt wurde die Einheit vorerst der 97. leichten Infanteriedivision, Ende Januar 1942 der 100. leichten Infanteriedivision. Trotz der relativen rexistischen Homogenität der Legion blieben politische Spannungen innerhalb des Verbandes nicht aus[11]), doch waren diese nicht so tiefgreifend wie etwa bei der französischen LVF. Geführt wurde das Bataillon von der Aufstellung an von belgischen Offizieren. Erster Kommandeur war bis Ende Dezember 1941 der Berufsoffizier Georges Jacobs. Ihm folgte Pierre Pauly, der seinen Posten räumen mußte, nachdem er einen deutschen Offizier geohrfeigt hatte, der die angeblich undisziplinierte Haltung der Wallonen rügte. Sein Nachfolger wurde der legendäre, 1913 in Arlon geborene Oberstleutnant Lucien Lippert. Deutscherseits fand man für die Legion nach anfänglichem Mißtrauen lobende Worte. So heißt es in einer Beurteilung durch das I. Panzerkorps vom Sommer 1942[12]): »Bataillon hat gezeigt, daß es zu kämpfen versteht. Führung durch Offiziere und Uffz. wesentlich besser geworden, entspricht jedoch noch nicht deutschen Begriffen und Forderungen. Taktische Schulung der Komp.-, Zug- und Gruppenführer allgemein mangelhaft. Mangel an Können wird durch Idealismus und Schwung ausgeglichen.«
In Belgien hatte man mittlerweile wallonische Freiwillige auch für

Wach- und Sicherheitsdienste im Landesinneren angeworben, um die deutschen Landesschützen-Bataillone zu entlasten. Am 7. Mai 1942 bestanden bereits eine wallonische Wachabteilung mit 650 Mann und zwei Kraftfahrkolonnen mit 225 Mann. Zwei weitere wallonische Kompanien befanden sich in der Ausbildung. Hinzu kam eine aus zuverlässigen Flamen und Wallonen aufgestellte Hilfsgendarmerie.[13]) Die belgischen Kollaborateure und die Familienmitglieder von Frontkämpfern hatten den Schutz durch Polizei- und Sicherheitskräfte tatsächlich nötig. Nachdem die Widerstandsbewegung am 2. 7. 1942 den ersten Rexisten, den Bürgermeister von Ransart, getötet hatte, riß die Kette tödlicher Anschläge nicht mehr ab. Vom Januar bis September 1943 wurden 108 Anhänger der flämischen und wallonischen Kollaborationsgruppen ermordet, darunter allein 51 Rexisten.[14]) Die Attentate zeigten Wirkung, die Zahl der belgischen Frontfreiwilligen ging zurück. Im 1. Monat des Jahres 1944 kamen allein im Bereich der Stadt Lüttich 22 Belgier bei Anschlägen des Widerstandes ums Leben. Insgesamt wurden von Januar 1943 bis März 1944 740 Rexisten vom belgischen Untergrund getötet.[15]) Degrelles Stellvertreter in Belgien, Victor Matthys, organisierte den rexistischen Gegenterror gegen bekannte Antifaschisten, ein Gegenterror, der nie das Ausmaß der Aktivitäten des Untergrundes erreichte.[16]) Auch Degrelle mußte feststellen, daß sich das innenpolitische Klima gegenüber 1941 erheblich verschärft hatte: Als sich im Juli 1943 – Rex besaß zu diesem Zeitpunkt etwa 40 000 Mitglieder[17]) – ein belgischer Priester weigerte, dem Rexistenführer die Kommunion zu erteilen, warf ihn Degrelle kurzerhand aus der Kirche. Der Klerus nahm dies zum Anlaß, Degrelle zu exkommunizieren.

Wallonische Freiwillige in militärischen und paramilitärischen Verbänden[1])

Wehrmacht	2400
Waffen-SS	6000
NSKK	6000
Deutsche Hilfsgendarmerie	500
Garde Wallonne	6000
Gendarmerie/Garde Rurale	38000

[1]) Wegen Doppelmitgliedschaften und der Fluktuation zwischen den einzelnen Einheiten ist die Gesamtzahl aller wallonischen Freiwilligen nicht zu ermitteln.

Die nationalsozialistische Führung gab sich mittlerweile der Illusion hin, Degrelle habe seinem belgizistischen Konzept abgeschworen und sei voll auf die germanische Linie des Anschlusses Belgiens an das Reich eingeschwenkt. Während er im Mai 1942 in einem Brief an einen deutschen Studentenfunktionär noch ausgeführt hatte[18]): »Ich unterstreiche Belgien, denn Belgien und nicht Wallonien ist unser Vaterland. Wir sind Wallonen, wie ihr Bayern oder Rheinländer seid«, korrespondierte seine Rede vom 17. 1. 1943 scheinbar voll mit dem pangermanistischen Kurs Himmlers und Bergers. Bereits zwei Tage vorher schrieb der Vertreter des AA beim Militärbefehlshaber in Belgien und Nordfrankreich an Staatssekretär von Weizsäcker über die neue Haltung von Degrelle[19]): »Auch die belgische Idee scheint in seiner Vorstellungswelt stark verblaßt zu sein. Er sieht die Möglichkeit einer Aufteilung Belgiens, die zu einer Vereinigung Flanderns mit den Niederlanden in einem Reichsgau führen würde, heute ohne Schrecken und denkt daran, die »germanischen Elemente französischer Zunge«, d.h. also die Wallonie und weite Teile Nordfrankreichs, in einem weiteren Reichsgau zusammenzufassen.« Für Hitler war Degrelle damit der »einzig wirklich brauchbare Belgier«, plante Berlin doch, Belgien in die Reichsgaue Flandern und Wallonien aufzuteilen[20]), wobei möglicherweise noch ein dritter Gau Brabant mit der Hauptstadt Brüssel entstehen sollte.[21]) Tatsächlich stimmte Degrelle in einem geheimen Memorandum vom Mai 1943 der Eingliederung und »Rückkehr« ins Reich zu, aber er ließ sich eine große Hintertüre offen, als er für die Ausführung 25 bis 50 Jahre Zeit verlangte[22]), eine Periode, die ausgereicht hätte, alle NS-Anschlußprojekte sine die zu vertagen. Es ist daher davon auszugehen, daß Degrelles »Wandlung« allein taktisch motiviert war, um sich das Wohlwollen des Reichsführers SS zu erkaufen. Degrelles Mutation zum Großgermanen war Himmler denn auch nie geheuer[23]), und die Zulassung der rexistischen Konkurrenzorganisation Dewag im April 1943 sowie das Ausspielen anderer wallonischer Kollaborationsgruppen gegenüber den Rexisten[24]) beweist, daß die Nationalsozialisten eher auf gefügige Kleingruppen setzten, als auf den unberechenbaren Degrelle.

Die Frontfreiwilligen wußten von dem politischen Tauziehen hinter den Kulissen nichts. Ein wallonischer Ostfrontkämpfer schrieb 1943 nach Hause[25]): »Léon Degrelle hat es durchgesetzt, daß unser teures Belgien nach dem Krieg nicht zerstückelt wird . . . Ich bin glücklich. Wir haben unser Ziel erreicht. Unser Opfer ist nicht umsonst gewesen.« Im

Juni 1943 wurde die Legion Wallonien als 5. SS-Freiw. Sturmbrigade in die Waffen-SS aufgenommen, eine Maßnahme, die auf Degrelles Pseudo-Germanophilie und den Vorschlag des SS-Generals Steiner zurückging. Die Brigade erreichte durch neue Freiwillige eine Kampfstärke von 2200 Mann. Frontkämpfer entsandten nicht nur die paramilitärischen Formationen der Rexisten, sondern auch die übrigen Kollaborationszirkel. Die Agra (»Freunde des Großdeutschen Reiches«) rekrutierten nach Aussagen ihres Führers Jean Gérits 1943 1850 Mann für das NSKK, 2000 Mann für die Organisation Todt und 305 Mann für die Waffen-SS.[26])

Im Kessel von Tscherkassy/Korssun mußte die wallonische Brigade Anfang 1944 erhebliche Verluste hinnehmen. Nur 632 von 2000 Wallonen fanden den Weg zu den deutschen Linien.[27]) Die überlebenden Freiwilligen wurden in Brüssel von einer begeisterten Menge gefeiert, der Parade in der belgischen Hauptstadt sollen 100000 Menschen beigewohnt haben.[28]) Kurze Zeit später, am 3. September, nahmen englische Truppen Brüssel ein. Rund 15000 wallonische Kollaborateure flüchteten ins Reich, wo ihre Aufnahme nicht immer freundlich war. So heißt es in einem deutschen Bericht[29]): »Die wallonischen Freiwilligen führen Klage darüber, daß ihre aus Belgien nach Deutschland gebrachten Familien keine Unterstützung erhalten, so daß diese Familien in wirtschaftliche Notlage geraten sind. Dasselbe gilt für die flämischen und niederländischen Freiwilligen.« Die SS-Brigade Wallonie kam im Oktober 1944 zur Umgliederung in eine Division in den Raum Südhannover/Braunschweig. Alle wehrfähigen Wallonen im Reich waren aufgerufen, sich der 28. SS-Freiwilligen-Grenadier-Division Wallonien anzuschließen. Die neuen Freiwilligen rekrutierten sich aus Kriegsgefangenen in Deutschland, aus belgischen Zwangsarbeitern, die eigentlich nur ihre Freiheit wollten und aus den nach Deutschland evakuierten Wallonen.[30]) Degrelle, mittlerweile vom einfachen Soldaten zum hochdekorierten Divisionskommandeur avanciert, überließ den Aufbau der Division und die militärischen Routinearbeiten weitgehend seinem Stellvertreter Franz Hellebaut, einem belgischen Berufsoffizier und Freiwilligen des 1. Weltkrieges, der die belgische Kriegsschule absolviert und im Mai 1940 den Majorsrang erhalten hatte. Im Februar 1943 befand sich der parteilose Hellebaut bereits fast drei Jahre in deutscher Kriegsgefangenschaft, als ihn der Kommandeur der Wallonischen Legion, Lucien Lippert, im Lager Fischbick (Hamburg) aufsuchte.[31]) Lippert beschwor seinen renommierten Kollegen, die wallo-

nische Einheit zu übernehmen, sobald diese Regimentsstärke erreicht hatte. Hellebaut bat sich Bedenkzeit aus, sicherte aber zu, sich an die Spitze der wallonischen Freiwilligen zu stellen, falls Lippert fallen sollte. Lippert starb am 13. 2. 1944 im Kessel von Tscherkassy den Soldatentod und Hellebaut löste sein Versprechen ein. Er wurde auf Befehl des SS-Hauptamtes aus der Kriegsgefangenschaft entlassen und am 25. 5. 1944 als Sturmbannführer in die Waffen-SS aufgenommen. Während Hellebaut die militärische Tagesarbeit erledigte, widmete sich Degrelle der großen Politik, wobei er die germanische Gaukonzeption endgültig fallen ließ und sich Reichskommissar Grohé als Ministerpräsident einer zentralen belgischen Exilregierung anbot[32]): »Sein letztes Ziel sei aber unzweifelhaft die Wiederherstellung eines souveränen belgischen Staates unter entsprechenden vertraglichen Bindungen an das Reich. Degrelle habe die jetzige Lage benutzt, um sehr stark dahin zu drängen, daß er mit der Leitung der belgischen Ministerien betraut, sozusagen belgischer Ministerpräsident würde.« Degrelles Träume aber gingen weiter, sie kehrten zur Konzeption eines großburgundischen Reiches, die er bereits 1940 vertreten hatte, zurück. Sein Besuch in Sigmaringen bei der französischen Exilregierung scheint zum Ziel gehabt zu haben, das Kommando über eine französisch-belgische Division[33]), oder gar ein aus drei französisch sprechenden Divisionen bestehendes Armeekorps[34]) zu erhalten, und dadurch seine Anwartschaft auf eine Führerrolle in dem geplanten großburgundischen Reich zu unterstreichen. Den Deutschen waren derartig hochfliegende Pläne, die eigene imperialistische Zielvorstellungen konterkarierten, nicht geheuer. Degrelle mußte sich daher im Dezember 1944 mit der wesentlich bescheideneren Position des Leiters des wallonischen Befreiungskomitees zufrieden geben. Für den Fall der Wiedereroberung des belgischen Raumes sollte er mit seiner Division in Wallonien einrücken, um dort die Verwaltung zu übernehmen. In einer Denkschrift vom Dezember 1944 führte der Rexistenführer aus, die deutsche Armee solle in Belgien nicht als Eroberer, sondern nur als Befreier auftreten, die Zivilverwaltung den Einheimischen überlassen, die belgische Nationalfahne tolerieren und keine öffentlichen Gebäude besetzen.[35]) Am 1. 1. 1945 beauftragte Sepp Dietrich Degrelle »mit der Wahrung der zivilen, politischen und militärischen Ordnung« in den zurückeroberten belgischen Gebieten[36]) – eine Konzession ohne praktischen Wert, da die Ardennenoffensive nicht durchschlug.
Die Division Wallonie hatte es zwischenzeitlich auf 4000 Freiwillige

gebracht. Fertig ausgebildet war jedoch nur eine aus 3 Infanteriebataillonen bestehende Kampfgruppe unter Franz Hellebaut, die im Februar 1945 in die Kämpfe um Stargard eingriff. Am 27. 2. wurden die wallonischen Freiwilligen zum letzten Mal namentlich im Großdeutschen Rundfunk erwähnt[37]): »In Pommern hat sich eine im Flankenschutz eingesetzte Kampfgruppe der SS-Freiwilligen-Grenadier-Division Wallonien unter Führung von SS-Obersturmführer Capelle mit vorbildlicher Standhaftigkeit und fanatischem Kampfwillen geschlagen.« In den schweren Abwehrkämpfen gegen die überlegene Rote Armee wurde die Kampfgruppe Hellebaut aufgerieben. Von 600 Mann vom Bataillon Derrickx blieben nach dem Angriff auf Schillersdorf am 21. 4. noch 130 Mann übrig.[38]) Trotz unzureichender Bewaffnung erwiesen sich die Wallonen als zähe Kämpfer. SS-Unterscharführer Fernand Kaisergruber führte mit 25 Mann einen Gegenangriff gegen ein von Russen besetztes Dorf. Zwei seiner Leute besaßen eine MP mit je zwei Magazinen, nicht alle hatten Gewehre und für die wenigen Karabiner waren nur 5 Schuß Munition vorhanden ...[39])

Légion »Wallonie«

Einsatzstärke und Verluste (Schätzung)

Zeit	*Ort*	*Einsatz-stärke*	*Tote*	*Verwun-dete*	*Kranke*	*Verlust-rate*
1941	Abfahrt von Bruxel-les	860				
12. 8.–16. 10.	Ausbildung in Meseritz (Warthegau) *Wehrmacht Inf.Btl.373*			70		8%
3. 11. 41–*1942*	Vormarsch zum Donetz	792	8	?	200	26%
26. 1. 42	von Dniepropétrovsk nach Tcherbinovka *Offensive Losowaja-Isjum*					
17.–28. 2.	Verteidigung von Gromowajabalka	411	69	92		39%
17. 5.	Kämpfe um Jablenskaja	250	10	15		10%
10.–21. 6.	Spakovka (Donetz) *Vormarsch Donetz-Don-Kuban*	150	2	10		8%

Datum	Ereignis					
10. 7.–14. 8.	Strecke Isjum-Maikop (800 km)	850	–	–	300	35%
19.–28. 8.	Verteidigung von Tcherjakow	460	25	90		25%
14. 10.–15. 11.	Kämpfe um Psich	340	5	20	50	22%
1943						
3. Juni	Überstellung des Btl. zur *Waffen-SS.*					
Juni–10. 11.	Aufstellung der *5. SS.Freiw.-Sturmbrigade* in Wildflecken (Rhön)	2200				
18.–20. 11.	Ankunft der Brigade in Korssun (Ukraine)					
20. 11. 43– 2. 2. 44	*Verteidigung von Olschanka* (Dniepr)	2000	43	55	190	14%
1944						
13.–19. 1.	Gegenangriff bei Teklino	700	95	115	30	34%
	Kessel von Korssun					
7.–10. 2.	Kämpfe bei Derenkowetz					
12.–17. 2.	Kämpfe bei Novo-Buda	1450	70	120		13%
17.–19. 2.	Durchbruch bei Lisjanka	1260	650	?		52%
	Kampfgruppe in Estland					
19. 7. –18. 9.	Kämpfe um Dorpat	440	110	115		51%
19. Oktober	*Bildung der 28. SS.Freiw.Gren.Division »Wallonie«*					
	Die Division umfaßte insgesamt 4500 Mann. Einsatzbereit war im Januar 1945 eine aus 3 Inf.Btl. bestehende Kampfgruppe					
1945	*Kampfgruppe in Pommern*					
5. 2.– 7. 3.	Kämpfe um Stargard	1800	120	150	200	26%
16.–20. 4.	Verteidigung des Brückenkopfes von Stettin (Altdamm)	650	22	84		16%
20.–24. 4.	Gegenangriff bei Schillersdorf (Oderfront)	550	98	160		47%
27. 4.	Gegenangriff bei Schönwerder (Prenzlau)	350	10	50		17%
			1337	1076		

Bei Kriegsende konnte sich Degrelle mit einer He 111 nach Spanien absetzen, seine Divisionsangehörigen mußten sich der belgischen Justiz stellen. Bei belgischen Militärgerichtshöfen waren insgesamt 338750 Fälle anhängig[40]), die schwersten Strafen trafen folgende drei Tätergruppen: Denunzianten, Ostfrontfreiwillige und Propagandisten der Neuen Ordnung, also Parteichefs, Journalisten und Rundfunkkommentatoren.[41]) Ende 1944 waren in Belgien bereits 44000 Personen in Haft, nach der Rückführung der nach Deutschland geflohenen Kollaborateure kamen noch einmal 20000 Delinquenten hinzu. Da die belgischen Gefängnisse nur eine Aufnahmekapazität von 5000 Häftlingen besaßen, kann man sich die Überbelegung und die Haftbedingungen unschwer vorstellen. In Einzelzellen wurden bis zu 9 Gefangene zusammengepfercht. 242 Personen – 105 Flamen, 122 Wallonen und 15 Bewohner von Brüssel – wurden zum Tode verurteilt und exekutiert, die Zahlenangaben über ausgesprochene, aber nicht vollstreckte Todesurteile schwanken zwischen 1200 und 3000. Belgische Gerichte verhängten über 50000 Gefängnis- und Geldstrafen, darunter 1839 lebenslängliche Freiheitsstrafen.

Besonders hart sprang die belgische Justiz mit Legionären und SS-Freiwilligen um. Henri Philippet wurde, obwohl 1941 erst 17 Jahre alt, zu 20 Jahren Zwangsarbeit verurteilt, er verbüßte allerdings nur 42 Monate seiner Strafe. Die bürgerlichen Ehrenrechte erhielt er 1964 wieder.[42]) Fernand Kaisergruber bekam 20 Jahre Gefängnis und blieb fünf Jahre hinter Gittern, seine Braut hatte als Verlobte eines Ostfrontfreiwilligen eine 1jährige Freiheitsstrafe abzusitzen. Als besonders entwürdigend empfanden die Kollaborateure die moralische Ächtung und den Ausschluß aus der belgischen Gesellschaft. Kaisergruber sollte 1946 mit einem Mörder vom Gefängnis zum Gericht gebracht werden. Als der Mörder sich weigerte, mit dem zur Unperson gewordenen Freiwilligen transportiert zu werden, stellte die Gefängnisleitung dem Schwerverbrecher ein Taxi zur Verfügung.[43])

An der Person von Franz Hellebaut, 1940 einer der Hoffnungen des belgischen Generalstabes, statuierte die Brüsseler Justiz ein Exempel: am 10. 5. 1946 zum Tode verurteilt, blieb er 4 ½ Jahre in der Todeszelle. Im Dezember 1951 wurde seine Strafe in 19 Jahre Gefängnis umgewandelt und erst am 24. 12. 1959, nach 14 ½ Jahren Haft, kam Hellebaut aus dem St. Gilles Gefängnis (Brüssel) frei. Auf seine bürgerlichen Ehrenrechte und seine Offizierspension wartet der nunmehr 85jährige noch immer.[44]) Die Behandlung des Falles Hellebaut durch die belgische Judikative und Exekutive beweist, daß auch demokratische Staaten das Rechtsstaatsgebot politischen Erwägungen opfern. Andere Ex-Kollaborateure mußten 1956 die Menschenrechtskonvention des Europarates anrufen, um diskriminierende Regelungen aus der Welt zu schaffen.[45])

Luxemburg

Vor der Besetzung Luxemburgs durch die Wehrmacht im Mai 1940 hatte es verschiedene Versuche gegeben, deutschfreundliche und nationalsozialistische Bewegungen ins Leben zu rufen. 1933 wurden gleich mehrere derartiger Organisationen gegründet: die Nationalsozialistische Luxemburger Heimatbewegung, die Luxemburgische Nationalsozialistische Partei, weiter eine Faschistische Partei Luxemburgs und die Luxemburgische Nationale Arbeiter- und Mittelstandsbewegung. Aber der Einfluß dieser Splittergrüppchen blieb minimal, auch die 1936 aus der Taufe gehobene Luxemburger National Partei konnte im Großherzogtum keinen Erfolg verbuchen. Junge prodeutsche Aktivisten ließen sich trotz der Mißerfolge der rechtsradikalen Miniparteien aber nicht entmutigen und gründeten im September 1936 die Luxemburger Volksjugend (LVJ). Diese paramilitärische Gruppe, die nie mehr als 24 Mitglieder zählte, sollte die ersten und frühesten Kollaborateure Luxemburgs stellen.

Anfang 1940 warb der deutsche Abwehrunteroffizier Walther Angerer Mitglieder der LVJ für deutsche Spionage- und Diversionstätigkeiten an. Angerer ließ sich mit Hilfe der Abwehrnebenstelle Trier verschiedentlich illegal über die Mosel setzen, um seine Mitarbeiter im Großherzogtum zu kontaktieren und mit belgischen FN-Pistolen auszurüsten.[1]) Der aus der bündischen Jugend stammende Unteroffizier war bei den nationalsozialistischen Luxemburgern kein Unbekannter. Seine Eltern lebten in Luxemburg, wo er 1934 die Gesellschaft für Deutsche Literatur und Kunst (Gedelit) aufgebaut hatte, deren ehrgeiziges Ziel darin bestand, den französischen Kultureinfluß in Luxemburg zurückzudrängen. Hauptverbindungsmann von Angerer war Ferdinand Colling, der im März 1940 in der Abwehrschule Quenz bei Brandenburg eine Sonderausbildung erhalten hatte. Nachdem die LVJ-Männer für die Deutschen zahlreiche Erkundungsaufträge durchgeführt hatten, sollten sie auch kurz vor der Invasion, in der Nacht vom 9. zum 10.

Mai 1940, eingesetzt werden. Sieben junge Angehörige der LVJ, die Angerer als nationalsozialistisch ausgerichtete Idealisten schilderte, »denen ihr kleines Land zu eng war«[2]) warteten bei der Felsmühle auf luxemburgischen Gebiet, um die deutschen Brandenburger bei ihrem Vorgehen zu unterstützen. Aber das Unternehmen endete mit einem Fiasko, da luxemburgische Sicherheitskräfte aufmerksam wurden und der Überraschungsmoment verloren ging.[3]) Die Aktionen der LVJ haben daher zum Gelingen der deutschen Angriffsoperationen kaum beigetragen, die erfolglosen luxemburgischen V-Männer aber für immer als Landesverräter abgestempelt.

Das korrekte und disziplinierte Auftreten der Wehrmacht im Großherzogtum und die schnelle Niederlage Frankreichs hätten langfristig eventuell zu einer aktiven Kollaborationsbereitschaft größerer luxemburgischer Bevölkerungsteile führen können. Aber bereits am 29. Juli 1940 wurde Gauleiter Simon zum Chef der Deutschen Zivilverwaltung in Luxemburg ernannt und es begann eine Kampagne der Zwangsgermanisierung, bei der auf deutscher Seite die Brutalität nur noch durch den eklatanten Mangel an Fingerspitzengefühl übertroffen wurde. Verordnungen und Erlasse prasselten auf die Luxemburger herab: es war ihnen verboten, die französische Sprache zu sprechen (1. 6. 1941) und die »welsche« Baskenmütze zu tragen (18. 2. 1941), französische Namen deutschen Ursprungs mußten eingedeutscht werden. Für die politische Ausrichtung der Luxemburger sollte die am 6. Juli 1940 gegründete Volksdeutsche Bewegung (VDB) unter Landesleiter Kratzenberg sorgen, die »Heim ins Reich« zu ihrer Devise erkor. Konnte die VDB für ihre Anschlußthese auch einige historische Argumente ins Feld führen – schließlich hatte das Geschlecht der Lützelburger im Mittelalter deutsche Könige gestellt und war das Großherzogtum von 1815–1866 Mitglied des Deutschen Bundes und des Deutschen Zollvereins gewesen – so war die Mehrzahl der Luxemburger doch nicht bereit, die Autonomie und Eigenstaatlichkeit des Landes preiszugeben. Für einige Berufszweige aber wurde die Mitgliedschaft in der VDB Pflicht, andere Luxemburger traten der Bewegung aus Opportunismus bei, so daß sie sich numerisch zu einer eindrucksvollen Organisation entwickelte. Hatte sie am 1. 8. 1940 erst 600 Mitglieder umfaßt, so waren es einen Monat später 6000, am 31. Dezember 1940 sogar schon 50000. In ihrer Blütezeit zählte die VDB 84000 Mitglieder, eine Zahl, die fast 30% der Gesamtbevölkerung Luxemburgs ausmachte. Aber diese Scheinblüte trog. Die Gestapo schätzte, daß nur 10% der Anhänger freiwillig der

VDB beigetreten waren.[4]) Und selbst Gauleiter Simon mußte am 21. September 1941, dem Gründungstag der luxemburgischen NSDAP, öffentlich zugeben[5]): »Weder Sie noch ich täuschen uns darüber, daß nicht alle Mitglieder geschworene Kämpfer für Volk und Führer genannt werden können ... Viele sind aus Vorsicht, andere aus Feigheit gekommen ...«

Parallel zur politischen Indoktrination liefen die nationalsozialistischen Bemühungen, jungen Luxemburgern den Dienst im RAD und in den deutschen Streitkräften schmackhaft zu machen. Himmler inspizierte am 8. September 1940 die 425 Mann starke luxemburgische Freiwilligenkompanie, die als Rekrutierungsreserve für die Gendarmerie und die verstaatlichte Lokalpolizei diente. Da die Einheit einen ausgezeichneten Eindruck machte, sollten möglichst viele ihrer Soldaten in die Waffen-SS überführt werden. Unter Zwang gaben 100 Luxemburger eine »freiwillige« Meldung zur Waffen-SS ab, eine Maßnahme, die dank der Intervention ihrer luxemburgischen Offiziere rückgängig gemacht werden konnte.[6]) Schließlich kamen 27 Mann zur Waffen-SS nach Hamburg und Klagenfurt, 7 Luxemburger, die sich beharrlich weigerten, deutscher Soldat zu werden, landeten im KZ Auschwitz. Die luxemburgische Freiwilligenkompanie wurde aufgelöst, ein Teil in deutsche Polizeikompanien überführt, ein Teil in Jugoslawien zur Partisanenbekämpfung eingesetzt.

Neben diesen »Pseudo-Freiwilligen« gab es aber auch andere Luxemburger, die sich aus politischer Überzeugung und mit Begeisterung zur Wehrmacht und Waffen-SS meldeten. Bis Ende 1940 hatten 600 von ihnen die deutsche Uniform angezogen. Die Freiwilligenwerbung wurde intensiviert und im Mai 1942 überzog eine großangelegte Werbekampagne das Land. Plakate mit einem riesigen roten Luxemburger Löwen forderten gebieterisch: »Erwache! Freiwillige vor! Zum Kampf für Großdeutschland. Freiwillige für Heer, Luftwaffe, Kriegsmarine und Waffen-SS.«[7]) Gauleiter Simon nannte im ersten Halbjahr 1942 bei einigen öffentlichen Auftritten die Zahl von 1000 luxemburgischen Freiwilligen im Alter von 18 bis 45 Jahren, die in der deutschen Armee kämpften.[8]) Tatsächlich dürfte das Großherzogtum insgesamt etwa 1200 Freiwillige für die drei Wehrmachtsteile und die Waffen-SS gestellt haben.[9]) Im Gegensatz zu den Freiwilligenmeldungen aus anderen besetzten Gebieten wie Belgien und Dänemark kann der Einsatz luxemburgischer Freiwilliger als ein »Ja« zum Anschluß an das Großgermanische Reich gewertet werden. Der Lützelburger Freiwillige kämpfte schließlich in dem Bewußtsein, daß sein Land ein integraler Bestandteil des Reiches werden sollte, während flämische und dänische Freiwillige in der Mehrzahl unter dem Motto stritten, ihrem Heimatland die Autonomie und Souveränität zu erhalten. Die Militärbürokratie, die verzweifelt nach Reserven suchte, war mit 1200 luxemburgischen Freiwilligen nicht zufrieden. Am 30. August 1942 wurde für das Großherzogtum daher die allgemeine Wehrpflicht eingeführt, vorerst für die Jahrgänge 1920–1924. Gleichzeitig setzte Gauleiter Simon ein beschränktes Reichsbürgerrecht in Kraft. Damit war der de facto Anschluß an das Deutsche Reich Wirklichkeit geworden. Die luxemburgische Bevölkerung antwortete mit massiven Streikaktionen, konnte die Konskription ihrer Jugend aber nicht verhindern, da die deutschen Behörden für Angehörige von Deserteuren die Sippenhaft anordneten. So mußten bis Kriegsende die Jahrgänge 1920–1927 einrücken. Von 15 409 betroffenen jungen Luxemburgern wurden 11 168 zwangsrekrutiert, 2752 fielen und 3510 desertierten oder verweigerten den Dienst.[10])

Nach der Eroberung Luxemburgs durch die Alliierten im September 1944 gerieten auch die luxemburgischen Kollaborateure in die Woge der Säuberungen, die fast ganz Europa erfaßte. Etwa 10 000 belastete Luxemburger setzten sich vorher ins Reich ab. Einige von ihnen kamen im Verlauf der Ardennenoffensive in ihre Heimat zurück und unterstützten die vorgehenden deutschen Einheiten.[11]) Den im Großherzogtum verbliebenen deutschfreundlichen Kräften präsentierte man nach Kriegsende die Rechnung: am 7. Juli 1945 befanden sich 5101 Luxemburger beiderlei Geschlechts in Haft. Durch rückwirkende Gesetzesänderungen der luxemburgischen Regierung vom 14. Juli 1943 und 14. Dezember 1944[12]) wurde das Strafrecht verschärft und für den freiwilligen Dienst in den deutschen Streitkräften und andere Tatbestände die Todesstrafe eingeführt, die seit 1879 nicht mehr vollstreckt worden war. Die Bilanz der épuration für das kleine Land war erschreckend: es ergingen 12 Todesurteile, von denen 8 vollstreckt wurden. Etwa 7 Luxemburger kamen bei »spontanen« Hinrichtungen ums Leben. 23 Kollaborateure wurden zu Zwangsarbeit von 20–25 Jahren verurteilt, 192 zu 10 bis 20 Jahren und 3 zu 5 bis 10 Jahren. 1366 Luxemburger erhielten Haftstrafen, davon 9 in Höhe von 10–20 Jahren, 103 von 5 bis 10 Jahren und 1254 von weniger als 5 Jahren. Außerdem sprachen die Gerichte 645 Verurteilungen zu Zwangsarbeit bei Einzelhaft aus und 1186 Luxemburger verloren ihre Staatsangehörigkeit.[13])

Unter den zum Tode Verurteilten befand sich auch der VDB-Landesleiter Damian Kratzenberg. Es nützte ihm nichts, daß er mehr ein willfähriger Pangermanist gewesen war als ein Tyrann und Gewaltmensch. Auch die Tatsache, daß er sich im September 1942 bei Gauleiter Simon für luxemburgische Todeskandidaten eingesetzt hatte[14]), wurde nicht honoriert. Gymnasialprofessor Kratzenberg starb am 11. Oktober 1946 auf dem Schießplatz der Kaserne St.-Esprit unter den Kugeln eines Exekutionskommandos. Die épuration war erst beendet, als am 26. März 1965 ein ehemaliger luxemburgischer Agent des SD als letzter Verurteilter in die Freiheit entlassen wurde.

Frankreich

»Wenn es eine Entschuldigung oder
doch eine Erklärung für die
›Kollaboration‹ zu finden gälte,
dann müßte man sagen, daß auch
sie eine Bemühung war, Frankreich
wieder eine Zukunft zu geben.«
Jean-Paul Sartre

Die französische Rechte der 30er Jahre, von den Maurras-Anhängern bis zu den Faschisten, war sich zumindest in einem Punkt einig: in der bedingungslosen Ablehnung der Dritten Republik und ihrer Einrichtungen. Als Frankreich am 3.9.1939 dem Deutschen Reich den Krieg erklärte, stellten aber selbst die deutschfreundlichen französischen Nationalrevolutionäre ihre antiparlamentarischen Vorbehalte zurück und eilten zu den Fahnen. Der faschistische Schriftsteller Robert Brasillach (hingerichtet am 6.2.1945) etwa rückte als Leutnant ein, der Führer der 1933 gegründeten und 1936 von der Volksfront verbotenen Parti Franciste, Marcel Bucard (hingerichtet am 19.3.1946), kämpfte als Hauptmann und Kompanieführer. Der Chef der 1936 ins Leben gerufenen Parti Populaire Français (PPF), Jacques Doriot (bei einem Fliegerangriff am 22.2.1945 getötet), diente als Unteroffizier bei dem 24. regionalen Garderegiment, und auch die Adepten der rechtsradikalen Untergrundbewegung Cagoule standen nicht abseits: Eugène Deloncle (am 7.1.1944 von der Gestapo erschossen), spiritus rector dieser französischen Abart des Ku Klux Klan, erfüllte seine Militärpflicht bei der

Veranstaltung der Rexisten im Sportpalast von Brüssel (CGWOII)

Angehörige der Jeunesse Rexiste (CGWOII)

Freiwillige der Legion Wallonie an der 3,7 cm Pak. In der Mitte der Kommandeur, Lucien Lippert (F. Kaisergruber)

Rexistenchef Léon Degrelle besucht junge belgische Arbeiter in deutschen Fabriken (A. Snaar)

Vichy-General Edgar Puaud,
ab 1943 Befehlshaber der LVF.
1944 SS-Oberführer und Kdr.
der Division Charlemagne
(E. Lefèvre)

Der französische Freiwillige
André Bayle meldete sich 1943
mit 16½ Jahren zur Waffen-SS
(A. Bayle)

Ersatzkommando der LVF in Greifenberg/Pommern. Die Fahne
der französischen Freiwilligenlegion (R. Soulat)

Paris, Gare de l'Est 1944: Milizchef Joseph Darnand verabschiedet französische Freiwillige. V. r.n.l.: Noël de Tissot, Artus, De Lafaye und Henri Fenet, der spätere Kommandeur des französischen Sturmbataillons in Berlin (R. Soulat)

Invasionsfront, 20. 6. 1944. Ein Angehöriger der französischen Waffen-SS verhört kanadische Gefangene (A. Snaar)

Marine. Joseph Darnand (hingerichtet am 10.10.1945), einer seiner Anhänger und ab 1943 Befehlshaber der Vichy-Miliz, wurde durch sein Bravourstück bei Forbach sogar zu einem der wenigen französischen Helden des drôle de guerre.

Als dieser Personenkreis ab 1940 den dornenvollen Weg der collaboration beschritt, tat er dies nicht, um den Ausverkauf französischer Interessen einzuleiten. »Die Kollaboration, einverstanden«, verkündete Bucard[1], »aber nicht zwischen einem Sieger und einem Besiegten. Ich wollte eine Zusammenarbeit auf der Ebene gleicher Rechte mit Deutschland, ... das Frankreich die Integrität des Mutterlandes und seiner Kolonien zugestand.« Vichy-Kriegsminister Bridoux ging sogar noch einen Schritt weiter, als er für seine taktische Variante der collaboration ein historisches Beispiel anführte[2]): »Frankreich muß eine militärische Macht bleiben. Es wird seinen Platz später wieder einnehmen. Wir befinden uns im Jahre 1806. Wem schloß sich das geschlagene Preußen an? Napoleon. Eine preußische Armee existiert. Napoleon schwankt. Da ist es Blücher, der den Kaiser bei Waterloo schlägt.«

Die politischen Grundsätze der französischen collaboration ruhten auf fünf Säulen: dem Patriotismus, Antikommunismus, Autoritarismus, Europäismus und einem »bedingten« Pazifismus. Der eingeschränkte Pazifismus war allerdings auf die französischen Kollaborateure beschränkt, die aus dem Lager der Linken stammten. Für sie war bereits der Waffengang mit Deutschland 1939 ein Akt selbstmörderischer Englandhörigkeit gewesen, nach der Niederlage wurden sie nicht müde, sich in die Linie Briand-Stresemann einzuordnen und einen friedlichen, paritätischen Ausgleich mit dem Reich zu fordern. Der Einfluß der linken Renegaten innerhalb des breiten Spektrums der Pariser Verständigungspolitiker war nicht unbedeutend. Der Gesandte Schleier telegraphierte am 27. Juli 1943 an das Auswärtige Amt[3]): »In der deutsch-französischen Auseinandersetzung mit dem Versailler Diktat sind es immer wieder Linkskräfte gewesen, die für den Ausgleich mit Deutschland eintraten und auch heute sind die politischen und publizistischen Träger der Kollaborationspolitik in der großen Mehrzahl Männer, die von der Linken herkommen.«

Die Definition Schleiers traf aber nur auf die Pariser Ultrakollaborateure zu, nicht auf die behäbig-antiquierte politische Elite in Vichy, von wo aus Marschall Pétain über zwei Fünftel Frankreichs regierte. Die attentistische Haltung der Vichy-Behörden war für die radikalen Kollaborateure in Paris ein ständiger Angriffspunkt. Vergeblich hofften Doriot, Bucard, Deloncle und der ehemalige Sozialist und RNP-Chef Déat, die Deutschen würden den untereinander heillos zerstrittenen nationalrevolutionären Parteien die Führung Frankreichs anvertrauen. Für Hitler waren die Pariser collabos nur ein geeignetes Mittel, um Druck auf den zögernd lavierenden Marschall auszuüben. Gleichberechtigte Gesprächspartner sah er in ihnen nicht. Der deutsche Diktator wollte kein starkes Frankreich, auch kein starkes faschistisches Frankreich. Trotz der ideologischen Feindschaft zwischen dem Lager der Pariser Ultras und den Vichy-Paternalisten gab es selbst für die radikalen Befürworter einer Anlehnung an Deutschland Barrieren, die sie aufgrund ihres Nationalgefühls nicht überschreiten konnten. Brasillach, der die Kollaboration in eine Allianz umwandeln wollte, machte deutlich, bis zu welchem Punkt eine Zusammenarbeit gehen konnte[4]: ».. ich war nicht immer einig mit der Regierung in Vichy, aber wenn auf der einen Seite Gauleiter Sauckel 1 Million Menschen verlangt und auf der anderen Seite die französische Regierung sich weigert, Deutschland diese Menschen zu liefern, muß ich auf der Seite der französischen Regierung stehen.«

Französische Kollaborationsparteien und -gruppen

Name	Parteichef	Mitglieder-zahl	Jugend-organisation	Mitglieder-zahl
Parti Populaire Français	J. Doriot	10000 (1941) 22000 (1942)	Jeunesse Populaire Française	3000 (1943)
Rassemble-ment National Populaire	M. Déat	20000 (1941)	Jeunesse Nationale Populaire	3000 (1943)
Mouvement Social Révolutionnaire	E. Deloncle	6000 (1941)	Jeunesse Sociale Révolutionnaire[1]	?
Francisme	M. Bucard	6000	Jeunesse Franciste	2000 (1942) 6000 (1944)
Ligue Française	P. Costantini	2000	Les Jeunes de France et de l'Empire	?
Parti Français National Collectiviste	P. Clémenti	800	Jeune Front	?
Le Feu	M. Delaunay	?		
Le Front Franc	J. Boissel	100		

Parti Ouvrier et Paysan Français	M. Capron	?		
Groupe Collaboration	A. de Châteaubriand	100000 (1943)	Les Jeunes de l'Europe nouvelle	4000 (1943)
Comité d'Action Anti-Bolchévique	P. Chack	1000		
	J.M. Renault		Jeunesse de France et d'Outre Mer[2])	6000 (1941)
Milice Française	J. Darnand	29000		

[1]) später umbenannt in Jeunes Equipes de France
[2]) 1944 in die Miliz integriert

Mehrere hunderttausend Franzosen kollaborierten auf militärischem, politischem, kulturellem und wirtschaftlichem Gebiet mit dem Reich. Man darf unterstellen, daß sie dabei in aller Regel keine klare Vorstellung hatten, welche furchterregende Realität sich hinter dem Etikett Nationalsozialismus verbarg: »Nur in wenigen Fällen wußten die Kollaborateure, was die Nazis wirklich waren, sogar für die ideologischen Kollaborateure waren Faschismus und Nationalsozialismus mehr ein Mythos als eine politische und soziale Realität, die klar gesehen und analysiert wurde.«[5]) Diese Einschätzung gilt auch für die Franzosen, die sich freiwillig zu den deutschen Streitkräften meldeten. Gleich nach dem deutschen Angriff auf die Sowjetunion hatten sich zahlreiche Kollaborationspolitiker für die Bildung einer landeseigenen Legion gegen den Bolschewismus eingesetzt. Otto Abetz, der deutsche Botschafter in Paris, unterstützte diese Idee nachdrücklich. Er meldete dem Auswärtigen Amt eine Zahl von 30000 potentiellen Freiwilligen, erhielt aber am 14. Juli von Berlin die Antwort[6]): »Es ist politisch nicht erwünscht, eine so große Zahl französischer Freiwilliger, wie die gemeldeten dreißigtausend, in die deutsche Wehrmacht aufzunehmen. Erwünscht sind zehntausend bis höchstens fünfzehntausend.« Am 8. Juli erschien in der französischen Kollaborationspresse ein Aufruf von Doriot (PPF), Déat (RNP), Bucard (Francisten) und Pierre Costantini, dem Führer der kleinen Ligue Française, über die Bildung einer Freiwilligenlegion. Die anderen rechtsgerichteten Bewegungen wie die Front Franc von Jean Boissel, die Parti Français National Collectiviste

(PFNC) von Pierre Clémenti und das im September 1940 gegründete Mouvement Social Révolutionnaire (MSR) um Deloncle schlossen sich der Initiative an. Doriot wies in einem Zeitungsartikel auf die innenpolitische Bedeutung einer französischen Legion hin[7]: »Indem wir helfen, den Bolschewismus niederzuwerfen, gibt die französische Freiwilligenlegion Frankreich die Möglichkeit, seine führende europäische Rolle wiederzugewinnen. Die Freiwilligen, die im Begriff sind, abzureisen, stehen auf der Schwelle für einen Kampf um die Wiedergeburt unseres Landes.« Ähnlich urteilte der Ultra Henry Charbonneau, MSR-Mitglied und später Freiwilliger der Phalange Africaine und der Miliz[8]: »Es ist absolut notwendig, daß Frankreich an diesem ›Kreuzzug‹ gegen den Kommunismus dabei ist, dem sich fast alle Länder des Kontinents angeschlossen haben. Das war für unser Vaterland die Möglichkeit, aus seiner Isolierung infolge der Niederlage herauszukommen. Von nun an würden wir im Moment des Friedensvertrages nicht vollständig als Besiegte gelten.«

Am 18. Juli hielten die Kollaborationsparteien in Paris eine Massenveranstaltung für die Légion des volontaires français contre le bolshevisme (LVF) ab, an der 8000 Menschen teilnahmen. Ein Ehrenkomitee für die LVF bildete sich, dessen Mitglieder zu den prominentesten französischen Intellektuellen, Politikern und Klerikern zählten. Die Vichy-Regierung zögerte zwar mit der offiziellen Anerkennung der LVF bis Februar 1943, aber Marschall Pétain sollte seinen Kreuzzugsenthusiasten herzliche Worte mit auf den Weg zur Ostfront geben[9]: »Am Vorabend der Euch bevorstehenden Kämpfe bin ich glücklich zu wissen, daß Ihr nicht vergeßt, einen Teil unserer militärischen Ehre mit Euch zu führen ... Indem Ihr an diesem Kreuzzug teilnehmt, dessen Führung Deutschland übernommen hat, erwerbt Ihr berechtigte Ansprüche auf die Dankbarkeit der Welt und tragt dazu bei, die bolschewistische Gefahr von uns abzuwenden. Es ist Euer Land, das Ihr so verteidigt, indem Ihr gleichzeitig die Hoffnung auf ein wiederversöhntes Europa rettet.« Trotz der Wohlwollensgeste aus Vichy, trotz der extensiven Propagandaarbeit der Pariser Ultraparteien, kamen die von Abetz angekündigten 30000 Freiwilligen nie zusammen. Nach unterschiedlichen und sich widersprechenden Zahlenangaben ergibt sich vielmehr folgende Effektivstärke für die LVF[10]:

Zeitraum	Freiwillige	Tauglich Gemusterte
a) Juli 1941–Oktober 1942		3000
b) September 1941–15. 2. 1942		3641
c) Juli 1941–Mai 1943	10788	6429
d) Juli 1941–August 1944	13400	5800

Bei der deutschen Musterung der Franzosen wurden überaus strenge Maßstäbe angelegt. Von den ersten 1679 Freiwilligen sollen 800 zurückgewiesen worden sein, 70% davon allein wegen ihrer schlechten Zähne. Auch später hielt die Wehrmacht ihre rigiden Grundsätze bei: am 2.4.1942 wurden von 75 LVF-Aspiranten nur 13 für tauglich erklärt, am 16.6. 10 von 20, Mitte Dezember 1942 nur 20 von 52 Rekruten.[11])

Die Einberufungszeremonie der LVF, bei der am 27.8.1942 zum erstenmal seit dem Waffenstillstand die Trikolore über einem öffentlichen Gebäude im besetzten Frankreich flatterte, überschattete ein Attentat: einer der Legionäre, der sich als Gaullist in die Einheit geschmuggelt hatte, schoß auf Déat und Pierre Laval und verletzte die beiden führenden Kollaborationspolitiker. Bei der Abfahrt des ersten Kontingents von Freiwilligen am 4. September mußten die Legionäre eine weitere Demütigung hinnehmen. Die deutsche Militärverwaltung hatte eine öffentliche Verabschiedungsfeier untersagt. So wurde es ein trauriger Abschied ohne Fanfaren, als die 25 Offiziere und 803 Unteroffiziere und Mannschaften unter Polizeischutz den Transportzug nach Polen bestiegen. Am 20. September folgte ein zweites Aufgebot von 896 Mann.

Die ersten Freiwilligenkader setzten sich überwiegend aus folgenden Gruppen zusammen: Idealisten, ehemalige Angehörige der Fremdenlegion und der französischen Armee, sowie Abenteurer. In einer unveröffentlichten französischen Untersuchung wird die Parteizugehörigkeit und politische Ausrichtung der Freiwilligen des Jahres 1941 wie folgt angegeben:[12])

30% parteilose Pétainisten
20% Mitglieder der PPF
20% Mitglieder des MSR
 5% Francisten
 5% Mitglieder der RNP, PFNC etc.
 5% Berufssoldaten
15% Abenteurer, Söldner, Vorbestrafte.

Zumindest der Anteil Francisten an der LVF ist jedoch zu hoch geschätzt, denn Bucard war kein glühender Befürworter der LVF, in der andere Parteien das Sagen hatten. So sollen insgesamt (1941 – 44) nur 50 Francisten in der Legion gedient haben.[13]) Die politische Zusammensetzung der LVF veränderte sich in den Folgejahren gründlich. Das MSR verschwand 1943 von der politischen Bühne, die Zahl der Pétainisten und Abenteurer ging ab 1942 deutlich zurück. Dafür gelang es Doriot, der selbst einige Zeit in der Einheit diente, die LVF mit seinen PPF-Aktivisten zu durchsetzen.

Nach einer kurzen Ausbildung in Demba/Polen wurde die von Oberst Labonne, dem früheren französischen Militärattaché in der Türkei geführte LVF Ende Oktober 1941 an die Ostfront verlegt. Als 638. Infanterieregiment der deutschen 7. ID unterstellt, kam die französische Legion ab 22.11.1941 bei Djukovo, etwa 60 km westlich von Moskau, zum Einsatz. Am 7. Dezember bereits wurden die Franzosen abgelöst. Bei –40° Kälte, ungenügend ausgebildet und ausgerüstet, hatte die LVF in wenigen Tagen erhebliche Verluste erlitten: zu 60 Toten und Verwundeten kamen 150 Mann mit Erfrierungen.[14]) Bis Sommer 1944 zogen die Deutschen die Freiwilligenlegion nur noch zum Antipartisaneneinsatz heran, in der sie sich bewährte. 120 Franzosen erhielten das Eiserne Kreuz. Innerlich aber war die LVF ein politisch zerrissener Verband. Die deutschen Kommandobehörden versuchten gegenzusteuern und erließen 1942 ein totales politisches Betätigungsverbot. 115 Mann, die sich weigerten, eine entsprechende Erklärung zu unterschreiben, wurden nach Frankreich zurückgeschickt. Am 4.1.1943 hatte die Legion eine Stärke von 3205 Mann, aber nur 2400 von ihnen befanden sich an der Ostfront.

Der Weg der LVF (Französisches Infanterieregiment Nr. 638)

11.	7. 1941	Deutsche Genehmigung für Aufstellung LVF
8.	7. 1941	Aufruf der Kollaborationsparteien
27.	8. 1941	Offizielle Einberufungszeremonie in Versailles
4.	9. 1941	Erstes Kontingent der LVF verläßt Frankreich zur Ausbildung nach Demba/Polen
5.	10. 1941	Vereidigung in Demba
30.	10. 1941	Abmarsch zur Front
22.	11. 1941 bis	Einsatz bei Djukovo vor Moskau
7.	12. 1941	
17.	2. 1942	Verlegung nach Kruszyna/Polen

5. 1942 bis 2. 1944	Sicherungs- und Antipartisaneneinsatz im Bereich der Heeresgruppe Mitte; Btle. stehen getrennt im Einsatz
11. 2. 1943	Vichy erkennt LVF offiziell an
7. 1943	Oberst Labonne durch Oberst Puaud ersetzt
2. 1944	Unternehmen »Marokko«: geschlossener Einsatz der LVF gegen Partisanen westlich der Straße Mogilev-Bobruisk
27. 2. 1944	LVF im OKW-Bericht erwähnt
25.– 27. 6. 1944	Bobr: Verlustreiche Kämpfe einer LVF-Kampfgruppe gegen die angreifende Rote Armee
1. 9. 1944	Verschmelzung mit der Waffen-SS
20. 11. 1944	Offizielle Auflösung der LVF

In Frankreich lief die Werbekampagne für die LVF weiter auf Hochtouren, aber die Masse der französischen Bevölkerung stand dem Engagement ihrer Mitbürger in deutschen Uniformen skeptisch bis ablehnend gegenüber. So liest man in der Zeitschrift »L'Illustration« vom 11.7.1942: »Zwischen der öffentlichen Meinung und der LVF bleiben die Verständnislosigkeit und eine tiefe Uneinigkeit ... bestehen.« Die Diskrepanz zwischen der isolierten LVF und dem abwartenden Durchschnittsfranzosen vermochten auch die zur Unterstützung der Legion gegründeten privaten Komitees durch Propagandaarbeit nicht zu überbrücken. Weder das Zentralkomitee mit Deloncle an der Spitze, noch das bereits erwähnte Ehrenkomitee, dem auch der Vichy-Diplomat bei der deutschen Botschaft in Paris angehörte, konnten die Popularität der LVF erhöhen. Erfolge auf dem Gebiet der Sozialfürsorge für Angehörige von französischen Freiwilligen erreichte demgegenüber die im März 1944 1900 Mitglieder[15]) zählende Association des Anciens Combattants de la LVF, die sich aus Frontheimkehrern zusammensetzte.

Die Vichy-Regierung beschloß im Juni 1942, die private LVF durch eine offizielle französische Einheit zu ersetzen, die den Namen Légion Tricolore tragen sollte. Vorgesehen waren eine französische Uniform und ein Einsatz in allen Gebieten, in denen Vichy seine Souveränität und Rechte bedroht sah. Das Depot in Guéret in der nichtbesetzten Zone nahm die ersten Freiwilligen auf, aber die Reichsregierung tolerierte keine unabhängige französische Eingreiftruppe. Anfang 1943 ließ Vichy die totgeborene Légion Tricolore auflösen. Nur 89 Mann sollen sich bereit erklärt haben, der LVF beizutreten.[16]) 1943 hatte das Pétain-Regime deutlich an nationalem Prestige verloren. Die deutsche

Totalbesetzung Frankreichs (Unternehmen Anton, 11. 11. 1942), der Verlust der nordafrikanischen Kolonien und die Niederlagen der Achsenstreitkräfte wirkten sich negativ auf Vichy und die Pariser Ultras aus und führten zahlreiche Franzosen in das Lager der Gaullisten. Verstärkt wurde dieser Trend durch die rüde deutsche Besatzungspraxis mit ihren Geiselerschießungen und Judendeportationen. Auch Vichy konnte sich antisemitischen Maßnahmen nicht entziehen. Um die französischen Juden zu retten, gaben Pétain und Laval die ausländischen und staatenlosen Juden preis. Mindestens 75 000 von ihnen wurden in deutsche Lager abtransportiert.[17]) Wie in den anderen von Deutschland besetzten Ländern so wurde auch in Frankreich die einheimische Polizei unfreiwillig zu einem Handlanger der NS-Maschinerie. An der großen antijüdischen Razzia in Paris im Juli 1942 waren 9000 französische Polizisten beteiligt. Seit Mitte 1943 aber ließ der Einsatzwille der 123 000 Gendarmen und Ordnungshüter merklich nach. Je mehr sich Pétain auf eine abwartende Linie zurückzog, umso rückhaltloser setzten einige der Pariser Ultras auf die deutsche Karte. Zahlreiche Achsenpropagandisten stellten unter Beweis, daß sie ihre Ideologie durchaus auch mit der Waffe in der Hand durchsetzen wollten. Allein von der Kollaborationszeitschrift »Je suis partout«, deren Auflage von 100 000 Exemplaren im Jahre 1941 auf 300 000 1944 stieg, meldeten sich sechs Journalisten zu militärischen und paramilitärischen Verbänden. Gérard de Boeker, Jean Lousteau und Bertrand Nicole berichteten als Kriegsberichter der Waffen-SS von der Invasionsfront, Claude Maubourguet trat in die Miliz ein, Jean Azéma diente in der wallonischen Waffen-SS und Jean Fontenoy in der LVF. Der Strom der Freiwilligen verteilte sich auf die verschiedensten deutschen Formationen. Etwa 2–5000 Franzosen reihten sich in das NSKK ein, weitere 5000 trugen die Uniform der Schutzkommandos der Organisation Todt und 2000 folgten der im Februar 1944 einsetzenden Werbung für die Kriegsmarine. In La Pallice bewachten 250–300 Franzosen der Kriegswerftpolizei die U-Boot Basis.[18]) Hinzu kamen die im zwielichtigen Dunkel der Gegenspionage und Aufklärung tätigen Franzosen der Abwehr, des SD und der deutschen Polizei. 32 000 Franzosen sollen sich für diesen Kampf an der inneren Front zur Verfügung gestellt haben. Bereits 1941 hatte Doriot PPF-Leute für die Abwehr freigegeben.[19]) Neben politischen Fanatikern findet man in den deutschen Sicherheitsorganen Abenteurer, Gestrandete, Unterweltsfiguren und Desperados.

1943 war das Jahr der Militarisierung der Kollaborationsparteien. Der Widerstand ging verstärkt dazu über, mit den Deutschen sympathisierende Franzosen zu liquidieren. Die Ultras antworteten mit der Errichtung paramilitärischer Milizen. Am 27.6.1943 paradierten im Stadion de Coubertin in Paris 2500 Milizionäre der Milices Nationales Populaires vor ihrem Führer Marcel Deát. Am 8.8.1943 sah die französische Hauptstadt einen Aufmarsch von 2500 Mitgliedern der Gardes Françaises der PPF. Kleinere Verbände flüchteten sich vor den Anschlägen der Résistance in die Arme der deutschen Besatzungsmacht, so die Milice Révolutionnaire Française von Costantini, die 1944 in die Sicherheitspolizei aufgenommen wurde.

Die deutsche Abwehr rüstete sich bereits früh auf die erwartete alliierte Invasion und rekrutierte Franzosen als Agenten und Saboteure, die nach einer geglückten Landung im Lande bleiben und den Feind durch Untergrundaktivitäten in Atem halten sollten. Der bei dem Frontaufklärungskommando 210 eingesetzte Fahnenjunkerfeldwebel Walther Angerer berichtet, Ende 1943 hätten in einem Schloß bei Le Mans rund 200 junge Franzosen eine geheime Ausbildung erhalten.[20]) Schießen und der Umgang mit Sprengstoff waren die Schwerpunkte des Trainingsprogramms. Die französischen Freiwilligen setzten sich überwiegend aus jugendlichen Anhängern der Parti Franciste und der Gruppe Jeunes de l'Europe Nouvelle zusammen, in deren Reihen zahlreiche Studenten standen. Die Abwehr legte für ihre potentiellen Untergrundkämpfer im Rahmen der ›Aktion Osterei‹ geheime Waffen- und Sprengstofflager an, aber ein tatsächlicher Einsatz französischer nationaler Widerstandskämpfer gegen die Angloamerikaner 1944 ist mehr als fraglich.

Als exekutiver Arm des Vichy-Regimes entstand im Januar 1943 die Milice Française unter Führung von Joseph Darnand, dem hochdekorierten Helden beider Weltkriege. Speerspitze der Miliz wurde die kasernierte France Garde, deren Mitglieder einen Sold von 3500–4000 Frs. monatlich erhielten. Die Miliz erreichte eine Stärke von etwa 29000 Männern und Frauen, am aktiven Kampfeinsatz nahmen aber nicht mehr als 15000 Aktivisten teil. Zudem hatte Darnand Schwierigkeiten, für seine Leute wenigstens eine bescheidene Bewaffnung aufzutreiben. Weder die Wehrmacht in Frankreich, noch die Vichy-Behörden waren bereit, die Milizionäre mit Handfeuerwaffen auszurüsten. Darnand, der zeitweilig mit dem Gedanken gespielt hatte, sich De Gaulle anzuschließen, wandte sich daher an die SS. Er öffnete seine

Einheit den Werbern der Waffen-SS, unterstellte sich Gottlob Berger und schwor im August 1943 den Eid auf Hitler. Die Deutschen zeigten sich nicht kleinlich. Darnand, der nie ein Deutschenfreund gewesen war, erhielt den Rang eines SS-Sturmbannführers, die Miliz wurde ab Oktober 1943 mit Waffen versorgt.

Die französischen Traditionalisten und Pétainisten um Darnand hatten vorerst noch Skrupel, die mörderischen Anschläge der Résistance mit gleicher Münze zu beantworten. Erst ab dem 5. Oktober 1943, nachdem der zehnte Milizionär unter den Schüssen des Widerstandes gefallen war, schlugen die Männer in der Uniform mit dem Gamma-Abzeichen zurück.[21] Etwa zum gleichen Zeitpunkt ging auch die Miliz der Parti Franciste zum Gegenangriff über. Parteiführer Bucard proklamierte am 18. 9. 1943[22]: »Genug der ungesühnten Morde! Es ist genug Blut vergossen worden! Wer einen Francisten tötet, wird getötet werden!« Der französische Bürgerkrieg setzte ein. Auf blutigen Terror folgte erbarmungsloser Gegenterror, beide Seiten begingen scheußliche Verbrechen. Was Gustav Noske für die frühe Weimarer Republik war, wurde Joseph Darnand für Vichy: der Bluthund. Wie die Freikorps- und Baltikumkämpfer der 20er Jahre, so entwickelten sich die Milizionäre zu Geächteten im eigenen Land. Aber nicht immer reagierte die französische Bevölkerung mit feindseliger Zurückhaltung auf die »Säuberungsaktionen« der France Garde. Ein deutscher Diplomat berichtet über die Kämpfe in den Hoch-Savoyen im März 1944[23]:

> »Dem Chef der Miliz Darnand und dem Informationsminister Philippe Henriot wurden von der einheimischen Bevölkerung anläßlich ihres Besuches mehrfach spontane Ovationen dargebracht. Inhaber von abgelegenen Hütten, die bisher schwer unter dem roten Terror gelitten hatten, machten den französischen Miliz- und Polizeikräften in den letzten Tagen zweckdienliche Angaben und baten, selbst an den Aktionen mit Waffen teilnehmen zu dürfen.«

Den Aktivitäten des Maquis konnte durch den Einsatz der Miliz nicht Einhalt geboten werden. Allein im Dezember 1943 und im Januar 1944 erfolgten 254 bzw. 339 Mordanschläge, die sich zu 80% gegen französische Staatsangehörige richteten.[24] Nach französischen Regierungsangaben fielen vor der Befreiung 5234 Franzosen Attentaten der Widerstandsbewegung zum Opfer.[25] Diese verhängnisvolle und erschütternde Entwicklung ist umso tragischer, wenn man sich vor Augen führt, daß die feindlichen Brüder häufig für die gleichen Maximen fochten: »Ehre, Vaterland, die Zukunft Frankreichs ...«

Die LVF-Legionäre an der Ostfront ließ der Bürgerkrieg in der Heimat nicht unberührt. Anfang 1944 richtete Pierre Laval, der Ministerpräsident der Vichy-Regierung, einen Appell an die Franzosen, der die Moral der Legion stützen sollte[26]):

> »Es gibt Franzosen, die die noblesse der Mission der französischen Legionäre und die Größe ihres Opfers verleugnen: sie sind sich der bolschewistischen Gefahr, die uns bedroht, noch nicht bewußt. Die französischen Legionäre kämpfen an der Ostfront, um Frankreich zu schützen und Europa zu verteidigen. Sie vergießen ihr Blut als Schildwache für unsere alte Zivilisation.«

Im Februar 1944 warf sich eine LVF-Kampfgruppe bei Bobr der vorstürmenden Roten Armee entgegen. Es war eine der letzten Aktionen der Freiwilligenlegion, die insgesamt 400 Gefallene in Rußland ließ. Am 01.09.1944 wurde sie mit der französischen Waffen-SS verschmolzen.

Mit Gesetz vom 22. Juli 1943 hatten die Vichy-Behörden ihren Untertanen den Eintritt in die Waffen-SS gestattet. Viele, die sich zu dieser Eliteformation meldeten, wären nie auf den Gedanken gekommen, sich der LVF anzuschließen, die in ihren Augen der Träger eines rückwärtsgewandten, überholten und kleinbürgerlichen Nationalismus war. Zahlreiche SS-Enthusiasten faszinierte demgegenüber die supranationale Europaidee. Generalmajor Gustav Krukenberg, seit September 1944 Inspekteur der Französischen Freiwilligen-Verbände der Waffen-SS, über die politische Einstellung seiner Rekruten[27]): »Die SS-Leute schienen mir auf politischem Gebiet zu schnell vorzugehen. Sie glaubten nicht mehr an Frankreich und nicht mehr an Deutschland: sie sprachen von einer ›europäischen Nation‹. Ich persönlich glaubte nicht, daß die Zeit hierfür bereits reif war.« Der Europa-Gedanke war ein Lieblingsthema der Propaganda der kollaborierenden Gruppen und Parteien, die unablässig eine überstaatliche faschistische Solidarität beschworen. Bereits in seinem 1941 erschienenen Buch »La moisson de quarante« ging der französische Schriftsteller und Vichy-Staatssekretär Jacques Benoist-Méchin auf den Europa-Gedanken ein und wandte sich an die deutsche Besatzungsmacht[28]): »Machen Sie aus dem Sieg etwas vollkommen Neues: das Ende und die Krönung des letzten europäischen Krieges. Sonst würden Sie eine Gelegenheit vorübergehen lassen, die sich nie wieder darbieten wird. Verschmähen Sie die alten diplomatischen Überlieferungen mit ihren Listen und ihrer Habsucht. Schaffen Sie Europa, da jetzt die Zeit dafür reif ist. In fünfzig Jahren ist es vielleicht zu spät, denn wir treten in eine Epoche interkontinentaler Kämpfe, in denen Europa, wenn es nicht geeint ist, im Chaos verschwinden wird.« Andere Intellektuelle bemühten berühmte Denker der französischen Vergangenheit und beriefen sich auf einen ihrer Ansicht nach prophetischen Satz von Victor Hugo:

> »Napoleon ist gescheitert, weil seine Politik zu persönlich war. Aber es wird ein anderer kommen, der Erfolg haben wird. Das neue Europa wird sich bilden. Frankreich und Deutschland, die beiden Länder, die sich ergänzen, werden den Kern des neuen Europa bilden, dem England und Rußland nicht angehören werden. Man wird England in den Ozean jagen und das tatarische Rußland in die Steppe.«

Der einflußreiche faschistische Schriftsteller Pierre Drieu la Rochelle postulierte unermüdlich ein vereinigtes Europa, das jedem Volk seine Originalität garantieren sollte: »niemand wird ausgeschlossen werden, weder die Klassen, noch die Völker, noch die Religionen«[29]), schrieb er 1941. Für die meisten Kollaborateure war die Wiederherstellung des französischen Nationalstaates eine unabdingbare Voraussetzung für die europäische Einigung. Bucard, Chef der eurofaschistischen Francisten, ließ daran im April 1943 keinen Zweifel[30]): »Das Wort Europa ist in aller Munde, aber es wird kein Europa geben, wenn es kein Frankreich gibt.« Besonders Pierre Laval machte 1943 verschiedene verzweifelte Anläufe, seinen Gesprächspartnern Hitler und Ribbentrop die Idee eines europäischen Staatenbundes und eines klaren europäischen Zukunftsideals näherzubringen.[31])

Die Vorstellung eines geeinten Europa unter autoritär-faschistischen Gesichtspunkten war neben dem Wunsch, in eine internationale Elitearmee einzutreten, einer der Hauptgründe für das Bekenntnis vieler Franzosen zur Waffen-SS. Der am 17. 5. 1920 geborene Paul Pignard-Berthet, der im März 1943 der Miliz beitrat und sich im Oktober der Waffen-SS anschloß, erinnert sich rückblickend[32]): »Man mußte die geschichtlich überholten Konzepte überwinden und zwischen einem um Deutschland gescharten hierarchischen Europa und einem sowjetisch-amerikanischen Protektorat wählen.« Henri Fenet, geboren am 11. 6. 1919, Angehöriger der Vichy-Armee, Milizionär und späterer Ritterkreuzträger, weiß über die Motive für sein Engagement zu berichten: »Von Ende 1942 an, ab Stalingrad, ist der Europa-Gedanke der

Hauptgedanke gewesen. Der Wert ›Vaterland‹ konnte nur durch die Gründung eines einigen Europa gerettet werden. Die europäische Identität und damit die einzelnen nationalen Identitäten wären in Gefahr geraten, wenn Europa vom amerikanischen Kapitalismus oder vom sowjetischen Bolschewismus beherrscht worden wäre.«[33]) Bei anderen Freiwilligen spielte auch der Wunsch, der trüben Alltagsrealität des Vichy-Regimes zu entkommen, eine Rolle. André Bayle, der sich am 15. 3. 1943 beim Ersatzkommando Frankreich der Waffen-SS in Paris meldete, bekennt: »16½Jahre alt,... bin ich entschlossen, mich zu engagieren, ohne genau zu wissen, wie. Ich verabscheue die Engländer wie die Roten und das Frankreich von Vichy kann mir nichts begeisterndes bieten.« Einige idealistisch veranlagten Schwarmgeister glaubten, durch den Eintritt in die Waffen-SS der Entdeckung des Grals einen Schritt näher gekommen zu sein. Sie hofften auf einen neuen Ethos und eine neue Gesellschaft, die durch den Typ des mittelalterlichen Ritters repräsentiert sein sollte. Einer der Jünger dieses romantischen Kults des Faschismus war der Jurist Philippe Merlin, der aus der französischen Jugendbewegung kam. In der Februar-Ausgabe der SS-Zeitschrift »Devenir« gab er eine elitäre Selbstbeschreibung ab: »Wir betrachten uns als die letzten Verfechter des französischen Patriotismus und wir werden das Frankreich von morgen errichten.«[34]) Als Merlin entdeckte, daß auch die Waffen-SS seinen exaltierten Idealen nicht entsprach, beging er Selbstmord.

Die Mehrheit der französischen SS-Enthusiasten der Jahre 1943/44 war ungewöhnlich jung. Für die vom Autor befragten ehemaligen 10 Freiwilligen ergibt sich folgendes Alters- und Berufsbild:

Beruf vor 1939	Alter bei Eintritt in die Waffen-SS	Verurteilungen nach 1945
Berufsoffizier	45	5 Jahre Gefängnis
Student	17	–
Kadett	23	5 Jahre Zwangsarbeit
Schüler	23	20 Jahre Zuchthaus
Student	24	20 Jahre Zwangsarbeit
Schüler	20	Todesstrafe
Schüler	18	Fremdenlegion
Student	24	2 Jahre Gefängnis

Schüler	24	lebenslängliche Zwangsarbeit
Schüler	17	?
Durchschnittsalter	23,5	

Interessant ist, daß 9 der 10 Befragten als Schüler und Studenten noch nicht in den Arbeitsprozeß und in die Gesellschaft integriert waren. Wie bei der europäischen Studentenbewegung nach dem 2. Weltkrieg war das revolutionäre Potential gerade in dem Personenkreis am größten, der die geringste Affiliation an das bürgerliche System aufwies.

Die französischen Rekruten wurden in einem SS-Freiwilligen-Grenadier-Regiment zusammengefaßt, das im Juli 1944 zu der Französischen SS-Freiwilligen-Sturmbrigade aufgestockt wurde. Die Ausbildung erfolgte in Sennheim/Elsaß, wo sich bis September 1943 rund 800 Franzosen einfanden. Ende Januar 1944 betrug der französische Anteil an der Waffen-SS 2480 Mann. Ein Bataillon der französischen Sturmbrigade kam im August 1944 westlich Sanok (Karpathenfront) und im Weichselbogen zum Einsatz. Die Franzosen stabilisierten im Rahmen der 18. SS-Div. Horst Wessel die Front, aber ihre Verluste waren fürchterlich: von 1000 Mann fielen nahezu 100, 660 wurden verwundet, 40 blieben vermißt.[35])

Die vor den westlichen Invasionstruppen nach Deutschland geflohene und in Sigmaringen und auf der Insel Mainau konzentrierte Elite der französischen Ultras gab sich 1944/45 noch der Illusion hin, einen »Befreiungsfeldzug« zur Rückeroberung der Heimat starten zu können. Die Deutschen lehnten es aber ab, die französische Waffen-SS an die Westfront zu verlegen. So blieb es bei sporadischen Einsätzen französischer Fallschirmagenten, die über dem nunmehr gaullistischen Frankreich abgesetzt und dort nahezu umgehend enttarnt wurden. Noch im März 1945 sollten 10 Franzosen von dem deutschen Kampfgeschwader 200 in den französisch-spanischen Grenzraum geflogen werden. Die Maschine stürzte ab, alle Insassen verbrannten.

Im August 1944 hatte Himmler die Erweiterung der Sturmbrigade zur Division befohlen. In die neue Einheit wurden zahlreiche französische Freiwillige aus anderen Verbänden eingegliedert: 1200 kamen von der aufgelösten LVF, 1200 von der Kriegsmarine, 2200 vom NSKK und der OT, 2500 Mann waren Milizangehörige, die sich nach Deutschland durchgekämpft hatten. Den Stamm bildeten 1100 Überlebende der Sturmbrigade. Die Verschmelzung der verschiedenen Formationen brachte erhebliche Probleme mit sich. Es kam fast zu einer Meuterei von französischen Marineangehörigen, die der Uniform mit der doppelten Sigrune keine Sympathie entgegenbrachten.[36]) Auch 75 Mann der LVF weigerten sich hartnäckig, dem Schwarzen Orden beizutreten. In ein SS-Straflager eingewiesen, wurden sie aber scheinbar auf Intervention von Krukenberg in Baueinheiten entlassen.[37]) Das Offizierskorps der neuen Division wies einen hohen Prozentsatz französischer Adeliger auf, unter ihnen auch Monsignore de Mayol de Lupé, ein französischer Feldgeistlicher und Ritter der Ehrenlegion, der mit 68 Jahren zur LVF gestoßen war. Mayol de Lupé verkörperte das kämpferische Christentum des Mittelalters, für ihn sollten Kreuz und Hakenkreuz eine Allianz zur Bekämpfung des Bolschewismus eingehen.

Teile der schlecht ausgerüsteten, etwa 8000 Mann starken, von SS-Oberführer Puaud kommandierten 33. Waffen-Grenadier-Division der SS Charlemagne (französische Nr. 1) standen seit dem 22. Februar 1945 in Pommern im Einsatz gegen die Rote Armee. Die Franzosen kämpften um Neustettin, Gotenhafen und Kolberg, Teile gingen im Kessel von Körlin und Belgard unter. Krukenberg formierte aus versprengten Resten in der Gegend von Neustrelitz ein neues französisches Regiment und stellte es – ein wohl singulärer Fall in der deutschen Militärgeschichte – den Franzosen frei, ob sie weiterkämpfen wollten. Von den rund 1200 Mann entschieden sich 40% für den bedingungslosen Einsatz gegen die Rote Armee.[38]) Selbst zu diesem Zeitpunkt waren im übrigen immer noch französische Kriegsgefangene bereit, sich ihren Landsleuten in der Waffen-SS anzuschließen. Einige hatten das Wüten der vordringenden Sowjetarmee in Ostdeutschland mit eigenen Augen gesehen und entschlossen sich nun kurz vor Toresschluß, dem moribunden Reich zur Hilfe zu kommen.

Etwa 240 Franzosen gelangten unter Führung von Krukenberg nach Berlin, wo sie bis zum 2. Mai 1945 den Abschnitt Z der Reichshauptstadt verteidigten. Da die Zahl der französischen Berlin-Kämpfer immer noch umstritten ist[39]), soll Henri Fenet, der Kommandeur des französischen Sturmbataillons, zu Wort kommen[40]): »Als Transportmittel hatten wir neun große Lkw der Luftwaffe mit einer Nutzlast von 5 Tonnen. Da ich die Verladung persönlich überwacht habe, kann ich noch heute bestätigen, daß jeder Lkw etwa 33–35 Mann transportiert hat. Dazu kamen noch zwei Pkw, der eine für Krukenberg und seinen Adjutanten, Hstuf. Pachur, der andere für mich und meinen Btls.-Ad-

jutanten, Ostuf. von Wallenrodt ... So kann die Btls.-Stärke auf 300 bis 310 Mann bei der Abfahrt geschätzt werden. Doch von den 9 Lkw haben zwei unterwegs eine Panne gehabt und konnten Berlin nicht erreichen, infolgedessen haben rund 240 Mann in Berlin gekämpft.« In einer mit letztem Opfermut geführten Verteidigung vernichteten die französischen Freiwilligen in Berlin 60 Sowjetpanzer. 3 Franzosen, unter ihnen Fenet, wurden in den letzten Tagen des Goßdeutschen Reiches mit dem Ritterkreuz ausgezeichnet. Erich Kuby bezeichnet die handverlesene Schar französischer Charlemagne-Kämpfer, die sich in den Trümmern Berlins schlugen, als[41] »Freiwillige von Freiwilligen, die nicht für Hitler, sondern für Europa gegen die Sowjets weiterkämpfen wollten.« Zu den Männern des französischen Sturmbataillons gehörte der am 20. 2. 1920 geborene Jean-Louis Puechlong. Am 29. 4. 1945 wurde er – eine tragische Ironie der Geschichte – auf dem Belle-Alliance-Platz schwer verwundet. Als er in dem bereits von den Sowjets besetzten Berlin im Charlottenburger Krankenhaus lag, radelte die deutsche Krankenschwester und Medizinstudentin Hilde durch die brennende Reichshauptstadt, um dem Schwerverwundeten ein Buch von Victor Hugo zu schenken. Unterscharführer Puechlong faßte trotz des Zusammenbruchs wieder Mut: »Welch eine Courage! Welch ein bewundernswerter Beweis von Freundschaft. Das Europa, das wir wollten ... das war die Geste von Hilde.«[42]
Während Franzosen an der Friedrichstraße ihre letzten Panzerfäuste abschossen, und Darnand mit einem Bataillon Miliz noch in Norditalien kämpfte, hatte in Frankreich längst das antifaschistische »Großreinemachen« begonnen. Die siegreiche Résistance hatte bereits im März 1944 getönt[43]: »Töte die Milizionäre, rotte sie aus, denn sie haben freiwillig den Weg des Verrats beschritten. Mach sie nieder wie tollwütige Hunde ... Vernichte sie, als wären sie Ungeziefer.« Der französische Dienst der BBC assistierte mit ähnlichen Stürmer-Parolen. Über das Land raste eine Woge der Vergeltung, vor der der Terror der französischen Revolution und der Pariser Kommune verblassen. Wilden Hinrichtungen sollen nach Regierungsaussagen etwa 10000 Menschen zum Opfer gefallen sein[44], der französische Historiker Robert Aron nennt nach gründlichen Recherchen 30–40000 Ermordete[45], andere Autoren gar 105000 ohne Gerichtsverfahren Getötete.[46] Die Zahlenangaben über vorübergehend Festgenommene schwanken zwischen 80000 und einer Million. Französische Gerichte sprachen 6763 Todesurteile aus, von denen 767 vollstreckt wurden. Die Zahl wäre wesent-

lich höher gewesen, wenn sich nicht 3910 Todeskandidaten versteckt gehalten hätten. Sondergerichte, die nach Gesetzen urteilten, die faktische Rückwirkung besaßen, verhängten weit über 38000 Gefängnisstrafen. Die Welle illegaler Abrechnungsmaßnahmen erfaßte auch in Deutschland befindliche Franzosen. Am 8. Mai 1945 erschossen Angehörige der 2. gaullistischen Panzerdivision (General Leclerc) 12 Landsleute, die der LVF und Waffen-SS angehört hatten. Das Verbrechen fand in der Gemeinde Karlstein bei Bad Reichenhall statt.[47]) Die Bevölkerung durfte die Leichen der Getöteten erst begraben, als US-Truppen einrückten.

Von den Alliierten nach Frankreich abgeschobene französische Freiwillige sahen sich einem völlig veränderten Land und einer Atmosphäre des Hasses gegenüber: »Ich hatte ein Frankreich verlassen, das 1% Kollaborateure, 1% Widerständler und 98% Pétainisten, Attentisten und Opportunisten aufwies. Ich finde jetzt zu meiner großen Überraschung 99% Gaullisten vor.«[48]) Vielen ehemaligen Kämpfern der Waffen-SS und der LVF blieb nur der Weg in die französische Fremdenlegion. Noch im Mai 1948 bildete das französische Verteidigungsministerium ein für Afrika bestimmtes Infanteriebataillon, das ausschließlich aus ehemaligen collabos bestand, die aus den Kerkern entlassen wurden. Besser als ihre Gesinnungsgenossen aus der Provence und der Bretagne kamen die Freiwilligen aus Elsaß-Lothringen davon. Mindestens 2300 Elsaß-Lothringer[49]) hatten sich bis zur Einführung der allgemeinen Wehrpflicht (25. 8. 1942) freiwillig zu den deutschen Fahnen gemeldet, 130000 mußten später zwangsweise einrücken.

De Gaulle versuchte relativ früh, die hoffnungslos zerrissene Nation wieder zu vereinen. 1956 waren nur noch 62 Kollaborateure in Haft, 1958 ging ihre Zahl auf 19 zurück. Heute, 1984, befindet sich noch ein einziger Franzose wegen eines Delikts aus der Kriegszeit im Gefängnis. Es ist der in Melun einsitzende Jacques Vasseur, der von Juli 1942 bis September 1944 beim Sicherheitsdienst in Angers tätig war. Als Dolmetscher, behaupten seine Freunde, als Folterer, die französischen Behörden. 1965 vom Staatssicherheitsgerichtshof in Paris zum Tode verurteilt, wurde er 1966 zu lebenslänglicher Haft begnadigt, die Strafe 1970 auf 20 Jahre herabgesetzt.

Die Bretagne war bis 1532 ein selbständiges Herzogtum gewesen und hatte ihre weitgehenden Autonomierechte erst 1790 verloren. Unter den etwa 3 Millionen Bretonen gab es eine aktive Minderheit, die sich an die eigenständige Vergangenheit ihres Volkes erinnerte und fast verzweifelt versucht, die Bindungen zu dem französischen Zentralstaat zu lösen. Wie die irischen Aktivisten des 1. Weltkrieges, so setzten auch die keltischen Autonomisten in Rennes, die sich 1931 in der Parti national Breton (PNB) zusammenschlossen, auf die deutsche Karte.

In den Jahren 1938/39 gingen die französischen Behörden mit Systematik und Unduldsamkeit gegen die PNB vor. Kurz vor Kriegsausbruch flüchteten daher Olier Mordrel, der Theoretiker des bretonischen Nationalismus, und Fanch Debauvais, einer der Führer der bretonischen Autonomisten, über Belgien ins Reich. In Berlin wurden sie kühl empfangen, denn weder das Auswärtige Amt noch Hitler brachten der Idee eines selbständigen bretonischen Staates besonderes Interesse entgegen. Zwar durften die beiden Flüchtlinge nach der deutschen Offensive gegen Frankreich bretonische Freiwillige aus den Gefangenenlagern anwerben, diese wurden aber nicht für ein eigenes bretonisches Heer rekrutiert, sondern allein als Dolmetscher und Kundschafter für die vorrückenden deutschen Truppen. Zusammen mit etwa 150[1]) neu angeworbenen bretonischen Freiwilligen kehrten Debauvais und Mordrel im Juni in die Heimat zurück. Die bretonischen Autonomisten riefen einen Conseil National Breton ins Leben, der am 3. 8. 1940 ein Memorandum an das Auswärtige Amt richtete, das die Schaffung eines selbständigen, mit dem Reich verbundenen bretonischen Staates zum Inhalt hatte.[2]) Mit Rücksicht auf Vichy-Frankreich erhielten die keltischen Separatisten aber keine wirkungsvolle Unterstützung durch das Reich, sieht man einmal von dem Wohlwollen einzelner deutscher Beamter ab. So setzte sich etwa Dr. Werner Best, Kriegsverwaltungschef der Militärverwaltung in Frankreich, der das Konzept einer völkischen Großraumordnung vertrat, für die Interessen der Bretonen ein. Die vichyfreundlichen Kräfte in Wehrmacht und Diplomatie waren stärker. Mordrel mußte im Dezember 1940 die Führung der neugegründeten PNB auf deutschen Druck abgeben und wurde für 6 Monate im Reich interniert. Als sein Nachfolger fungierte der wesentlich gemäßigtere Raymond Delaporte, der einen föderativen Ausgleich mit Frankreich anstrebte. Einige französische Politiker, wie der PPF-Chef Jacques Doriot, machten sich tatsächlich bestimmte Anliegen der PNB zu eigen, aber zumindest Mordrel ließ keinen Zweifel daran, daß es für ihn keine gemeinsame Aktionsbasis mit französischen Kollaborationspolitikern gab. Über seine intransigente bretonisch-nationalistische Einstellung, die ihn in Widerspruch zu Vichy und Berlin brachte, berichtet Olier Mordrel[3]): »Ich war ein bretonischer Nationalist und europäischer Föderalist und nur auf diesem Gebiet ein Kämpfer. Für die deutsche Botschaft von Herrn Abetz, für die Clique um Ribbentrop, war ich ein lästiger Störenfried. Die französischen Kollaborationskreise betrachteten mich als einen Verräter. An Frankreich, wohlgemerkt ... Die französischen Kollaborateure als französische Nationalisten von ›type jacobin‹ verstanden sich sehr gut mit den Nazis, die auch Zentralisten und Imperialisten waren. Sie waren unsere Feinde und sie sind es geblieben.«

Die gemäßigte PNB zählte Ende 1941 etwa 3000 bis 4000 Mitglieder. Anfang 1943 gab die PNB-Führungsspitze ihren bedingungslosen prodeutschen Kurs auf und versuchte, die Partei in ein neutrales Fahrwasser zu lenken. Aber die Extremisten der Bewegung machten diese Kehrtwendung nicht mit. Unter der Führung von Célestin Lainé verließen die bretonischen hardliner im Dezember 1943 die Partei. Lainé, der bereits im Juli 1941 die geheime, paramilitärische Gruppe Lu Brezon (Bretonische Armee) ins Leben gerufen hatte, die sich am Vorbild der IRA orientierte, drängte auf eine stärkere Militarisierung seiner Anhänger. Sein Anliegen, die Résistance, der seit Sommer 1943 zahlreiche bretonische Aktivisten zum Opfer gefallen waren, zu bekämpfen, stieß bei den Deutschen auf offene Ohren. Lainé bildete eine dem SD[4]) unterstellte Truppe, die Bezen Perrot, benannt nach dem ermordeten bretonischen Volkstumskämpfer Abbé Jean-Marie Perrot. Die Miliz Perrot setzte sich überwiegend aus jugendlichen Angehörigen der Lu Brezon und der Sturmabteilung der PNB (Bagadou Storm) zusammen. Die Einheit rekrutierte nie mehr als 150 Mann[5]) und nahm an einigen blutigen Aktionen gegen die Maquis teil. Zu ihrem Leidwesen mußten die Milizionäre deutsche Uniformen tragen, nicht einmal ein nationales Abzeichen wurde ihnen zugestanden. Im August 1944 retirierten die Freiwilligen der Bezen Perrot vor den anstürmenden Alliierten ins Reich. Noch bevor die Einheit den Rhein überschritt, hatte sie nur noch eine Kopfstärke von 30–40 Mann. Untersturmführer Lainé überstellte einen Teil seiner Mini-Truppe der Waffen-SS, der Rest wurde auf deutschen Sabotageschulen ausgebildet. Mordrel fand –

trotz seiner Vorbehalte gegenüber den französischen »Imperialisten« – Anschluß an das Befreiungskomitee von Jacques Doriot, in dem er als »Chef der bretonischen Revolutionäre« auftrat.

Die sofort nach dem Rückzug der Wehrmacht einsetzenden antifaschistischen Säuberungen in der Bretagne kosteten rund 1000 Menschen[6] das Leben, die der Volksjustiz und rasch installierten Widerstandstribunalen zum Opfer fielen. Unter den Getöteten befanden sich allerdings nur etwa 30–40 Mitglieder der PNB. Andere bretonische Aktivisten wurden von französischaen Gerichten zum Tode verurteilt und exekutiert. Der von der Pariser Justiz erhobene Vorwurf, die PNB-Extremisten hätten sich mit der Besatzungsmacht zum Zweck hochverräterrischer Gebietsabtretungen verschworen, geht allerdings schon deshalb ins Leere, »weil die Besatzungsmacht gar nicht die Hand dazu bot.«[7] Etwa 2–3000 Bretonen kamen in Internierungs- und Gefangenenlager, wobei man keinen Unterschied zwischen Schuldigen und Unschuldigen machte: »Die Säuberung war grausam. Man kerkerte ohne Grund eine Menge von Leuten ein, manchmal unter dem Vorwand, daß sie während der Okkupation bretonisch gesprochen hatten, manchmal, weil man bei ihnen Bücher in bretonischer Sprache gefunden hatte ...«[8]

Seit 1966 hat sich der lange Zeit totgeglaubte bretonische Nationalismus wieder Gehör verschafft. Wie in Irland, so kämpfen die keltischen Heißsporne in den fünf französischen Départements nicht nur mit Balladen, sondern auch mit Bomben.

Spanien

»Der Feind ist hart und der russische
Winter ist noch härter – am härtesten
aber sind meine Männer.«
General Munoz Grandes, 2. 1. 1942

Spanien war das einzige Land in Europa, in dem der deutsche Angriff auf die Sowjetunion Genugtuung, ja Freude in weiten Bevölkerungskreisen auslöste. Francos Entschluß, eine Freiwilligendivision zur Ostfront zu entsenden, stieß auf eine Woge allgemeiner Begeisterung[1]: »Die Halbinsel antwortete mit Enthusiasmus auf Hitlers neuen Krieg.« Mit der Aufstellung seines Expeditionskorps, der Division Española de Voluntarios (DEV) verfolgte der Caudillo gleich mehrere außen- und innenpolitische Ziele: er konnte die Dankesschuld des nationalen Spaniens für die Intervention deutscher und italienischer Truppen im Bürgerkrieg abtragen, ohne gleich auf Seiten der Achse in den Krieg eintreten zu müssen. Er hielt sich weiter die Möglichkeit offen, am Ende eines gewonnen Krieges Gebietsansprüche in Nordafrika zu stellen. Gleichzeitig konnte er den revolutionären Elan zahlreicher sozialrevolutionärer Falangisten, die sich mit dem restaurativen Franco-Regime nicht abfinden wollten, kanalisieren und auf die russischen Schlachtfelder umleiten. Und schließlich konnte er den Alliierten wie auch den Achsenmächten beweisen, daß die spanischen Soldaten harte und ausdauernde Kämpfer waren und eine Invasion der iberischen Halbinsel für jeden Angreifer daher mit unkalkulierbaren Risiken verbunden war.

Die Werbekampagne für die DEV brachte in wenigen Tagen genug Freiwillige für ein ganzes Armeekorps zusammen. Allein in Madrid meldeten sich 40000 Mann für 4000 freie Stellen.[2] 40 Offiziere ließen sich als einfache Soldaten einschreiben, nachdem alle Offiziersposten besetzt waren. Einzelne Familien entsandten sämtliche männlichen Nachkommen zur Freiwilligendivision. Befriedigt konnte der deutsche Geschäftsträger in Madrid am 4. Juli 1941 nach Berlin melden, es hätte sich die »vierzigfache Zahl der benötigten Freiwilligen«[3] zum Rußlandeinsatz gemeldet. Schwierigkeiten bei der Werbung ergaben sich nur in Katalonien, das bis zum Ende des Bürgerkrieges eine republikanische Bastion gewesen war.[4]

Von den 18946 angenommenen Freiwilligen waren rund 85% Studenten und Veteranen des Bürgerkrieges. Der falangistische Anteil an den Kreuzzugsenthusiasten war hoch, so dürften schätzungsweise 55% der Divisionsangehörigen Falangisten gewesen sein.[5] In Madrid allein meldeten sich 3000 Studenten des falangistischen Sindicato Español Universitario (SEU) zum Kriegseinsatz. Es volontierten der falangistische Bürgermeister von Ceuta, der Inspektor der falangistischen Jugendorganisation und Professoren der Universität Madrid. Die Falangisten hatten mitansehen müssen, wie ihre sozialrevolutionären Ideale, die Programmatik ihres Parteiführers José Antonio Primo de Rivera, von Franco verraten worden war. Ihr stolzes Bekenntnis »Wir verwerfen das kapitalistische System«[6], scheiterte an dem übermächtigen Einfluß der bürokratisch-reaktionären Kräfte. Nun hofften die militanten Urfalangisten, die Camisas viejas (Althemden), durch ihren

Kriegseinsatz der spanischen Innen- und Außenpolitik neue Impulse geben zu können und der nationalsyndikalitischen Revolution durch eine dynamische Allianz mit den Achsenmächten doch noch zum Erfolg zu verhelfen. Klerus, Monarchie, Konservative und Teile der Armee betrachteten die Camisas viejas mit deutlichem Mißtrauen. Für die reaktionäre Rechte waren die Falangisten »Unsere Roten« und »FAI-langisten«.[7]) Der falangistische Frust an der bürokratischen Routine des Franco-Regimes kommt deutlich in einem Feldpostbrief zum Ausdruck, den ein José Antonio-Anhänger von der Rußlandfront nach Hause schickte[8]):

> »Ich kann nicht viel schreiben, denn ich empfinde ein Chaos von Ideen und Gefühlen. Mit dem heutigen Leben bin ich nicht zufrieden: die Atmosphäre des Schwarzmarktes, der getarnten Roten, der stets rechtsgerichteten Leute, die kaum den Beweis ablegen, daß sie wirklich Männer sind, erstickt mich. Ich bin vom tragischen und ruhmreichen Schicksal der heutigen Generationen überzeugt und ziehe es vor, daran physisch und geistig teilzunehmen, statt blind zu leben, wie viele es tun, indem sie gefällige und magenfreundliche Schlagworte suchen, um Ruhe zu finden ...«

Die vom Autor befragten 12 ehemaligen spanischen Freiwilligen waren sämtlich Angehörige der Falange-Partei. Wenn man ihre Aussagen auch nicht verabsolutieren kann, so fällt doch auf, daß 11 von ihnen José Antonio Primo de Rivera als ihr ideologisches Vorbild angaben und sich nur einer auf Franco bezog. Die These, daß zahlreiche Freiwillige angesichts der dumpfen Realität in ihrer Heimat an die Ostfront »emigrierten«, findet somit eine gewisse Bestätigung. Sechs der befragten Freiwilligen hatten im übrigen schon auf der Seite der Nationalisten am Bürgerkrieg teilgenommen, einer auf Seite der Roten, einer gar auf beiden Seiten der unversöhnlichen Bürgerkriegsparteien. Für die ehemaligen Republikaner dürfte der Einsatz in der spanischen Freiwilligendivision eine ausgezeichnete Gelegenheit gewesen sein, sich ideologisch »reinzuwaschen«. Zum Kommandeur der DEV wurde Generalmajor Munoz Grandes bestimmt, ein Haudegen des Bürgerkriegs und ehemaliger Generalsekretär der Falange, der Francos restaurativem Staatsaufbau kritisch gegenüberstand. Als politisierender General sollte er dem Caudillo bald gefährlich werden.

Die Einheiten der Freiwilligendivision verließen am 13. Juli Spanien und wurden auf den deutschen Truppenübungsplatz Grafenwöhr verlegt. Nach einer nur vierwöchigen Ausbildung war die Division, die bei der Wehrmacht als 250. Infanteriedivision geführt wurde, bereit zum Kampfeinsatz. Die Falangisten, deren blaue Hemden ihrer Einheit den Beinamen Blaue Division einbrachten, brannten darauf, an den Feind zu kommen. Am 21. August wurden 17 909 guripas[9]), 5610 Pferde und 765 Kraftfahrzeuge verladen. Der Eisenbahntransport endete schon in Polen und die Spanier mußten einen ermüdenden, 1000 km langen Fußmarsch bis zu ihrem Einsatzgebiet am Nordflügel der Ostfront bei Novgorod antreten. Deutsche Berufsmilitärs waren entsetzt über den ausgeprägten Individualismus ihrer neuen Verbündeten, den Mangel an Disziplin und den offensichtlichen Liebeshunger zahlreicher guripas. Gerüchte über die unkonventionellen spanischen Landser drangen bis Rom, wo Graf Ciano im November in seinem Tagebuch vermerkte[10]):

»Eine amüsante Episode. Die Blaue Legion [sic] der Spanier ist gut, aber undiszipliniert und unruhig. Sie leiden unter der Kälte und wollen Frauen. Bei ihnen hat die antierotische Pille, die so wirksam bei den Deutschen ist, nicht den mindesten Effekt. Nach vielen Protesten erlaubte ihnen das deutsche Oberkommando, Bordelle aufzusuchen und verteilte ein Präservativ pro Person. Dann kam der Gegenbefehl: Keine Kontakte mit polnischen Frauen. Die Spanier bliesen zum Zeichen ihres Protests die Präservative auf und stülpten sie über die Spitzen der Gewehre. So sah man eines Tages in den Vororten von Warschau[11]) 15 000 Präservative spanischer Legionäre paradieren.«

Parallel zur Blauen Division wurden auch spanische Fliegerfreiwillige zur Ostfront verlegt. Nacheinander sollten fünf verschiedene Jagdstaffeln am Mittelabschnitt der Ostfront zum Einsatz kommen.[12]) Die Spanier boten ihre Asse aus dem Bürgerkrieg auf, und demonstrierten damit, daß sie die Stärke der sowjetischen Luftwaffe nicht unterschätzten. Die erste Staffel (22. 9. 41–7. 2. 42) wurde von Major José Angel Salas Lazzarabal geführt, dem für die Zeit von 1936–39 16⅓ Abschüsse anerkannt worden waren. In Rußland sollte er weitere 7 Gegner abschießen. Sein Nachfolger wurde Julio Salvador Diaz-Benjumea (März–November 1942), der im Bürgerkrieg 24 republikanische Flugzeuge vom Himmel geholt hatte. Dritter Staffelkapitän war Hauptmann Ferrandis, der im Juli 1943 von Major Cuadra abgelöst wurde. Die fünfte Staffel unter Kommandant Murcia schließlich wurde im April 1944 nach Spanien zurückgezogen, ehe sie in die Kämpfe eingreifen konnte. Die Deutschen waren sehr zufrieden mit den spanischen

Jagdfliegern, die erst dem JG 27 und später dem JG 51 unterstellt wurden. Allein die 1. und die 4. Staffel schossen bei 2234 Feindflügen 88 Gegner ab, wobei 12 spanische Piloten fielen.[13]) Insgesamt kamen 156 Feindflugzeuge auf das Konto der Escuadrilla Azul.

Zur Überraschung der preußischen Berufsmilitärs bewährte sich auch die Blaue Division bei ihren Einsätzen an der Nordfront. Am Wolchow, am Ilmensee und bei Krasni Bor bewies die 250. ID stoische Ruhe bei der Verteidigung und ungestümen Angriffsschwung bei Konterattacken.

Eine unnachahmliche Mischung aus machismo und grandezza, Kühnheit und Todesverachtung wurde zum Markenzeichen der guripas. Zurückflutenden sowjetischen Angreifern riefen die spanischen Freiwilligen verächtlich »Otro toro! Otro toro!«[14]) nach; einer von den Russen eingeschlossenen Kompanie, der die Munition ausgegangen war, befahl ihr Hauptmann kaltblütig[15]): »Macht Schneebälle! Sie werden wie Steine wirken!« In die Kriegsgeschichte schließlich ging der oft beschriebene raid einer 205 Mann starken spanischen Ski-Kompanie ein, die sich im Januar 1942 bei Temperaturen von −53 Grad über den Ilmensee zu von den Sowjets eingeschlossenen deutschen Verteidigungsstellungen durchkämpfte. Nur 12 Mann überstanden die Hölle unverletzt.[16]) Die nationalsozialistische Führung war voll des Lobes für die divisionarios, die die fehlende schwere Bewaffnung und unzureichende Motorisierung durch Begeisterung wettmachten. So liest man im Tagebuch des Reichspropagandaministers unter dem 14. Februar 1942[17]):

»Über alle Maßen tapfer sind die Spanier, die zwar ihre militärischen Eigenheiten haben, die für uns ganz unverständlich sind, beispielsweise, daß sie in keiner Weise verstehen können, daß Pferde auch gepflegt und ernährt werden müssen. Aber auf der anderen Seite gehen sie im Bedarfsfall heran wie Blücher.«

Ähnlich urteilte Hitler im Januar 1942[18]):

»Die Spanier sind als Truppe ein verkommener Verband. Gewehr, das ist ein Instrument, das unter keinen Umständen geputzt werden darf. Posten stehen sie grundsätzlich nicht. Die Einwohner müssen sie wecken, wenn die Russen kommen. Aber: sie haben nie einen Meter preisgegeben! Schneidigere Leute kann man sich nicht vorstellen. Sie nehmen dabei kaum Deckung, sie lassen sich totschlagen.«

Für die Führung in Berlin war die Blaue Division aber nicht nur eine hervorragende Einheit zur Stabilisierung der Ostfront, gleichzeitig fiel ihr auch entscheidendes Gewicht bei einem gewagten außenpolitischen nationalsozialistischen Projekt zu. Hitler spielte mit dem Gedanken, mit einer siegreichen Blauen Division in Spanien »aufzuräumen«, dem falangistischen Flügel zur Macht zu verhelfen und Madrid zum Eintritt in den Krieg zu bewegen. Begünstigt wurde dieses Konzept dadurch, daß sich im Frühjahr 1942 eine sozialrevolutionäre Sammlungsbewegung, die Falange Auténtica, bildete, die die nationalsyndikalistische Revolution mit deutscher Hilfe nachholen wollte.[19] Ein Komplott hatte aber nur dann Aussicht auf Erfolg, wenn der Führer den Divisionskommandeur Munoz Grandes auf seine Seite ziehen konnte. Am 12. Juli 1942 fand im Führerhauptquartier ein streng geheimes Treffen zwischen Hitler und dem sozialrevolutionären Falange-General statt. Der Spanier, der sich mit der verkrusteten Franco-Ordnung nicht abfinden konnte, erklärte sich grundsätzlich bereit, in seiner Heimat die falangistische Wende herbeizuführen.[20] Hitler hoffte, die Blaue Division werde bei Leningrad einen entscheidenden Erfolg erringen und damit die nötige Reputation erhalten, um in Spanien ein erfolgreiches pronunciamiento einzuleiten. »Im letzten Moment müssen wir die Männer noch ganz wunderbar ausstatten«, so Hitler am 5. 9. 1942[21], »ihnen wohlmöglich noch Beutesachen und ein paar russische Generale als Trophäen mitgeben. Die werden damit einen Einzug halten in Madrid, der wird ganz toll werden. Kein Mensch kann die noch angreifen.« Aber die erhoffte Erstürmung von Leningrad blieb aus, Munoz Grandes wurde im Dezember 1942 nach Spanien zurückgerufen und durch Generalmajor Esteban Infantes ersetzt. Zwar erklärte der Falange-General noch im Januar 1943 einem deutschen Diplomaten, »im entscheidenden Moment werde er in die Bresche springen«[22], aber seine Bedingungen für einen Umsturz in Spanien erfüllten sich nicht. Weder konnte die Achse Nordafrika halten, noch in Rußland wieder erfolgreich zur Offensive antreten. Der Marsch auf Madrid fand nicht statt. Im übrigen hätte Berlin auch in den militanten Urfalangisten recht eigenwillige Verbündete und keine Satrapen gefunden, denn kein spanischer Nationalist war bereit »zum Vasallen des Reiches abzusinken.«[23] Bei einer gewaltsamen Invasion Spaniens (Operation Gisela) hätte Deutschland auch die Camisas viejas gegen sich aufgebracht. Symptomatisch ist hierfür die Äußerung eines 1924 geborenen Falangisten, der im Bürgerkrieg zwei Brüder und den Vater verloren hatte und sich 1941 zum ersten Kontingent der Blauen Division gemel-

det hatte: »Wenn ich auch das deutsche Heer bewunderte, so hätte ich es doch im Fall einer deutschen Invasion Spaniens bekämpft.«[24])
Das Personal der 250. ID wurde seit April 1942 kontinuierlich ausgetauscht. Marschbataillone ersetzten die nach Hause gerufenen Kader. Das Selbstverständnis und die politische Motivation der spanischen Freiwilligen blieben gleich: »Sie fühlten sich, zusammen mit tausenden von Belgiern, Dänen, Holländern, Franzosen, Norwegern und Schweden als Teil einer Sturmgeneration, dazu bestimmt, Europa zu revitalisieren.«[25]) Der aggressive Kampfstil der Spanier führte bei der Menschen- und Materialüberlegenheit der Sowjets zu erheblichen Verlusten der Blauen Division. So weist ein spanisches Dokument vom 30. April 1943[26]) für den Zeitraum von Oktober 1941 bis April 1943 folgende Zahlen auf: 3092 Tote, 752 Vermißte, 8204 Verwundete, 1512 Erfrierungen, 6719 Kranke.
In Spanien verstärkte sich zwischenzeitlich der Druck der Angloamerikaner auf Franco, die Blaue Division von der Ostfront abzuziehen. Der klug taktierende Caudillo, der einsah, daß sich die Achsenmächte überall in der Defensive befanden, warf das Steuer seiner Außenpolitik herum:
am 1. Oktober 1943 ging Spanien von der »Nichtkriegsführung« zur »wachsamen Neutralität« über, gleichzeitig wurde den Deutschen der Rückzug der Blauen Division mitgeteilt. Um die Verärgerung Berlins in Grenzen zu halten, konzedierte Madrid das Weiterbestehen einer kleineren spanischen Legion an der Ostfront. Tatsächlich war der Rückzug der Division Azul politisch und psychologisch ein schwerer Schlag für die deutsche Propaganda, die die spanischen Freiwilligen in der Vergangenheit häufig rühmend herausgestrichen hatte. So beschloß der Wehrmachtsführungsstab, den Abzug der Spanier weder im Rundfunk noch in der Presse bekannt zu geben.
Um die neu aufzustellende Blaue Legion begann ein Tauziehen zwischen dem spanischen Heer, das eine große Anzahl von Freiwilligen abstellen wollte, und dem spanischen Außenministerium, das die Zahl möglichst klein halten wollte. Schließlich legte Franco die Personalstärke der Einheit auf 1000–1500 Mann fest. Die Legion Española de Voluntarios (LEV), geführt von Oberst Navarro, entstand nach dem Vorbild des Tercio der spanischen Fremdenlegion. Die LEV umfaßte zwei Infanteriebataillone und ein gemischtes Bataillon. Mitte November 1943 rekrutierte Navarro seine 1500 Freiwilligen aus den im Raum Jamburg zum Rücktransport in die Heimat versammelten divisiona-

```
Division Espanola De
Voluntarios Nu. 250.
1. ä Seccion de E.M.

              Personalwechsel während der Zeit vom
                    1. Oktober–4. November 1943

                 REPATRIIERTE

          Kdr.    Offiziere   U.-Offiziere   Truppe   Total

15. 10. 43   1        32          110          656     799
20. 10. 43   1         9           49          434     493
24. 10. 43   1        14           43          562     620
30. 10. 43   2        29           53          690     774
27. 10. 43   1        15           46          439     501
 4. 11. 43   1        21           56          700     778

             7       120          357         3481    3965

                      Effektivstärke der Division am 4. November

    Kdr.           44
    Offiziere     428
    U.-Offiziere 1240
    Truppe       9254

                 10966

             En Campana 4 Noviembre de 1943
        EL COTE JEFE DE LA 1 ä. SECCION DE ESTADO MAJOR

                       Unterschrift: Jose Garcia Suils
```

rios. Die Geschichte der Spanischen Legion war nur kurz. Im Februar 1944 rief Franco auch das kleine Korps nach Spanien zurück, am 6. März wurde die LEV aufgelöst. Für viele guripas kam dieser Entschluß überraschend. Ein Bataillon[27]) weigerte sich, dem Befehl des Caudillo zu folgen und bestand auf weiterem Ostfronteinsatz. Madrid konterte, daß die nicht legitimierten Freiwilligen ihrer spanischen Staatsangehörigkeit verlustig gingen. Die überwiegende Mehrzahl der Freiwilligen kehrte daraufhin in die Heimat zurück. Die Blaue Division und die Blaue Legion hatten aufgehört zu existieren, ihre 4500 Toten verblieben in der Sowjetunion. Bei einer Gesamtstärke von 47000 Freiwilligen erlitten die Spanier mit rund 47% Ausfällen hohe Verluste: zu den Toten kamen 8500 Verwundete, 7800 Kranke und 1600 Mann mit Erfrierungen.[28]) Nur 321 Freiwillige gerieten in sowjetische Gefangenschaft. Franco gewährte den Heimkehrern keine besonderen Privilegien, allein arbeitslosen Ex-Freiwilligen wurde eine Stellung bei der Guardia Civil angeboten. Will man ein Fazit der Division Azul ziehen, so muß man erkennen, daß sie als Expeditionskorps des höchst eigenwilligen, »nichtkriegsführenden« Spanien militärgeschichtlich und außenpolitisch eine besondere Rolle einnahm. Als Mikrokosmos der spanischen Innenpolitik und Beinahe-Umsturztruppe zeigte der Verband viele Gesichter: »Heroische Geste, faschistischer Fanatismus, christlicher Kreuzzug, die Blaue Division war all dies und mehr.«[29])

Der Einsatz spanischer Freiwilliger auf deutscher Seite war auch nach dem Rücktransport der Blauen Legion nicht zu Ende. Einige Legionäre hatten sich der Repatriierung entzogen, andere versuchten von Spanien aus, erneut die Ostfront zu erreichen. Die Deutsche Botschaft in Madrid wurde Anfang 1944 mit Gesuchen interventionswilliger Spanier bombardiert, die die Idee des »antibolschewistischen Kreuzzuges« nicht losließ. Aus naheliegenden Gründen konnte die Botschaft den Freiwilligen bei ihrem illegalen Grenzübertritt aber nicht behilflich sein. Da Franco die Grenze nach Frankreich systematisch geschlossen hatte, mußten sich einige spanische Feuerköpfe daher etwas Besonderes einfallen lassen, um an die Front zu kommen. Miguel Ezquerra etwa, der in der Blauen Division als Offizier gedient hatte, erzwang sich den Grenzübertritt bei Irun am 2. 4. 1944, indem er die spanischen Grenzposten mit der Pistole in Schach hielt.[30]) Andere folgten seinem Beispiel. Über das weitere Schicksal der spanischen Legionäre ist wenig bekannt, doch scheint ein Sonderstab F in Lourdes die Aufgabe gehabt zu haben, die neuen Rekruten zu sammeln. 400 Spanier fanden sich schließlich im Lager Stablack in Ostpreußen zusammen[31]), wo im Juni 1944 die Freiw.-Einheit Stablack zur Erfassung aller Freiwilligen spanischer Nationalität ins Leben gerufen wurde.[32]) Die Wehrmacht hatte die Fähigkeiten ihrer spanischen Schützlinge wohl nur ein begrenztes Vertrauen, denn das OKH verfügte[33]): »Jeder Freiweillige wird ohne Rücksicht auf seinen früheren Dienstgrad als Schütze in die Freiw.-Einheit Stablack eingestellt.« Insgesamt dürften drei Kompanien aufgestellt worden sein, wovon jedoch nur die aus Veteranen der Blauen Division bestehende Kompanie, die der SS-Division Wallonie zugeteilt wurde, die in sie gesetzten Erwartungen erfüllte.[34]) Die zweite spanische Freiwilligenkompanie (17/138) unterstand der 3. Gebirgs-Division, bis sie im Oktober 1944 nach Stockerau bei Wien verlegt wurde.[35]) Die dritte Kompanie ist allem Anschein nach zum gleichen Zeitpunkt nach Hellabrun bei Wien transferiert worden. Im Januar 1945 befahl das OKH die Aufstellung der spanischen Freiwilligen Kompanien Nr. 101 und 102 in Stockerau und ihre Überführung zur 357. ID[36]). Beide Kompanien waren im April/Mai 1945 beim Endkampf um die Reichshauptstadt eingesetzt.[37]) Aktenmäßig läßt sich dieser Einsatz nicht belegen. Auch dem Kommandeur des in Berlin eingesetzten französischen Sturmbataillons, Henri Fenet, sind in seinem Kampfabschnitt keine spanischen Freiwilligen begegnet.[38])

War die Intervention der aus Spanien »desertierten« Freiwilligen auf deutscher Seite schon außergewöhnlich, so bewies das OKW im Sommer 1944, daß es ein noch abenteuerlicheres Projekt zu unterstützen geneigt war. Mitte 1944 hielten sich in Frankreich mehrere tausend »Rotspanier« auf, aus Spanien geflüchtete Republikaner, die zum Arbeitseinsatz in der deutschen Organisation Todt (OT) oder den französischen Formations des Travailleurs Étrangers (FTE) zusammengefaßt waren. Nach der Landung der Alliierten beabsichtigte die Wehrmacht, aus »Rotspaniern« der OT, also aus extrem antinationalsozialistischen Kräften, eine spanische Legionärskompanie (»Einsatzgruppe Pyrenäen«) aufzustellen, deren Stamm das »Streifkorps Südfrankreich« der Division Brandenburg bilden sollte.[39]) Es dürfte unschwer vorstellbar sein, daß dieses Projekt bei den »Rotspaniern«, die auf ihre Befreiung durch die Alliierten warteten, auf wenig Gegenliebe stieß. Länger auf die Befreiung warten als die »Rotspanier« mußten die guripas, die in sowjetische Kriegsgefangenschaft geraten waren. Erst am 2. April 1954 kehrten 286 Überlebende mit dem Schiff »Semiramis« in die Heimat zurück. Unter ihnen waren 219 Angehörige der Division Azul, 7 der Legion und 21 Freiwillige der Waffen-SS. Die Bevölkerung von Barcelona bereitete den Heimkehrern einen herzlichen Empfang.

Portugal

Wie der iberische Nachbar Spanien, so beteiligte sich auch Portugal nicht am Zweiten Weltkrieg. Einem Kriegseintritt auf Seiten der Achsenmächte stand nicht nur die traditionelle Freundschaft mit England entgegen – das Bündnissystem reichte insoweit bis ins 14. Jahrhundert zurück – auch konnten Deutschland und Italien im Kriegsfall kaum eine Garantie für den Schutz der portugiesischen Überseeprovinzen gegen angloamerikanische Angriffe übernehmen. Selbst die antiparlamentarische Staatsform machte Portugal nicht eo ipso zu einem natürlichen Partner der Achse: Der Estado Novo (Neue Staat) Salazars, gegründet auf der Verfassung von 1933, war ein autoritär-paternalistisches Regime, nicht aber ein faschistisches System.[1]) Zwar machte Salazar einige Anleihen bei Mussolinis Italien, als er 1936 eine Staatsjugend und die Legiao Portuguesa (Portugiesische Legion) gründete. Zudem sollte der Korporativismus die Basis für den Estado Novo abgeben. Aber diese Angleichung war nur äußerlich. Im Gegensatz zu Mussolini verfocht Salazar nicht das Primat der Politisierung der Massen, sondern setzte auf die Entpolitisierung und den Ausschluß weiter Bevölkerungskreise von der aktiven Teilnahme am politischen Geschehen. Es fehlten nicht nur eine dynamische portugiesische Einheitspartei und der Kontakt des Führers zu den Massen, selbst den für alle faschistischen Systeme signifikanten antikonservativen Zug wird man beim Salazarismus vergeblich suchen. So ist es denn auch nicht verwunderlich, wenn der Neue Staat in den faschistischen Gruppierungen im Inneren mehr sah als einen bloßen Konkurrenten und diesen Gegner als Systemfeind verfolgte. Die national-syndikalistische Bewegung unter der Führung von Dr. Rolao Preto, die die »Bourgeosie« und den »Kapitalismus« verdammte, und eine bewaffnete Miliz und Massenpartei anstrebte, wurde 1934 aufgelöst, Preto ins spanische Exil abgeschoben.

Der ausgeprägte Antikommunismus Salazars ließ Portugal 1936 aber zu einem Verbündeten Francos werden. Die Nationalisten erhielten von ihren Nachbarn materielle Hilfe und Tausende von Portugiesen dienten freiwillig bei Francos Streitkräften. Maximal dürften es 20000[2]) viriatos gewesen sein, die gegen die Republikaner und Internationalen Brigaden kämpften. Die Zahl der portugiesischen Gefallenen auf Spaniens Schlachtfeldern wird auf 6000 bis 8000 geschätzt.

Auch nach dem deutschen Angriff auf die Sowjetunion waren Portugiesen bereit, an der Seite eines fremden Heeres gegen den Kommunismus zu kämpfen. Bei der deutschen Botschaft in Lissabon meldeten sich zahlreiche Freiwillige für einen Ostfronteinsatz. In einem Gespräch mit dem deutschen Gesandten am 2. Juli 1941 schloß Salazar die Bildung einer portugiesischen Legion nicht grundsätzlich aus, betonte aber, daß ein kleines portugiesisches Kontingent keinen Einfluß auf das Kriegsgeschehen nehmen könnte.[3]) Obwohl portugiesische Offi-

126

ziere im Kriegsministerium vorstellig wurden, um die Aufstellung einer antikommunistischen Legion zu erreichen, kam es aus außenpolitischen Gründen aber nie zur Bildung dieser Formation. Der in einer zeitgenössischen deutschen Publikation erwähnte Einsatz einer portugiesischen Legion im Ostfeldzug[4]) ist daher als Versehen oder als propagandistischer Bluff zu werten. Allerdings beteiligten sich einige hundert Portugiesen[5]) auf Seiten der spanischen Blauen Division an den Kämpfen am Nordflügel der Ostfront. Dabei handelte es sich zum Teil um Portugiesen, die in Spanien lebten und die die offiziell neutrale Politik Lissabons daher kaum desavouieren konnten. Andere luisitanische Freiwillige der Division Azul hatten bereits im spanischen Bürgerkrieg auf antikommunistischer Seite gekämpft. Nach der endgültigen Heimkehr der spanischen Einheiten 1944 blieben neben Spaniern auch einige Portugiesen im Reich zurück, um den Kampf gegen die Rote Armee fortzusetzen. Diese Freiwilligen wurden zur Waffen-SS überstellt. Ihre – geringe – Zahl wird sich wohl nie mit absoluter Sicherheit feststellen lassen.

Großbritannien

Die Kanalinseln

Die Kanalinseln waren das einzige angelsächsische Gebiet, das deutsche Truppen im 2. Weltkrieg besetzten. Diese Inseln hatten nicht nur gegenüber Großbritannien einen Sonderstatus, da sie juristisch gesehen kein Teil des Vereinigten Königreichs waren, ihnen sollte auch eine Sonderrolle in der deutschen Besatzungspolitik zufallen. 1939 zählte Jersey 50000 Einwohner, Guernsey 40000, Alderney 1500 und Sark 6000 Bewohner. Von Juli 1940 bis Mai 1945 mußte sich die Bevölkerung der Kanalinseln mit den deutschen Truppen arrangieren, die 30000 Mann – die 319. Infanterie-Division – aufboten, um die Inseln zu einer der stärksten Bastionen des Atlantikwalls auszubauen. Das Verhältnis zwischen Einheimischen und Deutschen war korrekt, schließlich praktizierte die Wehrmacht hier die liberalste Okkupationspolitik in allen besetzten Ländern. Auf den Inseln blieben die Beamten in ihren Funktionen, die Polizei von Jersey und Guernsey versah ihren Dienst unter den bisherigen Hoheitsabzeichen zusammen mit den Kollegen von der Geheimen Feldpolizei.

Die Deutschen konzedierten den Inselbewohnern die Beibehaltung ihrer nationalen Symbole und erlaubten öffentliche Gebete für die Königliche Familie und das British Empire. So war es kein Wunder, daß der Kronanwalt von Guernsey, Ambrose Sherwill, von einer modellhaften Besatzungspolitik sprach und den ungläubigen Zuhörern in England 1940 über Radio Bremen mitteilte, daß seine Landsleute:[1])

> »von den deutschen militärischen Behörden mit jeder erdenkbaren Rücksichtnahme und größer Höflichkeit behandelt werden ... Das Verhalten der deutschen Truppen ist beispielhaft ...«

Selbst als 1942 etwa 2000 nicht auf den Inseln geborene Engländer deportiert wurden, blieben die Beziehungen zwischen den Inselbewohnern und der Wehrmacht, wenn auch nicht frei von Spannungen, so doch frei von Haß. Die Kanalinseln brachten als einziges Gebiet im besetzten Europa keine Widerstandsbewegung hervor und – kurios genug – das Reich warb niemals Freiwillige auf den Inseln an, weder für das British Free Corps, noch für andere Einheiten. Die loyale Haltung der Einheimischen beantworteten die Deutschen mit taktvoller Rücksichtnahme auf das patriotische Gefühl der Besiegten. Als am 23. Oktober 1942 die deutsche 4. Torpedoboot-Flottille im Kanal den britischen Flakkreuzer »Charybdis« versenkte und die Leichen von 19 Matrosen an Land gespült wurden, nahmen der deutsche Feldkommandant, der Seekommandant und der Hafenkommandant an der militärischen Beisetzung teil. Die Bevölkerung legte 700 Kränze nieder, ohne daß die Besatzungsmacht gegen die Aufschrift »Sie starben, damit wir frei sein mögen« einschritt[2]). Nach der Befreiung der Inseln kam es in keinem Fall zu einem Gerichtsverfahren wegen Kollaboration. Die Spitze der Verwaltung, die jahrelang mit der Wehrmacht zusammengearbeitet hatte, wurde nicht verfolgt, sondern ausgezeichnet. Sowohl Sherwill als auch der Vorsitzende des zentralen Verwaltungsorgans von Guernsey, John Leale, erhielten ein Adelsprädikat.

Engländer in Deutschland

Obwohl sich Hitler und Goebbels bei der Entstehung und dem Aufbau einer antikommunistischen Legion aus angelsächsischen Freiwilligen persönlich engagierten, blieb diese Einheit der größte Fehlgriff innerhalb der zahlreichen ausländischen Legionen und Verbände. Die Idee für die Aufstellung einer britischen Legion stammte von John

Amery, dem Sohn des angesehenen britischen Ministers für Indien und Burma, der vor dem Krieg Erster Lord der Admiralität (1922) und Kolonialminister (1924–1929) gewesen war. Amery hatte in den dreißiger Jahren das Leben eines Mitgliedes der Jeunesse dorée geführt, und mehr durch seine Eskapaden als durch eine politische Begabung von sich reden gemacht. 1936 war er nach Spanien übergesiedelt, wo er sich Francos Truppen anschloß und als Verbindungsoffizier zu den rechtsextremen französischen Cagoulards eingesetzt wurde. Bei Kriegsausbruch 1939 lebte er in Frankreich. Nach vergeblichen Versuchen, sich den Finnen und Italienern anzudienen, wurde die deutsche Abwehr auf ihn aufmerksam, die ihn im Oktober 1942 nach Deutschland brachte. In Berlin hielt Amery über die vom Reichspropagandaministerium gelenkte New British Broadcasting Station Reden an seine Landsleute in England, die diese von der Notwendigkeit eines deutsch-englischen Ausgleichs und Kreuzzugs gegen den Kommunismus überzeugen sollten. Unter dem Eindruck von Gesprächen mit den französischen Kollaborateuren Doriot und Déat und nach dem Vorbild der LVF schlug Amery den Deutschen die Aufstellung einer englischen Freiwilligeneinheit vor. Hitler stimmte dem Projekt im Dezember 1942 zu. Der spätere Staatssekretär im Auswärtigen Amt, Baron von Steengracht, berichtete hierüber am 28.12.1942 an den Reichsaußenminister:[3])

> »Der Führer ist mit der Aufstellung einer englischen Legion einverstanden. Diese ist jedoch personell sehr zu sieben und zu beobachten. Es kommen nur Leute in Frage, die früher der englichen faschistischen Partei angehört haben, oder ihren Ideen nahestehen, also Qualität, nicht Quantität.«

Mit der »englischen faschistischen Partei« war die 1932 von Sir Oswald Mosley gegründete British Union of Fascists (BUF) angesprochen. Mosley, der 1918–1920 konservativer Unterhausabgeordneter gewesen war, hatte später in der Labour-Regierung von Ramsey MacDonald ein Regierungsamt inne. Ihm wird von Nachkriegshistorikern bescheinigt, als einziger britischer Politiker sowohl von den Konservativen als auch von Labour als ernsthafter Anwärter auf das Amt des Premierministers angesehen worden zu sein. Die BUF verfocht mit dem Slogan »Britain First« primär nationalistische Ziele, ließ aber auch das übergeordnete Ziel einer europäischen Föderation nicht aus dem Auge.[4]) Eine europäische Union, die den Völkerbund abzulösen hatte, sollte von einem Block der vier faschistischen Staaten Deutschland, Italien, Frankreich und England geführt werden. Die ökonomische Kooperation zwischen diesen Mächten sollte künftige europäische Bruderkriege verhindern. Nach dem Kriegsausbruch propagierte Mosley mit dem Slogan »Komm zur British Union und arbeite für den Frieden« eine strikt pazifistische Linie, da er den Krieg zwischen Deutschland und England als verhängnisvoll für Europa und das British Empire ansah. Sein Pazifismus ging aber nicht so weit, daß er eine deutsche Besetzung der Britischen Inseln tatenlos hingenommen hätte. So erklärte er am 9. Mai 1940, daß sich im Falle einer deutschen Invasion jeder englische Faschist der Nation zur Verfügung stellen und den Angreifer kompromißlos bekämpfen werde.[5]

Seit 1932 waren bei einer hohen Anhängerfluktuation etwa 100000 Engländer für kurze oder längere Zeit Mitglied der BUF gewesen. 1940 zählte sie aber nur noch etwa 9000 Parteimitglieder, darunter 1000 Aktivisten. Mitte des Jahres suspendierte die britische Regierung die Tätigkeiten der BUF und inhaftierte Mosley und 800 seiner Gefolgsleute. Gleichzeitig wurden die anderen rechtsgerichteten und pazifistischen Parteien wie die British Democratic Party und The Britons verboten.

Amerys Versuch, eine kleine englische Streitmacht auf die Beine zu stellen, scheiterte kläglich. Nach seinem Konzept hatte eine Anti-Bolshevik League die Funktion eines politischen Forums und Werbungsorgans zu übernehmen, während 1500 Freiwillige eine Kampfeinheit unter dem Namen British Legion of St. George bilden sollten. Amery begann mit der Rekrutierungskampagne am 21. 4. 1943 im Lager Saint Denis bei Paris. Obwohl er seine antikommunistische Propaganda mit faustdicken Lügen würzte und seinen Landsleuten im Lager vorflunkerte, es hätten sich schon Hunderte von Engländern für die Legion gemeldet, war das Ergebnis der Werbung niederschmetternd: nur ein geeigneter Freiwilliger meldete sich. Die enttäuschten Deutschen entbanden Amery von der Rekrutierung britischer Freiwilliger und intensivierten selbst die Propaganda in den Kriegsgefangenenlagern. Sogar Goebbels kümmerte sich »um dieses wichtige Thema«.[6]

Trotzdem blieb der Zuzug von Freiwilligen spärlich. Chefwerber Berger zeigte im Oktober 1943 noch keine große Begeisterung für die mikroskopische Einheit[7], die in British Free Corps (BFC) umbenannt und im Januar 1944 in die Waffen-SS aufgenommen wurde. Etwa 25 Commonwealth-Angehörige fanden Unterkunft in Hildesheim. Erst zu Kriegsende rochen einige von ihnen Pulverdampf. Ende März

1945 stießen rund 20 Mann vom BFC an der Ostfront zur Nordland-Division und wurden der 3. Kompanie der SS-Panzer-Aufklärungs-Abteilung 11 unter dem schwedischen Obersturmführer Hans-Gösta Pehrsson zugeteilt.[8]) Aber der Kommandeur des III. Germanischen Panzerkorps, General der Waffen-SS Felix Steiner, hatte völkerrechtliche Bedenken gegen einen Einsatz des BFC. So blieb den Männern des British Free Corps die Ostfront erspart, was sie nicht bedauert haben dürften. Nur zwei Mann kämpften in der Reichshauptstadt gegen die Sowjets. Der militärische und wohl auch propagandistische Nutzen der Einheit waren somit gleich Null.

Propaganda-Flugblatt des British Free Corps

»Landsleute!
Wir vom British Free Corps kämpfen für EUCH!
Wir kämpfen mit der Elite der europäischen Jugend um unsere europäische Zivilisation um unser gemeinsames kulturelles Erbe vor der Bedrohung durch den jüdischen Kommunismus zu schützen.
GEBT EUCH KEINEN IRRTÜMERN HIN! England ist ein Teil von Europa. Sollte Rußland jemals Deutschland und die mit ihm kämpfenden anderen europäischen Staaten überwinden, könnte nichts auf der Welt den Kontinent vor dem Kommunismus retten und unser eigenes Land würde unweigerlich früher oder später unterliegen.
Wir sind Briten. Wir lieben England und alles, wofür dieses Land steht. Die meisten von uns haben auf den Schlachtfeldern von Frankreich, Libyen, Griechenland oder Italien gekämpft, und viele unserer besten Kameraden liegen dort – geopfert in diesem Kampf jüdischer Rache. Wir fühlten damals, daß wir belogen und betrogen wurden. Nun wissen wir es sicher.
Dieser Konflikt zwischen England und Deutschland ist rassischer SELBSTMORD. Wir müssen uns VEREINIGEN und die Waffen gegen den gemeinsamen Feind aufnehmen. Wir fordern Euch auf, uns in unserem Kampf beizustehen. Wir fordern Euch auf, kommt in unsere Reihen und kämpft Schulter an Schulter mit uns für Europa und England.«
Herausgegeben vom British Free Corps.

In dem BFC dienten etwa 50 Freiwillige aus England, Kanada, Neuseeland, Australien und Südafrika. Entgegen der Weisung Hitlers hatte sich hier nicht die Creme der faschistischen Intelligenz aus den Gefangenenlagern des Commonwealth zusammengefunden, vielmehr ist davon auszugehen, daß nur etwa 10% der Freiwilligen aus politischen Gründen dem Freikorps beigetreten war, der Rest kam aus unterschiedlichen, oft eigennützigen und opportunistischen Motiven. Nicht wenige meldeten sich, um der Eintönigkeit und den kargen Rationen in den Lagern zu entgehen.

Im Frühjahr 1945 wandte sich die Flugblattpropaganda des BFC an die antikommunistischen Gefühle amerikanischer Gefangener, ohne Erfolge erzielen zu können.[9]) Damit korrespondierte ein Projekt von Berger, der etwa zur gleichen Zeit vorschlug, amerikanische Kriegsgefangene zum freiwilligen Kampfeinsatz heranzuziehen.[10]) Die Gesamtlage ließ eine Realisierung dieses aussichtslos erscheinenden Planes aber nicht mehr zu. Mehr Erfolg hätte dagegen die Anregung des Kommandeurs der Junkerschule Bad Tölz, Obersturmbannführer Richard Schulze-Kossens haben können, der im Januar 1945 englische und amerikanische Kriegsgefangene als Gasthörer in seine Offiziersakademie aufnehmen wollte.[11]) In diese multinationale Offiziersschule, deren letzte Inspektion 100 Junker, von ihnen nur noch 30 Reichs- und Volksdeutsche, dagegen aber 56 europäische Freiwillige aus 9 Ländern umfaßte[12]), hätten sich angloamerikanische Offiziere unter dem Leitmotiv des Antibolschewismus eventuell integrieren lassen.

Die Nachkriegsbehandlung der Freiwilligen vom BFC in ihren Heimatländern war unterschiedlich. Sie reichte in England von 6 Monaten Haft bis Lebenslänglich, wobei einleuchtende Gründe für derartig auseinanderfallende Strafen nicht erkennbar sind. Am besten kamen die Südafrikaner davon, die nur mit Geldstrafen belegt wurden. Härter griff die Justiz des Vereinigten Königreichs bei politischen Überzeugungstätern durch. Amery, der nach seinem Engagement für das BFC Propagandareisen durch das besetzte Europa unternommen hatte und seit Herbst 1944 in Norditalien tätig gewesen war, wurde nach einem nur 8 Minuten dauernden Prozeß zum Tode verurteilt. An der Rechtmäßigkeit dieses Urteils müssen Zweifel angemeldet werden, da nicht auszuschließen ist, daß Amery während seines Einsatzes für Franco naturalisierter spanischer Staatsangehöriger geworden ist, ein Faktum, das den Tatbestand des Landesverrats zum Nachteil Englands ausschließt. Auch bei den anderen beiden Todesurteilen, die verhängt und vollstreckt wurden, sind rechtliche Bedenken angebracht. Der Soldat Theodor John William Schürch, ein früheres Mitglied von Mosleys BUF, mußte sich wegen Spitzeldiensten in alliierten Kriegsgefangenenlagern verantworten. Bei ihm bleibt hinsichtlich der Staatsangehörigkeit die Frage offen, ob er nicht seit seiner Geburt 1918 Schweizer Staatsbürger war.

William Joyce, der berühmt-berüchtigte Lord Haw-Haw, während des Krieges Hauptredner der New British Broadcasting Station in Berlin, wurde von einem englischen Gericht zum Tode verurteilt, obwohl seine amerikanische Staatsangehörigkeit feststand. Der Gerichtshof sah es für eine Verurteilung wegen Verrats als ausreichend an, daß Joyce einen britischen Paß besessen hatte. Der deutsche Völkerrechtler Ridder hat diesen Urteilsspruch 1952 zu Recht als »symptomatisch für die Rückläufigkeit der rechtsstaatlichen Entwicklung in der gegenwärtigen Welt«[13]) interpretiert. Der ehemalige Chefkommentator des englischen Dienstes des Reichsrundfunks hatte 1933–1937 als Chefpropagandist der British Union of Fascists agitiert. 1937 gründete er die ephemere National Socialist League, die nur über wenige hundert Anhänger verfügte. Seiner Inhaftnahme 1939 entging er durch Übersiedlung nach Berlin, wo der glühende Antisemit und überzeugte englische Monarchist zum fähigsten angloamerikanischen Sprecher des Großdeutschen Rundfunks avancierte. Auf seine Art blieb Joyce auch in Berlin ein angelsächsischer Patriot: er weigerte sich, verbale Attacken auf das britische Königshaus über den Äther zu führen, wies eine deutsche Gehaltserhöhung zurück und nahm Eintragungen in seinem englischen Paß vor, um dessen Verwendung durch die Abwehr auszuschließen. In England galt er, der zu Kriegszeiten auf eine breite Hörerschaft in der Heimat zählen konnte, als Verräter par excellence, an dem ein Exempel statuiert werden mußte.

Irland

Die Republik Irland blieb während der gesamten Dauer des Zweiten Weltkrieges trotz englischer und amerikanischer Pressionen neutral. Die Devise von Ministerpräsident Eamon de Valera, keiner der kriegsführenden Parteien einen Grund zur Intervention zu geben, wurde von der Mehrzahl seiner Landsleute geteilt. So gelang es auch dem Reich nicht, Iren in nennenswerter Zahl für die deutschen Kriegsziele einzuspannen. Dies trifft auch hinsichtlich der beiden irischen Bewegungen zu, denen an einer deutschen Unterstützung gelegen war: der 1939 etwa 10000 Mitglieder starken Irish Republican Army (IRA) und General Eoin O'Duffy's Blauhemden. O'Duffy gehörte bis zur Ausrufung des irischen Freistaates zu den englandfeindlichen IRA-Aktivisten. Nach der Staatsgründung arbeitete er auf einen Ausgleich mit England hin und hatte 10 Jahre die Funktion des obersten Polizeichefs des Landes inne. Von de Valera entlassen, wurde er 1933 Führer des umtriebigen Bundes der Heereskameraden, der Blue Shirts, die ein vereinigtes Irland forderten und für das Verbot von Streiks und Aussperrung und die Bekämpfung des Kommunismus eintraten. Aber trotz aller Straßenumzüge waren die Blauhemden keine Bürgerkriegstruppe: Als de Valera ihre Entwaffnung befahl, fügten sich die Blue Shirts. Im Spanischen Bürgerkrieg intervenierte O'Duffy Ende 1936 mit 600 seiner Anhänger auf nationalspanischer Seite[1]), nicht zuletzt, um sich dadurch mehr Gewicht auf der politischen Bühne Irlands zu verschaffen. Als die Regierung in Dublin die Nichteinmischung in den Bürgerkrieg beschloß, kehrte die Brigade allerdings nach sechsmonatigem Einsatz in die Heimat zurück. O'Duffy wurde Präsident der aus allen Oppositionsparteien zusammengesetzten United Ireland Party, aber sein Nimbus als Volkstribun war dahin. Politisch kaltgestellt, hielt er in den Jahren nach 1939 Kontakte zur deutschen Gesandtschaft und zur Abwehr und soll noch 1943, ein Jahr vor seinem Tod, seine Bereitschaft zur Aufstellung einer irischen Freiwilligen-Legion zum Kampf gegen den Bolschewismus erklärt haben. Zu konkreten Ergebnissen kam es aber nicht mehr.

Ohne viel Fortune verliefen auch die Versuche der Abwehr, die Irish Republican Army zum Kampf gegen England zu verpflichten. Zwar hatte die IRA im Januar 1939 in England mit einem aufsehenerregenden Bombenkrieg begonnen, wurde aber durch Verhaftungen geschwächt und lähmte sich schließlich selbst durch interne Flügelkämpfe. Der geheime deutsche Nachrichtendienst verfügte jedoch noch über eine Trumpfkarte: in Berlin hielten sich 1940 der frühere IRA-Stabschef Sean Russell und das überaus populäre Führungsmitglied der linken Congress Group, einer Abspaltung der IRA, Frank Ryan, auf. Ryan, der den Spanischen Bürgerkrieg auf republikanischer Seite mitgekämpft hatte, war von den Nationalspaniern zum Tode verurteilt worden und konnte erst nach einer von der Abwehr angeregten und von der spanischen Geheimpolizei arrangierten »Flucht« aus dem Gefängnis nach Deutschland entkommen.

Die beiden Iren waren sich trotz aller politischen Meinungsunterschiede – Russell war ein eher konservativer Aktivist, dem Waffen wichtiger waren als Ideen, während Ryan betont sozialistische Vorstellungen vertrat – in einem Punkt einig. Die Zusammenarbeit mit der Abwehr durfte nur soweit gehen, als sie im nationalirischen Interesse lag. Der irische Rotspanier schrieb aus einem deutschen Exil: »Ich bleibe mein eigener

Herr ... Jedenfalls kann mich niemand zu etwas bringen, was ich nicht tun will.«[2]) Tatsächlich hielt sich der deutsche Geheimdienst zurück und unternahm keine Pressions- oder Manipulationsversuche. Im Sommer 1940 sollten Ryan und Russell mit einem U-Boot nach Irland gebracht werden, um dort die Tätigkeiten der IRA zu reaktivieren. Aber das Unternehmen stand unter keinem guten Stern. Am 14. 8. 1940 starb Russell 110 Seemeilen westlich von Irland an Bord von U-65 (Kapitänleutnant von Stockhausen), Ryan kehrte nach Berlin zurück. Obwohl von der nationalsozialistischen Ideologie nicht angetan, war er widerstrebend an dem Versuch der Abwehr beteiligt, eine irische Legion auf die Beine zu stellen. Irische Patrioten in den Gefangenenlagern des Reichs wurden aufgefordert, sich für Sonderaufgaben zur Verfügung zu stellen. Als Anreiz stellte man ihnen eine bessere Behandlung in Aussicht. Schließlich fanden sich etwa 100 Mann in dem Iren-Sonderlager bei dem Dorf Alt-Damm im brandenburgischen Rhin-Luch zusammen.[3]) Aber nur 10 von ihnen kamen für nachrichtendienstliche Aufgaben in Frage. Sie wurden in der Technik des subversiven Kampfes und der Sabotage geschult, gelangten aber nie zum Einsatz. Im November 1943 wurde das Iren-Sonderlager aufgelöst. Die Abwehr hatte wenig Freude an den eigenwilligen Iren, von denen zum Schluß einige sogar noch in einem Konzentrationslager verschwanden – sie wußten zuviel. Von den Alliierten 1945 befreit, büßten die Iren ihren Beinahe-Einsatz auf deutscher Seite mit einem fünfjährigen Dienst in der britischen Armee im Dschungel von Malaya.

So scheiterte das Unternehmen, eine irische Einheit aufzustellen ebenso wie das gleichgelagerte Projekt des kaiserlichen Deutschlands im 1. Weltkrieg, als Sir Roger Casement versuchte, eine Irish Brigade aus irischen Kriegsgefangenen zu rekrutieren. Aber damals meldeten sich immerhin noch 52 Iren ...

Für den deutschen Fehlschlag mit den Heißspornen der IRA waren sicher zwei Faktoren entscheidend: zum einen weigerten sich die irischen Untergrundkämpfer strikt, aus Berlin Aufträge oder Weisungen entgegenzunehmen. Zum anderen wurden die deutschen Kontaktversuche zu den irischen Rebellen aus außenpolitischen Gründen nicht forciert und nicht kontinuierlich betrieben. Das Auswärtige Amt befürwortete hier ab 1941 eine Politik reduzierter Risikobereitschaft[4]), später verlor die irische Frage wegen des Krieges im Osten ihre politische wie auch militärische Bedeutung.

2. Nordeuropa

Dänemark

Im Gegensatz zu allen anderen von deutschen Truppen okkupierten Ländern – läßt man das besetzte Ungarn von März bis Oktober 1944 außer Betracht – konnte Dänemark seine staatlichen Institutionen von 1940 bis August 1943 aufrechterhalten, die demokratisch gewählte Regierung blieb im Amt und das Parlament arbeitete weiter. Selbst seine wenn auch reduzierten Streitkräfte durfte das nordeuropäische Königreich behalten. Von den 144 Abgeordneten des dänischen Folketing, in dem die Sozialdemokraten die Mehrheit besaßen, waren nur acht als treue Bündnispartner und verläßliche Verbündete der Besatzungsmacht anzusehen. Es handelte sich um die vier Parlamentarier der autoritären Bauernbewegung (LS), den Vertreter der deutschen Minderheit und der NSDAP Nordschleswigs, Jens Moeller, und die drei Abgeordneten der dänischen Nationalsozialisten, der 1930 gegründeten Dansk National Socialistik Arbejderparti. Unter den 24 Parteien und Bewegungen, die zwischen 1930 und 1945 rechtsradikale und nationalsozialistische Ziele vertraten, war die DNSAP die stärkste Gruppierung. Aber selbst sie brachte es bei den Wahlen von 1939 nur auf magere 31032 Stimmen, 1943 waren es 43267. Ihren Höchststand erreichte die von dem Tierarzt Frits Clausen geführte Partei im März 1943 mit rund 21500 eingeschriebenen Mitgliedern. Insgesamt dürften etwa 40000 Dänen für kürzere oder längere Zeit der DNSAP angehört haben.[1]) Niemals vermochte die Bewegung aus der Rolle einer Splitterpartei herauszuwachsen. Zum einen fehlte es an den innenpolitischen Voraussetzungen, da der dänische Nationalismus saturiert war und eine kommunistische Gefahr im Land nicht existierte. Zum anderen war die DNSAP in vielen Punkten zu offensichtlich ein Plagiat der deutschen Nationalsozialisten und damit ein Ableger einer fremden Ideologie, der die meisten Dänen reserviert-feindlich gegenüberstanden. Das Führerkorps der DNSAP selbst war weit davon entfernt, die Funktionselite des Volkes zu repräsentieren. Dr. Clausen, dessen dilettantische Putschpläne nie zur Ausführung kamen, verfiel immer mehr dem

137

Alkohol, so daß ihn der Bevollmächtigte des Deutschen Reiches in Dänemark, Dr. Werner Best, 1944 als »unberechenbaren Psychopathen« apostrophierte.[2]) Deutsche Hilfe erhielt die DNSAP nur insoweit, als die Funktion der Partei in das deutsche Besatzungsschema paßte. So heißt es in einem deutschen Dokument vom Oktober 1942[3]):

> »Die DNSAP soll gefördert werden, aber nur bis zu einem Maße, daß sie sich noch immer völlig von der deutschen Hilfe abhängig fühlt. Auch die DNSAP soll in der Bevölkerung keinen so starken Rückhalt finden, daß sie im Fall einer Regierungsübernahme sich einhellig mit dem gesamten dänischen Volke als Gegenspieler des deutschen Reiches und seines Bevollmächtigten fühlen könnte.«

Schalburg

Ärmelstreifen, Armschild und Spiegel des dänischen Schalburg-Korps sowie Spiegel der Hilfspolizei (E.T.)

138

Die DNSAP war dem Reich jedoch immer dann willkommen, wenn es galt, Freiwillige für deutsche militärische und paramilitärische Einheiten zu stellen. Clausens Partei verfügte über eine eigene Jugendorganisation (National-Socialistike Ungdom, später Hird) und eine paramilitärische Parteitruppe, die Storm Afdelinger (SA), deren Stärke im August 1942 auf 2514 Mann angewachsen war. Aus diesem Reservoir flossen der Waffen-SS zahlreiche Freiwillige zu.

Die Werbung für die Waffen-SS begann bereits im April 1940, nachdem der Befehl zur Aufstellung der Standarte Nordland ergangen war. Rekrutierungsbüros in Kopenhagen und vier anderen Städten sollten den Strom dänischer Freiwilliger aufnehmen. Die Resonanz war jedoch schwach. Bei Beginn des Rußlandfeldzuges dienten erst 216 Dänen in der SS-Division Wiking, in die das Regiment Nordland eingegliedert worden war. Einer der Freiwilligen war der Student Ove Thornberg. 1939 hatte er sich 18jährig der DNSAP und der dänischen SA angeschlossen. Am 1. 11. 1940 verpflichtete er sich für die Standarte Nordland. Dieser Schritt war für ihn kein Bekenntnis zu einer ausländischen Streitmacht, sondern zu einer »biologisch und weltanschaulich begründeten europäischen Schicksalsgemeinschaft«.[4]) Als Hauptfeind betrachtete er in dieser Phase des Krieges England, das unter dem Motto der kontinentalen Gleichgewichtspolitik Verrat an Europa übe. Thornberg hoffte, durch seinen persönlichen Einsatz und seine Opferbereitschaft zur Schaffung eines freien europäischen Staatenbündnisses beizutragen, das aus dem Grauen des Krieges in eine bessere Zukunft führen sollte.

Erst nach dem Ausbruch des Rußlandfeldzuges meldeten sich Dänen in steigender Zahl für den deutschen Kriegsdienst. Der Versuch des OKW, einen Verband des dänischen Heeres in Stärke eines Regiments im Rahmen der Wehrmacht an der Ostfront einzusetzen, scheiterte allerdings an dem Widerstand der Kopenhagener Regierung.[5]) Geworben wurde seit Ende Juni 1941 für eine dänische Einheit im Rahmen der Waffen-SS unter dänischen Offizieren. Der erste Kommandeur der Einheit, C.P. Kryssing, wandte sich am 5. Juli 1941 an seine Landsleute[6]):

> »Männer von Dänemark, mit Zustimmung der Regierung habe ich die Führung des Freikorps Danmark übernommen. Dieser Verband wird gegen den bolschewistischen Weltfeind kämpfen, der verschiedene Male die Sicherheit Nordeuropas und die Freiheit und Lebensart unserer Heimat bedroht hat. Männer von Dä-

nemark, ich rufe euch auf, dem Freikorps Danmark beizutreten, so daß wir unseren gemeinsamen Beitrag gegen den Bolschewismus leisten können. Für die Ehre Dänemarks, die Freiheit unseres Volkes und die Zukunft unseres Heimatlandes sind wir in gemeinsamer Waffenbrüderschaft mit den Nationen vereinigt, die schon in den Kampf gegen den gemeinsamen Feind Europas und unserer Heimat eingetreten sind.«

Die antikommunistischen Fanfaren übten eine wesentlich stärkere Faszination aus als die großgermanischen Appelle des Jahres 1940. Das sich konstituierende Freikorps Danmark erhielt genügend Zulauf, um bald Bataillonsstärke zu erreichen:

3. Juli 1941 – 150 dänische Freiwillige
20. Juli 1941 – 480 dänische Freiwillige
31. Dezember 1941– 1066 dänische Freiwillige.

Angehörigen des dänischen Heeres wurde die Meldung zum Freikorps Danmark psychologisch und juristisch durch eine Anordnung des dänischen Kriegsministeriums erleichtert. Mit Rundschreiben vom 8. Juli 1941, das am 1. 6. 1943 wiederholt wurde, billigte die Kopenhagener Regierung das Engagement ihrer Untertanen, und sicherte den Wiedereintritt von Berufssoldaten in die dänische Armee, die Wahrung der Dienstanciennität und die Beibehaltung der Pensionsansprüche zu. So meldeten sich im Verlauf des Krieges 115 dänische Offiziere zur Waffen-SS. Die Zusagen ihrer Regierung retteten sie 1945 aber nicht vor Strafverfolgung und Rangverlust. Vielmehr vertrat die dänische Nachkriegsregierung den höchst bedenklichen Rechtsstandpunkt, die Freiwilligen hätten erkennen müssen, daß Kopenhagen »unter Zwang« gehandelt habe. Diese Interpretation trug weder dem juristisch-politischen Verständnis der Freiwilligen, noch der Realität Rechnung. Schließlich hatte die königlich-dänische Regierung bis 1943 eifrig und häufig ohne jeglichen Zwang kollaboriert. Kopenhagen war dem Antikominternpakt beigetreten, hatte die diplomatischen Beziehungen zur Sowjetunion abgebrochen und 1942/43 großes wirtschaftliches Interesse an einer Beteiligung am »Ostaufbau« bekundet, um bei der Verteilung des sowjetischen Kuchens nicht leer auszugehen. Zudam paßten sich dänische Regierungserklärungen gelegentlich so willfährig und nahtlos in die Politik des Achseneuropa ein, daß der exkulpatorische Hinweis auf ein Handeln unter Zwang euphemistisch erscheint. Beispielsweise hieß es in der Regierungserklärung vom 8. Juli 1940[7]):

»Durch die großen deutschen Siege, die die ganze Welt mit Erstaunen und Bewunderung erfüllt haben, ist eine neue Zeit in Europa angebrochen, welche eine politische und ökonomische Neuordnung unter Deutschlands Führung mit sich bringen wird. Es wird hierbei Dänemarks Aufgabe werden, einen Platz in gegenseitiger aktiver Zusammenarbeit mit Großdeutschland zu finden ...«

Zu den Dänen, die nach Beginn des Ostfeldzuges zur Waffen-SS stießen, gehörten der 1903 geborene Berufsoffizier Oluf Krabbe und der 1916 geborene Jurastudent Christian Teisen. Beide waren Mitglied der DNSAP, Teisen außerdem Führer einer NS-Studentengruppe. Als er sich am 15. 8. 1942 freiwillig meldete, tat er dies aus zwei Motiven: er war überzeugter Antikommunist und wollte »Europa neu aufbauen«. Das Großgermanische Reich schien ihm hierfür ein erster Ansatzpunkt zu sein, ein Kern, um den sich ein Vereinigtes Europa gruppieren sollte.[8]) Ähnlich dachte Oluf Krabbe, der im Juli 1941 in die Waffen-SS eintrat und es bis zum SS-Sturmbannführer brachte. Für ihn war das Großgermanische Reich nur ein vorläufiges, das Vereinigte Europa aber das politisch übergeordnete Ziel. In der Germanischen Union der Übergangszeit sollten seiner Ansicht nach alle Länder regionale Selbständigkeit bei kultureller und administrativer Unabhängigkeit erhalten.[9]) Diese Europagedanken spiegeln Tendenzen wider, die in geringem Umfang auf eine Tradition in der DNSAP zurückgeführt werden können. Schließlich hatte Clausen 1934 an dem internationalen faschistischen Kongreß von Montreux teilgenommen, bei dem in Umrissen eine faschistische Neuordnung Europas sichtbar geworden war. Später fungierte er als Mitglied der von dem Kongreß eingesetzten Koordinierungskommission, die als wichtiges Organ der angestrebten faschistischen Internationale angesehen wurde. Allerdings dürfte der von Rom geförderte Gedanke eines faschistischen Universalismus kaum Gemeingut der meisten DNSAP-Mitglieder geworden sein.

Das Freikorps Danmark kann als eine Schöpfung der DNSAP angesehen werden, die ein Großteil der Freiwilligen stellte.[10]) Dänen, die den Zielen von Clausens Partei feindlich gegenüberstanden, meldeten sich lieber zum finnischen Heer, das keinen parteigebundenen Charakter hatte. Bei der stark ideologischen Affinität des Freikorps zur DNSAP war ihr erster Kommandeur, der eher unpolitische dänische Oberstleutnant C.P. Kryssing, nicht der geeignete Mann, um die politisierte Einheit zu führen. Er wurde durch SS-Sturmbannführer von Schalburg ersetzt, den früheren Jugendleiter der DNSAP. Gleichwohl sollte Kryssing, der zwei Söhne bei der Waffen-SS hatte, noch Karriere in seiner

»Familientruppe« machen. Er stieg zum – einzigen dänischen – Generalmajor der Waffen-SS auf und befehligte 1944 im Baltikum die Kampfgruppe Küste. Sein Landsmann Christian Frederik von Schalburg, ein Haudegen mit Führereigenschaften, wurde von den Deutschen respektiert, von den Danmark-Angehörigen verehrt. Er fiel am 2. Juni 1942 bei Demjansk. Sein Nachfolger, der politisch ambitiöse SS-Hauptsturmführer Knud Borge Martinsen, kam ebenfalls aus dem Lager der dänischen Rechten.

Dänische Formationen unter landeseigenen Offizieren

Freikorps Danmark

Leg.-Ostubaf. C.P. Kryssing (19. 7. 41–8. 2. 1942)
SS-Stubaf. Christian Frederik von Schalburg (1. 3.–2. 6. 1942)
Leg.-Hauptstuf. Knud Borge Martinsen (11. 6. 42–Febr. 1943)
Leg.-Stubaf. P. Neergaard-Jacobsen (Febr. 43–20. 5. 1943)

SS-Panzer-Grenadier-Regiment 24 Danmark

SS-Stubaf. Per Sörensen (20. 4. 1945–24. 4. 1945)

Bis zum Sommer 1942 hatte das Freikorps 75% seiner Kampfstärke eingebüßt. Es wurde daher im September geschlossen zu einem einmonatigen Urlaub nach Dänemark verlegt, wo es zu Auseinandersetzungen mit antifaschistischen Dänen kam, die die Freiwilligen als Renegaten beschimpften. Die Männer von Danmark, die eine etwas freundlichere Aufnahme erwartet hatten, reagierten gereizt. Eine Gruppe machte sich Luft, indem sie eine aufsässige Zugbesatzung nebst Lokomotive entführte. Im Dezember 1942 stand das Freikorps, wieder auf 1100 Mann gebracht, erneut an der Ostfront in der vordersten Linie. Das Jahr 1943 aber bedeutete das organisatorische Ende für die kleinen nationalen Legionen, die in größeren, multinationalen Verbänden aufgingen. Am 6. Mai 1943 wurde das Freikorps Danmark aufgelöst, um zum Kern des Regiments Danmark der 11. SS-Freiwilligen-Panzer-Grenadier-Division Nordland zu werden. Die Integration in eine größere Einheit und die Unterstellung unter einen deutschen Regimentskommandeur führte zu erregten Auseinandersetzungen und Entlassungsgesuchen zahlreicher dänischer Freiwilliger, die nur in einem national geschlossenen Verband dienen wollten. Erst der dänische Gesandte in Berlin, Mohr, entspannte die Lage, als er den Freiwilligen im Juli auseinandersetzte, ihr weiterer Einsatz auf deutscher Seite nütze ihrem Vaterland. Die Freiwilligen, die auf die Worte ihres Botschafters bauten und an der Ostfront blieben, sollten diesen Umstand 1945 nur in Ausnahmefällen als strafmildernd anerkannt bekommen.

Das neu aufgestellte Regiment Danmark bestand nur noch zu 40% aus Dänen, den übrigen Stamm stellten Reichsdeutsche und Volksdeutsche aus Rumänien. Seine Angehörigen kämpften in Kroatien, im Oranienbaumer Kessel und schließlich teilweise in der eingeschlossenen Reichshauptstadt. Der vorletzte Regimentskommandeur, der dänische Sturmbannführer Per Sörensen, fiel am 24. April 1945 in der Nähe des S-Bahnhofs Köllnische Heide.

Dänen fochten aber nicht nur in der Division Nordland oder in der 5. SS-Division Wiking, wo im Sommer 1944 177 dänische Freiwillige Dienst taten, sondern auch in zahlreichen anderen Einheiten der Waffen-SS. Die zunehmende Internationalisierung brachte es mit sich, daß dänischen Offizieren nicht nur deutsche Soldaten unterstanden, sondern Freiwillige aus den verschiedensten europäischen Ländern. Oluf Krabbe etwa befehligte flämische Freiwillige der 27. SS-Freiwilligen-Grenadier-Division Langemarck, sein Landsmann Johannes Hellmers niederländische Soldaten der 23. SS-Freiwilligen-Panzer-Grenadier-Division Nederland. Hellmers[11]), am 23. 10. 1918 als Sohn eines Pächters in Oremandsgärd bei Allerslev geboren, hatte die Schule 1934 mit der Realschulprüfung verlassen. Anschließend arbeitete er zwei Jahre als Landwirtschaftsschüler, bis er sich zum Eintritt in das dänische Heer meldete. 1938 wurde er zum Kornett befördert, 1939 zum Leutnant. Am 19. Juli 1941 trat er mit dem Rang eines SS-Untersturmführers in die Waffen-SS ein. Zuerst im Freikorps Danmark eingesetzt, kam er im Januar 1942 zum Ersatzbataillon der Legionen, im Mai zum SS-Infanterieregiment 9. Vom 18. 10. 1943 bis zum 11. 3. 1944 absolvierte er zusammen mit 176 anderen Teilnehmern aus Norwegen, den Niederlanden, Lettland, Estland und Frankreich den 3. Lehrgang für germanische Offiziere in Bad Tölz. Als SS-Obersturmführer und ab 1. 5. 1944 als Kompaniechef führte er die 6. Kompanie des SS-Freiw.-Pz.-Gren.-Rgt. 49 De Ruyter. Er machte durch zahlreiche Bravourstücke und kühne Aktionen auf sich aufmerksam, so daß der Reichsführer SS sich persönlich für seine Beförderung zum Hauptsturmführer aussprach, die am 30. 1. 1945 erfolgte. Die Division Nederland war zu diesem Zeitpunkt im

Kurlandkessel eingeschlossen. Am 25. Januar rettete Hellmers Initiative die HKL im Raum Kaleti, ein Einsatz, der ihm das Ritterkreuz einbrachte. Divisionskommandeur Generalmajor Wagner begründete den Verleihungsvorschlag zur höchsten deutschen Tapferkeitsauszeichnung am 8. 2. 1945 wie folgt:[12])

»Bei den Kämpfen im Raum Kaleti bezog die aus Resten eines Btl. zusammengestellte Kp. die alte Gefechtsstandlinie 400 m ostw. Kaleti als HKL. Führer dieser Kp. war SS-Ostuf. Hellmers.
Am Morgen des 25. 1. griff der Russe aus dem davorliegenden Wald mit Panzern und 200 Mann an. Es gelang ihm, in das Grabenstück einzudringen und die Hälfte des Grabens aufzurollen. In dieser aussichtslos erscheinenden Lage entschloß sich SS-Ostuf. Hellmers, mit wenigen Männern zum Gegenstoß anzusetzen. Selbst mit der MPi. an der Spitze, stürmte er vor und warf den Feind unter hohen blutigen Verlusten aus dem Graben.
Obwohl er selbst zweimal dabei verwundet wurde, blieb er in der HKL und wehrte mit seinen Männern alle weiteren Versuche des Feindes, die HKL zu nehmen, im Feuer der Infanteriewaffen ab. Es ist seiner Entschlußfreudigkeit und hervorragenden persönlichen Tapferkeit zu danken, daß am 25. 1. die HKL im Raum Kaleti in vollem Umfang gehalten und dem Feind der Durchbruch über Kaleti verwehrt wurde. Sein Widerstand war von entscheidender Bedeutung für den gesamten Abschnitt zwischen Purmasati und Skuodas.«

Vielen dänischen Freiwilligen, die 1943–45 an der Ostfront eingesetzt waren und die wegen der Kriegslage häufig keinen Heimaturlaub antreten konnten, dürfte nicht bewußt geworden sein, daß sich die innenpolitische Lage in Dänemark ab Mitte 1943 rapide zu ihren Ungunsten verschlechterte. Wegen wachsender Unruhe in der Bevölkerung, wegen Streiks und Sabotageaktionen verhängte die Besatzungsmacht in der Nacht zum 29. August 1943 den militärischen Ausnahmezustand über Dänemark. Daraufhin demissionierte die Regierung in Kopenhagen, ihre Funktionen gingen auf die Staatssekretäre der einzelnen Ministerien über. Deutsche Truppen entwaffneten die dänischen Reststreitkräfte, wobei diese vereinzelt Widerstand leisteten. Himmlers abenteuerlicher Plan, 4000 dänische Heeresangehörige nach Deutschland zu deportieren und sie dort für die Waffen-SS zu gewinnen, kam allerdings nicht zur Ausführung.[13])

*Spanische Freiwillige
der Blauen Division
auf ihrem berühmten
1000 km Fußmarsch
zur Front. Essen-
ausgabe an der
Gulaschkanone
(F. Fernandez-Solis)*

*Oktober 1941.
General Franz von
Roques (rechts)
erklärt General Munoz
Grandes, dem Kom-
mandeur der Blauen
Division, den ihm
zugewiesenen Kampf-
abschnitt auf der Karte
(F. Fernandez-Solis)*

Der Däne Soeren Kam, am 7. 2. 1945
mit dem Ritterkreuz ausgezeichnet
(J. W. Schneider)

Der dänische Ritterkreuzträger
Johannes Hellmers, Kompanieführer
in einer holländischen Einheit der
Waffen-SS (J. W. Schneider)

Der dänische Hauptsturmführer Per Sørensen, gefallen im Kampf um Berlin
am 24. 4. 1945, im Gespräch mit DNSAP-Chef Frits Clausen (B. Holst)

*Im September 1942 trifft das Freikorps Danmark zu einem vierwöchigen
Heimaturlaub in Kopenhagen ein (B. Holst)*

*Mai 1945: Der dänische Widerstand geht gegen Frontfreiwillige
und Kollaborateure vor (B. Holst)*

Werbebüro für die Freiwilligen-Legion Norwegen, Oslo 1941

(B. Østring)

In vorderster Linie. Der norwegische Legions-Hauptscharführer Bjørn Østring beobachtet die Wirkung eines deutschen Luftangriffs auf Leningrad, Ostern 1942 (B. Østring)

Während sich die deutsch-dänischen Beziehungen immer mehr abkühlten und verkrampften, hatte die Besatzungsmacht die deutschfreundliche DNSAP durch die Zulassung einer Konkurrenzorganisation weiter geschwächt. Im Februar 1943 hatte der ehemalige Kommandeur des Freikorps Danmark, Knud Borge Martinsen, mit Hilfe des SS-Hauptamtes ein Germanisches Korps (Germansk Korps) aus der Taufe gehoben, das kurze Zeit später in Schalburg Korps umbenannt wurde. Theoretisch war das Korps ein unpolitischer Verband, der in zwei Abteilungen aufgegliedert wurde: Abteilung I umfaßte die uniformierten Mitglieder, Abteilung II, bekannt als dänische Volksverteidigung (Dansk Folke-Vaern), die zivilen und fördernden Mitglieder. Die gesamte Einheit, gegliedert in 5 Kompanien, war etwa 600–700 Mitglieder stark. Hinzu kam ein Nachrichtendienst (E.T.), der schon bald eine berüchtigte Rolle in der dänischen innenpolitischen Auseinandersetzung spielen sollte. DNSAP-Führer Clausen, der mittlerweile eine Entziehungskur in der Nervenheilanstalt Würzburg hinter sich hatte, war nicht mehr in der Lage, das Überwechseln von DNSAP-Mitgliedern zum Schalburg-Korps aufzuhalten. Im Mai 1944 resignierte er und gab die Parteiführung an ein Dreiergremium ab, das den Mitgliedern verbot, dem Korps von Martinsen beizutreten. Parallel zum Zusammenbruch der DNSAP vollzog sich ein Anwachsen der dänischen Widerstandsbewegung. Im November 1943 wurden 115 Sabotagefälle gezählt, im Dezember und im Januar 1944 je 63 Fälle.[14]) Zur Bekämpfung der Widerstandsbewegung zogen die Deutschen immer häufiger das Schalburg-Korps heran. Zunehmend mußte sich dies auch dem Schutz der Familienangehörigen der dänischen Frontkämpfer widmen, da die Widerstandsbewegung ihren Krieg auch auf Ehefrauen und Eltern von SS-Freiwilligen ausdehnte. Die deutsche Sicherheitspolizei, assistiert von Schalburg-Männern, beantwortete Terror mit Terror, dänische Widerständler, Juristen, Journalisten, Ärzte wurden auf offener Straße erschossen, öffentliche Gebäude in die Luft gesprengt. Dieser Gegenterror entsprach ganz dem Geschmack Hitlers. So berichtete der Reichsaußenminister über ein Gespräch mit dem Führer im Juli 1944: »Das richtige Verfahren sei, bei einem Sabotageakt sofort einen Antiterror zu organisieren, so z. B. daß ein Auto vorfahre und die Saboteure einfach umlege.«[15])
Zu den Hauptexponenten des Gegenterrors im Lager der Kollaborateure wurde das Hipo (Hilfspolizei) Korps. Es war aus dem Nachrichtendienst (E.T.) des Schalburg-Korps entstanden, der im April 1944

dem direkten Befehl des HSSuPF Dänemark unterstellt wurde. Nach Auflösung der dänischen Polizei, die in den Augen der Besatzungsmacht zu lasch mit den Saboteuren verfuhr, bildete der Nachrichtendienst im September 1944 das Hilfspolizei Korps, das mit äußerster Härte gegen den Widerstand vorging. Zum Hipo Korps stießen etwa 800 Mann des Wachkorps der deutschen Luftwaffe in Dänemark. Dieser aus Einheimischen bestehende Verband war von dem früheren dänischen Luftwaffenleutnant Poul Sommer gegründet worden. Sommer hatte in einem deutschen Jagdgeschwader als Hauptmann gedient und nach seiner Rückkehr in die Heimat das 1200 Mann starke Wachkorps aufgebaut. Auch seine Männer schlugen sich als Anti-Sabotage-Trupps mit dem Widerstand herum.

Aber der Gegenterror sollte sich als wirkungslos erweisen. Der Bevollmächtigte des Deutschen Reiches in Dänemark, Dr. Werner Best, schrieb am 31. 12. 1944 an das Auswärtige Amt:[16]) »Der seit Jahresbeginn intensiv geübte Gegenterror ist ohne jeden Erfolg geblieben, da der Gegner sich nicht nur durch Gegenterrormaßnahmen nicht abschrecken ließ, sondern sie geradezu provozierte, um sie dann politisch – in Dänemark und im Ausland – auszunutzen.« Der dänische Gesandte Mohr schätzte im September 1944, daß etwa ein Drittel der Morde und Sabotageakte in Dänemark auf das Konto des Schalburg-Korps ging.[17]) Nachkriegshistoriker beziffern die Zahl der vom Hipo Korps begangenen »Clearing-Morde« auf mindestens 50[18]), während der ehemalige Reichsbevollmächtigte Dr. Best von einer Maximalzahl von 20 Tötungsdelikten des dänischen Gegenterrors ausgeht.[19]) Nur eine Gesamtbilanz, die auch die Opfer der Kollaborateure mit einschließt, läßt das Ausmaß der innenpolitischen Tragödie Dänemarks speziell ab 1943 erkennen. So wurden durch den Widerstand mindestens 139 Deutsche und 375 Dänen ermordet, die nicht vom Kriegsvölkerrecht gedeckten Gegenmaßnahmen der Besatzungsmacht und ihrer Helfer kosteten 127 Dänen das Leben.[20])

Das Schalburg-Korps selbst trat seit Sommer 1944 als SS-Ausbildungs-Bataillon Schalburg auf. Mit der erneuten Umbenennung in SS-Wach-Bataillon Sjaelland im Februar 1945 war die endgültige Auflösung des Schalburg-Korps verbunden. Kommandeur Martinsen hatte sich mittlerweile zum dänischen Chauvinisten gemausert und verprellte die Deutschen durch extrem nationalistische Töne. Als er im Herbst 1944 den Liebhaber seiner Frau erschoß, zog ihn die Besatzungsbehörde aus dem Verkehr.[21]) 1944/45 waren die beiden bedeutendsten Kollaborationsgruppen – DNSAP und Schalburg-Korps – durch die deutschen Stellen so korrumpiert und kompromittiert worden, daß der dänische Nationalsozialismus fast jede Bedeutung verloren hatte. Frontkämpfer, Hipo und Schalburg-Männer gerieten im Mai 1945 in das Räderwerk der dänischen »Reinigungsjustiz«. Besonders übel führten sich die »Widerstandskämpfer« der letzten Stunde auf, im Volksmund »Samstagskämpfer« genannt, nachdem die deutschen Truppen am Freitag, dem 5. Mai, kapituliert hatten. Bereits am 5. und 6. Mai wurden 22000 Personen verhaftet. Am 1. Juni 1945 verabschiedete die dänische Regierung Zusatzbestimmungen zum Strafgesetzbuch und zur Strafprozeßordnung. Das rechtsstaatliche Prinzip nulla poena sine lege wurde außer Kraft gesetzt, die 1930 abgeschaffte Todesstrafe mit rückwirkender Kraft wiedereingeführt. Für die Zusammenarbeit mit dem Feind war eine Mindeststrafe von 4 Jahren vorgesehen, für die Zugehörigkeit zu Polizeiformationen nach dem 19. 9. 1944 – dem Datum der Internierung der dänischen Polizei – sogar eine Mindeststrafe von 10 Jahren.[22]) Die bloße Mitgliedschaft in der DNSAP blieb jedoch straflos. Die dänischen Freiwilligen mußten fast ausnahmslos Gefängnisstrafen hinnehmen, wobei die Strafzumessung in der Regel je nach Dienstrang zwischen 2 und 5 Jahren schwankte.[23]) Allerdings wurden viele der Freiwilligen nach der Hälfte der Strafverbüßung entlassen. Ein vom Autor befragter ehemaliger Freiwilliger, der 1942 im Alter von 20 Jahren als angehender Funktechniker in die Waffen-SS eingetreten war und als Rottenführer bei der Division Wiking gedient hatte, erhielt 5 Jahre Gefängnis, kam aber nach 18 Monaten wieder frei. Er berichtet über die Haftbedingungen[24]): »Die Behandlung? Manchmal sehr schlecht, manchmal besser. Bis zu meiner Verurteilung im August 1945 befand ich mich in folgenden Gefängnissen bzw. Internierungslagern: Herstedvester (sehr, sehr schlecht – Prügelstrafe und simulierte Hinrichtungen), Vestre Faengsel (unangenehm, aber korrekt behandelt), Sundholm (fast gemütlich) und schließlich Farhuslejren, wo mir – nach den Kriegserlebnissen – das Leben fast wie ein Ferienlager vorkam.« Dänische Gerichte verurteilten insgesamt 14493 Personen. 62 erhielten lebenslängliche Freiheitsstrafen, von den 112 Todesurteilen wurden 46 vollstreckt. Die dänischen Sondergesetze stießen jedoch speziell bei Juristen auf heftigen Widerstand. Am 29. Juni 1946 beschloß die Kopenhagener Regierung daher ein Änderungsgesetz, das sich insbesondere auf die Freiwilligen auswirkte, die sich vor dem 29. August 1943 – dem Zeitpunkt des Rücktritts der dänischen Regierung – zu den deutschen Streitkräften gemeldet hatten. Die Strafbarkeit der Freiwilligenmeldung blieb allerdings bestehen, wenn auch die Möglichkeit einer Strafmilderung auf ein Jahr, in Sonderfällen auf 30 Tagen, gesetzlich verankert wurde.[25]) Die dänischen Berufsmilitärs wurden nicht rehabilitiert. Ihre Regierung hielt die Zusagen aus der Kriegszeit nicht ein und die Berufssoldaten gingen nicht nur ihrer Pensionsansprüche verlustig, sondern mußten zudem noch ihr Gehalt für den Dienst in den deutschen Streitkräften an die dänische Nationalbank zurückzahlen.

Insgesamt waren etwa 8000 Dänen an der Ostfront eingesetzt, darunter 2000 Mitglieder der deutschen Volksgruppe Nordschleswigs. 3890 sind gefallen und 400 weitere Freiwillige gelten als vermißt. Damit sind 1941–45 an der russischen Front mehr Dänen ums Leben gekommen als im deutsch-dänischen Krieg 1864. Der dänische Wissenschaftler Karl O. Christiansen hat kurz nach dem Krieg 5107 als Landesverräter Inhaftierte auf den soziologischen Hintergrund und auf die Motivation für den Eintritt in die Waffen-SS sowie andere Verbände hin befragt und untersucht. Er ist zu folgenden Schlüssen gekommen[26]): 76,6% der Freiwilligen stammten aus der unteren Mittelschicht. Das Freiwilligenheer war jedoch kein Konglomerat von Kleinbürgern, sondern eher ein Arbeiter- und Bauernheer. 26,4% der Freiwilligen übten landwirtschaftliche Berufe aus, 37% Tätigkeiten im Handwerk und der Industrie. 15,8% waren bei ihrem Engagement für die Waffen-SS arbeitslos, 47% hatten bereits vorher in zivilen deutschen Diensten gestanden. Bei der Untersuchung der Familienstrukur fällt auf, daß die Freiwilligen sich verstärkt aus kinderreichen Familien rekrutierten: 54,3% hatten drei Geschwister, 39% vier bis acht Geschwister und 6,7% sogar neun Geschwister oder mehr. Was die Motivation anbetrifft, so unterscheidet Christiansen mehrere Fallgruppen:[27])

  39,9% politische Überzeugung
  23,9% Abenteuerlust
  14,4% Not
  12,5% Flucht vor Schwierigkeiten
  11,2% Sympathie für Deutschland
    6,4% Arbeitslosigkeit.

Gegenüber der ansonsten verdienstvollen Auswertung von Christiansen sind jedoch Einwände angebracht: zum einen scheinen in die Gruppe der »politisch Überzeugten« nur DNSAP-Mitglieder aufgenommen worden zu sein, zum anderen könnten politische Gründe für den Eintritt in die Waffen-SS und sonstige deutsche Verbände eine größere Rolle gespielt haben, als die Statistik, die keine besondere Sparte für das Motiv »Antikommunismus« aufweist, vermuten läßt. Schließlich war es unter dem Eindruck der dänischen Säuberungsgesetze kurz nach Kriegsende für die Freiwilligen nicht opportun, politische Motive einzugestehen, die in Zusammenhang gebracht wurden mit einer besiegten und zerstückelten Großmacht, der man zahlreiche Verbrechen gegen die Menschlichkeit nachweisen konnte.

Norwegen

»Die deutsche Politik ist in sich selbst unehrlich, und deswegen kann sie auch ihren Partnern gegenüber nicht ehrlich sein.«
Vidkun Quisling, 12. 4. 1943

Vidkun Quisling, der Führer der Nasjonal Samling (NS) war genauso überrascht wie seine Landsleute, als deutsche Truppen am Morgen des 9. April 1940 in Norwegen landeten. Nach der Flucht des norwegischen Königs und der Regierung und vor der Etablierung der deutschen Besatzungsgewalt versuchte er mit einem Überraschungsakt, ein Kabinett unter eigener Führung zu bilden und die Deutschen vor vollendete Tatsachen zu stellen. Seine Aktion war mehr als improvisiert, mit einer Ministerliste auf Hotelpapier[1]) und Ministern, die nichts von ihrer Berufung wußten. Nach nur sechs Tagen machten die Deutschen der NS-Regierung ein Ende. An Quisling aber blieb seit diesem Zeitpunk das Odium des gekauften Landesverräters haften, da die Norweger sich nicht vorstellen konnten, daß er seinen Coup ohne Unterstützung der Deutschen aufgezogen hatte. Tatsächlich gehört die weitverbreitete Vorstellung, Quisling und seine Sympathisanten hätten als eine deutsche Fünfte Kolonne in Norwegen gewirkt »in den Bereich der politischen Fabel«.[2])

Der Einfluß der 1933 entstandenen Nasjonal Samling, die kurz nach ihrer Gründung bei den Parlamentswahlen 2,2% der Stimmen errungen hatte, war im April 1940 äußerst gering. Die Zahl ihrer Mitglieder war auf 3000 zurückgegangen, die vorhergehenden Wahlen brachten katastrophale Ergebnisse für die NS. Trotz dieser Rückschläge war Quisling entschlossen, nicht nur seine Landsleute von der Richtigkeit seiner Politik zu überzeugen, sondern auch den Deutschen als gleichberechtigter Partner entgegenzutreten.

149

Zum großen Gegenspieler Quislings wurde Reichskommissar Terboven, dem selbst Goebbels das politische Fingerspitzengefühl eines »Holzhackers«[3]) bescheinigte. Für das politische Konzept des norwegischen Faschistenführers, das dieser in zahlreichen Denkschriften festlegte, und von dem er bis Kriegsende nicht abrückte, hatte Terboven kein Verständnis. Bereits am 25. 10. 1940, einen Monat, nachdem die NS zur einzig legalen Partei Norwegens erklärt worden war, legte Quisling sein Programm nieder: Anerkennung einer eigenständigen norwegischen Regierung und der norwegischen Neutralität, Schaffung eines großnordischen Staatenbundes unter Einbeziehung der germanischen Länder und bei Achtung der territorialen Integrität und nationalen Freiheit Norwegens.[4]) Der germanisch-nordische Föderationsplan war eine Lieblingsidee Quislings, die er bereits 1930 vertreten hatte.[5]) 1939 hatte er dieses Konzept zu einem europäischen Staatenbund erweitert, ein Bund, der seiner Ansicht nach europäische Bruderkriege verhindern konnte.[6]) Quisling wurde nicht müde, deutschen Behörden sein supranationales Konzept zu predigen, das sich von der imperialistischen deutschen Besatzungspraxis wohltuend abhob. »Ein Versagen in der Erreichung des Zieles eines großgermanischen Bundes«, so schrieb er am 10. März 1941 an Reichsminister Dr. Lammers[7]):

»ein Abschwenken, vielleicht in Etappen, auf eine andere, rein schematische machtpolitische Lösung würde sich für Generationen im ganzen Norden Europas auswirken – ja, würde auch auf Holland und andere Länder ausstrahlen. Denn anstelle einer freiwilligen, von dem entscheidenden Teile der Bevölkerung getragenen Einordnung in einen großgermanischen Bund würde sich ein widerwillig ertragenes und die Zukunft vergiftendes Machtgefüge erheben, das seinen Todeskeim schon in sich selber trüge.«

Treffender ist während des Krieges die verfehlte deutsche Okkupationspolitik kaum dargestellt worden. Aber sieht man einmal vom kommandierenden Admiral Norwegen, Generaladmiral Boehm ab, so stieß Quisling nur auf taube Ohren. Er hatte Recht mit seiner Vermutung, »daß das Großdeutsche Reich mit der Nasjonal Samling kein ehrliches Spiel treibt«.[8])

Quislings Vorbehalte gegenüber der deutschen Besatzungsmacht waren mit der Hoffnung verknüpft, doch noch auf Berlin einwirken und sein pannordisches Programm durchsetzen zu können. So unterstützte Quisling, wenn auch mit großer Verspätung, die deutschen Bemühungen um norwegische Freiwillige für das SS-Regiment Nordland. Obwohl Hitlers Genehmigung für die Aufstellung dieser Einheit aus skandinavischen und deutschen Freiwilligen schon vom 20. 4. 1940 datierte, wandte sich Quisling erst im Januar 1941 über den Rundfunk an seine Landsleute und rief sie zum Eintritt in das Regiment auf. Mit diesem Appell wollte Quisling sich und seiner Partei einen Einfluß auf die Truppe sichern. Die Resonanz war so bescheiden, daß das Höchstalter für Freiwillige von 25 auf 40 Jahre heraufgesetzt werden mußte, um die Kader zu füllen. Die ersten 300 Norweger verließen am 5. 2. 1941 den Flugplatz Fornebu und gelangten zur Ausbildung nach Graz/Wetzelsdorf.[9] Zu ihnen gehörten auch zwei Angehörige des NS-Führungskaders, der spätere Polizeiminister Jonas Lie und der spätere Arbeitsdienstminister Axel Stang. Das Regiment Nordland bildete zusammen mit den Regimentern Westland und Germania die 5. SS-Division Wiking. Der norwegische Personalanteil an dieser Division blieb hinter den Erwartungen zurück, am 19. 9. 1941 gehörten ihr erst 291 Norweger an. Insgesamt soll die Zahl der norwegischen Nordland-Freiwilligen etwa 800–1000 Mann betragen haben.

Norwegische Freiwillige über ihre Motive zum Eintritt in die Waffen-SS

Ola Rishovd, geb. am 27. 11. 1919 in Modum/Norwegen, 1940 als Schüler Eintritt in die Nasjonal Samling, im Januar 1941 Meldung zum Regiment Nordland:
»Mein Land war, nach zahlreichen Kränkungen unserer Neutralität durch die Alliierten, völkerrechtlich besetzt. Der König und die Regierung hatten uns im Stich gelassen und waren nach England geflüchtet, der Oberbefehlshaber der norwegischen Streitkräfte hatte die Kapitulation unterschrieben. Ich wollte durch meine Beteiligung meinem Land eine bestmögliche Zukunft im neuen Europa sichern.«

Bjørn Østring, geb. am 23. 9. 1917 in Gjøvik/Norwegen, 1933 Eintritt in den Jugendverband und den Freiwilligen Arbeitsdienst des Nasjonal Samling:
»Die Sozialisten hatten unsere Wehrmacht zerstört. Darum konnten die Deutschen ungehindert einrücken. Norwegen kapitulierte am 10. 7. 1940. Damit hatten wir Entscheidungsfreiheit. Am patriotischsten erschien ein Kampf auf deutscher Seite. Die Jugend der Nasjonal Samling war, dank Vidkun Quisling, die Organisation mit dem stärksten politischen Bewußtsein. Einige Mitglieder fuhren, mit Quislings Billigung, nach England. Wir kämpften alle für dasselbe: für die Freiheit Norwegens.«

Ole Kristian Brunaes, geb. am 24. 9. 1918 in Oslo, seit 1934 Mitglied der Jugendorganisation der Nasjonal Samling. Am 13. 1. 1941 als Konditorgeselle Meldung zur Waffen-SS:

»Als Quisling am 12. Januar 1941 die norwegische Jugend zum Eintritt in das SS-Regiment Nordland aufforderte, und dabei auch die Bedeutung des Einsatzwillens für die Zukunft und Selbständigkeit Norwegens betonte, sah ich sofort eine Parallele zwischen dem Regiment Nordland und dem im ersten Weltkrieg für Finnland so entscheidenden Lockstedter Jägerbataillon... Die deutsche Besetzung wurde sowohl von den deutschfreundlichen, als auch von den anglophil eingestellten Kreisen als eine Bedrohung der Selbständigkeit und der zukünftigen Freiheit Norwegens angesehen, zumal allgemein angenommen wurde, Deutschland würde den Krieg gewinnen. Somit war es nicht schwer, die Folgerung zu ziehen, daß die zukünftige Sicherung der norwegischen Selbständigkeit nur durch die Erringung gegenseitigen Respekts und Vertrauens erzielt werden könnte. Darin sah ich die besondere Bedeutung des Dienstes im Freiwilligenregiment Nordland.«

John Sandstad, geb. am 5. 2. 1925 in Hunan/China. Seit Mai 1941 Mitglied der Jugendorganisation der Nasjonal Samling. Am 8. 7. 1942 als Schüler Eintritt in die Freiwilligen-Legion Norwegen:
»Den Krieg in Norwegen sah ich im Juni 1940 als abgeschlossen an, es ging nun um das Überleben als Nation, von dem ich meinte, daß es sich am besten in Zusammenarbeit mit Deutschland sichern ließe. Außerdem haben mich die ideologischen Grundbegriffe und die sozialen und wirtschaftlichen Richtlinien Deutschlands und der norwegischen NS-Partei angesprochen. Schließlich sah ich den Krieg zwischen der Sowjetunion und Deutschland/Finnland als eine Fortsetzung des finnischen Winterkrieges an, bei dem selbstverständlich – wie bei fast allen Norwegern – meine gesamte Sympathie und Achtung den Finnen gehörte. Der Krieg war jetzt meiner Meinung nach ein Kampf um die Zukunft Europas und Norwegens.«

Nach seiner Rückkehr von der Front entwickelte sich Jonas Lie immer mehr zu einem Gegenspieler Quislings und Mann der deutschen Interessen. Am 16. Mai 1941 gründete Lie ohne Wissen Quislings, aber unter dem Patronat der Besatzungsmacht, die Norwegische SS (Norges SS)[10]), in die umgehend 130 Mann eintraten. Quisling mußte die Bildung dieses norwegischen Äquivalent zur deutschen Allgemeinen SS hinnehmen, befürchtete aber nicht zu Unrecht, daß die Norges SS auch geschaffen worden war, um ihre Angehörigen dem Einfluß der NS zu entziehen. Die Querelen um die Eigenmächtigkeiten Lies traten aber für den Augenblick zurück, als das Reich im Juni die Sowjetunion angriff. Quisling ergriff die Gelegenheit, unter dem Deckmantel einer norwegischen antibolschewistischen Legion die Grundstrukturen für eine neue norwegische Wehrmacht zu legen. Sein Plan setzte eine Stärke von 30000 Freiwilligen voraus, die nach dem Muster der norwegi-

schen Landesverteidigung in 7 Bataillonsbezirken geworben werden sollten.[11]) Deutscherseits wurde das Projekt zurückgewiesen. Es entstand die Freiwilligen-Legion Norwegen, bei der es sich nicht um einen SS-Verband im engeren Sinne handelte, sondern um eine geschlossene Einheit unter landeseigener Führung.[12]) Der antikommunistische Kampfauftrag der neuen Truppe stieß bei zahlreichen jungen Norwegern auf Interesse, zumal weithin angenommen wurde, das Einsatzgebiet der Legion liege in Finnland. Schließlich hatte die norwegisch/finnische Solidarität Tradition, nachdem sich im finnisch-russischen Winterkrieg 1531 Norweger als Freiwillige für das Brudervolk gemeldet hatten und etwa 700–725 Freiwillige tatsächlich nach Finnland gelangt waren, wo sie sich dem schwedischen Freiwilligenkorps anschlossen.[13]) Bis Dezember 1941 lagen 1900 Meldungen für die Legion vor, von den Gemusterten befanden sich schon 1000 in Deutschland[14]) Über die Motive und den sozialen Hintergrund der norwegischen Freiwilligen liegt eine interessante Untersuchung skandinavischer Wissenschaftler vor, die sich auf die unmittelbaren Nachkriegsaussagen von 343 Frontkämpfern stützt, also immerhin 5% der überlebenden Freiwilligen erfaßt hat.[15]) Danach wiesen 1941 fast zwei Drittel der Freiwilligen ein Alter zwischen 16 und 25 Jahren auf. Überwiegend stammten sie aus soliden Mittelklasseverhältnissen und stellten keineswegs eine negative Auslese der norwegischen Gesellschaft dar. Der Intelligenzquotient der untersuchten Freiwilligen lag über dem des norwegischen Durchschnitts der entsprechenden Altersklasse. Was politische Affinitäten anbetrifft, so kamen 40,7% der Frontkämpfer aus einem sozialen Umfeld, wo entweder die Eltern oder die Geschwister Mitglieder der Nasjonal Samling waren. Etwa 74% der Explorierten gaben politische Motive als ausschlaggebend für den Eintritt in die deutschen Streitkräfte an, wobei eine Gruppe von 85 Mann (25,6%), die aus einem besonders starken Pflichtgefühl und Idealismus heraus volontierte, von den Wissenschaftlern als der positive Kern angesehen wurde. Der Kreis derjenigen, die sich freiwillig meldeten, um der Strafverfolgung zu entgehen, fällt demgegenüber nicht ins Gewicht (5 Mann = 1,5%).
Ausgebildet wurde die Legion in Fallingbostel, Anfang 1942 wies sie eine Kampfstärke von 1218 Mann auf. Am 16. März 1942 erreichte sie die Front vor Leningrad, wo sie bei den deutschen Kameraden einen guten Eindruck hinterließ. Der ehemalige Legionär Bjørn Østring, der später als Oberleutnant zur Quisling-Führergarde gehörte, erinnert sich[16]): »Vor Leningrad standen deutsche Schreiber u. a. von der Kampfgruppe

Zusammenfassung einer unmittelbar nach Kriegsende im Ilebu Gefängnis vorgenommenen sozial-psychiatrischen Untersuchung von 343 norwegischen Frontkämpfern

Berufsübersicht (334 Aussagen)

Beruf	Total	%
Angestellte	72	21,6
Land- und Forstarbeiter	58	17,4
Industriearbeiter	53	15,8
Schüler, Lehrlinge	45	13,5
Techniker, Ingenieure	36	10,8
Kaufleute, höhere Angestellte	23	6,9
Handwerker	15	4,5
Seeleute	12	3,6
Intellektuelle	9	2,7
Landwirte, Gärnter	7	2,1
Offiziere	4	1,2

Alter 1941 (343 Aussagen)

Alter	Total	%	
15 Jahre	1	0,3	
16–20	135	39,4	73,5
21–25	116	33,8	
26–30	42	12,2	
31–35	28	8,1	
36–40	8	2,3	
41–45	13	3,8	

Motivationsanalyse (332 Aussagen)

A	Keine politischen Motive	86	26 %
B	Politische Überzeugung	24	7,2%
	Furcht vor Rußland (Kommunisten)	59	17,8%
	Enthusiasmus für Finnland	51	15,3%
	Pflichtgefühl, Opferbereitschaft	85	25,6%
	Propagandabeeinflussung	27	8,1%

Aufschlüsselung A (keine politischen Motive = 86 Aussagen)

Abenteuerlust	24	28 %
Schlechte wirtschaftliche Lage	4	4,7%
Familienkonflikte	13	15,1%
Schlechte Arbeitsbedingungen	13	15,1%
Flucht vor dem Gefängnis	5	5,8%
Eskapismus	6	7,0%

Zwang	11	12,8%
Verschiedenes	10	11,5%

Quelle: Harald Fröshaug: A Social-Psychiatric Examination Of Young Front-Combatants, in: Acta psychiatrica et neurologica Scandinavica, 1955, S. 443–465.

Jeckeln Schlange, um die Ausfälle bei uns zu füllen, weil wir als ruhige, besonnene Leute galten.« Die deutsch-norwegische Kameradschaft war in aller Regel gut, allerdings wurden die Norweger auch mit deutschen Herrenmenschenallüren konfrontiert und reagierten entsprechend, wie Bjørn Østring zu berichten weiß[17]):»Ich hatte einen guten Offizierskameraden, der sich über deutsche Großmäuligkeit so erschrak, daß er während der Durchreise in Schweden desertierte. 1944 wurden vier norwegische Offiziere zu Strafkompanien geschickt, weil sie eines abends auf Hitlerbilder zielten. Dieses Bilderschießen war eine Reaktion.« Kamen die norwegischen Frontkämpfer nach Hause, so trafen sie auf eine Bevölkerung, die mit Gleichgültigkeit, Unverständnis und Haß, aber auch mit Respekt und Anerkennung auf ihre jungen Landsleute in den feldgrauen Uniformen reagierte. John Sandstad, der 17jährig in die Legion eintrat, während sich sein Bruder Olav später zum Panzergrenadierregiment Norge meldete, machte bei seinen Besuchen in der Heimat folgende Erfahrungen:[18])»Als Frontsoldat habe ich zwar Kühle, aber auch gewisse Interesse und selbst Achtung gespürt, auch von dem politischen Gegner. Meine Angehörigen, wie die zivilen NS-Leute überhaupt, haben den Haß viel stärker gespürt.«
Die Freiwilligen von Nordland, die sich für ein Jahr verpflichtet hatten und die Legionäre, die eine sechsmonatige Einsatzzeit vor sich hatten, waren nicht die einzigen norwegischen Soldaten der deutschen Streitkräfte. Als Reservoir für neue Militärenthusiasten und Verbände dienten die von der NS aufgestellten paramilitärischen Formationen. Dies waren vor allem der Hird, eine Art norwegischer SA, mit seinen Untergliederungen. Der Hird, dem Parteimitglieder im Alter von 18 bis 45 Jahren angehörten, umfaßte in seiner Blütezeit 7400 Mann.[19]) Seine Marineabteilung Hirdmarine stellte etwa 500 Matrosen für die deutsche Kriegsmarine, die Fliegermiliz Flyhirden rund 75 Freiwillige für die deutsche Luftwaffe.[20]) Die Ostfrontstreiter wurden durch etwa 350–400 norwegische Krankenschwestern betreut, die in Finnland und der Sowjetunion Dienst taten. Im Landesinnern selbst war das aus

500 Norwegern bestehende SS-Wach-Bataillon 6 (Oslo) eingesetzt, das im Dezember 1942 aufgestellt worden war.[21]) Im Spätsommer 1942 rekrutierte man auch Freiwillige für eine SS-Skijägerkompanie, die in Finnland eingesetzt wurde, nachdem Widerstände in Berlin gegen dieses »großskandinavische« Projekt überwunden werden konnten. Im Februar 1943 standen etwa 200 norwegische Skijäger im Verband der 6. SS-Gebirgs-Division Nord an der finnischen Front. Verstärkt durch norwegische Polizeikompanien wurde aus der Einheit im Winter 1943/44 ein Bataillon mit 700 Mann. Bei dem Rückzug aus Finnland nach Nordnorwegen 1944 bewies das Bataillon seine Geschlossenheit und Standfestigkeit auch in kritischen Lagen. Im Gegensatz zu deutschen Einheiten erfolgte aus dem norwegischen Skijägerbataillon kein einziger Übertritt nach Schweden.[22])

Quisling hatte zwischenzeitlich seine Stellung in Norwegen festigen können, nachdem er am 1. 2. 1942 norwegischer Ministerpräsident unter dem Aufpasser Terboven geworden war und seine Bewegung auf 43400 Mitglieder anwuchs. Bereits am 10. Februar 1942 legte er eine neue Denkschrift vor, die die Einrichtung selbständiger norwegischer Gesandtschaften im Ausland, die Aufstellung einer norwegischen Wehrmacht und den Germanischen Bund zum Inhalt hatte.[23]) Drei Tage später wurde er von Hitler empfangen.

Reichspropagandaminister Goebbels fand wenig freundliche Worte für den querköpfigen Norweger, der eigensinnig auf der Souveränität seiner Heimat beharrte[24]):

> »Quisling hat übrigens bei der Unterredung mit dem Führer, wie dieser mir erzählt, naive Vorstellungen entwickelt. Er glaubt, es werde ihm erlaubt werden, eine neue norwegische Wehrmacht aufzubauen, den Schutz der norwegischen Häfen wieder selbst zu übernehmen und im Hintergrunde ein gänzlich freies Norwegen erneut anzustreben. Das ist natürlich naiv.«

Für Quisling waren diese Postulate nicht »naiv«, sondern unverzichtbarer Bestandteil des Glaubensbekenntnisses der Nasjonal Samling. Unverdrossen legte er am 9. Juni Hitler ein neues Memorandum vor, daß deutsch-norwegische Friedensverhandlungen, den Beitritt Norwegens zum Dreimächte- und Antikominternpakt und die Wiederherstellung der Wehrhoheit forderte.[25]) Auf dem 8. Parteitag der Nasjonal Samling, im September 1942 in Oslo, faßte Quisling seine politischen Absichten und Visionen zusammen, wobei er nicht vergaß, die europäische Komponente des Krieges zu erwähnen.[26]) »Der Zusammenschluß

Europas ist heute sogar eine der brennendsten Aufgaben für die europäischen Völker geworden«, führte er aus. Wie Piemont einst Italien einte, so sollte Deutschland der Kern der europäischen Neuordnung werden. Die Stellung Norwegens in dem neuen, freien Staatenbund hing nach Quislings Ansichten entscheidend von dem Engagement seiner Landsleute auf Seiten der Achse ab[27]): »Den Rang, den Norwegen unter der neuen Ordnung unter den Völkern einnehmen soll, muß sich das norwegische Volk durch seinen Einsatz selbst erobern.« Die beharrliche deutsche Weigerung, ein verbindliches europäisches Neuordnungsprogramm vorzulegen, das den nationalen und kulturellen Eigenheiten der Nationen Rechnung trug, führte zu einer tiefen Vertrauenskrise zwischen Oslo und Berlin. Am 12. 4. 1943, in einem Gespräch mit dem deutschen Regierungsrat Hagemann, lief Quisling endgültig die Galle über:[28]) Den deutschen Politikern warf er einen »Betrugsversuch auf Kosten der Selbständigkeit und Freiheit der kleinen Völker« vor, den Nationalsozialismus griff er als »geistigen Imperialismus« an und geißelte die deutsche Politik als auf Gewalt, List und Unterdrückung aufgebaut. Er entlarvte das nationalsozialistische Gerede vom Neuen Europa als Komplott, bei dem »alle anderen Völker mit der Hand an der Hosennaht strammständen und nur noch zum Befehlsempfang erscheinen dürften«. Am 26. Juni 1943 versuchte ein anderer Norweger, Hitler zu einem gemäßigteren und vernünftigeren Verhalten zu bewegen. Der große norwegische Dichter und Nobelpreisträger (1920) Knut Hamsun traf mit dem Führer auf dem Obersalzberg zusammen. Der weinende Greis stand einem völlig unzugänglichen Hitler gegenüber, seine Bitten und Warnungen verhallten ungehört[29]): »Die Handlungsweise des Reichskommissars paßt uns nicht! Seine Preußerei ist uns unerträglich. Und dann die Hinrichtungen! Wir können nicht länger!« Da Hitler sich noch im Juni unversöhnlich zeigte, war die Unabhängigkeitserklärung, die er im September 1943 für Norwegen abgab[30]), um so erstaunlicher, zumal es die einzige überlieferte Äußerung des deutschen Führers hinsichtlich der Anerkennung der Souveränität eines besetzten europäischen Staates ist. Was den Wahrheitsgehalt dieser Erklärung anbetrifft, so sind Zweifel berechtigt. Faktisch änderte sich an den Besatzungszuständen in Norwegen nicht und noch im Februar 1945 bemühte sich Quisling vergeblich um die *offizielle* Anerkennung der Freiheit, Selbständigkeit, Unteilbarkeit und Unveräußerlichkeit Norwegens durch Hitler.[31])
Die Rede des zuständigen Bereichsleiters Schnurbusch vom 26. 1.

1945[32]) beweist, daß die NSDAP selbst Anfang 1945 nicht bereit war, den berechtigten Forderungen der norwegischen Faschisten nachzukommen. Sie suchte in der NS nicht den mitdenkenden Partner, sondern nur den gefügigen Befehlsempfänger. Schnurbusch hatte kein Verständnis für die Souveränitätsbestrebungen Quislings und rechnete dessen europäische Neuordnungspläne verächtlich dem »Weltbürgertum« zu. Der Generalsekretär der NS, Minister Fuglesang, war ihm zu selbständig gegenüber der deutschen Verwaltung, die NS-Frauenführerin Bjoner schien ihm als betonte »Frauenrechtlerin« suspekt. Dem Stabsleiter der NS-Jugendorganisation, Tiedemann Ruud, warf der überhebliche Schnurbusch bei seinem Rundumschlag vor, noch immer stolz darauf zu sein, im April 1940 gegen die Wehrmacht gekämpft zu haben. Alles, was nach vier Jahren deutsch-norwegischer Kollaboration übrig blieb, waren Mißverständnisse und zerstörte Illusionen …
Während Quisling, der in der norwegischen Bevölkerung immer mehr zur Unperson wurde, seinen verzweifelten Kampf um die Souveränität Norwegens und die Errichtung eines Staatenbundes ausfocht, wurden die an der Ostfront eingesetzten norwegischen Freiwilligen reorganisiert. Im März 1943 wurde das Regiment Nordland aus der Division Wiking herausgelöst, um den Stamm für eine neue Division aus germanischen Freiwilligen, die 11. SS-Freiwilligen-Panzer-Grenadier-Division Nordland, abzugeben. Im Mai 1943 wurde auch die Legion Norwegen aufgelöst, etwa 300 Legionäre stießen zu dem in Ausbildung befindlichen Regiment Norge der Division Nordland. Diese besaß im Dezember 1943 29 norwegische Offiziere, 48 Unteroffiziere und 705 Mann.[33]) Im gleichen Monat machte Quisling den völlig unrealistischen Vorschlag, 50000 Norweger zu mobilisieren und damit die wankende Ostfront zu stützen.[34]) Die angesprochenen deutschen Stellen lehnten ab, da man wohl nicht zu Unrecht befürchtete, ein Großteil der mobilisierten Norweger würde sich nach Schweden absetzen.

Norwegische Formationen unter landeseigenen Offizieren

Freiwilligen-Legion Norwegen

Legions-Sturmbannführer Jørgen Bakke (1. 8.–21. 9. 1941)
Legions-Sturmbannführer Kjelstrup (21. 9.–Okt. 1941)
Legions-Sturmbannführer Arthur Quist (Okt. 1941–20. 5. 1943)

1. Polizei-Kompanie

SS-Sturmbannführer Jonas Lie (Sept. 1942–6. 4. 1943)

SS-Ski-Jägerbataillon Norwegen

SS-Obersturmführer Gust Jonassen

Am 30. 1. 1944 betrug der Anteil norwegischer Freiwilliger an der Waffen-SS insgesamt 3878 Soldaten.[35]) Die norwegischen Freiwilligen der Division Nordland machten die beschwerlichen Rückzüge im Baltikum und in Pommern mit, zusammengeschmolzene Reste schlugen sich im April 1945 erbittert in Berlin-Neukölln und am Flughafen Tempelhof.

Nach vorsichtigen Schätzungen kann man davon ausgehen, daß sich 1940–1945 15000 Norweger freiwillig zu den deutschen Streitkräften gemeldet haben. Von diesen wurden tatsächlich etwa 7000 angenommen, von denen 10% an der Front gefallen sind. Außerhalb Norwegens wurden nicht nur die Frontkämpfer eingesetzt, sondern auch norwegische Angehörige des Germanischen Landdienstes. Diese Formation stand unter Leitung von Einar J. Rustad, der gleichzeitig Leiter der Auslandsabteilung der NS-Jugendorganisation war. Das erste norwegische Kontingent des Germanischen Landdienstes war 190 Mann stark und wurde 1942/43 zu landwirtschaftlichen Arbeiten im Warthegau herangezogen. Für das Einsatzjahr 1943 meldeten sich sogar 400 norwegische Mädchen und Jungen, aber nachdem 50 Jugendliche im Warthegau eingetroffen waren, verweigerte Schweden die erforderlichen Durchreisevisa. Von einem Transport der 350 Freiwilligen per Schiff nach Deutschland sah die NS-Jugendführung wegen der Luft- und Seegefahr ab.[36]) Rechnet man alle norwegischen militärischen und paramilitärischen Formationen zusammen, zu denen auch die 150 Mann starke Førergarde Quislings und die norwegischen Abteilungen der Organisation Todt, der Technischen Nothilfe und der Legion Speer zählen, so kommt man auf eine Maximalzahl von etwa 50000 Norweger in deutschen Diensten.[37])

Anfang 1945 hatte Quisling die bewaffneten Verbände der Nasjonal Samling demobilisiert[38]), um die Gefahr eines Bürgerkreises auszuschließen. Seine letzten politischen Aktivitäten, die damit an seine ersten Gedanken am Anfang seiner Politikerlaufbahn anknüpften, befaßten sich damit, die Russen aus Norwegen fernzuhalten.[39]) Quisling weigerte sich, einem sinnlosen Endkampf der Wehrmacht in Norwegen zuzustimmen und lehnte es ebenfalls ab, mit Degrelle zusammen die Flucht nach Spanien anzutreten. Die norwegische Nachkriegsregierung exekutierte ihn am 24. Oktober 1945. In den fünf Monaten seiner Haft hatte man ihm als besondere Strafverschärfung nur 700 bis 800 Kalorien täglich zugebilligt. Knut Hamsun demütigte man auf andere Weise. Er wurde 119 Tage in eine Irrenanstalt eingesperrt, bis die Justiz dem 88jährigen, halbblinden und halbtauben Greis am 16. 12. 1947 den Prozeß machte. Als Landesverräter abgestempelt, verlor er sein gesamtes Vermögen.

Alle NS-Mitglieder, Sympathisanten und Frontkämpfer gerieten in die Mühle der Säuberungsjustiz. Gegen rund 92000 Personen wurde eine Untersuchung geführt, 18000 Norweger erhielten Haftstrafen, 3500 von ihnen mußten für mehr als 3 Jahre ins Gefängnis. Hinzu kamen 28568 verhängte Geldstrafen mit einem Gesamtwert von 280 Millionen Kronen. Annähernd 30000 Norweger gingen gleichzeitig ihrer bürgerlichen Rechte verlustig. Die 1905 abgeschaffte und nun wiedereingeführte Todesstrafe wurde 30mal ausgesprochen und 25mal vollstreckt.[40]) Gesetzliche Grundlage für diese Maßnahmen war die Landssvikanordnung vom 15. 12. 1944, die, allen demokratischen und rechtsstaatlichen Traditionen Norwegens zum Trotz, rückwirkende Kraft besaß. Der ehemalige Chef der Widerstandsbewegung im Raum Oslo, Major Langeland, bemerkte zu diesem monströsen Gesetzeswerk[41]): »Ein finsteres Dokument, eine Stimmung von Hexenjagd.« Die Hexenjagd machte auch vor den Frontfreiwilligen nicht Halt. Die ersten Frontkämpfer erhielten 7–8 Jahre Gefängnis, später wurden Strafen von 3–4 Jahren ausgesprochen. Dies für einen Personenkreis, dem objektive Nachkriegsuntersuchungen zubilligen, häufig aus den gleichen patriotischen Gründen gehandelt zu haben, wie der norwegische Widerstand.[42]) Ein neues Gesetz vom 9. Juli 1948 sah vor, daß den Verurteilten die Hälfte der Strafe erlassen werden konnte. Der ehemalige, zu 6 Jahren Zwangsarbeit verurteilte Freiwillige Ola Rishovd, NS-Mitglied und Sturmmann bei der Division Wiking, erinnert sich[43]): »Nach 3½ Jahren kam ein Dekret, daß wir nach halber Zeit entlassen werden sollten. Im Herbst 1948 wurde ich freigelassen. Meine Kameraden und ich, wir befanden uns auf dem absoluten Nullpunkt. Von der ›guten Gesellschaft‹ ausgestoßen, ohne Ausbildung, ohne Geld. Nichts zu verlieren und alles zu gewinnen ...«

160

Island war am 1. 12. 1918 selbständig geworden, blieb jedoch in Personalunion mit dem Königreich Dänemark verbunden. 1939 zählte der
europäische Außenposten im Nordatlantik 119000 Einwohner. Die
Verbindungen mit Dänemark wurden gekappt, als am 10. Mai 1940 britische Truppen Island besetzten. Ein Jahr später beschloß das Parlament in Reykjavik die Auflösung der Personalunion mit Dänemark.
Diese Unabhängigkeitserklärung wurde im Mai 1944 durch eine Volksabstimmung bestätigt.

Trotz seiner entlegenen Lage und der völligen Isolation vom Achseneuropa stellte auch Island Freiwillige für die deutsche Armee. Die genaue Zahl isländischer Soldaten, die für die Wehrmacht und Waffen-
SS optierten, ist nicht feststellbar, selbst die isländischen Behörden ver-
fügen nicht über entsprechende Unterlagen.[1]) In jedem Fall ist davon
auszugehen, daß die Isländer, die 1940/41 zu den deutschen Fahnen eilten, sich in Dänemark oder Norwegen aufgehalten haben müssen, da
für die Inselbewohner seit Mai 1940 keine Möglichkeit mehr bestand,
das deutsch besetzte europäische Festland zu erreichen. Dem Reichsführer SS waren isländische Freiwillige höchst willkommen, schließlich träumte er von einer Einbindung Islands in das geplante Großgermanische Reich. So schrieb er am 3. 2. 1942 an den ehemaligen deutschen Gesandten in Reykjavik[2]): »Klar ist mir, daß wir Island einmal
wieder haben müssen und klar ist mir ferner, daß wir dann das immerhin wertvolle isländische Volk retten müssen. Es wird absolut möglich
sein, diese wertvolle Blutsubstanz in eine bessere Form zu bringen, das
Land mit seinen heißen Quellen und seinen Wasser- und damit Ener-
giekräften zu entwickeln und es zu einer waffengeschützten Bastion
Europas auszubauen.« Daß die Isländer den Germanenkult Himmlers
mit Begeisterung aufgenommen hätten, darf bezweifelt werden. Zwar
existierte in den 30er Jahren eine faschistische Bewegung Islands[3]) unter der Führung von Gisli Sigurbjornsson, der in Deutschland studiert
hatte, aber diese Partei war weit davon entfernt, entscheidenden Einfluß auf das politische Leben des Inselstaates auszuüben.

Unter den isländischen Freiwilligen befand sich ein Waffen-SS-Ange-
höriger, dessen Familie die Anfangsgeschichte der Republik mitprägte:
es war der Sohn von Staatspräsident Sveinn Björnsson, der von Juni
1944 bis 1952 amtierte. Björnsson junior durchlief die Junkerschule
Bad Tölz und diente anschließend in der Kriegsberichter-Einheit SS-

Standarte Kurt Eggers. Die SS-Laufbahn des Sohnes tat der Politiker-karriere von Sveinn Björnsson keinen Abbruch. Wie überhaupt festzu-stellen ist, daß Island mit den eigenen Staatsangehörigen in den frem-den Uniformen verständnisvoll und nachsichtig verfuhr. Die Gesetze der neutralen Republik stellten den Kriegsdienst für das Reich nicht unter Strafe und keiner der isländischen Freiwilligen wurde nach Kriegsende gerichtlich verfolgt.[4]) So bleibt als bemerkenswerte juristi-sche und politische Ausnahme festzuhalten, daß die Kleinstaaten Liechtenstein und Island sich dem Sog der sonst üblichen Diskriminie-rungs- und Pönalisierungspraxis entzogen und die heimgekehrten Ex-Freiwilligen ohne Aufsehen in die heimische Gesellschaft rückinte-grierten.

Schweden

Trotz der traditionellen schwedischen Neutralität hatten kleinere schwedische Freiwilligeneinheiten an mehreren Kriegen der Neuzeit teilgenommen. Eine schwedische Brigade half den Finnen 1918 ihre Unabhängigkeit zu erkämpfen, ebenso war ein kleineres schwedisches Kontingent 1918/19 in Estland eingesetzt. Überwogen bei diesen Frei-willigen der Gedanke der nordischen Solidarität und ein antikommu-nistischer Grundkonsens, so führte die im Spanischen Bürgerkrieg auf republikanischer Seite eingesetzten Schweden eine antifaschistische, radikaldemokratische oder kommunistische Überzeugung zusammen. Die Furcht vor dem sowjetischen Imperialismus wiederum bildete das Ferment für die schwedischen Freiwilligen des russisch-finnischen Winterkrieges 1939/40. Unter General Ernst Linder, einem Veteranen des finnischen Unabhängigkeitskrieges, trat eine Brigade in Stärke von 8000 Mann[1]) an, um dem finnischen Brudervolk zu helfen. Wegen der zeitaufwendigen Ausbildung der im Waffendienst zum großen Teil ungeübten Freiwilligen kamen jedoch nur zwei schwedische Bataillone zum Fronteinsatz. Zu diesen Bodentruppen stieß Ende Januar 1940 ein schwedischer Luftwaffenverband mit neun Bombern und 12 Jägern.[2]) Demgegenüber wies der sozialdemokratische schwedische Premier-minister im Februar 1940 die von finnischer Seite mehrfach erhobene For-derung nach der Entsendung eines 20000 Mann starken Freiwilligen-kontingents zurück.[3]) Auch nach Beginn des deutsch-sowjetischen Krieges, an dem sich Finnland seit dem 26. Juni 1941 beteiligte, dienten schwedische Freiwillige im finnischen Heer. Bis Dezember 1941 war das Hangöbataljonen eingesetzt, nach dessen Auflösung verblieb eine schwedische Kompanie beim finnischen Infanterieregiment 13. Der schwedische Geschäftsträger in Berlin, Legationsrat von Post, behauptete am 26. September 1941 gegenüber dem Reichsaußenminister, in Finnland stünden 2000 schwedische Freiwillige im Kampf.[4]) Auch die Deutschen versuchten bereits frühzeitig, Schweden in ihre Dienste zu nehmen. Initiator war wieder einmal der umtriebige SS-Brigadeführer Berger, der von Himmler am 4. 9. 1940 die Genehmigung zur Werbung erhielt.[5]) Aufgrund von Vorbehalten des Auswärtigen Amtes wurden Werbemaßnahmen jedoch vorerst ausgesetzt. Im März 1941 meldete Berger unverdrossen, bei der deutschen Gesandtschaft in Stockholm hätten sich 42 Freiwillige und bei der Auslandsorganiation der NSDAP 140–180 Bewerber gemeldet.[6]) Nach dem 22. Juni 1941 versuchte die deutsche Diplomatie, die Einstellung von Schweden in die deutschen Streitkräfte durch die Stockholmer Behörden abgesegnet zu bekommen. Da der schwedische Reichstag am 25. Juni dem – neutralitätswidrigen – Transport der deutschen 163. Infanteriedivision von Oslo nach Finnland über das schwedische Eisenbahnnetz zugestimmt hatte, schien es für den Augenblick, als seien auch weitere schwedische Konzessionen erreichbar. Aber der deutsche Sondergesandte Schnurre konnte mit dem entsprechenden Wunsch der Reichsregierung Anfang Juli bei Außenminister Günther nicht durchdringen. Als Kompensation bot Günther an, schwedische Offiziere zu Ausbildungszwecken an die Ostfront abzuordnen.[7]) Hieran hatte die deutsche Führung jedoch kein Interesse, von Ribbentrop telegrafierte an Schnurre[8]):

>Die Reichsregierung lasse für dieses Anerbieten, von dem sie gerne Kenntnis genommen hätte, aufrichtig danken. Sie sei jedoch der Ansicht, daß die schwedischen Offiziere, da sie, im Gegensatz zu den von anderen Staaten kommenden Offizieren, keine eigentlichen Freiwilligenkadres kommandierten, kein rechtes Betätigungsfeld haben und dadurch in eine etwas schwierige Lage kommen würden.«

Auch deutschfreundliche Stimmen im bürgerlichen Lager[9]) vermochten die Regierung in Stockholm in ihrem Kurs gegen schwedische SS-Freiwillige nicht schwankend zu machen. Grundsätzlich bestand zwar kein strafrechtliches Verbot hinsichtlich des Dienstes von Schweden in fremden Heeren. Allerdings bedurften entsprechende Gesuche von

Militärpersonal und eingezogenen Wehrpflichtigen der Genehmigung der schwedischen Behörden. Diese wurde nach einer Verfügung des Verteidigungsministeriums vom 1. September 1941 grundsätzlich nur noch dann erteilt, wenn der Bewerber in die finnische Armee eintreten wollte.[10]) Berlin empfand diese Einschränkung als unfreundlichen Akt, aber die Vorhaltungen des Reichsaußenministers gegenüber dem schwedischen Geschäftsträger am 26. 9. 1941 führten zu keiner Änderung der Stockholmer Praxis.[11]) Hierbei mag eine Rolle gespielt haben, daß sich die schwedische Regierung darüber im unklaren war, welchen Platz ihr Land in dem künftigen nationalsozialistischen Neuen Europa einnehmen sollte. Zwar hatte Hitler dem schwedischen Asienforscher Sven Hedin am 5. 12. 1940 treuherzig versichert, die nationale Freiheit Schwedens nie anzutasten[12]), aber intern gab sich die nationalsozialistische Führung anderen Gedanken hin. Hitler ließ sich im August 1942 darüber aus, ein »Läusestaat wie Schweden« müsse »weggefegt werden«[13]), Himmler soll im gleichen Jahr eine Aufteilung Schwedens zwischen Finnland und dem von ihm erträumten Großgermanischen Reich befürwortet haben.[14])

Von diesen Projekten wußten die schwedischen Rechtsbewegungen, aus denen viele der schwedischen Freiwilligen kamen, nichts. Seit 1926 existierten verschiedene faschistische und nationalsozialistische Gruppierungen[15]), die mehr durch Spaltungen und Neugründungen von sich reden gemacht hatten als durch politisch-praktische Arbeit. 1926 hatten Konrad Hallgren, Sven Hedengren und Sven Olov Lindholm die Sveriges-fascistika-Kampforganisation ins Leben gerufen, die seit 1929 als Nationalsozialistische Volkspartei auftrat. Ein Jahr später schloß sich ihr der Tierarzt Dr. Birger Furugard mit einer eigenen Organisation an. Nach innenpolitischen Querelen, Austritten und Rückkehr von Splittergruppen trat die Partei als Svenska Nationalsocialistika Partei auf. Die Führung lag bei Furugard und seinem Stellvertreter Lindholm, der jedoch 1933 mit den meisten seiner Anhängern die Organisation verließ und eine eigene Gruppierung, die Nationalsocialistika Arbetarpartiet, gründete. Diese soll 1936 über 14000 eingeschriebene Mitglieder verfügt haben. Ihr Programm war dem deutschen Nationalsozialismus angeglichen. Nicht genug der Parteium- und -neugründungen, erschien Lindholms Bewegung seit 1938 als Svensk Socialistik Samling, die Beziehungen zur SS unterhielt. Schließlich entstanden während des Krieges noch die Schwedische Opposition von Per Engdahl und das Finnische Komitee, das bis Frühjahr 1944 schwedische

Freiwillige für die finnische Armee warb. Die Resonanz all dieser Parteien und Sekten war äußerst schwach: bei den Wahlen des Jahres 1944 konnten alle schwedischen nationalsozialistischen Organisationen zusammen nur 13000 Stimmen auf sich vereinigen.[16]) Auch die schwedischen Freiwilligenmeldungen blieben recht bescheiden, vergleicht man sie mit dem Engagement in anderen neutralen Ländern, wie etwa der Schweiz und Liechtenstein.

NS-Bewunderer Lindholm schätzt die Zahl seiner Anhänger und Sympathisanten, die sich der Waffen-SS anschlossen, auf 70–80.[17]) Einer seiner Gefolgsleute war der am 9. Oktober 1907 geborene Chemotechniker Gustav Ekstroem. Er war ein Veteran der schwedischen Rechtsbewegungen[18]), der bereits 1926 der Schwedisch Faschistischen Kampforganisation angehört hatte. 1932 trat er der Partei Birger Furugards bei und seit 1935 war der Mitglied der Lindholm-Bewegung. Am 1. Mai 1941 meldete sich Ekstroem zur Waffen-SS. Die Gründe, die er für sein Engagement in der Waffen-SS angibt, mögen nicht untypisch für die Motive viele seiner Kameraden gewesen sein, die vor dem Rußlandfeldzug zu den deutschen Streitkräften stießen. Zum einen sah Ekstroem den extremen schwedischen Nationalismus seit 1870 nach Deutschland hin orientiert[19]), zum anderen würde ein deutscher Sieg über England den nationalen Organisationen in Schweden die Oberhand im Kampf mit den anglophilen Kräften geben. Somit hatte sein Auslandseinsatz durchaus auch innenpolitische Gründe. Von den großgermanischen Verlockungen der deutschen Propaganda war Ekstroem wenig beeindruckt, ihm schwebte vielmehr ein solidarisches Europa als Heim für gleichberechtigte souveräne Staaten vor.[20]) Nach Zwischenaufenthalten in Sennheim und Graz diente Ekstroem bei der SS-Propagandakompanie in Finnland und seit 1942 im SS-Hauptamt. Am 22. 6. 1941 aber hatte er erkannt: »Jetzt verlieren die Deutschen und ihre Anhänger den Krieg.«

Von dieser Einsicht waren viele junge Schweden weit entfernt, als sie gerade auf Grund der antibolschewistischen Fanfaren ihre Heimat über die schwedisch-norwegische Grenze verließen, um sich beim SS-Ersatzkommando Oslo zu melden. Sicher waren die meisten überzeugte Antikommunisten, selbst wenn ihr Engagement im Einzelfall noch durch andere Motive mitbestimmt wurde. Lennart Westberg zählt hier drei zusätzliche Triebkräfte auf[21]): die mögliche deutsche Abstammung mancher Freiwilliger, die Affinität zu den schwedischen Rechtsbewegungen und die Faszination der freiwilligen Berufsmilitärs für den hohen technologischen und moralischen Standart der Deutschen Wehrmacht.

Die Deutschen, die sogar mit dem Gedanken gespielt hatten, eine eigene schwedische Legion aufzustellen, waren gänzlich unzufrieden mit dem spärlichen Zufluß freiwilliger Schweden. Hitler selbst mokierte sich am 15. Juli 1941 darüber, daß sich aus Schweden noch nicht einmal 100 Mann gemeldet hätten[22]). Der Reichsführer SS meldete seinem Führer zwar ein Jahr später, am 25. 7. 1942, daß 250 Schweden in der Waffen-SS Dienst leisteten[23]), aber diese Zahl dürfte weit übertrieben sein, da die Übersicht über die in der Waffen-SS befindlichen germanischen Freiwilligen vom 15. 1. 1942 erst 39 Schweden aufweist.[24]) Allerdings scheint diese Zahl 1943 sprunghaft angestiegen zu sein. Aus einem Manuskript des Führers der Germanischen Leitstelle, SS-Obersturmbannführer Dr. Franz Riedweg, vom Oktober 1943[25]) geht hervor, daß mittlerweile 150 schwedische Freiwillige in den Reihen des schwarzen Ordens standen. Wenn Riedweg aus propagandistischen Gründen die Freiwilligenzahl auch etwas geschönt haben mag[26]), so lassen sich Soldaten des Königsreichs Schweden tatsächlich bei mehreren Divisionen der Waffen-SS nachweisen, etwa bei Wiking und Totenkopf. Bei der 3. Kompanie der SS-Pz.-Aufkl.-Abt. 11 Nordland bestand seit 1943 ein ganzer Zug aus Schweden (»Schwedenzug«). Er hatte am 15. 9. 1944 eine Stärke von 3 Unterführern und 39 Mann[27]). Zeitweiliger Kompanieführer war der 34 Jahre alte schwedische Obersturmführer Hans-Gösta Pehrsson. Ursprünglich Chemiker, hatte er sich 1941 zum Freikorps Danmark gemeldet, 1942/43 die Junkerschule Bad Tölz durchlaufen und war nun der höchste und am meisten ausgezeichnete Offizier der schwedischen Waffen-SS.[28]) Unter seiner Führung machte der »Schwedenzug« die Kämpfe in Kroatien, Estland, Kurland und Pommern mit. Pehrsson galt als militärisches Naturtalent, beliebter Offizier und kampferprobter Draufgänger. Wie hoch er die Verantwortung für seine Männer einschätzte, beweist die Tatsache, daß er im Mai/Juni 1944 im Baltikum blutjungen Schweden seiner Einheit zur Flucht in die Heimat verhalf, anstatt sie in Schlachten zu schicken, die von Tag zu Tag aussichtsloser wurden. Das letzte Gefecht führte den »Schwedenzug« mit Resten der Division Nordland in die eingeschlossene Reichshauptstadt, wo die Skandinavier den Anhalter-Bahnhof verteidigten. Vom »Schwedenzug« überlebten nur Pehrsson und ein Unterführer das Inferno.

Die Gesamtzahl der in der Waffen-SS dienenden Schweden ist umstritten. Schätzungen reichen von 40[29]) über 100[30]) bis 600[31]) oder gar 800[32]) Freiwilligen. Ein Anhaltspunkt für die Bestimmung der annähernd richtigen Ziffer stellt die Rede Gottlob Bergers vom Frühjahr 1944 im Luftfahrtministerium Berlin dar. Berger ging für den 31. 1. 1944 von einer Zahl von 101 schwedischen Freiwilligen, 9 Gefallenen und 7 Verwundeten aus.[33]) Nimmt man die noch im Laufe des Jahres 1944 zur Waffen-SS kommenden Freiwilligen hinzu, so erscheint die Schätzung Lennart Westbergs, der eine Gesamtzahl von 160 Schweden nennt[34]), am wahrscheinlichsten. Den etwa 130 Überlebenden, die in die Heimat zurückfanden, blieben Landesverräterprozesse und strafrechtliche Sanktionen in aller Regel erspart. Das Königreich Schweden zählt daher zu den wenigen Ländern im Europa, die die heimgekehrten Söhne nicht kriminalisierten und aus der Gesellschaft ausstießen. Nachteile im sozialen Umfeld mögen für den Einzelnen vorgekommen sein, aber sie waren mit der Proskription in Holland und Dänemark nicht zu vergleichen. So konnte sich auch SS-Rottenführer Ekstroem ohne Schwierigkeiten wieder in das bürgerliche Leben Schwedens einfügen: »Die Behandlung war vollkommen normal. Im April 1946 habe ich eine gute Stellung als Kartenzeichner in Stockholm bekommen.«[35])

Finnland

Unter den Signatarstaaten des Antikominternpakts und den Teilnehmern am »antibolschewistischen Kreuzzug« spielt Finnland die Rolle des Außenseiters. Es war der einzige demokratische Staat, der im Juni 1941 seine Truppen gegen Stalin aufbot. Finnland betrachtete diesen Krieg als »Fortsetzungskrieg«, als Wiederaufnahme des Winterkrieges von 1939/40, der das kleine Land 10% seines gesamten Territoriums und 12% der landwirtschaftlichen, gewerblichen und industriellen Betriebe gekostet hatte. Ohne vertragliche Bindung an das Dritte Reich und mit geringen Sympathien für den deutschen Nationalsozialismus focht Finnland weniger einen Weltanschauungskrieg als einen Separatkrieg, dessen Sinn darin bestand, die an die Sowjetunion verlorenen Gebiete zurückzugewinnen. Nachdem dieses Ziel erreicht war, stellte der »Waffenbruder« Finnland seine Offensive praktisch ein. So weigerte sich das finnische Hauptquartier im Herbst 1943, als an der Front im

Norden 550000 Deutsche und Finnen nur 270000 Russen gegenüberlagen, grünes Licht für eine Offensive zu geben, die gute Aussichten auf einen entscheidenden Erfolg hatte.[1])

Die Zustimmung von Helsinki zur Aufstellung eines finnischen Batailllons der Waffen-SS im Frühjahr 1941 war primär nicht von einem ideologischen Grundkonsens mit Berlin getragen. Im Vordergrund stand vielmehr der utilitaristische Wunsch, das deutsche Interesse an Finnland zu fördern und mit deutscher Hilfe dem anhaltenden expansionistischen Druck der Sowjetunion entgegenzuwirken. Moskau war weit davon entfernt, sich mit den Gewinnen des Winterkrieges zufrieden zu geben. So forderte die Sowjetunion im Januar 1941 ultimativ Verhandlungen über die kriegswichtigen Petsamo-Nickelgruben mit dem Ziel, 51% des Aktienkapitals und die Leitung des Bergwerks in die Hand zu bekommen. In dieser Situation kam den bedrängten Finnen das Angebot Gottlob Bergers, finnische Freiwillige in die Waffen-SS aufzunehmen, sehr gelegen, konnte hierdurch doch eine moralische Bindung des Großdeutschen Reiches an das isolierte Finnland herbeigeführt werden. Nachdem Berger sein Projekt am 1. März 1941 unter Umgehung des Auswärtigen Amtes dem finnischen Gesandten in Berlin mitgeteilt hatte, erklärte Helsinki bereits am 17. März sein prinzipielles Einverständnis zu dem SS-Plan, gab jedoch mehrfach zu verstehen, daß man es vorzog, finnische Freiwillige in der Wehrmacht dienen zu lassen. Die finnische Formation solle demnach in der Tradition des 27. königlich-preußischen Jägerbataillons[2]) stehen, das in dem nordischen Land einen legendären Ruf besaß. Das Bataillon war während des Ersten Weltkrieges im kaiserlichen Deutschland mit patriotischen Finnen aufgestellt worden, die die Selbständigkeit und Freiheit Finnlands mit der Waffe in der Hand erkämpfen wollten. Sie antworteten damit auf den wachsenden Russifizierungsdruck, dem ihre seit 1809 mit Rußland verbundene Heimat ausgesetzt war. 1915 wurden die ersten Freiwilligen bei Hamburg ausgebildet, die Einheit hieß aus Tarnungsgründen vorerst noch »Pfadfinder-Lehrkursus Lockstedter Lager«. Im Mai 1916 erhielt der Verband, dem insgesamt 1930 Finnen angehörten, die Bezeichnung königlich-preußisches Jägerbataillon Nr. 27 und wurde im Baltikum an der Ostfront eingesetzt. Im Frühjahr 1917 zog die deutsche Heeresleitung das Bataillon aus der Front und stationierte es in Libau, wo es eine Spezialausbildung erhielt. Am 10. Februar 1918 aus der kaiserlichen Armee entlassen, wurde die Eliteeinheit nach Finnland verschifft, um am Unabhängigkeitskrieg teilzunehmen. Die

Jäger stellten die Kader für die finnische Freiheitsarmee, die sich gegenüber den roten finnisch-sowjetischen Verbänden durchsetzte. Wenn auch 1941 die Inkorporierung der finnischen Freiwilligen in die Wehrmacht nicht realisiert werden konnte, so fühlten sich die finnischen SS-Freiwilligen durchaus als Nachfolger der Jägerbewegung und nicht als nationalsozialistische Sturmtruppe. Ein von der Regierung in Helsinki autorisiertes Werbungskomitee, dem auch der Führer des rechten Flügels der finnischen Sozialdemokraten angehörte, sorgte zudem dafür, daß in den neuen Freiwilligenverband nicht allzu viele nationalsozialistische und rechtsextreme Parteigänger aufgenommen wurden. Die nationalistische Rechte in Finnland war zu diesem Zeitpunkt nicht übermäßig stark, verfügte aber über zwei eigenständige Organisationen, die 1922 gegründete Akademische Karelische Gesellschaft (AKS) und die 1932 entstandene Vaterländische Volksbewegung (IKL). Die AKS übte einen überaus starken Einfluß auf die akademische Jugend aus. Sie propagierte irredentistische Ziele, wobei der Annexion Ostkareliens ein besonderes Gewicht zukam. Der extremistische Flügel der Gesellschaft träumte sogar von einem Großfinnland unter Einschluß der Halbinsel Kola, Estlands und des Ingermanlandes.[3]) Die Vaterländische Volksbewegung hatte die Nachfolge der bäuerlich-national-revolutionären Lappo-Bewegung angetreten, die die finnische Regierung durch den Marsch auf Helsingfors (7. Juli 1930) und einen gescheiterten Putschversuch (Februar 1932) in Atem gehalten hatte. Die IKL verfügte über eine eigene uniformierte Parteijugend (Sinimustat) und errang bei den Parlamentswahlen von 1933 im Wahlbündnis mit den Konservativen 14 von 200 Sitzen. Ihren Stimmenanteil konnte die Partei auch bei den Wahlen 1936 halten, nachdem die antiparlamentarische Agitation der IKL zu einem Bruch der Allianz mit den Konservativen geführt hatte. Mit Rücksicht auf die Sowjetunion versuchte die finnische Regierung im November 1938, die IKL aufzulösen. Der oberste Gerichtshof hob dieses Verbot jedoch als verfassungswidrig auf, so daß der extreme Flügel des finnischen Antikommunismus seine Tätigkeit fortsetzen konnte. Gleichwohl ging der Einfluß der Partei zurück, bei den Wahlen von 1939 verlor sie 6 Sitze. Nach dem finnischen Winterkrieg war die IKL wie gelähmt und ließ sich in einem Zustand der Inaktivität treiben: das Ausbleiben jeder deutschen Unterstützung im finnisch-sowjetischen Konflikt hatte die deutschfreundliche Bewegung traumatisiert. Die Regierung nahm der IKL die antiparlamentarische Spitze, als die Partei sich im Januar 1941 an einer Regierung der nationalen Konzentration beteiligen durfte. Die Beziehungen zwischen der Vaterländischen Volksbewegung und deutschen Dienststellen blieben im übrigen bescheiden und beschränkten sich auf Kontake zur SS und zur HJ. Politischen Einfluß auf die Werbung der SS-Freiwilligen besaß die IKL nicht. Die jungen finnischen Rekruten kamen daher zum überwiegenden Teil aus dem rechtskonservativen Lager und nicht von der extremen Rechten. So ist von sieben vom Autor befragten finnischen Freiwilligen nur einer Mitglied der AKS gewesen, einer hatte der IKL angehört. Übereinstimmend gaben die Befragten eine national-antikommunistische Grundeinstellung an. Die von diesen Freiwilligen gemachten Aussagen über ihre Motivation zum Eintritt in die Waffen-SS dürften symptomatisch für die Beweggründe eines Großteils der jungen Finnen der Einheit gewesen sein: eine Rolle spielten die Abneigung gegen den Kommunismus, die Angst vor einer weiteren sowjetischen Expansion und der Revanchegedanke nach dem verlorenen Winterkrieg. Besonderes Gewicht hatte auch der Wunsch, in der hochgerüsteten und angesehenen deutschen Armee eine moderne Militärausbildung zu erhalten. Hinzu kam die Chance, die deutschen Sprachkenntnisse zu verbessern und an die traditionelle deutsch-finnische Freundschaft anzuknüpfen. Das Beispiel der preußischen Jäger hatte insoweit Pate gestanden.

Das finnische SS-Komitee versuchte durch einen umfassenden Forderungskatalog gegenüber den Deutschen den Anspruch des finnischen Verbandes auf größtmögliche Selbständigkeit durchzusetzen. So sollte die Formation als autonome Einheit auftreten und nicht mit ausländischen Freiwilligen aus den von den Deutschen besetzten Ländern verschmolzen werden.[4]) Wenn die Finnen auch auf einige Bedingungen verzichteten, so hielten sie sich doch daran fest, daß ihre Soldaten in einer separaten Einheit Dienst tun müßten. Nachdem insoweit eine deutsch-finnische Übereinstimmung erzielt worden war, begann die SS-Musterungskommission mit der Arbeit. Auf germanische Rassenvorstellungen scheint man dabei wenig Wert gelegt zu haben, denn nur 12% der Untersuchten waren schwedisch-sprachig. Im Mai 1941 gingen die ersten Transporte finnischer Freiwilliger nach Deutschland. Dabei zeigte sich ein deutliches Mißverhältnis zwischen Offizieren und Mannschaften. Unter den bis zum 20. Mai tauglich gemusterten 1084 Mann befanden sich 125 Offiziere und 109 Unteroffiziere, aber nur 850 Mannschaften. Die etwa 400 Veteranen des Winterkrieges wurden der multinationalen SS-Division Wiking zugeteilt, ohne in einer autonomen Einheit zusammengefaßt zu werden. Die übrigen Freiwilligen erhielten in dem SS-Freiwilligen-Bataillon Nordost ihre militärische Grundausbildung. Die mittlerweile in Finnisches Freiwilligen-Bataillon der Waffen-SS umbenannte Einheit wurde am 15. 10. 1941 auf Hitler vereidigt. Bei den finnischen Jägern des 1. Weltkrieges hatte man für die Verpflichtung auf die deutschen Reichs- und Militärgesetze noch einen Handschlag genügen lassen.

In Finnland sah man die absprachewidrige Aufsplitterung der finnischen Freiwilligen mit Sorge. Anfang Dezember 1941 protestierte der finnische Außenminister gegen die mangelnde Heranziehung finnischer Offiziere und die Kommandierung von 400 Freiwilligen zur Wiking.[5]) Letztere hatten sich an der Ostfront hervorragend bewährt und wurden am 28. Dezember 1941 im Wehrmachtsbericht erwähnt.[6]) Die deutsch-finnischen Dissonanzen verstärkten sich, als die Deutschen im Januar 1942 hundert überzählige Offiziere und Unteroffiziere nach Finnland zurücksandten. Im gleichen Monat hatte das ausgebildete Finnenbataillon als Teil der Division Wiking am Mius den ersten Fronteinsatz. Die Einheit machte im Sommer 1942 den Angriff auf den Kaukasus mit und mußte bis zur Auflösung 1943 schwere Verluste hinnehmen: von den etwa 1500 Freiwilligen waren rund 250 gefallen und 401 verwundet, weitere 400 Mann litten an Erkrankungen. Aus der Heimat kam, sieht man von einer Ergänzungskompanie im Herbst 1942 ab, kein Ersatz, die Freigabe von Finnen für die Waffen-SS erschien den Politikern in Helsinki zusehens problematischer, da das SS-Bataillon einen außenpolitischen Belastungsfaktor für eventuelle Friedensfühler zu den Alliierten darstellte.

Als die zweijährige Verpflichtungszeit Mitte 1943 ablief und das Bataillon am 2. Juni 1943 zu einem Heimatbesuch in Hanko eintraf, sollte der Verband zwar noch einmal aufgefrischt und die Verpflichtungszeit um ein Jahr verlängert werden. Für die Freiwilligen völlig überraschend, verbot Marschall Mannerheim jedoch die weitere Verwendung des Finnischen Freiwilligen-Bataillons. Am 11. 7. 1943 wurde die Einheit aufgelöst und damit ein neues Kapitel in den deutsch-finnischen Beziehungen eingeleitet. Die Ex-Freiwilligen erhielten Versetzungsbefehle zu verschiedenen Einheiten der finnischen Wehrmacht. Unter den Entlassenen befand sich auch der 23jährige Abiturient Paavo Maunula, der als Unterscharführer aus der Waffen-SS ausschied. Er erinnert sich rückblickend[7]): »Verpflichtungsgemäß kam ich nach zwei Jahren zurück nach Hause, besuchte die Offiziersschule und wurde an der Uhtuafront und an der Karelischen Landenge eingesetzt ... Ich glaube, daß meine Dienstzeit in der ausländischen Armee einen bestimmten Zweck gehabt hat. Dies habe ich schon während des Krieges gedacht und geglaubt. Ein so kleiner Staat wie Finnland hatte nicht viele Möglichkeiten zu wählen. Im Nachhinein klüger sein zu wollen, ist nicht vernünftig. Das Endergebnis, die Freiheit, ist mir wichtig.«

Wie haben die ehemaligen finnischen Angehörigen der Waffen-SS auf den Waffenstillstand im September 1944, den Abbruch der diplomatischen Beziehungen zwischen Helsinki und Berlin und die anschließenden Kämpfe zwischen Deutschen und Finnen reagiert? Der ehemalige Untersturmführer Ensio Anttila, der im Mai 1941 dem dritten Freiwilligenkontingent angehörte, berichtet[8]): »Es war für mich persönlich wie auch für die meisten finnischen Frontsoldaten ein bitteres Ereignis. Andererseits, wenn man an unsere endgültige Zielsetzung denkt, d. h. die Beibehaltung der Selbständigkeit und Freiheit Finnlands, war es eine absolute Notwendigkeit für Finnland, aus dem Krieg rechtzeitig auszuscheiden, zumal es schon seit Stalingrads Tagen sichtbar war, daß Deutschland verlieren wird. Falls wir in diesem Moment nicht Realisten gewesen wären, so hätte dies die totale Vernichtung und den totalen Untergang unseres Vaterlandes bedeutet. Wir mußten also diese Operation durchmachen, obwohl sie sehr weh tat.« Der mit dem EK II, Infanteriesturmabzeichen und dem schwarzen Verwundetenabzeichen dekorierte ehemalige Unterscharführer Pekka Kurvinen, der bereits 1940 gegen die Sowjets gekämpft hatte, urteilt ähnlich[9]): »Ich lag ziemlich schwer verwundet im Feldlazarett in Tampere und konnte keinen Schritt gehen. Mein Gefühl war Hilflosigkeit und eine schwache Hoffnung, daß doch nicht alles zugrunde geht. Hinzu kam Mitglied mit den Deutschen, die nun anscheinend sehr schwere und harte Zeiten vor sich haben würden.« Zum Teil zähneknirschend fügten sich die ehemaligen Freiwilligen in die Staatsräson und in den Frontwechsel, der ihren Intentionen nicht entsprach. Gegen die Wehrmacht kämpfen mußten die meisten nicht mehr, da hierfür insbesondere die jüngeren Geburtsjahrgänge 1924 und 1925 herangezogen wurden.

Die deutschen Versuche, aus finnischen Überläufern ein neues Jägerbataillon – die Idee stammte von der Heeresgruppe Nord – und zusätzlich gleich ein ganzes finnisches Freiwilligenregiment aufzustellen, scheiterten am Personalmangel. Nur ein paar Dutzend finnische Soldaten waren bereit, die Fronten zu wechseln. Nach dem Krieg waren die ehemaligen Angehörigen des Finnischen-Freiwilligen-Bataillons der

Waffen-SS keinen Repressalien oder Diskriminierungen ausgesetzt. Sie hatten in einer außenpolitisch schwierigen Situation ihrem Vaterland einen Dienst erwiesen, dies wurde fast allgemein anerkannt. So gibt nur einer der sieben befragten ehemaligen Freiwilligen an, Nachteile durch seine Zugehörigkeit zur Waffen-SS gehabt zu haben.[10] Pekka Kurvinen dagegen machte eine steile Karriere: er wurde 1968 Mitglied des Obersten Verwaltungsgerichts.

Die 1500 Freiwilligen der Waffen-SS waren nicht die einzigen Finnen in deutschen Uniformen. Vielmehr war es der Wehrmacht gelungen, im Ingermanland aus finnischen Volkszugehörigen, die sowjetische Staatsbürger waren, ein eigenständiges Bataillon aufzustellen.[11] Ingermanland, die Küstenregion am Finnischen Meerbusen zwischen Peipus-, Ilmen- und Ladogasee, wies beim Einmarsch deutscher Truppen noch einen sehr starken finnischen Bevölkerungsanteil (31%) auf. Aus Freiwilligen dieser Volksgruppe bildete sich 1941 die Finnische Sicherungsabteilung 187, die im Oktober 1942 in Ost-Btl. (Finn.) 664 umbenannt wurde. Unterstellt war das finnische Ostbataillon 664 der Heeresgruppe Nord. Am 18. September 1943 erreichte diese ein Funkspruch des Deutschen Generals in Helsinki[12]: »Finn. OBKDO hat an Überführung der Ingermanländer nach Finnland größtes Interesse. Freigabe würde hier stimmungsmäßig günstigsten Eindruck machen.« Die 600 Ingermanländer wurden daraufhin aus dem Ostbataillon 664 herausgezogen und im Dezember 1943 nach Finnland überführt. Nunmehr in finnischen Uniformen, kämpften die Ingermanländer als Völkerstammbataillon 102 an der Karelischen Landenge.

3. Mitteleuropa

Schweiz

»Von unserem Standpunkt aus sollten
möglichst viele Europäer in die
deutschen Dienststellen kommen, um
den deutschen imperialistischen Einfluß zu sprengen.«

Dr. Heinrich Büeler am 4. 12. 1947
vor dem Bundesstrafgericht Luzern

Für die Schweizer und liechtensteinischen Flüchtlinge, die schwarz
über die Grenze kamen, um sich im Reich zum Kriegs- oder Arbeitseinsatz zu melden, wurde im Januar 1941 vom SS-Hauptamt die Einrichtung einer Auffangstelle beschlossen. Ihren Sitz fand das hierfür vorge-
sehene Heim in der Panoramastraße 11 in Stuttgart, bis die Einrichtung
später nach Straßburg und Bregenz verlegt wurde. Erster Leiter des Pa-
noramaheims war der Schweizer SS-Obersturmführer Alfred Nikles,
den im Oktober 1942 der 31jährige Schweizer Unterscharführer Benno
Schaeppi ablöste. Nach dessen Versetzung zur Junkerschule Bad Tölz
am 1. 4. 1944 führte der Liechtensteiner Sepp Naegele das Panoramaheim. Insgesamt dürften etwa 1500 Schweizer und liechtensteinische
Flüchtlinge[1] durch die Betreuungsstelle geschleust worden sein, wobei
der größte Ansturm von illegalen Grenzgängern im Sommer/Herbst
1941 zu verzeichnen war.
Schweizer Juristen und Historiker sehen im Panoramaheim nicht nur
eine Anlaufstelle für Überläufer, sondern gleichzeitig eine »Rekrutie-
rungs- und Ausbildungsstätte für Spione«[2] Dieser Einschätzung steht
jedoch entgegen, daß Himmler sich grundsätzlich gegen eine nachrichtendienstliche »Bearbeitung« von ausländischen Freiwilligen der Waffen-SS ausgesprochen hatte.[3] Dies schließt nicht aus, daß die deutsche
Abwehr bei der routinemäßigen Durchleuchtung der Flüchtlinge im
Einzelfall Wert darauf legte, Schweizer Staatsbürger für geheimdienst-
liche Aktivitäten einzuspannen. Benno Schaeppi berichtet, bis Okto-

ber 1942 habe die Abwehr die Flüchtlinge über militärische Vorgänge in der Schweiz befragt, er habe diese Verhörpraxis im Heim abgestellt.[4]) Tatsächlich hat die nachrichtendienstliche Praxis der Aufbruchstimmung einiger junger Schweizer, die voller Idealismus über die Grenze kamen, einen gründlichen Dämpfer versetzt. Der am 12. April 1920 in Basel geborene Student Armin Mohler etwa, der am 5. 2. 1942 die Schweiz verließ, fühlte sich mehr als ernüchtert, nachdem er die ersten Tage nur mit deutschen Bürokraten und der Gestapo konfrontiert wurde.[5]) Sein Enthusiasmus verflog vollends, als man ihm eine Liste von Baseler Bürgern präsentierte, über die er Aussagen machen sollte. Desillusioniert verzichtete Mohler auf den Eintritt in die deutschen Streitkräfte und nutzte statt dessen die nächsten Monate, um in der Reichshauptstadt zu studieren und sich in Berlin mit der Realität des Dritten Reiches vertraut zu machen. 1943 kehrte er in die Schweiz zurück, wo er zu 6 Monaten Festungshaft verurteilt wurde.

Intellektuelle wie Mohler waren sicher eine Ausnahmeerscheinung im Panoramaheim. Vielmehr lassen sich die illegalen Grenzgänger grob in drei Kategorien unterteilen: politische Aktivisten, also Nationalsozialisten und Faschisten, Abenteurer und Kriminelle. Letztere hatten keine große Chance, denn sie wurden postwendend wieder in die Heimat zurückgeschickt.[6]) Von den anderen Schweizern meldete sich ein Großteil zum Fronteinsatz, darunter insgesamt etwa 800 Freiwillige für die Waffen-SS und 70 für die Wehrmacht. Mindestens 40 Eidgenossen rückten in den deutschen Streitkräften in Offizierspositionen auf.[7]) Rund 300 Schweizer Freiwillige sind im Laufe des Krieges gefallen.[8]) Bemühungen, die Schweizer Freiwilligen in einer eigenständigen Legion zu sammeln, scheiterten.[9]) Entscheidend hierfür dürfte die vorsichtige Zurückhaltung des AA gewesen sein, das jede Provokation der Schweiz vermeiden wollte.[10]) Schließlich war dem Reich die neutrale Schweiz, der Hitler intern vorwarf, »eine Eiterbeule an Europa«[11]) zu sein, als Waffenlieferant hochwillkommen. Die Eidgenossenschaft war militärisch kein Angriffsziel für Deutschland, denn[12]): »Sie gestattete die Warendurchfuhr zwischen dem Reich und Italien, sie fabrizierte, geschützt vor britischen Bombardierungen, Kriegsmaterial für Deutschland. Es lag im eigenen Interesse der Deutschen, an diesem Zustand nichts zu ändern.« Vor diesem Hintergrund sind auch die Pläne des 1920 geborenen Schweizer Untersturmführers Paul Benz zu werten, der 1944 im SS-Hauptamt, wohl aus Mangel an sinnvoller Tätigkeit, Pläne für den politischen Einsatz in der unterworfenen Eidgenossenschaft machte (Plan S).[13]) Berlin hatte zu diesem Zeitpunkt anderes zu tun, als sich mit einer Invasion der Schweiz zu befassen und den zahlreichen Gegnern noch einen neuen hinzuzufügen. Der in den Schweizer Nachkriegsprozessen so hochgespielte »Plan S« schrumpft daher zu einem Schubladenentwurf ohne Bezug zur Wirklichkeit.[14]) Im Reich versuchten zwei exilschweizerische Erneuerungsbewegungen die 40000 in Deutschland lebenden Eidgenossen für ihre Ziele einzuspannen. Viel Erfolg war ihnen nicht vergönnt, denn nur etwa 10% der Angesprochenen traten dem Bund der Schweizer in Großdeutschland (BSG) und dem Nationalsozialistischen Schweizerbund (NSSB) bei. Die Fröntler im Reich hatten viele Generale, aber keine Truppen. Zudem waren sie untereinander in mehrere feindliche Lager zerstritten. Auf der einen Seite Ernst Leonhardt (1885–1945) und Franz Burri von dem NSSB, die einen Anschluß an das Reich befürworteten, auf der anderen Seite Dr. Franz Riedweg, Dr. Alfred Zander und andere Mitglieder des BSG, die eine »organische Lösung« bevorzugten und das nationale Eigenleben ihrer Heimat nicht preisgeben wollten. Insbesondere Riedweg, der Stabschef der Germanischen Leitstelle in Berlin, hoffte auf eine föderalistische Europa-Konzeption des Nationalsozialismus.[15]) Ähnlich dachte Dr. Alfred Zander, ein aus dem Schweizer Wandervogel stammender Lehrer, der in seiner Heimat 1931 durch eine beachtliche Dissertation über Pestalozzi auf sich aufmerksam gemacht hatte. 1938 hatte er den Bund treuer Eidgenossen nationalsozialistischer Weltanschauung (BTE) ins Leben gerufen, der die übrigen schweizer Erneuerungsbewegungen rechts überholte. Im gleichen Jahr wurde er wegen Verstoßes gegen das Gesetz zum Schutz der Demokratie zu einer mehr als einjährigen Gefängnisstrafe verurteilt. Der anschließenden ständigen Überwachung durch die Polizei und dem faktischen Berufsverbot entzog er sich durch die Flucht ins Reich, wo er zum Abteilungsleiter des VDA für Schweizer Belange und zum Propagandaredner des BSG avancierte. Zander forderte eine »germanische Renaissance«[16]) und plädierte für einen abgestuften Föderalismus, wobei ihm das romantisch-idealisierte Bild eines Bundes »europäisch-arischer« Staaten mit dem Reich als Kernstück und Hauptmacht vorschwebte.[17]) Das Gaukonzept verwarf auch der 1901 geborene Zürcher Rechtsanwalt Dr. Heinrich Büeler. Durchaus sozialrevolutionär eingestellt, war Büeler in seiner Jugend der linksgerichteten Arbeiterjugend beigetreten. 1933 wurde er, der den Reichsgedanken mit einem autoritären Sozialismus verknüpfen wollte, Mitglied der Nationalen Front, konnte sich aber mit dem bürgerlichen Ambiente dieser Bewegung nicht recht anfreunden. 1938/39 machte er sich als Strafverteidiger bekannter Schweizer Frontisten und Nationalsozialisten einen Namen[18]) und wurde den Behörden, die die »strenge Rechtlichkeit tagespolitschen Forderungen geopfert« hatten[19]), unbequem. Dr. Büeler, mittlerweile Anhänger der Eidgenössischen Sozialen Arbeiter-Partei (ESAP), versuchte 1941 einer Anregung Riedwegs zu folgen, und in der Schweiz einen »Fechtclub« aufzuziehen, der quasi eine Ersatzfunktion für die im Herbst 1940 verbotenen Erneuerungsbewegungen übernehmen sollte und weiter die Aufgabe hatte, für die »organische Lösung« zu werben. Am 10. 6. 1941 verhaftet, floh er nach seiner Freilassung im Oktober 1941 ins Reich. Benno Schaeppi, von 1936–1938 Landespropagandaleiter der Nationalen Front, befand sich bereits seit Mai 1939 in Deutschland. Im Juli des gleichen Jahres reiste er freiwillig in die Schweiz zurück, um sich dem Anklagevertreter im sogenannten »BTE-

Die zerstrittenen Fröntler und ihre wichtigsten Organisationen 1940–45

Partei	Eidgenössische Soziale Arbeiter-Partei (ESAP)	Bund Treuer Eidgenossen (BTE)	Eidgenössische Sammlung	Bund der Schweizer in Großdeutschland (BSG)	Nationalsozialistischer Schweizerbund (NSSB)
	Fusion Nationale Bewegung der Schweiz (NBS)				
Gründung	Juni 1940		Juni 1940	Juni 1940	Oktober 1940
Parteiführer	M.L. Keller	·	R. Tobler	O.A. Lienhard	Burri; Leonhardt
Mitgliederzahl	2220		2400	1800	2400
Verbot durch die Schweizer Behörden	19. 11. 1940		7. 7. 1943		

Prozeß« zu stellen. Er erhielt vier Monate Gefängnis wegen wirtschaftlichen und politischen Nachrichtendienstes und antidemokratischer Agitation. Nach Verbüßung seiner Strafe kehrte er nach Stuttgart zurück.

Die Deutschen machten einige Anläufe, die verschiedenen Fraktionen des Schweizer Nationalsozialismus und Faschismus im Reich zu vereinheitlichen und auf eine Linie festzulegen. Vergeblich, erst im Sommer 1944 schien es, als sei mit dem Bund Schweizer Nationalsozialisten[20]) eine übergreifende Dachorganisation entstanden. Aber zu diesem Zeitpunkt hatten die Schweizer Frontisten im Reich anderes zu tun, als politische Kampagnen zu führen. Sie standen an der Front. Dr. Riedweg, der 1943 wegen seines Europakurses in Ungnade gefallen war, ging als Truppenarzt zum III. (germ.) Panzerkorps. Dr. Zander war am 30. 8. 1943 als einfacher Soldat in die Waffen-SS eingetreten. Er kam zum Stab des SS-Ausbildungs-Lagers Sennheim und wurde Adjutant des Schweizer Sturmbannführers Herrsche, der das Ausbildungs- und Ersatzbataillon der Division Charlemagne befehligte. Als die Rote Armee im März 1945 Greifenberg in Pommern einschloß, rettete Herrsche seine Männer, indem er einen Zug der Deutschen Reichsbahn requirierte und damit nach Osten ausbrach, eine Absetzbewegung, die die Sowjets nicht erwartet hatten.[21]) Dr. Büeler hatte von April 1942 bis September 1943 der Germanischen Leitstelle angehört, durchlief anschließend die Junkerschule Bad Tölz und kam als Ausbildungsoffizier zur französischen Waffen-SS. Bei der Inspektion der Division Charlemagne hatte er die Funktion des NSFO inne. Die deutschen Nationalsozialisten dürften über seine Europavorträge wenig erbaut gewesen sein. Büeler orientierte sich an dem mittelalterlichen Reich der Staufer und trug den französischen Freiwilligen das Konzept einer Eurokonföderation vor, in der bei Beibehaltung der Selbständigkeit der einzelnen Völker die Außen- und Wehrpolitik koordiniert werden sollte. Heute bekennt er rückblickend: »Wir waren alle naiv.«[22]) Als Untersturmführer und Kompaniechef nahm Büeler an den Kämpfen in Pommern teil. Mit etwa 800 Franzosen konnte er sich nach Kolberg durchschlagen. Von den erschöpften Freiwilligen meldeten sich noch einmal 300 für einen Infanterieeinsatz in der belagerten Stadt, um den rund 85000 Einwohnern und Flüchtlingen den Abtransport über See zu ermöglichen. Etwa 3000 Deutsche und 300 Franzosen hielten Kolberg vom 4. bis 18. März 1945 gegen eine erdrückende Übermacht[23]) und ermöglichten es der Kriegsmarine, 68000 Zivilisten zu evakuieren.[24]) Die Franzosen zahlten einen hohen Preis für das Ausharren: von den 300 Mann kamen nur 50 zurück.

Benno Schaeppi war am 15. 3. 1941 der Waffen-SS beigetreten, diente als Kriegsberichter bei der Division ›Das Reich‹, baute anschließend das Pressereferat bei der Germanischen Leitstelle auf[25]) und leitete von Oktober 1942 bis Ende März 1944 das Panoramaheim. Nach Absolvierung der Junkerschule Bad Tölz wurde er im November 1944 Führer der Kriegsberichter-Kompanie beim III. (germ.) SS-Panzerkorps.[26]) Im Winter 1944/45 war auch ein anderer Schweizer dabei, sich in die Annalen des Ostfeldzuges einzumeißeln. Der am 6. 6. 1924 in Wollishofen/Kanton Zürich geborene Peter Renold befand sich bei Kriegsausbruch 1939 in Waldshut, um dort eine Lehre zu absolvieren. Beeinflußt durch die HJ, meldete er sich im November 1941 zur Waffen-SS. In den Jahren 1942–43 führte er zusammen mit Spezialisten der Division Brandenburg 16 Einsätze hinter der russischen Hauptkampflinie durch, um im sowjetischen Hinterland Störsender aufzubauen. Als Angehöriger des SS-Fallschirmjägerbataillons 501 machte er im Mai 1944 den Angriff auf Titos Hauptquartier (Unternehmen Rösselsprung) mit.[27]) Bei seiner Stammeinheit, dem Panzergrenadierregiment 5 der Division Totenkopf, erhielt der Draufgänger den Namen »Panzerbubi«, nachdem er im Alleingang neun Sowjetpanzer abgeschossen hatte. Am 6. Mai 1945 wurde Untersturmführer Peter Renold als einziger Schweizer mit dem Ritterkreuz ausgezeichnet.

Die Schweiz sah sich im Mai 1945 mit dem Problem konfrontiert, welche Haltung sie juristisch und moralisch gegenüber den Ostfrontfreiwilligen einnehmen sollte. Die Eidgenossen entschieden sich für eine harte Gangart, die bereits ab 1942 vorgezeichnet war. Insgesamt wurden 33 Personen wegen Landesverrats und Spionage zum Tode verurteilt, 17 Urteile wurden zwischen 1942 und 1944 vollstreckt[28]), unter den Delinquenten war auch ein Liechtensteiner. Am 18. 5. 1943 hatte der Bundesrat ergänzend beschlossen, mit dem Reich kollaborierende Schweizer auszubürgern. Bis November 1945 wurde tatsächlich 29 Eidgenossen das Bürgerrecht entzogen[29]), unter ihnen Burri, Leonhardt, Dr. Riedweg, Dr. Zander, Dr. Büeler und Schaeppi. Dann rollte eine Welle politischer Prozesse an. Das teilweise extrem hohe Strafmaß der Urteile ist nur verständlich, wenn man die innen- und außenpolitische Funktion der Prozesse berücksichtigt. Die Stigmatisierung einiger Sündenböcke sollte wohl vergessen machen, daß die Schweiz während der Jahre 1939–45 extensiv Wirtschaftskollaboration mit dem Reich betrieben und in den Jahren 1940/41 eine Phase vorsichtiger Annäherung an Berlin eingeleitet hatte. Symptomatisch hierfür war die Rede von Bundespräsident Marcel Pilet-Golaz vom 25. 6. 1940, mit der der Schweizer Politiker seine Anpassung an das neue europäische Gleichgewicht andeutete.[30]) Knapp drei Monate später ging Pilet-Golaz sogar noch einen Schritt weiter und empfing in einer offiziellen Audienz drei führende Vertreter der Nationalen Bewegung der Schweiz (NBS). Im Oktober 1941 signalisierte Bern erneut Wohlverhalten und ließ eine Ärztekommission – 37 Ärzte und 30 Krankenschwestern – an die Ostfront abreisen. Wichtiger aber war der wirtschaftliche Beitrag, mit dem die Schweiz die deutschen Kriegsanstrengungen unterstützte. Die Lieferungen der Schweizer Rüstungsindustrie waren für das Reich unentbehrlich[31]). Allein im Jahre 1942 gingen 41,7% der Schweizer Ausfuhren nach Deutschland.[32]) Als Transitstrecke entlastete die Eidgenossenschaft weiter die luftgefährdeten deutsch-italienischen Verkehrswege über den Brenner. Täglich rollten 1800 Güterwaggons in beiden Richtungen durch die Alpenrepublik.

Nun sollte das Strafrecht helfen, die Reputation der Schweiz wiederherzustellen. Ende 1947 fand vor dem Bundesstrafgericht Luzern ein Landesverratsprozeß gegen 17 ehemalige SS-Freiwillige statt, denen der Angriff auf die Unabhängigkeit der Eidgenossenschaft vorgeworfen wurde. Typisch für die Stimmungslage der Schweiz ist die Berichterstattung durch die Neue Zürcher Zeitung (NZZ), die ihren Leser einen »Einblick in das unheimliche Wirken der Konspiratoren jenseits der Grenze«[33]) vermitteln wollte. Entscheidend für die Schweizer Behörden aber war allein die Funktion der Prozesse, man machte sich offensichtlich wenig Mühe, der präsumptiven »Konspiratoren« tatsächlich habhaft zu werden. So wurden scheinbar keine Auslieferungsersuchen gegen die im westalliierten Gewahrsam befindlichen Schweizer Collabos gestellt. Aber Dr. Büeler war bereits im Oktober 1946 freiwillig in die Schweiz zurückgekehrt und der NS-Idealist Schaeppi, in dem etwas zerbrach, als er von den Untaten des Regimes hörte, für das er gekämpft hatte, stellte sich noch während des Prozesses seinen Richtern. Die ausgesprochenen Strafen waren zum Teil drakonisch: Dr. Büeler erhielt 8 Jahre Zuchthaus, Benno Schaeppi 16 Jahre, gegen Dr. Riedweg und den Pläneschmieder Benz verhängte das Luzerner Gericht in contumaciam 18 Jahre Zuchthaus. »Das Urteil wurde von der Tribüne mit Ruhe und Genugtuung aufgenommen« konstatierte die NZZ am 22. 12. 1947 zufrieden.[34]) Dr. Zander kassierte in einem anderen Verfahren 11 Jahre

Zuchthaus. Entscheidungsgründe und Straßmaß der Prozesse lassen viele Fragen offen. Der Spruch gegen Dr. Riedweg erging, obwohl der deutsche Zeuge Hans von Weizsäcker ausgesagt hatte, Riedweg habe die besetzten Länder als gleichberechtigte Partner im germanischen Reich sehen wollen[35]) und obwohl das Bundesstrafgericht feststellte, daß er gegen den Anschluß der Schweiz an das Reich eingestellt war. Über Schaeppis Verfahren urteilte der Schweizer Journalist Hans-Rudolf Lehmann im Jahre 1977[36]):

»Ich vermute, das Urteil stand von vornherein fest. Dieser Prozeß war eine Abrechnung mit jenen, von denen man glaubte, sie wären nach einem Sieg der Nazis im Triumph in die Schweiz zurückgekehrt. In diesem Prozeß, so scheint mir, wurde eher über die Gesinnung als über kriminelle Delikte geurteilt ...«

Schaeppi selbst hat den Verratsvorwurf nie akzeptiert[37]): »Wen, um Gottes willen, verrät denn der schweizerische Freiwillige der Waffen-SS, wenn er vor Moskau die Kommunisten bekämpft? Den Bundesrat? Seine Heimatgemeinde? Oder den Pfarrer, der ihn konfirmierte?« Benno Schaeppi saß bis zum 1. 8. 1956 in der Zürcher Strafanstalt Regensdorf, Dr. Heinrich Büeler war bis zum 10. 2. 1954 in Haft.

Liechtenstein

Auch das kleine selbständige Fürstentum Liechtenstein mit nur 11110 Einwohnern (1941) stellte Freiwillige für die deutschen Streitkräfte. Bereits im 1. Weltkrieg hatten einzelne Liechtensteiner den Weg in die Kaiserlich-deutsche Armee gefunden. Ein eigenständiges liechtensteinisches Heer existierte nicht, aber die enge Anbindung des liechtensteinischen Fürsten Johann II. (Regierungszeit von 1858–1929) an Österreich-Ungarn war wohl ausschlaggebend für den Einsatz von Liechtensteinern auf Seiten der Mittelmächte. 1939 bis 1945 waren es 85 Freiwillige[1]) aus dem Fürstentum, die ihr beschauliches Dasein in dem Land zwischen Vorarlberg und den Schweizer Kantonen St. Gallen und Graubünden aufgaben, um in die Reihen der Wehrmacht und Waffen-SS zu treten. Liechtenstein weist damit, gemessen an der Bevölkerungszahl, die prozentual höchste Freiwilligenrate von ganz Europa auf. Wenn auch eine Motivationsanalyse wegen fehlender Unterlagen im einzelnen nicht möglich ist, so ist doch nicht zu übersehen, daß auch im Vaduz der Vorkriegszeit autoritäre und berufsständische

Ideen virulent waren. Im Oktober 1933 entstand unter dem Namen Liechtensteiner Heimatdienst[2]) eine rechtsgerichtete Erneuerungsbewegung, die antisemitische Tendenzen vertrat und Zulauf aus jugendlichen Kreisen hatte. Die Regierung ging Ende 1934 gegen diese Organisation vor und verhängte ein Demonstrations- und Uniformverbot. Im Februar 1935 verband sich der Liechtensteiner Heimatdienst mit der oppositionellen Volkspartei zum Block der nationalen Opposition, der später in Vaterländische Union umbenannt wurde. Bei Wahlen konnte diese autoritäre Sammlungsbewegung einen nicht unbeachtlichen Stimmenanteil erringen.

Von den 85 liechtensteinischen Freiwilligen sind 40 im Lauf des Krieges gefallen oder gelten als vermißt. Die überlebenden Heimkehrer hatten nicht mit den gleichen juristischen und gesellschaftlichen Problemen zu kämpfen wie ihre Schweizer oder französischen Kameraden. Die Regierung des kleinen Fürstentums Liechtenstein zeigte vielmehr ein bemerkenswert hohes Maß an Eigenständigkeit, Toleranz und Großmut: niemand der Freiwilligen wurde strafrechtlich verfolgt.[3])

Italien

»Was ist das Leben? Staub und Altäre,
Altäre und Staub.«

Benito Mussolini, Dezember 1944

Das Ausscheiden Italiens aus dem Achsenbündnis am 8. September 1943 kam für die meisten Angehörigen der Streitkräfte unter dem Liktorenbündel überraschend und löste einen tiefgreifenden Schock aus. Von ihrer zu den Alliierten geflohenen Führung im Stich gelassen und mit unklaren Befehlen konfrontiert, blieb den meisten italienischen Matrosen, Fliegern und Soldaten nur übrig, ihrem Gewissen zu folgen. Nahezu die gesamte Marine ging zu den Westmächten über, ein Großteil des Heeres ließ sich widerstandslos von den Deutschen entwaffnen, die bis zum November 1943 547531 Italiener gefangennahmen.[1]) Verschiedene italienische Formationen widersetzten sich dem Frontwechsel des Badoglio-Regimes. Die Panzerdivision Centauro, die aus der Panzer-Miliz-Division ›M‹ hervorgegangen war, weigerte sich, gegen die Wehrmacht zu kämpfen, auf Sardinien schloß sich das 12. Bataillon der Fallschirmjägerdivision Nembo den Deutschen an.[2]) Das 3. Batail-

183

lon der gleichen Division unterstellte sich in Kalbarien einer deutschen Einheit. Überhaupt scheinen die Fallschirmjäger als die politisiertesten italienischen Einheiten dem Bruch der Achse nur geringe Sympathien entgegengebracht zu haben, denn zahlreiche Paracadutisti gingen einzeln oder in Gruppen zur 2. und insbesondere zur 4. deutschen Fallschirmjägerdivision über.[3]) In Griechenland blieb das XIX. Schwarzhemden-Bataillon Fabris weiterhin an der Seite des Achsenpartners, in Spalato (Split) ein ganzes Miliz-Regiment mit 2950 Mann, das von den Deutschen als Miliz-Regiment de Maria (Pol.) geführt wurde. Die Verbände Fabris und de Maria bildeten später den Kern der italienischen Waffen-Grenadier-Brigade der SS. Weniger Erfolg scheinen die Deutschen demgegenüber mit einer Ägäischen Legion (Feldpost Nr. 56631) gehabt zu haben, die die Aufgabe hatte, achsentreue Italiener im griechischen Raum aufzunehmen.[4])

Seit August 1944 wurde die Einheit in deutschen Unterlagen nicht mehr geführt. Allerdings bestanden zu diesem Zeitpunkt in der Ägäis andere italienische Freiwilligenverbände, die dem OB Südost unterstellt waren. Zu nennen sind hier die Ital. Faschisten-Legion Samos und die Ital. Freiw.-Legion Kreta, die über 4 Bataillone mit 1800 Legionären verfügte, weitere 1400 Italiener dienten unmittelbar in deutschen Verbänden der Kernfestung Kreta.[5])

Als wichtigste italienische Formation, die sich vom König losgesagt hatte, betrachteten die Deutschen die Decima Flottiglia Mas (10. Schnellboot-Flottille) unter Korvettenkapitän Fürst Junio Valerio Borghese. Diese Eliteeinheit zählte in den Jahren 1940–43 zu den schlagkräftigsten Verbänden der italienischen Marine und hatte in Einsätzen mit Kleinkampfmitteln gegen die Häfen von Alessandria, Gibraltar, Algier und die Suda-Bucht 264792 BRT feindlichen Schiffsraum versenkt oder beschädigt. Am 14. 9. 1943, als in Norditalien staatsrechtlich ein Vakuum bestand, schloß Borghese wie ein eigenständiger Landesfürst ein Abkommen mit dem Dritten Reich, das der Decima Mas das Rechte einräumte, als italienischer Verband unter italienischer Fahne zu kämpfen.[6]) Für viele Italiener, die das Finassieren und den uneleganten Frontwechsel des Badoglio-Regimes als Verrat betrachteten, war das Verhalten der disziplinierten Flottille ein erster gelungener Versuch, die militärische Ehre wiederzugewinnen. So berichtet einer der Freiwilligen, der sich in La Spezia zur Borghese-Einheit meldete[7]): »Am Fahnenmast weht eine große Trikolore mit einem Loch in der Mitte. Sie haben das Wappen der Savoyer, Symbol des Verrats, heraus-

184

geschnitten. Mir schießt das Wasser in die Augen. Italien ist noch nicht tot.« Der Zulauf zur Decima Mas im kriegsmüden Norditalien war beträchtlich. Vom Herbst 1943 bis Frühjahr 1945 traten rund 10000 Freiwillige in die Schnellboot-Flottille ein. Offensive Seeaktionen konnte sie jedoch kaum noch durchführen, da die Wehrmacht kein Interesse zeigte, eine neue italienische Kriegsmarine auf die Beine zu stellen. So schlugen sich die wenigen verbliebenen Schnellboote mit überlegenen alliierten Flottenverbänden herum, ein Großteil der Matrosen wurde im Erdkampf als Marineinfanterie eingesetzt.

Insgesamt sollen sich in den ersten 48 Stunden nach der Kapitulation Badoglios 180000 Italiener bereit erklärt haben, auf deutscher Seite weiterzukämpfen.[8]) Das International Information Bureau in Berlin meldete am 11. 9., 25–30 vollausgerüstete italienische Bataillone seien zur Wehrmacht übergetreten.[9])

Die »wilden« und autonomen italienischen Einheiten auf deutscher Seite erhielten ihre verspätete Legitimation, nachdem der vom Gran Sasso befreite Mussolini am 27. September 1943 einen republikanisch-faschistischen Staat, die Italienisch Soziale Republik (Repubblica Sociale Italiana = RSI) proklamierte, deren Herrschaftsgebiet sich auf etwas mehr als 17 Millionen Italiener erstreckte. Obwohl Mussolini während seiner Gefangenschaft zu der Einsicht gekommen war[10]): »Wenn ein Mann mit seinem System zusammenbricht, ist der Sturz endgültig, besonders, wenn der Mann über 60 Jahre alt ist«, stellte er sich an die Spitze des neuen Staates und setzte den Krieg auf deutscher Seite fort. Die Gründe hierfür sind vielfältig. Zum einen betrachtete Mussolini die neue Republik als Puffer gegen die deutsche Rache, die RSI sollte es den Nationalsozialisten unmöglich machen, in Norditalien Zustände wie in Polen einzuführen und eine rigorose Exploitations- und Repressionspolitik zu betreiben.[11]) Einem Verwandten berichtete der Duce im Herbst 1943 über seine Motive und die Funktion der RSI[12]): »Wir können Italien nicht in der Hand von Fremden lassen.« Tatsächlich wurde Mussolinis Engagement von führenden Nationalsozialisten als Hindernis für einen umfassenden Abrechnungsfeldzug gewertet. Goebbels etwa vermerkte am 13. 9. 1943 in seinem Tagebuch[13]): »Solange der Duce nicht da war, war für uns die Chance gegeben, in Italien Tabula rasa zu machen.«

Zum anderen bot die Rückkehr zur Macht für Mussolini die Möglichkeit, die sozialrevolutionären faschistischen Anfänge, die während der Jahre 1922–43 dem Bündnis mit der Monarchie geopfert worden waren, wiederauferstehen zu lassen und mit den Kräften der Reaktion und der anglophilen Bourgeosie abzurechnen. Hatte der italienische Staatschef doch 1944 selbstkritisch eingeräumt[14]: »Die faschistische Revolution hat vor einem Thron halt gemacht.« Im übrigen hätten sowohl die Militanz der faschistischen Ideologie als auch die Persönlichkeit Mussolinis ein Beiseitestehen und den Rücktritt von der politischen Bühne kaum zugelassen: nach dem faschistischen Credo »starb man in Stiefeln, nicht in Pantoffeln«.[15])

Über der Italienisch Sozialen Republik stand als Motto: »Zurück zu den Ursprüngen«. Bei dem im November 1943 verabschiedeten republikanisch-faschistischen Programm (18 Punkte von Verona) dominierten sozialpolitische Forderungen, die u. a. die Beteiligung der Arbeiter an der Führung von Betrieben vorsahen und ihnen einen Anteil an den Betriebsgewinnen sicherten. Für manchen idealistischen Alt- und Neufaschisten hatte sich mit dem Programm von Verona der Sozialismus »wie ein befreiter Adler«[16]) erhoben. Das Programm erschien wie ein Eingeständis der Fehler der Vergangenheit, zumal ausdrücklich bekräftigt wurde, daß die Parteimitgliedschaft für keinerlei Amt vorgeschrieben sei. Mussolini dokumentierte den Willen zum Neuaufbau auch dadurch, daß er die von Badoglio ins Leben gerufene Kommission zur Bekämpfung der unerlaubten Bereicherung der Funktionäre weiterarbeiten ließ.[17]) Seine zögernden Versuche, im Rahmen der Republik auch Nichtfaschisten mitarbeiten zu lassen, soweit sie sich mit dem Leitsatz »Italien, Republik, Sozialisierung« identifizieren konnten, stießen jedoch auf den scharfen Widerstand der intransigenten Faschisten wie Roberto Farinacci oder Alessandro Pavolini. Den meisten Ärger aber machten der neuen norditalienischen Regierung die Deutschen. Die Tatsache, daß Hitler Südtirol, Friaul und Istrien, Gebiete mit mehr als 2,5 Millionen Menschen, der Souveränität der RSI entzog und diese Provinzen als Operationszonen Voralpenland und Adriatisches Küstenland seinen Gauleitern Hofer und Rainer unterstellte, war mehr als nur ein Geburtshelfer der Republik. Die Amputation machte die RSI in den Augen vieler Italiener unglaubwürdig.

Schwierigkeiten gab es auch bei dem Neuaufbau eines italienischen Heeres. Intern kam es zu Reibereien zwischen Verteidigungsminister Rodolfo Graziani, dem Milizchef Renato Ricci und dem Sekretär der neu gegründeten Partito Fascista Repubblicano (PFR), Pavolini. Während Graziani für eine apolitische Nationalarmee, die überwiegend aus Freiwilligen bestehen sollte, eintrat, plädierte Ricci für ein Parteiheer.

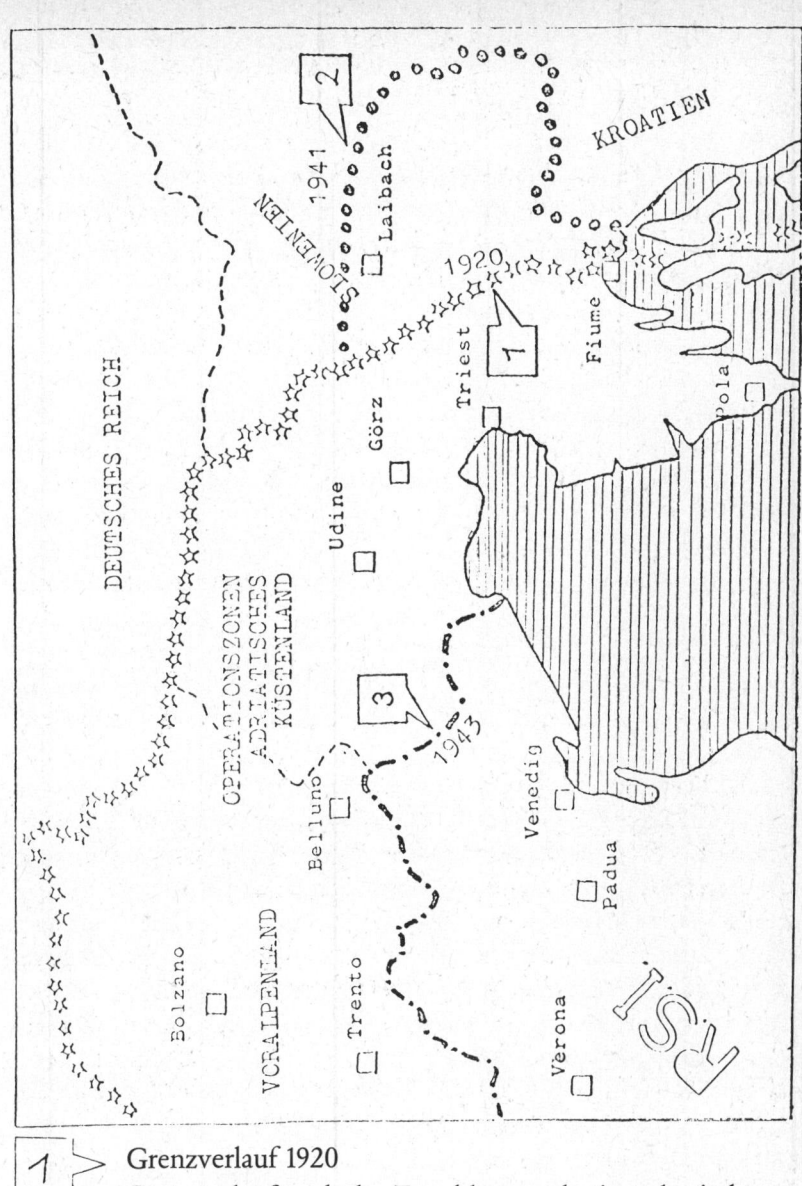

1 ▷ Grenzverlauf 1920

2 ▷ Grenzverlauf nach der Zerschlagung des jugoslawischen
Staates 1941

3 ▷ Demarkationslinie nach dem 8. 9. 1943

Pavolini, der Saint-Just der Sozialen Republik, ging sogar noch einen Schritt weiter und wollte die Partei, die im März 1944 über 487000 Mitglieder verfügte, als Kader für eine Revolutionsarmee einsetzen. Der gefundene Kompromiß war ein weiterer Schritt auf dem Weg der Zersplitterung der militärischen Kräfte der RSI: Ricci konnte eine milizähnliche Guardia Nazionale Repubblicana (GNR) aufbauen, Graziani ein kleines republikanisches Heer. Die Deutschen gestanden den Italienern vier neue Divisionen zu, die im Reich ausgebildet werden sollten. Berlin beharrte darauf, daß nur ein Bruchteil des Bestandes der neuen Divisionen aus den in Deutschland internierten »Badoglio-Truppen« geworben werden durfte. An die Gefangenen erging der Aufruf zum Eintritt in die republikanischen Streitkräfte[18]): »Die Aristokratie des neuen Italien wird heute im Schatten der Trikolore geboren und nennt sich Esercito Repubblicano Fascista.« Rund 12000[19]) Freiwillige aus den Internierungslagern bildeten den Grundstock der vier neuen Divisionen. In Italien selbst hatten sich zwar rund 65000 Offiziere zur RSI bekannt, genug junge Freiwillige für die Ausbildungslager im Reich ließen sich jedoch nicht finden, so daß im November die erste Einberufung von Wehrpflichtigen durchgeführt werden mußte. Das Ergebnis war »verheißungsvoll«[20]) für den republikanischen Faschismus, wobei die Zahlenangaben über die tatsächlich Eingerückten zwischen 50% und 83% schwanken.[21])

Ein Großteil dieser Rekruten, die durch die Schule des Faschismus gegangen waren, dürfte dem Gestellungsbefehl nicht ohne Idealismus gefolgt sein. Bedeutete das Bekenntnis zur neuen republikanischen Armee doch auch eine Revolte gegen die Institutionen der Monarchie und des Bürgertums, die sich, um ihre Haut zu retten, den Alliierten in die Arme geworfen hatten. Weite Kreise der wehrfähigen Jahrgänge betrachteten den Badoglio-Coup vom 8. September als unehrenhaft, so verweigerten beispielsweise 150000 italienische Gefangene in alliierten Lagern der Badoglio-Regierung die Gefolgschaft. Eine Motivationsanalyse der RSI-Kämpfer wird daher der Tatsache Rechnung tragen müssen, daß es nicht primär prodeutsche Gefühle waren, die zum Weiterkämpfen auf Seiten des Achsenpartners führten, sondern patriotisch-ideologische Überlegungen und der Wunsch, die »Ehre der Fahne« wiederherzustellen. Die Schülerin Nadia Sala, die 16jährig der GNR beitrat, bringt ihr Engagement heute auf die kurze Formel[22]): »Das gegebene Wort einhalten und deshalb den Krieg auf Seiten des deutschen Verbündeten fortsetzen.« Bei Rutilio Sermonti, einem 1921 in Rom geborenen Studenten, der im September 1943 in Griechenland von der Kapitulation überrascht wurde, kam zum »motivo di onore« die Überlegung hinzu, daß »der König vergessen hatte, daß auf dem Balkan 300000 Mann stationiert waren. Ich betrachtete ihn als flagranten Hochverräter«.[23]) Sermonti zog die ihm einzig möglich erscheinende Konsequenz: er schloß sich dem II. Polizei-Freiwilligen-Bataillon Italien an und kam später zur Division San Marco der RSI.

Die Rekruten der ersten Musterungswelle mußten feststellen, daß die Kasernen zum großen Teil leer waren, es fehlte an Uniformen, Decken, Kochgeschirr. Was die Deutschen nicht requiriert hatten, hatte die italienische Bevölkerung in den turbulenten Septembertagen geplündert. Desertionen aus den unbeschäftigten Einheiten häuften sich. Um die Truppe überhaupt mit dem Notwendigsten versorgen zu können, ging Graziani dazu über, Ausrüstungsgegenstände auf dem Schwarzen Markt zu kaufen. Die nächsten Einberufungen standen bereits unter dem Unstern des in Norditalien entbrannten Bürgerkrieges. Die Ergebnisse für Grazianis Heer waren mager, zudem auch noch zahlreiche deutsche Organisationen Jagd auf Rekruten machten. Es warb die Organisation Todt, es warb Göring für Flakpersonal seiner Luftwaffe. Wer nicht zur republikanischen Armee wollte, hatte genügend legale Möglichkeiten, bei deutschen Dienststellen unterzukommen.

Nahezu unbeeinflußt von den Kalamitäten in der Heimat vollzog sich die Ausbildung der vier Divisionen in Deutschland. Es wurden ausgebildet in:

Heuberg die Bersaglieridivision Italia, Stärke 14000 Mann, Münsingen die Alpinidivision Monterosa, Stärke 19000 Mann, Sennelager die Infanteriedivision Littorio, Stärke 18500 Mann, Grafenwöhr die Marineinfanterie Division San Marco, Stärke 14000 Mann.

Zur Division San Marco waren auch 5000 Freiwillige[24]) der Decima Mas abkommandiert worden.

Im Februar 1944 befanden sich die ersten kleineren italienisch-republikanischen Einheiten im Einsatz gegen die Angloamerikaner am Brückenkopf von Nettuno. Das Bataillon Nembo vom Fallschirmjägerregiment Folgore, das in Spoleto von der deutschen 4. Fallschirmjägerdivision ausgebildet wurde, hatte allein am 16. 2. 1944 70% Verluste. Von 300 Mann fielen 75.[25]) Bei Nettuno schlugen sich auch 1180 Freiwillige des Bataillons Barbarigo der Decima Mas unter Korvetten-Kapitän Umberto Bardelli. Am 17. März verlegten die Deutschen noch das I. Btl. Ital.-Freiw.-Waffen-SS[26]) Vendetta (Rache) an die Nettuno-

Front. Geführt wurde die 650 Mann starke Einheit von Obersturm-bannführer Carlo Federico Degli Oddi. Im Raum von Canale Mussolini – Fossa di Cisterna – Borgo Podgora – Borgo Carso beklagten die italienischen SS-Freiwilligen 340 Gefallene. Im Mai trat auch das aus dem Miliz-Regiment de Maria (Pol.) hervorgegangene italienische SS-Bataillon Debica – benannt nach dem Aufstellungsort in Polen – an der Front bei Civitavecchia in Aktion.[27])

Die Geburtsstunde der italienischen Waffen-SS ging auf einen Wunsch Mussolinis vom September 1943 zurück. Der Duce bat die deutsche Führung, durch die Waffen-SS zwei Milizdivisionen aufzustellen. Die Milizionäre sollten italienische Uniformen mit deutschen SS-Abzeichen – diese aber auf roten statt auf schwarzen Spiegeln – tragen.[28]) Für die Verbände, eine merkwürdige Mischung aus Waffen-SS und Parteimiliz, war der Name Waffen-Miliz – Milizia Armata vorgesehen. Freiwillige wurden besonders unter den im Reich Internierten und den zu deutschen Truppenteilen übergetretenen Italienern geworben. Am 15. Oktober 1943 beherbergte der Truppenübungsplatz Münsingen bereits 13 362 Waffen-Milizionäre. 13 Bataillone verlegten Ende November 1943 nach Norditalien, wo sie Sicherungsaufgaben übernehmen und die Partisanenbewegung eindämmen sollten. Seit Februar 1944 trug der Verband den Namen 1. Italienische Freiw.-Sturm-Brigade Milizia Armata (Pol.). Als Inspekteur der Freiwilligenwerbung in Italien fungierte Generalmajor Piero Mannelli.

Die häufig zur Bandenbekämpfung eingesetzten Waffen-Milizionäre sahen sich mit der Realität eines Bürgerkrieges konfrontiert, in der kaum eine Seite Pardon gewährte. Die regionale Widerstandsorganisation für den Raum Piemont gab im Herbst 1944 einen Befehl heraus, wonach gefangene Angehörige der deutschen und italienischen Waffen-SS, Matrosen der Decima Mas und Freiwillige der Schwarzhemden-Brigaden ohne Umstände zu erschießen seien.[29]) Terror wurde mit Gegenterror beantwortet. Die italienischen SS-Freiwilligen beschworen in ihrem düster-mystischen Lied[30]) zwar noch eine siegreiche Zukunft:

»Europa, steh auf! Auf deinen Ruinen
werden wir ein proletarisches Vaterland errichten«,

aber für die Männer der seit September 1944 in Waffen-Grenadier-Brigade der SS (ital. Nr. 1) umbenannten Einheit gab es kaum noch eine Hoffnung. Keine, um zu siegen, und nur eine geringe, um zu überleben.

Die italienische SS-Brigade, aus der im März 1945 die kurzlebige 29. Waffen-Grenadier-Division der SS (italienische Nr. 1) hervorging, war nicht der einzige SS-Verband, in dem italienische Freiwillige dienten. Die 17. SS-Panzer-Grenadier-Division Götz von Berlichingen verfügte über eine – unbekannte – Anzahl italienischer Soldaten, etwa 2000 Italiener sollen außerdem in Ungarn gekämpft haben.[31])

Nach dem Nettuno-Einsatz der vier Bataillone Fallschirmjäger, Matrosen und Waffen-SS erfolgte vom 27. 5.–4. 6. 1944 ein verzweifelter Versuch des Fallschirmjägerregiments Folgore, im Vorfeld von Rom den alliierten Vormarsch auf die italienische Hauptstadt aufzuhalten. Daß Hitler den Einsatz italienischer Truppen bei der Verteidigung Roms nicht wollte[32]), wußten die von Major Mario Rizzatti geführten Fallschirmjäger sicher nicht, als sie sich den alliierten Panzern entgegenwarfen. Rizzatti fiel am 4. Juni, dem Tag der Eroberung Roms. Mit ihm starben 112 seiner Männer.[33])

Fronteinsätze italienischer Verbände gegen den äußeren Feind fanden nur sporadisch statt, weil die Deutschen, die den Italienern nach den Erfahrungen des 8. September nicht mehr trauten, die RSI-Truppen lieber zum Bandenkampf heranzogen. So verschlissen sich die italienischen Formationen in brudermörderischen Kämpfen mit der Partisanenbewegung. Eine Ausnahme bildeten nur die italienische Luftwaffe und die bescheidenen Marineverbände der Decima Flottiglia Mas. In die deutsche Kriegsmarine wurde im Dezember 1944 noch das italienische Schnellboot S 630 (ex MS 75) unter Leutnant Santagata eingereiht[34]), zudem operierte im Indischen Ozean das U-Boot UIT 25 (ex Luigi Torelli) mit einer gemischten deutsch-italienischen Besatzung.[35])

Die Nationale Republikanische Luftwaffe (Aeronautica Nazionale Repubblicana = ANR)[36]) entstand nach einem Aufruf des neuernannten Unterstaatssekretärs für die Luftwaffe, Oberstleutnant Ernesto Botto, vom 12. Oktober 1943. Da die Deutschen 2867 italienische Frontflugzeuge und 1686 Schul- und Reservemaschinen beschlagnahmt hatten und ein Teil der Kgl. ital. Luftwaffe zu den Alliierten übergegangen war, sah sich die ANR mit erheblichen Schwierigkeiten konfrontiert. Es gelang ihr aber, drei Jagdgruppen, zwei Transportgruppen – von denen eine als Transportgruppe 10 (Ital.) im Baltikum operierte – und einen Torpedobomberverband aufzustellen. Der Torpedobombergruppe »Buscaglia« glückte am 5. Juni 1944 eine der spektakulärsten Aktionen der italienischen Luftkriegsgeschichte: 9 SM. 79 Maschinen griffen den Hafen von Gibraltar an und versenkten 6 Schiffe mit ca. 40000 BRT. Recht erfolgreich operierten auch die italienischen Jagdflieger, die sich einer siebzigfachen Übermacht gegenübersahen – 50 Jäger der ANR[37]) schlugen sich mit 3500 Maschinen der Mediterranean Alliied Air Force herum. Bei aller Effektivität in der Luft verfügte die Republikanische Luftwaffe über einen aufgeblähten Verwaltungsapparat, der zuviel Personal erforderte und groteske Ausmaße annahm.[38]) Für den Chef der Luftflotte 2 in Italien, Generalfeldmarschall von Richthofen, ein willkommener Anlaß, die Auflösung der ANR und die Überführung des italienischen Personals in eine deutsche Luftwaffenlegion (Legione Aerea Italiana) zu betreiben. Am 25. August 1944 umzingelten Wehrmachtseinheiten die norditalienischen Flughäfen der Verbündeten und forderte ultimativ die Einreihung der ANR in die deutsche Luftwaffe. Ein Separatkrieg zwischen Deutschen und Italienern war nicht mehr ausgeschlossen. Erst ein dringendes Telegramm Mussolinis an Hitler am 30. August klärte und entspannte die Situation. Die ANR blieb bestehen, von Richthofen wurde abgelöst. Bis zum Kriegsende holte die Republikanische Luftwaffe 418 feindliche Flugzeuge vom Himmel und versenkte 115000 BRT alliierten Schiffsraum. Das As der italienischen Jagdpiloten, Major Adriano Visconti, wurde am 29. April 1945 von Partisanen ermordet.

Die Aeronautica Nazionale Repubblicana 1943–45

Einheit	Flugzeugtyp	Einsatzflughäfen (Auswahl)
Jäger		
1. Gruppe: 3 Staffeln und eine autonome Staffel	Macchi C. 205, Fiat G. 55, Me 109 G	Turin, Campoformido (Udine), Reggio Emilia, Vicenza, Malpensa, Lonate Pozzolo (Varese)
2. Gruppe: 3 Staffeln	Fiat G. 55, Me 109 G	Bresso (Mailand), Reggio Emilia, Cascina Vaga (Pavia), Villafranca (Vicenza), Campoformido (Udine), Osoppo (Udine)

Ministerpräsident Vidkun Quisling bei der Verleihung von Eisernen Kreuzen vor Leningrad am 13. 5. 1942. Links neben ihm Sturmbannführer Arthur Quist (B. Østring)

1944 bei Kiestinki/Finnland. Eine Patrouille des SS-Ski-Jägerbataillons Norwegen beim Kartenstudium (O. Brunaes)

Divisions-kommandeur Felix Steiner begrüßt finnische Kriegsinvaliden der Waffen-SS, Ruhpolding 1943 (E. J. V. Anttila)

Tampere/Finnland, 3. 6. 1943. Die Auflösung des Finnischen Freiwilligen-Bataillons steht bevor. Die Finnen schauen etwas skeptisch in die Zukunft (E. J. V. Anttila)

Der Schweizer Dr. Franz Riedweg,
erster Stabschef der Germanischen
Leitstelle im SS-Hauptamt
(Dr. F. Riedweg)

Peter Renold, einziger schweizer
Ritterkreuzträger der Waffen-SS
(P. Renold)

Zwei schweizer Offiziere bei der französischen Waffen-SS
in Sennheim/Elsaß 1944: links Dr. H. Büeler, der spätere Verteidiger
von Kolberg, rechts H. Hersche (Dr. H. Büeler)

Der letzte Condottiere
der italienischen Geschichte:
Junio Valerio Borhese, Kommandant der legendären Decima
Flottiglia Mas (N. Arena)

Ein Froschmann der Unterwasser-
verbände der Decima Mas (N. Arena)

1945. Das Bataillon Nuotatori – Paracadutisti der Decima Mas im Angriff
(N. Arena)

3. Gruppe: 3 Staffeln	Macchi C. 202, Macchi C. 205, Me 109	Fossano (Cuneo), Orio al Serio (Bergamo)
Torpedobomber		
Gruppe Torpedobomber „Buscaglia", später „Faggioni"	SM. 79	Gorizia, Lonate Pozzolo (Varese), Istres (Frankreich), Athen
Transportflugzeuge		
1. Transportgruppe „Felice Terracciano"	SM. 81, Ju 52	Goslar, Schaulen (Litauen)
2. Transportgruppe „Mario Trabucchi"	SM. 82, SM. 81	Goslar
Bomber		
Autonome Bomberstaffel „Ettore Muti" (aufgelöst am 30. 9. 1944)	Cant. Z. 1007, BR. 20, SM. 84	Bergamo, Lonate Pozzolo

Nach dem Fall Roms entstand auf Anregung von Pavolini ein weiterer Territorialverband, die aus PFR-Mitgliedern zusammengesetzten Brigate Nere (Schwarzhemden-Brigaden). Sie wurden ausschließlich im Bandenkampf eingesetzt und hatten eine Stärke von etwa 30000 Mann, darunter jedoch nur etwa 3000–4000 Kämpfer.[39]) Mit diesen Brigaden kam es zu einer weiteren – von den Deutschen gewünschten – Aufsplitterung der italienischen Kampfkraft. Die einzelnen RSI-Verbände, die sich untereinander Konkurrenz machten und einander die Leute abwarben, unterstanden zudem noch verschiedenen Behörden, die eifersüchtig über ihre Hausmacht wachten. Der administrative Pluralismus führte zu Kompetenzstreitigkeiten und einem immer stärkeren Verlust an Effizienz. Im einzelnen können folgende bewaffnete Gruppierungen unterschieden werden[40]):

– Verbände des italienischen Verteidigungsministers Graziani (Heer, ANR, Marine),
– Formationen des Parteisekretärs Pavolini (Brigate Nere, Volontari della Morte, Battaglione Bir el Gobi etc.),
– Verbände der Nationalgarde GNR mit den beiden Antifallschirmjägerdivisionen Etna und Vesuvio,
– Italienische Waffen-SS,

- Autonome Einheiten (Decima Flottiglia Mas von Borghese, Bersaglieri Mussolini etc.),
- Formationen des Innenministers Buffarini Guidi (Polizei, Legione Autonoma Muti, autonome Polizeibanden).

Die autonomen Polizeibanden, wie etwa die Gruppe Koch, die sich an keine Gesetze gebunden fühlten, trieben derart ihr Unwesen, daß sich sowohl Mussolini als auch Justizminister Pisenti zum Einschreiten veranlaßt sahen.[41]) Aber es bedurfte einiger Anläufe, um der vom SD protegierten Gruppe Koch das Handwerk zu legen.

Als ob die Vielzahl der bisher aufgestellten Verbände noch nicht gereicht hätte, wurde der Guerillaexperte General Mischi im Juni 1944 beauftragt, spezielle Antipartisanenverbände im Raum Piemont aufzustellen. Es entstanden drei äußerst schwach motorisierte Einheiten mit den exotischen Bezeichnungen COGU (Comando Contro Guerriglia), CARS (Com. centro. Addestr. Rep. Spec.) und RAP (Comando raggr. antipartigiani), die im August über insgesamt 4077 Mann verfügten.[42]) Auch diese Truppen konnten der Partisanenbewegung nicht Herr werden. In Florenz versuchte Pavolini die Resistenza mit den eigenen Waffen zu schlagen und ließ nach der Räumung der Stadt im August 1944 400 Heckenschützen zurück, die sich fast alle opferten. Was die Kommunisten anschließend mit jugendlichen Faschisten im Alter von 15 bis 16 Jahren anstellten, mag der nervenstarke Leser bei Curzio Malaparte[43]) nachschlagen. Gewöhnliche Kriminalität, politischer Terror des Widerstandes und Gegenterror der Faschisten überzogen ganze Landstriche. Allein in der Provinz Cuneo, die nur 1400 PFR-Mitglieder aufwies, kamen von Dezember 1943 bis Frühjahr 1945 121 Personen, zumeist Zivilisten, bei Überfällen, Sabotageakten und Mordanschlägen der Antifaschisten ums Leben.[44]) Im Raum von Ossola, einem Gebiet mit 80000 Menschen, entstand eine eigenständige Partisanenrepublik, die im Oktober 1944 von deutsch-italienischen Truppen mühsam niedergekämpft werden mußte.

Die RSI-Kämpfer sahen sich häufig mit einer mißtrauisch-feindseligen Bevölkerung konfrontiert, die den alliierten Sendern mehr Glauben schenkte als Radio Milano. Dabei hatte der faschistische Rundfunk recht, wenn er die Lebensbedingungen der süditalienischen Bevölkerung als miserabel anprangerte. Im befreiten Italien lag die Kalorienrate für viele Monate um die Hälfte unter der des Jahres 1942[45]), die Kindersterblichkeit betrug für Säuglinge im 1. Lebensjahr zeitweise 45%.[46]) Es kam im Süden zu gewaltigen Hungerdemonstrationen, die sich zum

Schrecken der Angloamerikaner zu philofaschistischen Manifestationen ausweiteten. Aber die deutsch-italienischen Truppen hatten nicht mehr die Kraft, die unruhige Lage auf Sizilien und im Raum Neapel für eigene Zwecke auszunutzen. Trotzig und romantisch – verzweifelt sangen die Schwarzhemden, von denen viele nur noch „la bella morte" suchten, ihr Kampflied, das den Krieg überdauern sollte:

„Le donne non ci vogliono più bene
perché portiamo la camicia nera
hanno detto che siamo da catene
hanno detto che siamo da galera.

Die Frauen haben uns nicht mehr gern,
denn wir tragen das schwarze Hemd,
sie haben gesagt, daß wir Ketten tragen,
sie haben gesagt, daß wir Verbrecher sind."

Eine kurze Euphorie in faschistischen Kreisen erzeugte die Rückkehr der vier italienischen Divisionen aus dem Reich. Mussolini hatte seine Soldaten im April und im Juli auf dem Truppenübungsplatz besucht und der Jubel war unbeschreiblich gewesen. Mit dem Ruf „Nettuno, Nettuno!"[47]) hatten die Italiener deutlich zu erkennen gegeben, daß sie gegen die Angloamerikaner eingesetzt werden wollten und nicht gegen ihre eigenen Landsleute. Ähnlich reagierten Angehörige der italienischen Waffen-SS, die Marschall Graziani am 23. November 1944 besuchte. „Fronte, Fronte!"[48]) riefen die Männer in der vergeblichen Hoffnung, vom Bandenkrieg entbunden zu werden.

Übersicht über die Stärke der Streitkräfte der Repubblica Sociale Italiana 1943–1945

HEER

4 Infanteriedivisionen	60000
„Monterosa", „San Marco", „Littorio", „Italia"	
Küstenbataillone und Pioniere	78000
Autonome Verbände	12000
Territorialverbände	3000
	153000

MARINE

Division „Decima"	5000
Schiffstammabteilungen	20000
	25000

LUFTWAFFE

Fallschirmjägerabteilungen „Nembo" und „Folgore"	4000
Fliegende Verbände und Bodenpersonal	25000
Flak	45000
	74000

GUARDIA NAZIONALE REPUBBLICANA

Republikanische Nationalgarde, seit Januar 1945 ein Teil des Heeres	150000

BRIGATE NERE

Schwarze Brigaden, aufgeteilt in 39 Verbände	30000

ITALIENER IN DEUTSCHEN DIENSTEN

Waffen-SS	15000
Nebeltruppen im Baltikum	20000
Verschiedene Einheiten (Flak, „Freiwilligenlegion Kreta" etc.)	90000
	125000
Total:	557000

Nachdem Graziani das Projekt des OKW, die vier italienischen Verbände an der Ostfront zur Fliegerabwehr einzusetzen, vereiteln konnte, gelangten die republikanischen Divisionen ab Juli im Eisenbahntransport nach Norditalien. Die Moral der Einheiten war hoch, wenn auch die Bewaffnung, so etwa bei der Division Littorio, nur 50% des Solls betrug.[49] Mussolini machte seinem Unmut gegenüber Graziani Luft[50]: „Teilen Sie Kesselring, sobald Sie können, persönlich mit, daß ich die Division ›Italia‹ nicht besuchen werde, ehe ihre Ausrüstung komplett ist. Ich beabsichtige eine Division zu besuchen, keinen Turnverein ..." Entgegen ihren Erwartungen wurden die Divisionen nicht an die Front verlegt, sondern in Ligurien zum Küstenschutz und zur Partisanenbekämpfung eingesetzt. „Schicken wir mindestens eine Division an die Front", forderte Graziani, „lassen wir sie vom feindlichen Feuer zerstören, aber nicht an Langeweile sterben, wie sie es momentan tun."[51] Allein General Tito Agosti konnte durchsetzen, daß seine Division Littorio an die Westalpenfront gelangte, wo sie französischen

Truppen gegenüberlag. Die unbeschäftigten oder im Partisanenkrieg eingesetzten italienischen Landser begannen zu desertieren. Etwa 10% dürften sich nach Hause abgesetzt haben oder zur Widerstandsbewegung übergetreten sein.[52]) Ein nicht unbedeutender Prozentsatz, aber er war wesentlich niedriger als bei den königlichen Truppen von Marschall Badoglio, dem zum Teil 40% der Mannschaften wegliefen. Im Dezember 1944 hatten Einheiten der Division Italia und Monterosa zum ersten und einzigen Mal Gelegenheit, ihre Fronttauglichkeit unter Beweis zu stellen. Sie warfen die 92. amerikanische Division und errangen damit einen örtlichen Prestigeerfolg.

Im Frühjahr 1945 ging die Repubblica Sociale Italiana in einem Meer von Blut und Tränen unter. Zu diesem Zeitpunkt (April 1945) verfügte der HSSuPF Italien noch über 102514 Mann italienische Truppen und Hilfsverbände (GNR, Brigate Nere, Decima Mas, Legion Tagliamento etc.).[53]) PCI-Führer Luigi Longo gab die Parole aus[54]): „Von den Zurückweichenden darf niemand entkommen – es muß ein Kampf sein, der alle liquidiert!" Mussolinis Projekt eines rein italienischen Abwehrkampfes im Veltlin an der Schweizer Grenze – „Schließlich soll der Faschismus an einem Ort wie diesem heroisch fallen"[55]) – kam nicht mehr zustande. Die 3000–4000 Getreuen, die Pavolini am 26. 4. 1945 in Como versammelt hatte und die zum Teil weinend nach ihrem Führer riefen, warteten vergebens.[56]) Die Haßgesänge der Resistenza läuteten das Ende ein. Am 19. April geiferte Radio Milano Liberta[57]): „Patrioten, die Stunde der Abrechnung schlägt; kein faschistischer Verräter soll dem Schicksal entgehen, das er verdient. Patrioten, GAP, schlagt die Bonzen in ihren Häusern und Büros tot..." Sandro Pertini erklärte 9 Tage später, Mussolini verdiene getötet zu werden wie „ein unwürdiger Hund".[58]) Ganz schwach meldete sich in jenen Tagen noch ein einzelner RSI-Rundfunksender auf Kreta: „Hier spricht der letzte faschistische Sender der Welt..." Die Zahl der tatsächlich bei den antifaschistischen Exzessen Umgekommenen ist schwer zu schätzen. Es waren sicher weniger als 350000[59]) oder 300000[60]) Opfer, aber in jedem Fall mehr als die auch in der Literatur erwähnten 12000 bis 15000 Getöteten.[61]) Vielleicht kommt die von dem französischen Schriftsteller Paul Sérant genannte Zahl von 100000 Ermordeten[62]) der Wahrheit am nächsten. Neben diesen Zahlen verblassen selbst die zahlreich ausgesprochenen hohen Freiheitsstrafen. Der 1913 geborene Edoardo Sala etwa, der im Juni 1944 als Angehöriger des Fallschirmjägerregiments Folgore Rom verteidigt hatte, wurde zu 24 Jahren Gefängnis verurteilt.[63]) Wie viele seiner politischen Mitgefangenen kam er bei der Amnestie des Jahres 1950 frei.

Kommandant Ost-Aegäis
  Kommandeur   Gef. Std., den 5. 5. 1945

Tagesbefehl
an die Truppen der ital. Wehrmacht und an die ital. Soldaten
bei der Deutschen Wehrmacht.

Kameraden!
Das Schicksal hat über uns anders entschieden als wir es gehofft und gewünscht haben. Nach dem Ausscheiden Mussolinis und nach dem Heldentod unseres Führers Adolf Hitler haben die verbündeten oberitalienischen Armeen unter Führung des Generals Freih. v. Vietinghoff kapituliert. General Graziani als der Führer der ital.-republ. Verbände hat dementsprechend seinen Truppen befohlen, die Waffen niederzulegen.
Ihr habt mir bis heute treue Waffenbrüderschaft gehalten. Ihr habt in stolzer und opferbereiter Kameradschaft Schulter an Schulter neben und in den deutschen Verbänden gestanden. Ihr habt die Ehre gewahrt, wie sie des heiligen italienischen Volkes würdig ist.
Nichts trennt uns! Kein Mißverständnis, kein Gefühl eines Vorwurfs oder eines Grolles trübt unsere Freundschaft.
Deshalb kann ich Euch heute die Hand zum Abschied reichen in der Überzeugung, daß durch Euch nicht nur jetzt, sondern auch in der Zukunft die Gefühle der Waffenbrüderschaft und der Kameradschaft zwischen italienischen und deutschen Soldaten stolz in Erinnerung bleiben und im italienischen Volk aufgehen werden zum Nutzen für Euer Vaterland und das meine und als sicherste Unterlage für einen dauerhaften Frieden zwischen unseren Völkern.
Deshalb, wenn Ihr heute die Waffen niederlegt, so wird das auch von Euren deutschen Kameraden nicht als ein Akt der Aufgabe und des Abbruchs der kameradschaftlichen Beziehungen empfunden, sondern mit mir reichen Euch alle deutschen Kameraden die Hand zum Abschied.
Es lebe das große italienische Volk! Es lebe das deutsche Vaterland!

Der Oberbefehlshaber der verbündeten
Streitkräfte in der Ost-Aegäis

Wagener
Generalmajor

Den Nekrolog für die RSI-Kombattanten hat der konservative Philosoph Julius Evola geschrieben, der hervorhebt, daß sich Tausende von Italienern aus Treue zum Bündnis für eine Sache geschlagen haben,

von der sie wußten, daß sie verloren war: „In der poströmischen italienischen Geschichte ist ein derartiges Phänomen beinahe einzigar-
tig."[64])

Slowakei

> „Seinen selbständigen Staat zu haben,
> bedeutet Leben, ewiges Leben; keinen
> eigenen Staat zu besitzen, bedeutet
> den Tod, den ewigen Tod."
>
> Sano Mach

Mit der Unabhängigkeitserklärung der Slowakei am 14. März 1939 hatten die radikalen slowakischen Separatisten und Nationalisten ihren
größten Triumph errungen. Aber auch die Mehrheit der slowakischen
Bevölkerung begrüßte den neuen Staat, da er das Ende der Bevormundung und Zurücksetzung durch den tschechischen Zentralismus
bedeutete. Zudem war eine vernünftige Alternative zur Unabhängigkeitserklärung nicht ersichtlich. Alle denkbaren Lösungen – ein Protektorat unter deutscher Oberherrschaft, die Aufteilung unter den
Nachbarstaaten oder der Anschluß an Ungarn – hätten das Ende der
slowakischen Selbständigkeit bedeutet. Zwar wurde diese auch durch
den deutsch-slowakischen Schutzvertrag vom 23. März 1939 stark eingeschränkt, aber der Vertrag zügelte gleichzeitig polnische und ungarische Annexionsgelüste, so daß die begrenzte Souveränität außenpolitische Stabilität garantierte. Von 27 Staaten diplomatisch anerkannt,
konnte die Slowakei bis zum Herbst 1944 ein vom deutschen Wohlwollen abhängiges Eigenleben führen. Seine wirtschaftlichen Interessen vermochte der junge Staat besser zu verteidigen als jedes andere
Land unter nationalsozialistischer Bevormundung. Der beschränkte
politische Handlungsspielraum wurde zum Teil dadurch kompensiert,
daß die Slowakei auf wirtschaftlichem und kulturellem Gebiet in den
Jahren der Selbständigkeit eine Blüte erlebte, wie nie zuvor in der Geschichte.[1]) Für die deutschen Nationalsozialisten hatte die Slowakei dabei die Funktion einer Visitenkarte, sie war sozusagen die Vorzeige-
schweiz im Achseneuropa.

Die politischen Geschicke des slowakischen Staates lagen in den Händen des bauernschlauen slowakischen Priesters Josef Tiso und seiner im Dezember 1918 gegründeten Slowakischen Volkspartei (SVP). Weit davon entfernt, eine nationalsozialistische oder faschistische Bewegung zu sein, stützte sich die Hauptströmung der Partei auf nationalistisches, katholisches, ständestaatliches und autoritäres Gedankengut. Die SVP war in der Vorkriegstschechoslowakei die stärkste slowakische Einzelpartei gewesen und errang bei den Parlamentswahlen 1929 28% der slowakischen Stimmen, 1935 waren es 30%. Anfang 1940 konnte man bei der SVP drei divergierende Flügel unterscheiden: die autoritär-konservative Mehrheitsfraktion unter Tiso (Prälatenflügel), die Rechtsintellektuellen um den Außen- und Innenminister Ferdinand Ďurčanský und die germanophilen Extremisten der Hlinka-Garde, mit Ministerpräsident Professor Vojtech Tuka und Gardistenchef Alexander (Sano) Mach an der Spitze. Ďurčanský und seine Anhänger, die um die Zeitschrift Nástup gescharten Nástupisten, verfochten pro-faschistische Tendenzen und weigerten sich, den nationalsozialistischen Schutzherren blind nachzueifern. Da sie den nationalen Interessen der Slowakei Vorrang einräumten vor den Interessen des Reiches, zogen sie sich die Feindschaft der Nationalsozialisten zu. Nachdem Ďurčanský durch Neutralitätsofferten an die Westalliierten und Kontakte zur Sowjetunion eine Politik der vorsichtigen Abgrenzung zum Dritten Reich angebahnt hatte, wurde er für Berlin untragbar. Im Juli 1940 setzte Hitler die Entmachtung der führenden Nástupisten durch, die durch Exponenten des pro-deutschen Flügels ersetzt wurden. Tuka erhielt das Außenministerium und Mach das Innenministerium. Damit begann für die im Oktober 1930 gegründete Hlinka-Garde, die nach dem Parteigründer Andrej Hlinka (1864–1938) benannt war, eine kurze Periode des Aufschwungs. Die Hlinka-Garde stand in der Tradition der bereits 1923 ins Leben gerufenen autonomistischen Parteitruppe Rodobrana, die 1927 von der Prager Zentralregierung verboten worden war. 1938/ 39 wuchs die Garde lawinenartig. Den höchsten Stand erreichte sie im März 1939 mit rund 120000 Mitgliedern.[2]) Im September des gleichen Jahres wurde die Mitgliedschaft aller 16- bis 60jährigen Slowaken in der Hlinka-Garde obligatorisch, aber bereits nach 3 Monaten hob die Regierung in Bratislava die Anordnung der Zwangsmitgliedschaft wieder auf. Unter dem Innenminister Sano Mach entwickelte sich die Garde zu einem Werkzeug der Germanophilen und zur Kadertruppe einer nationalsozialistisch umzuformenden Slowakei.

Aber Tuka und Mach verkannten ihre Möglichkeiten und den Umfang der deutschen Rückendeckung, als sie im Winter 1940/41 einen Staatsstreich gegen den Konservativen Tiso planten. Berlin war im Vorfeld des Rußlandfeldzuges weniger an der Machtergreifung nationalrevolutionärer und nationalsozialistischer Gruppierungen in den abhängigen Staaten interessiert als an der Aufrechterhaltung geordneter Zustände. Die slowakischen Heißsporne wurden ebensowenig unterstützt wie Horia Sima und die Eiserne Garde in Rumänien. Damit hatte der paternalistische Prälatenflügel um Tiso einen innenpolitischen Sieg errungen. Der Einfluß der Hlinka-Garde wurde von den Klerikalen immer weiter zurückgedrängt, 1943 war die Parteitruppe bedeutungslos geworden.

Innenpolitisch verfocht Josef Tiso eine moderate Linie bei Ablehnung jeder ideologischen Überfremdung seines Landes. Symptomatisch für den gemäßigt-autoritären Kurs war die Justizpolitik: von 1939 bis zum Aufstand 1944 wurde kein einziges Todesurteil in der Slowakei vollstreckt.[3] Allerdings konnte sich die SVP nicht dem starken antisemitischen Sog entziehen, der von Berlin ausging. Am 10. September 1941 verabschiedete die slowakische Regierung einen Judenkodex, der es an Radikalität mit den Nürnberger Gesetzen aufnehmen konnte. 1942 wurden ca. 60000 von den 135000 slowakischen Juden in polnische Vernichtungslager abtransportiert. Bei der Durchführung der Abschiebungen spielten die kaltgestellten und frustrierten Hlinka-Gardisten eine wenig rühmliche Rolle. Tiso nahm jedoch wiederholte Proteste des Vatikans zum Anlaß, am 15. Mai 1942 gesetzlich den Stopp der Judentransporte durchzusetzen. Der slowakische Patriot widersetzte sich allen deutschen Pressionen nach einer Fortsetzung der Deportationen. Die Nationalsozialisten konnten die Endlösung erst nach der Besetzung der Slowakei durch deutsche Truppen im Herbst 1944 wieder aufnehmen. Tiso war somit alles andere als ein serviles Werkzeug seiner Schutzherren. Listig hatte der Staatspräsident eine gemäßigt slowakische Abart des Nationalsozialismus empfohlen, die mit dem deutschen Vorbild nur noch den Namen gemein hatte: »Die nationalsozialistische Slowakei bedeutet eine christliche und volkstümliche Slowakei.«[4] Unmißverständlich pochte er auf die Eigenständigkeit seiner Heimat, die er auch nach einem Sieg der Alliierten retten wollte. So erklärte er am 15. August 1943[5]):

»Wir sind nicht die unterwürfigen Anhänger irgendeiner überholten Ideologie. Wenn Europa eines Tages ein neues politisches System auf der Basis unabhängiger Staaten fordert, werden wir uns dem keineswegs widersetzen, vorausgesetzt, daß das Prinzip der Gleichheit für uns wie für die anderen anerkannt wird.«

Beim Ausbruch des Ostfeldzuges stand die ständisch-katholische Slowakei vorbehaltlos auf der Seite des Deutschen Reiches und der anderen Achsenstaaten. Trotz seiner geringen Bevölkerung von nur 2 654 000 Einwohnern (1940) stellte das kleine Land ein Armeekorps in Stärke von mehr als 45 000 Mann, das den Marsch nach Osten antrat.[6] Kommandeur des Großverbandes war General Ferdinand Catlos, ein ehemaliger Offizier der zwielichtigen Tschechoslowakischen Legion in Rußland, der sich primär aus Karrieregründen der Slowakischen Armee angeschlossen hatte. Während der Agonie des slowakischen Staates im Spätsommer 1944 sollte er die Fronten wechseln. Wie Catlos, so war auch die Mehrzahl des slowakischen Offizierskorps wenig achsen-enthusiastisch. In seinen Reihen standen, im Vergleich zu anderen slowakischen Institutionen, die meisten Antifaschisten.[7] Aber die Tiso-Armee hatte nicht nur Probleme mit einem anglophilen und zerstrittenen Offizierskorps, vielmehr wirkte sich auch die mangelnde Mechanisierung des jungen Heeres negativ auf die Kampfstärke aus. Bereits Mitte August 1941 wurde das sehr schwach motorisierte Armeekorps umgruppiert. An der Front blieben nur eine Sicherungsdivision mit rund 8500 Mann und die später in 1. slowakische Infanteriedivision umbenannte Schnelle Division mit 10 000 Mann zurück. Mit dem deutschen Rückzug im Osten begann die Moral dieser Einheiten zusammenzubrechen, die Desertionen häuften sich. Nach Stalingrad liefen jeden Monat etwa 125 Slowaken zu den Sowjets über.

Mangelnde Kampfmoral, ein unzufriedenes Offizierkorps und kommunistische Zersetzung beschleunigten den Auflösungsprozeß. Am 30. Oktober 1943 ging ein komplettes Regiment der 1. Infanteriedivision mit über 2000 Mann zu den Russen über.[8] Die Restdivision führte später nur noch Bauaufgaben hinter der Front aus, die Sicherungsdivision wurde nach Italien verlegt, wo sie als Baubrigade zum Einsatz kam.

Parallel zum Zusammenbruch der slowakischen Division erfolgten die Desintegration und der Verfall in der Heimat. Die SVP, 1943 280 000 Mitglieder stark, verlor zusehens an Boden. Im Sommer 1943 mußte das Regime in seiner eigenen Hauptstadt antideutsche Demonstrationen hinnehmen. Als es Ende August 1944 zum slowakischen Nationalaufstand und zum Einmarsch deutscher Truppen kam, hielt von allen Institutionen des autoritären Systems praktisch nur noch die Hlinka-Garde Tiso die Treue. Aber die Garde war innenpolitisch entmachtet worden und führte nur noch ein Schattendasein. Eine wirksame Unterstützung bei der Niederwerfung des Aufstandes konnte die Hlinka-Garde der Regierung in Bratislava nicht mehr geben. Zwar wurden hastig Sturmtruppen (POHG) in Stärke von 3500 Mann ins Leben gerufen, die Tätigkeit ihrer Mitglieder beschränkte sich jedoch auf Wach- und Sicherungsaufgaben bei dem Schutz der Eisenbahnverbindungen und Verkehrswege.[9] Im Kampfeinsatz gegen die Aufständischen scheint allein eine Kompanie der Hlinka-Gardisten gestanden zu haben.[10] Auf die slowakische Armee konnte Tiso nicht mehr zählen. Sie war die führende Kraft des Aufstandes. Nur General Josef Turanec, Ritterkreuzträger und ehemaliger Kommandeur der Schnellen Division, der am 28. 08. 1944 Oberbefehlshaber der slowakischen Armee geworden war, wechselte nicht die Fronten. Seine Soldaten nahmen ihn gefangen und lieferten ihn an die Sowjetunion aus.

Mit der deutschen Besetzung verlor die slowakische Republik ihre Semi-Unabhängigkeit. Zwar konnte noch einmal der Kern eines regulären Heeres mit einigen Domobrana- (Heimwehr) Regimentern aufgebaut werden, die Hlinka-Garde wurde aufgewertet, aber die Slowakische Volkspartei war nicht mehr Herr im eigenen Haus. Zahlreiche Hlinka-Gardisten blieben bis zur deutschen Kapitulation ihren nationalsozialistischen Überzeugungen treu. Noch im Mai 1945 versuchte die SS im Reichsprotektorat Böhmen-Mähren aus Hlinka-Gardisten die Einheit »Slowakei« aufzubauen, die den Prager Aufstand niederkämpfen sollte. Aber die sowjetischen Truppen waren schneller. Es folgten antifaschistische Bereinigungsaktionen, 33 führende Persönlichkeiten des slowakischen Regimes wurden exekutiert, 5000 Gefängnisstrafen ausgesprochen.[11]

Ferdinand Ďurčanský wurde in contumaciam zum Tode verurteilt, während Alexander Mach mit einer 30jährigen Gefängnisstrafe davon kam. Auch General Turanec büßte für seine Treue zum slowakischen Staat. Er verstarb am 9. März 1957 im Kerker. Dr. Josef Tiso verteidigte sich und sein Lebenswerk unnachgiebig vor dem Tribunal von Bratislava. Aber alle Eloquenz und Überzeugungskraft waren vergebens. Am Morgen des 19. April 1947 wurde er in seiner ehemaligen Hauptstadt gehängt.

Mit der Besetzung der Rest-Tschechei und der Errichtung des Protektorats Böhmen und Mähren am 16. März 1939 sah sich auch die tschechische Bevölkerung mit dem Problem Kollaboration oder Widerstand konfrontiert. Die Protektoratsregierung unter Präsident Hácha versuchte in den ersten Jahren trotz der stark eingeschränkten Eigenstaatlichkeit des Protektorats einen mittleren Kurs einzuhalten: die Deutschen sollten nicht verärgert werden, gleichzeitig machten die Kontakte mit den tschechischen Exilpolitikern in London und dem Widerstand im eigenen Land jedoch deutlich, daß die Option Prags für das nationalsozialistische Deutschland keineswegs freiwillig war. So übermittelte im November 1939 ein Mitglied des Widerstandes eine Botschaft der Protektoratsregierung nach London, in der es hieß[1]): »Alle Mitglieder der Regierung ohne Ausnahme, einschließlich Háchas und Havelkas, stehen ohne Vorbehalte hinter dem ausländischen Widerstand und erkennen ihn als ihr Haupt an.« Die der Protektoratsregierung von den Deutschen abgenötigten Loyalitätserklärungen ließen das Band zwischen den tschechischen Politikern in England und Prag allerdings immer dünner werden. Als Hácha die Exilregierung und ihre Rundfunksendungen im November 1941 in immer schärferer Form angriff, kam es zum Bruch zwischen Prag und London.[2]) Das Einschwenken von Hácha auf die von den Deutschen geforderte Linie erfolgte nach der Verhängung des Ausnahmezustandes durch den stellvertretenden Reichsprotektor Heydrich und der damit einhergehenden Einschüchterungswelle: Vom 27. 9. bis 29. 11. 1941 wurden 404 Personen beiderlei Geschlechts von deutschen Sicherheitsorganen erschossen. Der Terror erreichte das angestrebte Ziel, denn die Protektoratsregierung kam zu der Überzeugung, daß sie die Bevölkerung auf Kollaborationskurs bringe müsse, um weiteres Blutvergießen zu vermeiden. Durch Loyalität gegenüber dem Reich hoffte Prag, deutsche Konzessionen erringen und dem Protektorat das Schicksal des rechtlosen Polen ersparen zu können. Mitunter hatte diese Taktik auch Erfolg, so als Heydrich im Gegenzug für einen von der Protektoratsregierung zur Verfügung gestellten Lazarettzug im Frühjahr 1942 zahlreiche Tschechen aus dem KZ Mauthausen freiließ.[3]) Das Protektorat blieb bis Kriegsende ein fügsamer Satellit des Großdeutschen Reiches, ohne daß sich die Mitglieder der Regierung dabei durch eine exzessive Kollaboration hervorgetan hätten. Als einzige Ausnahme kann allein Propagandaminister Moravec gelten, der unverdrossen für einen engen Anschluß der Tschechei an Deutschland eintrat und mit einer Arbeiter- und Bauerndelegation in die deutsch-besetzte Sowjetunion reiste, um die antikommunistische Propaganda des Reiches zu unterstützen. Moravec, ein ehemaliger Oberst der tschechoslowakischen Armee, begründete seinen Reichsgedanken mit einem Rückgriff auf die mittelalterliche Geschichte und mit der langen Zugehörigkeit Böhmens zu den Habsburgern (1526–1918). Vor diesem Hintergrund erschien ihm die tschechoslowakische Selbständigkeitserklärung des Jahres 1918 ein historischer Irrweg.[4])

Die stärkere Anpassung des Protektorats an die Wünsche und Interessen Deutschlands blieb nicht ohne Auswirkung auf die Polizei- und Sicherheitskräfte der Prager Regierung. An eigenen Verbänden verfügte Böhmen und Mähren über eine Regierungstruppe in Stärke von 7000 Mann und 280 Offizieren, die nur leichte Waffen besaßen. Hinzu traten 17000 Mann der kasernierten tschechischen Gendarmerie. Diese machte auf Himmler einen derartig guten Eindruck, daß er überschwenglich verkündete[5]): »Ausgezeichnetes Menschenmaterial, ich werde sie alle in die Waffen-SS übernehmen.« Wenn die Inkorporation der »slawischen« Gendarmerie in die »germanische« Waffen-SS auch niemals zustande kam, so wurde die Gendarmerie, die der Kontrolle der deutschen Polizei unterstand, doch häufig eingesetzt, um die Interessen des Reiches im Protektorat zu sichern. Bereits bei der Prager Demonstration anläßlich des 21. Gründungstages der CSR im Oktober 1939 war tschechische Polizei im Einsatz gegen nationalbewußte Demonstranten. Sie verhielt sich jedoch so lasch, daß es einer deutschen Beschwerde bei Präsident Hácha bedurfte, bis die Protektoratspolizei energischer gegen ihre Landsleute vorging.[6]) Die anfänglich passive Einstellung der tschechischen Sicherheitskräfte sollte nicht lange vorhalten. Gendarmerie und Polizei nahmen an der Bekämpfung der Widerstandsbewegung und von Fallschirmagenten aktiv teil, ein Einsatz, der vom stellvertretenden Reichsprotektor Reinhard Heydrich entsprechend gewürdigt wurde. Verletzten der Protektoratsgendarmerie gewährte er umfangreiche Prämien und Pensionen, im Kampf mit der Widerstandsbewegung verwundete tschechische Polizisten erhielten eine deutsche Pistole mit der persönlichen Widmung Heydrichs und kinderreichen Familien Gefallener wurden Sparbücher mit erheblichen Beträgen überreicht.[7]) So verwundert es nicht,

daß die Protektoratspolizei auch nach Heydrichs Tod bei der Groß-
razzia in Prag eingesetzt wurde, um die Attentäter des stellvertretenden
Reichsprotektors zu fassen.[8]) Selbst an der Einkreisung des Ortes
Lidice am 9. Juni 1942 war tschechische Gendarmerie beteiligt[9]), nicht
jedoch an der anschließenden Massenerschießung der männlichen
Einwohnerschaft.

Mit den Erfolgen der Alliierten sank die Bereitschaft der tschechischen
Polizei- und Gendarmerieverbände, weiter als gefügige Hilfstruppe für
die Deutschen tätig zu sein. Der Versuch von Karl-Hermann Frank,
dem Deutschen Staatsminister für Böhmen und Mähren, aus der Protektoratspolizei 1944 ein »Grenzschutzkorps« für den Antipartisaneneinsatz aufzubauen, scheiterte an der unzuverlässigen Haltung der
tschechischen Kräfte und am Widerstand des deutschen Befehlshabers
der Sicherheitspolizei, der darauf bestand, daß die Gendarmerie im
September 1944 ihre Gewehre ablieferte.

Trotz der um sich greifenden antideutschen Stimmung war das Protektorat noch weit entfernt von einer Erhebung gegen die deutsche Besatzungsmacht. Selbst als Ende August 1944 der slowakische Nationalaufstand ausbrach, rührten die Tschechen kaum eine Hand, um ihrem
Nachbarvolk zu helfen. Der Einsatz einzelner Protektoratsgendarmen
auf slowakischer Seite ist überliefert, typischer aber war die Haltung der
tschechischen Kraftfahrer der die Insurgenten bekämpfenden
deutschen Kampfgruppe Schill. Sie standen der Aufstandsbewegung
passiv gegenüber, erfüllten ihre Aufgaben und wurden zum Teil sogar
ausgezeichnet.[10]) Die tschechische Erhebung erfolgte erst 5 Minuten
nach 12, als Protektoratsgendarmerie zusammen mit Angehörigen von
Polizei und Regierungtruppe sowie bewaffneten Zivilisten am 5. Mai
1945 den Aufstand in Prag auslöste.[11]) Die bewaffneten Organe der
Protektoratsregierung wurden zur tragenden Kraft des militärischen
Widerstandes. Inwieweit diese uniformierte Macht, die jahrelang gegen
ihre Landsleute vorgegangen war, nun plötzlich ein Übersoll an Widerstand erfüllte und ob sie geschlossen an den grausamen antideutschen
Pogromen[12]) beteiligt war, ist nicht bekannt, doch sind zumindest
Übergriffe einzelner tschechischer Soldaten und Gendarmen verbürgt.

Im Gegensatz zu ihren slowakischen Nachbarn hat tschechisches Militär am 2. Weltkrieg nur in geringer Zahl teilnehmen müssen. In
deutschen Augen galten die Tschechen wohl zum einen nicht als
»wehrwürdig«, zum anderen sollte verhindert werden, daß aus dem
Einsatz tschechischer Legionäre an der Ostfront irgendwelche morali-

schen Ansprüche gegenüber dem Reich entstehen konnten. Auch fürchtete man – wohl nicht zu Unrecht –, daß tschechische Einheiten in Rußland einen unberechenbaren Faktor der Destabilität darstellen würden. Unvergessen waren die Erfahrungen des 1. Weltkrieges, als die Tschechen in Massen aus der österreichischen Armee desertierten, um die Waffen umzudrehen und als Hilfstruppen der Entente gegen die Mittelmächte anzutreten. Vier tschechoslowakische Regimenter mit 10000 Mann dienten in der französischen Armee, eine tschechische Legion in Stärke von 11500 Mann war 1918 unter italienischem Oberbefehl eingesetzt und mindestens 30000 Tschechen bildeten eine eigene Legion in Rußland.[13]) Hitlers Direktive zur Zulassung oder Neuaufstellung eines eigenständigen tschechischen Heeres war daher negativ, als er am 16. Mai 1942 in der Wolfsschanze ausführte[14]):

> »Gegenüber allen Versuchen der Tschechen, von uns – wenn auch in noch so beschränktem Maße – wieder die Unterhaltung eines Heeres zugestanden zu erhalten, gebe es deshalb nur ein kategorisches ›Nein‹.«

Trotz der reservierten Haltung der Reichsregierung erfolgten einige Versuche, die kleine tschechische Regierungstruppe an der Front einzusetzen. Hácha fragte am 3. Juli 1941 pro forma beim Reichsprotektor Konstantin von Neurath an, ob Deutschland die Aufstellung einer tschechischen Legion gegen die Sowjetunion wünsche. Für einen derartigen Fronteinsatz hätte kurzfristig nur die Regierungstruppe zur Verfügung gestanden, deren Ruf bei den Deutschen wegen der zahlreichen Desertionen nicht der beste war. Neurath lehnte das Angebot Háchas erwartungsgemäß ab, was diesen sichtlich erleichterte.[15]) Den nächsten Vorstoß unternahm im Sommer 1942 das Oberkommando des Heeres.[16]) Das OKH, auf der Suche nach neuen Personalreserven, sprach das Problem der Aufstellung tschechischer Freiwilligenverbände und den Fronteinsatz der Regierungstruppe an. Am 3. Oktober 1942 aber verwarf Hitler erneut jeglichen Kampfeinsatz der Bewohner des Reichsprotektorats. Im Januar 1943 kam die Prager Regierung noch einmal auf das Thema zurück. Einer Idee des Propagandaministers Moravec folgend, offerierte Hácha den Deutschen sein 7000-Mann-Heer, nicht ganz ohne Hintergedanken, da er im Gegenzug die Freilassung tschechischer Gefangener erwartete. Tatsächlich wurde die Truppe nicht an die Ostfront verlegt, sondern als mutmaßlicher Risikofaktor für den Fall innerer Unruhen im Mai 1944 aufgesplittert und zum Teil außer Landes geschickt. 5000 Angehörige der Regierungs-

truppe sollten in Mussolinis norditalienischer Republik Sicherungsaufgaben übernehmen. Die dem höchsten SS- und Polizeiführer
Italiens, SS-Obergruppenführer Karl Wolff unterstellte Einheit[17]) fand
jedoch wenig Gefallen am Bewachen von Brücken und Bahnlinien
und an gelegentlichen Kämpfen mit Partisanen. Vielmehr machte sie
sich durch eine erstaunlich hohe Desertionsrate und Kontakte zur
italienischen Resistenza einen Namen, so daß sie entwaffnet und zum
Stellungsbau eingesetzt werden mußte.[18])

Weitere Versuche zur Bildung tschechischer Freiwilligeneinheiten auf
deutscher Seite sind eng mit der Geschichte der tschechischen
Faschisten und deutsch-freundlicher Organisationen im Protektorat
verknüpft. So hatte der Gendarmeriegeneral a.D. Otto Bláha, Führer
des rechtsgerichteten Tschechischen Frontkämpferverbandes, mehrfach einen Einsatz der Mitglieder seines Vereins auf deutscher Seite
angeboten.[19]) Da Tschechen in der Wehrmacht unerwünscht waren,
reagierten die angesprochenen deutschen Dienststellen ablehnend.
Nicht viel anders erging es den Bündnisangeboten der tschechischen
Faschisten. Ihre Organisationen, darunter die Nationalfaschistische
Gemeinschaft (Národní obec fašistická) und die Gruppe Vlajka
(Flagge), zählten zu den schwächsten faschistischen Bewegungen in
Europa. Die Nationalfaschistische Gemeinschaft, die sich auf Mussolini berief, war 1925 gegründet worden. 1929 schloß sich ihr eine andere
rechtsgerichtete Gruppierung an. Bei den Wahlen von 1935 konnte sie
2% der Stimmen und 6 Sitze im Parlament erringen, nachdem die
Nationalfaschisten bereits 1926 und 1933 verdächtigt worden waren, in
dilettantische Putschversuche verwickelt zu sein.[20]) Gründer und
Führer der Gemeinschaft war der ehemalige Generalstabschef der
tschechoslowakischen Armee, General Rudolf Gayda. Er hatte im
1. Weltkrieg die tschechoslowakische Legion in Rußland befehligt, die
im Bürgerkrieg eine zwielichtige Rolle gespielt und den weißrussischen
Admiral und Armeeführer Koltschak an die Bolschewisten ausgeliefert hatte.[21]) Obwohl die Nationalfaschistische Gemeinschaft für
ihre ursprünglich chauvinistische antideutsche Einstellung bekannt
war[22]), ging sie 1939 auf Kollaborationskurs. Am 14. März 1939 wandte
Gayda sich vergeblich an die deutsche Gesandtschaft in Prag, um deren
Zustimmung zu einer Machtergreifung seiner kleinen Partei zu erhalten. Später arbeitete er an der einzig zugelassenen Partei des Protektorats, der Narodni Souručenstvi = NS (Nationale Gemeinschaft) mit,
der 99% der männlichen Tschechen angehörten. Als seine Versuche

scheiterten, eine Beteiligung der Nationalfaschistischen Gemeinschaft an der Regierung durchzusetzen und das Innenministerium zu erhalten, war die politische Bedeutung Gaydas dahin. Seine Anhängerschaft zerfiel in zahlreiche einflußlose Splittergruppen und Sekten.

Die Rolle der rechtsextremen Opposition wurde nun von der Gruppe Vlajka übernommen, die aus einer tschechischen Studentenorganisation hervorgegangen war. Sie erfreute sich der bescheidenen Unterstützung deutscher Dienststellen, kam aber selbst in ihrer Blütezeit über 13000 Anhänger nie hinaus.[23] Die Deutschen sahen in der Gruppe hauptsächlich ein Mittel, um Druck auf die Protektoratsregierung auszuüben. Bei aller Kollaborationsbereitschaft war die Vlajka jedoch bemüht, die tschechische Autonomie aufrechtzuerhalten und die Germanisierung zu unterlaufen.[24] So befand sie sich in einem unauflöslichen Widerspruch zwischen tschechischem Nationalismus und gebotener Anpassung an nationalsozialistische Postulate. Viele Mitglieder versuchten diesem Widerspruch zu entgehen, indem sie sich zum Deutschtum bekannten.

Mehrere hundert Tschechen, in der Mehrzahl Vlajka-Anhänger und Sympathisanten anderer rechtsgerichteter Vereinigungen, meldeten sich unmittelbar nach Kriegsausbruch am 1. September 1939 freiwillig zur Wehrmacht. Ihr Engagement wurde nicht honoriert, auch die zahlreichen Aufrufe der Vlajka zum gemeinsamen Kampf mit den Achsenmächten verhallten bei den Deutschen und der Protektoratsregierung ohne Widerhall. Nachdem Vlajka-Anhänger im August 1940 eine Art Putschversuch unternommen und den Prager Sitz der Einheitsbewegung NS gestürmt hatten, geriet die Gruppe ins politische Abseits. Präsident Hácha, der wiederholt ein Verbot der aktivistischen Vlajka gefordert hatte, konnte aufatmen, zumal die Deutschen der nunmehr unbedeutenden Bewegung 1942 ein Betätigungsverbot auferlegten. Ihr Führer Jan Rys, der mit den Nationalsozialisten in Konflikt geriet, wurde in ein KZ eingeliefert.[25]

Die letzten Versuche antikommunistischer Tschechen, zum deutschen Wehrdienst zugelassen zu werden, gingen von einer anderen deutschfreundlichen Organisation aus, dem Jugendkuratorium unter Leitung des Propagandaministers Moravec. Das Kuratorium war 1942 von Heydrich gegründet worden und hatte sowohl die Funktion eines Umerziehungsinstruments wie eines Arbeitsdienstes. Als der Verband im Dezember 1943 den Einsatz von Tschechen zur Flakbedienung anregte, wurde dieses Angebot von den Deutschen ebenso verworfen

wie die vorhergehenden Vorschläge der tschechischen Rechtsbewegungen. Im Frühjahr 1944 kam es dann zur zögernden Aufstellung
sog. Musterscharen, die als politische Stoßtrupps für Sonderaufgaben
zur Verfügung stehen sollten. Aber erst im März 1945 ließen die Nationalsozialisten ihre Vorbehalte gegenüber tschechischen Verbündeten
teilweise fallen: nach Einberufung von 100 tschechischen Jugendlichen
wurde eine Freiwillige St.-Wenzels-Rotte aufgestellt[26]), die nach Mora-
vecs Wunsch der Waffen-SS unterstehen sollte. An Kampfhandlungen
hat diese Einheit nicht mehr teilgenommen.
Nach Kriegsende griff die neue tschechoslowakische Regierung ohne
Zögern gegen echte oder vermeintliche Kollaborateure durch.
Moravec beging Selbstmord, Hácha verstarb vor Prozeßbeginn in
Haft. Volksgerichtshöfe verurteilten den aus KZ-Haft befreiten Jan Rys
sowie 233 weitere Tschechen zum Tode, 293 Personen zu lebensläng-
lichem Zuchthaus. 19888 Staatsfeinde erhielten Gefängnisstrafen von
durchschnittlich mehr als 10 Jahren.[27]) Der böhmische Löwe aber
erlangte seine Freiheit nicht wieder, der nationalsozialistischen Fremdherrschaft folgt nahezu ohne Übergang die kommunistische Zwangsherrschaft.

4. Südosteuropa

Kroatien

> »Schlagt sie tot wie tolle Hunde«
> Milovan Djilas, kommunistischer
> Funktionär, Februar 1943

Beim Zusammenbruch des jugoslawischen Staates wurde am 10. 04. 1941 in Agram die kroatische Unabhängigkeit ausgerufen. Treibende Kraft der kroatischen Autonomiebewegung war die von dem Rechtsanwalt Ante Pavelic 1929 gegründete Ustaschabewegung. Durch Bulgarien, Ungarn und Italien[1]) unterstützt, hatte Pavelic vom Ausland her versucht, den jugoslawischen Zentralstaat, der scharf gegen autonomistische Tendenzen vorging, zu destabilisieren. In der Wahl ihrer Mittel waren beide Seiten nicht zimperlich. Die serbische Repression beantworteten die Kroaten mit terroristischen Aktionen. Da Pavelic seinen politischen Schwerpunkt im italienischen Exil hatte, ist der tatsächliche Einfluß seiner Bewegung in Kroatien selbst nur schwer einzuschätzen. Jedenfalls dürfte er 1941 nicht mehr als 40000 Parteigänger gehabt haben[2]), obwohl besonders die akademische Jugend den radikalen Nationalisten zuneigte. So stellte die Ustascha im Agram 1940 die stärkste Studentengruppe. Das innenpolitische Ziel der radikalen Ustascha war die Schaffung eines rein kroatischen Nationalstaates. Von den 6,3 Millionen Einwohnern waren aber nur 3,3 Millionen Kroaten, hinzu kamen fast 2 Millionen Serben, 700000 Muselmanen und zahlreiche andere Volksgruppen. Der ultrakatholische Haß kroatischer Extremisten richtete sich insbesondere gegen die pravoslawischen Serben, die 23 Jahre lang die Geschicke des jugoslawischen Staates bestimmt hatten. Poglavnik (Staatsführer) Pavelic propagierte für die »Lösung des Serbenproblems« ein einfaches Rezept[3]): »Ein Drittel muß katholisch werden, ein Drittel muß das Land verlassen, ein Drittel muß sterben.« Die unmittelbar nach der Staatsgründung anlaufenden Exzesse an der serbischen Bevölkerung sind nur verständlich, wenn man sich das Ausmaß der Belgrader Repression während der Jahre 1918–1941 vergegenwärtigt.[4]) Im

Juni 1928 wurde im Parlament ein Revolverattentat auf kroatische Abgeordnete verübt, sechs Monate später richtete die serbische Polizei ein Blutbad unter kroatischen Demonstranten an. Nach Einführung der Königsdiktatur 1929 verbot das Regime die kroatische Fahne und die kroatische Hymne. Rechtfertigen läßt sich der kroatische Terror, der zum Genozid ausartete, durch die vorhergehenden Verfolgungsmaßnahmen allerdings nicht. Insgesamt fielen mehrere Hunderttausend Serben den Ausrottungsmaßnahmen der Ustascha zum Opfer, wobei die Schätzungen von 300000 bis 750000 Ermordeten reichen.[5] Um vor den Ustascha-Greueln sicher zu sein, konvertierten etwa 240000 orthodoxe Serben zum Katholizismus.[6] Aber Rechtssicherheit gab es nicht in Kroatien, wo die verschiedensten politischen Bewegungen und Nationalitäten aufeinander einschlugen. Ustascha gegen Četniks, Četniks gegen Tito-Partisanen, Tito-Partisanen gegen Ustascha, Četniks gegen Muselmanen. In den Auseinandersetzungen vermischten sich ethnische, religiöse und weltanschauliche Divergenzen. Pardon wurde von keiner Seite gegeben, das Abschneiden von Ohren, Ausstechen von Augen und Herausreißen von Herzen gehörte zum Kampfalltag der verschiedenen Bürgerkriegsparteien. Die Kommunisten, die ihre Opfer mit Vorliebe in Karsthöhlen warfen, erhielten schon bald den furchterregenden Spitznamen »Grubengeier«.[7]

Die allgemeine Anarchie im Lande mußte den Kampfgeist der kroatischen Truppen negativ beeinflussen. Außerdem war den Streitkräften bereits eine Strukturschwäche in die Wiege gelegt, da sie zweigleisig, in Ustascha-Miliz und Landwehr (Domobranen) geteilt, aufgebaut wurden. Der Ustascha kam dabei die Doppelfunktion zu, gleichzeitig als eine der Waffen-SS vergleichbare Elitetruppe und als politische Polizei zu fungieren.[8] Während sich die Ustascha-Verbände nur aus Freiwilligen rekrutierten, mußte die Domobranen-Armee, die äußerst schlecht ausgebildet und ausgerüstet war, auf Wehrpflichtige zurückgreifen. Unzureichend verpflegt, mit einem Tagessold von 5 Kuna (1 Kuna = 0,05 RM) abgefunden und ohne hinreichende Motivierung in aussichtslose Gefechte geschickt, versagten die Domobranen häufig und liefen zu den Partisanen über. Auch das uneinheitliche Offizierskorps vermochte nicht, den Streitkräften den nötigen Rückhalt zu geben. Ehemalige k.u.k. Offiziere, jugoslawische Offiziere und Ustascha-Kommandeure, die sich mehr oder weniger feindlich gegenüberstanden, vervollständigten das Bild einer strukturell fehlentwickelten und innerlich zerrissenen Armee. Die deutschen Urteile über den kroatischen Verbündeten waren zum Teil vernichtend. So schrieb Feldmarschall Maximilian Freiherr von Weichs am 4.10.1943[9]): »Banja Luka. Kroatische Bataillone denkbar schlechter Eindruck. Furchtbare Bekleidung, zerrissene Drillichsachen, sonst nichts. Truppe macht mißtrauischen, unfrohen Eindruck, mehr Sträflinge als Soldaten, keine planmäßige Ausbildung. Aus dieser Armee wird nie etwas.« Im gleichen Jahr stellte der Oberbefehlshaber Südost in einer Denkschrift fest, daß selbst die Polizeiverbände auseinanderfielen[10]): »Verängstigt, schlecht bezahlt und politisch unzuverlässig geworden, ist die Polizei heute nicht mehr als ein verläßliches Instrument des Staates anzusehen.« Folgerichtig stellte der Deutsche Bevollmächtigte General in Agram, Glaise von Horstenau, fest, daß es nahezu ein Wunder sei[11]), »wenn mit den schlecht ausgebildeten, jämmerlich bekleideten und hungernden Truppen überhaupt etwas geleistet« werde.

Geschlossener traten die kroatischen Kader auf, die von den Deutschen ausgebildet und ausgerüstet wurden. Bereits am 23.6.1941 hatte der Poglavnik in einem Brief an Hitler den Wunsch ausgesprochen, zum Kampf gegen die Sowjetunion ein Freiwilligenkontingent abzustellen. Hitler entsprach dieser Bitte am 1. Juli.[12]) Pavelics Angebot war gleichzeitig der Versuch, sich der Suprematie des italienischen Königreichs zu entziehen, das als Schutzmacht Kroatiens auftrat. Ohne daß größere Werbemaßnahmen nötig gewesen wären, sammelten sich in Agram 5000 Freiwillige für den neuen antibolschewistischen Verband, der zur Ausbildung nach Döllersheim verlegt wurde. Etwa 3000 Mann bildeten das verstärkte kroatische Infanterieregiment 369. Als drittes Regiment der 100. leichten Infanteriedivision kamen die Kroaten im Bereich der Heeresgruppe Süd zum Einsatz. Bis zum 15. November 1941 erlitt die Einheit bereits 165 Mann Verluste.[13]) Die Kroaten hatten erhebliche Schwierigkeiten mit den ihnen ungewohnt harten deutschen Disziplinarbestimmungen.[14]) Durch deutsche Feldgerichte ausgesprochene Todesurteile wirkten sich ungünstig auf die Einsatzbereitschaft aus, bis die Wehrmacht ihre Strafbestimmungen etwas geschmeidiger handhabe. Im Spätsommer 1942 gelangte das Regiment in den Raum von Stalingrad. General Paulus war voll des Lobes über seine kroatischen Legionäre[15]): »Von allen Verbündeten sind die Kroaten die besten Soldaten.« In Stalingrad teilten die Freiwilligen das Schicksal der eingeschlossenen 6. Armee. Das Regiment 369 schlug sich verbissen um die Trümmer der Wolgastadt, 1000 Verwundete konnten ausgeflogen werden. Am 31. 1. 1943 zogen etwa 800–900 überlebende Kroaten in sowjetische Gefangenschaft. Oberstleutnant Marko Mesić, der letzte Kommandeur der Kroaten, lieferte einen neuen Beweis dafür, daß die Loyalität der kroatischen Offizierskorps zum jungen Ustascha-Staat brüchig war. Er bildete in der Gefangenschaft die 1. königliche jugoslawische Brigade in der Sowjetunion, die im Herbst 1944 Tito, dem Todfeind der kroatischen Unabhängigkeit, unterstellt wurde.

Neben kroatischen Infanteristen verlegte Agram auch freiwillige Flieger und Matrosen an die Ostfront. Die Kroaten bildeten je eine Jagd- und Bomberstaffel, die dem JG 52 bzw. dem KG 53 angegliedert waren. Bis zu ihrem Rückzug nach Kroatien im Juli 1944 schossen die Jäger 263 feindliche Maschinen ab[16]), die mit der Do 17 und später der Ju 88 ausgerüsteten Kampfflieger führten mehr als 3500 Einsätze durch. Bis zum Sommer 1944 dauerte auch das Engagement der kroatischen Marinelegion. Die die Souveränität Kroatiens stark einschränkenden italienisch-kroatischen Verträge vom Mai 1941 verboten Agram die Aufstellung einer eigenen Kriegsmarine. Dieses Verdikt konnten die Kroaten durch ein kleines Kontingent unterlaufen, das in deutschen Diensten stand und von Fregattenkapitän Andro Vrkljan geführt wurde. Kroatische Freiwillige, die ihrerseits urkrainische Hilfswillige anheuerten, übernahmen mit Fischkuttern, Leichtern, Seglern und Motorbooten wichtige Sicherungsaufgaben im Asowschen und Schwarzen Meer. Trotz unzureichender Ausrüstung und Bewaffnung bewährte sich die kroatische Mini-Flotte. Nach dem Ausscheiden Italiens aus dem Achsenbündnis im September 1943 konnte auch in Kroatien selbst der Grundstock für eine nationale Marine gelegt werden. Aber Agram hatte wenig Glück mit der neuen Waffengattung. Die kroatische Flußflottille, bestehend aus 12 Wachschiffen, 2 gehobenen Monitoren und einigen Hilfsschiffen, desertierte seit Ende 1943 in zunehmendem Maß zu den Partisanen.[17]) Das kroatische Torpedoboot T 7 wurde im Juni 1944 von britischen Seestreitkräften angegriffen und schwer beschädigt. Heiligabend 1944 schließlich versuchte die demoralisierte neu gegründete kroatische Küstenflotte sich selbständig zu machen und zu den Westmächten überzugehen. Der Versuch mißlang, die Deutschen lösten die Marine auf.[18]) Übrig blieb allein ein größeres Boot mit kroatischer Besatzung, das unter der Reichskriegsflagge laufende, bereits 1914 gebaute Torpedoboot TA 48. Es sank im Februar 1945 bei einem Bombenangriff auf Fiume.

Die kroatischen Jagdflieger-Asse und ihre Erfolge 1941–1944

Hauptmann Galić	46 Luftsiege
Hauptmann Dukovac	45 Luftsiege
Hauptmann Benetić	26 Luftsiege
Oberst Djal	23 Luftsiege
Feldwebel Miković	22 Luftsiege
Major Ferenčina	16 Luftsiege
Major Stipčić	16 Luftsiege
Major Culinović	15 Luftsiege
Feldwebel Martinko	13 Luftsiege
Fähnrich Avdić	12 Luftsiege
Stabsfeldwebel Radić	8 Luftsiege
Leutnant Lasta	6 Luftsiege

Da sich das verstärkte kroatische Infanterieregiment 369 gut geschlagen hatte, gingen die Deutschen seit Herbst 1942 daran, weitere kroatische Einheiten aufzustellen, diesmal jedoch nicht aus Freiwilligen, sondern aus Wehrpflichtigen. Die 2000 kroatischen Freiwilligen des Jahres 1941, die nicht mit ihrem Regiment zur Ostfront gelangt waren, bildeten den Grundstock für drei deutsch-kroatische Legionsdivisionen, die 369., 373. und 392. ID. (kroat.). Nach ihrer Ausbildung im Reich erfolgte der Rücktransport der Divisionen in die Heimat. Die 369. verlegte bereits im Dezember 1942 nach Kroatien, die 373. im Mai 1943 und die 392. folgte im Januar 1944. Besonders bei der zuletzt aufgestellten Einheit war ein erheblicher Verfall der Kampfmoral festzustellen.

Seit Anfang 1943 bemühte sich auch Himmler um fremdvölkische Balkan-Rekruten für seine zur Vielvölkerarmee ausgeweitete Waffen-SS. Hitler gab am 10. 2. 1943 den Befehl zur Aufstellung einer Moslem-Division. Drei Tage später wurde der deutsche Gesandte in Agram angewiesen, das Einverständnis des Poglavnik für die Rekrutierung kroatischer Freiwilliger einzuholen.[19] Pavelic gab widerstrebend sein Plazet, versuchte ansonsten aber nach Kräften, die Aufstellung der Division zu hintertreiben. Er konterkarierte die insbesondere in Bosnien und der Herzegowina anlaufende Werbekampagne, indem er SS-Freiwillige zur kroatischen Armee einziehen oder in Konzentrationslager überführen ließ.[20] Die Deutschen wiederum waren bei

215

der Auslegung des Begriffs »Freiwillige« recht großzügig und rekrutierten das fehlende Personal ohne Rücksicht auf die persönlichen
Wünsche der Betroffenen. Es darf jedoch nicht übersehen werden, daß
ein Großteil des Mannschaftsbestandes aus Überzeugung zu der Division stieß, die im Mai 1944 den Namen 13. Waffen-Gebirgs-Division
der SS Handschar (kroatische Nr. 1) erhielt. Selbst aus den Pavelic-
Streitkräften desertierte mancher Moslem zur Waffen-SS. Hinter
diesem Engagement stand keine pro-nationalsozialistische Überzeugung, sondern der Wunsch, mit deutscher Ausbildung und
deutscher Ausrüstung eine Elitegruppe zu bilden, die mit den ver-
haßten Četniks aufräumen würde, denen allein im Sandschak etwa
70000 Muselmanen zum Opfer gefallen waren.[21] Der Gedanke der
Vendetta, der Serbenhaß, der Wunsch, alte Rechnungen zu begleichen,
spielte bei vielen muselmanischen Freiwilligen eine entscheidende
Rolle.[22] Hinzu kam die von den Deutschen genährte Hoffnung einer
Autonomie Bosniens und der Herzegowina[23]), die dem Selbständig-
keitsstreben der jungen Muselmanen entgegenkam. Himmler war
fasziniert von seinen neuen Rekruten und sah in dem gemeinsamen
Feindbild von Antijudaismus und Antikommunismus eine ver-
bindende Klammer zwischen Islam und Nationalsozialismus. Er
kümmerte sich persönlich um seine Schützlinge, denen er zahlreiche
Privilegien einräumte und wies seine Offiziere an, die Sonderrechte der
Muselmanen peinlich genau einzuhalten.[24]): »Ich wünsche nicht, daß
wegen der Torheit und Engstirnigkeit allenfalls eines Einzelnen eine in
die Zehntausend gehende Anzahl braver Freiwilliger und deren
Familien mißmutig werden und sich in den ihnen gegebenen Rechten
betrogen fühlen. Sturer Komißgeist kann hier – wie in so vielen
anderen Fällen – mehr verderben als gutmachen... Ich verbiete außerdem in diesen Dingen jedes sonst im Kameradenkreis beliebte Witzeln
oder ›Auf-den-Arm-Nehmen‹ der mohammedanischen Freiwilligen.
Über das den Mohammedanern gegebene Sonderrecht gibt es auch im
Kreise der Kameraden keine Diskussion.« Die Division, deren Angehörige mit äußerst malerischen Fezen ausgerüstet wurden, erhielt
eigene Imane und Mullahs und durfte ihre Reglements streng nach
dem Koran ausrichten. Schwierigkeiten blieben trotzdem nicht aus.
Pavelic bremste die Werbung, Kommunisten und Četniks versuchten
durch Terror, die Moslems einzuschüchtern. So ermordeten Partisanen
den als Sturmbannführer vorgesehenen Major und Milizführer Hadži
Effendić und 55 seiner Männer, um den Bosniern den Schneid abzu-

kaufen. Auch gärte es innerhalb der neuen Freiwilligentruppe, deren deutsches Offizierskorps nur zum Teil den Anforderungen genügte, die eine fremdvölkische Einheit mit sich brachte. Als Bataillonskommandeur fungierte zum Beispiel der frühere Kommandant des KZ Natzweiler, Sturmbannführer Zill. Die Spannungen entluden sich, nachdem die Division im Juli 1943 zur Ausbildung nach Südfrankreich verlegt worden war. In Villefranche de Rouergue meuterten im September etwa 1000 Muselmanen des Pionier-Btls. 13 und brachten einige ihrer Offiziere um. Der Aufstand konnte niedergeschlagen werden, nachdem rund 50 Moslems füsiliert worden waren.[25] Daß die Division überhaupt inneren Zusammenhalt fand, verdankte sie dem Großmufti von Jerusalem, der die Moslem-Rekruten mit Erfolg zum »Heiligen Krieg« aufrief. Stolz berichtete die Deutsche Pressekorrespondenz am 12. Januar 1944 über die »Muselmänner Bosniens«[26]):

> »In dem Aufmarsch dieser bosnischen Freiwilligenverbände bekundet sich eine politische Tatsache, die nicht unterschätzt werden darf. Während die Bolschewisten im Iran und Irak – allerdings erfolglos – versuchen, die mohammedanische Welt für sich zu gewinnen, treten bosnische Mohammedaner zum Kampf gegen den Bolschewismus an – zu einem Kampf, den der Großmufti von Jerusalem durch seinen Besuch bei den Freiwilligenverbänden gesegnet hat.«

Die bosnisch-herzegowinische SS-Division, zu der auch ein Bataillon Albaner gehörte, verlegte im Februar 1944 nach Bosnien, um dort auf Partisanenjagd zu gehen. Ihr werden zahlreiche Kriegsverbrechen zur Last gelegt, man darf daher davon ausgehen, daß sie sich der Kampfweise ihrer Gegner anglich.

Im Juni 1944 wurde mit der Aufstellung einer zweiten Division aus kroatischen Muselmanen begonnen, die den Namen 23. Waffen-Gebirgs-Division der SS Kama (kroatische Nr. 2) erhielt. Divisionskommandeur war SS-Standartenführer Hellmuth Raithel. Kama kam nie über eine Personalstärke von etwa 8000 Mann hinaus. Sie wurde in der Batschka ausgebildet, wobei es an Artillerie und panzerbrechenden Waffen mangelte. Die Freiwilligen lagen an der Theiß, als die Sowjets zum Stoß auf Belgrad ansetzten. Ohne daß es zu Auflösungserscheinungen kam, bemächtigte sich der Männer die Sorge um ihre Angehörigen in Bosnien. Die unfertige Division wurde schließlich aus dem neuungarischen Gebiet herausgezogen, die Muselmanen sollten der durch Fahnenflucht geschwächten Division Handschar[27]) überstellt werden. Auf dem Marsch nach Neusatz zeigte es sich, daß auch der preußische Drill nicht vermocht hatte, eine bedingungslos parierende Truppe heranzubilden. Ein kroatischer Oberscharführer versuchte, das Kommando über die Marschkolonnen zu übernehmen, um mit der Truppe einen Privatkrieg auf heimischen Boden anzufangen. Raithel, der intervenieren wollte, sah sich von rund 500–600 Mann seiner Division umringt, die die Gewehre auf ihn richteten.[28]) Die prekäre Situation konnte erst bereinigt werden, nachdem die Rädelsführer verhaftet worden waren.

Die Episode bewies, daß die moslemischen Freiwilligen nur auf ihrem Heimatboden hartnäckig und ausdauernd kämpfen würden. Im September/Oktober 1944 wurden daher alle Bosnier und Kroaten aus den Divisionen Kama und Handschar entlassen, zum Teil führten sie den Kampf gegen die Partisanen auf eigene Faust weiter. Kama hörte auf zu bestehen, Handschar blieb als deutsche Kampfgruppe bis zum Kriegsende an der Front. Eine weitere Division der Waffen-SS ist auf dem Gebiet Kroatiens nicht aufgestellt worden. Bei der in der Literatur häufig erwähnten »SS-Gendarmerie-Division«[29]) dürfte es sich um fünf Polizei-Freiwilligen-Regimenter handeln, die 1944 aus volksdeutschen und kroatischen Mannschaften gebildet wurden.[30])

Kroatische Verbände 1941–1945

Integriert in deutsche Streitkräfte

Einheit	Stärke	Stand
Verstärktes kroat. Inf.-Rgt. 369	3800	1941
kroatische Flieger-Legion	1000	1942
kroatische Marine-Legion	300	1942
369. Infanterie-Division (kroat.)	12000	1942
373. Infanterie-Division (kroat.)	16000	1943
392. Infanterie-Division (kroat.)	12000	1944
13. Waffengebirgsdivision der SS Handschar (kroat. Nr. 1)	21065	1943
23. Waffengebirgsdivision der SS Kama (kroat. Nr. 2)	8000	1944
Pol.-Frw.-Rgt. 1–5	5000	1944

Kroatische Bewaffnete Macht (Bezeichnung ab 1944)

	1941	1942	1943	1944	1945
Ustascha	10000		64000	114000	
		66000			200000
Landwehr	32000		40000	40000	

Im Herbst 1944 läuteten die vordringenden Kommunisten den Endkampf auf dem Balkan ein. Die kroatischen Truppen schlugen sich besser als noch 1941 und 1942[31]), denn ihre Soldaten kämpften für sich und
ihre Familien ums nackte Überleben. Ustascha-Einheiten ergaben sich
grundsätzlich nicht. Pavelic verfügte Ende 1944 über annähernd
200000 Soldaten, unter ihnen 150000 Mann Kampftruppen. »Sie
kämpften gut und zogen sich langsam zurück.«[32]) Ihnen gegenüber
standen etwa 500000 rote Partisanen[33]), die Četnik-Bewegung befand
sich in Auflösung. In letzter Stunde versuchte der Poglavnik noch eine
Vereinheitlichung seiner Truppen durchzuführen und die Domobranen mit der Ustascha zu verschmelzen. Im März 1945 befahl er die Bildung von 5 Ustascha-Korps aus je drei bis vier Felddivisionen. Im gleichen Monat mußte die 9. kroatische Division wegen zahlreicher Überläufer entwaffnet werden[34]), die 373. ID. (kroat.) wurde bei Bihać eingeschlossen und schmolz zusammen. Alle drei deutsch-kroatischen Legionsdivisionen bestanden im April 1945 fast nur noch aus dem deutschen Rahmenpersonal, kampffähig waren zu diesem Zeitpunkt noch
12 kroatische Divisionen.[35])
Im Mai 1945 zogen sich rund 200000 kroatische Soldaten und
200000 Zivilisten[36]) Richtung Österreich zurück. Mehr als 10 Prozent
der kroatischen Bevölkerung war auf der Flucht vor den Partisanen unter dem roten Stern. Die Kroaten boten den Briten die Kapitulation an,
aber diese lehnten ab und drohten den Flüchtlingen für den Fall, daß
sie versuchen sollten, auf britisch besetztes Gebiet auszuweichen, die sichere Vernichtung an.[37]) Am 15. 5., um 16 Uhr Ortszeit, war die kroatische Armee gezwungen, vor den Partisanen die Waffen zu strecken.
Die Tragödie von Bleiburg nahm ihren Lauf. Titos Männer massakrier-
ten mindestens 100000, wenn nicht gar 150000 oder 200000 Kroaten.[38])
Die Siegesdenkmäler der proletarischen Divisionen waren Massengräber: 40000 Ermordete in Maribor, 30000 in Kočevje und 25000 in
Sankt Veit. Hinzu kamen etwa 12000 italienische Opfer[39]), die die

Kommunisten in die Karsthöhlen warfen. Das Verbrechen der Italiener bestand darin, daß sie den jugoslawischen Gebietsansprüchen auf Triest und Istrien im Wege waren. Selbst die Leichen von alliierten Soldaten wurden nach dem Krieg aus den auf italienischem Gebiet befindlichen »foibe« (Dolinen) geborgen. Katyn war ein Kavaliersdelikt gegen diesen Mordrausch. Die in die Zwangsrepatriierung verwickelten britischen Politiker und höheren Offiziere können sich von einer Mitschuld an den Greueln kaum freisprechen: der englische Historiker Graf Nikolai Tolstoy ist aufgrund seiner Forschungen zu dem Ergebnis gelangt, daß die Verantwortlichen wußten, welches Schicksal die Ausgelieferten erwartete.[40])

Insgesamt kostete die gegenseitige Vernichtungsorgie auf dem Gebiet Jugoslawiens etwa 1,7 bis 2 Millionen Menschen das Leben[41]), wobei Kroatien mit 661500 Getöteten die höchsten Verluste hinnehmen mußte. Eine auch nur im Ansatz erkennbare objektive Auseinandersetzung mit der leidvollen Vergangenheit hat in der Volksrepublik Jugoslawien bis heute nicht eingesetzt. Im Gegenteil, nach einem säuberlichen Freund-Feind-Denken werden alle Untaten der Kriegsjahre den nationalistischen Kräften und den Deutschen in die Schuhe geschoben. Bis heute muß der Vorwurf der Kollaboration dafür herhalten, aufmüpfige Nationalitäten, wie etwa die Muselmanen, zu stigmatisieren.[42]) Der Ustascha fällt in toto die Rolle des Oberteufels zu. So verwundert es nicht, daß bereits ein Streichholzaufdruck, der dem Symbol der Ustascha (»U«) entfernt ähnelt, in Jugoslawien ein kleines politisches Erdbeben auslösen kann.[43])

Slowenien

Nach dem kurzen Feldzug gegen Jugoslawien wurde der Vielvölkerstaat im April 1941 aufgeteilt. Von Slowenien fiel ein kleiner Teil an Ungarn, Italien erhielt den südlichen Teil mit Laibach und Deutschland besetzte den nördlichen Teil der Krain sowie die Gebiete der altösterreichischen Kronländer Steiermark und Kärnten, die 1919 von Österreich abgetrennt worden waren. Das dem Reich zufallende Gebiet umfaßte ca. 9600 qkm mit 775000 Einwohnern, von denen 96,4% Slowenen waren. Obwohl eine formelle Annektierung der Region nicht stattfand, wurde sie in der Folgezeit als Reichsgebiet behandelt, das germanisiert werden sollte. Rund 55000 Slowenen wurden umgesiedelt und deportiert, eine Maßnahme, die die deutsch-freundlichen Slowenen gegen ihre neuen Herrscher aufbrachte.

Die Italiener verfuhren in ihrer Besatzungszone wesentlich geschmeidiger. Sie arbeiteten mit den konservativen und klerikalen Kreisen Sloweniens zusammen, um ein Gegengewicht gegen die erstarkende kommunistische Partisanenbewegung zu schaffen. Angehörige der Slowenischen Volks-Partei, die in der Zwischenkriegszeit dominierend gewesen war, kollaborierten mit den Italienern und stellten eine Slowenische Legion auf, die die Ordnung im Lande aufrechterhalten sollte. Zum Bürgermeister von Laibach ernannten die Besatzungsbehörden den ehemaligen jugoslawischen General Leon Rupnik. Mit Billigung des Bischofs von Laibach, Dr. Rožman, faßten die Italiener antikommunistische Kräfte in der Milizia Volontaria Anticomunista (MVAC) zusammen. Die Angehörigen des Offizierskorps, die Dr. Rožman namentlich benannte, entließ der kommandierende italienische General aus den Gefangenenlagern. Das einheimische Führerkorps machte die Miliz populär: im September 1942 hatten sich ihr 1000 Freiwillige angeschlossen, im Februar 1943 waren es bereits 5145 Mann und am 14. 8. 1943 6049 Mann.[1]) Die MVAC verstand sich primär als antikommunistische Einheit und nicht als italienische Hilfstruppe.

Nach dem italienischen Frontwechsel im September 1943 wurden die Provinzen Udine, Görz, Triest, Pola, Fiume, Laibach, Quarnaro und weitere Regionen unter deutscher Zivilverwaltung zur Operationszone Adriatisches Küstenland zusammengefaßt. Es handelte sich dabei überwiegend um Gebiete, die bis zum Ende des 1. Weltkrieges Bestandteil der österreichisch-ungarischen Monarchie gewesen waren. Der Kärntner Gauleiter und Reichsstatthalter Rainer fungierte als Chef der Zivilverwaltung. Friedrich Rainer verabscheute die Praktiken, wie sie die deutsche Verwaltung in Polen und in den besetzten Sowjetrepubliken anwandte. Er bevorzugte »österreichische Methoden«[2]), den Ausgleich mit rechtsgerichteten und kirchlichen slowenischen Kreisen, denen Rainer kulturelle und nationale Autonomie in Aussicht stellte. Seine Zukunftspläne für die Operationszone Adriatisches Küstenland standen in der Tradition Groß-Österreichs: Aus dem Gebiet um Udine sollte der Pufferstaat Friaul werden, die Provinz von Laibach hatte den Status des ehemaligen Herzogtums Krain wiederzugewinnen. Langfristig schwebte Rainer die Bildung der Reichsmarken Krain, Görz und Istrien als Endziel seiner Politik in dem gemischtsprachigen Raum vor.[3]) Dieses Konzept, das eine Annexion vorerst ausschloß, ermöglichte eine Zusammenarbeit zwischen dem Gauleiter und General Rupnik sowie Bischof Rožman. Rupnik war im September 1943 von antikommunistischen slowenischen Kreisen gebeten worden, eine zuverlässige Streitmacht gegen die kommunistische Gefahr aufzubauen, ein nationales Heer, dessen Einsatz und Präsenz gleichzeitig deutschen Repressionsmaßnahmen den Boden entziehen sollte. Rupnik faßte alle antikommunistischen Kräfte zusammen und ging bereits am 12. September zur Offensive gegen die Partisanen über. In der Gegend von Krka schlug er eine kommunistische Einheit in die Flucht und sicherte sich dadurch die Anerkennung durch die Besatzungsmacht. Rund 15000 Freiwillige bildeten das slowenische Heer (Slovensko Domobranstvo), das dem SSuPF in Laibach unterstellt wurde.[4] Bis zur Kapitulation sollten die Domobranen in heftige Kämpfe mit Partisanenbanden verwickelt sein. Die Gefechte im Raum von Kočevje vom 21. 10. bis 12. 12. 1943 waren derartig erbittert, daß die Zone den Namen »Slowenischer Alcazar« erhielt. Der Einsatzwille und Kampfgeist der slowenischen Freiwilligen wurde entscheidend durch den Klerus stimuliert. Bischof Rožman hatte seine Priester zu Agitatoren und Propagandisten für die Domobranen-Armee gemacht, die als Speerspitze der slowenischen Autonomie angesehen wurde. Ein Priester gründete auch einen weiteren antikommunistischen Kampfverband, die Weiße Garde (Bela Garda), so daß die slowenische Geistlichkeit über einen eigenen bewaffneten Arm verfügte – eine Reminiszenz an die Zeit der Kreuzzüge. Die Weißgardisten wurden von den Kommunisten unbarmherzig verfolgt. Als die Burg Turjak, in der sich 700 Angehörige der Bela Garda verschanzt hatten, im Sommer 1943 von Tito-Einheiten eingenommen worden war, ermordeten die Partisanen sämtliche Gefangenen. Auf die Frage eines Genossen nach dem Grund für das Massaker antwortete Eduard Kardelj, der spätere Vizeministerpräsident, Parteiideologe und zweite Mann nach Tito, zynisch: »Das wird sie demoralisieren.«[5])

Antikommunistische Slowenen dienten nicht nur in der Weißen Garde und bei den den Domobranen, sondern auch in dem SS-Karstwehr-Bataillon, das auf Befehl des Reichsführers SS vom 18. Juli 1944 den Grundstock für die Karstjäger-Division bilden sollte.[6]) Das Karstwehr-Bataillon umfaßte neben Slowenen Volksdeutsche aus dem gesamten Balkan, Istrier und Italiener. Für die Angehörigen dieser Eliteeinheit bedeutete Gefangennahme durch die Partisanen in den meisten Fällen den sicheren Tod. So wurden nach einem Einsatz im Februar 1944

15 Mann des Karstwehr-Bataillons vermißt. Die deutsche Suchmannschaft fand ihre grausam verstümmelten Leichen. Die Partisanen hatten den Freiwilligen, die nicht älter als 20 Jahre waren, zum Teil den Kopf abgeschnitten und auf Bajonette gespießt.[7])
Der Terror des Bandenkrieges sollte aber nur ein kleiner Vorgeschmack für das sein, was die slowenischen Antikommunisten im Mai 1945 erwartete. In den ersten Maitagen hatte sich in Laibach ein Slowenischer Nationalrat gebildet, der General Rupnik absetzte und General Franc Krener zum neuen Kommandanten der Domobranen ernannte. 41 Abgeordnete der Slowenischen Volks-Partei, 28 Liberale und ein Vertreter der Sozialisten wandten sich am 3. Mai in einem verzweifelten Appell an die jugoslawische Exilregierung und die kommunistischen Partisanen. Der Aufruf ging in dem unaufhaltsamen Zusammenbruch der Achsenstreitkräfte unter. 12000 slowenische Domobranen mit zahlreichen Flüchtlingen zogen sich kämpfend in Richtung Österreich zurück, am 10. Mai passierte das slowenische Heer den Loibl-Paß. Die Engländer internierten die Slowenen zusammen mit Angehörigen des Serbischen Freiwilligen-Korps unter Oberstleutnant Radoslav Tatalović im Lager Viktring bei Klagenfurt. Am 23. Mai gaben die Briten bekannt, Serben und Slowenen würden nach Italien verlegt, wo sie zur Königlich Jugoslawischen Armee stoßen sollten. Einige Offiziere aber blieben mißtrauisch und hatten Zweifel an dem angekündigten Transportziel. So entwickelte sich folgender Dialog zwischen Oberstleutnant Tatalović und dem ranghöchsten englischen Offizier, Major William Johnson[8]):
»Major, wohin gehen wir?«
Der britische Major antwortet:
»Um uns Ihrer Armee in Italien anzuschließen.«
Oberstleutnant Tatalović:
»Ihr Ehrenwort, Major?«
Der britische Major:
»Mein Ehrenwort!«
Die Serben wurden als erste abtransportiert und in Maria Elend den Tito-Partisanen übergeben. Am 29. Mai wurden sie in Kočevje erschossen. Obwohl General Krener von einigen Augenzeugen gewarnt wurde, daß die Engländer seine Leute an die Kommunisten auslieferten, klammerte er sich weiter an das Ehrenwort der Briten. So nahm die Auslieferung ihren Lauf.[9]) Am 27. Mai wurden 680 Slowenen den Partisanen übergeben, am 28. Mai 3000 Mann, einen Tag später

1800 Mann. Am 30. Mai schließlich waren es 3000 Slowenen, am 31. Mai noch einmal 2700 Mann. Insgesamt 11800 Angehörige des slowenischen Heeres wurden deportiert und von Titos Männern in Kočevje erschossen. Die Engländer hatten eine Einheit in den Tod geschickt, die zu jeder Zeit des Krieges bereit gewesen wäre, sich im Fall einer angloamerikanischen Landung auf dem Balkan den Westalliierten anzuschließen ...

Serbien

Die Nedić-Verbände

>Alle meine Bemühungen zu einer loyalen Zusammenarbeit mit den deutschen Organen haben negative Resultate gebracht«
General Milan Nedić, 22. 2. 1944

Die erste von der deutschen Besatzungsmacht zugelassene serbische Administration war eine kommissarische Regierung, die bloße Hilfsaufgaben erfüllte und deren Gendarmerieverbände den von deutscher Seite angeordneten Gegenterror ausführen sollten. Bereits im Mai 1941 standen der Militärverwaltung 1779 serbische Gendarmen und 153 Offiziere zur Verfügung. Diese weigerten sich bald, an den wahllosen Exekutionen von Landsleuten teilzunehmen. So mußte serbische Gendarmerie von deutschem Militär mit vorgehaltener Waffe gezwungen werden, Exekutionen auszuführen.[1]) Die Moral der serbischen Gendarmen sank auf den Nullpunkt, die kommissarische Regierung verlor jede Autorität. Um Ruhe und Ordnung aufrechtzuerhalten und ein Gegengewicht zu der serbischen Partisanenbewegung zu schaffen, installierten die Deutschen daher am 29. 8. 1941 eine Landesregierung mit erweiterten Zuständigkeiten. Ministerpräsident wurde General Milan Nedić, der frühere jugoslawische Armee- und Marineminister. Nedić, kein ausgesprochener Deutschenfreund und kein Anhänger des Nationalsozialismus, sah seine Aufgabe darin, die biologische Substanz des serbischen Volkes vor den Ausrottungsmaßnahmen der Ustascha und den deutschen Repressionsmaßnahmen zu retten. Er war seinem im Exil lebenden König Peter II. treu ergeben und sollte während seiner Regierungszeit nicht aufhören, die Deutschen mit Eingaben und Memoranden zu nerven, die eine Verbesserung der Lage der serbischen Bevölkerung zum Inhalt hatten. Innenpolitisch strebte Nedić einen Neuaufbau auf patriarchalisch-genossenschaftlicher Grundlage an.

Aus den bisherigen Gendarmerieverbänden und mit Unterstützung ehemaliger jugoslawischer Offiziere baute Nedić seit Februar 1942 eine Serbische Staatswache und eine Serbische Grenzwache auf. Die Verbände dürften zusammen nie mehr als 20000 Mann gezählt haben. Sie wurden auf den jugoslawischen König vereidigt – der im Lager der Alliierten stand – und kämpften unter serbischen Fahnen. Die Staatswache gliederte sich in Stadtwachen (Schutzpolizei), Landwache (Gendarmen), Dorfwache (uniformierte Hilfspolizei) und andere Abteilungen. Sie unterstand einsatzmäßig dem HSSuPF Serbien, die Serbische Grenzwache erhielt ihre Befehle von deutschen Zollorganen. Eine Sonderstellung innerhalb der Serbischen Staatswache nahm die 1300 Mann starke Banater Staatswache ein, die überwiegend aus Volksdeutschen zusammengesetzt war und sich auch durch ihre schwarzen Uniformen von den serbischen Soldaten unterschied.[2] Ausbildung und Ausrüstung der Nedić-Truppe waren erbärmlich. Noch 1943 besaßen die Männer zum Teil zerlumpte Uniformen und mußten mit einer Garnitur Wäsche auskommen[3], selbst die Wehrmachtsverpflegung wurde ihnen vorenthalten. Es ist daher nicht verwunderlich, daß Einsatzbereitschaft und Kampfgeist der Nedić-Verbände mehr als fraglich waren. Allein in dem Zeitraum vom 1. 4. 1942 bis 1. 3. 1943 desertierten 300 Mann. Konnte man bei Einsätzen gegen die kommunistischen Partisanen noch halbwegs auf die Serbische Staatswache zählen, so galt die Truppe als besonders unzuverlässig, wenn sie im Kampf den nationalistischen Četnik-Verbänden gegenüberstand. Diesen gelang es Ende November 1942, 128 Mann der Staatswache zu entwaffnen.[4] Die Grenzen zwischen dem Nedić-Verband und den serbisch-nationalistischen Partisanen waren fließend, Deserteure wechselten von dem einen in das andere Lager. Nedić selbst stand mit dem Četnik-Führer Draža Mihajlović in ständigem Kontakt. Die beiden serbischen Militärs unterschieden sich nur in der Wahl ihrer Mittel und Verbündeten, nicht aber in dem Ziel, Tito zurückzudrängen und dem serbischen Volk seine führende Position wiederzugewinnen.

Am 19. 9. 1943 wurde Nedić, der serbische Pétain, sowohl von Ribbentrop als auch von Hitler empfangen. Der serbische Ministerpräsident forderte vom Reichsaußenminister die Anerkennung der Unabhängigkeit seiner Heimat und die Angliederung Montenegros und des Sandschak an Serbien.[5] Praktische Ergebnisse zeigten die Gespräche nicht. Die Unterstellung der Staatswache unter Nedić blieb deutscherseits eine unverbindliche Geste, da der taktische Einsatz der Truppe weiterhin

deutschen Dienststellen oblag. Wenig Erfolg hatte auch der Sonderbevollmächtigte des Auswärtigen Amtes für den Südosten, Gesandter
Hermann Neubacher, der die Nedić-Administration durch Zugeständnisse an nationalserbische Interessen stärken wollte. Neubacher schlug
die Schaffung einer großserbischen Föderation vor, die aus Serbien,
Montenegro und dem Sandschak bestehen und eine Art »antikommunistischen Isolierblocks« darstellen sollte.[6]) Sein Plan scheiterte an dem
Mißtrauen und Widerspruch Hitlers. Der enttäuschte Nedić, ein Regierungschef ohne Exekutive, befand sich bald im Zustand permanenter
Demission. Er verstärkte seine Kontakte zu Mihajlović und unterbreitete den Deutschen im August 1944 das Angebot, alle nationalserbischen Kräfte unter Einschluß der Četniks zusammenzufassen und gegen die Kommunisten einzusetzen. Als Gegenleistung forderte er die
Ausrüstung einer serbischen Armee von 50000 Mann.[7]) Hitler war jedoch nicht bereit, großserbische Ambitionen zu unterstützen. Zum anderen fürchtete die deutsche Militärverwaltung nicht zu Unrecht, daß
die serbischen Nationalisten ihre Waffen gegen die Wehrmacht richten
würden, sobald eine angloamerikanische Landung auf dem Balkan erfolgte. Auch die Aufstellung einer serbischen Legion an der Ostfront
scheiterte an Hitlers Feindbild von den »serbischen Bombenwerfern«.
1942 hatte sich in Belgrad eine Anzahl junger Serben für den Kampf gegen den Kommunismus zur Wehrmacht gemeldet.[8]) Himmler war bereit, ein Bataillon probehalber in Rußland einzusetzen, aber Hitlers antislawische Vorurteile torpedierten das Unternehmen.
Die Reste der Serbischen Staatswache – etwa 2000 Mann – wurden im
Januar 1945 nach Wien evakuiert, wo sie im Rahmen des städtischen
Bauamtes eingesetzt werden sollten. Eine Gruppe von ihnen ging noch
vor Kriegsende zurück nach Slowenien, um sich dort den serbischen
und slowenischen antikommunistischen Kräften anzuschließen. Die
Angehörigen der Serbischen Staatswache gerieten im Mai 1945 in den
Strudel der Niederlage und wurden zum größten Teil durch die Tito-
Partisanen niedergemacht.

Das Serbische Freiwilligen-Korps

Das Serbische Freiwilligen-Korps (SFK) war eine Schöpfung des nationalrevolutionären ZBOR-Führers Dimitrije Ljotić. Der ehemalige Justizminister Ljotić hatte die ZBOR (Sammlung Jugoslawische Völki-

sche Bewegung) 1935 gegründet. Sie vertrat antikommunistische und antiliberale Positionen und forderte die Einführung eines Korporationssystems. Obwohl Serben die meisten Parteimitglieder stellten, war die ZBOR nicht großserbisch, sondern jugoslawisch ausgerichtet. Die stark christliche Komponente im Ideengut der Bewegung verhinderte eine engere ideologische Anbindung der jugoslawischen Faschisten an Rom oder Berlin. Den Deutschen warf Ljotić 1937 die »Vergöttlichung der Rasse« vor, den Italienern die »Vergötterung des Staates«.[9]) 1940 verbot die Belgrader Zentralregierung die ZBOR, aber die meist jugendlichen Anhänger agitierten im Untergrund weiter.

Ab 1941 kollaborierte Ljotić mit den Deutschen, um ein Gegengewicht gegen den kroatischen Chauvinismus zu schaffen und zumindest die Fiktion eines selbständigen serbischen Staates aufrechtzuerhalten. Ljotić unterstützte die Nedić-Regierung, an der einige ZBOR-Mitglieder als Minister beteiligt waren, hielt aber gleichzeitig auch Verbindung zu Mihajlović und dem jugoslawischen König im Exil. Das am 15. 9. 1941 in Belgrad aus der Taufe gehobene Serbische Freiwilligen-Korps, das sich überwiegend aus Anhängern Ljotićs rekrutierte, sollte nach deutschen Vorstellungen primär die Tito-Partisanen bekämpfen, wurde aber auch gegen die Četniks eingesetzt. Das dem Militärbefehlshaber Südost unterstellte SFK trug die Uniform der königlich jugoslawischen Armee und besaß im Januar 1942 eine Stärke von 3700 Mann.[10]) Geführt wurde die Einheit von Oberst, später General, Musicki, einem ehemaligen k.u.k. Offizier, der Adjutant der Königin Maria gewesen war. Auch sein Chef des Stabes, Oberstleutnant Tatalović, kam aus der ehemaligen österreichisch-ungarischen Armee.

Das Serbische Freiwilligen-Korps war die schlagkräftigste serbische Formation im Kampf gegen den Kommunismus. Der Gesandte Felix Benzler schrieb am 9. März 1943 an das Auswärtige Amt, die Ljotić-Freiwilligen seien trotz der monarchistischen Grundeinstellung die zuverlässigsten serbischen Einheiten.[11]) Aber besonders dem HSSuPF Serbien war das betont nationale Auftreten des SFK ein Dorn im Auge. Schließlich hatte die Militärverwaltung den serbischen Freiwilligen eine Fahne zugestanden, die die Aufschrift trug »Im Glaube zu Gott für König und Vaterland!« Auch leisteten die Ljotić-Anhänger keinen Eid auf Hitler, sondern auf ihre Heimat. Die Eidesformel lautete[12]):

»Ich schwöre beim allmächtigen Gott,
daß ich unter der Fahne des serbischen
Freiwilligenkorps jederzeit und bei

jeder Gelegenheit tapfer kämpfen und
nie untreu werde, daß ich dem serbischen Volk und Vaterland mit der
ganzen Seele ergeben und treu sein
werde, und daß ich die Befehle aller
meiner Vorgesetzten befolgen und
genau ausführen werde.
So wahr mir Gott helfe!«

Zwischen SS und OKW kam es zu einer Kontroverse um das Serbische
Freiwilligen-Korps, Himmler warf Generalfeldmarschall Keitel am
23. April 1943 vor, der Wehrmachtsbefehlshaber würde die serbischen
Freiwilligen »zu gut behandeln«.[13]) In seiner Antwort vom 15. 5. 1943[14])
stimmte Keitel »völlig« mit dem Reichsführer SS darin überein, daß die
Zulassung der serbischen Fahne und entsprechender Abzeichen ein
»Fehlgriff« gewesen sei. Bereits im März 1943 hatte Keitel zum Aus-
druck gebracht, daß das Serbische Freiwilligen-Korps keine Dauerein-
richtung sei und aufgelöst werden solle, sobald es die Lage zulasse.[15])
Zu einer Auflösung des Korps sollte es jedoch nie kommen, da die
Deutschen beim Anwachsen des Partisanenkrieges in immer höherem
Maße auf die kampfstarken Ljotić-Freiwilligen angewiesen waren. Der
Verband wurde für die deutsche Sicherung des serbischen Raumes un-
verzichtbar. Trotz der kritischen Töne Ljotićs gegenüber der deutschen
Besatzungspolitik auf dem Balkan und in Rußland sprach niemand
mehr von einer Demobilisierung des SFK. Ljotić hatte den Deutschen
1943 (?)[16]) ein 26seitiges Memorandum überreicht, das die blindwütige
deutsche Untermenschenpolitik im Osten geißelte und das Fehlen einer konstruktiven deutschen Europapolitik beklagte. Das Reich habe,
so stellte Ljotić fest, es nicht verstanden, die vorteilhafte Rolle des europäischen Hausherrn anzunehmen, europäische Ansätze seien über militärische Belange nicht hinausgekommen.[17]) Ljotićs Gedanken unterscheiden sich insoweit nicht von denen anderer europäischer Kollaborateure wie Laval oder Mussert.
Ende Mai 1944 bewies das SFK erneut seine Kampfkraft, als sich die
Einheit der 2. und 4. Tito-Division entgegenwarf und den kommunistischen Partisanen den Übergang über die Drina verwehrte.[18]) Im Juni
wurde die vom Militärbefehlshaber Südost beantragte Aufstockung
des Serbischen Freiwilligen-Korps auf 13842 Mann von Berlin genehmigt.[19]) Vorgesehen waren 5 Regimenter mit je 3 Bataillonen. Über eine

Stärke von etwa 9000 Kämpfern kam das SFK jedoch nicht hinaus.[20]) Die Deutschen hatten der Erweiterung des Ljotić-Verbandes nur unter Zurückstellung größter Bedenken zugestimmt, da man davon ausging, daß alle serbischen Verbände zu den Westalliierten übergehen würden, falls diese an der adriatischen Küste landeten.[21]) Im Oktober 1944 wurde das SFK, das zu diesem Zeitpunkt 4624 Soldaten und 217 Offiziere besaß, nach Istrien evakuiert. Jodl richtete ein Blitz-Fernschreiben aus den OB Südost[22]):

»Nach Zurücknahme der Front im Südosten
darf das verdiente Freiw.-Korps nicht seinem
Schicksal überlassen, sondern muß ander-
weitig für unsere Zwecke eingesetzt werden.«

Als serbische Freiwillige bei der Verlegung nach Fiume am 7. 12. 1944 die kroatische Hauptstadt Agram passierten, richtete sich der Terror der Ustascha auch gegen diese Männer, obwohl das SFK ein Verbündeter der Deutschen war und nie gegen Kroaten gekämpft hatte. Eine Ustascha-Abteilung holte 36 serbische Freiwillige aus dem Zug und erschoß sie umgehend, ein Verbrechen, das eine scharfe Protestnote der Reichsregierung auslöste.[23]) Beim Eintreffen im istrischen Raum wurde das Serbische Freiwilligen-Korps dem Reichsführer-SS unterstellt und mit Befehl vom 27. 11. 1944 und 23. 1. 1945 in die Waffen-SS versetzt. Praktische Konsequenzen hatte die Versetzung jedoch nicht. So heißt es in einem Dokument der Feld-Kommandostelle des RFSS vom 17. 2. 1945[24]), Himmler denke nicht daran »Namen, Zusammensetzung oder sonst irgend etwas dieses Verbandes zu ändern«. Zur Eingliederung des SFK in die Waffen-SS scheint es tatsächlich nicht gekommen zu sein.

Am 27. 3. 1945 wurden alle im istrisch-slowenischen Raum zusammengezogenen serbischen und slowenischen antikommunistischen Kräfte – insgesamt dürfte dürfte es sich um 35000 Mann gehandelt haben – Teil der jugoslawischen Heimatarmee des Četnik-Führers Draža Mihajlović. Wenn Ljotić und Mihajlović gehofft hatten, durch die Unterstellung unter den jugoslawischen König würden ihre Leute der Auslieferung an Tito und dem Holocaust entgehen, so sahen sie sich bitter enttäuscht. Die Briten lieferten 3 Regimenter des SFK mit 3000 Mann, unter ihnen auch Oberstleutnant Tatalović, an die Kommunisten aus, die alle serbischen Freiwilligen erschossen.[25])

13   15.IX.43.

ПОСЛУЖНАЯ ЗАПИСКА
состоящаго въ Охранной группѣ

Выдано удостовѣреніе № *199*

Наименованіе части *2ᵍ отрядъ*

Фамилія *Воробьевъ*

Имя *Александръ*

Отчество *Ѳедоровичъ*

Русскій чинъ или званіе *Полковникъ Инженеръ*

Имѣющіяся награды

Мѣсто и время рожденія *Оренбургъ, 22.X.1885.*

Вѣроисповѣданіе *Православное*

Семейное положеніе

Лица, состоящія на иждивеніи:

1.
2.
3.
4.
5.
6.

ПРОХОЖДЕНІЕ СЛУЖБЫ ВЪ ГРУППѢ:

Personalbogen eines Angehörigen des Russischen Schutzkorps Serbien (BA/MA RH 58/80)

230

Nach der Evakuierung des weißrussischen Wrangel-Heeres von der Krim 1921 fanden viele der zaristischen Armeeangehörigen eine neue Heimat in Jugoslawien. König Alexander erlaubte den Emigranten, die Kader für eine antibolschewistische Armee beizubehalten und gestattete die Ausbildung von russischen Kadetten an einer Militärakademie.[26]) Im Dezember 1924 gaben die russischen Monarchisten noch einmal eine kurze Gastrolle auf der Bühne der internationalen Politik, als ihre Einheiten dem Albaner Ahmed Zogu, dem späteren König Zog I., zur Einnahme von Tirana verhalfen.[27]) Der nach der Zerschlagung des Belgrader Zentralregimes einsetzende Bürgerkrieg in Jugoslawien ließ eine Neutralität der zaristischen Veteranen und ihrer antikommunistisch erzogenen Söhne nicht zu. Exilrussen bildeten eine auf deutscher Seite eingesetzte russische Werkschutzgruppe, die zum Objektschutz und zur Partisanenbekämpfung herangezogen wurde. Mit Befehl des OKH vom 29. 10. 1942 wurde diese Werkschutzgruppe in das Russische Schutzkorps Serbien umgewandelt.[28]) Als Sold erhielten die Mannschaften 30 RM monatlich, Zugführer 54 RM und Bataillonsführer 96 RM. Der Einsatz des von Generalleutnant Steifon, einem zaristischen Altemigranten geführten Verbandes, erfolgte grundsätzlich nur in Form von Zuteilung oder Unterstellung unter deutsche oder bulgarische Einheiten. Zur Verjüngung des Korps teilten die Deutschen der kleinen Exilarmee versuchsweise 300 ehemalige sowjetrussische Kriegsgefangene und 200 russische Emigranten aus dem rumänischen Raum zu. Am 10. September 1943 betrug die Ist-Stärke des Schutzkorps 231 Offiziere, 960 Unteroffiziere und 4769 Mannschaften.[29]) Die später in 5 Regimenter gegliederte Streitmacht erfüllte wichtige Sicherungsaufgaben, so zum Schutz der Werke Krupanj, Bor, Majdanpek und zur Kontrolle der Drina. Wiederholt wird in deutschen Dokumenten darauf hingewiesen, daß sich das Schutzkorps im Wachdienst und auch im Bandenkrieg als zuverlässige und bewährte Einheit erwiesen hat.[30]) Ein deutscher Augenzeuge berichtet über das in Bor eingesetzte russische Freiwilligenregiment[31]):

»Das russische Regiment hat trotz mangelhafter Bewaffnung und Ausrüstung auch die schwersten Bandenkämpfe bisher mit Erfolg durchgestanden. Und dabei stehen die Männer doch auf verlorenem Posten. Nie wieder können sie in ihre Heimat zurückkehren.

Ihr Schicksal hängt einzig und allein vom Ausgang des Krieges ab. Sie stehen und fallen mit Deutschland.«

Es mag sonderbar erscheinen, daß sich in Jugoslawien russische Emigranten unter dem Georgskreuz gegen die Tito-Partisanen engagierten, aber für viele Veteranen war dies nur die konsequente Fortsetzung ihres antibolschewistischen Kampfes, der unmittelbar nach der Oktoberrevolution eingesetzt hatte. Der Oberbefehlshaber Südost meldete über die Motivation der unter seinem Kommando stehenden russischen Freiwilligen[32]):

> »Die älteren Offiziere haben den Glauben an die Wiederkehr der einstigen zaristischen Verhältnisse noch nicht aufgegeben. Dagegen hoffen die jüngeren Offiziere und die Masse des Schutzkorps, daß unter deutscher Führung für sie im neuen Rußland günstige Verhältnisse entstehen werden.«

Tatsächlich erhielten die russischen Freiwilligen auf Antrag die deutsche Zusicherung, nach dem gewonnenen Rußlandfeldzug in den eroberten Gebieten im Osten angesiedelt zu werden.

Unverschuldet wurden Boris Steifon und sein Korps Ende 1943 fast das Opfer einer Intrige, die alle Anzeichen nationalsozialistischer Intoleranz aufweist. Der Höhere SS- und Polizeiführer Serbien, der bereits dem SFK Schwierigkeiten bereitet hatte, beschuldigte Steifon des unberechtigten Tragens einer deutschen Generalleutnantsuniform, der nichtarischen Abstammung und der politischen Unzuverlässigkeit. Das OKW stellte sich allerdings vor seinen russischen Schützling und wies die Vorwürfe als ungerechtfertigt zurück. Das Korps blieb weiter im Einsatz und wurde personell verstärkt. Im September 1944 umfaßte es 11197 Freiwillige und besaß einen eigenen Kavallerieverband. Gegen Kriegsende konnten sich etwa 4500 Mann der Einheit, die nun unter dem Befehl von Oberst Anatol Rogozhin stand, kämpfend nach Österreich zurückziehen. Es grenzt an ein Wunder, daß die Angehörigen des Russischen Schutzkorps Serbien anschließend nicht von den Engländern an die Sowjets ausgeliefert wurden, sondern sich in der freien Welt eine neue Heimat schaffen konnten.[33])

Die Četnik-Verbände

Träger des nationalserbischen Widerstandes gegen die deutschen Besatzungstruppen war General Draža Mihajlović, der Kriegsminister der

jugoslawischen Exilregierung, mit seinen Četniks.[34]) Nach dem gescheiterten serbischen Aufstand 1941 gingen jedoch viele Četniks zu
Ministerpräsident Nedić über oder ließen sich von den Deutschen »le-
galisieren«. So standen im Mai 1942 13 400 legale Četniks auf deutscher
Seite[35]), von diesen mißtrauisch unter Beobachtung gehalten und halb-
herzig unterstützt. Die Četniks waren als Verbündete tatsächlich unsi-
chere Kantonisten, da es nicht ideologische Gemeinsamkeiten oder
deutschfreundliche Gefühle waren, die sie auf die Seite der Wehrmacht
gebracht hatten, sondern die Erkenntnis, daß der serbische Nationalismus nicht gleichzeitig gegen Tito, das Ustascha-Regime und die Besatzungstruppen kämpfen konnte. Wegen Unzuverlässigkeit der Četnik-
Formationen mußten allein im Zeitraum vom 15. 11. bis 13. 12. 1942 sieben Abteilungen entwaffnet werden.[36])
Mihajlović stand mit seinen Aufständischen in einem verzweifelten
Dreifrontenkampf gegen Pavelic, Hitler und Tito. Im Gegensatz zu seinem kommunistischen Widersacher bot er seinen Landsleuten keine
übervölkische Krisenlösung an, sondern blieb ein großserbischer Zen-
tralist, dessen Partisanen unter dem muselmanischen Bevölkerungsteil
Jugoslawiens wüteten und deren Exzesse nur noch von den Ustascha-
Greueln und den Vernichtungsmaßnahmen der Titoisten übertroffen
wurden. Allein bis Ende 1941 sollen Mihajlović-Anhänger 70000 bis
150000 Muselmanen in Bosnien und im Sandschak massakriert
haben.[37]) Da die Kräfte der Četniks für einen Krieg gegen drei feindliche Gruppierungen nicht ausreichten, stellte Mihajlović 1943 den
Kampf gegen die Deutschen weitgehend ein. In Erwartung einer alliierten Landung auf dem Balkan wollte er seine Truppen für die dann entscheidende und unausweichliche Abrechnung mit den Kommunisten
und kroatischen Nationalisten aufsparen.[38]) Im Gegensatz zu seinen
innenpolitischen Feinden erschien ihm die Wehrmacht der weniger gefährliche Gegner, da die deutschen Truppen Serbien nach Beendigung
des Krieges wieder verlassen würden. Seine Hinhaltetaktik gegenüber
den Deutschen brachte ihn bei den Westalliierten zu Unrecht in den
Verdacht der Kollaboration. England und später auch die USA ließen
Mihajlović fallen, der im Mai 1944 als Kriegsminister der jugoslawischen Exilregierung entlassen wurde. Mihajlovićs Kollaboration mit
den Deutschen, die auf seinen Kopf einen Preis von 100000 Goldmark
aussetzten, ist jedoch mehr als fraglich.[39]) Zwar gab er seinen Unterführern 1943 freie Hand für lokale Stillhalteabkommen und Verträge mit
den Deutschen zur gemeinsamen Bekämpfung der Kommunisten, auf

der anderen Seite entzog er 1944 rund 500 abgeschossene alliierte Flieger dem Zugriff deutscher Stellen und brachte sie in Sicherheit. Andere Četnik-Führer hatten weniger Bedenken hinsichtlich einer Zusammenarbeit mit der Wehrmacht. Einer der frühesten Kollaborateure war General Kosta Pećanac, der mit seinen rund 8000 Četniks im Sommer 1941 zu General Nedić überging. Mihajlović ließ Pećanac im Juni 1944 erschießen. Mehr Glück hatte der Pope Momcilo Djujić, der seine Dinara-Division den Deutschen unterstellte und nach dem Krieg in die USA gelangte. Sein Verhalten war typisch für die schwer überschaubaren, sich überlappenden und kaum abzugrenzenden Fronten im jugoslawischen Raum: Während seine 5200 Soldaten einsatzmäßig dem HSSuPF Globocnik unterstanden, hielt er Funkkontakt zu den Alliierten, die seine Četniks mittels Fallschirmabwürfen mit Munition und Verpflegung versorgten.[40]) Ähnlich unorthodox verhielt sich der Četnik-Führer Dragutin Keserović, der sowohl mit den Deutschen als auch mit den Engländern kooperierte und für eine kurze Zeit sogar mit den Sowjets zusammenarbeitete.

Ende 1944 war Mihajlović im Kampf für die Zukunft Jugoslawiens kein ernstzunehmender politischer Faktor mehr. Von den Alliierten im Stich gelassen, verfügte er noch über ca. 20000 schlecht ausgerüstete Kämpfer.[41]) Auch die kurz vor Kriegsende zustandegekommene serbisch-slowenische antikommunistische Einheitsfront und die nominelle Aufwertung von Mihajlovićs Heimatarmee um die legalen Četniks, die slowenischen Domobranen und das SFK konnten den stürmischen Vormarsch der Kommunisten nicht verhindern.

Mihajlović wurde ebenso wie General Nedić, General Musicki und Oberstleutnant Tatalović ein Opfer der kommunistischen Säuberungen. In dem »befreiten« Serbien machten die Partisanen unter dem roten Stern Jagd auf überlebende Četniks und Mihajlović-Sympathisanten. Die 7000 von kommunistischer Seite zugegebenen getöteten Četniks[42]) dürften nur ein Bruchteil der Opfer darstellen, die tatsächlich dem Klassenhaß der Titoisten zum Opfer fielen.

Montenegro

Das montenegrinische Königreich hatte seine kurzlebige Unabhängigkeit (1878–1918) mit dem Anschluß an die jugoslawische Staatskonstruktion verloren. 1941 schien sich eine neue Chance für die Eigenstaatlichkeit Montenegros zu eröffnen. Nach dem Zusammenbruch der Belgrader Zentralregierung fiel Montenegro in den Einflußbereich Italiens, das die Errichtung eines abhängigen montenegrinischen Staates plante. Im Juli 1941 beschloß eine Nationalversammlung in der winzigen Hauptstadt Cetinje (6400 Einwohner) die Wiedererrichtung der Erbmonarchie. Das italienische Königshaus favorisierte die Inthronisierung von Prinz Michael aus dem Hause Petrovich, dem Sohn des letzten montenegrinischen Königs. Aber der im deutschen Exil lebende Prinz lehnte ab[1]), Montenegro wurde dem Hochkommissar Serafino Mazzolini unterstellt. Gleichwohl blieb die Fiktion eines selbständigen montenegrinischen Staates weiter aufrechterhalten, in dem vom Deutschen Institut für Außenpolitische Forschung 1943 herausgegebenen Europa-Handbuch findet sich Montenegro als eigenständiger Staat neben Italien und Kroatien. Unterstützung erhielten die Italiener von den montenegrinischen Separatisten (Zelenaši) unter Sekula Drljević, die einen Konsultativrat bildeten, und ab 1942 auch von den großserbisch eingestellten montenegrinischen Nationalisten. Da diese nicht gleichzeitig gegen die Kommunisten und gegen die Besatzungstruppen kämpfen konnten, stellten sie ihre Vorbehalte gegenüber den Italienern vorerst zurück. Die nationalistischen Četniks unter Hauptmann Djurišić schlossen ein Abkommen mit dem italienischen Militärgouverneur von Montenegro, das ihnen die Lieferung von Waffen und Ausrüstungsgegenständen sicherte. Etwa 3500 Četniks wurden ähnlich den MVAC's in Slowenien als italienische Hilfstruppen zum Kampf gegen die Tito-Partisanen aufgestellt. Djurišić verwendete seine italienischen Waffen aber nicht nur gegen die kommunistischen Banden, sondern auch gegen die Moslembevölkerung im Sandschak und in Bosnien. Anfang 1943 kam es zu blutigen Massakern, als die nationalistischen Serben über 10000 Moslems abschlachteten und ihre Dörfer niederbrannten.[2]) Im Mai 1943 wurden die Djurišić-Truppen (etwa 1500–2000 Mann) im Rahmen der Operation Schwarz von deutschen Truppen entwaffnet und gefangengenommen.

Nach dem Bruch der Achse im September 1943 kam Montenegro unter deutsche Militärverwaltung. Ein montenegrinischer Verwaltungsrat, bestehend aus Vertretern der Separatisten und Nationalisten, repräsentierte ein bescheidenes Stück Selbstverwaltung. Hermann Neubacher, der Sonderbevollmächtigte des Auswärtigen Amtes für den Südosten, erinnerte sich der großen Popularität, die Djurišić in Montenegro genoß. Er erreichte seine Freilassung und Djurišić bemühte sich im deutschen Auftrag, aber mit eigenen nationalen Zielen vor Augen, um den Aufbau des Montenegrinischen Freiwilligen-Korps, das dem Militärbefehlshaber Südost unterstellt war. Die Besatzungsmacht ließ zahlreiche seiner Anhänger frei und zusammen mit neu angeworbenen Freiwilligen erreichte das Korps eine Kampfstärke von etwa 7000–8000 Mann[3]), obwohl nur eine deutsche Genehmigung für eine Personalstärke von 5649 Mann vorlag.[4]) Grund für diese Limitierung war Hitlers grundsätzliches Mißtrauen gegenüber den Serben. So untersagte er auch eine Unterstellung der montenegrinischen Freiwilligen unter das Serbische Freiwilligen-Korps. Djurišić lieferte den Kommunisten mit seiner Einheit erbitterte Schlachten. Neubacher schrieb über den serbischen Volkshelden in seinen Erinnerungen[5]):

>>Bei Angriffen ging er immer vor seinen Leuten, einen Stock in der Hand, die Pistole in der Hosentasche, als ob ihn das wilde Feuer gar nichts anginge. Bald entstand die Legende seiner Unverwundbarkeit, die ihm noch mehr Zulauf brachte.<<

Achtung brachten ihm auch die kommunistischen Partisanen entgegen. Milovan Djilas, der seine Guerillataktik lobt, berichtet über Djurišić[6]):

>>In den Erinnerungen der Partisanen war er – neben Keserović aus Serbien – der einzige Kommandant Draza Mihajlovićs, der sich beim Gegner außer Haß auch Respekt als Soldat verschafft hatte ...<<

Anfang Dezember 1944 mußte sich das Montenegrinische Freiwilligen-Korps aus der Heimat nach Bosnien zurückziehen. Am 18. März 1945 retirierte die etwa 8000 Mann starke Einheit mit rund 3000 Zivilisten weiter nach Norden, Richtung Slowenien. Djurišić hatte mit den Kroaten und dem von der Ustascha favorisierten montenegrinischen Separatisten Sekula Drljević, der in Kroatien eine Exilregierung etabliert hatte, freies Geleit über kroatisches Gebiet ausgehandelt. Aber weder Drljević, der mit Djurišić den äußerst populären Vertreter einer Union zwischen Serbien und Montenegro ausschalten wollte, noch die Kroaten hielten sich an die Übereinkunft. Sie griffen das Montenegrinische Freiwilligen-Korps an und fügten ihm nördlich von Banja Luka schwere Verluste zu. Djurišić, inzwischen Oberstleutnant, wurde in eine Falle gelockt und mit zahlreichen seiner Offiziere, Politiker und Priester von den Ustaschas ermordet. Ein Rest des Korps konnte sich nach Westen durchschlagen, während die größere und führerlose Abteilung in Drljevićs separatistische Truppen integriert wurde. Teile beider Einheiten wurden später in Slowenien durch Tito-Partisanen gefangengenommen, oder von den Engländern ausgeliefert und sämtlich von den Kommunisten niedergemacht. So dürfte von dem gesamten Montenegrinischen Freiwilligen-Korps nur maximal ein Viertel überlebt haben.[7]) Der unversöhnliche Haß unter den einzelnen Nationalitäten, Konfessionen und politischen Gruppen Jugoslawiens sollte auch nach dem 8. Mai 1945 weiterschwelen. Der nach Österreich geflohene Separatist Drljević, der den Untergang des Montenegrinischen Korps, einer der bestorganisierten landeseigenen Einheiten auf dem Balkan, mitverursacht hatte, fiel wenige Wochen nach Kriegsende einem Attentat von Djurišić-Anhängern zum Opfer.

Albanien

Im Achseneuropa gehörte Albanien eindeutig zur Interessenssphäre des faschistischen Italien. Italienische Truppen hatten Albanien im April 1939 besetzt und das Land unter die direkte Kontrolle Roms gebracht. König Vikor Emanuel III. nahm dem Titel eines Königs von Albanien an. Nach dem erfolgreichen Griechenland- und Jugoslawienfeldzug erhielt Albanien unter anderem die bisher jugoslawischen Gebiete Kosovo und Metohija und konnte seine Fläche um ca. 50% erweitern. Der italienische Zusammenbruch 1943 wurde von der Mehrheit der albanischen Bevölkerung begrüßt. Die anschließende Besetzung des Landes durch die Wehrmacht entsprach weniger nationalsozialistisch-ideologischen und annexionistischen Absichten, sondern diente primär zur Sicherung der Adriaküste und der rückwärtigen deutschen Verbindungen.[1]) Die Deutschen waren bereit, die Unabhängigkeit und Souveränität Albaniens anzuerkennen, soweit eine albanische Regierung die durch die Besetzung entstandene militärpolitische Realität akzeptierte. Einer der Krisenmanager der NS-Diplomatie, der Sonderbevollmächtigte des Auswärtigen Amtes für den Südosten, Hermann Neubacher, kontaktierte angesehene antikommunistische albanische Politiker, die ein 19köpfiges provisorisches Exekutivkomitee bildeten. Bereits am 16. Oktober 1943 trat eine neue Nationalversammlung zusammen, die die Neutralität Albaniens bekannt gab. Im November 1943 konstituierte sich ein albanisches Kabinett unter dem Ministerpräsidenten Rexhep Mitrovica. Die Notabeln der Regierung und die »elder statesmen«[2]) des vierköpfigen Regentschaftsrates waren durchaus keine gefügigen Marionetten in der Hand der Besatzungsmacht. Sie hatten ihr schwieriges Amt angetreten, um eine kommunistische Machtergreifung zu verhindern, die Anarchie einzudämmen und das Kosovo-Gebiet für Albanien zu erhalten. Fast verzweifelt versuchten albanische Politiker, die Neutralität ihres Landes sowohl gegenüber den Deutschen als auch gegenüber den Alliierten durchzusetzen. Schließlich einigten sich Neubacher und der Vorsitzende des Regentschaftsrates auf eine dem Völkerrecht bisher unbekannte Kompromißformel: Albanien befinde sich im Zustand einer »relativen Neutralität«, die Wehrmacht stehe zeitweilig »als befreundeter Gast« im Land.[3]) Als Vorbild diente den Albanern dabei das Beispiel Ägyptens, das, obwohl britische Truppen im Lande standen, seine Neutralität erklärt hatte.

Die Verhältnisse für die albanischen Patrioten um Mitrovica waren nicht einfach. In einem Land, in dem die Blutrache eine uralte Tradition besaß, Gefangene noch auf dem Sklavenmarkt verkauft wurden[4]) und nicht die Nationalität oder Parteizugehörigkeit zählte, sondern die Bindung an einen bestimmten Stamm oder Clan, mußte sich die Regierung darauf konzentrieren, ihren Herrschaftsanspruch überall durchzusetzen. Mit deutscher Hilfe und unter deutscher militärischer Befehlsgewalt stellte Tirana Miliz- und Gendarmerieverbände auf, die insbesondere die Kommunisten unter Enver Hoxha bekämpfen sollten. Innenminister Dschafar Deva brachte seine eigene, etwa 1000 Mann starke Miliz aus dem Kosovo-Gebiet mit, deren Devise »Terror gegen Terror« war. »Blut ruft nach Blut« lautete die Überschrift der albanischen Zeitung Bashkimi i Kombit Anfang Februar 1944. »Der Terror ist das beste Mittel, um den Terror zu besiegen. Das Blut ist eine radikale Kur für die Verseuchten. Terror gegen die Terroristen, Terror gegen die Anarchisten, Terror gegen die Feinde der nationalistischen Befreier. Das Blut muß in Strömen durch die Straßen von Tirana fließen.«[5]) Den Worten folgten Taten. In dem eskalierenden Bürgerkrieg gaben weder die Nationalisten noch die Kommunisten Pardon. Ein Augenzeugenbericht aus Tirana[6]):

> »Fast allmorgendlich lagen am Skanderbeg-Platz die Leichen nächtlich Erschossener, neben denen Galgen errichtet waren, an denen gehenkte Gefangene in der säuselnden Morgenbrise als abschreckendes Beispiel baumelten. Flankiert wurde dieses schauerliche Bild von ihren Siegern, der albanischen Nationalgarde, mit der Würde eines römischen Triumphators ...
> Der Skanderbeg-Platz diente in vermehrtem Maße der Exekution

und als Schauplatz. National-albanische Wehrmachtsfahrzeuge italienischer Herkunft fuhren an und warfen die Leiber Erschossener auf das Pflaster, wo sie sich mit den Gehenkten unter der südlichen Sonne in Dörrfleisch verwandelten. Krieg und Blutrache jagten sich gegenseitig ihre Opfer ab.«

Trotz oder wegen der atavistischen Kampfweise nahm die Anarchie im ganzen Lande zu. Am 3. Februar 1944 verübten kommunistische Partisanen einen Anschlag auf Innenminister Deva, der fehlschlug. Die Kosovo-Miliz schlug furchtbar zurück und machte in Tirana tabula rasa. Der Gegenterror dauerte 16 Stunden, 84 Menschen wurden erschossen. Menschenleben waren billig in Albanien, wo Karabiner keine einfachen Waffen waren, »sondern ein Körperteil der Skipetaren«[7]) und sich Blutrache, politische Delikte und normale Kriminalität zu einem unentwirrbaren Knäuel verbanden.

Da eine albanische Wehrmacht nur dem Namen nach existierte, versuchten die Deutschen, aus freiwilligen Albanern eine eigenständige SS-Division aufzubauen. Im April 1944 befahl der Reichsführer SS die Aufstellung der Einheit, die später den Namen 21. Waffen-Gebirgs-Division der SS Skanderbeg erhielt. Die Truppe sollte nur gegen den inneren Feind, nicht aber gegen die Alliierten antreten. So heißt es in einem Telegramm des deutschen Generalkonsuls in Tirana vom 28. 6. 1944, daß ein Einsatz der Division »nur im albanischen Raum beabsichtigt ist«.[8]) Himmler hatte nicht viel Glück mit seinen neuen Rekruten. Die Freiwilligen waren zwar sehr kämpferisch – ein im Land eingesetzter deutscher Frontsoldat berichtet rückblickend[9]): »Vor einer leeren Konservenbüchse, in der Schweinefleisch gewesen war, hatten sie mehr Angst als vor einer Handgranate« – aber ihnen fehlte jedes Staatsbewußtsein. Stammes- und Partikularinteressen verpflichtet, nahmen sie deutsche Uniformen und Waffen nur entgegen, um anschließend mit der neuen Ausrüstung zu ihrem Clan zurückzukehren. Der Divisionskommandeur einer anderen auf dem Balkan kämpfenden SS-Division konstatierte resignierend über die Freiwilligen von Skanderbeg[10]): »Wenn heute 1500 Mann gemustert und eingekleidet werden, sind morgen früh von diesen schon 1000 über alle Berge – mitsamt der gefaßten Bekleidung.« Insgesamt wurden mit Hilfe der albanischen Regierung 9275 Albaner einberufen und 6500 rückten ein. Von ihnen desertierten bis zum 1. Oktober 1944 3500 Mann.[11]) Obwohl der albanische Regentschaftsrat und der Ministerrat beschlossen hatten, die Aufstellung der Division mit allen Mitteln zu unterstützen, war Skanderbeg dem Oberbefehlshaber der albanischen Streitkräfte, General Prenk Previsi, ein Dorn im Auge, da die Einheit nicht seiner Befehlsgewalt unterstand. Die Deutschen boten dem albanischen Reservehauptmann Salami Chelai eine Kommandeursstelle in der neuen Division an. Als Chelai sich nicht an den Befehl von General Prenk Previsi hielt, den Posten abzulehnen, löste Previsi das Problem auf albanische Art: Chelai wurde auf den Stufen des deutschen Hauptquartiers mit zwei Handgranaten und einer MP-Garbe erledigt.[12]) Die Division Skanderbeg mußte schließlich Ende 1944 aufgelöst werden. Previsi hatte sich schon vorher zu den Briten davongemacht, nachdem die Deutschen seine Waffenwünsche für die albanischen Streitkräfte aus Sorge, diese Waffen könnten gegen die Wehrmacht eingesetzt werden, nicht erfüllt hatten.

Mehr Erfolg als mit der Division Skanderbeg hatten die Deutschen mit den bewaffneten Formationen der Balli Kombëtar (BK = Völkische Front), die im Oktober 1942 als antiitalienische, national-albanische Widerstandsbewegung entstanden war. In ihrem Programm verfocht die BK das Konzept eines republikanisch-demokratischen Albanien auf moderner sozialer Basis. Rede- und Pressefreiheit wurden genauso gefordert wie eine gerechte Landverteilung für die Bauern.[13]) Die Furcht vor einer kommunistischen Machtergreifung bewog die Balli Kombëtar zur Zusammenarbeit mit den Deutschen und der Zentralregierung in Tirana, in die die BK Anfang Februar 1944 drei Minister entsandte. Es gelang den Deutschen, in der Zeit bis Mai 1944 etwa 12000 Freischärler der Völkischen Front anzuwerben und auszurüsten.[14]) Für die deutschen Truppen aber blieb es schwierig, die nationalistischen von den kommunistischen Partisanen zu unterscheiden[15]): »Es sind dieselben Typen mit verwegenen, rauhen und verwitterten Gesichtern, tragen dieselbe Lumpenkleidung, die der weiße Fez krönt, führen dieselben alten Waffen und sind ebenso zuvorkommend und friedlich wie ihre Landsleute, die es vorziehen, nach wie vor den Acker zu bestellen oder das Vieh zu hüten.« Die unübersichtliche Lage wurde noch dadurch kompliziert, daß eine dritte Partisanengruppe existierte, die royalistischen, dem ehemaligen König Zogu verpflichteten Legalisten unter Abas Kupi, die sich nicht an den Kämpfen gegen die Deutschen und die republikanischen Nationalalbaner beteiligten. Den albanischen Streitkräften und den im Guerillakampf erfahrenen Truppen der BK gelang es nicht, den kommunistischen Vormarsch zu stoppen. Hoxha besaß im April 1944 mit etwa 35000 Partisanen bereits das nu-

Benito Mussolini im Gespräch mit Marschall Rodolfo Graziani (N. Arena)

Hauptmann Mario Bellagambi, einer der erfolgreichsten Jagdflieger der italienisch-republikanischen Luftwaffe ANR 1943–45 (N. Arena)

Fiat G. 55 Jagdflugzeuge der 2. Jagdgruppe der ANR im Anflug auf feindliche Formationen (N. Arena)

General Kosta Musicki,
Kommandeur des Serbischen
Freiwilligen Korps
(Dr. D. Slijepcević)

Dimitrije Ljotić, Führer der
serbischen ZBOR-Bewegung
(Dr. D. Slijepcević)

Angehörige des Serbischen Freiwilligen Korps auf dem Weg in den Einsatzraum
(O. Spronk)

Pfeilkreuzlerführer Ferenc Szalasi, seit Oktober 1944 ungarischer Ministerpräsident (F. Fiala)

Baron Gabor Kemény, von Oktober 1944 bis Mai 1945 ungarischer Außenminister (E. Kemény)

Propagandaplakat der Szalasi-Regierung (F. Fiala)

Werbung für die ungarischen Honvéds (B. Somorjai)

Ein unbekannter ungarischer
Offizier der 25. Waffen-Gren.-Div.
der SS Hunyadi (O. Spronk)

Ärmelabzeichen der Division
Hunyadi, wahrscheinlich nicht
mehr an die Truppe
ausgegeben (O. Spronk)

März 1946. Nach einem Schauprozeß werden die Pfeilkreuzlerminister
in Budapest gehängt. V.l.n.r.: Innenminister Vajna, Parteivorsitzender Gera,
General Beregfy, Ministerpräsident Szalasi (F. Fiala)

merische Übergewicht in Albanien. Der heldenhafte Widerstand einzelner Abteilungen unter dem Doppeladler war vergebens, Resignation und Chaos begleiteten die Agonie der Zentralregierung in Tirana. Im Juni 1944 traten sowohl der Ministerpräsident Mitrovica als auch Innenminister Deva zurück. Mitrovicas Nachfolger Fiqri Dine demissionierte bereits am 29. August 1944. Sein Nachfolger Ibrahim Biçaku hatte nur mehr die Funktion eines Konkursverwalters. Nachdem die letzten deutschen Truppen Tirana am 17. November 1944 verlassen hatten, begannen kommunistische Volksgerichte überall mit ihrer blutigen Tätigkeit. Hunderte von Antikommunisten wurden zum Tode verurteilt und exekutiert.[16] Unter den Erschossenen waren auch 16 ehemalige Minister, Abgeordnete und höhere Regierungsbeamte.

Griechenland

Das nationalsozialistische Deutschland hatte weder ideologische noch wirtschaftliche Interessen an einer Auflösung des griechischen Staates. So sah die erste, später geänderte Waffenstillstandsvereinbarung zwischen der griechischen Armee und der Leibstandarte-SS Adolf Hitler vom 20. April 1941 noch eine Neuorganisation der griechischen Streitkräfte vor. Dieses weitgehende deutsche Entgegenkommen wurde jedoch revidiert und Griechenland in drei Besatzungszonen aufgeteilt: Bulgarien erhielt Griechisch-Thrazien und Ost-Mazedonien, Deutschland beschränkte sich auf die Besetzung einiger Gebietsstreifen unter Einschluß von Piräus und der Inseln Limnos, Skyros, Lesbos, Milos, Kydira und Antikydira. Der weitaus größte Teil Griechenlands fiel unter die Besatzungshoheit Italiens. Da sich der griechische König mit seinem Kabinett nach Kreta abgesetzt hatte, bildete der konservative griechische General Tsolakoglou eine neue, achsenfreundliche Regierung, um die Interessen seines Landes gegenüber den Okkupationsmächten wirksam vertreten zu können. Der italienische Außenminister Graf Ciano, der ambitiöse Ziele in Griechenland verfolgte, war über die neue Regierung wenig begeistert. So findet sich unter dem 28. April 1941 folgende Eintragung in seinem Tagebuch: »Es ist klar, daß dieser General sich vornimmt, die nationale und ethnische Einheit Griechenlands zu retten.«[1] Die italienisch-griechischen Gegensätze wurden evident, als die Athener Regierung im Juli 1941 vorschlug, eine griechische Freiwilligenformation für die russische Front aufzustellen. Obwohl die

241

Reichsregierung diesem Vorhaben positiv gegenüberstand, wies sie das Angebot von Tsolakoglou auf Wunsch Mussolinis zurück.[2]) Tsolakoglou, der die Ausplünderung seines Landes durch die Achsenmächte nicht verhindern konnte – der Hungerwinter 1941/42 kostete allein in Athen Zehntausende von Menschenleben – blieb bis Dezember 1942 im Amt. Er war kein gefügiger Strohmann der Besatzungsmächte, sondern versuchte das Los seiner Landsleute, insbesondere auch der jüdischen Minderheit[3]), zu verbessern. Nachfolger von Tsolakoglou wurde der Gynäkologe Professor Logothepoulos, der im Reich studiert hatte und für seine prodeutschen Sympathien bekannt war. Aber diese Sympathien hinderten ihn nicht daran, im März 1943 bei den deutschen Behörden schärfstens gegen die Judenverfolgungen zu protestieren und die Rückführung deportierter Griechen zu fordern.[4])

Obwohl alle Besatzungsmächte die Athener Zentralregierung anerkannt hatten, ließen sie nach dem Prinzip divide et impera keine Gelegenheit aus, die verschiedenen Nationalitäten und ethnischen Gruppen gegeneinander auszuspielen. Besonders Mazedonien wurde das Versuchsfeld, auf dem autonome Gruppen gefördert und bewaffnet wurden.[5]) Die Bulgaren stellten aus slawischstämmigen Mazedoniern Heimwehrabteilungen und Gegen-Guerillas auf, die unter der Bezeichnung Komitadjis und Ochrana operierten. In Süd-West-Mazedonien errichteten die Italiener einen halb-autonomen Staat mit eigenen Streitkräften, den sogenannten Legionären. Auch die moslemischen Turko-Albaner wurden besonders protegiert. Aber alle diese Hilfstruppen konnten dem Druck der griechischen Partisanen nicht lange standhalten.

Eine recht bescheidene Rolle im Rahmen der Kollaboration fiel den griechischen Faschisten und Nationalsozialisten zu. Bereits im Vorkriegs-Griechenland hatten sie keine bedeutende Rolle spielen können. Die 1927 in Saloniki aus der Taufe gehobene Nationale Griechische Union unter dem Patronat des Generalkommissars von Mazedonien, Styljanos Gonatas, brachte es auf 35000 Mitglieder. Diese panhellenische Bewegung machte 1930 von sich reden, als einige ihrer fanatisierten Anhänger das Judenviertel von Saloniki anzündeten.[6]) Gonatas, ein Mann mit republikanischen Ansichten, war 1943 an der Gründung der Sicherheitsbataillone beteiligt, geriet aber bald mit den royalistischen Kollaborateuren aneinander, die ihn ausbooteten. Neben unbedeutenden Splittergruppen existierte weiter eine faschistische Bewegung unter Georg Mercouris, dem Sohn des Athener Bürgermeisters.

Das italienische Außenministerium bezweifelte 1934 seine politische Führungseigenschaften[7]), ließ ihm aber gleichwohl finanzielle Unterstützung zukommen. 1936 verfügte Mercouris National-Soziale Partei über etwa 10000 Anhänger. Nach der Verhaftung ihres Führers durch die griechische Regierung im Juli 1940 war den Aktivitäten der Partei ein Ende gesetzt. Einer ihrer ehemaligen Mitglieder, Dr. Sterodimos, gründete während der Besatzungszeit eine neue Organisation, die ESPO (Ethniko-Sossialistiki Politiki Organossis = Nationalsozialistische Vereinigung). Die ESPO wollte versuchen, was auf Regierungsebene gescheitert war: die Aufstellung einer griechischen Freiwilligenlegion für die Ostfront. Die Werbung erzielte im Sommer 1942 durchaus Resonanz bei den demobilisierten Angehörigen der ehemaligen königlich-griechischen Armee, aber ein Attentat der Untergrundbewegung Panhellenische Union Junger Kämpfer auf den Sitz der ESPO in Athen, dem 72 Menschen zum Opfer fielen, ließ das Projekt scheitern. Andere rechtsgerichtete Gruppen hatten ebensowenig Glück. Die Ethniki Enosistis Elados (EEE) unter Thassos Athanassiadis, die gleichzeitig gegen die Kommunisten und die Besatzungstruppen kämpfte, fiel auseinander, als kommunistische Partisanen im August 1942 ihren Führer und zahlreiche Anhänger töteten.

Im April 1943 löste der Berufspolitiker Rallis Professor Logothepoulos als Ministerpräsident ab. Den Deutschen war die anglophile Einstellung von Rallis bekannt, gleichzeitig wußten sie aber auch, daß er ein unversöhnlicher Gegner der griechischen Kommunisten war. Rallis verstand seine Aufgabe als nationalgriechische Schaukelpolitik, die den Kommunisten die Machtergreifung verwehren und für die Übergangszeit nach dem Abzug der Deutschen Ruhe und Ordnung bis zum Wiedereintreffen des Königs aufrechterhalten sollte. Tatsächlich waren die griechischen Linkskräfte seit 1941 kontinuierlich stärker geworden. Die kommunistisch gelenkte Nationale Befreiungsfront EAM (Ethnikon Apeleftherotikon Metopon) hatte Anfang 1942 die Partisanenarmee ELAS (Ethnikos Laikos Apeleftherotikos Stratos = Nationale Volksbefreiungsarmee) gegründet, die im Oktober 1943 über rund 35000 Kämpfer verfügte. Stärkster Widerpart der ELAS war die antikommunistische Partisanenorganisation EDES (Ellenikos Demokratikos Ethnikos Syndesmos = Griechische Republikanische Befreiungsliga) unter Führung von General Napoleon Zervas. Die ursprünglich antimonarchistische EDES war in dem Maß ins Lager der Royalisten gerückt, in dem die EAM/ELAS immer stärker den kommunistischen

Alleinvertretungsanspruch vertrat. Der Bürgerkrieg in Griechenland begann mit dem Angriff der ELAS auf die EDES am 10. Oktober 1943. An Sicherheitskräften standen der Athener Regierung nur Polizeiverbände, die Gendarmerie und die Königliche Leibgarde der Evzonen zur Verfügung. Für die Bekämpfung der Aufstandsbewegung waren diese Kräfte nach deutscher Ansicht nicht geeignet. So heißt es in einem Telegramm des Gesandten Altenburg vom 22. März 1943 an das Auswärtige Amt[8]): »Einem Einsatz griechischer Formationen, Polizei und Gendarmerie, in dem erforderlichen Umfang stehen Bedenken der Unzuverlässigkeit entgegen.« Um der kommunistischen Bedrohung wirksamer entgegentreten zu können, gründete Rallis in der zweiten Hälfte des Jahres 1943 die Sicherheitsbataillone (Tagmata Asfalias), die sich zu einer Art Prätorianergarde der Regierung entwickelten. Diese Formationen waren primär nicht prodeutsch, sondern antikommunistisch eingestellt und in den royalistisch und konservativ eingestellten Kreisen der griechischen Bevölkerung überaus populär. Ein Augenzeuge, der deutsche General Wilhelm Speidel, berichtet über eine aus Angst vor der kommunistischen Machtergreifung immer deutlicher zutage tretende Bereitschaft großer griechischer Bevölkerungskreise zur Kollaboration[9]):

> »Äußeren Ausdruck fand diese Haltung in dem immer stärker werdenden Zustrom zu griechischen Freiwilligenverbänden, die von deutscher Seite unterstützt wurden, sowie in dem Kampfwert der immer stärker ausgebauten ›Evzoneneinheiten‹. Sie arbeiteten und kämpften in selbständigen Einheiten loyal mit der deutschen Besatzungsmacht zusammen; nicht aus Liebe für diese, sondern weil sie in ihr das ›kleinere Übel‹ sahen.«

Der griechische Historiker Gaitanides hat die aus der Not geborenen Freiwilligen-Einheiten wie folgt charakterisiert[10]):

> »Ihre Mitglieder waren meist ›rechte‹ Patrioten, die aus tiefstem Herzen die deutsche Besatzungsmacht verabscheuten. In vollem Bewußtsein, sich dem Odium der Kollaboration auszusetzen, überzeugt auch von der Unvermeidlichkeit des deutschen Zusammenbruchs, waren sie dennoch bereit, jetzt – in der letzten Phase des Krieges, unmittelbar vor der Befreiung – an der Seite des deutschen Gegners gegen die eigenen Leute zu kämpfen.«

Die Aufstellung der Sicherheitsbataillone oblag dem LXVIII. Armeekorps, während die Gendarmerie dem HSSuPF Griechenland unterstand. Um ihren nationalen Status deutlich zu machen, wurden die Bataillone nicht auf den Obersten Befehlshaber der Wehrmacht vereidigt. Für den Fall einer alliierten Invasion war ihre Neutralität vorgesehen. Hitler blieb den griechischen Verbänden gegenüber immer mißtrauisch. Am 8. 11. 1943 entschied er, daß griechische Freiwilligeneinheiten nicht gegen die Angloamerikaner eingesetzt werden durften und nur eine Aufstellung kleiner, unselbständiger Formationen in Frage kam.[11])

Die Tatsache, daß die ELAS in ihrem Kampf gegen die EDES und die anderen nichtkommunistischen Partisanengruppen mit äußerster Brutalität vorging, führte zahlreiche Aktivisten der EDES und anderer nationaler Banden in die Reihen der Sicherheitsbataillone.[12]) Diese bewährten sich und zeigten keine Zersetzungserscheinungen. Generalkonsul von Graevenitz konnte dem Sonderbevollmächtigten des Auswärtigen Amtes für den Südosten am 28. Juli 1944 mitteilen: »Haltung für uns kämpfender Griechen durchwegs gut.«[13]) Der Wehrmacht gelang es, im Februar 1944 ein Gentlemen Agreement in Form eines Stillhalteabkommens mit Zervas und der EDES abzuschließen, das bis Juli hielt. Die Engländer, die Griechenland als ihren Einflußbereich ansahen, verfolgten die Kollaboration der griechischen Royalisten mit der Besatzungsmacht mit gemischten Gefühlen. Einerseits hatten sie im Caserta-Abkommen mit der griechischen Exilregierung (26. 9. 1944) die Sicherheitsbataillone ausdrücklich als Instrumente des Feindes gebrandmarkt[14]), andererseits waren sie sich bewußt, daß sie diese Einheiten für den Kampf gegen die kommunistischen Insurgenten benötigten. Der BBC, der ansonsten die europäischen Kollaborateure als Monster und gekaufte Subjekte darstellte, hütete sich daher, direkte Angriffe gegen die Tagmata Asfalias über den Äther zu führen.

Nach dem deutschen Rückzug aus Griechenland und dem Einzug alliierter Truppen blieb eine umfassende Abrechnung mit den Kollaborateuren aus, obwohl sich die verschiedenen Widerstandsorganisationen im Februar 1944 darauf geeinigt hatten, alle Mitglieder der Evzonen, der Gendarmerie und der Sicherheitsbataillone als Feinde der Nation, Verräter und Kriegsverbrecher zu verfolgen. Aber die Angehörigen dieser Einheiten waren im Bürgerkrieg gegen die EAM/ELAS, der bis 1949 dauern sollte, unentbehrlich. Zuerst unter britischer Aufsicht in Lagern konzentriert, sahen sich die meisten Freiwilligen bald von der neuen Regierung übernommen und gegen die Kommunisten eingesetzt. Griechische Gerichte befanden, daß die Zugehörigkeit zu den Tagmata Asfalias keinen Anklagepunkt darstellte.[15]) Nur wenigen führenden Kollaborationspolitikern wurde der Prozeß gemacht und es ergingen einige Todesurteile, so gegen Tsolakoglou und den ehemaligen Wirtschaftsminister Tsironikos. Die Begnadigung der Todeskandidaten ließ nicht lange auf sich warten. Anders erging es den Kollaborateuren, die in die Gefangenschaft der ELAS-Partisanen gerieten: mehrere Tausend von ihnen wurden nach summarischen Verfahren durch »Volksgerichte« hingerichtet.

Bulgarien

Keiner von den Verbündeten des Reiches konnte ohne substantielle Zugeständnisse und ohne aktive Kriegsanstrengungen größere Erfolge verbuchen als das zaristische Bulgarien. Durch den Vertrag von Craiova mit Rumänien am 7. September 1940 erhielt es die Süddobrudscha zurück, im April 1941 konnte das autoritär geführte Land, nahezu ohne einen Schuß abgeben zu müssen, Thrazien und Mazedonien besetzen und besaß damit wieder einen Zugang zur Ägäis. Mit diesem Gebietszuwachs auf Kosten von Griechenland und Jugoslawien waren die bulgarischen Revisionsansprüche im Grunde erfüllt. Die Gegenleistungen Bulgariens gegenüber der Achse für die Zunahme von 50 Prozent an Fläche und einem Drittel an Bevölkerung blieben demgegenüber bescheiden: Zar Boris III. trat dem Dreimächtepakt und Antikominternpakt bei und erklärte am 12. 12. 1941 widerstrebend Großbritannien und den USA den Krieg. Aber dieser Kriegserklärung folgten bis auf gelegentliche Antipartisaneneinsätze keine militärischen Taten, die bulgarische Regierung war vielmehr bemüht, die Alliierten möglichst wenig zu reizen. Als die bulgarische Luftwaffe etwa am 1. August 1943 drei amerikanische Bomber abschoß, die von einem Angriff auf das rumänische Ölgebiet von Ploesti zurückkehrten, bagatellisierten die Behörden diesen Abwehrerfolg, um keine alliierten Reaktionen zu provozieren.
Auch gegenüber der Sowjetunion verhielt sich Zar Boris abwartend und defensiv. Deutschem Drängen auf einen Kriegseintritt pflegte er die traditionelle russisch-bulgarische Freundschaft entgegenzuhalten und erklärte, »das bulgarische Volk würde nie gegen Rußland, das es als seinen Befreier vom türkischen Joch ansieht, in den Krieg ziehen«.[1]
Kleinere Zugeständnisse, wie die Bereitstellung eines Lazarettes und von 2000 Betten in bulgarischen Kurorten für deutsche Ostfrontkämp-

fer waren demgegenüber nicht mehr als eine Geste, schließlich sandte selbst die neutrale Schweiz Ärztekommissionen an die Ostfront. Versuche der bulgarischen Rechtsparteien, zumindest eine bulgarische Legion zum Kampf gegen den Bolschewismus aufzustellen, scheiterten an der klar ablehnenden Position des Zaren und seiner Regierung. Insbesondere drei Gruppierungen machten durch ihr Eintreten für einen antikommunistischen Kriegseintritt auf sich aufmerksam: die bulgarischen Legionäre unter General Christo Lukov, die Anhänger der Nationalsozialen Bewegung unter Alexandur Cankov und die Ratnici (Kämpfer) um Professor Assen Kantardziev. Von diesen drei Parteien, die mehrmals von dem zaristischen Polizeiapparat unterdrückt wurden, waren die Ratnici die kompromißlosesten Antisemiten und Antikommunisten. Allerdings zählte diese Vereinigung nur 500 Mitglieder in ganz Bulgarien und hatte kaum Rückhalt in der Bevölkerung.[2] Lukov's Legionärsbewegung[3], die aus einer Anzahl von Schülerverbänden hervorgegangen war, besaß in den dreißiger Jahren etwa 35000 Anhänger, die meisten von ihnen Schüler und Studenten. Lukov, von 1935 bis 1938 bulgarischer Kriegsminister, der die Schwachstellen des zaristischen Systems kannte und dies als ein »Polizeiregime« kritisierte, »dem die Unterstützung des Volkes fehlt«[4], plädierte für eine nationale Erneuerung und die revolutionäre Umgestaltung des Staates. Seine achsenfreundliche Einstellung provozierte ein kommunistisches Attentat, dem General Lukov im Februar 1943 zum Opfer fiel.

Eine entscheidende Rolle in der bulgarischen Innenpolitik der dreißiger Jahre spielte Professor Cankov mit seiner Nationalsozialen Bewegung, die er im April 1934 ins Leben gerufen hatte und die nach bulgarischen Begriffen eine Massenbewegung darstellte. Cankov war von 1923–26 Ministerpräsident gewesen und verfügte über eine potentielle Wählerschaft von 10 bis 20% der bulgarischen Stimmberechtigten. Die zahlreichen deutschen Diplomaten und Funktionsträger, die Cankov gern als neuen starken Mann Bulgariens gesehen hätten, verunsicherte dieser durch seine Einstellung zur offiziellen Judenpolitik: Cankov verurteilte den Antisemitismus und gehörte im März 1943 zu den Abgeordneten, die eine Resolution unterzeichneten, die jegliche Deportation von Juden brandmarkte.[5] Der völlige Fehlschlag der national-sozialistischen Judenpolitik in Alt-Bulgarien[6] korrespondierte mit dem Scheitern der deutschen Bemühungen zur Ausschöpfung der bulgarischen Wehrkraft. Als sich Reichsaußenminister von Ribbentrop im

Dezember 1942 noch einmal bei der deutschen Botschaft in Sofia erkundigte, ob Bulgarien nicht wenigstens eine Legion zum gemeinsamen antikommunistischen Kampf der Achsenpartner beisteuern könnte, erhielt er eine negative Antwort.[7]) Außenpolitische Rücksichten und die innenpolitische Angst des Zaren vor einer Aufwertung der extremen Rechten, die die Freiwilligentruppe als ihr Machtinstrument angesehen hätte, machten die Aufstellung einer bulgarischen Legion unmöglich. Auch dürften die deutschen Pressionen hinsichtlich einer bulgarischen Legion nicht allzu stark gewesen sein, da Bulgarien eine Reservefunktion gegenüber der Türkei besaß und die bulgarische Armee als Abschreckungsfaktor gegenüber dem türkischen Nachbarn unversehrt bleiben sollte.

Seit Mitte 1944 hatten sowohl deutsche Stellen als auch Teile der bulgarischen Rechtsopposition festgestellt, daß Bulgarien sich langsam vom Achsenbündnis zu lösen begann. Während Ribbentrop vergeblich versuchte, den Bulgaren auf diplomatischem Wege einen Ministerpräsidenten Professor Cankov schmackhaft zu machen[8]), planten Angehörige der extremen bulgarischen Rechten einen Coup d'état, um die seit dem plötzlichen Tod des Zaren Boris im August 1943 amtierenden und lavierenden drei Regenten abzusetzen und eine intransigent antikommunistische Regierung an die Macht zu bringen. Professor Kantardziev, der Führer der Ratnici, und der 36 Jahre alte Journalist Stefan Marinoff versuchten im Juli 1944, den Kommandeur der in Mazedonien stationierten 5. Armee, Koco Stojanoff, zu einem Marsch auf Sofia und zur Installierung einer Militärregierung zu bewegen.[9]) Marinoff, vor dem Krieg Journalist in Sofia und persönlicher Freund von Professor Cankov, befand sich als Leutnant und Abwehroffizier beim Stab der 5. Armee in Skopje. Zusammen mit dem Reservehauptmann Kantardziev überredete er Stojanoff, der als »Kommunistenfresser« bekannt war, während einer drei Nächte dauernden stürmischen Debatte zu dem Staatsstreich, dem sich wohl alle Rechtskräfte in Bulgarien, große Teile der Armee und die im Dezember 1940 gegründete Einheitsjugendbewegung Branik angeschlossen hätten. Kantardziev und Marinoff nahmen Kontakt zu deutschen Stellen auf, die den Umsturzplan begrüßten. Tatsächlich erhielt das Reichssicherheitshauptamt Mitteilung davon, daß sich Stojanoff und seine beiden Divisionskommandeure für ein Bündnis mit den Deutschen ausgesprochen hätten und daß Teile der bulgarischen Okkupationstruppen in Serbien bei einem Bruch der Allianz Berlin—Sofia auf deutscher Seite weiterkämpfen würden.[10]) Stojanoff aber wollte nach einem Besuch im Kriegsministerium von den Putschplänen nichts mehr wissen.[11]) Das ganze Konzept wurde schließlich auch deshalb hinfällig, weil General Stojanoff, der als achsenfreundlich bekannt war, in den ersten Septembertagen seines Postens enthoben wurde. Zwar kam er anfänglich dem Rückzugsbefehl seiner Regierung nicht nach[12]), so daß die Deutschen noch am 4. September, 2 Tage vor dem Abbruch der diplomatischen Beziehungen zwischen Bulgarien und dem Reich, einen Emissär zu Stojanoff entsandten.[13]) Aber die Ereignisse überstürzten sich derart, daß die Reichsregierung weder die mazedonische Karte ausspielen – Mazedonien sollte die Selbständigkeit erhalten – noch die Unternehmen »Spätherbst« und »Hundesohn« durchführen konnte, Rettungspläne der letzten Stunde, die die Installierung einer nationalistischen Regierung in Sofia unter Professor Cankov zum Ziel hatten. Den Deutschen blieb daher nur noch übrig, deutschfreundliche Persönlichkeiten aus Großbulgarien herauszubringen, was auch zum Teil gelang. Kantardziev wurde am 3. September ausgeflogen, Cankov traf einen Tag später in Wien ein und Marinoff desertierte am 5. September aus der 5. Armee und schloß sich einer deutschen Einheit an, die nordwärts zog. Unmittelbar nach dem Umsturz in Bulgarien versuchte die im Lande verbliebene Rechtsopposition, sich gegen die Kommunisten zu formieren. Eine Verschwörung von Nationallegionären, Kadetten der Militärakademie, Reserveoffizieren und Angehörigen der früheren königlichen Leibgarde wurde von der sowjetischen Abwehr zerschlagen.[14])

Am 9. September 1944, einen Tag nach der Kriegserklärung des nunmehr von der Roten Armee besetzten Bulgarien an das Deutsche Reich, konstituierte sich in Wien eine nationale bulgarische Regierung, die sich aus Aktivisten der nationalrevolutionären bulgarischen Organisationen zusammensetzte.[15]) Ministerpräsident wurde Professor Alexandur Cankov, Außen- und Finanzminister Assen Cankov, Innenminister Professor Assen Kantardziev und das Ministerium für Volksbildung und Propaganda fiel an Christo Statev, einen ehemaligen Liberalen und späteren Cankovisten. Kriegsminister wurde Oberst Kostov. Als Berater ohne eigenen Geschäftsbereich gehörte auch General Nikola Zekov zur Regierungsmannschaft, die sich im Hotel Imperial in Wien etablierte. Zekov, bulgarischer Generalissimus des ersten Weltkrieges, war Ehrenführer der Legionärsbewegung. Weiter hatte sich der Führer der Inneren Mazedonischen Revolutionären Organisation (IMRO), Ivan Michajlov, der Nationalregierung angeschlossen. Die

IMRO, deren rivalisierende Gruppierungen entweder für die mazedonischen Autonomie, eine Balkanföderation oder eine Anlehnung an Bulgarien eintraten, war ein Verbündeter der Ustascha bei der Destabilisierung des jugoslawischen Staates gewesen. Die mazedonischen Untergrundkämpfer erwiesen sich Anfang September 1944 jedoch als zu schwach und zu zerstritten, um die vom Reich favorisierte Lösung einer Unabhängigkeitserklärung Mazedoniens realisieren zu können. Eine ihrer Hauptaufgaben sah die bulgarische Nationalregierung in der propagandistischen Beeinflussung der bulgarischen Bevölkerung. Mitte September 1944 wandte sich Alexandur Cankov über den Rundfunk an seine Landsleute, wobei er – wohl mit Rücksicht auf seine deutschen Schutzherren – seine bisher nicht judenfeindliche Position aufgab und verbal auf die Propagandalinie der Nationalsozialisten einschwenkte[16]):

> »Der Kampf um die Befreiung Bulgariens vom jüdisch-bolschewistischen Joch befindet sich in sicheren Händen. Die bulgarische Nationalregierung ruft euch auf zum Kampf gegen die Unterdrücker unseres Vaterlandes. Ihr sollt wissen, daß das gegenwärtige gewaltige Ringen, das das deutsche Volk aufgenommen hat, nicht nur einen Kampf um Deutschland, sondern auch einen Kampf um Europa bedeutet, dessen untrennbarer Teil auch unser bulgarisches Volk und Vaterland ist. Daher müssen auch wir uns dem Kampf des deutschen Volkes anschließen.«

Stefan Marinoff, der noch im Sommer von einer antikommunistischen Machtübernahme in Sofia und der anschließenden Generalmobilmachung geträumt hatte, nahm diesen Kampf im Dezember 1944 auf. Für ihn, den ehemaligen Achsenpropagandisten und jetzigen Staatssekretär im Innenministerium der bulgarischen Nationalregierung, war die Meldung zur Wehrmacht ein Akt der Verzweiflung, gleichzeitig aber auch eine Fortsetzung der bisherigen Arbeit. Als Sonderführer in Ungarn eingesetzt, lag er zwischen Drau und Plattensee einer Einheit der bulgarischen Volksfrontregierung gegenüber. Mit einem Lautsprecherwagen, der regelmäßig das Feuer der feindlichen Geschütze auf sich zog, mit Flugblättern und Propagandageschossen der Artillerie wandte sich Marinoff an seine Landsleute und forderte sie zum Überlaufen auf. Tatsächlich liefen in diesem Frontabschnitt trotz der für Deutschland verzweifelten militärischen Lage noch ca. 40–50 bulgarische Soldaten zur Wehrmacht über.[17]) Bulgariens Antikommunisten hatten gute Gründe zum Frontwechsel: Gleich nach dem

Staatsstreich in Sofia hatte das sowjethörige Regime damit begonnen, die bisherige Führungsschicht und die antikommunistischen Kräfte zu liquidieren.[18]) Bis März 1945 hatten sogenannte Volksgerichte 131 Verfahren durchgeführt und 10897 Bulgaren abgeurteilt. Nach Regierungsangaben wurden 2138 Personen zum Tode verurteilt, 1940 erhielten Gefängnisstrafen von 20 Jahren und mehr und 1689 sogenannte Volksfeinde mußten für 10 bis 15 Jahre hinter Gitter. Mit dem 2. Februar 1945 erreichten die Abrechnungsmaßnahmen einer scheinlegalen Justiz ihren Höhepunkt, als die drei Regenten, zwei Ex-Premiers, über 20 ehemalige Minister und 68 Parlamentsabgeordnete erschossen wurden. Die tatsächliche Zahl der Hinrichtungen dürfte erheblich höher gewesen sein, als die offiziellen Regierungsangaben vermuten lassen. Konservative und bulgarische Exilkreise sprechen sogar von 50000 bis 100000 Opfern der kommunistischen Säuberungen.[19]) Im ganzen Land entstanden Konzentrationslager, in die Zehntausende von Bulgaren eingeliefert wurden.

Die Parolen des nationalbulgarischen Rundfunks vermochten nichts gegen den Terror in Sofia, Plovdiv, Varna und Burgas. Aber die Männer um Cankov glaubten noch an die Möglichkeit, nationalbulgarische Streitkräfte aufstellen zu können. Hitler hatte bereits kurz nach dem Abfall Bulgariens vom Achsenbündnis den Befehl gegeben, jede Gelegenheit zur Aufstellung einer »bulgarischen Freiheitsarmee« zu nutzen und propagandistisch auszuwerten.[20]) Die Werbung der Wiener Nationalregierung richtete sich besonders an Überläufer und in Deutschland befindliche Studenten, Arbeiter und Soldaten. Am 13. November 1944 verfügte das SS-Führungshauptamt die Zusammenfassung der bisher geworbenen Kräfte auf dem Truppenübungsplatz Döllersheim und die Aufstellung eines bulgarischen Waffen-Grenadier-Regiments der SS, das als Grundstock für eine künftige bulgarische Waffen-SS-Division dienen sollte.[21]) In der zweiten Novemberhälfte besaß das zu bildende Regiment mit ca. 500 Mann, 56 Unteroffizieren und 25 Offizieren aber nur Bataillonsstärke. Mit der Moral der Einheit stand es nicht zum besten, zumal die Ausbildungsbedingungen zu wünschen übrig ließen. Das Essen war so miserabel, daß die Freiwilligen nach Übungen total erschöpft waren. Sie stahlen auf den umliegenden Feldern Kartoffeln, um ihre kargen Rationen aufzubessern.[22]) Tatsächlich hat das Bataillon, das im Frühjahr 1945 dem Befehl von Oberst Ivan Rogosaroff, dem ehemaligen Arbeitsminister der Wiener Nationalregierung, unterstand, nie gekämpft.[23]) Allerdings sollte sich bei den bulgarischen Freiwilligen der Waffen-SS kurz vor Kriegsende noch eine Tragödie ereignen, die mehrere von ihnen das Leben kostete.[24])

Unter dem Eindruck der katastrophalen Kriegslage beschließt im April 1945 eine Gruppe von etwa 20 Freiwilligen unter Major Kosta Karaneschev sich aus Döllersheim abzusetzen. Ihre Flucht wird bemerkt und eine gemischte deutsch-bulgarische Abteilung unter Hauptmann Ivanov nimmt die Verfolgung der Deserteure auf. Die Flüchtlinge werden umstellt und zur Kapitulation aufgefordert. Es kommt zu einer Schießerei, bei der drei Deserteure den Tod finden. Andere werden nach der Gefangennahme sofort an Ort und Stelle erschossen. Zwischen Verfolgern und Flüchtlingen, die sich zum Teil gut kennen, kommt es zu einem erregten Wortwechsel über die Motive der Desertion, die Atmosphäre ist mehr als gespannt. Besonders erbost ist Leutnant Kristan M., ein Offizier der Verfolgergruppe, der sich erst nach längerem Zögern entschlossen hatte, der Waffen-SS beizutreten, da er diesen Schritt eigentlich für unvereinbar mit seinen christlichen Anschauungen ansah. M. hat unter dem Deserteuren seinen besten Freund entdeckt, wie er, ein Leutnant der bulgarischen Exilstreitkräfte. M. gehen die Nerven durch und er erschießt seinen Kameraden, dem er die Desertion nicht vergeben kann.

So endet die kurze Geschichte der bulgarischen Waffen-SS mit einem Bruderkrieg und 10–12 Toten. Wenig später verliert die bulgarische Nationalregierung, die sich im Februar 1945 von Wien nach Altaussee zurückgezogen hat, ihre Funktionen. Die Freiwilligen wie auch die Exilpolitiker haben jedoch Glück im Unglück: niemand wird von den Amerikaner gegen seinen Willen nach Bulgarien ausgeliefert.

Türkei

Obwohl die türkische Armee überwiegend deutschfreundlich eingestellt war und die türkische Führung einen deutschen Sieg über die Sowjetunion nicht ungern gesehen hätte, schlossen sich die politischen Erben Kemal Atatürks nicht dem Lager der Achsenmächte an und blieben bis Februar 1945, als eine Pro-forma-Kriegserklärung an das Deutsche Reich erfolgte, neutral. Deutliche Sympathien für die Achsenmächte zeigten jedoch die Anhänger des Pantürkismus und Panturanismus[1]), denen der deutsche Sieg Garant für die Verwirklichung der eigenen, politisch weitgespannten Ziele zu sein schien. Die Pantürkisten träumten von der politischen und kulturellen Einheit aller türkischsprachigen Völker und richteten ihre Aufmerksamkeit besonders auf die Sowjetunion, wo ca. 22 Millionen Türken lebten. Die Panturanisten gingen noch einen Schritt weiter und strebten die Vereinigung der türkischen, mongolischen und finno-ugrischen Völkerschaften an. Die Vorstellungen der türkischen Irredentisten trug Nuri Pascha, der Bruder des legendären osmanischen Kriegsministers Enver Pascha, im September 1941 dem deutschen Auswärtigen Amt vor. Danach sollten unter anderem auf der Krim, in Aserbaidschan, Daghestan, Turkestan und im Gebiet zwischen Wolga und Ural unabhängige Staaten entstehen, wobei außenpolitisch eine enge Anbindung an die Türkei vorgesehen war.[2]) Nuri schlug vor, in den von den Deutschen besetzten turkstämmigen Gebieten die Verwaltung der ansässigen Bevölkerung zu übertragen und die sowjetischen Kriegsgefangenen mohammedanischen Glaubens in eigenen Lagern zusammenzulegen, um so die Basis für eine eventuelle pantürkische Befreiungsarmee zu erhalten. Ähnliche Gedanken wurden auch von dem pensionierten General Erkilet und dem türkischen Generalstabschef Fevzi Cakmak vertreten, aber das Konzept der nationalsozialistischen Ostkolonisation, wonach die Krim deutsch besiedelt werden sollte, ließ keinen Raum für pantürkische Wunschvorstellungen. Zudem begann die türkische Regierung nach der deutschen Niederlage von Stalingrad gegen pantürkische und panturanische Propaganda im eigenen Land vorzugehen. Im Mai 1944 bemühte sich Ankara gegenüber der an der Front siegreichen Sowjetunion um eine weitere Wohlverhaltensgeste und ließ bekannte Pantürkistenführer verhaften und verurteilen. Die pantürkische Bewegung war damit vorerst zerschlagen.

Es ist zweifelhaft, ob pantürkische und panturanische Idealisten dem Reich mehr als propagandistische und intellektuelle Schützenhilfe geleistet haben. Zwar gaben türkische Offiziere den letzen Anstoß zur Aufstellung von Legionen aus turkstämmigen Kriegsgefangenen in der Sowjetunion[3]), Freiwillige aus der türkischen Republik lassen sich aber bei den deutschen Streitkräften nicht nachweisen. Die entgegenstehende Behauptung des Deutschen Gewerkschaftsbundes über die Bildung einer Militäreinheit, die die Türkei illegal verlassen und sich in Jugoslawien islamischen Einheiten der Waffen-SS angeschlossen haben soll[4]), läßt sich nicht verifizieren.

253

Am 15. Oktober 1944 versuchte Reichsverweser Admiral Horthy, sich aus dem Bündnis mit dem Reich zu lösen und einen Waffenstillstand mit den Alliierten zu erreichen. Aber die Deutschen hatten aus den Erfahrungen von Helsinki, Rom und Bukarest gelernt. Zusammen mit rechtsextremistischen ungarischen Gruppen vereitelten sie den Frontwechsel. Die ungarische Honvédarmee zeigte zudem keine große Neigung, sich den Sowjets auszuliefern. Die Stimmung in der ungarischen Armee gibt ein Divisionskommandeur wider, bei dem Horthys Absichten auf wenig Gegenliebe stießen[1]): »Der Waffenstillstand hegte in mir keine Hoffnung auf Erlösung. Wir hätten uns damit nur selbst den Strick gedreht. Meine Ansicht war, daß wir, mit der Waffe in der Hand, noch eine kleine Chance zum Überleben hatten. Ohne Waffen wären wir dem sicheren Tod ausgesetzt.« Neuer ungarischer Ministerpräsident und Nationsführer wurde Ferenc Szálasi, den ein innenpolitischer Gegner, der Horthy-Außenminister Gustav Hennyey, wie folgt charakterisiert[2]): »Szálasi war ein ehrlicher, aber fanatischer Mann, der voll überzeugt war, daß seine radikalen Ideen richtig seien und Ungarn nur mit Deutschland zusammen seine großen Fragen lösen könne.« Der ehemalige Generalstabsmajor Szálasi hatte 1935 die Partei des Nationalen Willens gegründet, die nach mehrmaligem Namenswechsel als Pfeilkreuzler-Partei auftrat. Szálasis Bewegung stellte die größe Oppositionspartei in Ungarn dar. 1939 hatte sie 31 Parlamentssitze erobert. 250000 Parteimitglieder, von denen 41% Arbeiter waren[3]), kennzeichneten sie als Massenpartei. Mit den Pfeilkreuzlern gab es zum ersten Mal in der ungarischen Geschichte eine Bewegung, die versuchte, die Arbeiterschaft zur politischen Mitwirkung zu veranlassen.[4]) Zum Schrecken des restaurativen Horthy-Regimes war eine »rechte« Partei entstanden, die nicht als Ableiter sozialer Spannungen auftrat, sondern als deren Hervorrufer.[5])

Die hungaristische Ideologie Szálasis sah Ungarn als gleichberechtigten Partner des nationalsozialistischen Deutschland und des faschistischen Italien. Im Karpaten-Donauraum sollte unter Einschluß Dalmatiens und von Bosnien-Herzegowina ein neues südosteuropäisches Großreich entstehen, das unter Führung Budapests allen Nationalitäten Autonomie und Selbstbestimmung versprach.[6]) Der herkömmliche Nationalismus wie auch der Internationalismus waren für Szálasi überholte Begriffe, er träumte von einem Co-Nationalismus aller Völker des Donaubeckens, der ein spannungsfreies Miteinander garantieren sollte. Sein Projekt führte aus der Sackgasse des ungarischen Revisionismus und Irredentismus heraus, Begriffe, die die Nachbarvölker häufig mit Imperialismus gleichsetzten. Den ungarischen Chauvinisten ging das hungaristische Programm mit seinen Minderheitenrechten entschieden zu weit. Als die Pfeilkreuzler 1940 eine Nationalitätencharta ins Parlament einbrachten, wurden sie von der rechtsreaktionären Mehrheit als Verräter beschimpft.[7])

Einig wußten sich dagegen fast alle ungarischen Parteien in einem ausgeprägten Antisemitismus. Zumindest bei den Pfeilkreuzlern war dieser jedoch weniger rassistisch begründet, sondern ökonomisch und sozial. Die Juden stellten mit einem Anteil von etwas mehr als 5% an der Gesamtbevölkerung 50% der Rechtsanwälte, fast 60% der Ärzte und 53% der Selbständigen im Handel sowie 80% der Selbständigen im Finanzwesen.[8]) Szálasi, der den Mittelstand magyarisieren wollte, beabsichtigte, das angeblich jüdische Problem durch Auswanderung zu lösen. Viele seiner Anhänger und solche, die sich dafür ausgaben, bevorzugten radikalere Maßnahmen. Schon kurz nach der Machtübernahme der Pfeilkreuzler kam es in Budapest zu Judenverfolgungen. Als Szálasi die pogromartigen Exzesse stoppte, ließen die Geretteten den Pfeilkreuzlerführer hochleben.[9]) Im Kabinett standen sich hinsichtlich der Judenfrage zwei Lager gegenüber: eine intransigent antisemitische Fraktion um Innenminister Gábor Vajna und den Minister für den totalen Kriegseinsatz Emil Kovarcz und ein gemäßigter Flügel um Szálasi und den erst 34jährigen Außenminister Baron Gábor Kemény. Vanja hatte bereits am 18. 10. den Befehl ausgegeben, die ausländischen Schutzpässe, die die Juden vor Repressionen bewahren sollten, nicht mehr anzuerkennen. Auf Bitten seiner Frau, an die sich der legendäre schwedische Philantrop Raoul Wallenberg gewandt hatte, erreichte Kemény beim Nationsführer die Aufhebung des Vajna-Befehls und die Legalisierung der Schutzpässe.[10]) Die Todesmärsche, mit denen Eichmann seine jüdischen Opfer Richtung Reichsgrenze trieb, konnte aber auch Kemény nicht verhindern. Bei diesen 180 Kilometer langen Fußmärschen, an denen auch Alte und Gebrechliche teilnehmen mußten, kamen schätzungsweise 5000 Menschen um.[11]) Wallenberg, Erster Sekretär der Schwedischen Gesandtschaft in Budapest, hatte von den Todesmärschen Fotos gemacht, mit denen er den Pressesprecher der ungarischen Regierung, Ferenc Fiala, konfrontierte. Wallenberg drohte, die Fotos der Weltpresse zu übergeben. Fiala wandte sich daraufhin an Szálasi, der die weitere Durchführung der Märsche verbot.[12]) Der Bevollmächtigte des Reiches in Budapest telegraphierte am 21. 11. 1944 an das AA[13]): »In Weiterführung Judenevakuation Budapest ist grundsätzlich Änderung eingetreten. Szálasi hat angeordnet, Abtransport von Judenfrauen im Hinblick auf hierbei aufgetretene Unzulänglichkeiten nicht mehr im Fußmarsch, sondern ausschließlich bei Gestellung Transportmittel zuzulassen, was angesichts Unmöglichkeit Waggonbeschaffung praktisch Einstellung Abtransports gleichkommt.« Die in Budapest konzentrierten Juden überlebten zum großen Teil das Kriegsende, obwohl der Mob und Pfeilkreuzler-Milizen auf jüdische Mitbürger Jagd machte. Das Getto in der ungarischen Hauptstadt hat den traurigen Ruhm, das einzig unzerstörte Getto Europas geblieben zu sein.

Der 15. Oktober 1944 löste bei den an der Front stehenden Honvédtruppen einen tiefgehenden Schock aus, eine allgemeine Kriegsmüdigkeit machte sich breit. Kriegsminister Beregfy schloß mit den Deutschen ein Abkommen, das den Neuaufbau der ungarischen Streitkräfte zum Ziel hatte. Acht neue Divisionen sollten aus dem Boden gestampft werden, darunter vier Hungaristen- und vier Waffen-SS-Divisionen. Im Gegensatz zur alten Honvédarmee war geplant, die neuen Divisionen zu »politisieren«. Ein konstruktiver Neubeginn aber wurde durch das rasche Vordringen der Roten Armee erschwert. Im Dezember kesselten die Sowjets die in Budapest befindlichen deutsch-ungarischen Einheiten ein. Nach einer 51tägigen Belagerung und erbitterten Kämpfen mußten die Verteidiger, deren letzte tägliche Verpflegungsration aus einer Scheibe Brot und Pferdefleisch bestand, kapitulieren. Szálasi verlieh seiner gefallenen Hauptstadt den Titel »Stadt des heroischen Ausharrens«.

Die Aufstellung der neuen Divisionen wurde mittlerweile in Deutschland vorangetrieben. In Grafenwöhr bildeten deutsche Instrukteure die Hungaristen-Division Kossuth[14]) aus, in Neuhammer/Schlesien sollte die ungarische Waffen-SS aufgestellt werden. Die in Ungarn anlaufende Werbung unterschlug die Tatsache, daß sich die Freiwilligen für Einheiten der Waffen-SS meldeten. In der Verpflichtungserklärung, die die Rekruten unterzeichnen mußten, war nur von einer »freiwilligen Panzergrenadierdivision Hunyadi« die Rede, weiter war eine ungarische Uniformierung angekündigt.[15]) Die neuen Verbände, die bestes deutsches Kriegsmaterial erhalten sollten, verzeichneten einen ungewöhnlich starken Zulauf. Gediente Honvéds und Mitglieder der ungarischen Levente-Jugend meldeten sich, in Transdanubien volontierten

ganze Schulklassen, so daß die Ergänzungskommissionen Nacht-
schichten einlegen mußten.[16]) Ähnlichen Enthusiasmus brachten im
Januar 1945 im Raum Preßburg 16–17jährige ungarische Freiwillige auf,
die sich der 37. SS-Kavallerie-Division Lützow anschlossen.[17]) Beim
Transport der Hunyadi-Freiwilligen nach Deutschland waren erste Verluste zu beklagen, bei einem alliierten Tieffliegerangriff auf den Transportzug starben 811 Ungarn. Das Reich war im übrigen nicht in der Lage, für die neuen Divisionen die zugesagte Ausrüstung und Bewaffnung zu stellen. Bei den Ungarn selbst war die Nachschublage so ange-
spannt, daß die Honvéds im Februar 1945 angewiesen werden mußten,
die Uniformen der Gefallenen wieder zu verwenden.[18]) Zu diesem
Zeitpunkt verfügte die ungarische Armee noch über etwa 220000 Soldaten, darunter 50000 waffenlose Arbeitsdienstler. Die Moral der
Honvéds war stark angeschlagen, Szálasi mußte bereits bei seinem Besuch in der Reichskanzlei am 4. 12. 1944 einräumen, der Geist der Truppen sei im allgemeinen »sehr schlimm«.[19]) Aber es gab bemerkenswerte
Ausnahmen und Einheiten, die keine Auflösungserscheinungen zeigten. Hierzu gehörte die im November 1944 aufgestellte Division
Szent Laszlo[20]) unter General Szügyi, deren Stamm das 1. Kgl.-Ung.
Honv.-Fallschirmjäger-Rgt. bildete. Weiter zu nennen sind die 1. Husa-
ren-Division, die 24. Infanterie-Division und die 2. Panzerdivision, denen die Heeresgruppe Süd im März 1945 »überdurchschnittlichen
Kampfwert« bescheinigte.[21]) Ungebrochenen Kampfeswillen bewies
auch die ungarische SS-Kampfgruppe Ney. Dr. Karl von Ney hatte in
Budapest 1944 den Kameradschaftsverband der Ostfrontkämpfer ge-
bildet, der sich an die deutsche SS anlehnte. Ohne Zustimmung seiner
Regierung rekrutierte Ney im Herbst 1944 ungarische Freiwillige und
unterstellte sich mit diesen unmittelbar der Waffen-SS. Zusammen mit
deutschen Verbänden nahm die Kampfgruppe Ney am 22. 1. 1945
Stuhlweißenburg ein. Sie blieb bis zu den letzten Kämpfen in der
Reichsschutzstellung im Einsatz und verlor etwa 800 Gefallene.[22])
Szálasi, der den unmittelbaren Eintritt von Ungarn in deutsche Waffen-SS-Einheiten nicht wünschte und sich übergangen fühlte, stieß Dr.
von Ney aus der Honvédarmee aus.
Wert auf die Anerkennung ihrer nationalen Rechte legte die Szálasi-
Regierung auch bei dem Abkommen über die Aufstellung der ungarischen Waffen-SS-Division. Die entsprechende Vereinbarung vom
14. 2. 1945[23]) enthält einige Besonderheiten, wie sie sich sonst bei ausländischen Waffen-SS-Einheiten nicht finden. So galten die Verbände

als organischer Bestandteil der Kgl.-Ung. Honvédarmee, der Eid sollte auf das ungarische Staatsoberhaupt geleistet werden. Die Freiwilligen behielten ihre ungarische Staatsangehörigkeit und wurden gleichzeitig als deutsche Reichsangehörige angesehen.

Die hochfliegenden Neuaufstellungspläne konnten nicht realisiert werden. Nur zwei Divisionen, die 25. Waffen-Grenadier-Division der SS (ungar. Nr. 1) Hunyadi und die 26. Waffen-Grenadier-Division der SS (ungar. Nr. 2) Gömbös gelangten zur Aufstellung.[24]) Den Stamm des 61. Gren.-Rgt. der Division Hunyadi bildete die SS-Kampfgruppe Deak, die sich im Oktober 1944 formiert hatte und etwa 1000 Mann stark war. Die Bewaffnung der beiden Divisionen war mehr als unzureichend. Als Kriegsminister Beregfy am 23. März 1945 in Hipolstein etwa 10000 angetretene ungarische Freiwillige inspizierte und während einer Rede das Wort »Bewaffnung« aussprach, begannen 6000 Mann, die nur mit Seitengewehren bewaffnet waren, aufmüpfig auf ihre Bajonette zu klopfen. Die Ungarn wollten als vollausgerüstete Division zur Front und nicht untätig »im Skat liegen«, während die Rote Armee überall weiter vorrückte. Auch die angestrebte Politisierung der Einheiten scheint nicht weit vorangeschritten zu sein. So konnten bei Hunyadi nur 2,2% Parteimitglieder der Pfeilkreuzler festgestellt werden.[25]) Im übrigen waren die ungarischen Freiwilligen eifrig dabei, ihre SS-Uniformen zu »entnazifizieren«. Sie bastelten solange an ihren Monturen herum, bis die Hakenkreuze verschwunden waren, die sie an den Mützen durch rot-weiß-grüne Embleme ersetzten. Dem älteren traditionellen ungarischen Offizierskorps paßte im übrigen die ganze Waffen-SS-Inkorporierung nicht: »Schön sind diese Hakenkreuzfahnen, doch ein bißchen zu rot.«[26])

Die ungarischen Divisionen kamen nicht mehr als geschlossene Einheiten an die Front. Anfang Februar 1945 wurde aus beiden Divisionen ein ungarisches Waffen-Alarm-Regiment der SS gebildet, das sich, 2600 Mann stark, den Sowjets am Truppenübungsplatz Neuhammer entgegenwarf. Hinzu kam eine Kompanie des 1. ungarischen SS-Ski-Bataillons uner Hauptsturmführer Joszef von Gencsy. Das Ski-Bataillon, das aus einem ungarischen Lehrbataillon der Gebirgstruppe hervorgegangen war, hatte sich ebenso wie die Einheit Neys aus eigenem Antrieb der Waffen-SS unterstellt. Die Ungarn mußten bei Neuhammer schwere Verluste hinnehmen, allein die Skijäger hatten über 180 Mann Ausfälle.

Noch Ende März 1945 bekam das deutsch-ungarische Verhältnis einen deutlichen Riß, nachdem General der Panzertruppen Balck mit Befehl vom 31. 3. 1945 sämtliche ungarischen Einheiten im Bereich der 6. Armee entwaffnen ließ. Balck begründete seine Order damit, die gesamte Division Szent Laszlo sei zu den Sowjets übergelaufen. Diese Meldung war schlicht falsch. Die Situation verschärfte sich weiter, nachdem ungarische Soldaten in den österreichischen Gauen von deutschen Dienststellen ausgeplündert und gedemütigt wurden. General Beregfy wandte sich, zu Recht erbost, am 13. 4. 1945 an den Reichsführer SS, der gleichzeitig Oberbefehlshaber des Ersatzheeres war. Der Honvéd-minister nahm kein Blatt vor den Mund[27]): »Dieses Vorgehen steht in jeder Hinsicht im Widerspruch mit der zwischen den beiden Staaten getroffenen Vereinbarung und trägt den Stempel der gemeinen Gewaltanwendung.« Der ungarische Opfergang aber ging weiter. Im April 1945 gelangte noch eine Halbkompanie von Hunyadi nach Berlin, wo sie unterging.[28])

Geplanter Neuaufbau der ungarischen Streitkräfte 1944/45

Zugesagt war von deutscher Seite die Aufstellung folgender neuer Divisionen: (bei Kriegsende in Aufstellung befindliche Verbände sind unterstrichen)

4 Waffen-SS-Divisionen	4 Hungaristische Divisionen
25. SS-Waffen-Gren.-Div. Hunyadi	Division Kossuth
26. SS-Waffen-Gren.-Div. Gömbös	Division Görgey
? SS-Waffen-Gren.-Div. Hungaria?	Division Petöfi?
? SS-Waffen-Gren.-Div.?	Division Klapka?

Zusätzlich forderte der Honvédminister im Febr./März 1945 die Aufstellung folgender Divisionen:

1 Gebirgs-Division
1 Panzer-Division
1 Division Szálasi

Quelle: BA/MA RH 2/v. 1426

Zieht man ein Fazit der ungarischen Waffen-SS, so muß man feststellen, daß schwerwiegende Planungsfehler und organisatorische Mängel die Aufstellung schlagkräftiger Einheiten verhinderten. Im Reich befanden sich ungefähr 42000 Ungarn, die allein für die Hunyadi-Einhei-

FRANZ GRASSMANN
BEEIDETER GERICHTSDOLMETSCH
FÜR DIE UNGARISCHE SPRACHE
A MAGYAR NYELV HITES TOLMÁCSA
1010 WIEN I, ROSENBURSENSTR 2/24
TELEFON: 52 90 872

BEGLAUBIGTE ÜBERSETZUNG AUS DEM UNGARISCHEN

Von der Budapester Volksanwaltschaft.
Nummer: 1946 Volksanwaltschaft 8422/3.
Polizeiliche Nummer: 13.790/1946.

An das Budapester Volksgericht,

B u d a p e s t

Beiliegend übersende ich die Schriftstücke der Erhebungen und die folgende

A n k l a g e s c h r i f t :

Ich erhebe die Anklage gegen den seit dem 11. September 1946 in Untersuchungshaft befindlichen und beschuldigten

S á n d o r (Alexander)

29 Jahre alt, geboren in Szeged, wohnhaft in Budapest (III. Bezirk, Költő-utca 26), verheiratet, Gärtner, wegen Kriegsverbrechen

gemäss § 13, Punkt 3., Absatz 1, des Volksgerichtsgesetzes, weil er

im Monat Januar 1945 in Budapest in die Division Hunyady eingetreten ist und dort bis zum Ende Dienst geleistet hat: mit dieser seiner in nicht leitender Stellung verübten Tat hat er der Pfeilkreuzler-Bewegung bei Erhaltung ihrer Macht Hilfe geleistet.

In Anbetracht der Anklage ist im Sinne des § 20 des Volksgerichtsgesetzes, sowie im Sinne des § 16, Absatz 1, der Strafprozessordnung das Budapester Volksgericht zuständig.

Ich beantrage, dass der Beschuldigte bis zur sachlichen Entscheidung in der Hauptverhandlung zwecks Voruntersuchung verhaftet wird.

B e g r ü n d u n g :

Auf Grund der Daten der Erhebungen kann der von mir in der Anklageschrift beschriebene Tatbestand festgestellt werden. Die

(Fortsetzung siehe Blatt 2)

auf diese Art verübte Straftat verwirklicht die in meiner
Klageschrift angeführte Straftat. Mit dem Eingeständnis
des Beschuldigten, mit den Aussagen der vorzuladenden Zeugen
kann die Tat des Anklagegegenstandes nachgewiesen werden;
infolgedessen ist die Erhebung der Anklage begründet. Die
Voruntersuchungshaft des Beschuldigten ist deswegen aufrechtzuerhalten, weil bei Berücksichtigung der zu erwartenden
Strafe, mit der Flucht des Beschuldigten zu rechnen ist.

Budapest, am 18. September 1946.

Dr. Noszkó e.h. Dr. Csetényi e.h.

stellvertretender Leiter der Volksanwalt
Volksanwaltschaft

(Rundstempel mit Staatswappen)
DIE BUDAPESTER VOLKSANWALTSCHAFT

Zur Hauptverhandlung sind folgende Personen zu laden:

Sándor Sajnovits, Beschuldigter,
vom hiesigen Gefangenenhaus,

als Zeuge: László Gyulyás, Budapest II. Bezirk,
Keleti Károly-utca 13/a.

2 Exemplare der Anklageschrift sind an das Lássa-Büro zu
senden. Sämtliche Erhebungsschriftstücke sind an das Budapester
Volksgericht zu übersenden.

1 Exemplar ist an die Ungarische Staatspolizei, Budapester
Oberpolizeikommissariat, Politische-Polizei-
Abteilung zu übersenden.

1 Exemplar an die Redaktion des Mitteilungsblattes des
Volksgerichtes.

Anklageschrift listenmässig erfasst und in das Anklagebuch
eingetragen.

BEGLAUBIGUNG :

Die genaue Übereinstimmung der vorstehenden
Übersetzung mit der mir vorgelegten Urschrift bestä...
ich unter Berufung auf meinen Amtseid,

Wien, den _____ 29. März

Franz Grassmann

beeideter Gerichtsdolmetsch

Anklageschrift der Budapester Volksanwaltschaft gegen einen Freiwilligen der Hunya-
dy-Division

ten zur Verfügung standen. 60% den Angehörigen beider in Aufstellung befindlicher Divisionen waren ausgebildete Soldaten, die zum Teil schon am Don gekämpft hatten. Man hätte die bereits ausgebildeten und zum Teil hochmotivierten Honvéds von den Rekruten trennen sollen und mit diesem Bestand innerhalb von drei Monaten zwei kampfkräftige Divisionen gewinnen können. Das Versäumnis trifft insoweit das Honvédministerium als auch die Führung der Waffen-SS. Beregfy selbst hat seinen Soldaten sicher keinen Dienst erwiesen, als er seine gesamte Energie auf die Neuaufstellung von Einheiten legte und die bereits bestehenden Verbände nicht auffrischte. Völlig an der Wirklichkeit vorbei ging letztendlich auch sein im Februar 1945 an die Deutschen gerichteter Vorschlag, zusätzlich zu den acht geplanten neuen Divisionen, für die bereits keine Waffen mehr vorhanden waren, noch eine Gebirgs- und eine Panzer-Division auf die Beine zu stellen.[29])

Bei Kriegsende gerieten die beiden ungarischen Waffen-SS-Divisionen, denen Szálasi verboten hatte, gegen die Westalliierten zu kämpfen, in amerikanisches Gewahrsam. Die Division Szent Laszlo wurde von den Engländern gefangengenommen, die sie jedoch nicht entwaffneten, sondern die Eliteeinheit noch einige Wochen unter Waffen hielten, wohl um sie gegebenenfalls gegen Tito einzusetzen. Die nach Hause zurückgekehrten ungarischen Waffen-SS-Freiwilligen mußten sich sogenannten Rechtfertigungskommissionen stellen, schließlich war für die Kommunisten der Dienst in der Waffen-SS gleichbedeutend mit einem Kriegsverbrechen. Aber bereits im Januar 1948 wurde eine Amnestie erlassen, die sich auf die meisten einfachen Soldaten von Hunyadi und Gömbös erstreckte. Das höhere Offizierskorps und die Führungsschicht der Pfeilkreuzler-Partei konnten demgegenüber nicht mit Nachsicht rechnen. Der Kommandeur der Division Hunyadi, Generalleutnant Grassy, wurde nach Jugoslawien ausgeliefert und dort hingerichtet. In Ungarn und der Sowjetunion wurden mindestens 11 weitere Generale exekutiert.[30]) Den mit dem Ritterkreuz ausgezeichneten Kommandeur der Division Szent Laszlo, Generalmajor Szügyi, verurteilte ein Volksgericht zu lebenslänglicher Kerkerstrafe, die später zu 20 Jahren Haft ermäßigt wurde.

Die Westmächte lieferten die erste Garnitur der Pfeilkreuzler, etwa 500 Gefangene, an Ungarn aus. Bis auf zwei Regierungsmitglieder, Pressechef Ferenc Fiala und den Industrieminister, wurde das gesamte Szálasi-Kabinett 1946 hingerichtet. Außenminister Baron Gábor Kemény, der hungaristische Idealist, von dem seine Witwe sagt[31]): »So wie Wallenberg eine Rasse retten wollte, wollte Kemény eine Nation retten«, schrieb in der Nacht zum 19. März 1946 sein politisches Testament[32]): »Meine Zielsetzung und mein Prinzip ist: Europa und für Europa in der geopolitischen und kulturellen Einheit von Südosteuropa. Die Geschichte wird mich rechtfertigen. Von dem habe ich nichts aufgegeben und gebe auch jetzt nichts auf. Ich bereue und verurteile den Weg, den wir gingen, denn er hat sich nicht bewährt, aber die Idee lebt weiter in mir, denn ihre Wahrheit können keine Gewehre vernichten ... Gott bewahre und segne das Vaterland ...«

Ferenc Fiala war der letzte, der mit Szálasi vor der Hinrichtung sprechen konnte. Szálasi bat Fiala, den Pfeilkreuzlerbrüdern mitzuteilen, daß sie alle Schuld auf ihren Führer abwälzen sollten.[33])

Nach regierungsamtlichen Angaben der ungarischen Volksrepublik mußten sich vom 1. 1. 1945 bis 31. 3. 1948 89154 Personen als Kriegsverbrecher vor Gericht verantworten; 18376 von ihnen wurden zu Freiheitsstrafen verurteilt. Die Todesstrafe wurde 312mal ausgesprochen und 146mal vollstreckt.[34]) Berücksichtigt man, daß Säuberungen durch Volksmilizen unmittelbar nach der Eroberung ungarischer Gebiete durch die Rote Armee einsetzten, so wird man davon ausgehen können, daß der Volksjustiz insgesamt etwa 6000 bis 7000 Menschen zum Opfer fielen.[35]) Viele der Inhaftierten saßen noch in Kerkern, als im Oktober 1956 der ungarische Volksaufstand losbrach. Ferenc Fiala, dessen Todesstrafe die Justiz in lebenslängliche Zwangsarbeit umgewandelt hatte, befand sich zu diesem Zeitpunkt im Sammelgefängnis in einem Vorort von Budapest. Mit den Nationalfarben geschmückte Aufständische befreiten ihn. Die Hunyadi-Freiwilligen waren selbst nach 11 Jahren kommunistischer Diktatur bei der ungarischen Bevölkerung nicht in Vergessenheit geraten, ein Rest vom Mythos einer antikommunistischen Befreiungsarmee hatte sich erhalten – in Budapest ging im Oktober 1956 das Gerücht um, die Hunyadi-Division stünde bereit, den Freiheitskämpfern zur Hilfe zu kommen.[36])

Rumänien

Die Geschichte der 1944/45 auf deutscher Seite eingesetzten rumänischen Freiwilligen ist eng mit der Entwicklung der Eisernen Garde verknüpft. Diese, 1927 von Corneliu Zelea Codreanu als Legion Erzengel

Michael gegründete und 1930 in Eiserne Garde umbenannte Bewegung, enthielt sowohl faschistische als auch nationalsozialistische Elemente, unterschied sich aber in anderen Punkten deutlich von den übrigen verwandten Rechtsbewegungen in Europa. So schwebte Codreanu ein Bündnis von Studenten und Bauern vor, sein Programm war sowohl agrarrevolutionär als auch stark antiindustrialistisch ausgeprägt. Der virulente Antisemitismus der Bewegung, der sich gegen die starke, wirtschaftlich dominante jüdische Mittelschicht wendete[1]), hatte weniger rassische, sondern ökonomische, religiöse und soziale Ursprünge.[2]) Der ordensähnliche Charakter der Garde erzeugte eine fanatische Opferbereitschaft und Märtyrergesinnung der Aktivisten, psychopolitische Faktoren, die die »heroische Geste«, den Einsatz des Lebens im Kampf um die rumänische Neuordnung wie selbstverständlich zuließen. Codreanu selbst strebte zwar eine Allianz mit Rom und Berlin an, er betonte andererseits aber auch die Eigenständigkeit und den unverwechselbar rumänischen Charakter seiner Bewegung. 1936, in einem Gespräch mit dem italienischen konservativen Philosophen Julius Evola, zeigte er die Differenzen zwischen den verschiedenen radikalnationalen Parteien auf: Während Codreanu im italienischen Faschismus das Primat des Staates als formendes Element ansah und im Nationalsozialismus den Mythos der Rasse als treibende Kraft erkannte, lag nach seiner Einschätzung der ideologische Ausgangspunkt der Eisernen Garde mehr im spirituellen Bereich, wobei eine mystisch-religiöse Komponente dominierte.[3])

Trotz gegenteiliger Behauptungen[4]) war die Garde keine fünfte Kolonne des Dritten Reiches und auch kein Vasall Berlins. Ihr ausgeprägter Nationalismus ließ keine Unterordnung unter fremde Interessen zu. So warnte Ion Mota, der Stellvertreter Codreanus, bereits 1936 die deutsche Volksgruppe in Rumänien davor, eine »Filiale der hitleristischen Partei in Rumänien« zu werden.[5]) Widerstand setzten die Legionäre auch der deutschen Wirtschaftsexpansion in Rumänien entgegen und opponierten 1940 gegen die Übernahme jüdischer und alliierter Großfirmen durch das Reich.[6])

Der Kampf zwischen der revolutionären Eisernen Garde und der restaurativ-monarchistischen Führungsschicht um die innenpolitische Vorherrschaft in Rumänien wurde von beiden Seiten mit äußerster Erbitterung geführt. König Carol II., der Wahlfälschungen als stabilisierendes Element seines Regimes institutionalisiert hatte, scheute bei seinem Feldzug gegen die Legionäre auch vor Freiheitsberaubung und

Mord nicht zurück. Zwischen 1924 und 1937 sollen 500 Anhänger Codreanus getötet worden sein, von April 1939 bis Dezember 1939 wurden sogar 1200 Legionäre verhaftet, eingekerkert und umgebracht.[7]) Der Repression des Regimes stand der singuläre und gezielte Terror der Eisernen Garde gegenüber, dem Dutzende von Funktionären und gegnerischen Politikern zum Opfer fielen. Allein zwei Ministerpräsidenten – Ion Duca und der skrupellose Armand Calinescu – starben unter den Schüssen der Nationalrevolutionäre. Nachdem die Eiserne Garde bei den Wahlen von 1937 fast 16% der Stimmen und 66 Parlamentssitze erringen konnte, wurde sie 1938 zum fünften Mal verboten. Ihre Rolle in der rumänischen Innenpolitik schien ausgespielt, nachdem Carol II. die gesamte Führungselite der Garde, darunter auch den charismatischen Codreanu, umbringen ließ. Aber nach der Abdankung des Königs und im Bündnis mit dem konservativen Marschall Antonescu triumphierten die jetzt von Horia Sima geführten Grünhemden im September 1940 mit der Errichtung eines Nationallegionären Staates, der die Ideale des Parteigründers Codreanu verwirklichen sollte. Binnen kurzem war die Eiserne Garde eine Massenpartei mit annähernd 500000 Mitgliedern[8]), wegen des enormen Zulaufs mußte im Dezember 1940 sogar eine Aufnahmesperre für neue Parteiaspiranten verhängt werden. Aber diese Scheinblüte konnte nicht darüber hinwegtäuschen, daß die Allianz Sima/Antonescu ein unnatürliches Bündnis war und die entscheidende Auseinandersetzung zwischen den Revolutionären und den Kräften der Restauration nur hinauszögerte. Im Januar 1941 versuchte die Garde einer drohenden Entmachtung durch Antonescu zuvorzukommen und ihre Alleinherrschaft durchzusetzen. Es ist sehr wahrscheinlich, daß Antonescu die Legionäre zu diesem Putsch provoziert hat, um den lästigen Konkurrenten radikal ausschalten zu können.[9]) Mit Rückendeckung des deutschen Führers, der für seinen Ostfeldzug ein ruhiges und geordnetes, nicht aber ein in revolutionärem Umbruch befindliches Rumänien brauchte, zerschlugen Antonescu und die Armee den Aufstand der Eisernen Garde. Die Niederlage der Nationalrevolutionäre war vollständig, sie wurden aus allen wichtigen Ämtern und Funktionen in Rumänien verdrängt, Hunderte wanderten ins Gefängnis. Nach Ausbruch des Rußlandfeldzuges verheizte Antonescu die aktivsten gardistischen Elemente in Strafbataillonen (Batalioanele de reabilitare dela Sărata), wo sie zusammen mit Kriminellen und Deserteuren Dienst tun mußten.[10]) Hitler bedauerte die radikale Verfolgung der Nationalrevolutionäre durch Antonescu, der seiner Ansicht nun keine politische Machtgruppe mehr besaß, auf die er sich stützen konnte.[11]) Der 23. August 1944 bewies, daß Hitlers Vermutungen über die unzulängliche Machtbasis des rumänischen Marschalls zutreffend waren.

Mit Hilfe des SD konnten 1941 einige Hundert Grünhemden nach Deutschland fliehen. Aufgrund einer deutsch-rumänischen Absprache wurden alle Flüchtlinge im Reich interniert. Etwa 400 Legionäre wurden in Rostock konzentriert und arbeiteten dort bei den Heinkel-Flugzeugwerken.[12]) Sie konnten sich innerhalb eines Sperrkreises von 10 Kilometern relativ frei bewegen. Untersagt war ihnen jedoch jede politische Betätigung. Mit Rücksicht auf Bukarest akzeptierte Berlin auch keine Freiwilligenmeldungen der Internierten zur Wehrmacht. Horia Sima bekam als Zwangsaufenthaltsort Berkenbrück bei Fürstenwalde zugewiesen. Über die Art der Behandlung der Legionäre ergaben sich Auseinandersetzungen zwischen dem Reichssicherheitshauptamt und dem Auswärtigen Amt. Während letzteres für verschärfte Internierungsbedingungen eintrat, bestanden SS und SD auf einer möglichst milden Staatshaft.

Die Internierten selbst blieben im Ungewissen über ihr künftiges Schicksal. In Rostock kursierten Gerüchte über geplante Anschläge der rumänischen Geheimpolizei Siguranza auf führende Legionäre und ein Auslieferungsersuchen von Marschall Antonescu.[13]) Tatsächlich hatte das Auswärtige Amt im Sommer 1942 die Verlegung der in Berkenbrück konzentrierten Grünhemden in ein Konzentrationslager angeregt. Sima, der von der geplanten KZ-Einweisung Kenntnis erhielt, floh daraufhin im Dezember 1942 nach Italien, um mit Hilfe Mussolinis einen größeren politischen Bewegungsspielraum zu erhalten. Aber das faschistische Italien schickte Sima umgehend ins Reich zurück. Die gescheiterte Flucht ihres Chefs hatte für die Internierten in Deutschland schwerwiegende Folgen. Die Legionäre aus Rostock wurden in das KZ Buchenwald eingewiesen, Sima kam nach Oranienburg, die übrigen Führer in das KZ Dachau. Allerdings blieben den Rumänen die Schrecken des KZ-Systems weitgehend erspart, da sie in einer Art Ehrenhaft gehalten wurden. Auch widersetzte sich Berlin dem Wunsch Antonescus, Horia Sima umzubringen.[14]) Dies wohl weniger aus humanitären Gründen, sondern weil mit dem Faustpfand der Legionäre Druck auf Bukarest ausgeübt werden konnte.

Von 251 in Buchenwald internierten Grünhemden sind die Alters- und Berufsangaben übermittelt.[15]) Auffallend ist dabei der starke Anteil von Studenten (60 = 26%), Juristen (29 = 12%) und Professoren und Lehrern (25 = 10%) sowie das niedrige Durchschnittsalter von 27,4 Jahren. Die Berufsstruktur ist in keinem Fall typisch für das bäuerliche Rumänien, gibt aber einen Hinweis auf das weitgehend akademisch vorgebildete Führerkorps der Legionäre.

Erst nach dem achsenfeindlichen Umschwung in Rumänien und dem Sturz Marschall Antonescus am 23. August 1944 sollten die Grünhemden in Deutschland eine Verbesserung ihrer Position erreichen. Hitlers Versuche, eine neue Regierung unter einem deutsch-freundlichen rumänischen General zu bilden, oder General Ion Gheorghe, den bevollmächtigten Minister Rumäniens in Berlin, für eine Schattenregierung zu gewinnen, schlugen fehl. In Rumänien selbst folgte fast das gesamte monarchistische Offizierskorps dem Befehl von König Michael I. zur Zusammenarbeit mit der Sowjetarmee. Allein vereinzelte Offiziere, so der Ritterkreuzträger Oberstleutnant Gheorghe Rascanescu[16]), setzten den Kommunisten verzweifelten Widerstand entgegen. Eine geschlossene nationale Opposition kam nicht zustande, mochte sich Konteradmiral Horia Macellariu[17]) auch noch so bemühen, mit seiner antibolschewistischen Kampforganisation »Donauwellen« Einfluß auf die Armee zu gewinnen. Das Reich konnte daher nur noch eine Karte ausspielen, die der Eisernen Garde. Horia Sima wurde bereits am 24. August aus dem KZ entlassen und traf einen Tag später mit Himmler und dem Reichsaußenminister zusammen. Er unterbreitete Ribbentrop ein Manifest an das rumänische Volk, das dieser billigte. Mit der Zusicherung, freie Hand für Aktivitäten gegen die philokommunistische Regierung in Bukarest zu haben[18]), flog Sima nach Wien. Kurze Zeit später wandte sich eine neue rumänische Nationalregierung über Radio Donau an die rumänische Bevölkerung[19]):

»Rumänen! Die neue Nationalregierung ruft Euch auf, dem Verräterkönig Michael und seiner Hofkamarilla und der korrupten Clique von Geschäftemachern in Bukarest unter keinen Umständen Gefolgschaft zu leisten und keinem ihrer Befehle nachzukommen. Rumänische Soldaten! Die nationale rumänische Regierung ruft Euch auf, keinem Befehl des Verräterkönigs und seiner Helfershelfer in der Armee zu folgen, sondern treu an der Seite des deutschen Bundesgenossen, der so wie Ihr sein Blut für die Verteidigung rumänischen Bodens vergießt, den Bolschewisten Widerstand bis zum Äußersten entgegenzusetzen.«

Am 30. August folgte eine Rundfunkproklamation Horia Simas, die sich insbesondere an die rumänischen Streitkräfte wandte.[20])

>»Die Aufgabe eines Heeres besteht nicht darin, das Land dem Feinde auszuliefern, sondern darin, für das Land, für die Ideale, für die Ehre der Nation zu kämpfen und ihren geschichtlichen Fortbestand zu sichern. Was für ein Schauspiel bieten wir heute der Welt? Wann ist je ein gleich schandbarer Verrat begangen worden? Kann wirklich jemand glauben, daß dem Vaterland dadurch gedient wird, daß der Freund von gestern meuchlings angefallen wird?«

Sima plante ursprünglich, die Zusammensetzung seiner nationalen Regierung solange hinauszuschieben, bis die Wehrmacht einen Teil Rumäniens unter Kontrolle hatte.[21]) Mit dem totalen Zusammenbruch der deutschen Streitkräfte in Rumänien war aber jede Chance dahin, eine antikommunistische Gegenregierung auf rumänischen Boden zu installieren. Sima verfügte vorerst nur über seine 400 Grünhemden, von denen 120 Funktionen in der neuen Regierung übernehmen sollten, 200 wurden auf deutschen Schulen ausgebildet (Funken, Sabotage, Fallschirmeinsatz) und 70 standen für den Aufbau einer nationalen Armee bereit.[22]) Die Keimzelle dieser Armee entstand im serbischen Banat, wo der Legionär Pavel Onciu die Rundfunkaufrufe Simas gehört hatte und 200 Mann um sich scharte, die zusammen mit deutschen Truppen in Rumänien eindringen sollten.[23]) In Neukarenburg/Österreich wurden rumänische Fallschirmspringer mit dem Ziel eines konspirativen Einsatzes in der Heimat ausgebildet. Tatsächlich sind rund 100 Grünhemden auf dem Luftweg nach Rumänien gelangt[24]), wo sie Sabotageakte verübten, antikommunistische Agitation betrieben und Ansätze eines nationalen Widerstandes organisierten. Gefangene Angehörige der Eisernen Garde konnten nicht mit der Gnade des Gegners rechnen. Bereits am 30. August 1944 hatte die rumänische KP zur gnadenlosen Bekämpfung der Nationalisten aufgerufen[25]): »Rumänische Patrioten, Männer und Frauen, Offiziere und Soldaten: Kein Erbarmen mit diesen Verrätern … Bekämpft schonungslos die Legionärsmörder.«

Mittlerweile begann in Döllersheim bei Wien die Aufstellung einer rumänischen Nationalarmee. Sima hatte für die neuen Einheiten die Bedingung ausgehandelt, daß sie niemals gegen rumänische Truppen an der Ostfront eingesetzt werden durften. Freiwillige für die Nationalarmee wurden unter den bisher inhaftierten Legionären geworben, unter den rumänischen Offiziers- und Unteroffiziersbewerbern, die auf deutschen Schulen ausgebildet wurden sowie weiter im Lager Kaisersteinbrück bei Berlin, wo sich nahezu die gesamte rumänische 4. Infanteriedivision unter General Platon Chirnoaga befand, die von der Wehrmacht gefangen genommen worden war. Nicht alle Rumänen kamen aus patriotischen oder antikommunistischen Motiven, manchen bewog der Hunger zum Eintritt in die kleine Streitmacht Horia Simas.[26] Auch blieben ideologische Differenzen in diesem aus Angehörigen der Eisernen Garde und Antonescu-Anhängern zusammengesetzten Verband nicht aus. Unter dem Oberbefehl von General Chirnoaga entstanden schließlich zwei Waffen-Grenadier-Regimenter der SS, ein drittes Regiment befand sich bei Kriegsende in der Aufstellung. Verstärkung erhielten diese Einheiten durch rumänische Antikommunisten, die von Rumänien aus die Front wechselten. So ging Rittmeister Ion Valeriu Emilian im Januar 1945 mit insgesamt 119 Mann, dem Rest von drei Schwadronen des Kalaraschen-Regiments 2, zu den Deutschen über. Der Oberbefehlshaber der 4. rumänischen Armee, General Avramescu, beabsichtigte im Winter 1944/45 mit allen ihm unterstellten Truppen den Übertritt auf die deutsche Seite, sein Plan wurde jedoch verraten.[27]

In Wien konstituierte sich am 10. Dezember 1944 endgültig die »Regierung ohne Land«, das rumänische Nationalkabinett. Fünf der acht Regierungsmitglieder waren Angehörige der Eisernen Garde. Die Gründe für diese Regierungsbildung in letzter Stunde beschreibt Außenminister Prinz Mihai Sturdza, der diese Funktion bereits 1940 innegehabt hatte, wie folgt[28]):

»Wir waren in Wien im Dezember 1944 entschlossen, alle, einschließlich des Königs, als Gefangene einer feindlichen Macht[29]) anzusehen. Wir zogen weiter in Erwägung, daß Rumänien keine Regierung und keinen Souverän mehr hatte und daß die Kräfte, die in den Ministerien an die Macht kamen, nichts anderes waren als feindliche Agenten, die von eingeschüchterten und ohnmächtigen Rumänen unterstützt wurden, die gezwungen waren, ihre Funktionen gegen den eigenen Willen und unter der Drohung von Verfolgungen auszuüben.«

Während der Regierung in Wien die undankbare Rolle eines Konkursverwalters des nationalistischen Rumäniens zufiel, kam das erste rumänische Waffen-Grenadier-Regiment der SS im März 1945 zum Fronteinsatz. Etwa 3000 Mann stark bezog die Einheit eine Stellung an der

Oder bei Stettin, die Stimmung der Freiwilligen war wegen der allgemeinen Kriegslage gedrückt. Unterstellt war das Regiment dem III. (germ.) SS-Panzerkorps. Einer der rumänischen Offiziere war Obersturmführer Alexander Suga, dessen Schicksal typisch für das der exilierten Legionäre ist.[30]) 1914 geboren, war Suga 1933 der Eisernen Garde beigetreten. 1938, unter der Königsdiktatur, wurde er für 3 Monate inhaftiert. 1941 sollte sich der Jurastudent wegen angeblicher Beteiligung an der Legionärsrevolte vor einem Militärgericht verantworten. Er zog es jedoch vor, unterzutauchen und wurde im September 1941 zu 15 Jahren Gefängnis verurteilt. Im gleichen Monat floh er über Serbien nach Deutschland, wo er bis Januar 1944 in Rostock interniert war. Zwischenzeitlich hatten ihn die rumänischen Behörden zum Tode verurteilt, da er sich durch seine Flucht der Zwangsgestellung bei der rumänischen Erdölgesellschaft Astra Romana entzogen hatte. Nicht genug der Sanktionen, steckten ihn die deutschen »Schutzherrn« im Januar 1944 in das Sonderlager Fichtenhain des KZ Buchenwald, bis ihm im August 1944 Gelegenheit gegeben wurde, in die Waffen-SS einzutreten. Der aus heutiger Sicht nahezu unglaubliche Wechsel vom KZ-Häftling zum Mitglied von Himmlers Schwarzen Orden war für Alexander Suga weniger problematisch. Für ihn befand sich die Eiserne Garde seit Juni 1940, dem Zeitpunkt der von Stalin erzwungenen Abtretung von Bessarabien und der Nordbukowina, im Krieg mit der Sowjetunion. Ein Einsatz auf deutscher Seite gegen die Rote Armee war für ihn daher, trotz der zweifelhaften deutschen Gastfreundschaft, nur konsequent.

Das an der Oder liegende rumänische Regiment hatte keine größeren Kämpfe mehr zu bestehen. Vielmehr wurde die Einheit vor dem sowjetischen Stoß auf Berlin aufgeteilt, eine Hälfte fand als Arbeitsbataillon Verwendung, die restlichen Freiwilligen wurden mit Fahrrädern »mobil gemacht« und führten den hochtrabenden Namen eines Panzer-Zerstörer-Regiments.[31]) Am 9. Mai ging das Regiment nach einer Serie von Rückzügen in westalliierte Gefangenschaft.

Aktivisten der Eisernen Garde führten ihre gefährliche Untergrundtätigkeit in Rumänien auch nach dem Zusammenbruch bis etwa 1956 fort.[32]) Noch Anfang der 50er Jahre setzte der amerikanische Geheimdienst Grünhemden mit dem Fallschirm über Rumänien ab. Der letzte große Schauprozeß gegen Anhänger Codreanus fand im Oktober 1953 vor dem Militärgerichtshof in Bukarest statt. 13 Angeklagte wurden zum Tode verurteilt und erschossen.[33]) Heute benutzt der rumänische kommunistische Geheimdienst häufig das Signum der Eisernen Garde, um damit seine illegalen Aktionen gegen Emigranten im Westen zu tarnen.[34])

Der Ministerpräsident der rumänischen Nationalregierung, Horia Sima, über seine Internierung in Deutschland und die Tätigkeit der rumänischen Nationalregierung

1. Wie war während Ihrer Internierung im Reich (1941–1944) die Behandlung durch die Deutschen?
Es sind zwei Perioden zu unterscheiden. In der ersten Periode 1941/42 haben wir uns einer relativen Freiheit erfreut. Wir waren in Berkenbrück bei Fürstenwalde interniert und unterlagen dem Zwangsaufenthalt. Wir konnten uns im Dorf und in der Umgebung frei bewegen, manchmal sogar in Berlin. Es war uns verboten, Beziehungen oder Kontakte zu Rumänien zu unterhalten, weiter war auch die politische Betätigung untersagt. In dem SS-Erholungsheim, wo wir wohnten, war das Essen zufriedenstellend.
Während der zweiten Periode wurden wir im Konzentrationslager interniert. Nach der Erklärung der Gestapo war diese Internierung die Folge meiner Flucht nach Italien. In Wirklichkeit waren wir vorher informiert worden, daß man die Absicht hatte, uns unsere wenige Freiheit zu nehmen, um Antonescu einen Gefallen zu tun. Antonescu reklamierte immer beim Führer, daß wir politische Aktivitäten gegen seine Regierung unternähmen. Nach dem Krieg wurden Dokumente gefunden, aus denen zu entnehmen ist, daß Pläne der deutschen Regierung existierten, uns vor meiner Flucht nach Italien in Buchenwald zu internieren. Die Legionäre in Deutschland wurden schließlich in drei verschiedenen Lagern interniert. Horia Sima mit seinem Sekretär Traian Borobaru und Professor Alexander von Randa in Oranienburg-Sachsenhausen, die führenden Legionäre in Dachau und die Masse der Legionäre, die in Buchenwald interniert waren, wurden in eigenen Baracken, die nur für sie bestimmt waren, abseits von den anderen Gefangenen kaserniert. Horia Sima und seine Begleiter wurden im Lager Oranienburg untergebracht, in Zellen, und konnten einige Stunden am Tag Spaziergänge im Lagerhof machen. Die führenden Legionäre in Dachau waren auch eingesperrt, aber sie konnten sich den ganzen Tag im Lagergelände bewegen.
Das Essen entsprach der Verpflegung von Soldaten. Das Benehmen des Wachpersonals war korrekt. Wir hatten keine Kontakte mit der Außenwelt und wurden niemals über die politische oder militärische Lage befragt. Jeder Kontakt zwischen der deutschen Regierung und den Legionären wurde unterbrochen, damit Antonescu nicht verärgert wurde.
2. Warum sind Sie Ende 1942 aus deutscher Internierung nach Italien geflohen?
Ich bin nach Italien mit der Absicht geflohen, mit Mussolini über die Situation zu sprechen, in der wir uns in Deutschland befanden und ihn zu bitten, sich an Hitler zu wenden, uns den politischen Flüchtlingsstatus zu geben. Ich wollte Mussolini beweisen, daß Antonescu in diesem schwierigen Moment

des Krieges nicht Herr der Lage war, und daß als Folge eine Katastrophe möglich wäre. Ich wurde verhaftet und nach Deutschland zurückgebracht. Hitler und Ciano haben die Ausweisung bei Mussolini verlangt.

3. Warum haben Sie nach dem 23. August 1944 auf deutscher Seite gekämpft, schließlich hatten die Deutschen Sie und Ihre Mitkämpfer interniert?

Wir waren der Meinung, daß, was die Behandlung des rumänischen Problems angeht, unsere Internierung ein schwerer politischer Fehler war. Ein Fehler, der am 23. 1. 1941 begonnen hat, während der sogenannten Legionären-Rebellion, als Hitler der deutschen Wehrmacht befohlen hat, Antonescu gegen die Eiserne Garde zu stützen. Es war ein strategischer Fehler, den Hitler damals begangen hat, denn dadurch hat er den Verrat vom 23. August 1944 vorbereitet. Obwohl sich die Deutschen nach unserer Flucht nach Deutschland schlecht benommen haben, waren wir der Meinung, daß die Deutschen unsere Verbündeten im Kampf gegen den Kommunismus sind und wir haben gehofft, daß uns die Zukunft Recht geben würde. Unsere Intervention ist zu spät gekommen, weil wir die Invasion Rumäniens durch die sowjetische Armee nicht verhindern konnten. Die deutsche Regierung – falls sie informiert war – hat uns bis zum letzten Moment im Lager gehalten, ein nicht wieder gut zu machender Fehler. Hitler glaubte, daß Antonescu Herr der Lage war, obwohl er genügend Hinweise bekommen hat, daß die Opposition in Rumänien den Absprung zu dem alliierten-bolschewistischen Lager vorbereitete.

Einerseits wurde Rumänien von der bolschewistischen Armee überflutet, eine Tatsache, die uns verpflichtete, alles zu vergessen, was in der Vergangenheit zwischen uns und den Deutschen gewesen war und den Kampf für die Befreiung fortzusetzen. Andererseits hat uns auch das nationale Ehrgefühl geführt. Wir konnten nicht gleichgültig bleiben bei dem Zusammenbruch der in vierjährigen Kämpfen geschmiedeten Waffenkameradschaft, nachdem die deutschen und rumänischen Soldaten in den Ostkämpfen einen so hohen Blutzoll entrichtet hatten. Das deutsche Volk mußte wissen, daß es wenigstens eine Handvoll Leute gab, die keine Verräter waren und bis zum letzten Moment bei ihm blieben.

4. Welche Schwierigkeiten gab es beim Aufbau der rumänischen Nationalregierung?

Die national-rumänische Regierung wurde endgültig am 10. Dezember 1944 gebildet. Die Regierung hätte sich auch etwas früher konstituieren können und zwar, nachdem ich im Führerhauptquartier empfangen wurde, in der ersten Hälfte des Monats September 1944. Ich hatte freie Hand. Ich habe aber verlangt, die Regierung etwas später zu bilden, um Zeit zu haben, meine Kräfte zu sammeln, damit ich etwas Vernünftiges zustandebringen konnte. Die Bulgaren haben sofort nach der Invasion ihres Landes eine Regierung konstituiert. Ich konnte dasselbe machen.

Nachdem wir den Grundstock für die Nationalarmee gebildet hatten und Leute nach Rumänien geschickt worden waren, um den Widerstand zu organisieren, habe ich daran gedacht, eine nationale Regierung zu bilden. Vom 23. 8. 1944 bis zum 10. 12. 1944 habe ich schon im Namen dieser Regierung gehandelt, obwohl sie sich offiziell noch nicht konstituiert hatte. Die Proklamationen an Rumänien und die Radiosendungen wurden bereits im Namen dieser Regierung vorgenommen. Als diese Übergangsperiode zu Ende war, habe ich Ribbentrop meinen Entschluß mitgeteilt, daß ich bereit sei, eine Regierung zu bilden. Ich war sehr überrascht, als ich die Antwort erhielt, daß es besser sei, anstatt einer Regierung ein Nationalkomitee zu bilden, das dieselbe Macht haben würde, wie eine Regierung. Was war geschehen? In der Zwischenzeit war beim Auswärtigen Amt eine Intrige von höheren Beamten angelaufen, die Ribbentrop überzeugen wollten, daß die Regierung von Wien keine Wirkung habe. Aufgrund der bisherigen Ergebnisse sei es nicht mehr nötig, eine Regierung zu bilden und Horia Sima solle sich mit einem Nationalkomitee begnügen.

Ich habe protestiert und habe gesagt, daß es mir unmöglich ist, das Begonnene mit einem Nationalkomitee fortzusetzen, da das Land weiß, daß in Wien eine Nationalregierung existiert. Ich habe mich an Himmler gewandt, der die Lage verstanden und von Ribbentrop verlangt hat, der Bildung einer Nationalregierung keinen Widerstand mehr entgegen zu setzen. Meinem Wunsch wurde stattgegeben und ich habe die Nationalregierung gebildet.

5. Welche Bedeutung hatte das Gespräch der rumänisch-ungarischen Außenminister Sturdza/Kemény im Februar 1945? Wären nach einem siegreichen Kriegsende der Streit und die Differenzen zwischen Ungarn und Rumänien um Siebenbürgen überwunden worden?

Unter politischen Gesichtspunkten waren die Gespräche zwischen den beiden Ministern nicht sehr wichtig. Es war zu spät, um zu einer konstruktiven Zusammenarbeit zu gelangen. Aber unter einem moralischen Gesichtspunkt, unter dem Gesichtspunkt der Verbesserung des Klimas zwischen den beiden Völkern, ist viel geschehen. Beide Minister sind zu der Überzeugung gekommen, daß der tausendjährige Konflikt im allgemeinen Interesse beseitigt werden muß und zwar auf einer fairen Basis der ethnischen Gegebenheiten der beiden Völker. Und diese Versöhnung konnten nur die beiden nationalen Bewegungen machen, die Eiserne Garde und die Pfeilkreuzler.

Horia Sima, Madrid 13. Mai 1981

5. Baltikum

Litauen

In dem geheimen Zusatzprotokoll zum deutsch-sowjetischen Nichtangriffspakt vom 24. 8. 1939 wurden Finnland, Estland und Lettland der sowjetischen Einflußsphäre zugewiesen. Bereits einen Monat später fiel auch Litauen Stalin zu, der im Ausgleich dafür den Deutschen die Kontrolle über das polnische Gebiet westlich der Curzon-Linie von 1919 einräumte. Damit waren die baltischen Staaten, die erst nach dem 1. Weltkrieg ihre Unabhängigkeit erkämpft hatten, dem sowjetischen Imperialismus ausgeliefert. Stalin zögerte nicht, die Beute einzutreiben. Am 15. Juni 1940 drangen sowjetische Truppen in Litauen ein, zwei Tage später in Estland und Lettland. Die Terrorherrschaft begann mit umfangreichen Verstaatlichungen und Enteignungen und fand ihren Höhepunkt in der Ausmerzung von »Staatsfeinden«. Die ersten Verhaftungen und Zwangsdeportationen am 11. und 12. Juli 1940 betrafen 2000 Intellektuelle, Verwaltungsbeamte, Politiker, Journalisten und Priester.[1]) Die zweite Deportationswelle fand unmittelbar vor dem deutschen Einmarsch statt und begann in der Nacht vom 13. zum 14. Juni 1941. Fast 31000 Litauer wurden in die Sowjetunion verschleppt.[2]) Besonders das antikommunistische Offizierskorps der drei baltischen Armeen war vom roten Terror betroffen: 400 litauische, 400 lettische und 250 estnische Offiziere wurden verhaftet, 400 von ihnen im Lager Norilsk/Sibirien erschossen.[3]) Die Russifizierungs- und Unterdrückungsmaßnahmen führten zu einer weitgefächerten litauischen Widerstandsbewegung. Es entstand die Litauische Aktivistenfront (LAF) mit rund 36000 Untergrundkämpfern. Führer der LAF war der ehemalige litauische Gesandte in Berlin, Oberst Kazys Skirpa. Er arbeitete in der Reichshauptstadt eng mit deutschen Dienststellen zusammen und stellte dabei unmißverständlich klar, daß ein von den Sowjets befreites Litauen kein rechtloser Vasall des Deutschen Reiches werden sollte. Sein Memorandum vom 25. 1. 1941 sah die Bildung einer litauischen Regierung und die spätere Übernahme der Landesverwaltung sowie den Kriegseintritt Litauens auf deutscher Seite vor.[4]) Im

Reich selbst kooperierten etwa 200 Litauer mit dem Heer und der deutschen Abwehr, um die Befreiung ihres Landes vorzubereiten.

Als der Ostfeldzug am 22. Juni 1941 begann, gingen litauische Aktivisten unmittelbar zum Angriff gegen die Rote Armee über. Aufstände überzogen das gesamte Land, am 23. Juli 1941 verkündete der von der LAF befreite Sender Kaunas die Revolte gegen die Sowjets, die Wiederherstellung der litauischen Unabhängigkeit und die Einsetzung einer provisorischen Regierung unter Leitung von Kazys Skirpa. Die deutschen Truppen fanden die litauische Hauptstadt sowie zahlreiche andere Städte bereits von den Sowjets gesäubert vor, als sie nach Osten vordrangen. Insgesamt sollen sich ungefähr 100000 Litauer an dem Aufstand beteiligt haben, davon fanden 4000 den Tod und etwa 8000 wurden verwundet.[5]) Der aktive Einsatz einer so großen Anzahl von Litauern ist um so erstaunlicher, wenn man sich vor Augen führt, daß die Friedensstärke des litauischen Heeres nur 22000 bis 28000 Mann betrug.

Nach der Besetzung von Kaunas am 25. Juli kam es kurzfristig zu der extremsten und verabscheuungswürdigsten Form der Kollaboration zwischen Deutschen und Einheimischen. Etwa 300 von dem Journalisten Klimaitis geführte litauische Antisemiten organisierten unter Anleitung des Einsatzkommandos 3 »spontane« Judenprogrome, denen rund 6000 Menschen zum Opfer fielen.[6]) Die Deutschen, denen auch daran gelegen war, durch derartige Maßnahmen den nationalistischen Widerstand zu diskreditieren, dachten im übrigen nicht daran, den litauischen Forderungen nach Autonomie und Selbstbestimmung entgegenzukommen. Oberst Skirpa wurde in Berlin unter Hausarrest gestellt, die provisorische Nationalregierung boykottiert, denn Litauen war als Teil des Generalkommissariats Ostland vorgesehen und unterlag damit deutscher Zivilverwaltung. Skirpa hatte sich zwar schon am 23. Juni in einem Brief an Hitler gewandt und ihm die Verbundenheit Litauens mit dem deutschen Volk versichert[7]), war aber kein Verhandlungspartner für die Reichsregierung, die das Baltikum als deutsche Interessenssphäre ansah. So mußte die litauische Regierung am 5. 8. 1941 zurücktreten, die einheimischen antikommunistischen Partisaneneinheiten wurden zum größten Teil aufgelöst und entwaffnet. Am 26. September folgte das Verbot der Litauischen Aktivistenfront. Nur noch eine Minderheit der litauischen Nationalisten war zur Zusammenarbeit mit den Deutschen bereit. Es handelte sich um die Angehörigen des ehemaligen Ministerpräsidenten (1926–1929) A. Voldemaras, die sich 1927 in der geheimen, paramilitärischen Gruppe Eiserner Wolf[8]) gesammelt hatten. Dieser Kampfverband faschistischer Couleur, der stark antipolnisch ausgerichtet war, verfügte 1930 allein im Raum von Kaunas über 1000 zum Teil bewaffnete Mitglieder. 1934 organisierte sich die Gruppe zur Litauischen Nationalisten-Partei (LNP). Im Juni des gleichen Jahres beteiligten sich Eiserne Wölfe und Voldemaras-Anhänger an einem Putschversuch, der fehlschlug. Die LNP hatte die sowjetische Besatzung im Untergrund überstanden und ließ sich auf einen kurzen Flirt mit der deutschen Besatzungsmacht ein. Die Nationalisten blieben ihren Pronunciamiento-Überzeugungen treu und versuchten bereits am 23./24. Juli mit deutscher Hilfe, die noch amtierende Litauische Nationalregierung zu stürzen, was mißlang. Aber die Okkupationsbehörden hatten sich getäuscht, wenn sie in den Eisernen Wölfen und Voldemaras-Anhängern nur gefügige und servile Hilfsorgane sahen. Die LNP kritisierte heftig die deutsche Zivilverwaltung und wurde daher im Oktober 1941 verboten.[9]) Die Partei ging daraufhin in den Untergrund.

Der deutschen Zivilverwaltung war es somit in kurzer Zeit gelungen, aus den litauischen Verbündeten indifferente, mißtrauische und feindliche Untergebene zu machen. Zwar existierte eine Landeseigene litauische Verwaltung (Generalräte) unter Führung von General Petras Kubiliunas, des deutschfreundlichen früheren Generalstabschefs Litauens. Die Befugnisse dieser Institution waren jedoch stark eingeschränkt. Zudem stand Litauen in der nationalsozialistischen Werte- und Rasseskala an letzter Stelle der drei Völker des Baltikums.[10])

Himmler etwa untersagte noch im September 1943 den Geschlechtsverkehr von Deutschen mit Arbeitskräften aus Litauen unter Bezugnahme auf den »schlechten rassischen Wert«[11]) des litauischen Volkes. Demgegenüber fiel das Verbot für Esten und Letten fort. Trotz der Diskriminierung der Litauer waren verständige Wehrmachtsdienststellen und deutsche Beamte bemüht, die rassistischen Positionen zu unterlaufen und zumindest in bescheidenem Umfang litauische bewaffnete Einheiten aufzustellen. So waren aus einigen nicht aufgelösten Partisanenverbänden des Sommers 1941 Hilfspolizeieinheiten gebildet worden, die nach dem grundsätzlichen Befehl des Reichsführers SS vom 6. 11. 1941 in Schutzmannschaften zusammengefaßt wurden. Anfang 1942 entstanden die ersten litauischen Schutzmannschafts-Bataillone, die die Nummern 1–15 erhielten.[12]) Im Juli 1942 dienten in den Schuma-Bataillonen 10000 und in Polizeibataillonen 6000 Mann[13]), die in Litauen selbst, in Bjelorußland und in der Ukraine im Einsatz waren. Rassistische Vorurteile wurden schließlich beiseitegeschoben, als es galt, der in harten Abwehrkämpfen stehenden Ostfront neue Einheiten zuzuführen. Anfang 1943 plante das Reich die Aufstellung einer litauischen SS-Legion. Nachdem sich fast alle litauischen Generalräte weigerten, einen Aufruf für die Legion zu unterschreiben, bevor nicht die Selbständigkeit Litauens wiederhergestellt war, unterzeichnete allein Kubiliunas am 3. März 1943 eine Proklamation, in der die litauische Bevölkerung zum antibolschewistischen Kampf auf Seiten der Deutschen aufgefordert wurde. Die einheimische Widerstandsbewegung, die mit Ausnahme der Kommunisten den Deutschen nur passiven Widerstand entgegensetzte[14]), machte in großem Umfang Propaganda gegen die Werbemaßnahmen, da deutsche politische Zugeständnisse ausblieben. Die Mobilisierung erwies sich daher als ein völliger Fehlschlag[15]), weniger als 20% der einberufenen Jahrgänge meldeten sich zu den Musterungen. Die Besatzungsmacht, die nicht einsehen wollte, daß die Litauer durchaus bereit waren, gegen die Sowjetunion zu kämpfen, aber nur im Rahmen einer nationalen und unabhängigen Einheit, verhafteten als Vergeltungsmaßnahme 48 Vertreter der litauischen Intelligenz und deportierte sie in das KZ Stutthof. Auch ein zweiter von Kubiliunas unterschriebener Aufruf zum Eintritt in die Legion blieb nahezu ohne Echo. Der deutsche Generalkommissar erklärte daraufhin den Verzicht auf die Aufstellung der geplanten Legion, der am 17. März 1943 öffentlich bekannt gemacht wurde.[16]) Die Litauer, die den Mobilisierungsappellen gefolgt waren, wurden als Arbeiter in deutsche Rüstungsfabriken geschickt.

Schutzmannschafts-Bataillone im Baltikum

Die estnischen und lettischen Verbände erhielten am 22. 6. 1943 bzw. am 9. 12. 1943 die Bezeichnung Polizeibataillone. Die Stärke eines Schuma-Btl. war auf 3 Kompanien mit 460 Mann, später 4 Kompanien mit 501 Mann festgesetzt.

Estland: Nr. 29–45; 50; 286–293 = 26 Bataillone
Lettland: Nr. 16–28; 266–285; 311–328 = 51 Bataillone
Litauen: Nr. 1–15; 251–265; (301–310)[1]) = 30 Bataillone

[1]) Die tatsächliche Aufstellung dieser Einheiten ist fraglich.

Trotz des eklatanten Fehlschlags versuchten die Deutschen im Februar 1944 noch einmal, litauische Kontingente aufzustellen. Nun zeigte sich auch der nationale litauische Widerstand unter dem Eindruck der näherrückenden Roten Armee bereit, an einem solchen Projekt mitzuarbeiten, zumal es sich um Einheiten unter litauischen Offizieren mit deutschen Verbindungsoffizieren handeln sollte. Die Einberufungen sollten auf freiwilliger Basis erfolgen. Die Verantwortung lag bei General Kubiliunas und General Plechavicius, einem bekannten rechtsgerichteten Kommandeur der Vorkriegszeit. Vorgesehen war zuerst die Aufstellung von 10 Bataillonen, später wurde die Zahl auf 20 erhöht. Diese litauischen Sonderverbände sollten primär gegen kommunistische Partisanen in der Heimat eingesetzt werden. Da der nationale Widerstand in dem Projekt die Chance sah, den Kern eines eigenständigen litauischen Heeres zu schaffen, unterstützte er die Mobilisierungskampagne einmütig. Anfang März 1944 hatten sich bereits 12600 Freiwillige gemeldet, wenig später waren es 16000 Mann.[17]) Diese überraschend große Zahl von Freiwilligenmeldungen machte den Deutschen Appetit auf weitere litauische Kader. Sie forderten die Entsendung von 20000 – später 30000 – Mann nach Deutschland für den Dienst bei der Luftwaffe. Für je 2000 Mann Hilfswillige der Luftwaffe sollten General Plechavicius 1000 Mann für seine nationalen Einheiten zugebilligt werden. Hiergegen opponierte verständlicherweise der nationale Widerstand, der keinen Sinn darin sah, wehrfähige Litauer ins Reich zu transportieren, während die Sowjets Litauen unmittelbar bedrohten. Die so verheißungsvoll begonnene Aktion endete mit einem Fiasko, die Besatzungsbehörden lösten die Bataillone Mitte Mai auf. Die Gründe hierfür waren zahlreich: das Mißtrauen der Deutschen gegenüber dem als nationalistisch bekannten General Plechavicius, ein angebliches Versagen der Einheiten im Kampfeinsatz[18]), die Weigerung der Litauer, den Eid auf Hitler abzulegen[19]) und ihre Einheiten unmittelbar der SS zu unterstellen[20]), sowie die Kontakte litauischer Offiziere zum nationalen Widerstand.[21]) Bei der Auflösung der litauischen Freiwilligenverbände am 14./15. Mai 1944 kam es in Kaunas und in der Militärakademie von Mariampole zu zum Teil heftigen Kämpfen zwischen deutschen Truppen und erbitterten Litauern. Die Erschießung von 100 litauischen Freiwilligen trieb die Männer von Plechavicius in die Wälder. Die Deutschen konnten nur 3500 Mann zurückhalten, in Luftwaffenuniformen stecken und ins Reich schicken. General Plechavicius erging es nicht viel anders als dem Letten Celmins, dem Tschechen Rys und anderen, die mit den Nationalsozialisten auf gleichberechtigter Basis hatten zusammenarbeiten wollen: er kam in ein Konzentrationslager. Noch zweimal, im Juni 1944 und am Ende des gleichen Jahres, versuchten die Deutschen, litauische Truppen anzuwerben. Nach der Auflösung der litauischen Sonderverbände aber war ein Scheitern dieser Aktionen vorprogrammiert.

Unterblieb somit die Aufstellung größerer litauischer nationaler Kontingente, so war die Zahl der auf verschiedene deutsche Einheiten verteilten litauischen Soldaten gleichwohl nicht unbedeutend. Aus einem Bericht des Ostministeriums ergeben sich folgende Zahlen für Januar 1945[22]):

»Wehrmacht (inkl. 1400 Pioniere in 12 Kp.) (im Osten stehen 3 geschlossene Btl.)	5400 Mann
Luftwaffe (z. T. in geschl. Kp.)	12000 Mann
Polizei (z. T. in geschl. Kp.)	3000 Mann
RAD	400 Mann
O. Todt	15000 Mann
O. Speer	1000 Mann
	36800 Mann«

Weitere Litauer traten nach der russischen Besetzung ihrer Heimat (24. Oktober 1944) der Sowjetarmee mit der Waffe in der Hand entgegen. 30000 Partisanen[23]) leisteten erbitterten Widerstand und verhinderten bis 1948, daß sich Kommissare und Ernteeintreiber auf dem Land etablierten. Die russische Besatzungsmacht ging mit Systematik und Brutalität an die Ausrottung und Verschleppung von Kollaborateuren und Antikommunisten. Ein tückischer Fragebogen, den jeder Einwohner Litauens nach der Eroberung durch die Rote Armee auszufüllen hatte, ließ deutschfreundlichen und »staatsfeindlichen« Elementen kaum eine Chance[24]):

»1.) Warum hast du dich 1941 nicht mit der Roten Armee zurückgezogen?

2.) Was hast du während der deutschen Besatzung getan?

3.) Welche Sabotageakte hast du gegen die Deutschen durchgeführt?

4.) Nenne drei deiner Mitarbeiter.

5.) Nenne fünf Personen, die mit den Deutschen kollaboriert haben.«

Ein Jahr sowjetischer Besatzung 1940/41 forderte dem estnischen Volk große Opfer und Leiden ab. Rund 2000 Esten wurden von den Sowjets getötet, 10205 allein in der Nacht vom 13. auf den 14. Juni 1941 nach Rußland deportiert.[1]) Das Statistische Amt in Reval veröffentlichte im Februar 1944 eine Namensliste, nach der insgesamt 59317 Esten verschleppt oder ermordet wurden.[2]) Tausende von Esten entzogen sich der Sowjetisierung ihres Landes, indem sie in die Wälder flüchteten, wo sie die Untergrundorganisation der Waldbrüder gründeten, die der Wehrmacht beim Vormarsch durch Estland wertvolle Unterstützung geben sollte. Ende Mai 1941 konstituierte sich in Helsinki ein »Estnisches Befreiungskomitee«, das engen Kontakt zur Reichsregierung und deutsche Hilfe für die Befreiung Estlands suchte. Führer des Komitees war der deutschfreundliche, ehemalige Kommunalpolitiker Dr. Hjalmar Mäe, der eine enge Bindung Estlands an das Reich befürwortete. Für die nach Finnland geflüchteten estnischen Patrioten interessierte sich die deutsche Abwehr. Auf der Halbinsel Sökö, 40 km westlich von Helsinki, richtete sie ein Ausbildungslager für etwa 80 estnische Freiwillige ein, die als ausländische Angehörige der Wehrmacht galten. Nach dem Ausbruch des Rußlandfeldzuges wurde unter der Tarnbezeichnung »Erna-Unternehmen«[3]) die Einschleusung der in Finnland geschulen Esten in ihre Heimat durchgeführt. Rund 40 Freiwillige gelangten im Seetransport nach Estland, der Rest sprang mit dem Fallschirm ab. Die Gruppen machten erfolgreiche Erkundungsvorstöße ins russisch besetzte Hinterland und stellten Kontakte zu den Waldbrüdern her. Angehörige der Sondereinheit bildeten im August 1941 den Kern für das Freiwilligenbataillon Erna II, das an der Befreiung der estnischen Inseln teilnahm.

Die einheimische Bevölkerung hatte den deutschen Vormarsch als Befreiung empfunden und die vorrückende Wehrmacht zum Teil enthusiastisch begrüßt. Schon bald folgte die Ernüchterung, da die Wiederherstellung der Unabhängigkeit Estlands ausblieb. Das Land wurde Teil des Reichskommissariats Ostland unter dem SA-Obergruppenführer Litzmann als Generalkommissar. Der zum ersten Landesdirektor ernannte Dr. Mäe repräsentierte die schwache estnische Landeseigene Verwaltung. Mäe stammte aus dem Lager der nationalrevolutionären Freiheitskämpfer (WABSE)[4]), die unter der deutschen Besatzung kaum eine Rolle spielten. Noch Anfang der 30er Jahre hatten die

WABSE die Mehrheit des estnischen Volkes hinter sich gewußt. Die Regierung in Reval sah 1934 keinen anderen Weg zur Verhinderung eines Wahlsieges der WABSE, als den Ausnahmezustand auszurufen und die Bewegung zu verbieten. 1935 unternahmen die Freiheitskämpfer einen erfolglosen Putschversuch und verloren daraufhin ihre Popularität.

In der trügerischen Hoffnung auf einen kurzen Krieg gegen die Sowjetunion lösten die Deutschen die estnischen Freiwilligeneinheiten fast vollständig auf. Statt dessen wurden Hilfspolizeieinheiten und Schutzmannschaften aufgestellt, die zum Objektschutz und zur Partisanenbekämpfung zur Verfügung standen. Hinzu kamen estnische Selbstschutzeinheiten (Omakaitse) unter lokalen Selbstschutzgebietsführern. Die deutsche 18. Armee bildete 6 estnische Sicherungsabteilungen, die später in drei Ost-Bataillone (estn.) gegliedert wurden. Der starke Zustrom zu diesen Einheiten dokumentierte die ausgeprägte antikommunistische Einstellung der Esten, konnte aber nicht darüber hinwegtäuschen, daß die jungen Männer aus Reval, Dorpat und Fellin es ganz entschieden vorzogen, in einer eigenen, nationalen Armee Dienst zu tun und die Zugehörigkeit zu den deutschen Streitkräften nur als Not- und Übergangslösung ansahen. Aber selbst die Aufstellung bescheidener estnischer Hilfsverbände mußte bei Hitler anfangs mühsam erkämpft werden, da die Tolerierung nationaler baltischer Kontingente mit seinen kolonisatorischen Plänen kollidierte. »Wenn ich diesen Völkern gestatte«, so Hitler zu Rosenberg[5]), »mit ihrem Blut an der Niederwerfung des Bolschewismus teilzunehmen, so werden sie mir hierfür eines Tages die Rechnung präsentieren, und ich bin hinsichtlich der politischen Gestaltung der europäischen Ostgebiete nicht mehr frei.« Hitler gab schließlich sein Plazet unter der Bedingung, daß die Einheiten Bataillonsstärke nicht überschreiten sollten. Nachdem das nationalsozialistische Fernziel – die Ausbeutung des Ostens – hinter dem Nahziel – der siegreichen Beendigung des Krieges – seine ursprüngliche Bedeutung verlor, wurde Hitlers Einstellung gegenüber baltischen Freiwilligeneinheiten pragmatischer. Aber noch am 2. Juli 1942 verfügte das OKH an die Heeresgruppe Nord, jede Berichterstattung in estnischen Zeitungen über die Verwendung landeseigener Verbände in der Kampffront sei »ausgeschlossen«. Dies zu einem Zeitpunkt, als der Oberbefehlshaber der 18. Armee, General Lindemann, den Einsatz estnischer Freiwilliger während der Wolchow-Schlacht würdigte[6]):

»Estnische Freiwilligenverbände! Ihr könnt stolz sein, an diesem Sieg mitgewirkt zu haben. Bei den Kämpfen, die Ihr zu bestehen hattet, habt Ihr eine beispielhafte Opferbereitschaft und Tapferkeit bewiesen. Ihr habt Eurem Erzfeind, der wiederum, wie schon so oft in der Geschichte, Eure Heimat rauben und ausplündern wollte, die schwersten Verluste beigebracht.«

Im August 1942 autorisierte Hitler den Reichsführer SS zur Bildung einer estnischen Legion der Waffen-SS. Die entsprechende Werbekampagne stieß in Estland, wo man mehr daran interessiert war, die bereits vorhandenen landeseigenen Einheiten zu einem nationalen Verband zu verschmelzen, auf nur geringe Resonanz. Estnische Polizeieinheiten mußten daher »Freiwillige« für die Legion abstellen, die im Frühjahr 1943 1280 Mann umfaßte. Deutscherseits machte sich zunehmend die Erkenntnis breit, daß die Ausschöpfung der estnischen Wehrkraft nur dann mehr Erfolg versprach, wenn man den estnischen Wünschen nach Autonomie und einer Nationalarmee entgegenkam. Entsprechende Vorschläge hatten estnische Patrioten den Deutschen seit Sommer 1941 häufig und stets vergeblich unterbreitet. Jüri Uluots, von Oktober 1939 bis Juni 1940 estnischer Ministerpräsident, hatte den Deutschen bereits im August 1941 ein Memorandum über die Bildung einer estnischen Regierung und eines estnischen Heeres vorgelegt[7]), ohne daß er einer Antwort gewürdigt worden wäre. Ebenfalls im Sande verlief der Vorstoß, den Oberst Ludvig Jakobsen, der frühere estnische Militärattaché in Berlin, bei Admiral Canaris unternahm, als er ihm am 14. 7. 1942 die Aufstellung einer estnischen Nationaldivision vorschlug.[8]) Noch deutlicher wurden estnische Offiziere der Wehrmacht in einer Eingabe an das OKW vom 20. 4. 1943[9]):

»1. Wir wollen keine SS-Legion, wir wollen die Schaffung einer estnischen Armee.

2. Die Aufstellung und Ausbildung der estnischen Einheiten muß in Estland stattfinden.

3. Die estnischen Einheiten dürfen nur in der Nähe des estnischen Territoriums eingesetzt werden.

4. Die Führer der estnischen Einheiten (ein oder zwei Divisionen) müssen estnische Offiziere sein ...«

Diese kritische Stellungnahme spiegelte die Stimmung weiter Bevölkerungskreise zu Gunsten einer eigenständigen Entwicklung wider. Die Mehrzahl der politisch denkenden Esten zog im übrigen eine baltische Union oder eine Föderation mit Finnland der mythischen deutschen

Reichsideologie vor. Aber ihre distanzierte Haltung gegenüber den deutschen Dienststellen, von der die Wehrmacht weitgehend ausgenommen war, ließ die Esten nicht vergessen, daß jenseits der Grenze im Osten ein Feind stand, der unversöhnlicher und brutaler war als die Abgesandten Berlins.

So liest man in einem Stimmungsbericht der Neuen Zürcher Zeitung vom 24. 2. 1943: »Trotz alledem herrsche in Estland angesichts der schweren Rückschläge der Deutschen an der Ostfront Angst, da die Verhältnisse in gewisser Beziehung unter dem deutschen Regime doch besser gewesen seien als unter dem Kommunismus.«

Estnische Legionäre über den Dienst in den deutschen Streitkräften und ihre politischen Auffassungen:

Olgred Aule, geboren am 5. 12. 1916 in Tartu (Dorpat), von Beruf Diplom-Volkswirt, im Juli 1941 freiwilliger Eintritt in die Wehrmacht:
»Das Deutsche Reich war damals die einzige Großmacht, die Estland von der sowjetischen Besatzung und dem physischen Terror befreien konnte ... Ich erwartete die Wiederherstellung der Republik Estland in guter Nachbarschaft mit anderen Staaten und Deutschland als Senior-Partner.«

Henry Rüütel, geboren 1928, meldete sich im Sommer 1944 freiwillig als Luftwaffenhelfer:
»Motive? Um den Feind zu bekämpfen, der mein Vaterland zerstörte, die Republik und mein Heim. Mein Vater, der Polizeioffizier war, war von den Roten gefangen genommen worden und verschwand ... Zu einer ausländischen Armee zu gehören, brachte keine Probleme mit sich, weil es keine Alternative gab. Das war die einzige Chance und hinderte niemanden daran, ein Patriot zu sein. Das Ziel war, für die Freiheit Estlands zu kämpfen.«

Arved Kungas, geboren am 7. 2. 1926 in Küti, Student, am 23. 8. 1944 zur Waffen-SS eingezogen:
»Uns wurde immer beigebracht, daß die Estländer nur zwei Feinde hatten: die Russen und die Deutschen (die baltischen Barone). Von dieser Weltanschauung aus hatte ich keine guten Vorstellungen hinsichtlich des Schicksals meiner Heimat nach einem deutschen Sieg.«

Auf deutscher Seite fand sich eine heterogene Koalition zusammen, die, einsichtig, oder aus Gründen des Nützlichkeitsliberalismus, auf eine Autonomie Estlands drängte. Generalkommissar Litzmann griff eine Denkschrift von Oskar Angelus, einem Direktor der Landeseigenen Verwaltung auf, und forderte im März 1943 die Wiederherstellung der Unabhängigkeit Estlands.[10]) Die Wehrmacht vertrat die gleiche Position und selbst Himmler mauserte sich zum Fürsprecher der estnischen und baltischen Selbständigkeit und kündigte im September 1943 Dr. Mäe einen großzügigen Autonomiestatus für Estland an.[11]) Aber alle Projekte scheiterten an der ablehnenden Haltung Hitlers und Bormanns sowie an der Entscheidungsunfähigkeit von Ostminister Rosenberg. Die Autonomie kam nie zustande.

Vor dem Hintergrund des Tauziehens um die Selbständigkeit Estlands ging der Aufbau estnischer Einheiten kontinuierlich weiter. Mit Recht weist der estnische Jurist Johannes Klesment in einer Studie darauf hin, daß der Eintritt estnischer Soldaten in deutsche Formationen kein Bekenntnis zum Reich und seinen ideologisch-militärischen Zielen darstellte[12]): »Die estnischen Soldaten ... nahmen an den Feindseligkeiten nur teil, um ihr Land zu verteidigen und die nationale Freiheit wiederzugewinnen, ihre militärischen Ziele waren vollkommen unabhängig von den deutschen militärischen Zielen.« Das 1. Bataillon der Estnischen Legion wurde im April 1943 für 16 Monate als SS-Pz.-Gren.-Btl. Narwa der Division Wiking unterstellt. Kurze Zeit später wurde die Legion zum Regiment erweitert, im Mai 1943 zur Brigade aufgestockt. Die Mobilisierung der Freiwilligen erfolgte unter dem Deckmantel der am 25. Februar 1943 verkündeten Arbeitsdienstpflicht für die Jahrgänge 1919–1924. Die Gemusterten hatten die Wahl zwischen der Arbeit in Rüstungsbetrieben, dem Eintritt in die Legion und dem Wehrmachtshilfsdienst. Da die Bedingungen in den Rüstungsbetrieben bekanntermaßen schlecht waren, optierten zwischen März und August 1943 5300 Mann für die Waffen-SS und 6000 für die Wehrmacht. Im Oktober 1943 kam die estnische SS-Freiwilligen-Brigade im nördlichen Sektor der Ostfront zum Einsatz. Im gleichen Monat veröffentlichte Dr. Mäe einen auf ein Gesetz der Republik Estland zurückgehenden Mobilisierungserlaß für den Jahrgang 1925. Himmler ernannte den estnischen Oberst Soodla zum Chef des SS-Ersatzkommandos Estland. Die Erfolge der Sowjets blieben nicht ohne Auswirkung auf die Stimmung im Baltikum. Am 24. November 1943 konstatierte die Neue Zürcher Zeitung einen »neu erwachten Verteidigungswillen unter den Esten«. Als im Januar 1944 der Befehl zur Aufstellung einer estnischen Waffen-SS-Division erging, hatte sich die militärische Lage entscheidend zu Gunsten der Roten Armee entwickelt: sowjetische Truppen stießen bei Narwa bis zur estnischen Grenze vor. In dieser verzweifelten Situation verkündete die Landeseigene Verwaltung am 1. 2. 1944 die faktische Generalmobilmachung. Estnische nationale Kreise, die als Vorbedingung für eine Totalmobilisierung bisher immer deutsche Zugeständnisse gefordert hatten, ließen ihre Vorbehalte unter dem Eindruck der vorrückenden Sowjettruppen fallen und unterstützten die Mobilmachung einmütig. Professor Uluots rief seine Landsleute am 7. 2. 1944 auf, der Mobilmachungsorder zu folgen, und wiederholte seine Aufforderung in einer Radioansprache am 19. August 1944.[13]) In einem dramatischen Appell wandte sich auch Dr. Mäe an das estnische Volk[14]):

>>Wir kennen diese Terrorherrschaft aus der Zeit der bolschewistischen Besetzung in den Jahren 1918 und 1939/41 und kennen daher nur eines: den Kampf! Jetzt, wo die Sowjetunion unsere Heimat als Teil ihres Staates verlangt, stemmt sich das estnische Volk dagegen und hat die Mobilisation des Landes als eine Volksabstimmung betrachtet. Wir können heute nach Abschluß der Mobilmachung bekanntgeben, daß wir eine eindeutige Antwort der Sowjetunion vor der Weltöffentlichkeit erteilt haben. Auf den Mobilisationsbefehl kamen alle Einberufenen in die Sammelstellen, und außerdem noch Freiwillige.<<

Die Mobilmachung war tatsächlich ein durchschlagender Erfolg. Etwa 38000 Mann wurden einberufen. Die meisten von ihnen stießen zu 6 neu aufgestellten SS-Grenzschutzregimentern und einem Ersatz- und Ausbildungsregiment. Aber selbst jetzt noch achteten die Deutschen argwöhnisch darauf, daß sich die neuen Einheiten nicht zu dem Kern eines nationalen estnischen Heeres entwickelten. Die Grenzschutzregimenter hatten eine hohe Anzahl estnischer Offiziere, Ausbildung und Bewaffnung waren demgegenüber mangelhaft, zu Angriffsoperationen waren diese Verbände nicht geeignet.[15]) Eine Ausnahme machten nur die SS-Grenzschutzregimenter 2 und 5. Die 6 Regimenter bildeten den Kern der deutsch-estnischen Sicherungsdivision 207 und der Division 300 z.b.V. Im August/September 1944 gingen sie beim Kampf um ihre Heimat unter. Die 20. Waffen-Grenadier-Division der SS (estn. Nr. 1) war zu diesem Zeitpunkt etwa 13500 Mann stark. Eine weitere personelle Verstärkung erhielt sie durch estnische Freiwillige, die aus Finnland zurückkehrten. Besonders in der zweiten Jahreshälfte 1943 waren zahlreiche estnische Arbeitsdienstpflichtige nach Finnland geflohen, wo etwa 2300 von ihnen im Februar 1944 das Infanterieregiment 200 bildeten. Weitere 400 Esten dienten in der finnischen Marine. Diese Flüchtlinge wollten durchaus gegen den Kommunismus kämpfen, aber nicht unter der Fahne der deutschen Besatzungsmacht, sondern im Verband mit dem finnischen Bruderstaat. Die meisten zog es jedoch zurück in die Heimat, als sich der sowjetische Druck auf Estland verstärkte. Nachdem das OKW im August 1944 eine Amnestie für die Flüchtlinge zugesagt hatte[16]), gingen 2002 Mann zurück nach Estland. Dem estnischen SS-Regiment 46 zugewiesene Rückkehrer griffen sofort in die Kämpfe ein, die nicht mehr zu gewinnen waren. Der Offensivdrang der Roten Armee hielt an. Verzweifelt flogen die Angehörigen der Luftwaffen-Legion Estland[17]) mit den drei Staffeln der Nachtschlachtgruppe 11 und der Seeaufkärungsstaffel 1/127 Angriffe auf die vorrückenden Sowjets, aller Heroismus war vergebens. Einheiten des estnischen Selbstschutzes (Omakaitse) unter Oberst Sinka »kämpften bis zum Tode in dem verzweifelten Verusch, sich der Flut entgegenzustemmen«.[18]) Aufgesplittert in einzelne Kampfgruppen, wurde die 20. SS-Division im Kampfraum Tartu (Dorpat) im August schwer angeschlagen. Trotz der Auszehrung der estnischen Verbände zog das estnische Militär den Endkampf in der Heimat dem Rückzug aus Estland vor. Als General Steiner den estnischen Waffengefährten den Rückzugsbefehl überbrachte, mußte er sich mit Oberführer Soodla und Oberst Sinka auseinandersetzen. Steiner berichtet[19]):»Nach der Eröffnung des Räumungsbeschlusses herrschte im kleinen Zimmer bedrückendes Schweigen. Die beiden Esten waren totenblaß geworden. ›Wissen Sie, General‹, unterbrach Oberst Sinka die Stille, ›was Sie uns da mitgeteilt haben? Sie haben das Todesurteil über Estlands Volk ausgesprochen.«« Beim deutschen Rückzug aus Estland blieben etwa 50000 bis 60000 Esten, die deutschen Verbänden und Hilfsverbänden angehörten, in der Heimat zurück. Es wird sich nie klären lassen, wie viele dieser estnischen Soldaten dem Rückzugsbefehl nicht folgen konnten und wie viele sich der Räumungsorder widersetzten, um in die Wälder zu flüchten und einen Kleinkrieg gegen die sowjetischen Okkupanten zu beginnen, der noch Jahre nach Kriegsende andauerte.

Die 20. SS-Division konnte aus Estland evakuiert werden. Sie wurde auf dem Truppenübungsplatz Neuhammer in Schlesien neu aufgebaut. Auch jetzt noch versuchten Soodla und der estnische Landesdirektor Öpik, den Deutschen die Selbständigkeitserklärung Estlands abzuringen. Am 2. 11. 1944 fand in Berlin eine Konferenz mit Vertretern des Ostministeriums und des SS-Hauptamtes statt, auf der die estnischen Repräsentanten Flagge zeigten[20]):

»Herr Öpik und Herr Soodla betonten, daß vor Einsatz der [estnischen] Division erst eine Erklärung der Reichsregierung erfolgen müsse, daß Deutschland Estland als souveränen Staat anerkenne, um der Truppe überhaupt ein Kampfziel und eine Kampfmoral zu geben und sie nicht zum Söldnerheer zu degradieren. Demnach müsse eine rechtmäßige estnische Landesregierung eingesetzt werden, die dann die Mobilisierung aussprechen könne.« Die Neuaufstellung der estnischen Division ging weiter, ohne daß die berechtigten Forderungen der Esten erfüllt wurden. Zwei der estnischen Regimentskommandeure waren hochdekorierte einheimische Offiziere: Obersturmbannführer Alfons Rebane, der »estnische Rommel«, führte das SS-Regiment 46, Obersturmbannführer Haralt Riipalu das SS-Regiment 45. Nach einer ungenügenden Auffrischungszeit kam die Division im Januar 1945 in Schlesien wieder in den Einsatz, wobei sie einen wichtigen Beitrag zur Stabilisierung der oberschlesischen Front leistete. Im März brach die Division aus dem Kessel von Oppeln aus. Völlig ohne Grund wurde Hitler in der Lagebesprechung vom 23.3.1945 von seiner Entourage eingeredet, die estnische Division der Waffen-SS sei auseinandergelaufen.[21] Über den tatsächlichen Verlauf der Kämpfe berichtet Johannes Juku Pent, damaliger Chef der 3. Kp. im I. Btl.-Rgt. 45[22]): »Auch im Kessel haben sich unsere Einheiten sehr tapfer gehalten. Oberstleutnant Rebane hat nach dem Tode des Div.-Kommandeurs General Augsberger das Kommando übernommen und das 45. und 46. Regiment zu 80%, das Armeekorps und auch Teile von anderen Divisionen in zwei Nächten und einem Tag nach harten Kämpfen herausgebracht.« Ihre letzte Kampfstellung bezog die Division zu Kriegsende im Protektorat, wo ein Großteil am 8. Mai gegenüber den Sowjets kapitulieren mußte.

Trotz seiner geringen Bevölkerungszahl hatte das kleine Estland mit seinen nur 1,1 Millionen Einwohnern besonders im Jahre 1944 einen nicht unerheblichen Beitrag zu den deutschen Kriegsanstrengungen geleistet. Zahlenmäßig läßt sich der Anteil estnischer Angehöriger in deutschen Verbänden wie folgt schätzen[23]):

Wehrmacht:	5000 Mann
Waffen-SS (Legion + Division):	20000 Mann
SS-Grenzschutzregimenter:	20000 Mann
Schuma- und Polizeibataillone:	9000 Mann
Omakaitse (Selbstschutz):	5000 Mann
Sonstige Einheiten:	10000 Mann

Der Führer der Eisernen Garde, Horia Sima, spricht zu rumänischen
Freiwilligen verschiedener deutscher Verbände (Dr. A. Suga)

Döllersheim, 1. 12. 1944. Vereidigung rumänischer Freiwilliger
der Waffen-SS. Unter der rumänischen Flagge die Fahne
der Eisernen Garde (Gitterkreuz) (Dr. A. Suga)

Angehörige der estnischen Schutzmannschaften, noch in Vorkriegsuniform, werden ausgezeichnet. Hauptmann Tiimann erhält das EK II (H. Rüütel)

Die estnischen Ritterkreuzträger Alfons Rebane, Harald Nugiseks und Harald Riipalu in Neuhammer/Schlesien im Sommer 1944 (H. Rüütel)

Freiwillige des lettischen Selbstschutzes rücken zur Bildung eines Polizei-
bataillons ein, August 1941 (Daugavas Vanagi)

Offiziere vom lettischen Pol. Btl. 16, überwiegend noch in der Uniform
der lettischen Vorkriegsarmee. Vorn in der Mitte der spätere Ritterkreuzträger
und Obersturmbannführer Galdins (Daugavas Vanagi)

Ein Kreisjugendführer der Lettischen Jugend-Organisation, Mai 1945 (I. Kazocins)

Der lettische Hauptsturmführer und Ritterkreuzträger Zanis Butkus (J. W. Schneider)

Ein Kompanieführer vom lett. Gren. Rgt. 34 erklärt General Bangerskis (2. von rechts), dem Generalinspekteur der Lettischen Legion, das Panzervernichtungsmittel Ofenrohr (Daugavas Vanagi)

»Bisher ist die Frage, welche politische Form das Neue Europa haben wird, in dessen Namen die Völker Europas zum Kampf aufgerufen werden, noch völlig ungeklärt.«

Rudolfs Bangerskis, Februar 1945

Während der sowjetischen Fremdherrschaft 1940–41 wurden 34250 Menschen deportiert, getötet oder nach Rußland verschleppt, nach dem Rückzug der Roten Armee fand man Massengräber mit 1355 Toten.[1] Exilierte Offiziere hatten im Reich im Mai 1941 den Nationalen Verband Lettischer Krieger gegründet, der die Befreiung Lettlands unter Beteiligung nationaler Streitkräfte anstrebte. Tatsächlich bildete die Abwehr im Judittenlager in Ostpreußen etwa 200 lettische Freiwillige[2] aus, die jedoch nicht als geschlossene Einheit zum Einsatz kamen, sondern Wehrmachtseinheiten als Dolmetscher zugeteilt wurden. Der nationale Widerstand blieb unterdessen nicht untätig. Lettische Partisanen und Angehörige des lettischen Selbstschutzes griffen die sich zurückziehende Rote Armee an und konnten noch vor dem Eintreffen der Deutschen Teile von Riga in ihre Gewalt bringen. Insgesamt verloren die Letten bei diesen Aktionen zwischen dem 1. und 9. Juli 103 Mann.[3] Die Hoffnung, mit dem Abzug der Sowjets würde die Republik Lettland neu erstehen, war nur kurz, nachdem Generalkommissar Dr. Otto Drechsler eine deutsche Zivilverwaltung aufbaute.

Mit der Heeresgruppe A war im Baltikum auch die berüchtigte SS-Einsatzgruppe A aufgetaucht, die zum Teil mit Erfolg versuchte, lokale Partisanengruppen zu Judenprogromen zu provozieren. So erschoß lettische Hilfspolizei in Riga etwa 400 Juden und zerstörte sämtliche Synagogen. Zum gefügigen Handlanger der nationalsozialistischen Vernichtungsmaschinerie wurde der spätere SS-Sturmbannführer und Major der Polizei Viktor Arajs, der sich mit seinem lettischen Kommando an Massentötungen beteiligte.[4] Im Dezember 1979 wurde Arajs wegen gemeinschaftlichen Mordes an mindestens 13000 Juden vom Hamburger Schwurgericht zu einer lebenslangen Freiheitsstrafe verurteilt.

Die Verbrechen von Arajs Jagdkommando sind jedoch für die überwiegende Zahl der lettischen Hilfspolizisten und Legionäre völlig untypisch. Nachdem bereits am 17. Juli 1941 sämtliche Selbstschutzverbände aufgelöst worden waren, befahl SS-Brigadeführer Stahlecker in

Riga die Aufstellung einer Ordnungs-Hilfspolizei in Stärke von 3000 Mann. Die Hilfspolizisten trugen lettische Uniformen ohne Rangabzeichen und grüne Armbinden mit der Aufschrift »Ordnungs-Hilfspolizei«. Kommandeur der Truppe war der lettische Oberstleutnant Veiss. Die von ihm aufgebaute Rekrutierungsreserve in Stärke von 5 Kompanien war die erste lettische Militäreinheit im Zweiten Weltkrieg.[5]) Schon bald wurden die 5 Kompanien zu einem Bataillon verschmolzen und zwei weitere Bataillone aufgestellt. Am 22. 10. 1941 verließ das Gros des ersten Bataillons der lettischen Hilfspolizei Riga und kam mit Teilen an der Nordfront zum Einsatz gegen die Sowjets. Durch Befehl des Reichsführers SS vom 6. 11. 1941 wurde die gesamte im russischen Raum eingesetzte Hilfspolizei in Schutzmannschaften umbenannt. Im April 1942 befanden sich drei lettische Schuma-Btl. – Nr. 16, 17 und 21 – im Front- und Antipartisaneneinsatz außerhalb Lettlands.

Während die schlecht ausgerüsteten Schuma-Bataillone an der Nordfront kämpften, hatten sich in der Heimat die lettisch-deutschen Beziehungen verschlechtert. Die Bevölkerung erwartete die Wiederherstellung der Eigenstaatlichkeit und die Bildung einer nationalen Regierung, aber die Besatzungsmacht ließ nur die Tätigkeit einer abhängigen Landeseigenen Zivilverwaltung zu, die unter der Führung des ehemaligen Generals Oskar Dankers stand. Der lettische Generaldirektor für Justiz, Alfreds Valdmanis, unterbreitete den Deutschen im November 1942 zwei Denkschriften, mit denen er eine wirkliche Autonomie und die Wiederherstellung der staatlichen Unabhängigkeit forderte. Für diesen Fall könnte Lettland eine nationale Streitmacht von 100000 Mann aufstellen.[6]) Die Hauptforderungen dieses Memorandums wurden im Dezember von sämtlichen lettischen Generaldirektoren wiederholt. Für SS-Gruppenführer Berger, nach dem Krieg von interessierten Kreisen zum Vorreiter einer NATO-Armee hochstilisiert, war das Memorandum nur Makulatur. Am 11. 12. 1942 schrieb er an Himmler[7]): »Alte Tour, über diese Wehrmacht, die im übrigen nur Annahme ist, sich Sondervorteile politischer Art zu verschaffen. Habe ein derartiges Gesuch als unbrauchbar und mehr als gefährlich abgelehnt ...« Ähnlich »unbrauchbar« waren in den Augen der Besatzungsmacht wohl auch die lettischen Faschisten. Hier sind insbesondere die Donnerkreuzler (Perkonkrusts) zu nennen, eine extrem nationalistische Bewegung, die vordringlich die Emanzipation Lettlands von fremden Einflüssen anstrebte. Die Mitgliederzahl dieser Organisation kam nie über 5000–6000 Aktivisten hinaus, aber der Kreis der mit den Perkonkrusts Sympathisierenden war wesentlich größer.[8]) Es war der Regierung dann auch nie gelungen, den 1934 verbotenen Donnerkreuzlern Herr zu werden. Ihr ausgewiesener Parteiführer Gustavs Celmins konnte zwar 1941 als Sonderführer der Wehrmacht nach Lettland zurückkehren, wurde aber vom SD aus dem Verkehr gezogen und kam 1944 in ein Konzentrationslager.

Wenn die Letten auch keine eigene Armee aufstellen durften, so konzedierten ihnen die Deutschen eigene nationale Waffen-SS-Einheiten, die von vielen als Vorstufe für eine Nationalarmee angesehen wurden. Am 25. 1. 1943 befahl Himmler, die 2. SS-Inf.-Brigade, der die lettischen Schuma-Bataillone 19 und 21 angegliedert waren, in eine lettische Brigade umzuwandeln. Hitlers Befehl zur Aufstellung einer Lettischen SS-Freiwilligen-Legion datiert vom 10. 2. 1943. Der Name »Lettische Legion« diente dabei als Sammelbegriff für alle im Rahmen der Waffen-SS und Polizei aufgestellten lettischen Verbände. Die Einberufungen der neuen Rekruten geschahen wie in Estland unter dem Deckmantel der Arbeitsdienstpflicht. Die deutsch-lettischen Beziehungen wurden nicht eben dadurch verbessert, daß am 29. März 1943 1000 unausgebildete Rekruten zur Verstärkung der Lettischen Brigade unmittelbar an die Front geschickt wurden. Insgesamt wurden bei den Musterungen von März bis August 1943 17900 Letten für die Legion und 13400 Mann für andere Waffendienste bereitgestellt, für den Zeitraum von Oktober bis November waren es noch einmal 5637 Mann.[9]) Anfang November befahl Hitler die Einberufung der Jahrgänge 1915–1924 zur Lettischen Legion. Die Musterung selbst delegierte die Besatzungsmacht auf die Landeseigene Verwaltung. Dankers, der sein undankbares Amt nach Aussage eines deutschen Beamten »mit großem Geschick, dessen nur ein wahrer Patriot fähig ist«[10]), erfüllte, versuchte die Musterung von der Anerkennung der Souveränität Lettlands durch die Deutschen abhängig zu machen. Die lettischen Generaldirektoren stellten unter dem Eindruck des Vordringens der Roten Armee ihre politischen Forderungen aber vorerst zurück, und trafen alle Maßnahmen für die notwendige Verteidigung Lettlands.[11]) Im übrigen hatte das lettisch-nationale Gedankengut durch die Aufstellung der lettischen Legion sichtbar an Boden gewonnen.[12])

Die Durchführung der Musterungen durch einheimische Behörden wurde in Anlehnung an die lettischen Vorkriegsgesetze durchgeführt, die gleichzeitige deutsche Rekrutierung von Letten für den RAD, Poli-

Lettische Legionäre über den Dienst in den deutschen Streitkräften und ihre politischen Auffassungen:

Indulis Kažocinš, geboren am 8. 6. 1917 in Nizny-Novgorod/Rußland, von Beruf Landwirt, im August 1944 zur deutschen Luftwaffe eingezogen:
»Meiner Meinung nach diente ich in der deutschen Luftwaffe als ein Vertreter des lettischen Volkes. Unser Kampf gegen den Bolschewismus war der einigende Faktor. Für uns Letten gab es keinen anderen Weg für unsere Freiheit zu kämpfen, denn es gab keinen anderen, der uns Waffen und Munition für den Kampf geben konnte. Bolschewismus bedeutete den Tod des lettischen Volkes. Das hat sich auch nach dem Krieg bewiesen.«

Alexander K., geb. 1925, Mitglied der Jugendorganisation Mazpulki, im Juli 1944 zur Waffen-SS eingezogen:
»Den Deutschen gegenüber bestand ein gewisses Mißtrauen, der ›Drang nach Osten‹ etwa, aber für meine Generation war schon allein die Idee, man könne unsere Souveränität in Lettland in Frage stellen, unvorstellbar. Auf jeden Fall war Krieg und die UdSSR war der Feind Nr. 1 und es ging auch darum, sich nach dem Krieg in einer starken Position zu befinden.«

Jekabs Leititis, geboren am 1. 5. 1915 in Tokuschi/Sibirien, von Beruf Buchhalter, am 8. 12. 1941 freiwilliger Eintritt in die lettischen Schutzmannschaften:
»Die lettischen Legionäre dachten es nicht nur, sie haben es auch laut gesungen: ›Zuerst werden wir die Roten schlagen, danach die Feldgrauen.‹ Statt Untergang in den sowjetischen Lagern und in der Verbannung wollten wir bei dem europäischen Kreis bleiben. Ein Ertrinkender greift auch nach einem Strohhalm. Damals wußten wir nicht, daß die Atlantik-Charta nur für die großen Völker gedacht war.«

zei und Wehrmacht verhinderte jedoch eine effektive und koordinierte Aushebung.[13]) Rekruten wurden zum Teil den beiden lettischen SS-Divisionen zugeteilt: der 15. Waffen-Grenadier-Division der SS (lettische Nr. 1), deren Aufstellungsbefehl vom 26. 2. 1943 datierte, und der 19. Waffen-Grenadier-Division der SS (lettische Nr. 2).[14]) Die 19. Division entstand aus der Erweiterung der Lettischen SS-Freiwilligen-Brigade, die am Wolchow kämpfte. Beide Divisionen sollten moralische und militärische Krisen durchleben, gleichwohl zählten sie zu den kampfstärksten Einheiten der ausländischen Waffen-SS. Dies gilt insbesondere für die 19. Division, die insgesamt 14mal im Wehrmachtsbericht Erwähnung fand[15]) und zehn von den 12 lettischen Ritterkreuzträgern der Waffen-SS stellte. Weiter wurden im Februar 1944 noch 6 Grenzschutzregimenter aufgestellt, die zusammen rund 17000 Mann aufwiesen. Bis zum Spätsommer 1944 waren die mangelhaft bewaffneten Einheiten entweder aufgelöst oder in die beiden Waffen-SS-Divisionen überführt worden. Insgesamt ist davon auszugehen, daß die Gesamtstärke der im Zweiten Weltkrieg kämpfenden Lettischen Legion einschließlich der Organisation Todt, der Teno, der Luftwaffenhelfer und der Marineangehörigen mindestens 110000[16]) und höchstens 165000 Mann betrug.[17]) Dies entspricht etwa dem sechsfachen Umfang der lettischen Vorkriegsarmee.

Letten unter Waffen. Stand: 1. Juli 1944

2 SS-Divisionen:	31446
6 Grenzschutz-Rgt.	12118
Schuma + Polizei-Rgt.	14884
Polizei-Einzeldienst	5240
Selbstschutz	22262
Luftwaffen-Legion	628
Verschiedene Einheiten	927
Hilfsdienste der Wehrmacht	12159
Verschiedene Einheiten außerhalb der Legion	10585
	110249

Quelle: Arturs Silgailis, Latviesu Legions, Kopenhagen 1964

Ende Februar 1944 bezogen beide lettischen Divisionen die Pantherstellung am Nordflügel der Ostfront. Die 15. Division wurde bei den Rückzugskämpfen bei Opotschka im Juli 1944 nahezu zerschlagen. Sie gab alle noch kampfkräftigen Teile an die 19. Division ab, um auf dem Truppenübungsplatz Westpreußen neu aufgestellt zu werden. In Lettland rüstete sich mittlerweile die Luftwaffen-Legion Lettland zum letzten Gefecht. Die Nachtschlachtgruppe 12 verfügte über 3 Staffeln und besaß am 5. 9. 1944 noch 18 einsatzbereite Flugzeuge.[18]) Im Oktober 1944 wurde die Einheit aufgelöst. Die im Kurlandkessel eingeschlossene 19. Division stand im gleichen Monat vor der Zerreißprobe. Da die lettischen Legionäre davon ausgingen, daß ihr Verband ins Reich zurückverlegt würde, war für viele von ihnen der Grund ihres Kampfeinsatzes – die Verteidigung Lettlands gegen die Sowjets – entfallen. Etwa 500 Mann verließen die Front, 2000 setzten sich aus den Reserve- und Ersatzeinheiten ab.[19]) Als bekannt wurde, daß die Division in Kurland bleiben sollte, kamen zahlreiche Legionäre zur Division zurück, außerdem meldeten sich neue Freiwillige. Die Letten sollten bis zum Kriegs-

293

ende verbissen um ihr letztes Stück Heimat kämpfen. Symptomatisch war das erbitterte Ringen um den Stützpunkt Vanagi, der Ende Dezember 1944 siebzehnmal den Besitzer wechselte, bis der Ort endgültig in deutsch-lettischer Hand blieb.

Die neu aufgestellte, hastig und unzureichend ausgebildete und motorisierte 15. SS-Division erhielt ihren Einsatzbefehl am 21./22. Januar 1945. Der deutsche Oberführer Ax berichtete über den politischen Grundkonsens der lettischen Soldaten:[20]

>»Die lettischen Angehörigen der Division haben etwa folgende politische Einstellung: Sie sind in erster Linie Letten! Sie erstreben einen selbständigen lettischen Nationalstaat. Vor die Wahl zwischen Deutschland und Rußland gestellt, haben sie sich für Deutschland entschieden, da sie Anschluß an die westliche Zivilisation suchen. Unter deutscher Herrschaft zu stehen, erscheint ihnen als das kleinere Übel. Der Haß gegen Rußland ist tief verwurzelt und hat durch den russischen Einmarsch in Lettland 1940 und die anschließende Besetzung bis 1941 neue Nahrung gefunden. Sie betrachten den Kampf gegen Rußland als nationale Pflicht.«

Der Einsatz in Westpreußen, ohne Hoffnung auf eine Rückkehr in die Heimat, dürfte den jungen Letten nicht leicht gefallen sein. Aber vorerst gab es noch keine Auflösungserscheinungen. Oberführer Ax schrieb über die Kämpfe vom 24. bis 27. Januar im Raum Nakel: »Die Angehörigen der Div. haben tapfer gekämpft. Sie bewährten sich besonders im Angriff.«[21] Am 30. 1. aber kam es zu einer schweren Krise, als die zermürbte Truppe ungeordnet zurückflutete.[22]

Hinter den Kulissen ging zwischenzeitlich das Tauziehen um die politische Zukunft Lettlands weiter. SS-Gruppenführer Bangerskis, ehemaliger lettischer Verteidigungsminister und Generalinspekteur der Lettischen SS-Freiwilligen-Legion, beschwor Himmler mit Schreiben vom 6. August 1944[23], das er als »Hilferuf des ganzen lettischen Volkes« bezeichnete, »die Verwaltung Lettlands einem landeseigenen zentralen mit voller Bestimmungs- und Vollzugsgewalt ausgestatteten Organ zu übertragen«. Am 7. November[24] beschwerte sich Bangerskis bei Berger darüber, daß deutsche Behörden den lettischen Legionären, die für die Freiheit ihrer Heimat kämpften, Pässe ausstellten, die den Vermerk aufwiesen: »Ungeklärte Staatsangehörigkeit (früher: Lettland).« Aber das Ausstellen derartiger Dokumente, mit denen das Reich andeutete, daß es die Eingliederung Lettlands in den sowjetischen Staatsverband anerkannte, ging weiter. Bangerskis sah sich im Februar 1945 zu einer erneuten Beschwerde bei Berger genötigt[25]): »Der unablässige Wunsch der deutschen Behörden, dem lettischen Volk eine Staatsangehörigkeit aufzuzwingen, gegen welche die lettischen Legionäre im Kampf ihr Blut vergießen, kann jeden Glauben an die bessere Zukunft zerstören und entzieht mir die stärkste Stütze bei der Erziehung der Frontkämpfer und bei der Propagandaarbeit.«

Bangerskis, der lettische Hindenburg, nahm kein Blatt vor den Mund. Er bemängelte das Fehlen eines klar umrissenen Kampf- und Zukunftszieles für seine lettischen Kämpfer und forderte von Himmler die Anerkennung Lettlands als selbständigem und unabhängigem Staat sowie die Zulassung einer lettischen provisorischen Regierung.[26]) Die Deutschen ließen schließlich die Bildung eines lettischen Nationalkomitees zu, das sich am 20. 2. 1945 in Potsdam konstituierte. Die Übertragung der Zivilgewalt in Kurland auf das Komitee war geplant, kam jedoch nicht mehr zur Ausführung. Im übrigen hatte das Nationalkomitee nicht die Funktion einer lettischen Regierung, zumal das Auswärtige Amt an der Bildung der Einrichtung nicht beteiligt war.[27]) Aber diese politischen Schattenspiele verblaßten vor dem Zusammenbruch der Fronten.

Letten der 15. Division gehörten zu den letzten Verteidigern der Reichshauptstadt. Das 15. Füsilier-Bataillon unter Ostuf. Neilands, das schließlich noch eine Kampfstärke von 80 Mann aufwies, kämpfte Unter den Linden und am Reichsluftfahrtministerium. Die Letten scheinen wenig Neigung zur Aufgabe verspürt zu haben, denn als deutsche Parlamentäre ihre Linien passieren wollten, wurden sie von den Letten daran gehindert.[28]) Auch in Kurland dachten viele Legionäre nicht daran, den Kampf einzustellen. Ein letzter politischer Versuch, die Eigenstaatlichkeit Lettlands zu sichern, scheiterte, nachdem die entsprechende Proklamation von Oberst Roberts Osis am 5. Mai ohne Resonanz bei den Westmächten blieb. 14000 Letten, unter ihnen 5200 Mann der 19. Division, gerieten in Kurland in sowjetische Gefangenschaft. Viele Legionäre aber gingen in die Wälder, um dort den Kampf gegen die Rote Armee fortzusetzen. Erst Anfang der 50er Jahre verebbte der bewaffnete nationale Widerstand. Einigen baltischen Soldaten war im Mai 1945 die Flucht nach Schweden geglückt. Es handelte sich um insgesamt 167 Mann, 7 Esten, 11 Litauer und 149 Letten. Schweden, das im Mai 1945 dem moribunden Reich noch mit dem Einsatz von Truppen gegen die Wehrmacht in Norwegen und Dänemark gedroht hatte[29]), kuschte vor der Sowjetunion und lieferte die Balten am 25. 1. 1946 aus.

Die nationale Protestbewegung in Stockholm, der sich alle politischen Kräfte außer den Sozialdemokraten und Kommunisten angeschlossen hatten, ließ die schwedische Regierung ungerührt. Der sozialdemokratische Außenminister Undén gab bekannt[30]), seine Regierung gehe von einer »fairen Behandlung« der Balten aus, da die Sowjetunion »ja ein Rechtsstaat« sei. Viele ausgelieferte lettische Legionäre kamen erst 1955 frei und hatten damit 10 Jahre Gelegenheit, den »Rechtsstaat« Sowjetunion aus der Perspektive eines Arbeitssklaven kennenzulernen.

Die baltischen Flüchtlinge in Schweden

Stockholm, 25. Nov. (bo. Tel.) Der Entrüstungssturm, den der Beschluß der Regierung über die Auslieferung von 167 baltischen von der Ostfront nach Schweden geflohenen Angehörigen der deutschen Wehrmacht an die Sowjetunion hervorgerufen hat, hat sich noch nicht gelegt. Die internierten Balten sind vor drei Tagen in den Hungerstreik getreten, dem sich jetzt auch ein Teil der 2700 internierten deutschen und anderen Militärflüchtlinge angeschlossen hat, die ebenfalls ausgeliefert werden sollen. In den Baltenlagern kamen die ersten Selbstmordversuche vor, die aber verhindert werden konnten. Wie die Balten erklären, werden sie sich mit Gewalt dem Abtransport aus ihren Lagern widersetzen: sie seien entschlossen, lieber zu verhungern oder Selbstmord zu begehen, als sich an die Sowjetunion ausliefern zu lassen. Deutsche Militärflüchtlinge gaben ähnliche Erklärungen ab. Die Internierungslager werden von Militär und Polizei streng bewacht.

Der König und die Regierung wurden mit einer Flut von Protesttelegrammen, Resolutionen und Bitten von Persönlichkeiten, Organisationen und Gruppen aller Färbungen und Schichten, mit Ausnahme der Kommunisten, überschwemmt, um sie zur Revision des Regierungsbeschlusses zu veranlassen. Bischöfe, Universitäten, Studenten, Beamte, sogar Schulen schlossen sich den Protestaktionen an. In zahlreichen Kirchen wurden am Sonntag ergreifende Predigten und Gebete für die baltischen Flüchtlinge verlesen. Die Proteste aus dem Publikum häufen sich in den Redaktionen, und die Leitartikel der bürgerlichen Presse spiegeln den Proteststurm wider.

Von zuständiger Seite wird erklärt, daß eine Änderung des Regierungsbeschlusses unmöglich sei und daß auch der verschlechterte Gesundheitszustand der Internierten keinen Aufschub der Auslieferung veranlassen werde. Die Regierung hatte während der letzten Monate versucht, ein Einverständnis zwischen den Russen und den westlichen Alliierten zu erlangen; dies wurde aber von beiden Seiten abgelehnt. Ein russisches Schiff zur Abholung der Flüchtlinge wird am Montag in Trelleborg erwartet. Neue Zürcher Zeitung, 25. 11. 1945

6. Osteuropa

Polen

> »Aus dem besiegten Gegner einen
> Verbündeten zu gewinnen,
> ist Gebot einer klugen Politik.«
> Wladyslaw Studnicki

Nach nationalsozialistischen Vorstellungen hatten der polnische wie
auch der tschechische Staat von der Landkarte des Neuen Europa zu
verschwinden. An polnischen Kollaborateuren war der Besatzungsmacht daher zumindest bis 1943 nicht gelegen. Zwar wurde etwa bis
Herbst 1940 deutscherseits das Projekt eines polnischen Reststaates als
Kompensationsobjekt für künftige Friedensverhandlungen verfolgt,
aber dieses Projekt kam über Gespräche mit kooperationsbereiten polnischen Politikern wie dem Fürsten Janusz Radziwill und Wladyslaw
Studnicki nicht hinaus.

Himmlers Denkschrift vom Mai 1940 über die Behandlung der Fremdvölkischen im Osten machte deutlich, welche Funktion dem zerschla-
genen polnischen Staat in der nationalsozialistischen Neuordnungs-
konzeption zugedacht war: die Polen sollten auf ein möglichst niedri-
ges Bildungsniveau gedrückt werden und dem Reich als »führerloses
Arbeitsvolk zur Verfügung stehen«.[1]) Trotz der anlaufenden deutschen
Terrormaßnahmen bemühte sich insbesondere der polnische Publizist
Wladyslaw Studnicki um einen Ausgleich mit der Besatzungsmacht.
Studnicki war wegen nationalpolnischer Bestrebungen bereits im zaristischen Rußland inhaftiert worden. Seine persönlichen Erfahrungen
mit dem asiatischen Rußland ließen ihn zu einem überzeugten Germanophilen werden, eine Einstellung, die er nicht mehr revidieren sollte:
»Besser, unsere Generation geht unter, besser, sie wird germanisiert, als
daß sie völkischer Dünger für die Mongolen wird.«[2]) Während des ersten Weltkrieges strebte er den Aufbau eines polnischen Staates im
Rahmen eines Bündnisses mit Deutschland an, nach 1918 verteidigte er
die deutsche Minderheit gegen polnische Übergriffe. Die Nationalso-

zialisten würdigten seine mutige Haltung gegenüber dem Pilsudski-Regime und luden Studnicki 1936 als Ehrengast zum Nürnberger Parteitag ein. Vor Kriegsausbruch vertrat der polnische Intellektuelle das Konzept einer bewaffneten Neutralität seiner Heimat in einem Konflikt Deutschlands mit den Westmächten. Nach dem deutschen Blitzsieg bombardierte Studnicki die deutschen Besatzungsbehörden mit zahlreichen Denkschriften, in denen er vorschlug

– den polnischen Staat in einen von Deutschland geleiteten, antikommunistischen mitteleuropäischen Block einzufügen,
– eine provisorische Regierung zu bilden und eine polnische Armee zum Kampf gegen die Sowjetunion aufzustellen,
– die terroristische deutsche Besatzungspolitik zu mildern.

Keine seiner Forderungen wurde beachtet, vielmehr machte Generalgouverneur Frank den Terror zu einem institutionalisierten Bestandteil der Besatzungspolitik. Am 6. 2. 1940 brüstete er sich[3]):

> »Wenn ich für je 7 erschossene Polen eine Plakat aushängen lassen wollte, dann würden die Wälder Polens nicht ausreichen, das Papier herzustellen für solche Plakate.«

Studnicki wurde kaltgestellt, kam zunächst in Ehrenhaft der Gestapo und verbrachte schließlich 1941/42 14 Monate im Gefängnis. Politischen Einfluß auf die Tätigkeit der Besatzungsbehörden besaß er nicht mehr. Unbeeindruckt von nationalpolnischen Gefühlen hatten die Nationalsozialisten inzwischen mit der »Neuordnung« des polnischen Raumes begonnen. Zirka 90000 qkm mit 10 Millionen Einwohnern wurden ohne Berücksichtigung historischer und geographischer Gesichtspunkte dem Reich als eingegliederte Ostgebiete angefügt. Das übrige Restpolen besaß als Generalgouvernement den Status eines reichs-exterritorialen, deutschen Nebenlandes. Um die eingegliederten Ostgebiete möglichst »polenrein« zu machen, führten die Nationalsozialisten mehrere Deportationswellen durch, bei denen bis zum März 1941 rund 365000 Polen ins Generalgouvernement abgeschoben wurden. In den Folgejahren verdrängten deutsche Neusiedler einige hunderttausend Polen aus ihren Höfen und Wohnungen.[4]) Die Bevölkerungsverschiebung hatte damit aber noch kein Ende gefunden. 1,2–1,3 Millionen polnische Zivilarbeiter mußten sich als Fremdarbeiter im Reich verdingen. Sie wurden vielfach wahllos eingefangen und nach Deutschland deportiert. Das NS-Regime behandelte die polnischen Menschen als unfreies Kolonialvolk, dem selbst die Minimalrechte eines totalitären Systems genommen wurden. Die Polenstrafrechtsverordnung vom 4. 12. 1941 etwa sah die Todesstrafe schon für deutschfeindliche Äußerungen vor, der Angeklagte hatte keine Berufungsmöglichkeit. In diesem Meer der Rechtlosigkeit war es allein die Wehrmacht, die das geschlagene polnische Volk nicht als Heloten behandelte. Nach der Kapitulation Polens hatten deutsche Soldaten die Ehrenwache vor Pilsudskis Grabmahl übernommen und während der gesamten Dauer des Krieges wurden die kriegsgefangenen polnischen Offiziere korrekt behandelt. So verfügte jedes der insgesamt 12 polnischen Offizierslager über eine eigene Lagerbibliothek mit einem Bestand von 1150 bis 25000 Büchern und in den meisten Oflags waren »Lager-Universitäten« eingerichtet.[5])

Die repressive Apartheid-Politik der NS- und SS-Dienststellen ließ Kollaborationsgelüste bei den meisten Polen gar nicht erst aufkommen. Allerdings verfügte die Besatzungsmacht über mehrere Tausend polnischer Informanten, Spitzel und Agenten, die von der Widerstandsbewegung gnadenlos gejagt wurden. Allein im Zeitraum vom Januar 1943 bis Juni 1944 liquidierten polnische Partisanen etwa 2000 Kollaborateure.[6]) Nicht viel besser erging es der polnischen Polizei, die zwischen patriotischem Pflichtgefühl und den Befehlen ihrer deutschen vorgesetzten Dienststellen hin- und hergerissen wurde. Von den Nationalsozialisten reorganisiert, taten etwa 25000[7]) polnische Polizisten (»Dunkelblaue«) im Generalgouvernement Dienst. Obwohl der deutsche Sicherheitsdienst argwöhnte, daß etwa 40% dieser Polizisten Anhänger des Widerstandes waren[8]), wurde die polnische Polizei sowohl bei der Bekämpfung krimineller Banden, als auch im Rahmen der Niederschlagung des Warschauer Gettoaufstandes im April/Mai 1943 eingesetzt. Nach dem Stroop-Bericht[9]) betrug die tägliche Einsatzzahl der polnischen Polizei bei der Vernichtung des Gettos 4 Offiziere und 363 Mann. Um dieses Engagement verstehen zu können, muß man den starken antisemitischen Affekt der polnischen Bevölkerung in Betracht ziehen. Er war bereits im Vorkriegspolen virulent und wurde nun von den Nationalsozialisten so ausgeschlachtet, daß selbst Teile der Widerstandsbewegung AK (Armia Krajowa = Heimatarmee) von dem antisemitischen Bazillus befallen wurden. Ein polnischer Offizier des Widerstandes schrieb an die Exilregierung[10]): »Die einzigen Fortschritte, die die Deutschen machen, liegen in der Förderung des blinden und grausamen Antisemitismus. Ich frage mich tatsächlich, ob die Einstellung unseres Volkes den Juden gegenüber nicht der der Deutschen ähnelt.« So verwundert es nicht, daß einzelne polnische Fanatiker als Bewacher im KZ Auschwitz Dienst taten. Neben der polnischen Polizei zogen die Deutschen eine andere bewaffnete Einheit für Hilfsaufgaben heran: es waren die sogenannten Trawniki-Männer, Freiwillige aus Polen, dem Baltikum und der Ukraine, die im Lager Trawniki bei Lublin ausgebildet wurden. Von den Deutschen verächtlich »Askaris« genannt[11]), kam ein Bataillon dieser Freiwilligen bei der Bekämpfung des Gettoaufstandes zum Einsatz. Die polnische militärische Kollaboration mit der Besatzungsmacht blieb auf »Dunkelblaue« und Trawniki-Männer begrenzt. Insbesondere kam es zu keiner nennenswerten Zusammenarbeit zwischen den Deutschen und den polnischen Faschisten.

Die bekannteste faschistische Gruppierung Polens war das National-Radikale Lager (ONR) mit seiner Abspaltung Falanga.[12]) 1934 gegründet, hatte die von Boreslaw Piasecki geführte ONR-Falanga, die sich aus 2000 meist jugendlichen Aktivisten zusammensetzte, mit nationalistischen, antisemitischen und auch sozialistischen Forderungen nach einer Staatskontrolle über das ökonomische Leben und der Beschränkung des Privateigentums von sich reden gemacht. Das Programm dieser elitären Organisation, das die Gewalt mit einem ausgeprägten Katholizismus verband, übte größeren Einfluß auf die polnische akademische Jugend aus, als es die Zahl der Mitglieder vermuten läßt. Falanga-Anhänger hatten sich 1942 mit anderen faschistischen Gruppen zur Widerstandsbewegung Nationalstreitkräfte (NSZ) zusammengeschlossen, die im Winter 1943/44 mindestens 30000 Mann umfaßten. Die Nationalradikalen, von denen sich nur ein Teil der von London geleiteten Heimatarmee unterstellte, sahen in der Sowjetunion den Hauptfeind und schränkten ihre Widerstandtätigkeit gegen die Deutschen daher in dem Maß ein, in dem die sowjetischen Waffenerfolge zunahmen.[13]) Aber die Besatzungsmacht versäumte die Möglichkeit, durch substantielle Zugeständnisse an den polnischen Freiheitswillen den aggressiven Antibolschewismus der NSZ und den latenten Antikommunismus der 300000 Mann starken Heimatarmee für die Sache des Reiches zu gewinnen. Selbst die antisemistische NSZ ließ sich nicht für eine Politik einspannen, die nach der Aufdeckung des sowjetischen Massakers an rund 4500 polnischen Offizieren in Katyn propagandistisch den Kommunismus als gemeinsamen Feind Deutschlands und Polens herausstellte. Vor dem Hintergrund der rücksichtslosen deutschen Polenpolitik mußte die antibolschewistische Katyn-Propaganda wirkungslos verpuffen, da der Durchschnittspole die nationalsozialistische wie die kommunistische Fremdherrschaft gleich negativ einschätzte und den Massenmord in Katyn mit dem Massensterben in den Konzentrationslagern gleichsetzte. Allein die Splittergruppe Schwert und Pflug der NSZ unterbreitete im Frühsommer 1943 den Deutschen ein Memorandum, in dem die Möglichkeit einer polnischen Beteiligung am Kampf gegen die Sowjetunion angesprochen wurde. Das Angebot wurde zurückgewiesen, obwohl Generalgouverneur Frank seit Anfang 1943 die Notwendigkeit einsah, in der nationalsozialistischen Polenpolitik eine Kurskorrektur durchzuführen. Er übersandte Hitler am 19. 6. 1943 eine Denkschrift, in der er vorschlug, die Polen für den Abwehrkampf gegen den Bolschewismus zu gewinnen. Frank propagierte eine stärkere Heranziehung landeseigener Kräfte zur Verwaltung des Generalgouvernements und die Aufstellung bewaffneter polnischer Verbände in Westgalizien. Hitler reagierte negativ auf die vorgeschlagene Wende der Polenpolitik, selbst der Erlaß von Reichspropagandaminister Goebbels über die Behandlung der europäischen Völker vom 15. 2. 1943[14]) sollte im Generalgouvernement keine Gültigkeit haben.[15]) Statt grundlegender Änderungen war Frank daher darauf angewiesen, durch eine verbal versöhnlichere Politik und deklamatorische Gesten der polnischen Bevölkerung einen Hauch der neuen, liberaleren Linie zu vermitteln. So entstand in letzter Stunde eine politisch einflußlose polnische Antibolschewistische Liga, die die Bevölkerung des Generalgouvernements für deutsche Ziele mobilisieren sollte. Auch der im Herbst 1944 ins Leben gerufene Polnische Nationalausschuß, der eine Art polnischer Selbstverwaltung darstellte, blieb wegen der militärischen Ereignisse wirkungslos.

Ein förmliches Bündnisangebot für den nationalpolnischen Widerstand kam von einer Seite, von der man es am wenigsten erwartet hätte. Der berüchtigte Chef der Bandenkampfverbände, SS-Obergruppenführer von dem Bach-Zelewski, der gerade den Warschauer Nationalaufstand mit äußerster Härte niedergekämpft hatte, unterbreitete dem gefangenen Führer der Heimatarmee, General Bor-Komorowski, am 4. 10. 1944 eine antisowjetische Kooperationsofferte[16]): »Deutschland und Polen ... sind von derselben Gefahr und demselben Feind bedroht. Die beiden Nationen müßten daher ihre Streitigkeiten beenden und in Zukunft Schulter an Schulter marschieren.« Bor-Komorowski, das Leiden seines Volkes unter den Nationalsozialisten und den sicheren Sieg der Alliierten vor Augen, lehnte ab.

Im Reich ging zwischenzeitlich das Ringen um einen eventuellen Einsatz antikommunistischer polnischer Freiwilliger, an denen das OKW interessiert war, weiter. Das rassisch verblendete RSHA opponierte sowohl gegen eine polnische Legion als auch gegen freiwillige polnische Flakhelfer. Die Entscheidung Hitlers zugunsten eines beschränkten Engagements polnischer Antikommunisten auf deutscher Seite fiel erst, als alle politischen und militärischen Möglichkeiten verspielt waren. Am 24. Oktober 1944 stimmte er der Verwendung von Polen als Hilfswilligen in der deutschen Armee zu.[17]) Durch Erlaß des Oberkommandos der Heeresgruppe Mitte vom 4. 11. 1944 wurden grundsätzliche Richtlinien für die Behandlung der polnischen Freiwilligen aufgestellt, die sich von der bisherigen NS-Polenpolitik wohltuend abheben. So wurde verfügt[18]):

> »Werbung hat auf der Grundlage unbedingter Freiwilligkeit zu erfolgen. Durch fürsorgliche Organisation ist sicherzustellen, daß der Freiwillige vom ersten Augenblick an, mit dem er mit der Deutschen Wehrmacht in Berührung kommt, Vertrauen und Gewißheit gewinnt, daß er und seine Familie unter den Schutz der Deutschen Wehrmacht treten. Deshalb ist der Betreuung auf den Sammelplätzen bereits größte Aufmerksamkeit zu schenken ... Der Ausdruck ›Hiwi‹ ist auf jeden Fall zu vermeiden.«

Eine späte, zu späte Einsicht! Die unter dem Namen »Weißer Adler« in den Monaten November und Dezember 1944 durchgeführten Versuche, polnische Freiwillige anzuwerben, waren nach den politischen Versäumnissen der Vergangenheit und wegen der militärischen Lage an der Ostfront zum Scheitern verurteilt. Trotzdem schlossen sich noch Teile der NSZ den zurückweichenden deutschen Truppen an, während andere Gruppen der Nationalstreitkräfte umgehend den Kampf gegen die Rote Armee aufnahmen. In den »befreiten« Gebieten begann die sowjetische Spionageabwehr SMERSCH mit der Liquidierung von Kollaborateuren und Antikommunisten.[19]) Die polnische Justiz assistierte mit der rückwirkenden Einführung neuer Straftatbestände. Ein Dekret vom August 1944, das erst 1946 veröffentlicht wurde, erweiterte den Anwendungsbereich der Todesstrafe auf den Tatbestand der Kollaboration mit der deutschen Besatzungsmacht. Besonders die NSZ-Aktivisten wurden unbarmherzig verfolgt, nur einzelne hatten das Glück und die politische Anpassungsfähigkeit des Falanga-Gründers Piasecki, der auch im kommunistischen Polen reüssierte und seine fünf Abgeordneten der linkskatholischen, nationalistischen Pax-Vereinigung ins Warschauer Nachkriegsparlament brachte. Auch den rund 1500 Nationalradikalen und Trawniki-Männern, die sich mit der Wehrmacht aus Polen zurückgezogen hatten, erging es besser als vielen anderen Kollaborateuren aus Osteuropa. Sie wurden nicht ausgeliefert, sondern in westalliierte Wach- und Wartungseinheiten aufgenommen.[20]) Ein Indiz für das schlechte Gewissen der Westmächte, die für die Freiheit Polens in den Krieg gezogen waren und das tapfere Volk nun den Sowjets überließen ...

Sowjetunion

Weißrußland

»Jedes autonome weißruthenische
Bewußtsein gegen Rußland ist zu fördern.«
Alfred Rosenberg

Weißrußland, von nationalistischen Emigranten und den NS-Ostplanern Weißruthenien genannt, wurde als Generalkommissariat dem Reichskommissariat Ostland zugeschlagen. Dem Gebiet war eine doppelte Funktion zugedacht. Es sollte einerseits als Puffer gegen Restrußland (»Moskowien«) dienen, andererseits ein Reservat für unliebsame Elemente aus dem Baltikum, dem Warthegau und dem Generalgouvernement abgeben. Als deutscher Generalkommissar amtierte in Minsk der im Reich in Ungnade gefallene Blutordensträger und Gauleiter Wilhelm Kube. Im Unterschied zu vielen anderen Rassefanatikern und nationalsozialistischen Kolonisatoren verfolgte Kube eine gemäßigte politische Linie. Er protestierte gegen die Massenvernichtung deutscher Juden, unterstützte den weißrussischen Nationalismus und ließt eine lokale Selbstverwaltung zu. In seinem Machtbereich konnten weißruthenische Emigranten in führende Verwaltungspositionen aufrücken, ein Faktum, das sich in keinem anderen unter deutscher Herrschaft stehenden Teil der Sowjetunion wiederholte.
Der Ausbau der weißruthenischen Administration erfolgte in mehreren Stufen: Am 22.10.1941 wurde eine weißrussische Selbsthilfeorganisation (BNS) ins Leben gerufen, der der Arzt Dr. Iwan Ermatschenko

vorstand, ein ehemaliger Kämpfer der antikommunistischen Wrangel-Armee. Zum Bürgermeister von Kiew ernannten die Deutschen Professor V. Iwanowsky. Selbst eine phantomhafte Weißruthenische Nationalsozialistische Partei (PBNS), die 1933 von Fabian Akinschyts gegründet worden war, versuchte Mitglieder zu rekrutieren, blieb aber völlig erfolglos. Da Weißrußland durch ständige Partisanenüberfälle in Atem gehalten wurde, förderten die nationalsozialistischen Machthaber auch eine einheimische Antipartisanentruppe, das Weißruthenische Verteidigungskorps (BKA), das im Juli 1942 entstand und 6 Bataillone umfaßte.[1] Gleichzeitig stellte die SS neben ukrainischen weißruthenische Schutzmannschaft-Bataillone auf. Insgesamt dürfte es mindestens 10 dieser Einheiten gegeben haben.[2] Aber in dem deutschen Generalkommissariat dominierten eindeutig nicht die nationalistischen Kräfte, sondern die roten Partisanen, die Iwanowsky und Akinschyts umbrachten und denen am 22. 9. 1943 auch Gauleiter Kube zum Opfer fiel. Ermatschenko wiederum wurde aufgrund einer Intrige der SS aus Weißrußland vertrieben und mußte in Prag Zuflucht nehmen. Um die bescheidene Selbstverwaltung aufzuwerten und damit gleichzeitig ein Gegengewicht gegen die Partisanen zu schaffen, bildete Kube im Juni 1943 einen landeseigenen »Vertrauensrat« (Rada), der allerdings nur Konsultativbefugnisse besaß und baute im gleichen Monat eine nationalistische weißrussische Jugendbewegung auf. Das Weißruthenische Jugendwerk stand unter Leitung des HJ-Führers Siegfried Nickel, der etwa 10000 Jugendliche zur freiwilligen Arbeit ins Reich verpflichtete. Ab März 1944 mußte Nickel auf Weisung der SS 15- bis 20jährige Weißruthenen, Ukrainer und Balten zum halbmilitärischen Einsatz rekrutieren (Heu-Aktion). Im Oktober 1944 hatte er 28117 Jugendliche und Heranwachsende als SS-, Luftwaffenhelfer- und Marine-Helfer sowie für die Organisation Todt und die Rüstungsindustrie angeworben.[3]

Von Gottberg, der Nachfolger des ermordeten Kube, entwickelte die politischen Ansätze seines Vorgängers weiter und kurz vor Weihnachten 1943 konstituierte sich in Minsk ein Weißruthenischer Zentralrat unter Führung des Altemigranten Radaslaw Ostrowsky. Auch der neue Generalkommissar versuchte die Autonomiebestrebungen der Weißrussen gegen die Sowjets auszuspielen. Pathetisch berichtete die deutsche Propagandazeitschrift »Signal« im Dezember 1943 über das angebliche Volksbewußtsein der Weißruthenen[4]: »Trotz aller Nivellierungsversuche des Sowjetismus blieb dieses Bewußtsein erhalten und wirkt sich heute, da die Tore zur Freiheit geöffnet sind, in freudigem Eingehen auf die europäischen Tendenzen aus.« »Signal« verschweigt, daß ein eigenständiges Nationalbewußtsein der Weißrussen weitgehend verschüttet war und von der deutschen Aufsichtsverwaltung und einheimischen Kollaborateuren erst mühsam wieder ins politische Spiel gebracht werden mußte.

Mit großem Pomp proklamierte der Weißruthenische Zentralrat im März 1944 die Mobilisierung von 14 Jahrgängen für die neu geschaffene Weißruthenische Heimatwehr. Die Deutschen hatten Zugeständnisse gemacht: die orthodoxen Gottesdienste schlossen mit der weißrussischen Nationalhymne, bei der Vereidigung der neuen Freiwilligen wurde nicht nur ein Heil auf Führer und Wehrmacht ausgebracht, sondern auch auf ein »freies Weißruthenien«.[5]) Insgesamt sollen sich nach dem Aufruf von Ostrowsky 30000 Mann freiwillig gemeldet haben[6]), nach anderen Angaben bedurfte es »der Zwangsaushebung«[7]), um etwa 60 Bataillone auf die Beine zu stellen. Nachgewiesen ist zumindest die Aufstellung von 6 Weißruth. Heimwehr-Pi.-Btl.[8]) Der Dank der Deutschen blieb bescheiden. Weißruthenien wurde am 1. 4. 1944 aus dem Reichskommissariat Ostland gelöst und unmittelbar dem chaotischen Ostministerium unterstellt.

Beim Näherrücken der Front faßte der HSSuPF Weißruthenien verschiedene Schuma-Bataillone und Polizei-Gebiets-Kommandaturen zu einer Brigade zusammen, die nach ihrem Kommandeur, dem Oberst der Schutzpolizei Siegling, benannt wurde. Am 1. August 1944 erfolgte die Überstellung der Brigade zur Waffen-SS, die Einheit führte jetzt den Namen 30. Waffen-Grenadier-Division der SS (russ. Nr. 2).[9]) Man hätte erwarten dürfen, daß die Division gegen die Sowjets zum Einsatz kam, tatsächlich wurde sie nach Frankreich verlegt, wo sie im Raum zwischen Belfort und Mülhausen den französischen Maquis bekämpfte. Im November 1944 unterstand die Einheit der Heeresgruppe G – 19. Armee – und mußte trotz ihrer unzureichenden Ausrüstung gegen reguläre gaullistische Truppen antreten.

Die Freiwilligen, deren Heimat inzwischen von der Roten Armee erobert worden war, schlugen sich erbittert. Über die Kämpfe schreibt der französische Historiker François Duprat[10]): »Die Männer der russischen Waffen-SS gingen die französischen Panzer tapfer an, aber der Mangel an schwerem Material nahm ihnen jede Hoffnung auf einen Erfolg.« Teile der Division erzielten im südlichen Elsaß sogar noch Geländegewinne bei Gegenangriffen.[11]) Im Dezember mußte die stark angeschlagene Einheit, die nur noch Brigadestärke besaß, aus der Front herausgenommen werden. Die weißruthenischen, russischen und ukrainischen Angehörigen des Verbandes wurden 1945 zur Wlassow-Armee überstellt und bildeten dort mit der Brigade Kaminski den Grundstock für die 1. Division (600 ID. russ.) der Russischen Befreiungsarmee (ROA).[12] Das weißruthenische politische Exil machte den Anschluß an Wlassow demgegenüber nicht mit. Bis Kriegsende widersetzte sich Ostrowsky einer Unterordnung unter eine zentralistische Führung und forderte von der Reichsregierung, das Recht des weißruthenischen Volkes auf einen selbständigen Staat anzuerkennen.[13]

Ukraine

Unter dem Schutz der Mittelmächte war es der Ukraine 1918 gelungen, sich von Rußland loszureißen und für zwei Jahre die Selbständigkeit zu erlangen. Ab 1920 herrschte auch in der Ukraine die sowjetische Klassendiktatur, die Ausmerzung von Volksfeinden und die Zwangskollektivierung forderten Millionen Opfer. Allein bei der künstlich herbeigeführten Hungersnot der Jahre 1930–33 sollen 6 Millionen Menschen umgekommen sein.[1] Der Genozid in der Heimat ließ die in den Westen emigrierten ukrainischen Nationalisten nicht gleichgültig. Ihre Aktivitäten richteten sich jedoch nicht nur gegen die Sowjetunion, sondern auch gegen Polen und die Tschechoslowakei, da Teile der Ukraine nach Ende des ersten Weltkrieges an diese Staaten gefallen waren. In der Sowjetunion lebten 30 Millionen Ukrainer, in Polen (Galizien) 6 Millionen und in der CSR (Karpato-Ukraine) rund 500000.
1929 hatten sich in Wien verschiedene nationalistische Gruppen zur Organisation Ukrainischer Nationalisten (OUN) zusammengefunden. Geführt wurde die Organisation von Oberst Ehwen Konowaletz, der jedoch bereits im Mai 1938 von der sowjetischen Geheimpolizei ermordet wurde. Sein Nachfolger Andrej Melnyk setzte die von Konowaletz eingeleitete Zusammenarbeit mit der deutschen Abwehr fort.[2] Die Propagandatätigkeit der OUN wandte sich vornehmlich an die in Polen lebenden Ukrainer, mit Erfolg, denn im Oktober 1939 brachen in Lemberg nationalukrainische Unruhen aus. Aber der ukrainische Widerstand sollte bald feststellen, daß das Wohlwollen der Deutschen gegenüber dem ukrainischen Nationalismus taktisch bedingt und von außenpolitischen Zweckmäßigkeiten abhängig war. Als sich die kleine

Karpato-Ukraine aus dem Staatsverband der Tschechoslowakei löste und Monsignore Woloschyn am 15. 3. 1939 die Unabhängigkeit seiner Heimat unter dem Schutz des Reiches proklamierte, blieb eine Unterstützung aus Berlin aus. Ungarn konnte das Gebiet annektieren, 15000 Mann der schlecht ausgerüsteten ukrainischen Wehrorganisation Sič leisteten verbissen aber vergeblich Widerstand. Die enttäuschten Ukrainer setzten weiter auf die deutsche Karte, schien die antipolnische und antisowjetische Politik Hitlers doch zumindest langfristig Möglichkeiten für den ukrainischen Unabhängigkeitskampf zu bieten. Für den Einsatz im Polenfeldzug stellte die Abwehr tatsächlich eine ukrainische Legion auf, die unter dem Tarnnamen Bergbauern-Hilfe operierte und Galizien revolutionieren sollte.[3] Die etwa 600 Mann starke Legion unter Roman Suško konnte im September 1939 im Verband mit deutschen Truppen zwar in die Westukraine (Galizien) einrücken, ihre Rolle war aber ausgespielt, als Hitler Galizien den Sowjets auslieferte.[4] Die Hoffnungen der Ukrainer waren zum zweiten Mal verraten worden.

Im Dezember 1940 kappte die Abwehr mit Rücksicht auf den Hitler-Stalin-Pakt ihre Kontakte zu den ukrainischen Nationalisten. Im Februar des gleichen Jahres war es zu einer Spaltung innerhalb der OUN gekommen, als sich der aktivistische, revolutionäre Flügel unter Stephan Bandera von den Gemäßigten um Melnyk lossagte. Von nun an sollte es zwei rivalisierende Gruppen der OUN geben, die OUN-B unter Bandera und die OUN-M unter Melnyk. Trotz der getrübten deutsch-ukrainischen Beziehungen bestanden im Reich und im Generalgouvernement die Kader der OUN-Revolutionäre weiter. Sie wurden offiziell als Werkschutzgruppen und Einheiten des Reichsarbeitsdienstes geführt.[5] Die deutschen außenpolitischen Rücksichten entfielen, als der Angriff auf die Sowjetunion unmittelbar bevorstand. Die Abwehr griff auf ihre ukrainischen Schützlinge zurück und bildete in Saubersdorf bei Wien die Legion Roland, im Neuhammer/Schlesien die Legion Nachtigall aus. Die Ukrainer sahen in diesen Einheiten den Kern eines künftigen Heeres und hofften, ihre Legion durch die Aufnahme ukrainischer Überläufer und Gefangener vergrößern zu können. Die meisten Legionäre standen der OUN-B nahe oder hatten bereits in der Karpato-Ukraine in der Wehrorganisation Sič gekämpft. Die Abwehr machte nicht unbedeutende Zugeständnisse an das ukrainische Nationalgefühl. So durften die Angehörigen von Roland Uniformen tragen, die denen der ukrainischen Armee der Jahre 1918–20 nachempfunden waren. Beide Legionen wurden nicht auf Hitler vereidigt, sondern auf den ukrainischen Staat und schworen[6]): »Mit diesem Gewehr erkämpfe ich die Freiheit der Ukraine, oder ich werde für sie sterben.«

Unter Führung von Leutnant Roman Schuchewytsch, dem als beratender Offizier der deutsche Oberleutnant Professor Theodor Oberländer zur Seite stand, drang das 400 bis 500 Mann starke Nachtigall-Bataillon[7]) im Juni 1941 in Galizien ein. Am 30. Juni erreichten die deutschukrainischen Truppen Lemberg. Ihnen bot sich ein grauenhaftes Bild, da der sowjetische NKWD kurz vor seinem Abzug rund 4000 mißliebige ukrainische und polnische politische Gefangene abgeschlachtet hatte. Nach dem Krieg versuchten die Sowjetunion und ihre Satelliten, dieses Verbrechen in einer Aufsehen erregenden Propaganda- und Desinformationskampagne den Legionären von Nachtigall und Professor Oberländer in die Schuhe zu schieben, der mittlerweile dem Bonner Kabinett als Vertriebenenminister angehörte. In Wirklichkeit besteht kein Zweifel daran, daß die Morde in Lemberg von sowjetischen Sicherheitsorganen verübt wurden.[8]) Auch an dem anschließenden Pogrom, das verbitterte Ukrainer an der jüdischen Bevölkerung begingen, dürften Soldaten von Nachtigall nicht beteiligt gewesen sein.[9])

Parallel zum militärischen Geschehen versuchten OUN-B und OUN-M, ihre politischen Forderungen gegenüber den Deutschen durchzusetzen. Bandera ließ Hitler am 23. 6. 1941 ein Memorandum unterbreiten, in dem er für die Wiederherstellung eines unabhängigen nationalukrainischen Staates eintrat.[10]) Am 6. 7. 1941 übermittelte auch der Melnyk-Flügel der OUN Hitler eine Stellungnahme, die die Schaffung eines ukrainischen Heeres und die deutsch-ukrainische Zusammenarbeit zum Inhalt hatte.[11]) Hetman Skoropadski, in Berlin im Exil lebender Regierungschef der unabhängigen Ukraine (1918), machte den Deutschen das Angebot, im Ausgleich für die Gewährung einer beschränkten Autonomie seiner Heimat ein ukrainisches Heer von 2 Millionen Mann auf die Beine zu stellen.[12]) Die Appelle verhalten ungehört, denn Hitler strebte keine souveräne Ukraine an, sondern die Schaffung eines rechtlosen Koloniallandes. So wurde auch die ukrainische Regierung in Lemberg, die sich am 30. Juni unter dem Bandera-Anhänger Jaroslaw Stetzko gebildet hatte, umgehend wieder aufgelöst. Die Deutschen versetzten den ukrainischen Nationalisten einen weiteren Schlag, als sie die Westukraine (Galizien) im Juli 1941 dem Generalgouvernement angliederten. Am 15. 9. 1941 schließlich verhafteten sie

Tausende von Mitgliedern der OUN-B, darunter die gesamte Führungsschicht, und deportierten sie in Konzentrationslager und Gefängnisse.

Im August waren die Bataillone Nachtigall und Roland aus der Ostfront herausgelöst und ins Reich zurückverlegt worden. Die Männer waren enttäuscht und verbittert über das Scheitern ihrer nationalen Hoffnungen. Bis auf 14 Mann waren jedoch alle bereit, sich auf ein weiteres Jahr für die Wehrmacht zu verpflichten, schließlich konnten sie auf deutscher Seite eine moderne militärische Ausbildung erhalten. Die beiden Legionen wurden zu einer Einheit zusammengelegt und im März 1942 in Weißruthenien zur Partisanenbekämpfung eingesetzt. Die deutsche Politik in der Ukraine desillusionierte die Freiwilligen gründlich und nach Ablauf der Verpflichtungszeit weigerte sich die Einheit geschlossen, einen neuen Dienstvertrag einzugehen. Am 1. 10. 1942 lösten die Deutschen den Verband auf und überführten die aktivistischen Teile des Offizierskorps in das Lemberger Gefängnis. Hauptmann Roman Schuchewytsch gelang es zu entkommen und sich zu den nationalistischen Partisanen durchzuschlagen.

Der deutschen Politik unter Reichskommissar Koch, der in der Ostukraine regierte, war es in kurzer Zeit gelungen, die einheimische Bevölkerung ins feindliche Lager zu treiben. Koch, der die Ukrainer mit Hundepeitschen traktieren wollte und seinem Stab den persönlichen Umgang mit der Bevölkerung verbot, sorgte für ein schnelles Ende der deutsch-ukrainischen Flitterwochen. Die OUN-M, die darauf hoffte, auf evolutionärem Wege und durch stärkere Anpassung an die Deutschen doch noch ihr Ziel eines souveränen ukrainischen Staates zu erreichen, hatte zahlreiche ihrer Mitglieder als Dolmetscher und für die lokale Hilfsverwaltung abgestellt. Bis Februar 1942 zerschlugen die Nationalsozialisten auch diese bescheidenen Anfänge einer Selbstverwaltung. Antikommunistische Ukrainer, die trotz der Repressionspolitik an ihrem Moskauer Feindbild festhielten, durften nicht in einer eigenständigen Miliz dienen[13]), sondern mußten sich Hilfspolizeiverbänden und Schuma-Bataillonen anschließen. Im Generalgouvernement entstanden die Schuma-Btl. 201 (Roland-Nachtigall) und 202–206 in den Jahren 1941–43, 1944 wurden die Bataillone 207–212 aufgestellt. Das Personal bestand überwiegend aus ukrainischen, zum Teil aber auch aus kosakischen Freiwilligen.[14]) In der Ostukraine betrug die Stärke der ukrainischen Schutzmannschaften, die auf 70 Bataillone verteilt waren, rund 35000 Mann. Hinzu kamen die Angehörigen der Schutzpolizei und Gendarmerie, die ein erhebliches Potential darstellten, ohne hieraus politische Vorteile für eine freie Ukraine ableiten zu können. So standen im Reichskommissariat Ukraine 1942/43 15665 ukrainische Schutzpolizisten und 55094 ukrainische Gendarmen unter Waffen.[15]) Sie standen im Kampf gegen die Kommunisten ihren Mann, aber Tausende desertierten zu den nationalistischen Partisanen, weil sie es nicht mit ihrem Gewissen vereinbaren konnten, die Dörfer ihrer Landsleute anzuzünden und wehrlose Zivilisten zu erschießen.[16]) Insgesamt betrug der Anteil der Ukrainer an deutschen Hilfsverbänden und den Osttruppen etwa 250000 Mann.[17]) Ein Großteil war in der Ukrainischen Befreiungs-Armee (UVV) organisiert, ein hochtrabendes Etikett, das darüber hinwegtäuschen sollte, daß keine eigenständige ukrainische Armee unter eigenem Oberkommando existierte. Die Übergänge zwischen der UVV und den antikommunistischen Partisanen, die sich in der im Oktober 1942 gegründeten Ukrainischen Aufständischen-Armee (UPA) unter Roman Schuchewytsch (nom de guerre: Taras Tschuprynka) sammelten, waren fließend. Es gab Desertionen zwischen beiden Formationen. Die UPA wurde vor allem von der OUN-B getragen und kämpfte gegen die Sowjets, gegen Deutsche, Polen und teilweise auch gegen die OUN-M.

Daß die deutsche Ausbeutungspolitik in der Ukraine einer Korrektur bedurfte, hatte sich mittlerweile bis Berlin herumgesprochen. Selbst Goebbels zog am 26. 4. 1942 eine negative Bilanz der bisherigen deutschen Ostpolitik[18]): »Wir haben in unserer Politik die Russen und vor allem die Ukrainer zu stark vor den Kopf geschlagen. Der Knüppel auf den Kopf ist eben auch Ukrainern und Russen gegenüber ein nicht immer überzeugendes Argument . . .« Eine schüchterne Revision des bisherigen Besatzungsregimes wurde aber nicht im Reichskommissariat Ukraine eingeleitet, sondern in der zum Generalgouvernement gehörenden Westukraine (Galizien). In dem Gebiet, das von 1772 bis 1918 zu Österreich gehört hatte, war das ukrainische Nationalbewußtsein stärker ausgeprägt als in der übrigen Ukraine. Die deutschen Behörden hatten den Galiziern ab 1941 kulturell-politische Zugeständnisse gemacht, um sie gegen die Polen auszuspielen. Krakau beherbergte einen Ukrainischen Hauptausschuß, der jedoch nur sehr eingeschränkte Befugnisse besaß. Auf zumindest teilweises Verständnis stießen die national-ukrainischen Ambitionen beim Gouverneur von Galizien, SS-Brigadeführer Dr. Otto Wächter. Am 1. 3. 1943 schlug er Himmler die Bildung einer Division aus westukrainischen Freiwilligen vor. Nach einigem

Zögern stimmte der Reichsführer SS zu; er mochte sich der Illusion hingeben, an den alten k.u.k. Reichsgedanken anknüpfen zu können, war Galizien doch lange Zeit ein Bestandteil der Doppelmonarchie gewesen. Weiter dürfte auf deutscher Seite auch die Überlegung eine Rolle gespielt haben, durch Zulassung einer derartigen Division den nationalistischen Partisanen das Wasser abzugraben.[19]) Am 28. April 1943 wurde die Gründung der neuen Einheit feierlich bekanntgegeben, die Deutschen versäumten nicht, darauf hinzuweisen, daß Freiwillige Vorrang hatten, deren Väter bereits in der österreichisch-ungarischen Armee gedient hatten. Unterstützung fand die Werbung beim Ukrainischen Hauptausschuß und bei der OUN-M, die als Gegengewicht zur OUN-B ein halblegales Dasein führte. Die Haltung der Bandera-Nationalisten zur neuen Division blieb schwankend, sie lehnten einen deutschen Hilfsverband ab, griffen aber auf die Möglichkeit zurück, über ihre Anhänger in dem SS-Verband an deutsche Ausrüstungs- und Verpflegungsbestände heranzukommen.

Die Resonanz auf die Ankündigung einer westukrainischen Division überraschte die Deutschen. 80000 Mann meldeten sich, von denen nicht einmal ein Viertel angenommen wurde.[20]) Überzählige Freiwillige bildeten die zur Polizei zählenden galizischen SS-Freiwilligen-Regimenter 4, 5, 6, 7 und 8. Der Eintritt in diese Verbände war für die ukrainischen Freiwilligen nicht gleichbedeutend mit einer Option für den Nationalsozialismus. So schreibt John A. Armstrong, einer der besten Kenner des ukrainischen Nationalismus[21]): »Der Haß auf die Nazis war nicht abgeschwächt, aber der Wunsch, den gemeinsamen Feind, die Russen, zu bekämpfen, erwies sich als stärker.« Vor der Wahl zwischen zwei Übel gestellt – den wieder anbrandenden Stalinismus und den abebbenden Nationalsozialismus – entschieden sich die ukrainischen Freiheitskämpfer für eine beschränkte Allianz mit dem Reich. Einen Vorwurf wird man ihnen deshalb kaum machen können, schließlich »hatten sie das Recht, in erster Linie ihre eigenen Interessen zu verteidigen, denn es gab niemanden, der sich sonst um sie kümmerte«.[22]) Nach dem Wunsch Himmlers sollte die neue Division, die nach mehreren Umbenennungen am 27. 6. 1944 den Namen 14. Waffen-Grenadier-Division der SS (galizische Nr. 1) erhielt, vom Bazillus des ukrainischen Nationalismus ferngehalten werden. Der Reichsführer SS verbot daher der Division, den Beinamen »ukrainisch« zu tragen, ein Verdikt, gegen das Wächter vergeblich Sturm lief. Die ukrainischen Freiwilligen durften noch nicht einmal ihr altes nationales Emblem, den

Dreizack (Tryzub) führen, sondern mußten sich mit dem Symbol des ukrainischen Löwen des 13. Jahrhunderts begnügen. Entgegenkommender war die deutsche Führung in religiösen Dingen, so besaß der Verband neun Feldgeistliche.

Noch während ihrer Ausbildung mußte die Division im Februar 1944 eine Kampfgruppe zum Antipartisaneneinsatz abgeben. Seit Juni 1944 stand sie, 15229 Mann stark, im Fronteinsatz. Ihr erster großer Einsatz sollte gleichzeitig ihr letzter sein. Am 19./20. Juli geriet die Division in den Kessel von Brody und wurde praktisch aufgerieben. Trotz tapferer Gegenwehr[23]) entkamen von den eingeschlossenen 11000 Mann nur etwa 3000 zu den deutschen Linien, rund 1000 schlugen sich zur UPA durch. Mit den Überlebenden und den 8000 Mann des Ersatzregiments sowie dem Personal der aufgelösten galizischen Polizei-Regimenter wurde die Division neu aufgebaut. Die Strukturschwächen der Aufbauphase blieben auch bei der Reorganisation bestehen. Der Verband verfügte über kein höheres ukrainisches Offizierskorps, der deutsche Kommandeur stand den Belangen seiner ausländischen Untergebenen vollständig ablehnend gegenüber und das deutsche Unterführerkorps war für die delikate Aufgabe des Umgangs mit den Ukrainern zum großen Teil ungeeignet. Teile der Division schlugen sich im Herbst 1944 mit den Insurgenten in der Slowakei herum. Schließlich gelangte die Division in das österreichisch/slowenische Grenzgebiet, wo es zu vereinzelten Kämpfen mit den Tito-Partisanen kam. Das Zusammengehörigkeitsgefühl der Einheit blieb trotz aller Rückschläge und Krisen gut. So desertierten vom Aufstellungstermin 1943 bis zum Frühjahr 1945 nur 600 Mann[24]), was einer Desertionsquote von unter 3% entspricht.

Mittlerweile hatten die Deutschen unter sowjetischem Druck die gesamte Ukraine räumen müssen. Erst jetzt kam es zu einer Zusammenarbeit zwischen der Wehrmacht und der UPA, die in ihrer Blütezeit 200000 Mann zählte. Bandera wurde Ende September 1944 aus deutscher KZ-Haft entlassen. Aber die Deutschen hatten den Zeitpunkt einer wirksamen Kooperation mit den ukrainischen Nationalisten verpaßt. Zwar nahm der Jagdverband Ost von Otto Skorzeny Kontakte zur UPA auf[25]), für eine deutsch-ukrainische Zangenbewegung gegen die Rote Armee war es jedoch zu spät. Nicht nur die UPA erfuhr eine Aufwertung. In Berlin bemühte sich das SS-Hauptamt, die nationalsozialistische Ostpolitik zu revolutionieren und die verschiedenen auf deutscher Seite kämpfenden Freiwilligen in Nationalkomitees zusammenzufassen. Dies war nicht unbedingt die Politik Himmlers, der mit Rücksicht auf Wlassow ein Ukrainisches Komitee ablehnte, gleichzeitig aber zynisch dafür plädierte, »ein geschicktes Spiel mit den Nationalitäten zu treiben«.[26]) Der Stapellauf eines Ukrainischen Nationalkomitees schien tatsächlich zu scheitern, da die erste Garnitur des ukrainischen Exils ihre direkte Teilnahme verweigerte. Schließlich verhandelte der Chef der Freiwilligen Leitstelle Ost des SS-Hauptamtes, Dr. Arlt, im Herbst 1944 mit dem 1888 geborenen ukrainischen General Pawlo Shandruk, der nicht ohne Bedenken die Führung des Komitees übernahm.[27]) Shandruk hatte als Oberst der ukrainischen Nationalarmee 1918–20 gegen die Sowjets gekämpft und war 1936 in die polnische Armee eingetreten. Der ukrainische Patriot stellte sich den Deutschen nicht zuletzt zur Verfügung, um die Interessen der ukrainischen Ostarbeiter und Kriegsgefangenen zu vertreten und möglichst viele seiner antikommunistischen Landsleute vor der siegreichen Roten Armee in Sicherheit zu bringen.[28]) Dr. Fritz Arlt bewertet die Motive von Shandruk wie folgt[29]): »Seine Überlegungen mit den Deutschen waren diktiert von einem pragmatischen Zweckdenken. Substanz retten!« Eine Unterstellung unter Wlassow lehnte Shandruk ab, ein Gespräch der beiden Offiziere im Januar 1945 blieb insoweit ohne greifbares Ergebnis.[30]) Unterstützt sah sich Shandruk von Bandera und anderen nationalukrainischen Kräften, während die OUN-M sich zurückhielt. Spät, sehr spät konnte der ukrainische General die Früchte seiner Arbeit ernten, als die deutsche Reichsregierung im März 1945 das Ukrainische Komitee offiziell anerkannte. Im gleichen Monat wurde Hitler auf die ukrainische SS-Division aufmerksam. Der deutsche Führer spielte noch einmal alle seine Vorurteile gegen östliche Freiwilligeneinheiten aus[31]) und befahl die Entwaffnung der Einheit. Nach einigem Hin und Her überstellte man die 14. Waffen-Grenadier-Division, der im November 1944 endlich ihre ukrainische Identität bestätigt worden war, aber schließlich Shandruk. Im April wurde sie in 1. Division der Ukrainischen National-Armee umbenannt, ihre Führung übernahm der ukrainische General Krat. Zwischen dem 25. und 30. April ließ Shandruk seine neue Division auf die ukrainische Nation vereidigen. Diesmal war es umgekehrt, diesmal schwor das deutsche Rahmenpersonal einen Eid auf eine fremde Fahne[32]):

»... ich werde immer und überall mit der Waffe in der Hand unter der ukrainischen Nationalfahne für meine Heimat Ukraine kämpfen.«

Eine zweite ukrainische Division befand sich bei Kriegsende in Ausbildung, als sie im Protektorat in Kämpfe mit der Roten Armee verwickelt wurde und 60% Verluste erlitt. Insgesamt unterstanden Shandruk nur 35000 bis 38000 Mann der insgesamt 250000 ukrainischen Freiwilligen.[33]) Die Kräfte der Ukrainischen National-Armee waren in ganz Europa verstreut, das 281. Reserveregiment stand in Dänemark, zwei Wacheinheiten waren in Holland stationiert. Bei Kriegsende sollte es der 1. ukrainischen Division zugute kommen, daß sie einmal den Namen »galizisch« geführt hatte. Sie wurde als »polnische Einheit« von den Engländern nicht ausgeliefert, sondern in Rimini interniert.

Die deutsche Kapitulation hatte kaum Auswirkungen auf den Kampfgeist der weiter im Untergrund gegen die Sowjets kämpfenden UPA. Die Rote Armee mußte ganze Divisionen abstellen, um die Aufständischen zu vernichten. Aber die Ukrainer waren hartnäckige und entschlossene Kämpfer, die Flamme des nationalen Widerstandes war nicht so leicht auszulöschen. Im Kampf gegen die UPA fielen 1946 der Kommandeur der NKWD-Truppen und im März 1947 der stellvertretende Kriegsminister Polens, General Walter Swierczewski. Zwei Monate später schlossen die Sowjetunion, Polen und die CSSR ein gemeinsames Abkommen zur Liquidierung der UPA. Der bewaffnete Kampf der Ukrainischen Aufständischen-Armee dauerte noch bis 1949, am 5. März 1950 ließ ihr legendärer Kommandeur, der ehemalige Nachtigall-Leutnant Roman Schuchewytsch (Taras Tschuprynka) sein Leben. Nikita Chrustschow schrieb rückblickend über diese in Westeuropa vergessene sowjetisch-ukrainische Auseinandersetzung[34]): »Später, nach dem Krieg, verloren wir Tausende von Leuten in einem erbitterten Kampf zwischen den ukrainischen Nationalisten und den Kräften der Sowjetmacht.« Moskau kämpfte aber nicht nur auf dem Schlachtfeld gegen die OUN, Killerkommandos der NKWD waren in Westeuropa unterwegs, um die Führer des ukrainischen Exils auszuschalten. Am 15. Oktober 1959 ermordete in München ein kommunistischer Agent Stephan Bandera, die Integrationsfigur der unversöhnlichen Unabhängigkeitskämpfer. Wie im Fall Oberländer versuchte die Sowjetunion, für das Verbrechen ukrainische Nationalisten verantwortlich zu machen.

Die Mehrzahl der Kosaken hatte sich mit der bolschewistischen Revolution nicht anfreunden können. Sie bedeutete für sie Abbau der überkommenen Privilegien, Zerstörung der in Jahrhunderten gewachsenen Sozialstrukturen und weitgehende kulturelle Entwurzelung. Zwischen 1931 und 1933 flackerten kosakische Aufstände am Don, am Terek und in Sibirien auf, die die roten Machthaber drakonisch niederschlugen. Die 1941/42 nach Osten vorstürmende deutsche Wehrmacht wurde daher von vielen Angehörigen des kosakischen Volkes als Befreier vom bolschewistischen Joch begrüßt. Tausende von Kosaken wechselten zu den Feldgrauen und boten den Deutschen ihre Dienste im Kampf gegen den Kommunismus an. Als erste größere Einheit trat das kosakische 436. Infanterieregiment unter Major Ivan Nikitsch Kononow am 22. August 1941 fast geschlossen zur Wehrmacht über. Aus der Einheit entstand die Kosaken-Abteilung 600 bei der Heeresgruppe Mitte, die sich bei Sicherungs- und Antipartisaneneinsätzen bald unentbehrlich machte. Kononows vier Schwadronen bestanden dabei nur zum Teil aus echten Kosaken, viele Russen und Ukrainer mogelten sich in die Einheit, die ursprünglich über wenig ausgebildete Kavalleristen verfügte. Abteilungsdolmetscher Hermann Blaese berichtet[1]): »Vom Lokomotivführer bis zum Uhrmacher waren alle Berufe vorhanden. Es war schon gut, wenn einer Kolchosbauer war; der konnte noch wenigstens mit Pferden umgehen.«

Den nationalsozialistischen Machthabern waren die kosakischen Verbündeten willkommen. Der sonst gepredigte antislawische Rassedünkel wurde auf die Kosaken, deren militärische und konterrevolutionäre Einstellung von Berlin anerkannt wurde, nicht angewandt. So genehmigte das OKW schon Ende 1941 offiziell die Aufstellung von Kosakenverbänden.[2]) Die Kubankosaken erhielten sogar einen autonomen Bezirk zugewiesen[3]), ein Privileg, das den Ausnahmestatus der Kosaken kennzeichnete. Gefördert wurde das deutsche Wohlwollen durch die pseudowissenschaftliche These, die Kosaken seien die Nachfahren der verschollenen Ostgoten.[4]) Die krause Aussage gefiel dem Reichsführer SS, der den Kosaken die alte zaristische Funktion einer schnell beweglichen Grenzschutztruppe zurückgeben wollte: »Wir müssen vor dem einmal zu errichtenden deutschen Ostwall ein Neu-Kosakentum schaffen, entsprechend dem Vorbild der k.u.k. Militärgrenze oder entsprechend dem russischen Vorbild der Kosakenbauern und der Soldatenbewegung.«[5]) Seit 1943 konnten sich die Kosaken als Angehörige einer nationalen Streitmacht betrachten, nachdem der ehemals zaristische General und Bürgerkriegsheld Pjotr N. Krasnow sein Amt als Chef der Hauptverwaltung der Kosakenheere angetreten hatte. Im November 1943 gingen Ostministerium und Wehrmacht sogar noch einen Schritt weiter und versprachen den Kosaken die Autonomie, die Wiedereinräumung der alten Volksrechte und privaten Landbesitz.

Deklaration der Reichsregierung
an das Kosaken-Volk (Auszug)

Im Bewußtsein ihrer Verdienste auf dem Felde in diesem Krieg, ihr RECHT auf ihr Kosaken-Land ehrend, das von ihren Vorfahren mit BLUT getränkt wurde, und das ihnen über 1000 Jahre gehörte, im Bewußtsein ihres Rechts auf Selbständigkeit, halten wir es für unsere Pflicht, anzuerkennen und zu bestätigen:

1. Alle ihre Volksrechte, die ihre Vorfahren in früheren Zeiten hatten.
2. Ihre Selbständigkeit, die ihnen den geschichtlichen Ruhm brachte.
3. Die Unverletzlichkeit ihres Landes; das von ihren Vorfahren mit BLUT und SCHWEISS gewonnen wurde.
4. Wenn aber die Kriegsverhältnisse ihnen vorläufig nicht erlauben, in ihre Heimat zurückzukehren, werden wir ihr KOSAKEN-LEBEN in Europa unter dem Schutz des Führers mit Boden und mit allem Nötigen für ihre Selbständigkeit einrichten.

Wir sind fest überzeugt, daß die KOSAKEN weiter treu in gemeinsamer Arbeit mit Deutschland und den anderen Völkern für die Schaffung eines NEUEN EUROPA und für die Aufrichtung von Ordnung und Frieden, friedliche und glückliche Arbeit auf lange Jahre leisten werden!

ES HELFE IHNEN GOTT DABEI!

Berlin, den 10. 11. 1943

Für die Deutsche Reichsregierung
REICHSMINISTER für die besetzten
Ostgebiete:

gez. Rosenberg

Chef des OBERKOMMANDOS DER
WEHRMACHT

gez. Keitel

Quelle: A. Petrowsky, Unvergessener Verrat!
München, 3. Aufl. 1965, S. 120

Hitlers Weisung, Ostverbände und Kosakeneinheiten auf Bataillonsstärke zu beschränken, wurde bald über Bord geworfen. Im März 1943 waren neben zahlreichen kleineren Einheiten zumindest drei vollwertie Kosakenregimenter an der Ostfront im Einsatz: die Regimenter »Platow« und »Kuban« sowie das Regiment Jungschultz. Am 21. 4. 1943 erging der Befehl zur Aufstellung einer kompletten Kosakenkavalleriedivision. Die kosakischen Freiwilligen wurden auf dem Truppenübungsplatz Mlawa (Mielau)/Südostpreußen zusammengezogen und ausgebildet. Etwa 40% des Mannschaftsbestandes kam aus Kriegsgefangenenlagern.[6] Den Stamm der neuen Einheit bildete Kononows Abteilung 600, die zum Donkosakenregiment 5 erweitert wurde. Als deutscher Komandeur der Division fungierte der ehemalige Freikorpskämpfer General Helmuth von Pannwitz, ein Draufgänger, der den Kosaken das nötige Einfühlungsvermögen entgegenbrachte. Pannwitz hatte keine leichte Aufgabe bei dem Versuch, aus dem bunt zusammengewürfelten Kosakenverband eine schlagkräftige Einheit zu machen: »Es gab verwegene Haudegen. Es gab hochentwickeltes Ehrgefühl und absolute Stumpfheit allen Ehrbegriffen gegenüber. Zwischen den älteren Emigranten und den befreiten Kriegsgefangenen existierten Spannungen, die bis zu Mordanschlägen ausarteten.«[7] Die Divergenzen zwischen den unterschiedlichen Gruppen – Sowjetdeserteuren, ehemaligen Kriegsgefangenen, Offizieren mit dem Orden der Roten Fahne und dem Lenin-Orden, Altemigranten aus dem Berliner, Pariser und Belgrader Exil – konnten abgebaut werden. Im Gefüge der Einheit blieb vorerst die innerkosakische Demokratie erhalten. Ein Kosakenrat besprach jeweils Beförderungen und andere Organisationsmaßnahmen und informierte den deutschen Vorgesetzten über das Beratungsergebnis. Dies garantierte eine weitgehende Übereinstimmung zwischen Führern und Geführten, ein einmaliges basisdemokratisches Verfahren, das der Division innere Festigkeit und Zusammenhalt gab. Ein weiterer Stabilisierungsfaktor war die kirchliche Arbeit. Religiöse Betreuung durch griechisch-orthodoxe Priester paßte sich nahtlos ein in das Bild einer Truppe, die in der Tradition des zaristischen Rußland stand. In der Sowjetunion geborene und atheistisch erzogene Kosaken wurden getauft und erhielten christliche Vornamen.[8] Im September 1943 war der Aufbau der Division abgeschlossen. Sie gliederte sich in zwei Brigaden mit 2 Regimentern Donkosaken, 2 Regimentern Kubankosaken, einem Regiment Terekkosaken und einem Regiment Sibirischen Kosaken. Zusätzlich entstand das Lehr- und Ersatzregiment 5, das auch über einige Schwadronen Jungkosaken verfügte, vaterlose Jungen im Alter von 14–18 Jahren, die in Anlehnung an das alte Kadettenkorps erzogen wurden. Jedes Regiment war etwa 2000 Mann stark, unter ihnen 160 Mann deutsches Rahmenpersonal, und besaß 9 Schwadronen. Am 17. September 1943 besuchte General Krasnow die 1. Kosaken-Kavallerie-Division. Das imperiale Rußland schien wiederauferstanden zu sein, als die Visite mit der Zarenhymne ausklang.

Kosakenverbände im Operationsgebiet an der Ostfront
Stand: 25. 3. 1943

Heeresgruppe A	*Heeresgruppe Nord*
Kos.-Rgt. »Platow«	Kos.-Schwadron 655
Kos.-Rgt. »Kuban«	
1. u. 2. Kos.-Kp. bei der 97. Jäg.-Div.	

Heeresgruppe Süd	*Heeresgruppe Mitte*
Kos.-Rgt. Jungschultz	Kos.-Abt. 433
III. (Kos.-)Abt./Sich.-Rgt. 57	Kos.-Abt. 600
Kos.-Abt. 213	Kos.-Btl. 622
Kos.-Abt. 403	Kos.-Btl. 623
Kos.-Abt. I/444	Kos.-Btl. 624
Kos.-Abt. II/444	Kos.-Btl. 625
Kos.-Abt. I/454	Kos.-Btl. 631
Kos.-Abt. II/454	1. u. 2. Kos.-Kp. 137
Kos.-Btl. 557 (Don)	Kos.-Kp. 638
Kos.-Btl. 558 (Kuban)	
Kos.-Ausb.-Btl.	
Kos.-Kp. (mot.) bei 3. Pz.-Korps	
Kos.-Komp. 404	
Kos.-Bttr. 553	

Quelle: Anlage zu OKH/GenStdH/Org.-Abt. (II)
      Nr. 1630/43 g. Kdos. v. 25.3.1943; BA/MA RH 2/v 1412

Der neu aufgestellte Verband wurde zur Bekämpfung der Tito-Partisanen nach Jugoslawien verlegt. Geheime V-Leute unter den Kosaken[9]) sollten die Division vor kommunistischer Zersetzung schützen. Tatsächlich blieb die Zahl der Desertionen äußerst gering, nur 250 Mann verließen bis Kriegsende ihre Einheiten.[10]) Den Partisanen setzten die Kosaken unbarmherzig zu, sie kamen mit dem Gegner und dem Gelände besser zurecht als deutsche Einheiten. Aber im heterogenen Gefüge der verschiedenen antikommunistischen Verbände auf dem Balkan traten Spannungen auf, da die Kosaken den Vernichtungsfeldzug der Ustascha gegen die orthodoxen Serben mit Abscheu betrachteten. Die deutschen Offiziere wiederum klagten häufig über die ihnen fremde Kriegermentalität und das Beutemachen durch die verwegenen Reiter. »Sie räuberten und plünderten gerne«, erinnert sich ein deutscher Kavallerieleutnant.[11]) Diese Beutezüge gingen jedoch kaum über das »Organisieren« von Lebensmitteln und Schnaps in eroberten Ortschaften hinaus und sind nicht vergleichbar mit dem Wüten der Roten Armee in den deutschen Ostgebieten 1945. Im übrigen zeigten deutsche Disziplinarmaßnahmen, etwa Arreststrafen, gegenüber den Kosaken keinerlei Wirkung. Man griff daher auf Methoden zurück, die in keinem Militärstrafgesetzbuch der Welt zu finden sind[12]): notorischen Trinkern wurde solange Fusel eingeflößt, bis sie ein für allemal vom Alkohol genug hatten. Andere Delinquenten mußten sich zur Strafe in der Krone eines Baumes aufhalten, unter dem die Kameraden flanierten. Unkonventionelle Maßnahmen, die Erfolge brachten.

Während kosakische Reiter sich in Jugoslawien mit den kommunistischen Partisanen herumschlugen, kamen andere Kosaken nach der alliierten Invasion im Juni 1944 in Frankreich gegen die Angloamerikaner zum Einsatz. Die Kosakenbataillone 633 und 800 verteidigten Brest, das Kosakenregiment 360, das sich später dem XV. Kosaken-Kavallerie-Korps anschloß, focht am Atlantikwall.[13]) Ende 1944 wurde die durch Neuzugänge verstärkte und erweiterte 1. Kosaken-Kavallerie-Division umgruppiert. Es entstand ein Kosakenkorps mit 2 Divisionen, eine Infanteriedivision (3. Plastunbrigade) unter dem legendären Kononow befand sich bei Kriegsende noch in der Aufstellung. Am 30. 11. 1944 erhielt die Einheit ihre neue Bezeichnung: XV. Kosaken-Kavallerie-Korps. Insgesamt dürfte dieser Großverband 1945 eine Kampfstärke von mindestens 25000 Mann erreicht haben, andere Quellen sprechen von 40000 Kosaken und 25000 Pferden.[14]) Hinzu kamen einige Tausend Kalmyken, die im Frühjahr 1945 der 3. Plastunbrigade unterstellt wurden. Die buddhistischen Mongolen waren Überlebende des Kalmykischen Kavallerie-Korps, das im Januar 1945 im Generalgouvernement zersprengt worden war. Das kleine kalmykische Volk – die offizielle sowjetische Volkszählung für das Jahr 1939 weist nur 134271 Kalmyken auf[15]) – hatte mehr Freiwillige für die Wehrmacht gestellt, als für die sowjetisch-kalmykische Kavalleriedivision: insgesamt dienten 5000 kalmykische Soldaten[16]), die sich als Freiheitskämpfer und Verbündete des Reiches betrachteten, in ihrem eigenen antikommunistischen Korps. Stalins Rache war fürchterlich. Im Dezember 1943 ließ er das gesamte kalmykische Volk nach Osten verschleppen.

Im Herbst 1944 war eine Unterstellung des Kosaken-Kavallerie-Korps unter die Waffen-SS geplant, kam jedoch möglicherweise nicht mehr zur Durchführung. An der Struktur und Uniformierung des Verbandes änderte sich jedenfalls nichts, den Korpsangehörigen wurde eine Integration der Waffen-SS nicht mitgeteilt.[17]) So führten die Pannwitz-Kosaken weiterhin ihr Eigenleben innerhalb der Wehrmacht: der »deutsche Gruß« etwa setzte sich entgegen den Befehlen aus Berlin erst im Winter 1944/45 durch.

Armschilder und Lampassen (Hosenstreifen)
der einzelnen Einheiten des XV. Kosaken-Kavallerie-Korps.

Wachschwadron, Trompeterkorps (vom Kavallerie-Regiment 11), Feldgendarmerietrupp, Kradmelderzug, Kultur- und Betreuungszug:
Armschild blau mit roten Rahmen, darin »Bulawa« (Ataman-Abzeichen und gekreuzte Säbel).

Don-Kosaken-Reiterregiment 1:
Armschild blau-rot (rechter Arm), breite rote Lampassen. Die Don- und Sibirischen-Kosaken trugen neben deutschen Kopfbedeckungen die »Papacha«, eine hohe, nach oben schmäler werdende Pelzmütze. Bei den Don-Reiter-Regimentern 1 und 5 schwarz, beim Sibirischen-Reiterregiment 2 weiß. Der Deckel war aus Stoff, Don-R.R. rot, Sibir.-R.R. gelb.
Alle Regimenter hatten über dem Stoffdeckel ein Kreuz aus Silbertresse, Offiziere außerdem am äußersten Rand des Deckels rundum Silbertressen in verschiedener Zahl und Breite – entsprechend dem Rang.

Sibirisches-Kosaken-Reiteregiment 2:
Armschild blau-gelb (rechter Arm), breite gelbe Lampassen.

Kuban-Kosaken-Reiterregiment 3:
Armschild schwarz-rot (linker Arm), schmale rote Lampassen, Kuban-und Terek-Kosaken besaßen die »Kubanka«, eine niedrige, nach oben breiter werdende Pelzmütze von schwarzer Farbe. Der Deckel war bei Kuban-R.R. 3 und 4 rot, bei Terek-R.R. 6 kornblumenblau.

Kuban-Kosaken-Reiterregiment 4:
Armschild schwarz-rot (rechter Arm), schmale rote Lampassen.

Don-Kosaken-Reiterregiment 5:
Armschild blau-rot (linker Arm), breite rote Lampassen.

Terek-Kosaken-Reiterregiment 6:
Armschild schwarz-blau (linker Arm), schmale blaue Lampassen.

Korps-Aufklärungs-Abteilung 55:
Armschild schwarz-gelb (rechter Arm).

Reitende Kosaken-Artillerie-Abteilung 55:
Armschild gelb-rot-blau (rechter Arm), schmale rote Lampassen.

Kosaken-Pionier-Bataillon 55:
Armschild gelb-rot-blau (rechter Arm), schmale rote Lampassen.

Kosaken-Divisions-Nachrichten-Abteilung 55:
Armschild gelb-rot-blau (rechter Arm).

Quelle: Nachrichten der Kameradschaft des XV. Kosaken-Kavallerie-Korps, Nr. 42 (März 1983)

Ungebrochen war trotz der Kriegslage der Kampf- und Einsatzwille der Kosaken. General Krasnow hatte Minister Rosenberg am 1. 11. 1944 feierlich versichert, mit den Deutschen bis zum Ende zu gehen: »Ich habe dem Zaren Nikolaus II. den Treueid geleistet und habe ihn bis zum Tode des Zaren gehalten. Nun habe ich dem Führer Adolf Hitler Treue gelobt und werde auch diesen Eid bis zum Siege oder bis zu Hitlers oder meinem Tod halten.«[18]) Sein prophetisches Versprechen war für das gesamte Kosaken-Kavallerie-Korps verbindlich. Im Dezember 1944 und März 1945, als manche deutsche Einheit schon die weiße Fahne hißte, bewiesen die Kosaken, daß sie auch mit mechanisierten Einheiten der Roten Armee fertig wurden.

Einen leichteren Kampfauftrag hatten die in Norditalien eingesetzten Kosakenverbände. Seit Juli 1944 waren Tausende von Kosaken nebst ihren Familien in die Operationszone Adriatisches Küstenland verlegt worden. 50 Eisenbahnzüge waren notwendig, um die vor der Sowjetarmee Geflüchteten nach Oberitalien zu bringen. In der Provinz von Udine, im Gebiet von Görz, Pordenone, Sacile und beiderseits des Tagliamento-Flusses erhielten die Kosaken eine neue, provisorische Heimstatt. Eine Maßnahme, die mit zahlreichen Härten für die einheimische Bevölkerung verbunden war. Von den insgesamt etwa 70000 Kosaken[19]), die mit den Deutschen zurückgegangen waren, wurden etwa 35000[20]) in ihrer neuen Heimat in der Carnia angesiedelt. Hinzu kamen rund 5000 Freiwillige der Georgischen Legion und 7000 Kaukasier, die General Sultan Kylyč Girey, ein direkter Nachkomme des legendären Führers der »Goldenen Horde«, kommandierte. Der Kosaken-Stab residierte in Dolmezzo und umfaßte zu Kriegsende 2800 Offiziere, unter ihnen 35 Generäle, 167 Obersten und 283 Oberstleutnants.[21]) Führer des kosakischen Exils in Oberitalien war General Timofey Ivanowitsch Domanow, ein ehemaliger Major der Roten Armee. Er verfügte über etwa 20000 Kämpfer, die zur Partisanenjagd eingesetzt wurden. Unter das Zivilgefolge des Kosaken-Stans hatten sich auch zahlreiche Ostarbeiter und Flüchtlinge aus Osteuropa eingeschmuggelt, die für 3000 Reichsmark ein dubioses Kosaken-»Dokument« erstanden hatten, das ihnen die Flucht in das relativ sichere Norditalien erleichterte.[22])

Die auf deutscher Seite fechtenden antikommunistischen Einheiten aus dem sowjetischen Raum erfuhren im Februar 1945 eine gewisse Vereinheitlichung, als sich sowohl das XV. Kosaken-Kavallerie-Korps als auch die Kalmyken und der Kosaken-Stan General Domanows der Russischen Befreiungsarmee (ROA) General Wlassows anschlossen. Politische Konsequenzen hatten diese Unterstellungen nicht mehr. Auf dem Kongreß kosakischer Frontkämpfer in Virovitica am 25. März 1945, wo die Einreihung in die ROA beschlossen wurde, war das traditionelle Kosakentum zum letzten Mal versammelt. Die Teilnehmer wählten General von Pannwitz zum Obersten Feldataman, eine Funktion, die in der Vergangenheit der russische Zarewitsch innegehabt hatte. Dann meldeten sich die Kosaken aus der russischen und europäischen Geschichte ab. Die Briten lieferten rund 35000 Männer, Frauen und Kinder von Kuban, Don und Terek an die Sowjets aus, ein Akt zynischer Menschenverachtung, der einem Genozid gleichkommt.[23]) 37 Jahre später, am 6. 3. 1982, setzte man in London den Zwangsrepatriierten ein Denkmal, auf dessen Sockel zu lesen ist: »Diese Gedenkstätte, errichtet von Parlamentsmitgliedern aller Parteien und auch von anderen, soll an die vielen tausend unschuldigen Männer, Frauen und Kinder erinnern, die Verhaftung und Tod von der Hand kommunistischer Regierungen nach ihrer Repatriierung am Ende des II. Weltkrieges erlitten.«[24]) Daß die Briten bei der Auslieferung die Rolle des blutigen Zutreibers und Lieferanten spielten, wird vornehm verschwiegen. Ebenso die Tatsache, daß die Engländer im Frühjahr 1945 noch über das Jalta-Abkommen hinausgingen und zahlreiche Freiwilligen deportierten, die niemals Sowjetbürger gewesen waren.

Die Orient-Völker

»Der deutsche Soldat muß sich davon freimachen können, im ostvölkischen Freiwilligen und Hilfswilligen den ehemaligen Kriegsgefangenen, gegen den er noch vor kurzem gekämpft hat, oder gar einen rassisch, moralisch oder kulturell niedrig stehenden Menschen zu erblicken, auf den man von oben herabsieht.«

Kommando der Ostlegionen, 1. 7. 1943

Unter Orient-Völkern werden die nicht-russischen und nicht-slawischen Völkerstämme verstanden, die die Gebiete von der Krim über den Kaukasus bis hin nach Mittelasien bewohnen. Wenn ein Großteil dieser Volksgruppen – 1939 rund 22 Millionen – auch vom Islam geprägt ist, so finden sich in diesem Raum weitere Nationalitäten – etwa die Georgier und Armenier –, die nicht zu den Turkstämmen zählen. Gleichwohl hat die Wehrmacht während des Krieges die sowjetischen Orient-Völker als Einheit angesehen und, wohl aus Vereinfachungsgründen, selbst die indogermanischen Orient-Völker als »Turkvölker« apostrophiert und behandelt.[1]

Turkstämme und Kosaken waren in den Augen nationalsozialistischer Rassedogmatiker die Privilegierten unter den sonst als Parias behandelten Sowjetvölkern. Hitler, der im Gegensatz zur Wehrmacht scharf zwischen den mohammedanischen und christlichen Orient-Völkern unterschied, führte in der Lagebesprechung am 12. 12. 1942 aus[2]): »Die einzigen, die ich für zuverlässig halte, sind die reinen Mohammedaner, also die wirklichen Turkvölker.« Der Chef des OKW, Generalfeldmarschall Keitel, vertrat dieselbe Ansicht, als es am 8. 6. 1943 auf dem Berghof um das Schicksal der ostvölkischen Freiwilligenverbände ging[3]): »Die nehmen wir aus, weil das die heftigsten Feinde des Bolschewismus sind. Die stehen außerhalb der Debatte. Das sind die Turklegionen.«

Dieses offensichtliche Wohlwollen kam für diejenigen turkstämmigen Kriegsgefangenen zu spät, die 1941/42 unter elendesten Bedingungen zugrunde gingen. In den Kriegsgefangenenlagern wurden Tausende von Turkestanern und Kaukasiern von übereifrigen SS-Kommandos als »Juden« und »minderwertige Asiaten« hingerichtet.[4] Als schließlich auf Anregung des Ostministeriums Sonderlager für Angehörige von Minderheitenvölkern entstanden, waren Hunderttausende gefangene Turksoldaten an Hunger, Krankheiten und Mißhandlungen gestorben.[5] Noch während der Zeit des großen Sterbens in den Lagern entwickelten sich die ersten turkvölkischen Einheiten auf deutscher Seite. Bei der Sicherungsdivision 444 im rückwärtigen Heeresgebiet Süd bildete sich im November 1941 ein turkestanisches Regiment, das später als Turk-Bataillon 444 zwischen Dnjeprmündung und Perekop zum

Einsatz kam. Bereits im Oktober hatte die Abwehr ein erfolgversprechendes Experiment mit einem turkestanischen und einem kaukasischen Verband begonnen. Der ehemalige Militärberater Chiang Kaisheks, Major Mayer-Mader, warb kriegsgefangene Turkestaner für eine Einheit an, die ab 1942 als turkestanisches Infanteriebataillon 450 im Antipartisaneneinsatz stand. Professor Oberländer, durch seine Erfahrungen mit dem ukrainischen Nachtigall-Bataillon als Kenner fremdvölkischer Verbände ausgewiesen, stellte im Lager Neuhammer/Schlesien die Einheit Bergmann auf, die über drei georgische Kompanien, je eine aserbaidschanische und nordkaukasische Kompanie und einen armenischen Zug verfügte. Neben Kriegsgefangenen und Überläufern dienten 70 georgische Emigranten aus Frankreich in dem etwa 1100 Mann starken Bataillon, das im Lager Luttensee bei Mittenwald eine Hochgebirgsausbildung erhielt. Die Einheit hatte den Auftrag, den strategisch wichtigen Kreuz-Paß an der grusinischen Heerstraße einzunehmen. Nach Durchführung dieses Einsatzes sollten geeignete Freiwillige am Aufbau einer Selbstverwaltung im Kaukasus teilnehmen. Oberländer ließ keinen Zweifel daran, daß er den Freiheits- und Autonomiegedanken seiner Männer ernst nahm: Bergmann wurde auf die Wehrmacht vereidigt, nicht auf Hitler.[6] Im Sommer 1942 erfolgte die Verlegung des Bataillons an die Kaukasus-Front. Die Inbesitznahme des Kreuz-Passes erwies sich als militärisch unmöglich, aber die Freiwilligen von Bergmann zersetzten eine gesamte georgische sowjetische Division, die ihnen gegenüber lag und von der 800 Mann die Fronten wechselten. Durch Überläufer und neue Freiwillige war der Sonderverband bis Ende 1942 auf eine Stärke von 2883 Mann angeschwollen. Unter ihnen befanden sich auch Juden, die der graue Rock der Wehrmacht vor der Vernichtung durch die Einsatzgruppen bewahrte.[7] Im Januar 1943 zog sich die Einheit aus dem Kaukasus zurück, im Frühsommer wurde sie in drei Bataillone umgegliedert. Der Wehrmachtsbericht würdigte am 17. 11. 1943 den tapferen Einsatz des I. und III. Bataillons Bergmann bei der Verteidigung der Krim[8]): »Bei den harten Abwehrkämpfen an der Enge von Perekop zeichneten sich zwei kaukasische Freiwilligen-Bataillone besonders aus.« Das I. georgische und III. kaukasische Bataillon Bergmann wurden im Frühjahr 1944 nach Griechenland verlegt, das II. aserbaidschanische Bataillon bekämpfte im August 1944 polnische Insurgenten in Warschau.

Zwischenzeitlich war eine Fülle neuer Ostlegionen[9]) aufgebaut worden. Im Februar 1942 entstand im Generalgouvernement der Aufstellungsstab der Ostlegionen (ab Januar 1943 Kommando der Ostlegionen), dem im Sommer sechs nationale Legionen unterstanden[10]): die Turkestanische Legion in Legionowo, die Kaukasisch-Mohammedanische (später Aserbaidschanische) Legion in Jedlnia, die Nordkaukasische Legion in Wesola, die Georgische Legion in Kruszyna, die Armenische Legion in Pulawy und schließlich die Wolgatatarische Legion ebenfalls in Jedlnia. Bis zum Jahr 1943 stellt das Kommando der Ostlegionen 53 Feldbataillone in Stärke von 53000 Mann auf. Parallel zur Tätigkeit im Generalgouvernement verlief der Aufbau von Ostlegionen in der Ukraine. Das OKH bestimmte im Frühjahr 1942 das Kommando der 162. Infanteriedivision zum Aufstellungs- und Ausbildungsstab von Ostlegionen. Divisionskommandeur war Professor Dr. Ritter von Niedermayer, ein profunder Orientkenner, der im 1. Weltkrieg die deutsche Afghanistanexpedition geführt hatte.

Die 162. I.D. verfügte über fünf Legionen[11]): Die Georgische Legion in Gadjatsch, die Nordkaukasische Legion in Mirgorod, die Armenische Legion in Lochwiza, die Aserbaidschanische Legion in Priluki und die Turkestanische Legion in Romny. Es gelang dem Aufstellungsstab, von Mai 1942 bis Mai 1943 25 Feldbataillone, 2 verstärkte Halbbataillone sowie noch 7 Baubataillone und 3 Ersatzbataillone auf die Beine zu stellen.

Weitere Verbände entstanden auf der Krim. Die berüchtigte Einsatzgruppe D warb zur Bekämpfung sowjetischer Partisanen krimtatarische Freiwilligeneinheiten an, die zuerst krimtatarische Selbstschutzkompanien und später 8 Schutzmannschaftsbataillone bildeten. Bei einer Bevölkerungszahl von unter 300000 Krimtürken stellte diese Volksgruppe mit 20000 Kämpfern[12]) einen Großteil der wehrfähigen Jugend in den Dienst der Deutschen, ein eindrucksvolles »Vertrauensvotum des krimtatarischen Volkes«.[13]) Insgesamt schufen die Deutschen aus nicht-russischen Minderheitenvölkern 90 Feldbataillone, zu denen zahlreiche Verbände der nichtfechtenden Truppe hinzuzuzählen sind. Nach Nationalitäten gliederten sich die Feldeinheiten wie folgt: 26 turkestanische, 15 aserbaidschanische, 13 georgische, 12 armenische, 9 nordkaukasische, 8 krimtatarische und 7 wolgatatarische oder wolgafinnische Bataillone.[14])

Was bewog nun die zahlreichen Mohammedaner, Georgier und Armenier, auf deutsche Seite überzutreten? Anhaltspunkte ergeben die Aussagen ehemaliger turkestanischer Legionäre. Wenn ihre Angaben auch nicht repräsentativ für die Mehrzahl der turkstämmigen Freiwilligen sein können, so spiegeln sie doch zumindest einen Trend bei den Angehörigen der Intelligenz wider, die sich von der sowjetischen Seite lösten. Baymirza Hayit, geboren 1917 in Namangan in der heutigen Provinz Usbekistan, war vor dem Krieg Lehrer für Geschichte und Erdkunde gewesen. Im Juni 1941 geriet er als Leutnant der 7. sowjetischen Panzerdivision bei Sluzk in deutsche Gefangenschaft. Er wurde ab November im Lager Tschenstochau interniert, wo sich ungefähr 32000 Turkestaner, unter ihnen Kasachen, Kirgisen, Turkmenen und Karakalpaken, befanden. Von den 32000 Mann waren nach dem fürchterlichen Winter 1941/42 noch 262 Mann übrig.[15])

Als im März 1942 eine deutsche Kommission die Überlebenden befragte, wer bereit sei, für die Freiheit Turkestans an der Seite der Wehrmacht zu kämpfen, meldeten sich die 262 Mann geschlossen. Hayit gibt für dieses Phänomen zwei Gründe an: zum einen schien es ihm besser, mit Ehre für eine nationale Freiheitsidee zu sterben, als unter unwürdigen Umständen im Lager umzukommen. Zu diesem psychologischen Motiv gesellte sich ein politisches[16]): »Besser, wir kämpfen mit den Deutschen zusammen, als später unter der Herrschaft Deutschlands ein besetztes Land zu sein.« Sabur Ischimbet, 1916 in der autonomen karakalpakischen Republik geboren, hatte vor dem Krieg Journalistik und Politologie in Taschkent studiert. Im Dezember 1941 eingezogen, diente er in der sowjetischen Nationalen Brigade 92 als Politruk, was keineswegs gleichbedeutend mit seiner ideologischen Zuverlässigkeit war. Am 3. 9. 1942 nahmen ihn die Deutschen bei Charkow gefangen. Ihn und seine 6000 turkstämmigen Mitgefangenen fragte Anfang 1943 eine deutsche Kommission, wer sich dem nationalen Freiheitskampf Turkestans anschließen wolle. Halb freiwillig, halb unfreiwillig, folgten alle 6000 Mann dem Appell. Ischimbet berichtet, ihn hätte zum einen die Propagierung des Kampfes für die Freiheit Turkestans beeindruckt, zum anderen hätten bei seiner Entscheidung auch die schlechten Lagerbedingungen eine Rolle gespielt.[17]) Zudem hatte er die Sowjetisierung seiner Heimat in schlechter Erinnerung: Geistliche und »bourgeoise Intellektuelle« waren von den neuen Herren liquidiert, der Staats- und Parteiapparat 1929 »gesäubert« worden, die Zwangskollektivierung und der Russifizierungsdruck blieben nicht ohne negative Auswirkungen auf ihn.

Das Merkblatt für deutsches Rahmenpersonal in ostvölkischen Einheiten über Behandlung der Legionäre vom 1. 7. 1943[18]) führte aus: »Die Beweggründe zur freiwilligen Meldung sind vorwiegend materieller, zu einem nicht geringen Teil aber auch ideeller Art.« Hunger, Überlebensangst und unwürdige Internierungsbedingungen haben vielen Legionären sicher den Schritt zum Wehrmachts-Engagement nahegelegt. Generalmajor Ralph von Heygendorff, Nachfolger Ritter von Niedermayers als Divisionskommandeur der 162. I.D., unterscheidet drei verschiedene Kategorien von Freiwilligen: die Materialisten, die Opportunisten und die zahlenmäßig kleinere Gruppe der reinen Idealisten.[19]) Er kommt zu der Schlußfolgerung[20]): »Man konnte schätzen, daß ein Fünftel der Freiwilligen gut war, ein Fünftel schlecht und drei Fünftel labil.« Hans-Guenther Seraphim, Bataillonskommandeur von Ostlegionären, verzeichnet ebenfalls, daß bei den Freiwilligenmeldungen die materiellen Gründe überwogen, betont aber andererseits[21]): »Heimatliebe in ausgeprägter Form und Nationalgefühl besaßen die Angehörigen der genannten Völkerschaften alle in hohem Maße. Der Typ des reinen Landsknechts, der sich dem Meistbietenden verpflichtet, war unter ihnen kaum vertreten.«

Man wird davon ausgehen dürfen, daß selbst bei den Freiwilligen, die aus persönlichen Gründen volontierten, nationale Ideen und Zielvorstellungen nicht gänzlich verschüttet waren. Stammten die Freiwilligen doch überwiegend aus Regionen, die am Ende des 1. Weltkrieges versucht hatten, sich dem großrussischen Druck zu entziehen und die Eigenstaatlichkeit zu erkämpfen. Die nordkaukasischen Gebirgsvölker hatten ihre Unabhängigkeit am 11. 5. 1918 ausgerufen, Georgien folgte am 26. 5. 1918, zwei Tage vor Armenien und Aserbaidschan. In Turkestan agierte von 1917–1939 die antirussische und antisowjetische Basmatschi-Bewegung. Sie hielt die Sowjets durch zahlreiche Aufstände, die in der Vernichtung ganzer Regimenter der Roten Armee gipfelten, in Atem. Daß sich die Freiwilligen der Orient-Völker durchaus nicht als unpolitische Söldner fühlten, sondern an die Zukunft ihrer Völker dachten, beweisen die Fragen, die die kaukasischen Legionäre immer wieder aufwarfen[22]): »Sollen wir … zu einer deutschen Kolonie gemacht werden? – Welchen Anteil an der wirtschaftlichen Verwaltung werden die kaukasischen Völker haben? – Wird die Verwaltung des Kaukasus nach Art der deutschen Verwaltung in Polen und in der Ukraine aufgezogen werden?« Besonders bei älteren Legionären, die die Zeit vor 1918 noch bewußt erlebt hatten, waren antirussische und antisowjetische Gefühle virulent. So berichtete der 1900 geborene kaukasische Arbeiter Isa Musajew nach seiner Gefangennahme 1942[23]): »Als es in Rußland noch keinen Bolschewismus gab, konnte jeder

Bauer auf seinem Lande tun und lassen, was er für richtig fand, Saat und Ernte waren seine Sache, ebenso die Viehzucht und sonstige Angelegenheiten. Die Menschen lebten glücklich und zufrieden auf ihrer Scholle. Nachdem der Weltkrieg auch im Kaukasus die Revolution und schließlich den Bolschewismus mit sich brachte, da gab es keine Freiheit und kein Recht mehr. Die kommunistische Partei wurde überall organisiert mit allen ihren übrigen Nebenerscheinungen. Schließlich auch die Kolchosenwirtschaft, welche jeden Bauer enteignete und selbst den kleinsten Bauer unglücklich machte. Jeder der sich widersetzte, wurde erschossen oder nach Sibirien verschleppt. Unsere Moscheen wurden uns geraubt und als Speicher oder Stallungen und Garagen gebraucht. Die Jugend wurde im bolschewistischen Sinne erzogen und den Eltern vollkommen entfremdet. Niemand hatte über seine Kinder zu bestimmen, der Staat erfaßte alle in bolschewistischen Jugendorganisationen ...«

Die seit 1942 gebildeten nationalen Repräsentationsorgane der einzelnen Orient-Völker versuchten, ihre Landsleute auf einen antisowjetischen und antirussischen Nationalismus einzuschwören. Berlin achtete jedoch streng darauf, daß sich die Vertretungskörperschaften auf ihre Aufgaben als Interessenvertretungen der Kriegsgefangenen und Legionäre beschränkten und sich nicht zu Exilregierungen entwickelten. Die nationalen Gremien konnten sich um so freier entfalten, je weniger Interesse die Deutschen an einer kolonisatorischen Ausbeutung ihrer Heimat hatten. Immerhin entstanden bis 1944 folgende nationale Einrichtungen: der Kampfbund der Türk-Tataren Idel-Urals, der Armenische Verbindungsstab, der Aserbaidschanische Verbindungsstab, der Georgische Verbindungsstab, der Nordkaukasische Nationalausschuß, das Krim-Tatarische Zentrum und das Nationalturkestanische Einheitskomitee. Primus inter pares der Vertreter der sowjetischen Orient-Völker war der im Jahre 1922 nach Deutschland gekommene Usbeke Veli Kajum-Chan, der als Präsident des Nationalturkestanischen Einheitskomitees fungierte, das seinen Sitz in Berlin in der Nürnberger Straße hatte. Wie umtriebig die Turkestaner waren, die mit 181402 Freiwilligen in 132 Einheiten[24] das stärkste Kontingent der Orient-Völker stellten, beweist die Tatsache, daß nicht weniger als 653 Propagandisten des Einheitskomitees tätig gewesen sein sollen, zu drei Zeitungen kamen dreizehn politische Einzelschriften und 705 Leitfäden und Instruktionen für die nationale Propaganda.[25] Zum Selbstverständnis und den politischen Zielsetzungen der einzelnen Vertretungskörperschaften führt Baymirza Hayit, ab Mai 1944 Leiter der Militärabteilung im Nationalturkestanischen Einheitskomitee, rückblickend aus[26]): »Wir dachten, daß uns nach dem Sieg eine nationale Freiheit garantiert wird.« Man wird nicht fehlgehen in der Annahme, daß weder die Legionäre noch ihre politischen Vertreter die geringsten Sympathien für das NS-System hatten, durch dessen Rassismus sie permanent diffamiert wurden.[27]) Die einzelnen Komitees wehrten sich auch in kleinen Dingen, wenn sie ihre Eigenständigkeit gefährdet sahen. Kajum-Chan etwa verhinderte mit Erfolg, daß in die Fahnen der turkestanischen Freiwilligen-Verbände das Hakenkreuz aufgenommen wurde.[28])

Der Kampfgeist und die Einsatzbereitschaft der auf deutscher Seite stehenden Ostlegionen waren so unterschiedlich wie die verschiedenen Nationalitäten, die die Freiwilligen repräsentierten. Wenn Ostlegionen versagten, wie etwa die beiden wolgatatarischen Bataillone 825 und 827, so hatte dies zumeist ein Bündel von Ursachen: die »Kinderkrankheiten« während der Aufstellungszeit, Zersetzung durch eingeschleuste bolschewistische Agenten, schlechte deutsche Führung, die ungünstige Entwicklung der Kriegslage und ein unzweckmäßiger Einsatz bei unzureichender Bewaffnung und Ausrüstung. Was den letzten Punkt anbetrifft, so darf nicht außer acht gelassen werden, daß Ostlegionen und Osttruppen überwiegend nur über minderwertige russische Waffen verfügten und dürftig ausgestattet waren[29]): »Das OKW wollte keinerlei materielle Opfer bringen, die personellen Abgaben möglichst gering halten. Gleichzeitig aber stellte es die höchsten Forderungen hinsichtlich des Kampfwertes der Legionen.« Weiter sahen sich die Legionäre – zumindest bis 1944 – dem Problem ausgesetzt, von ihren deutschen Mitkämpfern nicht als gleichwertige Verbündete anerkannt zu werden. So besaßen die Osttruppen ihre eigenen Dienstgradabzeichen und Tapferkeitsauszeichnungen, eine Grußpflicht von Deutschen gegenüber Ostfreiwilligen bestand nicht. Besonders negativ mußte die Freiwilligen darüber hinaus die systemimmanente nationalsozialistische Zurückstellung und Diffamierung treffen: Eisenbahnwaggons trugen die Aufschrift »Polen, Juden, Legionäre letzter Wagen[30]),« Freiwillige wurden bei Bombenangriffen von einer verhetzten Bevölkerung aus Luftschutzbunkern gejagt[31]) andere mußten sich als Hottentotten und Kanaken beschimpfen lassen.[32]) Diese Gesichtspunkte müssen berücksichtigt werden, wenn man die Desertionsrate der Osttruppen zutreffend würdigen will. Eine georgische Gruppe etwa lief an der Kaukasus-Front geschlossen zu den Sowjets über, nachdem die Deutschen einen Georgier zur Strafe 24 Stunden an das Rad eines Geschützes gebunden hatten.[33]) Die Gesamtzahl der Desertionen von Ostfreiwilligen betrug etwa 8 bis 10% im Jahre 1943 und sank bis 1945 auf 2 bis 3%.[34]) Bei der 162. I.D. flohen im Zeitraum vom 1.10.1942 bis 1.5.1943 203 Legionäre, dies entspricht nicht einmal einem Prozent des Personalbestandes.[35]) Der Rückgang der Zahl der Fahnenflüchtigen in den letzten Kriegsjahren war sicher nicht zuletzt eine Konsequenz aus der Tatsache, daß sich der Status der Ostfreiwilligen 1944 merklich besserte. Sie führten nun den Namen Freiwilligenverbände und wurden den Deutschen in Uniformierung, Auszeichnung und Besoldung gleichgestellt. Selbst Goebbels empfing eine Abordnung turkestanischer Freiwilliger und verkündete den bisher so häufig diffamierten »Untermenschen«: »Wir werden es zusammen schaffen, wenn wir Schulter an Schulter kämpfen.«[36])

Kaukasische Freiwillige auf deutscher Seite
Stand: Oktober 1944

1. In Legionen und Feldbataillonen		
Armenier	11000	
Aserbaidschaner	13600	
Georgier	14000	
Nordkaukasier	10000	48600 Mann
2. In Bau- und Nachschubeinheiten		
Armenier	7000	
Aserbaidschaner	4795	
Georgier	6800	
Nordkaukasier	3000	21595 Mann
3. In deutschen Einheiten		25000 Mann
4. Bei der Waffen-SS und Luftwaffe		7000 Mann
	insgesamt	102195 Mann

Quelle: Jürgen Thorwald, Die Illusion. Rotarmisten in Hitlers Heeren, München-Zürich 1976, S. 258

Die große Bewährungsprobe für die Ostlegionen trat ein, als die Einheiten gegen westalliierte Streitkräfte antreten mußten. Die 162. I.D., die am 3. 12. 1942 35000 Mann umfaßte, wurde ab April 1943 von einer Ausbildungs- in eine Felddivision umgegliedert. Sie setzte sich zu 50% aus Deutschen, zu 50% aus Legionären zusammen. Im Januar 1944 kam sie im Raum Triest-Pola-Fiume zum Einsatz, im Juni 1944 in Italien gegen die Alliierten. Die Division erfüllte die in sie gesetzten Erwartungen nicht.[37]) Wider alle Erwartungen gut schlugen sich demgegenüber einige Ostbataillone bei der Invasion in der Normandie, andere versagten vollständig. Nachdem Hitler am 19. 9. 1943 den Befehl zur Verlegung aller Freiwilligen vom östlichen Kriegsschauplatz gegeben hatte, wurden zahlreiche Verbände in Frankreich konzentriert. Am 1. März 1944 belief sich die Verpflegungsstärke beim Oberbefehlshaber West auf 61439 Ausländer und Angehörige von Osttruppen.[38]) Einzelne Turkbataillone wiesen dabei nicht weniger als acht verschieden Volksgruppen auf.[39]) Die Einheiten wurden weit auseinandergezogen, wie das Beispiel der Georgier zeigt[40]): Das 822. Bataillon war bei Zandvoort stationiert, das 795. bei Cherbourg, das 823. auf der Insel Guernsey, das 797. bei Graneville, das 798. bei St. Nazaire, das 799. bei Perigueux und das 114. bei Albi. Als die Angloamerikaner am 6. Juni landeten, zeigten die Freiwilligenverbände ein Kampfverhalten, das »von hervorragenden Einzelleistungen einzelner und ganzer Verbände bis zum restlosen Versagen«[41]) reichte. Hervorragend hielt sich das 795. georgische Bataillon bei der Verteidigung von Cherbourg, während das 797. georgische Bataillon auseinanderfiel und vom nordkaukasischen Bataillon 800 in Brest allein an einem Tag 203 Mann überliefen.[42]) Bei der Verteidigung von Lorient wurden die Osttruppen nicht mehr als Frontverbände eingesetzt, sondern nur noch für die Küstenwacht und für Arbeitsdienste. In dieser Funktion erfüllten sie bis zum letzten Tag der Belagerung ihre Aufgaben.[43]) Insgesamt sollen die Alliierten in Frankreich 30000 Ostfreiwillige gefangen genommen haben. 4500 km von ihrer Heimat entfernt, in Frankreich in deutschen Uniformen gegen Engländer und Amerikaner eingesetzt, grenzt es schon fast an ein Wunder, daß es nicht zu größeren Auflösungserscheinungen bei Kaukasiern und Turkestanern kam.

Trotz der sich verschlechternden Kriegslage blieben Meutereien und Aufstände gegen das deutsche Rahmenpersonal bei den Turkbataillonen die Ausnahme. Im Spätsommer 1944 rebellierte eine aus Kasachen und Tadschiken zusammengesetzte Einheit in Albanien. Die zu den Alliierten übergelaufenen Aufständischen brachten ihren neuen Herrn als Gastgeschenk sechs abgeschnittene Ohren vom deutschen Stammpersonal mit.[44]) Zu den schlimmsten Ausschreitungen kam es im April 1945 auf der holländischen Insel Texel, wo sich in der Nacht vom 5. auf den 6. April das georgische Bataillon 822 gegen die Deutschen erhob und nahezu das gesamte Rahmenpersonal abschlachtete.[45]) Der von einem ehemaligen sowjetischen Fliegeroffizier geführte Aufstand, mit dem sich die Georgier im Schatten der Niederlage vor den Westmächten zu rehabilitieren versuchten, kostete 117 Holländer, 565 Georgier und rund 800 Deutschen das Leben.

War der Großteil der Ostlegionen von der Wehrmacht aufgestellt worden, wobei Major i.G. Claus Graf Schenk von Stauffenberg vom OKH und Professor Gerhard von Mende sowie Dr. Otto Bräutigam vom Ostministerium eine führende und fördernde Rolle spielten, so interessierte sich auch die Waffen-SS ab Ende 1943 zunehmend für die Aufstellung von Verbänden aus turkvölkischen Freiwilligen. Als erste Einheit wurde Mayer-Mader mit dem 450. Turk-Bataillon im Januar 1944 in die Waffen-SS aufgenommen. Mayer-Mader hatte hochfliegende Pläne: er wollte eine Division aus Turkestanern, Aserbaidschanern und Tataren aufstellen und diese im Lufttransport nach Mittelasien schaffen, um den dortigen Raum zu revolutionieren.[46]) Das Projekt scheiterte kläglich, das neu aufgestellte Turk-Regiment rebellierte im März 1944, Mayer-Mader starb unter ungeklärten Umständen. Die Meuterer wurden in Strafeinheiten versetzt. Aber die SS hielt die einmal eingeschlagene Linie der Revolutionierung der Turkvölker bei, die Leitstelle Turan-Kaukasus im SS-Hauptamt spielte die pantürkische Karte aus. Im Mai 1944 erließ Himmler den Befehl, eine eigenständige Turk-Division aufzustellen, für die der Name Neu-Turkestan vorgesehen war. Tatsächlich gelang es nur, einen aus vier Regimentern bestehenden Osttürkischen Waffenverband aufzustellen, dessen Offizierskorps sich zum großen Teil aus Angehörigen der Orient-Völker zusammensetzte. Kommandeur des Verbandes war ein zum Islam übergetretener Deutscher, Harun el-Raschid Bey, der bei den Türken als Oberst gedient hatte. Der Plan, auch eine tatarische Waffen-Gebirgs-Brigade der SS aufzustellen, verzögerte sich, so daß die von der Krim evakuierten Angehörigen der krimtatarischen Schuma-Bataillone schließlich in den Osttürkischen Waffenverband eingegliedert wurden.[47]) Ohne Fortune verlief auch der Versuch, einen Kaukasischen Waffenverband der SS aus der Taufe zu heben. Er blieb weitgehend ein Torso, obwohl sich bis Ende Februar 1945 2000 Armenier zu dem Verband gemeldet haben sollen. Der Appell der SS an einen pantürkischen Nationalismus verhallte durchaus nicht ohne Echo bei den Angesprochenen, aber es war zu spät, um auf diesem Felde noch durchschlagende Erfolge zu erringen.

Der in der Slowakei eingesetzte Osttürkische Waffenverband sah sich im Dezember 1944 einer schweren Belastungsprobe ausgesetzt, als der turkestanische Regimentskommandeur Gulam Alimov mit etwa 400–500 Mann zu den Partisanen überging. Von den Flüchtigen kehrten aber etwa 200 zu den Deutschen zurück, als sie die wahren Absichten ihres Kommandeurs erkannten.[48] Für den Schritt Alimovs mag eine Rolle gespielt haben, daß die Turkestaner befürchteten, sie würden der Wlassow-Armee unterstellt und damit ihrer mühsam errungenen Autonomierechte verlustiggehen.[49] Tatsächlich haben sich alle Vertreter der Orient-Völker mit Ausnahme der Kalmyken gegen eine Unterstellung unter Wlassow nach Kräften gewehrt. Sie richteten am 18. 11. 1944 geschlossen ein Memorandum an Reichsminister Rosenberg, in dem es hieß[50]:

»Unsere Völker führen den langjährigen erbitterten Kampf gegen Moskau, um sich vollkommen von Moskau zu trennen und auf der Grundlage völliger nationaler Unabhängigkeit ihre eigenen Staaten neu aufzurichten. Deshalb können unsere Völker den Versprechungen des Generals Wlassow kein Vertrauen entgegenbringen und aus diesem Grunde kann sein Prager Manifest auf keine Unterstützung unserer Völker rechnen.«

Das hartnäckige Pochen der Nationalvertretungen auf Eigenständigkeit wurde erst zu einem Zeitpunkt belohnt, als Aussagen der Berliner Reichsführung kein politisches Gewicht mehr hatten. Am 17. 3. 1945 wurden das Georgische National-Komitee und das Krim-Tatarische Zentrum durch Minister Rosenberg als alleinige Vertreter ihrer Völker anerkannt. Am gleichen Tag erhielt der Vertreter der Aserbaidschaner ein Schreiben, wonach sich Hitler entschlossen habe, »Aserbaidschan die völkische Unabhängigkeit zu gewähren«. Eine Woche später sah sich das Nationalturkestanische Einheitskomitee als Nationalregierung aufgewertet, die Legion erhielt den Status einer Nationalarmee.[51] Die Ostlegionen konnten sich somit als gleichberechtigte Angehörige verbündeter Streitkräfte der Deutschen Wehrmacht betrachten.[52] Hierfür hatten die Freiwilligen einen hohen Preis gezahlt: etwa 67000 Turkestaner und rund 50000 Kaukasier sollen auf deutscher Seite gefallen sein.[53] Weitere Verluste traten durch die von den Westalliierten vorgenommene Auslieferung der Ostlegionen auf. Das gesamte ausländische Personal der 162. I.D. wurde zwangsrepatriiert, von über 100000 Turkestanern vermochten sich nur rund 1000 der Auslieferung zu entziehen. Man darf davon ausgehen, daß die Sowjets die »überstellten« Offiziere, Geistlichen und Propagandisten der Ostlegionen pauschal zum Tode verurteilten. Die Rache Stalins machte aber auch vor Frauen und Kindern nicht halt: Die Völker der Karatschaier, Kalmyken, Tschetschenen, Inguschen und Krimtataren wurden deportiert und erst ab 1957 rehabilitiert.

Die RONA-Sturmbrigade

Während große Teile der besetzten Sowjetunion unter die Herrschaft von Rosenbergs Ostministerium fielen, blieben andere, frontnähere Teile unter Militärverwaltung. In einem derartigen Gebiet in der Nähe von Brjansk fand ein einzigartiges Kapitel deutscher Besatzungsverwaltung in Rußland statt: im Distrikt von Lokot, wo die Wehrmacht nur eine nominelle Kontrolle über die partisanenbedrohten Gebiete ausüben konnte, wurde eine lokale russische Zivilverwaltung geduldet und gefördert. Wegen seiner abgeschiedenen Lage war der Distrikt, vor dem Krieg von ca. 35000 Einwohnern bewohnt, für ein Experiment in russischer Selbstverwaltung gut geeignet. Als erster Bürgermeister fungierte Konstantin P. Voskoboinik, der eine Sozialistische Volkspartei Rußlands ins Leben rief und eine lokale Polizeiabteilung aufbaute. Nachdem Voskoboinik Ende Januar 1942 bei einem Partisanenüberfall den Tod gefunden hatte, betrat einer der schillerndsten europäischen Kollaborateure die Bühne des russischen Kriegsschauplatzes: Bronislav Vladislavovich Kaminski. 1901 als Sohn eines Polen im Gebiet von Witebsk geboren, hatte Kaminski das Ingenieurstudium eingeschlagen und war als Gegner der Zwangskollektivierung 1935 zu KZ-Haft verurteilt worden. 1940 wurde ihm Lokot als Zwangsaufenthalt zugewiesen.[1]) Während seines Lageraufenthaltes hatte er sich zum überzeugten Antikommunisten entwickelt. Sein Antisowjetismus, gepaart mit Organisationsvermögen und einem gehörigen Schuß Skrupellosigkeit, machte ihn zu einem angesehenen Partner der deutschen Besatzungstruppen, zumal er auf die Propagierung großrussischer Ziele verzichtete. Unter der Protektion von Generaloberst Schmidt von der 2. Panzerarmee entwickelte Kaminski »das Gebiet zu einem Musterbeispiel dessen, was Russen ohne deutsche Einmischung in dem besetzten Gebiet leisten konnten«.[2]) Ende 1942 existierten in seinem Machtbereich, der sich schließlich auf 8 Rayons mit mehr als 1,7 Millionen Einwohnern ausdehnte, 284 Schulen, darunter 8 Gymnasien. In Lokot wurden ein Theater und ein Ballett eingerichtet, eine Zeitung erschien und Kaminski führte ein eigenes Steuersystem für seine Untertanen ein, das antikommunistische Aktivitäten durch abgestufte finanzielle Erleichterungen belohnte.[3]) Die Popularität Kaminskis wuchs, als das Kolchossystem abgeschafft wurde und er vom 1. März 1942 an Land als Gegenleistung für den Antipartisaneneinsatz verteilen konnte. Das nicht von deutschen Zwangseintreibern gefährdete Landwirtschaftssystem prosperierte, die Wehrbauern erwirtschafteten hohe Überschüsse, die zum großen Teil der Wehrmacht zugute kamen. Seine relative Unabhängigkeit und die Selbständigkeit seines Gebietes mußte Kaminski durch einen starken Truppenverband sichern. Die von ihm als Russische Volksbefreiungs-Armee (RONA) organisierte Einheit wuchs beständig: Umfaßte sie im Juli 1942 5000 Mann, so waren es im September bereits 6000, im Dezember 8000 und im Frühjahr 1943 mehr als 10000 Soldaten. Etwa die Hälfte bestand aus Einwohnern von Lokot, die übrige Hälfte aus übergelaufenen Sowjetpartisanen und ehemaligen Kriegsgefangenen. Alle RONA-Angehörigen schworen einen persönlichen Eid auf Kaminski[4]), der 1944 zum Brigadegeneral avancierte. Gegliedert in 15 Bataillone, von denen 14 unter dem Befehl des russischen Selbstverwaltungschefs standen, verfügte die Truppe über eine eigene Artillerieabteilung und T-34-Panzer. Die Uniformierung war uneinheitlich, so trugen im Dezember 1942 4 Bataillone deutsche Uniformen, andere deutsch-sowjetische Uniformteile oder Räuberzivil. Stolz der Männer war das nationale Abzeichen, das sie von den Hiwis unterschied: ein Armschild mit der Aufschrift RONA über dem schwarzen Georgskreuz auf weißem Grund. Obwohl die Disziplin der RONA-Sturmbrigade immer zu wünschen übrig ließ, war die Einheit in der Partisanenbekämpfung sehr erfolgreich und ermunterte zahlreiche Sowjets zum Überlaufen. Wenn sich der Verband nicht im Einsatz befand, arbeiteten seine Soldaten als eine Art Wehrbauern auf dem Land. Im Winter 1942/43 schrieb ein deutscher Inspekteur des Lokot-Gebietes, der Kampf der RONA »erspart der deutschen Führung den Einsatz einer Division«.[5]) Der positive Eindruck sollte sich ändern, als der russische Selbstverwaltungsbezirk Lokot wegen der Frontlage geräumt werden mußte und im August 1943 etwa 6000 Soldaten und 25000 Zivilisten nach Lepel/Bjelorußland evakuiert wurden. Das Gebiet war so stark partisanenverseucht, daß die Brigade ihr neues Operationsgebiet erst erobern mußte. Die Zivilbevölkerung war im Gegensatz zum Rayon von Lokot weitgehend feindselig. Es begann eine Phase der Demoralisierung der RONA[6]), die ihren schrecklichen Höhepunkt im August 1944 in Warschau finden sollte. Ursache für den moralischen Verfall der RONA war nicht nur der Umstand, daß sie weitab von ihrem angestammten Heimatboden praktisch als Besatzungstruppe agieren mußte, die Brigade wurde auch zum erstenmal mit der Praxis der deutschen Ostpolitik konfrontiert, mit der Untermenschentheorie und der entwürdigenden Behandlung durch die NS-Zivilbehörden. Spannungen in der heterogenen Sturmbrigade selbst nahmen zu, im September 1943 versuchte der Kommandeur des 2. Regiments eine offene Rebellion anzufachen. Zwischen dem 20. und 23. 9. liefen 281 Mann des 7. Bataillons zu den Partisanen über. Kaminski, dessen persönlicher Mut nicht zu bezweifeln ist, flog zum Zentrum des Aufstandes und schlug die Rebellion mit drakonischer Strenge nieder.[7]) Als Ausgleich für desertierte RONA-Angehörige wurden gefangene Partisanen in die Einheit gepreßt, ein Umstand, der weder die Disziplin noch die Kampfmoral des Verbandes heben konnte. Zudem ging es im März 1944 weiter nach Westen, als die RONA[8]) mit den verbliebenen 10000 Zivilisten nach Lida/Westbjelorußland verlegt wurde. Immerhin hatte die Einheit in den Augen der deutschen Führung noch so viel Kampfwert, daß sie unter die Fittiche der SS genommen wurde. Kaminski erhielt den Rang eines SS-Brigadeführers, seine Einheit im Juli 1944 die Bezeichnung 29. Waffen-Grenadier-Division der SS (russische Nr. 1).[9]) Mit dieser Namensgebung sollte die Umwandlung der Russischen Volksbefreiungs-Armee in eine reguläre Waffen-SS-Einheit eingeleitet werden, ein Prozeß, der noch nicht abgeschlossen war, als Teile der RONA-Sturmbrigade in die Niederschlagung des Warschauer Aufstands hineingezogen wurden. Der Verband war zwischenzeitlich noch weiter nach Westen gezogen und befand sich östlich von Warschau, als die polnischen Insurgenten am 1. August 1944 losschlugen. Kaminski soll sich gegen den Einsatz seiner Truppen in Warschau ausgesprochen haben, aber einem Befehl seiner SS-Vorgesetzten konnte er sich naturgemäß nicht widersetzen. So wurde aus allen Einheiten der RONA ein Regiment unter Hauptmann Frolow zusammengestellt, das mit rund 1700 Mann[10]) am 4. August im Warschauer Stadtteil Ochota zum Einsatz kam. Der Verband zeichnete sich durch eine Vielzahl scheußlicher Kriegsverbrechen aus, die darin gipfelten, daß Leute Kaminskis die

Ukrainische Freiwillige aus dem Distrikt Lemberg melden sich zur Waffen-SS, Mai 1943 (H. P. Taylor)

3. 8. 1943. Ein sowjetischer Überläufer an der Eismeerfront wird von einem Major der russischen Freiwilligen vernommen (O. Spronk)

Mielau, 1943. Eine kosakische Ehrenschwadron, aufgesessen zum Säbel-exerzieren (Kameradschaft XV. KKK)

Angehörige der kosakischen Wachschwadron, häufig Veteranen, die schon unter dem Zaren gedient hatten (A. Budde)

Bei der Aufstellung der 1. Kosaken-
kavalleriedivision in Mielau.
V.l.n.r.: Ataman General Krasnow,
Generalleutnant von Pannwitz,
Oberst von Bosse
        (Kameradschaft XV. KKK)

Kosak Lutschkin, Leibkosak von
Oberst Kononow
        (Kameradschaft XV. KKK)

Oktober 1944 in Kroatien. Generalleutnant von Pannwitz zeichnet
Oberst Konnonow aus. Beide tragen die Papacha (Kameradschaft XV. KKK)

Ein kaukasischer Freiwilliger
der Wehrmacht. Das Ärmel-
abzeichen trägt die Aufschrift
»Bergkaukasien« (O. Spronk)

Ein turkestanischer Freiwilliger nach
seiner Gefangennahme im Mai 1945
(O. Spronk)

Der Großmufti von Jerusalem im Gespräch mit Angehörigen der Ostlegionen.
Der Stabsfeldwebel links trägt das Ärmelabzeichen der Aserbaidschaner
(C. Caballero)

Pflegerinnen und krebskranken Frauen des Radium-Instituts Curie-Sklodowska vergewaltigten.[11]) Da den demoralisierten und disziplinlosen RONA-Angehörigen von deutscher Seite anscheinend das Recht zum »Beutemachen« eingeräumt worden war[12]), entartete ihr Einsatz in einer Orgie von Gewalttätigkeiten und Plünderungen, bis das Regiment am 27. August Warschau verließ. Zusammen mit der Brigade Dirlewanger hatte sich die Einheit bei den polnischen Aufständischen derart verhaßt gemacht, daß die Heimatarmee in den Kapitulationsvertrag vom 2. Oktober einen Passus aufnehmen ließ, wonach die Bewachung und der Abtransport polnischer Kriegsgefangener nur durch deutsche Soldaten, nicht aber durch fremdvölkische Einheiten erfolgen durfte.[13]) Kaminski selbst hatte durch das Verhalten seiner Truppe jegliche Reputation bei den Deutschen verloren. Obwohl hinsichtlich der näheren Umstände seines Todes verschiedene Versionen vorliegen[14]), steht fest, daß er von seinen bisherigen deutschen Schutzherren erschossen wurde. Seinen Männern teilte man mit, polnische Partisanen hätten ihn getötet. Neuer Befehlshaber der Russischen Volksbefreiungs-Armee wurde Kaminskis ehemaliger Stellvertreter, Oberstleutnant Belai, der jedoch nur noch die Rolle eines Konkursverwalters inne hatte. Nach der Auflösung der RONA[15]) erhielten etwa 6000 Mann den Marschbefehl zur 1. Wlassow-Division nach Münsingen. Dort folgte eine dreimonatige Ausbildung und mit eiserner Zucht gelang es tatsächlich, aus der verwahrlosten ehemaligen Brigade einen vollwertigen Teil des militärischen Apparats der Wlassow-Bewegung zu machen. Die unter Kaminski schnell zu höheren Graden gekommenen Offizierschargen wurden zurückgestuft.[16]) Schließlich stellten die ehemaligen RONA-Kämpfer jeweils die Hälfte der Mannschaften des 1. und 2. Regiments der 1. Wlassow-Division und ein Drittel des 3. Regiments. Viele Wlassow-Offiziere aber blieben unzufrieden mit dem Zuwachs durch die ungeliebten Kaminski-Männer, die ihrer Ansicht nach die Ideale Wlassows kompromittierten.

Ein Grund für das moralische und militärische Scheitern der Russischen Volksbefreiungs-Armee unter Kaminski ist sicher darin zu sehen, daß die RONA nicht – wie etwa das ukrainische Bataillon Nachtigall – von einem übergreifenden nationalen Ideal getragen wurde. Dies heißt nicht, daß der Autor die Einschätzung Alexander Dallins[17]) teilt, der die Einheit fast ausschließlich unter dem Aspekt eines marodierenden Söldnerhaufens wertet. Die RONA war im Bereich von Lokot ursprünglich vielmehr eine Art autonomer Heimatschutztruppe gewesen und mit der Entfernung von ihrem territorialen und militärpolitischen Ausgangspunk mußten ihr innerer Zusammenhalt und ihre Disziplin abnehmen. Obwohl Kaminski an der Spitze einer phantomhaften Nationalsozialistischen Russischen Arbeiterpartei (NSTRP) stand, gelang es ihm nicht, seine Anhänger und die RONA in nennenswertem Umfang zu politisieren. Dabei zeigte die NSTRP durchaus ausbaufähige Ansätze. Ihr Programm von Mitte 1942 forderte unter anderem die Liquidierung des Kommunismus, die Wiederherstellung einer nationalen russischen Regierung, die Abschaffung des Kolchossystems und die Verteilung von Land sowie die Beibehaltung des Staatseigentums an den Schlüsselindustrien und den nationalen Ressourcen. Aber diese Partei wurde nie zur Trägerin eines politischen Dogmas, sondern blieb ein Anhängsel der Kaminski-Bewegung, sicher ein Grund dafür, daß die Deutschen die NSTRP tolerierten. Wenn die NSTRP auch einem verbalen Antisemitismus huldigte, so beweist die Tatsache, daß russische Juden in der RONA dienten[18]), inwieweit sich Kaminskis Nationalsozialismus von dem deutschen Pendant unterschied. Ab 1943 kam die Partei unter den Einfluß des NTS (Bund Russischer Solidaristen), dessen Aktivisten nach und nach die Schlüsselstellungen innerhalb der NSTRP besetzten, ohne der Bewegung größere Resonanz verleihen zu können. Auch von Wlassow konnte keine Schützenhilfe erwartet werden. Er lehnte die NSTRP Kaminskis ab, weil sie die russischen Interessen gegenüber der Besatzungsmacht nicht akzentuiert genug herausstellte, zu wenig gegen die deutsche Kolonialpolitik protestierte und dem russischen Volk keine umfassende Krisenlösung anbot. So verschwand die NSTRP mit Kaminskis Tod von der Bildfläche, ohne Spuren zu hinterlassen.

Die Wlassow-Armee

»Wir werden Stalin aus unserem eigenen Volk heraus
nie stürzen können – ihr werdet Rußland ohne die Hilfe
des russischen Soldaten nicht besiegen.«
                    Andrej Andrejewitsch Wlassow
Seit Sommer 1942 verfügten die Deutschen über eine politische Geheimwaffe, die dem Krieg im Osten eine entscheidende Wende hätte geben können. Bei der Geheimwaffe handelte es sich um den russischen Generalleutnant Andrej Andrejewitsch Wlassow, der als Ober-

befehlshaber der 2. Stoßarmee an der Wolchow-Front im Juli 1942 in deutsche Gefangenschaft geriet. Desillusioniert von der stalinistischen Zwangsherrschaft war Wlassow bereit, sich an die Spitze einer Befreiungsbewegung zu stellen, um Stalin zu stürzen und ein freies, demokratisches Rußland aufzubauen. Für Hitler und die anderen Vertreter der NS-Ostraumkolonisation stand ein derartiges Bündnis mit antikommunistischen Russen nie zur Debatte, betrachteten sie das russische Volk doch als eine quantité négligeable, die deportiert, dezimiert und vernichtet, nicht aber zum Alliierten aufgewertet werden sollte. So wurde Wlassow zwischen den Mühlsteinen des Nationalsozialismus und Kommunismus zerrieben. Von den vier Flügeln der Ostpolitik des Dritten Reiches – den Adepten der Untermenschenpolitik Hitler und Bormann, den Vertretern der nationalen Dekomposition um Ostminister Rosenberg, dem Nützlichkeitsliberalen Goebbels sowie den Anhängern der Bündnistheorie – erhielt Wlassow nur durch letztere eine uneingeschränke Unterstützung. Das Lager des deutsch-russischen Ausgleichs sollte bald auf Kollisionskurs zu Hitler und seinem verbrecherischen Programm geraten: die deutschen Patrioten und Widerstandskämpfer Claus Graf Schenk von Stauffenberg, Rudolph Christoph von Gersdorff, Henning von Tresckow, Hans von Herwarth und Alexis von Roenne galten sämtlich als Förderer der antistalinistischen Befreiungsbewegung. Intelligenter als die Reichsführung in Berlin waren auch ausländische Staatsmänner und Politiker, die die Bedeutung Wlassows für eine Revolutionierung des Ostfeldzuges erkannten. So der bulgarische Zar Boris III., der schwedische König Gustav V. und der französische Kollaborationspolitiker Jacques Doriot.[1])

Bis Herbst 1944 mußte sich Wlassow, angefeindet von zahlreichen NS-Dienststellen und Apologeten des Herrenmenschenwahns, mit der Rolle eines antistalinistischen Propagandisten begnügen. Dabei wurde bereits die erste größere Aktion des russischen Generals, der Aufruf eines phantomhaften Smolensker Komitees vom 27.12.1942, der im Januar 1943 in 30–40 Millionen Exemplaren an der gesamten Ostfront abgeworfen wurde, ein durchschlagender Erfolg. Der Appell wirkte weniger bei den Rotarmisten, als bei den unter deutscher Verwaltung lebenden Russen, die Wlassows Bekenntnis zu Rede- und Meinungsfreiheit, zur Vernichtung des Bolschewismus und zur Herbeiführung eines ehrenvollen Friedens mit Deutschland begeistert aufnahmen. Ein zeitgenössischer deutscher Stimmungsbericht für den Raum Smolensk konstatiert[2]): »Sensationeller Erfolg bei der gesamten Bevölkerung. Stärkster Eindruck seit deutschem Einmarsch. Bevölkerung veranstaltet Befreiungsfestlichkeiten und erklärt, daß unter diesen Umständen jegliche Partisanenerfolge und Rückkehr der Roten Armee abzulehnen seien.« Den deutschen Wlassow-Freunden im OKH gelang es, in Dabendorf bei Berlin die Ostpropaganda-Abteilung z.b.V. aufzubauen, die am 1. 3. 1943 ihre Arbeit aufnahm. Vordergründig ein reines Schulungs- und Ausbildungslager für Propagandisten, entwickelte sich Dabendorf zum politischen Kern und Kristallisationspunkt der Wlassow-Bewegung. Ideologische Schützenhilfe erhielt der russische General dabei durch die Emigranten des NTS, des Bundes Russischer Soliaristen. Im Juli 1930 in Belgrad gegründet, hatte sich der NTS von den reaktionären zaristischen Träumen der Altemigranten losgesagt und propagierte eine organisch-hierarchische Weltanschauung, die sich sowohl vom Kommunismus als auch vom Liberalismus abgrenzte.[3]) Unter dem Motto »Weder Stalin noch Hitler« war der NTS 1943 in 54 russischen Städten und Ortschaften präsent, SD und Gestapo bemühten sich nach Kräften, die unbotmäßigen russischen Solidaristen auszuschalten. Mit Hilfe des NTS durchliefen etwa 4500–5000 Freiwillige, die die Avantgarde der Wlassow-Bewegung bildeten, das Lager Dabendorf.

Die Freude über das Dabendorfer Organisationszentrum sollte nicht lange vorhalten. Bei einem Besuch bei der Heeresgruppe Nord hatte Wlassow seine deutschen Gastgeber für den Fall des Sieges über den Stalinismus nach Leningrad eingeladen. Diese ketzerische Äußerung trug ihm einen Bannfluch aus dem Führerhauptquartier ein. Keitel verbot am 18. 4. 1943 jede politische Aktivität Wlassows. Nur propagandistisch durfte sein Name noch wirken. Ein unter der Bezeichnung »Aktion Silberstreif« angelegtes Propagandaunternehmen an der Ostfront, bei dem eine Milliarde Flugblätter zum Einsatz kam, brachte tatsächlich erstaunliche Ergebnisse. Die Rotarmisten, denen versprochen wurde, sie könnten sich auf deutscher Seite einer Russischen Befreiungsarmee (ROA) anschließen, desertierten zu Tausenden, allein die Heeresgruppe Mitte verzeichnete zwischen Juni und August 1943 4856 Überläufer.[4]) Der Begriff ROA und ein entsprechendes Armschild waren seit Februar 1943 für die russischen Freiwilligen eingeführt worden. Aber die Bezeichnung war nicht viel mehr als ein Propagandatrick, denn eine ROA existierte nicht, es gab keine einheitliche Struktur, keine Organisation, kein Führerkorps. In Wirklichkeit unterstanden die Freiwilligen den verschiedensten deutschen Dienststellen und

340

trugen unterschiedlichste Bezeichnungen. Zu den Osteinheiten der Wehrmacht kamen die den SS- und Polizeiführern unterstehenden Schuma-Bataillone, weiter zu nennen sind die Angehörigen des Ordnungsdienstes (Odi), die für bodenständige Sicherungs- und Bewachungsaufgaben herangezogen wurden, dann die Polizisten und Hilfsschutzmannschaften in den Gemeinden (Gema) und schließlich die Hilfswilligen (Hiwis). Diese taten bei den einzelnen deutschen Divisionen als Fahrer, Troßknechte, Bäcker, aber auch als Wach- und Sicherungspersonal Dienst. Stauffenberg konnte 1942 durchsetzen, daß jede deutsche Division bis zu 15% Hiwis aufnehmen durfte[5]), aber bei einzelnen Verbänden, wie der 134. I.D., bestand sogar die Hälfte des Mannschaftsbestandes aus Hilfswilligen. Im Frühjahr 1942 hatte sich der Wehrmacht bereits eine Viertelmillion Freiwillige angeschlossen, Anfang 1943 waren es etwa 800000. Die Zahl der aktiven landeseigenen Offiziere betrug im April 1945 5000. Schätzungen über den Gesamtbestand der Freiwilligen aus dem sowjetischen Raum reichen bis 1,4 Millionen[6]), damit war jeder zehnte, eventuell sogar jeder siebte Soldat der deutschen Streitkräfte während des Krieges ein (ehemaliger) Bürger der Sowjetunion. Bei diesem Frontenwechsel en masse spielte der nackte Selbsterhaltungstrieb der in deutschen Lagern oft dem Hungertod ausgesetzten Rotarmisten sicher keine unwesentliche Rolle, weiter von Bedeutung war ein durch das stalinistische System ausgeformtes extremes Anpassungvermögen und schließlich darf nicht vergessen werden, daß die politische Kehrtwendung für viele Russen eine bewußte politische Entscheidung gegen das eigene, menschenverachtende System darstellte. Die Dabendorfer Propagandisten nahmen sich – nicht ohne Erfolg – besonders der Opportunisten und Materialisten an, betrieben Repolitisierung und Kaderbildung.

Blieb die im Februar 1943 aus der Taufe gehobene ROA vorerst ein unverbindliches Etikett, so gab es auf deutscher Seite doch zaghafte Ansätze zur Bildung überlokaler und überregionaler russischer Truppenkontingente. Im März 1942 begann man bei der Heeresgruppe Mitte mit dem Aufbau eines Verbandes, der als Versuchsverband Mitte, Russisches Bataillon z.b.V., Unternehmen Graukopf und Russische Nationale Volksarmee (RNNA) bekannt wurde.[7]) Die Einheit entstand in Osintorf an der Bahnlinie Orscha-Smolensk. Sie hatte im Sommer eine Stärke von 3000 Mann erreicht, Ende 1942 waren es 7000 Mann, die russische Uniformen trugen. Gegliedert in vier Bataillone, eine Artillerieabteilung und ein Pionierbataillon, lag die Aufstellung weitgehend

Ein Überblick über die Nationalitäten der auf deutscher Seite eingesetzten Freiwilligen aus dem sowjetischen Raum

Kaukasier	110000
Wolgatataren	40000
Krimtataren	20000
Kalmyken	5000
Turkestaner	180000
Ukrainer	250000
Russen	310000
Kosaken	53000
	968000

in den Händen von russischen Emigranten. Lagerkommandant war der ehemalige Regimentskommandeur Oberst Konstantin Grigorjewitsch Kromiadi. Als die Emigranten auf deutschen Befehl im August 1942 die Einheit verlassen mußten, übernahmen der ehemalige Brigadekommissar Shilenkow und der frühere Kommandeur der 41. Gardedivision, Wladimir Bojarski, die RNNA. Im Dezember kam das Ende für den Versuchsverband, als Generalfeldmarschall von Kluge die Aufteilung der RNNA in einzelne Bataillone und ihre Unterstellung unter deutsche Einheiten befahl. Eine Meuterei der enttäuschten Truppe konnte eben noch abgewendet werden, aber 300 Mann liefen zu den Partisanen über. Aus der aufgelösten Russischen Nationalen Volksarmee entstanden die Freiwilligenbataillone Dnjepr, Pripjet, Beresina und Wolga. Während die RNNA wenigstens noch ihren personellen Bestand retten konnte, verlief ein weiteres Experiment mit einem russischen Verband wesentlich kläglicher. 1942 organisierte der SD im Raum von Pskow eine Brigade mit dem Namen Drushina[8]), deren Angehörige ins sowjetische Hinterland eingeschleust werden sollten. Da sich die Truppe bei Antipartisaneneinsätzen bewährte, wurde Ende des Jahres eine weitere Drushina-Brigade aufgebaut und mit der ersten Formation verschmolzen. Der ehemalige Kommandeur der 47. sowjetischen Schützendivision, Oberstleutnant Radionow (nom de guerre: Gilj) kommandierte die etwa 3000 Drushina-Freiwilligen. Rund 500 Mann bildeten die 1. Garde-Brigade der ROA, Wlassow besaß damit den, wenn auch winzigen, Kern einer Befreiungsarmee. Gilj aber hatte inzwischen das Vertrauen in seine deutschen Schutzherrn verloren. Im August 1943 desertierte er mit der gesamten Drushina-Brigade zu den Partisanen, nur etwa 500 Mann kämpften sich zu den deutschen Linien zurück.

Hitler hatte es zwischenzeitlich abgelehnt, Wlassow politische Freiheiten und Funktionen einzuräumen und der ROA grünes Licht zu geben. In der entscheidenden Konferenz auf dem Berghof am 8. 6. 1943 hatte sich der deutsche Führer unmißverständlich geäußert[9]): »Wir bauen nie eine russische Armee auf, das ist ein Phantom ersten Ranges.« Rosenberg, der mit einer Vorlage vom 25. 1. 1943 auf eine Kurskorrektur im Osten gedrängt hatte – »... es ist nicht zu erwarten, daß ein Russe, Ukrainer, Este oder Georgier für uns kämpft und stirbt, während er sein Volk in einem Zustand der Diffamierung sieht«[10]) – kam ebenso wenig zum Zuge wie Goebbels, der seit Frühjahr 1943 für eine Änderung der repressiven Besatzungspolitik und für eine Ostproklamation eintrat[11]): »Wir müssen im Osten nicht nur Krieg führen, sondern auch Politik betreiben.«

Wlassow war kaltgestellt. In seiner Villa in Dahlem, halb Gefängnis, halb Hauptquartier, blieb ihm nicht viel anderes zu tun, als über die Verblendetheit und Ignoranz der deutschen Führung zu räsonieren[12]): »Ich kann es nicht begreifen. Ich kenne Stalin, ich kenne seine Mentalität und ich sitze hier! Ich habe mich zur Verfügung gestellt. Und ich spiele Preferance.« Der nächste Affront aus Berlin ließ nicht lange auf sich warten. Im September 1943 befahl Hitler die Verlegung der Osttruppen in den Westen, nachdem seine ursprüngliche Order, die Osteinheiten aufzulösen und ihre Angehörigen zum »Kohlekratzen« einzusetzen, abgemildert werden konnte. 72 Ostbataillone wurden nach Westen verlegt, die Freiwilligen gerieten in eine schwierige psychologische Lage, da sie unter dem Banner des Antibolschewismus angetreten waren und sich nun den Angloamerikanern gegenübersahen. Findige Kommandeure, wie Siegfried Keiling von der Ost-Art.-Abt. 621, versuchten ihre Männer politisch neu zu motivieren und ließen auf den Transportwaggons die Aufschrift anbringen: »Gegen Kapitalismus und Bolschewismus.«[13]) Während die Züge mit den Freiwilligen nach Westen rollten, verbreitete die deutsche Propagandazeitschrift »Signal« im Dezember 1943 die Mär von einer eigenständigen antikommunistischen Befreiungsarmee.[14]) Das Fehlen einer klaren politischen Zielvorstellung und die unterbliebene Anerkennung ihrer berechtigten Interessen mußte die Moral der Ostfreiwilligen bei der alliierten Invasion entscheidend schwächen. Generalmajor Malyschkin,

Wlassow-Anhänger und bei Kriegsbeginn Chef des Stabes der 19. sowjetischen Armee, faßte das Anliegen der russischen Freiwilligen an der Invasionsfront zusammen[15]): »Die Verwundeten fragen alle: Wann kommt rein russ. ROA. Alle anderen Verbände, die nicht im Kampf sind, sagen dasselbe, und zwar sowohl Offz. wie Mannschaften: Wo ist Wlassow und was tut er?«

Tatsächlich begann die intransigente nationalsozialistische Untermenschentheorie etwas aufzuweichen. Seit Januar 1944 führte der General die Osttruppen die gefälligere Bezeichnung eines Generals der Freiwilligenverbände. 30 Lazarette mit Ärzten und Schwestern aus dem Gebiet der Sowjetunion betreuten ihre Landsleute in der feldgrauen Uniform und Hitler rang sich endlich dazu durch, den Ostfreiwilligen deutsche Tapferkeitsauszeichnungen zuzugestehen. Lange hatte er sich mit dem für ihn bezeichnenden Argument gesträubt, er könne nicht zulassen, daß »irgendein ›turkestanischer Hammeldieb‹ mit dem Eisernen Kreuz herumlaufe«.[16])

Das Ende der Eiszeit für General Wlassow, »der den Deutschen wahrlich keine Komplimente gemacht und niemals einen Zweifel daran gelassen hatte, daß er ausschließlich um der nationalen Unabhängigkeit Rußlands willen«[17]) mit ihnen zusammenarbeitete, war erst gekommen, als sich der Reichsführer SS der ROA annahm. Noch 1943 hatte Himmler Wlassow als »Schwein« und »Schlächtergesellen« apostrophiert, aber unter dem Eindruck der sich rapide verschlechternden Kriegslage und unter dem Einfluß des pragmatischen Standartenführers Gunther d'Alquen zeigte er sich bereit, ein Zweckbündnis mit dem russischen General einzugehen. Am 16. 9. 1944 empfing er Wlassow, dem die Liaison mit der SS nicht recht geheuer schien, und sicherte ihm Unterstützung beim Aufbau der ROA zu. Die Skepsis des Russen war nur zu berechtigt, denn Himmlers Kehrtwendung stellte sich kaum als radikale Abwehr vom NS-Ostprogramm dar. Sein Manöver war ein verzweifelter Versuch der letzten Stunde, die brüchige Ostfront mit politischen Mitteln zu stabilisieren. Intern machte der Reichsführer deutlich, daß er weiterhin seinen illusionären Kolonisationsträumen nachhing. In einem Gespräch mit SS-Oberführer Dr. Kröger und SS-Standartenführer Dr. Brandt vom 8. 1. 1945 führte er aus, für ein künftiges Wlassow-Rußland sei »der Bereich Moskau westlicher Grenzbereich«, der Schwerpunkt des neuen Gebildes »müsse ein ostrussisches sibirisches Reich werden«.[18]) Einer derartigen Amputation Rußlands hätte sich Wlassow mit Sicherheit widersetzt.

Besondere Abzeichen
für Freiwillige aus dem Osten

(Kokarden und Ärmelabzeichen)

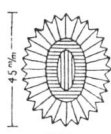

Offiziere

Uffz. und
Mannsch.

Offiziere

Uffz. und
Mannsch.

**RUSSISCHE
BEFREIUNGSARMEE**

**UKRAINISCHES
BEFREIUNGSHEER**

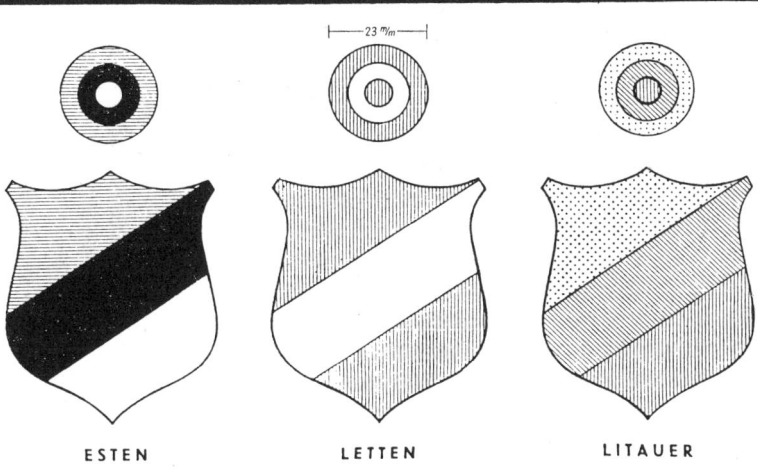

ESTEN   LETTEN   LITAUER

Tafel 1

Offiziere

Uffz. und
Mannsch.

DON-KOSAKEN

TEREK-KOSAKEN

Offiziere

Uffz. und
Mannsch.

Offiziere

Uffz. und
Mannsch.

KUBAN-KOSAKEN

SIBIR-KOSAKEN

Offiziere

Uffz. und
Mannsch.

Offiziere

Uffz. und
Mannsch.

TURKISTANER

WOLGATATAREN

Offiziere

Uffz. und
Mannsch.

Tafel 2

346

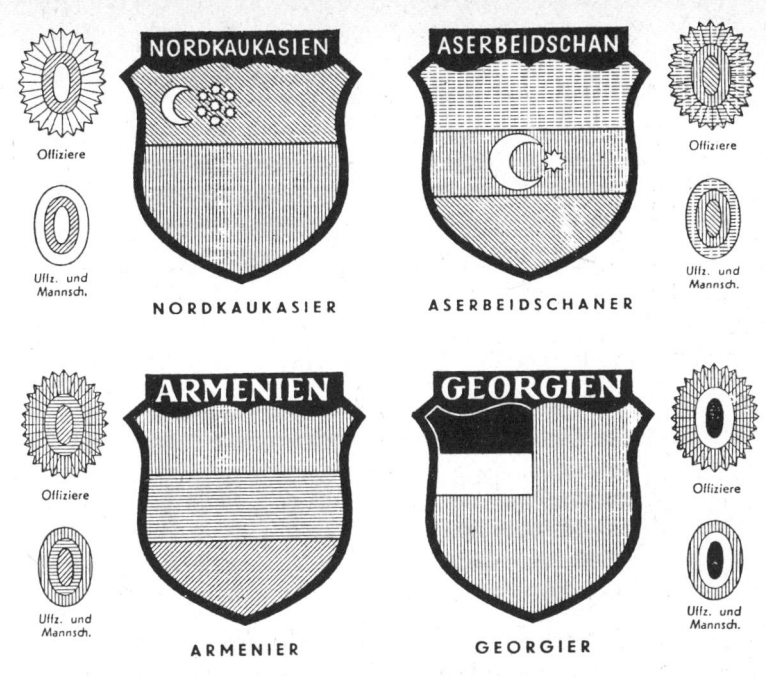

Ärmelabzeichen für Sprachmittler

Farbenerklärung			
weiß	goldgelb	dunkelblau	orange
schwarz	maisgelb	hellblau	dkl. graugrün
	rot	grün	blaugrün

Tafel 3

Nachweis: Heeres-Verordnungsblatt, Teil B, Berlin den 17. Juli 1944, S. 181–183

347

Am 14. 11. 1944 konnte Wlassow in Prag sein politisch-ideologisches Programm und die Bildung des Komitees zur Befreiung der Völker Rußlands (KONR) bekanntgeben. Vorher mußten noch zahlreiche Widerstände aus dem Weg geräumt werden. Rosenberg protestierte gegen den Tagungsort Prag, weil dieser »panslawische Ideen« fördern könne, Himmler versuchte ohne Erfolg, in das Prager Manifest antisemitische Programmsätze aufnehmen zu lassen. Was Wlassow in Prag schließlich verlas, waren 14 Punkte, die ein »fortschrittlich-sozialdemokratisches«[19]) Konzept beinhalteten und Hitler und den Nationalsozialismus nicht einmal erwähnten. Das Manifest versprach den Sturz der stalinistischen Tyrannei, die Einführung politischer Grundrechte und die Wiederherstellung des Privateigentums.[20]) Wlassow machte weiter unmißverständlich deutlich, daß das nationalsozialistische Deutschland nicht sein Wunschpartner war, sondern nur ein temporärer Verbündeter:

> »Das Befreiungskomitee der Völker Rußlands begrüßt die Hilfe Deutschlands unter Bedingungen, die weder die Ehre noch die Unabhängigkeit unserer Heimat verletzen. Diese Hilfe stellt *gegenwärtig*[21]) die einzig reale Möglichkeit dar, den bewaffneten Kampf gegen die Stalinsche Clique zu organisieren.«

Den einzelnen Völkerschaften der Sowjetunion garantierte das Prager Manifest »Selbstbestimmung und Souveränität«. Die in Berlin ansässigen Interessenvertretungen der verschiedenen Nationalitäten dachten jedoch zum überwiegenden Teil nicht daran, sich dem KONR anzuschließen. Wohl mit Recht gingen sie davon aus, daß Wlassow an dem Konzept des »einen, unteilbaren Rußland« festhalten würde und die separate Eigenstaatlichkeit einzelner Volksgruppen ablehnte. Hatte der russische General doch gegenüber einem Freund und Gönner, dem nationalrevolutionären Schriftsteller Edwin Erich Dwinger, ausgeführt, er werde »als Äußerstes einen föderativen Bundesstaat anerkennen«.[22]) Schwierigkeiten bereitete die Aufstellung eines bewaffneten Arms der KONR. Wehrmacht und Waffen-SS hatten Ende 1944 genug materiell-organisatorische Probleme, um eigene Verbände aufzufrischen oder aufzubauen. Zudem hatte Hitler die üblichen Vorurteile gegen die ROA, als er am 27. 1. 1945 verkündete:»Wlassow ist gar nichts.« Göring assistierte ihm mit der ebenso oberflächlichen Feststellung[23]): »Das ist das einzige was sie können: überlaufen; mehr können sie nicht.« Dabei hatte die im Aufbau begriffene ROA in jenen Tagen bewiesen, daß sie kampffähig und kampfwillig war. Mitte Januar 1945 griff eine ROA-

Kampfgruppe unter Führung der weißrussischen Emigranten Oberst Sacharow und Graf Lamsdorff den Brückenkopf bei Neulowin an der Oder an. Die Propaganda-Kompanie 612 berichtete über den Angriff[24]: »Das Kommando der Wlassow-Armee zeichnete sich während der ganzen Dauer des Kampfes (12 Stunden) durch hervorragende Tapferkeit und geschickte Kampfführung besonders aus. Die Wlassow-Leute kämpften mit einer Verbissenheit, Einsatzfreudigkeit und einem Fanatismus, der hinreißend war.« Goebbels vermerkte am 7. 3. 1945 anerkennend in seinem Tagebuch[25]): »Bei dem seinerzeitigen Sacharow-Unternehmen im Küstriner Raum haben sich die Truppen des Generals Wlassow hervorragend geschlagen.« Immerhin hatte der Name Wlassow für die angreifenden Rotarmisten selbst Anfang 1945 soviel Suggestivkraft, daß von Januar bis März noch 1975 Mann zu den Deutschen überliefen.

Wlassow hatte zu diesem Zeitpunkt jede Hoffnung auf einen deutschen Sieg aufgegeben. Aber er glaubte an ein Auseinanderbrechen des unnatürlichen Bündnisses zwischen Stalin und den Westmächten und wollte sich letzteren mit seiner antibolschewistischen Befreiungsarmee anschließen. Hatten nicht auch im Bürgerkrieg alliierte Truppen und russische antikommunistische Verbände zusammen gekämpft? Seine 1. Division, die 600. I.D. (russ.) entstand im Lager Münsingen, die 2. Division der ROA, die 650. I.D. (russ.) wurde im Lager Heuberg aufgestellt. Den Grundstock der 1. Division unter Generalmajor Bunjatschenko bildeten Angehörige der früheren Brigade Kaminski und der aufgelösten 30. Waffen-Granadier-Division der SS (russ. Nr. 2). Ein Angehöriger des Ostbataillons 628, das ebenfalls in Münsingen zur ROA stieß, berichtet über die zum Teil chaotischen Aufstellungsbedingungen[26]): »Das Durcheinander im Lager war groß. Die Baracken waren über und über belegt. Manche Soldaten schliefen unter den Betten, auf den Tischen, Bänken usw. Von Ordnung und Dienst konnte keine Rede sein ... Die Bekleidung und besonders das Schuhwerk der Soldaten war schlecht. Und draußen war Frost und alles war mit Schnee bedeckt. Darum konnte ein Teil der Soldaten keinen Dienst machen.« Trotzdem gelang es, die 1. Division bis zum Februar fertig aufzustellen. Wlassow konnte den Verband am 10. 2. 1945 von Köstring, dem General der Freiwilligenverbände, übernehmen. Die 2. ROA-Division unter General Swerew blieb demgegenüber ein Torso. Weitgehend aus ehemaligen Kriegsgefangenen rekrutiert, besaß der Verband nur Handfeuerwaffen.[27]) Von einer 3. Division bestand bis Kriegsende nur der

349

Ausbildungsstab. Insgesamt verfügte Wlassow nie über mehr als 50000 Mann[28]), zu seinen drei Divisionen kamen eine Offiziersschule, eine Reservebrigade und die Luftstreitkräfte unter General Malzew mit einem Flakregiment und einem Fallschirmjägerbataillon. Damit kontrollierte Wlassow gerade ein Zwanzigstel der auf deutscher Seite eingesetzten Freiwilligen aus der Sowjetunion.

Die 1. ROA-Division wurde am 13. April 1945 zu einem Angriff auf den Brückenkopf Erlenhof südlich von Frankfurt/Oder eingesetzt. Bunjatschenko brach die sinnlose Attacke gegen den tiefgestaffelten sowjetischen Brückenkopf nach vier Stunden ab und zog sich unter Mißachtung deutscher Befehle mit seiner Division nach Böhmen zurück. Er konnte sich formell darauf berufen, nur Wlassow zu unterstehen, der mittlerweile zum vollgültigen Bündnispartner des Deutschen Reichs avanciert war. Am 18. 1. 1945 hatte das AA mit Wlassow ein Kreditabkommen auf gleichberechtigter Ebene geschlossen[29]), im April war auch endlich der Eid für die ROA genehmigt worden, der dem Bündnischarakter der russischen Befreiungsstreitkräfte Rechnung trug[30]):

> »Als treuer Sohn meiner Heimat trete ich freiwillig in die Reihen der Streitkräfte des Komitees zur Befreiung der Völker Rußlands; im Angesicht meiner Volksgenossen schwöre ich feierlich, daß ich ehrlich bis zum letzten Blutstropfen unter dem Oberbefehl des General Wlassow für das Wohl meines Volkes gegen den Bolschewismus kämpfen werde.
>
> Dieser Kampf wird von allen freiheitsliebenden Völkern im Bündnis mit Deutschland unter dem obersten Befehl Adolf Hitlers geführt. Ich schwöre, daß ich diesem Bündnis die Treue halten werde.
>
> Für die Erfüllung dieses Eides bin ich jederzeit bereit, mein Leben einzusetzen.«

Bunjatschenko, dem vom nationalen tschechischen Widerstand Asyl für seine Division angeboten worden war, beteiligte sich am 6. Mai mit seinen Truppen am antideutschen Aufstand von Prag. Sein Frontenwechsel der zwölften Stunde war auch eine späte Reaktion auf deutsche Doppelbödigkeiten und Hinhaltetaktiken, gebrochene Versprechen und enttäuschte Hoffnungen. Der letzte Einsatz der ROA war sinnlos, fast alle ihrer Angehörigen wurden an die Sowjets ausgeliefert. Wlassows Endkampf-Konzept, sich auf dem Balkan mit den Pannwitz-Kosaken und den Četniks zu einer starken antikommunistischen Kraft zu verbinden, war nicht mehr zustande gekommen. Die ROA, der der Amerikaner George Fisher bescheinigt, in mancher Hinsicht »von edelsten Motiven«[31]) getragen worden zu sein, verschwand in sibirischen Gulags und Bergwerken oder endete vor sowjetischen Erschießungspeletons. General Wlassow, ebensowenig ein Verräter wie George Washington, Lenin und Stauffenberg, starb im August 1946 am Galgen. Er, der von einem Rußland ohne Marx geträumt hatte, war, obwohl gescheitert, diesem Ziel näher gekommen als jeder andere Russe seit dem Ende des Bürgerkrieges.[32]) Gewaltsame Auslieferungen, die gegen die Haager und Genfer Konvention verstießen und nach den Normen des Nürnberger Kriegsverbrecherprozesses »a crime against humanity« darstellten[33]), gingen noch 1946 weiter. Generalmajor Michai Meandrow, Leiter der Offiziersschule der ROA, schrieb kurz vor seiner Zwangsrepatriierung am 5. 1. 1946 im Lager Landshut[34]):

> »Auf Wunsch der Demokraten, mit ihrer Zustimmung und sogar Unterstützung, werden noch Ströme von Blut vergossen. Die Sowjetunion wird dies zu verheimlichen versuchen, was ihr auf die Dauer nicht gelingen wird. Das Blut wird durchsickern und die demokratischen Parolen der freiheitsliebenden Völker mit dunklen Flecken bedecken.
>
> Wir aber werden mit Würde zu sterben verstehen.«

Nur ein einziges Land widersetzte sich erfolgreich dem sowjetischen Druck, alle Freiwilligen auszuliefern: das kleine Fürstentum Liechtenstein.[35]) In der Nacht vom 2. auf den 3. Mai 1945 überschritten 494 Personen, darunter 30 Frauen und 2 Kinder, die liechtensteinische Grenze. Es handelte sich überwiegend um Angehörige der Ersten Russischen National-Armee unter Generalmajor Holmston. Hinter diesem nom de guerre verbarg sich der 1897 in Finnland geborene Boris Alexejewitsch Smyslowsky, ein ehemaliger russischer Gardehauptmann und Emigrant, der die Geheime Kriegsakademie der Weimarer Republik absolviert hatte. Im Sommer 1941 stellte er ein russisches Lehrbataillon an der Nordfront auf. Im April 1944 erteilte ihm das OKH den Auftrag, aus 12 Bataillonen eine Division zu bilden, bis Anfang 1945 hatte er etwa 6000 Mann unter seinem Kommando. Die Truppe, die keine Einheit der ROA war, führte zwischenzeitlich die Tarnbezeichnung Grüne Armee z.b.V. Vorgesehen war auch eine Unterstellung des Russischen Schutzkorps Serbien unter Holmston, die aber nicht mehr realisiert wurde. Die Armeeangehörigen fanden in Liechtenstein eine gastfreundliche Aufnahme, alle sowjetischen Pressionen, die Flüchtlinge

zu repatriieren, gingen ins Leere. Nachdem der argentinische Staatschef Peron sich bereit erklärt hatte, 24000 exilierte Russen aufzunehmen, konnten im März 1948 die letzten Asylanten der Ersten Russischen National-Armee nach Südamerika ausreisen.

7. Indien

»Ein Land, das für seine Unabhängigkeit kämpft,
kann sich seine Verbündeten nicht aussuchen,
wenn es gegen die herrschenden imperialistischen Mächte geht.«

Subhas Chandra Bose

Die militärisch-politische Zusammenarbeit nationaler Befreiungsbewegungen mit dem Reich blieb nicht auf den Irak (al-Gailani), Palästina
(Großmufti) und Ansätze in Tunesien beschränkt. Vielmehr glaubten
zahlreiche antiimperialistische Inder nach Ausbruch des deutsch-englischen Konfliktes, in Berlin einen geeigneten Verbündeten im Kampf
gegen das Empire gefunden zu haben. Treibende Kraft der aktivistischen Unabhängigkeitsbewegung war der 1897 geborene Subhas
Chandra Bose, der in Indien über eine große Anhängerschaft unter der
Jugend verfügte. Bose glaubte nicht an Gandhis Lehre von der Gewaltlosigkeit und war auch nicht bereit, während des Krieges eine Stillhalteabkommen mit der englischen Kolonialmacht einzugehen, die seine
Heimat seit 1836 verwaltete. Nachdem er 1940 zum zwölftenmal von
den Briten verhaftet worden war, floh Bose Anfang 1941 über Afghanistan und die Sowjetunion nach Berlin. Er bewunderte die Kraft und das
Selbstvertrauen der Achsenmächte, war aber selbst weit davon entfernt, ein Faschist oder Nationalsozialist zu sein.[1] Hitlers Rassenlehre
und Außenpolitik stand er kritisch gegenüber[2] und schon 1936 hatte er
den deutschen Nationalsozialismus als engherzig, selbstsüchtig und arrogant bezeichnet.[3] Seine autoritär-sozialistische Position lehnte sich
eher an die Entwicklungsdiktatur Kemal Atatürks als an das deutsche
oder italienische Beispiel an. So war es weniger ein ideologischer
Grund, der zu einer deutsch-indischen Zusammenarbeit führte, als der
pragmatische Grundsatz »Der Feind meines Feindes ist mein Freund«.
Zudem fühlte sich Bose in gewisser Weise solidarisch mit Deutschland,
da er den Versailler Vertrag mit dem britischen Kolonialstatus über Indien gleichsetzte.

Bose wurde in Berlin nicht eben mit offenen Armen empfangen. In
Hitlers totalitärem Denkschema war kein Platz für indische Freiheitskämpfer, die er in »Mein Kampf« noch verächtlich als »asiatische Gauk-

ler« diskreditiert hatte.[4]) Vielmehr schien ihm die britische Herrschaft über Indien ein nachahmenswertes Vorbild für die angestrebte deutsche Ostkolonisation. Das Bündnis mit den indischen und anderen antiimperialistischen Befreiungsbewegungen war zwar in den 20er Jahren ein Ziel der linken Nationalsozialisten um die Gebrüder Straßer gewesen, mit diesem Konzept konnte sich Hitler aber niemals anfreunden. Weiter stand einer vorbehaltlosen Unterstützung der indischen Unabhängigkeitsbewegung der Wunsch Hitlers entgegen, doch noch zu einem Ausgleich mit England zu gelangen. Die britische Präsenz in Indien sollte daher vorerst nicht angegriffen werden und eine Unabhängigkeitserklärung für Indien erst dann abgegeben werden, »wenn klar ersichtlich ist, daß England auch nach dem endgültigen Zusammenbruch Rußlands keinerlei Friedensbereitschaft an den Tag legt«.[5]) Kam somit eine übereinstimmende Unabhängigkeitserklärung für Indien durch die Achsenpartner[6]) wegen des Zögern Hitlers niemals zustande, so konnte Bose in Berlin doch einige Fortschritte im Hinblick auf seinen Befreiungskampf erreichen. Unterstützt vom Sonderreferat Indien des AA entstand als Organ der national-indischen Bewegung die Zenrale Freies Indien (ZFI) mit diplomatischem Status. Bose erhielt freie Hand für die propagandistische Beeinflussung seiner Landsleute und entfaltete über den Deutschen Kurzwellensender und die Geheimsender »Azad Muslim«, »Azad Hind« und »National Congress« eine wirksame antienglische Aufklärungs- und Zersetzungsarbeit. Schließlich entstand als bewaffneter Arm der indischen Unabhängigkeitsbewegung die Indische Legion, die nach dem Sieg über die Sowjetunion zum Kampf für die Befreiung ihrer Heimat eingesetzt werden sollte. Die ersten indischen Freiwilligen waren schon 1940 in deutsch-indischen Kommandotrupps der Abwehr ausgebildet worden.[7]) Die eigentliche Werbung für die Indische Legion begann jedoch erst im September 1941. Den Grundstock für die Einheit bildeten 10 indische Studenten aus Berlin und fünf ehemalige Kriegsgefangene, die bei der deutschen Rundfunkpropaganda mitwirkten.[8]) Im Dezember 1941 besuche Bose indische Gefangene im Lager Annaberg und konnte einige hundert Mann für seine Legion gewinnen. Der Verband wurde im Lager Frankenberg aufgestellt, bis er, auf etwa 600 Mann angewachsen, im August 1942 nach Königsbrück bei Dresden verlegt wurde.[9]) Alle indischen Freiwilligen, auch die Offiziere der englisch-indischen Armee, fingen auf ausdrücklichen Wunsch Boses bei der Wehrmacht wieder als Schütze an. Das Zusammenwachsen und die Ausbildung der Le-

بھائی ہند

نمبر ۵   ۱۹۴۴ء   جنوری

ہندوستانی لیجن کا دوسرا جنم دن

"ہمارے نیتا جی کے نام پیغام"

آزاد ہند کی تاریخ میں چودہ صدیوں خودمختاری کے دن کو ہم جناکی کہ حالت بہت بہت نازک تھی تو اسی دن میں یہ بیان کیا گیا ہے کہ اپنی خودمختاری کے لیئے خدمت میں اپنی وفاداری و جانثاری ثابت کرنے کے لیئے ہندر فیل اپنے نیتا کے ساتھ لڑنا ہندوستانیوں کا دلی ارادہ ہے ۔

پیغام معروض کرتے ہیں چودہ سال سے پہلے ۲۶ جنوری کو جینتہ منائیں غلام ذمہ وار رہنماوں نے بہت دفعہ اس بیان کے جو ہر کو دہرا یا ۔ او ہر ایک

Titelblatt der Zeitschrift der Indischen Legion

gion verliefen nicht ohne Schwierigkeiten, zumal die verschiedensten Stämme und Religionen aufeinanderprallten. So berichtet ein deutscher Augenzeuge[10]): »Mit dem Freiheitsruf ›Azad Hind‹, neu eingekleidet in khaki-gelbe Uniformen mit dem Legionsabzeichen, einem springenden Tiger am Ärmel, fanden sich stolze bärtige Turbanträger der Sikh-Stämme, kaffeebraune kleinere Gestalten aus den mittelindischen Marathen-Ländern, dunkelhäutige Tamilen aus Südindien und sonst noch buntes Gemisch aus entlegenen bäuerlichen indischen Landschaften unter der neuen Regimentsfahne zusammen.« Religiöse Differenzen und Kastenunterschiede führten anfangs zu erheblichen Spannungen innerhalb der Legion. So konnte es vorkommen, daß der Schatten eines Mohammedaners, der auf das Kochgeschirr eines Hindufreiwilligen fiel, diesen veranlaßte, sein Essen nicht mehr anzurühren.[11]) Bose verstand es jedoch, religiöse Traditionen und Kastenunterschiede auszugleichen, so daß die Legion zu einem einheitlichen Verband zusammenwuchs. Daß dies gelang, war zweifellos mit ein Verdienst der deutschen Führungskräfte, was ein britischer Vernehmungsoffizier einem deutschen Offizier der Legion nach dessen Gefangennahme mit unverhohlener Verwunderung zugestand.

Das deutsche Rahmenpersonal hatte neben den Mentalitätsunterschieden noch mit weit banaleren Problemen zu kämpfen. Allein der Speiseplan für die exotische Truppe stellte die Verwaltungsoffiziere vor ungewohnte Probleme, die ein ehemaliger Ordonnanzoffizier in seinen Erinnerungen anschaulich beschreibt[12]): »Den Hindus ist das Rind heilig, den Moslems das Schwein unrein; somit mußen wir mit den staunenden und unwilligen Intendanturen für die gemeinsame Küche um Hammelfleich und entsprechende Konserven feilschen. Bei einer Gruppe von religiös motivierten Vegetariern ersetzten wir das Fleisch durch zusätzliches Fett. Bei der Alkoholzuteilung war zu differenzieren und zu kompensieren.« Weitere Schwierigkeiten resultierten aus der bei Indern und Deutschen unterschiedlichen Auffassung von Disziplin und Gehorsam. Die Inder waren den preußischen Drill nicht gewohnt und brachten ihre Ausbilder durch manche Eigenarten anfangs schier zur Verzweiflung. So berichtet ein deutscher Dolmetscher der Legion[13]): »Der tägliche Dienstplan z. B. wurde beim Antreten der Kompanie am frühen Morgen nicht immer ohne weiteres akzeptiert, sondern von dem Kompanie-Volk erst einmal begutachtet und auf seine Zumutbarkeit überprüft.«

Im September 1942 wurde die Legion als Infanterie-Regiment 950 in die Wehrmacht eingegliedert. Zum Jahreswechsel 1942/43 hatte das IR 950, gegliedert in drei Bataillone, eine Stärke von 2593 Mann. Die Truppe setzte sich wie folgt zusammen: 1503 Hindus, 516 Sikhs, 497 Moslems und 77 andere.[14] Nachdem eine Kampfstärke von 3500 Mann erreicht worden war, wurde die Werbekampagne für neue Rekruten unter den indischen Kriegsgefangenen eingestellt. Obwohl nach einem deutsch-italienischen Abkommen die Errichtung einer indischen Einheit allein in den Verantwortungsbereich der Deutschen fallen sollte, versuchte auch Rom einen indischen Verband auf die Beine zu stellen. Das Centro Militare India konnte im Herbst 1942 auf etwa 350 indische Freiwillige zählen, mußte nach einer Meuterei im November aber aufgelöst werden.[15]

Mit ähnlichen Schwierigkeiten hatte 1943 auch das IR 950 zu kämpfen, als das 1. und 2. Bataillon im April den Befehl zur Verlegung nach Belgien und Holland erhielten. Legionäre der 3. Kompanie weigerten sich, dem Befehl Folge zu leisten, da sie nach ihrem Selbstverständnis und aufgrund einer Abmachung zwischen Bose und dem AA und OKH nur in Indien selbst oder auf dem Weg nach Indien eingesetzt werden konnten. Die Rebellion griff auf weitere Kompanien der Legion über, mehr als 170 Mann begingen Befehlsverweigerung. Am 24. 4. 1943 trat das Feldkriegsgericht der 404. Division zusammen und urteilte über 47 Inder der 3. Kompanie. Das Kriegsgericht ließ ein erstaunliches Maß an Einfühlungsvermögen und Objektivität erkennen: niemand wurde zum Tode verurteilt, die beiden Rädelsführer erhielten eine Zuchthausstrafe von 6 Jahren, die übrigen Angeklagten Gefängnisstrafen zwischen 3 Monaten und 3 Jahren.[16] Die Rebellion war niedergeschlagen, die Bataillone wurden an die holländische Kanalküste verlegt, wo sie bis zum 17. September 1943 blieben. Anschließend erfolgte ein Einsatz an einem klimatisch günstigeren Frontabschnitt, an der französischen Atlantikküste westlich Bordeaux. Die Einsatzbereitschaft der Legionäre wuchs, als das IR 950 am 21. 1. 1944 offiziell zu einem Teil der in Südostasien aufgestellten Indian National Army (INA) wurde und im Frühjahr 1944 die ersten indischen Offiziere ernannt wurden. Nach der alliierten Invasion wurde die Legion bei ihrem Rückzug nach Osten in Kämpfe mit der französischen Résistance verwickelt. Allein auf dem Weg nach Dijon erlitten die Inder 40 Mann Verluste. Etwa 250 Legionäre sollen auf dem Rückzug übergelaufen sein[17], an den Gefangenen und Deserteuren statuierten die französischen Widerständler häufig ein ebenso barbarisches Exempel wie an ihren eigenen, kollaborierenden Landsleuten: in Poitiers wurden am 22. 9. 1944 29 Inder erschossen.[18]) Nach Verlegungen in den Raum Rémiremont und Hagenau wurden die Inder im Lager Heuberg bei Sigmaringen zusammengefaßt. Einen klaren Kampfauftrag hatte die Einheit nicht mehr, nachdem jeder Gedanke, mit Hilfe deutscher Truppen Indien zu befreien, illusorisch geworden war. Am 8. August 1944 wurde die Legion zur Waffen-SS versetzt[19]), die entsprechende Änderung der Uniformierung und Rangabzeichen fand jedoch erst im März 1945 statt. Der Reichsadler wurde von der rechten Brustseite auf den linken Arm umgeklebt, statt der SS-Runen trugen die Legionäre den Tigerkopf am Kragenspiegel. Die Inder nahmen die Unterstellung unter die Waffen-SS mehr oder weniger gleichgültig hin. Im Kampf stand die Indische Legion nicht mehr.[20]) Hitler, der dem indischen Unabhängigkeitskampf nie eine gute Seite abgewinnen konnte, ließ sich am 23. März 1945 in harschen Worten über die nach seiner Einschätzung unfähige Indische Legion aus[21]): »Die indische Legion ist ein Witz. Es gibt Inder, die können keine Laus umbringen, die lassen sich lieber auffressen. Die werden auch keinen Engländer umbringen ... Ich glaube, wenn man Inder verwenden würde, um Gebetsmühlen zu drehen oder zu so irgend etwas, wären sie die unermüdlichsten Soldaten der Welt. Aber sie für einen wirklichen Blutkampf einzusetzen, ist lächerlich.« Mehr Verständnis hatten die Engländer. Mit vorsichtiger Rücksicht auf das indische Nationalgefühl behandelten die Briten die von ihnen gefangenen Angehörigen der Indischen Legion nach Kriegsende sehr milde. Ein Truppentransporter brachte die Inder von Bordeaux aus in die Heimat, wo die Briten auf die Durchführung umfassender kriegsgerichtlicher Verfahren verzichteten. Die Masse der Legion blieb straffrei.[22])

Dies gilt auch für die überwiegende Zahl der Freiwilligen der INA in Südostasien, die seit 1943 dem Befehl Subhas Chandra Boses unterstanden. Bose hatte, nachdem er in seinen Gesprächen mit Ribbentrop, Hitler und Goebbels kein uneingeschränktes Bekenntnis zur indischen Unabhängigkeit erhalten konnte, Europa den Rücken gekehrt und war nach einer gefahrvollen Reise mit dem deutschen Boot U-180 und dem japanischen U-Kreuzer I-29 am 16. Mai 1943 in Tokio angelangt.[23]) Im japanischen Machtbereich hatte Bose weit bessere Möglichkeiten, für die indische Unabhängigkeit einzutreten, als in Europa. Im Gegensatz zu Hitler erkannte die japanische Führung, daß die Aktivität Boses im Kampf gegen den britischen Imperialismus wie ein scharfes Schwert wirkte. Bose konnte seinen Einfluß bei den Japanern kontinuierlich ausbauen. Am 4. Juli 1943 wurde ihm das Präsidentenamt der Indian Indepence League, der politischen Organisation der indischen Nationalbewegung in Asien, übertragen. Am 21. 10. 1943 konnte er eine Provisorische Regierung des Freien Indien proklamieren, die unter anderem von Japan, Italien und Deutschland anerkannt wurde. Die Regierung zögerte nicht, den USA und England den Krieg zu erklären. Im Dezember 1943 übergaben die Japaner den Indern die Verwaltung der Inselgruppen der Andamanen und Nikobaren im Golf von Bengalen, ein erster Schritt auf dem von Bose geforderten »Marsch auf Delhi«. Besondere Aufmerksamkeit widmete Bose dem Ausbau der Indian National Army, die 1944 33000 Mann umfaßte[24]), geplant war sogar eine Aufstockung auf 300000 Mann. Die Rekruten der INA kamen weniger aus den japanischen Gefangenenlagern, vielmehr stellten freiwillige Auslandsinder das Hauptkontingent der Armee. Als die Japaner von Burma aus am 7. März 1944 eine großangelegte Invasion gegen die indischen Städte Imphal und Kohima einleiteten, waren auch die indischen Nationaltruppen Boses beteiligt. Aber die Offensive schlug nicht durch und entwickelte sich zu einer Katastrophe für die japanischen und indischen Angreifer. Von den rund 6000 Mann INA-Truppen kehrten nur etwa 2400–2600 Soldaten zurück, 400 Mann fielen, 715 Mann desertierten, 800 Freiwillige kamen in Gefangenschaft und 1500 starben an Erschöpfung und Hunger.[25])

Nach der Kapitulation des Kaiserreichs gerieten die Kämpfer der Indischen National-Armee in britisches Gewahrsam. Obwohl einige wenige Bose-Anhänger hingerichtet wurden, sah sich die britische Kolonialmacht außerstande, gegen die Masse der Freiwilligen vorzugehen, da sich die indische Bevölkerung mit der INA solidarisch erklärte. Nehru, später Ministerpräsident und Außenminister, warnte am 20. 8. 1945 die Besatzungsmacht vor den Folgen einer umfassenden Strafaktion[26]): »Ihre Bestrafung würde eine Bestrafung ganz Indiens und aller Inder bedeuten und Millionen von Herzen schmerzliche Wunden zufügen.« Eine INA-Begeisterungswelle in Indien brandete gegen das britische Kolonialsystem an, freigelassene INA-Angehörige vermittelten ihren Landsleuten ein neues politisches Bewußtsein und pflanzten einen der Keime der indischen Unabhängigkeit. So trug die Arbeit von Subhas Chandra Bose, um den sich auf dem Subkontinent ein neuer Kyffhäuser-Mythos entwickelte[27]), späte Früchte. Dies durchaus auch im Hinblick auf die intensive Entwicklung der deutsch-indischen Beziehungen auf politischem, wirtschaftlichem und kulturellem Gebiet nach dem Krieg. Immerhin war Boses Botschafter bei der Reichsregierung der erste Botschafter der Republik Indien in Bonn.

Wertet man die Tätigkeit des indischen Nationalistenführers und seine Kollaboration mit Deutschland und Japan, so muß man seine Aktivitäten als kontinuierliche Fortsetzung des Unabhängigkeitskampfes und dynamische Entwicklung des Dekolonisationsprozesses einschätzen. Tokio und Berlin waren für Bose keine Lehrmeister, sondern temporäre Verbündete zur Realisierung seines großen Traumes, der Durchsetzung der Freiheit Indiens. Sein innenpolitischer Gegner Gandhi würdigte das Wirken des charismatischen Nationalisten, der bereits zu Lebzeiten den Beinamen Netaji (großer Vorkämpfer) erhielt, und stellte ihn in die erste Reihe der indischen Unabhängigkeitskämpfer[28]):

> »Die größte Lehre, die wir aus dem Leben von Netaji ziehen können, ist die Art, wie er den Geist der Einigkeit unter die Menschen trug, so daß sie sich über alle religiöse und kleinbürgerlichen Bedenken und Schranken hinwegsetzten und ihr Blut für die gemeinsame Sache gaben. Seine einzigartige Leistung wird ihn in der Geschichte unsterblich machen. Alle Anhänger Netajis, mit denen ich nach ihrer Rückkehr nach Indien sprach, sagten ausnahmslos, daß sein Einfluß wie ein Zauber auf sie wirkte und sie befähigte, mit ihm nur für ein Ziel zu arbeiten: für Indiens Freiheit.«

8. Arabische Staaten

Palästina

Es erscheint auf den ersten Blick paradox, daß Ansätze zur Kollaboration mit den Deutschen nicht nur von in Palästina lebenden Arabern, sondern auch von extremen zionistischen Organisationen gemacht wurden. Die Annäherungsversuche radikaler jüdischer Gruppierungen an den nationalsozialistischen Todfeind lassen sich zum einen damit erklären, daß Deutschland und die Zionisten im Nahen Osten einen gemeinsamen Feind hatten: das Britische Empire, seit 1920 Mandatsmacht über Palästina und in den dreißiger Jahren noch nicht gewillt, einen eigenständigen jüdischen Staat zuzulassen. Eine ideologische Kongruenz gab es darüber hinaus nicht, wenn auch das Rassenverständnis zwischen radikalen Zionisten und Nationalsozialisten verblüffende Parallelen aufweist.[1] Beide sahen in den Juden eine eigenständige Rasse, beide stimmten weiter darin überein, daß die »Judenfrage« durch Assimilation nicht gelöst werden könne. Einige Extremisten wie Wladimir Zwed Jabotinsky von der zionistisch-revisionistischen Bewegung wiesen zudem eine deutliche Affinität zu autoritär-faschistischen Gedanken und Modellen auf. Es ist daher kein Zufall, daß die Urzelle der späteren israelischen Kriegsmarine im Italien Mussolinis, in Civitavecchia bei Rom, ausgebildet wurde.[2] Am weitesten vor in Richtung auf eine Kollaboration mit dem nationalsozialistischen Deutschland wagten sich radikale, bewaffnete Splittergruppen, die sich von der gemäßigten Hagana losgesagt hatten. Es waren die Stern-Gruppe (»Lechi«) und die Irgun Zvai Leumi (Nationale Militär-Organisation = NMO). Die Stern-Gruppe sah in den Deutschen nur den Feind, in den Briten aber den Erzfeind und suchte daher, wenn auch ohne Resonanz der Gegenseite, ein Zweckbündnis mit Nationalsozialisten und Faschisten.[3] Die NMO unterbreitete dem deutschen Marineattaché in der Türkei im Januar 1941 sogar ein förmliches Bündnisangebot, das die Emigration der europäischen Juden nach Palästina, die Gründung eines zionistischen Staates und die aktive Kriegsteilnahme der NMO an der Seite Deutschlands vorsah. Der entsprechende Bericht des

Marineattachés, dessen Authentizität allerdings nicht verbürgt ist[4]), lautet auszugsweise wie folgt:

»Die indirekte Teilnahme der israelitischen Freiheitsbewegung an der Neurordnung Europas, schon in ihrem vorbereitenden Stadium, im Zusammenhang mit einer positiv-radikalen Lösung des europäischen Judenproblems im Sinne der erwähnten nationalen Aspirationen des jüdischen Volkes, würde in den Augen der gesamten Menschheit die moralischen Grundlagen dieser Neurordnung ungemein stärken. Die Kooperation der israelitischen Freiheitsbewegung würde auch in der Linie einer der letzten Reden des deutschen Reichskanzlers liegen, in der Herr Hitler betonte, daß er jede Kombination und Koalition benutzen werde, um England zu isolieren und zu schlagen.«

Für die Echtheit dieses Dokuments spricht, daß auch Werner Otto von Hentig, damaliger Legationsrat und Leiter des Orientreferates im AA, die Kollaborationsversuche jüdischer »Terroristen« ausdrücklich bestätigt hat.[5]) Es bedarf wohl keines näheren Hinweises, daß die zionistische Offerte, die den Interessen der jüdischen Bevölkerung überall in der Welt diametral zuwiderlief, von den Nationalsozialisten nicht beantwortet wurde.

Sehr vorsichtig taktierte das Reich im Hinblick auf die palästinensischen Araber. Bis 1936 wurden Kooperationsangebote palästinensischer Nationalisten von deutschen Stellen zurückgewiesen. Zwar gab es nach Ausbruch des palästinensischen Aufstandes 1936 Kontakte zwischen Arabern und der Abwehr, eine wirksame Hilfe erhielten die palästinensischen Freischärler aber nicht. Vergebens bat Guerillaführer Fawzi al-Kaukji, der im 1. Weltkrieg als osmanischer Offizier das Eiserne Kreuz erhalten hatte, deutsche Diplomaten um Waffenhilfe. Vor 1939 unterließen die Nationalsozialisten in Palästina alles, was die deutsch-britischen Beziehungen stören konnte.[6]) Der Nationalrevolutionär Kaukji, ein verwegener Haudegen, der nacheinander in türkischen, syrischen, saudi-arabischen und irakischen Diensten für die Belange des arabischen Nationalismus eintrat, sollte später aber noch eine bedeutende Rolle bei dem syrischen Abenteuer (1941) und beim Aufbau der Deutsch-Arabischen Lehrabteilung (DAL) spielen. Die reservierte deutsche Haltung konnte selbst der Großmufti von Jerusalem als Hauptrepräsentant der arabisch-palästinensischen Bewegung vorerst nicht modifizieren. Als die Abwehr schließlich 1941 daran ging, Waffentransporte nach Palästina zu organisieren, scheiterte dies nicht zuletzt am Fehlen von örtlichen Kontaktzentren. Auch die mit Segen des Großmufti – den Churchill respektvoll – ironisch »eine Tonne Dynamit, die auf zwei Beinen herumläuft«[7]) nannte – unternommenen Versuche, arabische Agenten der Abwehr in Palästina abzusetzen, schlugen fehl.

Von den bei Kriegsausbruch in Deutschland befindlichen Palästinensern hatte sich eine unbekannte Anzahl in der Hoffnung zur DAL gemeldet, die Unabhängigkeitsbestrebungen ihrer Heimat vorantreiben zu können. Die Palästinenser müssen sehr frustriert gewesen sein, als sie nicht zur bewaffneten Speerspitze des Panarabismus wurden, sondern nach dem Untergang der deutsch-italienischen Afrika-Armee 1943 zunehmend ohne klaren Kampfauftrag blieben.

Syrien

Als der Irak im Mai 1941 versuchte, das koloniale Joch Englands abzuschütteln und die Irakische National-Armee den Kampf aufnahm, um die britischen Truppen aus dem Land zu vertreiben, fanden die irakischen Nationalisten die Unterstützung anderer arabischer Freiheitskämpfer, die gegen Großbritannien Front machten. Die wichtigste Gruppe von Freischärlern, die von Hauptmann Fawzi al-Kaukji geführt wurde, umfaßte Freiwillige aus Palästina, Syrien und Transjordanien. Kaukji hatte sich sofort nach Ausbruch der Feindseligkeiten am 2. Mai 1941 der Regierung in Bagdad zur Verfügung gestellt und sollte mit seiner Abteilung in Stärke von mehreren hundert Mann das Wüstengebiet westlich des Euphrat überwachen. Nach dem Zusammenbruch des irakischen Widerstandes zog sich Kaukji mit seinen Männern in das Vichy-treue Syrien zurück, das von gaullistischen und britischen Gruppen angegriffen wurde. Eine Zusammenarbeit Kaukjis mit den Franzosen schien schwer vorstellbar, da er als arabischer Nationalist den französischen Mandatstruppen naturgemäß wenig Sympathie entgegenbrachte. Zudem hatten ihn die Franzosen wegen vorhergehender Insurgententätigkeit zum Tode verurteilt. Aber dem deutschen Legationsrat Rahn, der die deutsche Hilfe für den aufständischen Irak organisiert hatte, gelang es, einen Burgfrieden zwischen den arabischen Nationalisten und den Vichy-Behörden herzustellen und die Begnadigung Kaukjis zu erreichen.[1]) Kaukji, von Rahn als halber Abenteurer und halber Nationalist eingeschätzt[2]), von englischer Seite als »Feind

363

nach dem Herzen seiner Gegner«[3]) charakterisiert, war für den Kampf gegen die Alliierten gewonnen. Daß er seinen Einsatz durchaus in die politische Linie der arabischen Befreiungsbewegung einordnete, beweist sein Eintreten für eine deutsche Erklärung über die arabische Unabhängigkeit.[4]) Eine derartige Erklärung konnte die deutsche Diplomatie mit Rücksicht auf die französischen Positionen und die italienischen Interessen im arabischen Raum nicht abgeben, so daß Rahn seine arabischen Gesprächspartner mit allgemeinen Zusicherungen über die Anerkennung ihres Freiheitskampfes und die Mitwirkung der Aktivisten bei der künftigen Neuordnung des arabischen Raumes beruhigen mußte.[5])

Schon am 24. Juni wurde Kaukji bei einem britischen Luftangriff schwer verwundet. Über Aleppo und Athen nach Berlin ausgeflogen und dort von Professor Sauerbruch operiert, hinterließ er bei den arabischen Nationalisten eine Lücke, die kaum ausgefüllt werden konnte. Zwischen den führerlosen Kaukji-Leuten und den Vichy-Franzosen kam es zu Schießereien, die Fehden mußten von Rahn mühsam geschlichtet werden. Der deutsche Diplomat bewies große Umsicht und das erforderliche Fingerspitzengefühl, als er trotz der offensichtlichen Überlegenheit der Alliierten noch eine zweite Freischärlergruppe unter der Führung eines alten Mitkämpfers von Kaukji, Aref Abd er Razeq, aufbaute. Von General Dentz, dem französischen Hochkommissar von Syrien, erhielt er die Erlaubnis zur Aufstellung einer arabischen Legion. Er zog alle Angehörigen der Kaukji- und Aref-Gruppe, sowie neue Freiwillige, unter ihnen Schmuggler und Abenteurer, zusammen und ließ die heterogene Einheit – etwa 500 Mann – am 6. Juli 1941 in Aleppo auf eine arabische Fahne vereidigen. Die Zahl von 500 Freiwilligen ist um so erstaunlicher, als die arabische Freiheitsbewegung in Syrien recht schwach und unorganisiert war. Man darf daher davon ausgehen, daß einige der arabischen Legionäre mehr an einem Handgeld interessiert waren als an Fragen der Unabhängigkeit und Souveränität ihres Heimatlandes. Rahn selbst berichtet in seinen Erinnerungen über die neuen Verbündeten des Reiches[6]):

»Am nächsten Morgen trat der Haufen an. Es war ein unbeschreibliches Bild. Kleider, Schuhe, Mützen, Helme, Tücher jeder Farbe und jeden Schnittes waren vertreten. Barfuß mit Stahlhelm der eine, englische Reitstiefel und ein Taschentuch auf dem Kopf der andere, Burnus und Fez dazwischen. Die Dächer und Mauern waren dicht von Menschen besetzt und auf den Straßen herrschte der reine Jahrmarktsbetrieb. Dann mußte ich, von wildem Geschrei unterbrochen, eine Rede halten. Der neue Anführer antwortete. Schließlich kam hoch und stolz die grüne Fahne – mit wahnsinniger Begeisterung begrüßt. Jeder einzelne Kämpfer trat hervor und küßte ihren Saum. Bei der Verteilung der Gewehre gab's noch einen kleinen Zwischenfall, als ein besonders geschäftstüchtiger Freiheitsheld gleich einige Gewehre am Zaun verkaufen wollte.«

Das bunt zusammengewürfelte Freiwilligenkorps unter dem Kommando von 7 deutschen Fremdenlegionären sollte sich bewähren: Unter dem Druck der eilig eingesetzten Freischärler gerieten die englischen Soldaten im Bereich des Flugplatzes Raqqa am Euphrat in eine schwierige Situation. Auch leisteten die arabischen Freischärler noch verbissenen Widerstand, als die Vichy-Behörden bereits die Einstellung der Kämpfe erwogen. Die Kapitulation der Vichy-Truppen am 14. Juli setzte allen Aktionen der arabischen Nationalisten ein Ende. Rahn gelang es, für seine Schützlinge 350 syrische Blankopässe zu erhalten, um sie über die Türkei nach Griechenland evakuieren zu können. Einem Großteil der Freiwilligen, denen die Flucht in die Türkei geglückt war, blieb jedoch aus politischen Gründen die Ausreise in das deutschbesetzte Griechenland verwehrt[7]), so daß nur wenige der Syrien-Veteranen in der späteren Deutsch-Arabischen Lehrabteilung dienten.

Tunesien

Arabische Freiwillige

Am 7./8. November 1942 landeten die Alliierten in Algerien und Marokko. Vichy-Truppen leisteten in Casablanca und Oran zum Teil heftigen Widerstand. Die alliierte Invasion beantwortete das Reich mit der Besetzung Tunesiens, die am 9. 11. anlief. Große Teile der einheimischen Bevölkerung sympathisierten mit den Achsenmächten, mit deren Hilfe sie den seit 1881 bestehenden Status als französisches Protektorat abzuschütteln hofften. So berichtet das Kriegstagebuch des OKW am 24. 11. 1942: »Araber überall besonders deutschfreundlich.«[1]) Der umtriebige Großmufti sah in dem neuen Kriegsschauplatz eine weitere Gelegenheit zur Stärkung der arabischen Unabhängigkeitsbewegung.

Mit seinem Memorandum vom 18. November schlug er dem OKW vor, in Tunesien eine maghrebinische Befreiungsarmee aufzustellen, in den von den Alliierten besetzten Gebieten arabische Aufstände zu entfachen und die DAL-Truppen im tunesischen Brückenkopf einzusetzen. Gleichzeitig sollten die Achsenmächte die Freiheit und Selbständigkeit des Maghreb und insbesondere Tunesiens anerkennen.[2]) Unabhängig von diesem Vorstoß befürwortete auch General Nehring am 1. 12. gegenüber dem OKW die Bildung eines tunesischen Freiwilligenbataillons. Beim OKW fielen diese Vorschläge auf fruchtbaren Boden, benötigte die Wehrmacht doch dringend Soldaten, um die neue Front in Afrika halten zu können. Eine Unabhängigkeitserklärung schien auch schon aus dem Grunde denkbar, als das Reich keine territorialen oder kolonialen Interessen in Nordafrika hatte. Aber Berlin konnte in dieser Frage nicht eigenständig handeln. Mit Rücksicht auf Vichy-Frankreich, italienische Aspirationen auf Tunesien und spanische Interessen in Nordafrika lehnte das Auswärtige Amt die Vorschläge des Großmufti daher ab.

Die deutsche Politik in Tunesien beschränkte sich darauf, den labilen Status quo zwischen Arabern, Franzosen und Italienern aufrechtzuerhalten. Gleichwohl sollte versucht werden, auch ohne eine offizielle Unabhängigkeitserklärung arabische Freiwillige anzuwerben. Dabei mußten italienische Empfindlichkeiten und Territorialansprüche in Rechnung gestellt werden. Im Hinblick auf die Wünsche des Achsenpartners durften arabische Einheiten nur als Teil der Wehrmacht, nicht aber als separate Freiwilligenverbände auftreten. Auch wurde auf eine stärkere propagandistische Herausstellung des Kampfeinsatzes arabischer Freiwilliger verzichtet. Den Führungskader für die nordafrikanische Freiwilligenformation bildete die DAL, die im Januar nach Tunesien verlegt und dem Pz.-AOK 5 unterstellt wurde. Gleichzeitig begann die Werbung für arabische Freiwillige. Im Kriegstagebuch des OKW ist hierzu unter dem 8. 1. 1943 vermerkt[3]): »Die Aufstellung arabischer Freischaren soll nunmehr mit Nachdruck betrieben werden.« Freiwillige hoffte man insbesondere aus dem arabisch-nationalistischen Lager zu gewinnen, das in Tunesien durch die 1934 gegründete Néo-Destour-Partei repräsentiert wurde. Nur durch Mundpropaganda wurden bis Mitte Januar 250 Freiwillige angeworben. Der Kommandeur der DAL, Oberstleutnant Meyer-Ricks, rechnete daher mit einer erheblichen Anzahl von Freiwilligen nach Einsetzen der aktiven Werbepropaganda und plante die Aufstellung von je einem Freiw.-Btl. Tunesien, Algerien und Marokko. Die Einheiten sollten später zu Regimentern aufgestockt werden. Meyer-Ricks ging davon aus, daß den deutsch-arabischen Truppen vorerst 3500 Mann angehören sollten.[4]) Die arabischen Rekruten erhielten französische Uniformen und einen Ärmelstreifen mit der Aufschrift: »Im Dienste der Deutschen Wehrmacht.« Als Wehrsold waren für Soldaten 10 Francs pro Tag, für Unteroffiziere 15 Francs und für Feldwebel 20 Francs vorgesehen. Die französische Phalange Africaine stellte am 13. 2. 1943 132 arabische Offiziere, Unteroffiziere und Mannschaften für die neue Deutsch-Arabische Legion ab. Schon Anfang Februar umfaßte die DAL knapp 3000 Mann, so daß Meyer-Ricks nunmehr eine Gesamtstärke von 6300 Mann ins Auge faßte. Aber das mit großen Hoffnungen verbundene Experiment der deutsch-arabischen Truppen scheiterte, was nicht zuletzt auf den frühen Tod ihres Mentors und Führers – Meyer-Ricks fiel am 26. 2. – zurückzuführen war. Das Bataillon Algerien, das Anfang April Feindberührung hatte, lief zum Teil zum Gegner über, der Rest zeigte keinen großen Kampfwillen. Die Deutschen entwaffneten daraufhin alle Freiwilligenverbände.[5])

Die Deutsch-Arabisch Lehrabteilung und mit ihr einige neue arabische Rekruten wurden nach Griechenland zurückgezogen, die meisten der nordafrikanischen Legionäre konnten vor der Kapitulation der deutsch-italienischen Truppen in Tunesien aber nicht mehr evakuiert werden. Die Nachrichten über ihre Behandlung durch die gaullistischen Behörden sind spärlich. Doch dürfte davon auszugehen sein, daß die arabischen Freiwilligen der Wehrmacht nicht besser behandelt wurden, als die französischen Freiwilligen der deutschen Streitkräfte. Rund 10000 Tunesier mußten sich der Siegerjustiz stellen. Zumindest in zwei Fällen sind gaullistische Todesurteile gegen nordafrikanische Freiwillige überliefert.[6]) Dabei spielte es für die Kolonialmacht keine Rolle, daß die arabischen Legionäre nicht für das Hakenkreuz kämpften, sondern für den Halbmond und sich den Deutschen nur angeschlossen hatten, weil diese die Gewähr dafür zu bieten schienen, daß die Maghreb-Staaten frei und unabhängig wurden.

»Soldats de la France immortelle
Jusqu'à la mort
Pour faire une Europe nouvelle
Risquons le sort.«
Lied der Phalange Africaine

Unmittelbar nach Beginn der alliierten Invasion in Algerien und Marokko hatten die französischen Ultras im Mutterland energischen militärischen Widerstand gefordert. Bereits am 8. 11. 1942 erklärte Jacques Doriot[7]): »Afrika ist unser Land und gehört uns allen. Afrika gehört nicht den Amerikanern. Afrika gehört nicht den Engländern. Afrika gehört Europa ... Es sind manche unter uns, die keine Furcht gehabt haben, sich in den eisigen Steppen Rußlands zu schlagen und wir sind auch bereit, uns in dem brennenden Sand der Wüste zu schlagen.« Einen Tag später forderte er in einer Rede die Aufstellung einer Legion Impériale zum Kampf in Nordafrika. Im ähnlichen Sinn äußerten sich im gleichen Monat auch andere Kollaborationspolitiker[8]), so Joseph Darnand, Paul Guiraud von den Francisten und Jean-Marcel Renault von der Jeunesse de France et d'Outre Mer. Ministerpräsident Pierre Laval schloß sich dem Vorschlag Doriots an und in ganz Frankreich begannen die Werbungen für die Legion Impériale, zu der sich schätzungsweise 3000 Mann meldeten.[9]) Laval hatte ursprünglich vorgehabt, rund 18000 Franzosen, gegliedert in zwei Europäerbrigaden zu je 7000 Mann und eine aus Nordafrikanern (4000 Mann) bestehende Halbbrigade in Nordafrika einzusetzen. Mangel an Transportflugzeugen und deutsche Indifferenz verhinderten jedoch selbst die Überführung der 3000 Freiwilligen nach Tunesien. So beschränkte sich die materielle Hilfe des französischen Mutterlandes für die geplante Legion auf die Entsendung einer sechsköpfigen Offiziersdelegation nach Tunis am 28. 12. 1942. Die Vichy-Offiziere sollten als Führerkorps der neuen Legion dienen, die die Bezeichnung Phalange Africaine (P.A.) erhielt.[10]) Für diese Einheit wurde nun ab dem 1. 1. 1943 ausschließlich in Tunesien geworben.

In Tunis hatte sich zwischenzeitlich neben dem französischen Generalresidenten Admiral Jean Esteva, der zu den Alliierten neigte[11]), ein aus überzeugten Kollaborationspolitikern zusammengesetztes Revolutionskomitee (Comité d'Unité d'Action Révolutionnaire = CUAR) gebildet. Ihm gehörten verschiedene Kollaborationsgruppierungen an, wobei die PPF, die im Rahmen ihrer euroafrikanischen Politik in ganz Nordafrika präsent war, dominierte. Den Vorsitz des CUAR übernahm ein 28jähriges Mitglied der PPF, Georges Guilbaud. Wie viele andere Doriot-Anhänger kam auch Guilbaud von der extremen Linken. Stark sozialistisch beeinflußt, stand Guilbaud im Lager der Eurofaschisten, was er mit seiner Forderung nach der Gründung einer förderalistischen europäischen Union unterstrich. Weit entfernt davon, seine gaullistischen Gegner zu hassen, plädierte er erfolgreich dafür, gaullistische Gefangene nicht als Freischärler zu füsilieren, sondern nach Frankreich zu überstellen. Der deutsche Diplomat Rudolf Rahn berichtet über den talentierten PPF-Aktivisten[12]): er war »der geborene Revolutionär mit allen Vor- und Nachteilen – robust, beredsam, unermüdlich, rücksichtslos und verführerisch zugleich«. Mit Hilfe des CUAR wurde ein Hilfspolizeiverband (la Brigade de Police spéciale de surveillance) aufgebaut, da die reguläre Polizei mit Gaullisten durchsetzt war und als unzuverlässig galt. Das Komitee spielte auch eine erhebliche Rolle bei der Freiwilligenwerbung für die Phalange Africaine, die zuerst von Oberstleutnant Cristofini geführt wurde, dessen offizielle Dienstpost folgenden Briefkopf aufwies: »Forces Européennes-Mission Militaire Française.« Nach Cristofinis Verwundung leitete Major Curnier die Aufstellung der P.A., während Hauptmann André Dupuis als Kompaniechef fungierte. Der französische Historiker Robert Aron[13]) berichtet über die Phalange, Cristofini habe in den Slums von Tunis »150 Lumpen, Syphilitiker und Wracks« für seine Einheit angeworben. Der Beweis für diese Diffamierung bleibt er dem Leser allerdings schuldig. Zum einen dürfte bereits die Zahl der Freiwilligen erheblich höher gewesen sein – etwa 330 Mann[14]) – als Aron angibt, zum anderen ist nicht einzusehen, warum sich wenige Wochen vor dem Zusammenbruch der Achsenmächte das Lumpenproletariat von Tunis freiwillig gegen die überlegenen Alliierten schlagen sollte. Man muß den französischen Freiwilligen schon ein Minimum an politischem Bewußtsein und Idealismus zuerkennen, schließlich diente ihr Einsatz nicht nur der Verteidigung des französischen Kolonialreichs, sondern sollte gleichzeitig als Gegengewicht gegen die italienischen Ansprüche auf Tunesien wirken.

Zur tatsächlichen Sozialstruktur der P.A. ist anzumerken, daß ihr unter anderem 3 Lehrer, 2 Ingenieure, 100 Berufssoldaten und etwa 100 Angestellte und Arbeiter angehörten.[15]) Henry Charbonneau, der als Leutnant bei der P.A. diente, schreibt über ihre Zusammensetzung[16]): »Wie alle Freiwilligentruppen ist die Phalange Africaine pittoresk ... Man nimmt alle möglichen Leute an, oder fast alle, junge, alte, Haudegen und Grünschnäbel, die noch nie ein Gewehr gehalten haben.« Die Einheit wurde in Cédria-Plage am Golf von Tunis ausgebildet, erhielt französische Uniformen mit dem Abzeichen der französischen Doppelaxt (Francisque) und deutsche Stahlhelme, die an der Seite eine Trikolore aufwiesen. Am 18. 3. 1943 wurde die Einheit auf Hitler wie auf Marschall Pétain vereidigt.[17]) Damit war eine Hauptforderung französischer Ultras erfüllt worden: der Eid wurde nicht nur dem deutschen Staatsoberhaupt geleistet, sondern gleichrangig auch dem französischen. Anfang April gingen 212 Mann[18]), die dem 754. Grenadierregiment der deutschen 334. Infanterie-Division unterstanden, an die Front. Nach Aussage des deutschen Beobachters Rudolf Rahn haben sich die französischen Freiwilligen[19]) »zum Teil hervorragend geschlagen«. Am 20. April 1943 erhielten drei von ihnen das EK II. Nach verlustreichen Kämpfen hatte die Phalange Africaine am 4. Mai noch eine Kampfstärke von 89 Mann. 14 Freiwillige, die als Gefangene in die Hände der Gaullisten fielen, wurden umgehend als Freischärler erschossen.[20]) Nicht viel besser erging es den Freiwilligen und Kollaborateuren, die nach der deutsch-italienischen Kapitulation den Freien Franzosen in die Hände fielen. Pierre-Simon Ange Cristofini, der erste Kommandeur der Phalange Africaine, wurde in Algier von einem Militärtribunal zum Tode verurteilt. Da er den französischen Soldaten die Schande ersparen wollte, auf einen Landsmann zu schießen, beging er einen Selbstmordversuch, bei dem er sich einen Schädelbruch zuzog. Gleichwohl wurde er umgehend, auf einer hochgestellten Tragbahre festgeschnallt, exekutiert, während ihm Blut und Gehirn über das Gesicht liefen.[21]) Die gaullistische Justiz griff in Nordafrika mit äußerster Härte durch, in Abwesenheit wurden allein 39 Mitglieder des Revolutionskomitees und 49 Freiwillige der Phalange Africaine zum Tode verurteilt. Französische Soldaten, die sich als gute Patrioten wähnten, füsilierten andere französische Soldaten, die in dem selben Glauben waren und bei der Phalange Africaine gesungen hatten: »Für die Trikolore werden wir kämpfen, werden wir siegen ...«

Die Deutsch-Arabische Lehrabteilung (DAL)

Seit Ende 1941 befanden sich drei der wichtigsten Exponenten der arabischen Unabhängigkeitsbewegung in Deutschland. Es waren der arabische Freischarführer Fawzi al-Kaukji, der sich nach seiner Verwundung in Syrien in Berlin aufhielt, ferner der über die Türkei und Italien ins Reich gelangte Großmufti und der irakische Ministerpräsident Rashid Ali al-Gailani, dessen Aufstand im Feuer englischer Geschütze zusammengebrochen war. Die deutsch-arabische Zusammenarbeit war weniger darauf zurückzuführen, daß die Araber Adepten des Nationalsozialismus waren. Vielmehr führte die gemeinsame Kampfstellung gegen Engländer, Juden und Kommunisten zu der Allianz arabischer Unabhängigkeitskämpfer mit Berlin. Das Reich bot sich auch deshalb als Schutzmacht an, weil es keine Kolonialinteressen in Nordafrika und Vorderasien vertrat.

Als einzige arabische Partei, die sich deutlich an das nationalsozialistische und faschistische Modell anlehnte, existierte die 1932 von Antun Saadeh gegründete Syrisch-Nationale Partei, die später in Syrische Sozial-Nationalistische Partei umbenannt wurde.[1] Aber diese Gruppierung spielte bei den Aktivitäten des arabischen Exils in Deutschland keine Rolle. So waren es neben dem gemeinsamen Feindbild speziell pragmatische Gründe, die die arabischen Nationalisten zur Zusammenarbeit mit dem Reich bewogen. Die Partnerschaft zwischen Islam und Hakenkreuz wurde dabei von beiden Seiten als ein machtpolitisch kalkuliertes Zweckbündnis verstanden. Die Deutschen hätten es sofort aufgekündigt, wenn der erhoffte Ausgleich mit England zustande gekommen wäre.

Gailani, der Großmufti und Kaukji bemühten sich im Exil besonders um die Realisierung zweier Ziele: die Herbeiführung einer Unabhängigkeitserklärung der Achse für die arabischen Staaten und die Aufstellung einer arabischen Streitmacht. So heißt es in einer Aufzeichnung des Reichsaußenministers von Ribbentrop vom 13.11.1941: »Aus allen Äußerungen arabischer Persönlichkeiten ergibt sich, daß für die arabische Welt das A und O eine neue politische Erklärung der Achsenmächte über die Unabhängigkeit der arabischen Länder ist.«[2] Eine Unabhängigkeitserklärung wollte Berlin aber mit Rücksicht auf widerstreitende italienische, französische und spanische Ansprüche in Nordafrika und im Nahen Osten nicht abgeben. Als die Reichsregierung schließlich am 2. November 1944 die Selbständigkeit aller arabischen Staaten anerkannte[3]), war der Zeitpunkt verstrichen, zu dem eine solche Erklärung noch propagandistisch-politische Erfolge hätte haben können.

Günstiger ließ sich die Aufstellung arabischer Verbände an. Bereits im Sommer 1941 wurden im Rahmen des Sonderstabes F unter General

Felmy die ersten arabischen Freischärler am Kap Sunion bei Athen für Sabotageunternehmen und nachrichtendienstliche Einsätze geschult. Vorerst handelte es sich aber nur um 25–30 Mann.[4]) Der Mufti trug sowohl in seinen Gesprächen mit Mussolini als auch in seinen Unterredungen mit dem Reichsaußenminister und Hitler das Konzept einer eigenständigen arabischen Legion vor, die, so betonte Husseini am 28. 11. 1941, »mit Leichtigkeit aufzustellen«[5]) sei. Die Werbung für das Ausbildungslager Sunion wurde daraufhin unter den kriegsgefangenen Arabern intensiviert, aber dem raschen Aufbau einer »arabischen Freiheitsarmee« standen zahlreiche Hindernisse im Wege. Es gab deutsch-arabische Reibereien, weil der Großmufti und Gailani auf den Abschluß eines Militärabkommens drängten. Hinzu kamen innerarabische Querelen um die Führungsrolle zwischen dem irakischen Ministerpräsidenten und dem palästinensischen Großmufti, der die Rolle des panarabischen Nationalisten übernahm und ein Großarabisches Reich unter Einschluß des Irak, Transjordaniens, Syriens, des Libanon und Palästinas forderte. Fawzi al-Kaukji zog sich von der Arbeit beim Sonderstab F zurück, zudem wurde die Werbung arabischer Freiwilliger anfangs noch dadurch erschwert, daß aus außenpolitischen Gründe vorerst auf die Rekrutierung von Nordafrikanern aus den französischen und italienischen Kolonien verzichtet wurde. Am 12. Januar 1942 gab Hitler sein Plazet zur Aufstellung der späteren Deutsch-Arabischen Lehrabteilung, die schließlich im Mai 1942 130 Araber umfaßte. Mittlerweile aber hatte der Großmufti Kontakte mit Rom aufgenommen, da er hoffte, die italienische Regierung würde einen arabischen Verband unter arabischer Fahne und seiner ausschließlichen Führungsrolle anerkennen. Die Italiener akzeptierten den Gedanken einer Arabischen Legion als unabhängiger arabischer Einheit. Rom und Berlin vereinbarten Ende April, daß die Italiener eine arabische Freiwilligeneinheit aufstellen sollten, während die Schaffung einer indischen Einheit in den Kompetenzbereich der Deutschen fiel. Anschließend kam es zum Austausch indischer und arabischer Kriegsgefangener zwischen den Achsenpartner, aber der Sonderstab F behielt seine arabischen Freiwilligen, da man sich auf den Standpunkt stellte, es handele sich um eine Einheit der Deutschen Wehrmacht. Den Italienern ist der Aufbau einer schlagkräftigen arabischen Legion im übrigen nicht gelungen. Zwar konnte der italienische Kommandeur, Oberstleutnant Ivrea, 250 Mann zusammenfassen, aber dieser kleine Verband spielte keine Rolle und wurde nie eingesetzt.

Die DAL, der das ehrgeizige Ziel zugewiesen wurde, das Unterführer-korps für fünf arabische Divisionen abzugeben, die nach dem deutschen Einmarsch in Syrien, Palästina, Transjordanien und im Irak aufgestellt werden sollten, wurde kontinuierlich weiter ausgebaut. Im August 1942 trat eine erste maghrebinische Kompanie zur Lehrabteilung. Hierbei soll es sich um nordafrikanische Angehörige der LVF gehandelt haben.[6]) Als die DAL anschließend an die Ostfront nach Stalino verlegt wurde, um an dem zu erwartenden Einmarsch in Mesopotamien teilzunehmen, bestand der Verband aus zwei Kompanien mit Arabern aus Palästina, Syrien, dem Irak und Nordafrika; zwei weitere Kompanien befanden sich in Aufstellung.[7]) Der Großmufti opponierte vergeblich gegen den Ostfronteinsatz der DAL und verlangte ihre Verlegung nach Ägypten oder Nordafrika. Mit dem Scheitern des deutschen Kaukasus-Unternehmens war die Gastrolle der arabischen Freiwilligen an der Ostfront allerdings zu Ende, ihr anschließender Tunesien-Einsatz konnte den Zusammenbruch des deutsch-italienischen Brückenkopfes in Nordafrika nicht verhindern.

Nach ihrem Rückzug aus Nordafrika verlegte die DAL wieder in ihr Ausbildungslager nach Kap Sunion. Im Juni 1943 bekam die Einheit Verstärkung durch marokkanische Freiwillige. 80 von ihnen erhielten eine Ausbildung als Fallschirmspringer. Tatsächlich wurden DAL-Angehörige Ende 1944 im Mittleren Osten mit dem Fallschirm abgesetzt.[8]) Die meisten der arabischen Unabhängigkeitskämpfer verbrachten ihre Zeit in Griechenland allerdings mit der weniger heroischen Aufgabe des Wach- und Sicherungsdienstes. An den politischen Ambitionen des arabischen Exils hatte die Reichsführung bei der sich verschlechternden Kriegslage im übrigen immer weniger Interesse. So wies der Reichsaußenminister am 6. August 1944 seine Diplomaten an, den arabischen Führern ihren Etat zu streichen und die nicht zur DAL gehörenden arabischen Studenten in den Arbeitseinsatz einzugliedern.[9]) Einer der letzten öffentlichen und publikumswirksamen Auftritte des Großmufti, den Hitler als »einen eminent schlauen Fuchs«[10]) bezeichnete, fand am 2.11.1944 anläßlich des Kongresses der Jugend der arabischen Länder in der Reichshauptstadt statt. Husseini beschwor noch einmal sein Ziel einer arabischen Union.

Das Reich blieb weiterhin bestrebt, arabische Freiwillige für den deutschen Kriegsdienst zu werben. Im Juni 1943 wurde in Döllersheim das Deutsch-Arabische Inf.-Btl. 845 aufgestellt. Im September 1944 hatte es eine Stärke von 2 Infanteriebataillonen, wobei das 2. Bataillon aus

700 Nordafrikanern bestand, die in Frankreich angeworben worden waren.[11]) Am 31. 12. 1944 erging der Befehl zur Auflösung des 2. Bataillons und zur Verschmelzung der beiden Bataillone zu einer Einheit.[12]) Eingesetzt war der Verband beim OB Südost. Was die Gesamtstärke der auf deutsch-italienischer Seite kämpfenden arabischen Freiwilligen anbetrifft, so ist die Aussage eines amerikanischen Kongreßabgeordneten von Interesse, wonach sich am 10. April 1946 im Gefangenenlager Opelika/Alabama 2000 arabische Achsenfreiwillige befanden.[13])

Der Großmufti, auf den die Engländer ein Kopfgeld von 25000 Pfund ausgesetzt hatten, Gailani und Kaukji überlebten das Kriegsende. Ihnen allen sollten im Rahmen der arabischen Unabhängigkeitsbewegung noch wichtige Aufgaben zufallen, im ersten Waffengang gegen Israel etwa befehligte Fawzi al-Kaukji die arabische Liberation Army. Ihre Kollaboration mit dem nationalsozialistischen Deutschland scheint man den drei achsenfreundlichen Politikern im Nahen Osten nie ernsthaft zum Vorwurf gemacht zu haben, da sie zu Recht als eine Etappe im Dekolonisationsprozeß der arabischen Völker angesehen werden kann.

Exkurs: Die Brigade nord-africaine

Diese Einheit nimmt unter den ausländischen Freiwilligenverbänden der Deutschen insoweit eine Sonderstellung ein, als sie nicht zur Waffen-SS oder zur Wehrmacht gehörte, sondern dem SD in Frankreich unterstand. Zu ihrer Aufstellung fanden sich zwei recht unterschiedliche Charaktere zusammen: Der finstere Henri Chamberlin Lafont, Chef des berüchtigten Pariser Gestapobüros Rue Lauriston 93 und der algerische Nationalist Mohammed el-Maadi. El-Maadi, 1903 geboren, war französischer Berufssoldat gewesen und leitete in Paris die algerische Zeitschrift Er Rachid (Der Botschafter), die es immerhin auf eine Auflage von 30000 Exemplaren brachte. Der Journalist befand sich mit seinen politischen Forderungen nach der Gleichheit aller in Algerien lebenden Staatsbürger anfangs noch in Einklang mit der Vichy-Politik, 1943 radikalisierte er jedoch seine Forderungen und postulierte einen unabhängigen algerischen Staat. Als Geburtshelfer eines souveränen Algerien schienen ihm die Deutschen willkommene Verbündete, kooperierten doch auch zahlreiche andere arabische Freiheitskämpfer mit dem Reich. Die Gründe für die Zusammenarbeit des unseligen Chamberlin Lafont mit El-Maadi sind weniger klar. Der Gestapo-Offizier scheint mit dem Gedanken gespielt zu haben, eine farbige »Privatarmee« aufzustellen und eine provisorische nordafrikanische Exilregierung ins Leben zu rufen.[1]) Die Träume des ungleichen französisch-algerischen Gespanns, 5000 nordafrikanische Freiwillige anwerben zu können, zerschlugen sich rasch. Ende 1943 rekrutierten sie in Paris 300 Algerier, nach einem Blick in das Strafregister blieben 180 Mann übrig. Der 28. Januar 1944 war die Geburtsstunde der kurzlebigen Brigade nord-africaine. Aufgeteilt in 5 Sektionen mit je 30 Mann, die mit deutsch-französischen Uniformteilen ausstaffiert waren, kam die Truppe im Gebiet von Limoges zur Bekämpfung der Maquisards zum Einsatz. Die Nordafrikaner dürften bald gemerkt haben, daß ihr Antipartisaneneinsatz sie dem Ziel eines souveränen algerischen Staates keinen Schritt näherbrachte. Jedenfalls schmolz die Effektivstärke der Brigade bis Juni 1944 dahin wie Schnee in der Sonne[2] ...

IV Kriminelle oder Idealisten?

»Wir boten unsere Gesundheit
und unser Leben an
für eine Reichsmark pro Tag
plus eine Reichsmark Frontzulage.«

Frans Vierendeels, ehem. flämischer Freiwilliger

Seit den unmittelbaren Nachkriegsuntersuchungen hinsichtlich der
Motivation und des sozialen Umfeldes von dänischen, norwegischen
und holländischen Freiwilligen[1]) ist dieses Thema nicht mehr Gegen-
stand wissenschaftlicher Explorationen gewesen. Im übrigen ist scheinbar noch nie eine vergleichende Motivationsuntersuchung verschiedener Nationalitäten durchgeführt worden. Wenn der Autor nun einige,
gewiß lückenhafte Fakten über den psycho-politischen Hintergrund
der Freiwilligenbewegung vorlegt, so nicht, um die seinerzeitigen Un-
tersuchungen in Frage zu stellen, sondern um sie zu ergänzen. Er ist sich
dabei bewußt, daß eine derartige Motivationsanalyse über 35 Jahre
nach Kriegsende nicht repräsentativ sein kann. Zum einen ist die Anzahl der dem Autor zur Verfügung stehenden Zeugenaussagen zu gering, zum anderen ist nicht auszuschließen, daß sich das eigene Motiva-
tionsbild der Befragten in der Retrospektive verklärt und idealisiert hat.
Gleichwohl soll der bescheidene Versuch gewagt werden, etwas von
den damaligen Triebkräften und Beweggründen der bewaffneten Kollaboration darzulegen, nicht zuletzt, um die wissenschaftliche Diskussion um das Problem der »patriotic traitors« neu zu beleben.
Dem Autor liegen 72 verwertbare Zeugenaussagen aus 11 Volksgruppen vor. Die darüber hinaus vorhandenen Stellungnahmen italienischer Staatsangehöriger wurden nicht herangezogen, da die Befragten
überwiegend nicht in deutschen Einheiten, sondern solchen der norditalienischen RSI gedient haben. Weitere Angaben anderer Nationalitäten[2]) konnten schon deshalb nicht berücksichtigt werden, weil die
Anzahl der Zeugen nur verschwindend klein war.

379

Was die Parteizugehörigkeit der 72 ehemaligen Freiwilligen, bezogen auf die Vorkriegs- und Kriegsjahre, angeht, so ergibt sich folgendes Bild:

Parteizugehörigkeit der Befragten

Nationalität	Anzahl der Befragten	Parteimitglieder	%
Holländer	5	4 (NSB)	80%
Flamen	6	4 (2 VNV, 1 De Vlag, 1 Verdinaso)	67%
Wallonen	6	4 (Rex)	67%
Franzosen	10	5 (SOL, MSR, PRNS, Jeunesses Patriotes, Parti Franciste; 3 hatten der Miliz angehört)	50%
Spanier	12	12 (Falange)	100%
Dänen	5	3 (DNSAP)	60%
Norweger	6	6 (Nasjonal Samling bzw. Jugendorganisation)	100%
Schweizer	5	4 (3 NF, 1 BTE sowie Zugehörigkeit zu weiteren Parteien)	80%
Finnen	7	2 (1 AKS, 1 IKL)	28%
Esten	4	0	0%
Letten	6	0	0%
	72	44	60%

Auffällig ist, daß niemand der Befragten einer Partei angehörte, die man dem parlamentarisch-demokratischen Zentrum zurechnen kann. Die 44 Parteimitgliedschaften verteilen sich sämtlich auf Gruppierungen der Rechten bzw. der extremen Rechten. Es waren Organisationen, die zumeist in schroffer Kampfstellung zum parlamentarischen System standen. Für ihre Anhänger hatten die demokratischen Parteien abgewirtschaftet, sich durch Mittelmäßigkeit, Korruption und das Fehlen zündender Ideale um jeden Kredit gebracht. Die Aktivisten der sogenannten Erneuerungsbewegungen waren fasziniert von den europäischen Umbrüchen der Jahre 1922 und 1933, von der Bündelung nationalistischer und sozialistischer Ziele, von der Aufbruchsstimmung, die die autoritären Bewegungen begleitete. Geht man davon aus, daß im Durchschnitt sicher nicht mehr als 10% der männlichen Bevölkerung eines Landes Mitglieder für die dort vertretenen Parteien stellte, so ist der hier ermittelte Wert von 60% Parteizugehörigkeit ungewöhnlich hoch. Dies spricht für eine beträchtliche Politisierung bestimmter Freiwilligenkader. Auch aus anderen zugänglichen Quellen läßt sich die überproportionale Politisierung einzelner ausländischer Freiwilligenverbände ableiten. Die Rekruten für die französische Waffen-SS des Novembers 1943 etwa setzten sich nach Bindung und Zugehörigkeit zu den verschiedenen Parteien wie folgt zusammen[3]):

    20% PPF
    10% Milice Française
     9% Francisten
     4% RNP
    19% andere Gruppierungen, u. a. NSB
    ___
    62%

Nur 38% dieser Freiwilligen hatten keiner politischen Organisation angehört, in Faktum, das eher auf die Jugend der Rekruten – 54% waren zwischen 17 und 20 Jahre alt – als auf fehlendes politisches Interesse zurückzuführen ist.

Auf der anderen Seite ist beachtenswert, daß die estnischen und lettischen Zeugen sämtlich ohne parteipolitische Bindung waren. Man wird daraus schließen dürfen, daß ihr Engagement primär nicht aus ideologischen Gründen und nicht aus Sympathie für das nationalsozialistische Deutschland erfolgte. Die Balten nehmen auch insoweit eine Sonderstellung ein, als ihre »Freiwilligkeit« im Einzelfall mehr als fraglich ist, sahen sich die wehrfähigen Jahrgänge des estnischen und lettischen Volkes ab 1943 doch zunehmend der Zwangsrekrutierung ausgesetzt. Einen Sonderstatus können auch die Finnen beanspruchen, bei denen das einheimische Werbungskomitee dafür sorgte, daß nicht allzu viele radikale Elemente in das finnische Bataillon einsickerten.

Von großem Interesse ist naturgemäß die Selbsteinschätzung der Betroffenen, warum sie sich auf deutscher Seite engagierten. Da innerhalb der Fragestellung Mehrfachnennungen möglich waren, ergibt die Summe der Motivationsbündel nur im Einzelfall 100%. Die Aussagen lassen sich wie folgt aufschlüsseln:

Motivation		anti-kommu-nistisch	pro-deutsch/ anti-englisch	national-soziali-stisch	groß-germa-nisch	Europa-Gedanke	Patrio-tismus, Nationa-lismus	materielle Gründe, Abenteuer-lust
Nationalität	Anzahl Befragter							
Holländer	5	20%	40%	20%	80%		40%	20%
Flamen	6	67%		33%	83%		83%	
Wallonen	6	83%		16%	33%	33%	50%	
Franzosen	10	60%	10%	20%	10%	70%		
Spanier[1])	12	92%				8%		
Dänen	5	20%	60%			80%	40%	
Norweger	6	67%	16%				83%	
Schweizer	5	40%		60%	70%	30%		
Finnen[2])	7	70%					85%	
Esten[3])	4	50%					50%	
Letten	6	100%					83%	

[1]) Einer der Befragten gab an, er sei in die Blaue Division eingetreten, um einen Kriegseintritt seines Landes zu vermeiden.

[2]) Einer der Finnen erklärte, er sei als angehender Berufsoffizier in die Waffen-SS eingetreten, um eine moderne Militärausbildung zu erhalten.

[3]) Zwei Esten gaben an, sie seien, da eingezogen, ohne besondere Motiviation in die deutschen Streitkräfte eingetreten.

Bemerkenswert ist die Tatsache, daß nur einer von 72 Befragten erklärt hat, für sein Engagement hätten materielle Gründe sowie Abenteuerlust eine Rolle gespielt. Dies hängt vielleicht mit der bereits erwähnten Vermutung zusammen, daß Zeugen im Einzelfall nicht die notwendige kritische Selbsteinschätzung an den Tag gelegt haben. Zum anderen ist nicht zu übersehen, daß die Frontfreiwilligen auf deutscher Seite nicht eben mit einem Sold verwöhnt wurden, der es ihnen erlaubte, Reichtümer anzuhäufen. Dies mögen Beispiele aus Frankreich, Italien und Flandern verdeutlichen.

Die französischen Freiwilligen der LVF des Jahres 1941 erhielten einen Wehrsold, der dem der französischen Armee entsprach.[4]) Der materielle Anreiz zum Engagement war daher eher bescheiden. Gleichwohl schrieb ein von der LVF enttäuschter Leutnant an die Vichy-Behörden, 85% der Freiwilligen hätten sich allein wegen des Soldes verpflichtet.[5]) Diese Einschätzung, vielleicht mehr auf Frust als auf Fakten beruhend, ist nicht schlüssig, denn der nur am Sold Interessierte hätte sich bequemer und gefahrloser in das 100000-Mann-Heer Vichys einreihen können als in eine Truppe, die für den direkten Fronteinsatz gegen die Rote Armee angeworben wurde. Das Geld kann jedoch im Einzelfall für die

Angehörigen der demobilisierten französischen Vichy-Armee 1943 eine Rolle gespielt haben, als ledigen LVF-Soldaten eine Grundlöhnung von 1800–4100 Frs. und Verheirateten von 2400–5400 Frs. angeboten wurde, Beträge, zu denen noch Kinder- und Frontzuschläge hinzuzurechnen sind.[6]) Wenn man diese Summen in Relation setzt zu den damaligen Schwarzmarktpreisen, erscheint das materielle Polster für LVF-Freiwillige allerdings weniger rosig: So kostete ein Kilo Butter 1943 350 Frs., ein Kilo Kartoffeln 18–30 Frs., ein Päckchen Gauloises 50 Frs.[7]) Ein einfacher französischer SS-Sturmmann erhielt demgegenüber 1943 einen Sold von 600 Frs., zuzüglich 20 Frs. Frontzulage pro Tag.[8]) Hinzu kam eine Familienunterstützung, die sich nach dem bisherigen Einkommen des Freiwilligen richtete. Hatte er vor seinem Eintritt in die Waffen-SS etwa 5000 Frs. verdient – das Gehalt eines Reporters –, so bekam seine Ehefrau 3000 Frs. ausgezahlt. Weiter waren gestaffelte Kinder- und Elternzuschläge vorgesehen. Nach der Niederlage von Stalingrad und der Kapitulation der deutsch-italienischen Afrika-Armee nicht gerade überzeugende materielle Anreize, sich der in die Defensive gedrängten deutschen Seite anzuschließen.

Ähnliches gilt für Italien.[9]) Bei einem Umrechnungskurs von 1 Reichsmark = 10 Lire hatte ein verheirateter SS-Mann Anspruch auf 63 RM Wehrsold (42 RM für Ledige) monatlich, zuzüglich 18 RM für jedes Kind unter 16 Jahren. Ein Major erhielt 260 bzw. 200 RM. Nicht eben viel, wenn man sich vergegenwärtigt, daß jeder italienische Koch in deutschen Diensten mit 100 RM entlohnt wurde, ein Übersetzer mit 210 RM, ein Kraftfahrer mit 150 bis 200 RM. Diese Tätigkeiten hatten zudem noch den Vorteil, in der Regel ohne Gefahr für Leib und Leben ausgeübt werden zu können.

Den Flamen der Standarte Westland versprach ein deutsches Flugblatt[10]) 1940/41 neben dem deutschen Wehrsold eine Familienunterstützung, die sich ebenfalls an dem bisherigen Gehalt des Freiwilligen ausrichtete. Betrug sein letztes Monatseinkommen etwa 5000 BFrs, so wurden seiner Frau 1585 BFrs. überwiesen. Darüber hinaus stellte das Ergänzungsamt der Waffen-SS Leistungen für Kinder und unterstützungsbedürftige Eltern in Aussicht. Vergleicht man die damaligen Lebenshaltungskosten in Belgien[11]) mit der Löhnung und der Familienzulage, so bleibt auch für Flandern und Wallonien festzustellen, daß dem Freiwilligen zwar eine ausreichende finanzielle Absicherung gewährt wurde, diese fiel aber nicht aus dem Rahmen der sonstigen Einkommen der Kriegsjahre. Ein besonderer Anreiz für die holländischen und flämischen Westland-Freiwilligen kann allerdings darin gelegen haben, daß die deutschen Behörden im Ausgleich für eine Verpflichtungszeit von 4 Jahren die Zuweisung von 25–30 ha »fruchtbaren Bodens« im Osten ankündigten. »Ostlandritter« mögen sich hierdurch angesprochen gefühlt haben. Aber schon bei der kurze Zeit später einsetzenden Werbung für die Freiwilligen-Legionen war von der Zuteilung von »Lebensraum« im Osten keine Rede mehr.[12])

Wenden wir uns nun den politischen Gründen für das Engagement auf deutscher Seite zu. Eine nationalsozialistische Einstellung der Befragten tritt nur bei den Schweizern überproportional zu Tage. Ansonsten stand das Bekenntnis zur NS-Ideologie kaum im Vordergrund des Motivationsbündels der Zeugen. Dies bedeutet nicht, daß diese nicht in Teilbereichen mit dem Gedankengut der NSDAP übereinstimmten. Aus dem Gesamtbild der Befragungen ergibt sich für die Nord- und Westeuropäer ein Bild, das geprägt ist von einer antibürgerlich-militanten Grundeinstellung, Akzeptanz von autoritären Strukturen, einer vitalistisch-elitären Lebensphilosophie und dem Bestreben, die fraktionierte Gesellschaft durch Kameradschaft zu ersetzen. Der Antikommunismus war eine der treibenden Kräfte für die Freiwilligenmeldung. Bei den Holländern resultiert die vorliegende Abweichung daraus, daß einige der Zeugen bereits vor dem deutschen Angriff auf die Sowjetunion der Waffen-SS beitraten. Für die befragten Dänen waren prodeutsche, großgermanische und europäische Gedanken ausgeprägter als der für die DNSAP selbstverständliche Antikommunismus. Die großgermanisch Inspirierten waren im übrigen durchaus keine bedingungslosen Anhänger der nationalsozialistischen Gau- und Anschlußlösung. Sie hofften auf ein föderalistisches Konzept, das ihrer Heimat Autonomie und Selbstbestimmung beließ. Die Norweger identifizierten sich nur deshalb nicht mit dem großgermanischen Modell, weil für sie Quislings Idee des Großnordischen Staatenbundes freier Einzelstaaten Priorität hatte.

Die Balten, Finnen und auch die Spanier lagen nur bedingt im ideologischen Trend Mittel- und Westeuropas. Für sie hatten die Themen der deutschen Propaganda – Nationalsozialismus, Großgermanien, Europa – kein oder kaum ein Gewicht. Esten, Letten und Finnen sahen im Antikommunismus und Patriotismus ihre eigentliche Handlungstriebfeder. Dies entsprach der Erfahrung, die sie 1939/40 bzw. im Sommer 1940 mit dem Sowjetkommunismus gemacht hatten. Die nationalen Spanier waren ähnlich motiviert, schien ihnen Stalins Rußland als der

General Wlassow besucht das Gebiet der Heeresgruppe Nord.
Bei einer Ansprache an die Bevölkerung von Luga, 3. 5. 1943 (BA/MA)

April 1945. General Wlassow beim Vorbeimarsch der 1. Division der ROA
(BA/MA)

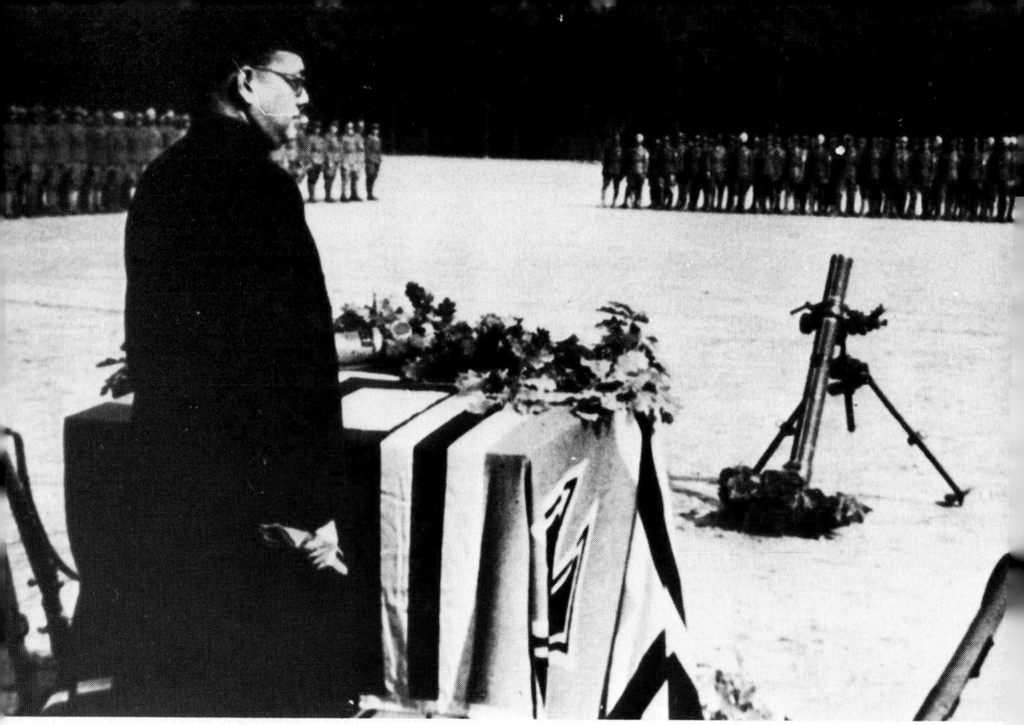

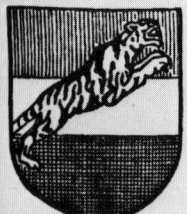

Subhas Chandra Bose bei einer Inspektion der Indischen Legion in Königsbrück (W. Lutz)

Urkunde der Zentrale Freies Indien, Berlin.
Staatsminister A.C.N. Nambiar wurde später indischer Botschafter in der Bundesrepublik (BA/MA)

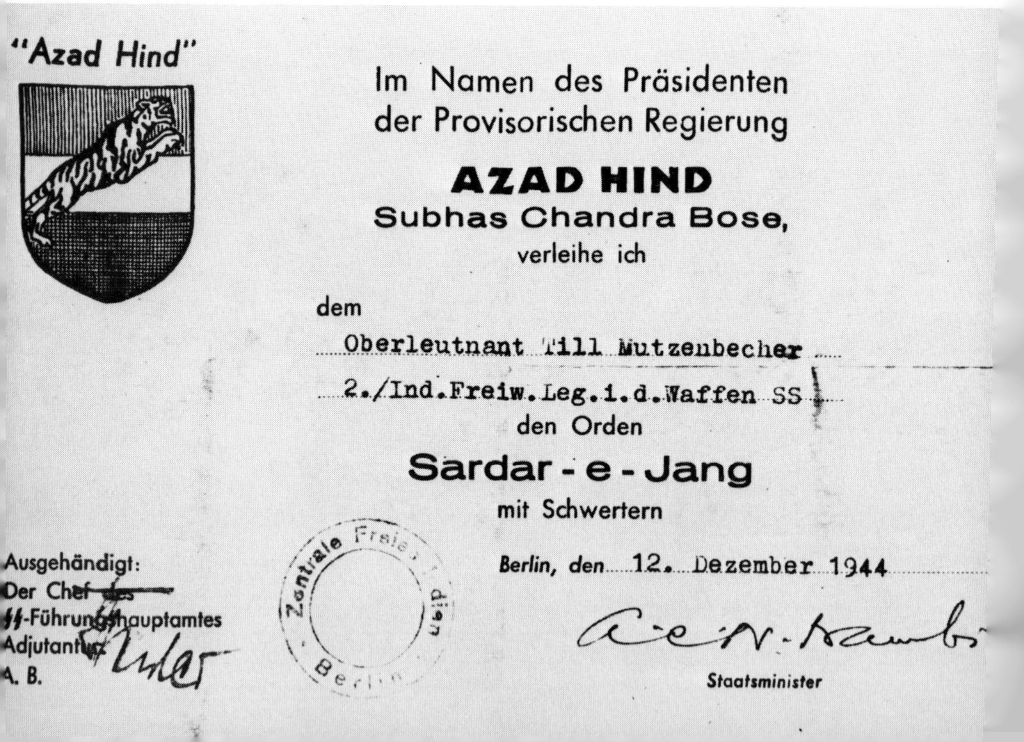

"Azad Hind"

Im Namen des Präsidenten
der Provisorischen Regierung

AZAD HIND
Subhas Chandra Bose,
verleihe ich

dem

Oberleutnant Till Mutzenbecher

2./Ind.Freiw.Leg.i.d.Waffen SS

den Orden

Sardar - e - Jang

mit Schwertern

Berlin, den 12. Dezember 1944

Staatsminister

Ausgehändigt:
Der Chef des
SS-Führungshauptamtes
Adjutant
A. B.

Zentrale Freies Indien
Berlin

Ein Sikh Nachrichtensoldat
der Indischen Legion
(W. Lutz)

Inder bei der Ausbildung an einem 7,5 cm leichten Infanteriegeschütz
(W. Lutz)

Dezember 1942. Paris, Rekrutierungsbüro der LVF, rue Saint-Georges:
Freiwillige melden sich zur Phalange Africaine, die das französiche Kolonial-
reich verteidigen soll (R. Pellegrin)

Nordafrikanische Rekruten der Deutsch-Arabischen Lehrabteilung
bei der Ausbildung in Tunesien, Frühjahr 1943 (D. List)

eigentliche Gegner des Bürgerkrieges 1936/39 und Hitlers »antibol-schewistischer Kreuzzug« daher ein Unternehmen, bei dem man nicht abseitsstehen durfte. Was ansonsten das Bekenntnis zu Patriotismus und Nationalismus anbetrifft, so ist dies verschieden zu interpretieren. Für Finnen und Balten waren die Begriffe gleichbedeutend mit dem Eintreten für den Fortbestand des eigenen Landes und dem Kampf gegen die Sowjetunion. Die Flamen maßen den Termini häufig einen anderen Sinn zu. Ihr Nationalismus konzentrierte sich auf die Schaffung eines autonomen oder gar selbständigen flämischen Staates. Durch den Eintritt in das Heer Deutschlands hoffte man diesem Schritt näher zu kommen. Die norwegischen Nationalisten wiederum wurden entscheidend durch Quisling stimuliert, der betont hatte, der Einsatzwille norwegischer Freiwilliger im Rahmen der europäischen Waffen-SS sei für die Zukunft und Selbständigkeit Norwegens entscheidend. Ausschlaggebend war insoweit die Überzeugung, in einem von Hitler dominierten Europa nur dann eine nationale Mitwirkungschance zu haben, wenn Norwegen sich diesen Platz an der deutschen Seite erkämpfte. Ähnliches gilt für Holländer und Wallonen. Zudem sahen die jugendlichen Frontenthusiasten dieser Länder in ihrem Engagement häufig eine gute Gelegenheit, sich im Hinblick auf die Niederlagen von 1940 zu rehabilitieren.

Ein europäisches Konzept war für die meisten Freiwilligen bei Beginn ihrer Meldung nur rudimentär vorhanden. Eine Ausnahme bilden insoweit die Franzosen. Dies hängt zum einen damit zusammen, daß die eurofaschistische Komponente der Kollaboration in Frankreich am stärksten ausgeprägt war.[13]) Zum anderen stießen die hier befragen 10 Franzosen sämtlich frühestens ab März 1943 zu den deutschen Streitkräften – alle kamen zur Waffen-SS –, zu einem Zeitpunkt also, als die europäische Propaganda in den von Deutschland besetzten Ländern einen höheren Stellenwert hatte als noch 1940/41. Im übrigen sollte die Bedeutung des Europa-Gedankens auch bei den Freiwilligen der anderen Nationalitäten im Verlauf des Krieges zunehmen. Die völkisch-nationale Idee ging schrittweise in eine stärker supranational-europäisch betonte Vorstellungswelt über. Der Autor erhielt insoweit folgende Angaben:

Nationalität	Anzahl der Befragten	positive Einstellung	%
Holländer	5	3	60 %
Flamen	6	4	67 %
Wallonen	6	4	67 %
Franzosen	10	9	90 %
Spanier	12	5	41 %
Dänen	5	5	100 %
Norweger	6	3	50 %
Schweizer	5	4	80 %
Finnen	7	1	14 %
Esten	4	1	25 %
Letten	6	1	16,5%
	72	40	55,5%

Zuerst nur großgermanisch beeinflußte Freiwillige entwickelten sich zu europäischen Nationalisten. Der großgermanisch oder national-separatistische Gedanke (Flamen) wich häufig einer europäischen Konzeption. So machte mancher Freiwillige einen Prozeß vom chauvinistischen Volkstumskämpfer zum eurozentristischen Ethnopluralisten durch. Neben der Internationalität der Waffen-SS spielt dabei sicher eine Rolle, daß der Europa-Gedanke ein drängendes Anliegen der Zeit war: »Es wurde von Hitler pervertiert, gewiß, aber es war da, und es wurde von sehr vielen Mitlebenden und Mitleidenden als Aufgabe der Generation gefühlt.«[14]) Dieser europäische Impuls war bei den Befragten ganz unterschiedlich ausgeprägt. Einzelne hatten nur verschwommene Vorstellungen von einem im Kampf gegen den Kommunismus zusammenrückenden Europa, andere sahen das Großgermanische Reich als eine Vor- und Zwischenstufe zum kommenden europäischen Großverband, viele träumten von einem europäischen Staatenbund mit unabhängigen und freien Einzelstaaten, aber einheitlicher Militär- und Außenpolitik. Alle diese Modelle können nicht als Vorläufer der heutigen Europäischen Gemeinschaft angesehen werden: es waren autoritäre Konzepte, vertreten von Angehörigen einer Sturmgeneration, die jugendlich-aggressiv an eine Revitalisierung des Kontinents glaubten. Die ungestüme Begeisterung vieler Freiwilligen erinnert dabei an gleichgelagerte Erscheinungsbilder in der europäischen Jugendbewegung. Dies gilt insbesondere für die Franzosen, sollen doch 20% der Freiwilligen von Charlemagne dem Jugendbund Centre Laïc des Auberges de Jeunesse (CLAJ) angehört haben.[15])

Auch hinsichtlich des Europa-Gedankens machen die vom Verfasser befragten Esten, Letten und Finnen eine Ausnahme. Der europäische Nationalismus hatte unter ihnen kaum Anhänger. Dies läßt sich unschwer aus der geopolitischen Lage ihrer Vaterländer erklären. Diese Randvölker waren unmittelbare Frontstaaten, bei deren Kampf mit dem Sowjetimperialismus es um die Weiterexistenz als Nation ging. Der Patriotismus und Antikommunismus der Betroffenen stand so im Vordergrund aller Überlegungen, daß er wenig Raum ließ für überstaatliche Konzepte.

Kriminelle oder Idealisten? Bei der Beantwortung dieser Frage muß man sich vor Augen halten, daß kaum einer der ausländischen Freiwilligen Hitlers imperialistische »Neuordnungspläne« und Himmlers praktizierten Holocaust erahnte. Im übrigen sind die Strafurteile der jeweiligen Heimatländer gegen ihre Söhne unter der fremden Fahne nur bedingt als Beurteilungskriterium geeignet. Zu häufig kamen hier schnell gestrickte, rückwirkend in Kraft gesetzte Einzelfallgesetze zur Anwendung, die grundlegende rechtsstaatliche Maximen außer acht ließen. Auf der anderen Seite darf ebenfalls nicht übersehen werden, daß zahlreiche Kollaborateure, die nicht für den Frontdienst volontierten, sondern sich der Gestapo, dem SD und der deutschen Polizei als Informanten, Handlanger, Dolmetscher und Folterer zur Verfügung stellten, scheußliche Verbrechen begangen haben, die nicht ungesühnt bleiben durften. Dieser Personenkreis hat sich durch seine, teils dem gemeinen, teils dem politischen Strafrecht zuzuordnenden Aktivitäten selbst dikreditiert. In den Kellern der französischen Gestapo, in den Verhörräumen des holländischen SD, waren keine Patrioten am Werk, sondern Sadisten, Technokraten des Polizeistaates und seelisch Verkrüppelte.

Differenzierter sind die Frontfreiwilligen zu beurteilen. Der ehemalige norwegische Widerstandsoffizier Svein Blindheim hat in seiner sehr fundierten Studie über die Norweger unter Hitlers Fahne ausgeführt[16]): »Die Männer und Frauen, die sich freiwillig zur Ostfront meldeten, zogen mit offenen Augen auf einen tödlicheren Kriegsschauplatz, als jede andere Gruppe Norweger. So handelt nicht der Opportunist. Die Grundhaltung der Frontkämpfer muß ebenso patriotisch sein wie die der Rechtgläubigen, die als Freiwillige in der Kompanie Linge [pro-alliierte norwegische Einheit] dienten. Selbst meinten die Frontfreiwilligen, sie handelten patriotisch, aber die Gesellschaft hat sie als Landesverräter abgestempelt.« Ähnlich urteilt der britische Autor John Keegan[17]): »Sich für die Armee eines Staates, mit dem der eigene noch knapp zuvor erfolglos im Krieg gestanden hatte und besiegt wurde, freiwillig zum Waffendienst zu melden, ist eine Entscheidung, die Überwindung, Begeisterung und überaus großen Idealismus erfordert. Freilich gibt es ›geborene Landsknechte‹, welche das Kriegshandwerk bedenkenlos für jeden ausüben, der sie in seinen Sold nimmt. Aber zahlenmäßig fällt diese Gruppe nicht ins Gewicht.«

Es bleibt die Tragik der Freiwilligen, daß sie, wie es der ehemalige Stabschef der Germanischen Leitstelle, Dr. Franz Riedweg, 1981 formulierte, ihren Einsatz, ihren Enthusiasmus und ihre Opferbereitschaft an eine Fahne gehängt haben, »die dann eindeutig ins Kriminelle ging«.[18]) Durch die Kooperation mit dem Dritten Reich sind schließlich auch die berechtigsten und anerkennenswertesten Anliegen der Freiwilligen in die Grauzone zwischen Landesverrat und Patriotismus, Selbstbehauptungswillen und Servilität gerückt worden.

V Anhang

1) *Ausländische Ritterkreuzträger der Waffen-SS (jeweils mit Verleihungsdatum)*

Niederländer (3)

SS-Strm. Gerardus Mooyman	20. 2. 43
SS-Rttf. Derk-Elsko Bruins	23. 8. 44
SS-Uscha. Kaspar Sporck	23. 10. 44

Flame (1)

Strm. Remy Schrijnen	21. 9. 44

Wallonen (3)

SS-Hstuf. Léon Degrelle	20. 2. 44 Eichenlaub 27. 8. 44
SS-Ustuf. Léon Gillis	30. 9. 44
SS-Ustuf. Jacques Leroy	20. 4. 45

Franzosen (3)

SS-Hstuf. Henri Fenet	29. 4. 45
Waffen-Oscha. François Apollot	
Waffen-Uscha. Eugène Vaulot	29. 4. 45

Dänen (3)

SS-Ustuf. Soeren Kam	7. 2. 45
SS-Ostuf. Johannes Hellmers	5. 3. 45
SS-Uscha. Egon Christophersen	11. 7. 44

Esten (4)

Waffen-Ostubaf. Alfons Rebane	23. 2. 44 Eichenlaub 9. 5. 45
Waffen-Ostubaf. Haralt Riipalu	23. 8. 44
Waffen-Uscha. Haralt Nugiseks	9. 4. 44
Waffen-Hstuf. Paul Maitla	23. 8. 44

Letten (12)

Waffen-Staf. Voldemârs Veiss	9. 2. 44
Waffen-Hstuf. Zanis Butkus	21. 9. 44
Waffen-Ostubaf. Karlis Aperats	21. 9. 44
Waffen-Ostuf. Roberts Ancans	25. 1. 45
Waffen-Hscha. Žanis Ansons	16. 1. 45
Waffen-Hstuf. Miervaldis Adamsons	25. 1. 45
Waffen-Ostubaf. Nikolajs Galdins	25. 1. 45
Waffen-Uscha. Eduards Riekstins	5. 4. 45
Waffen-Ostuf. Andrejs Freimanis	5. 5. 45
Waffen-Stubaf. Voldemars Reinholds	9. 5. 45
Waffen-Ostuf. Roberts Gaigals	5. 5. 45
Waffen-Uscha. Karlis Sensbergs	5. 5. 45

Schweizer (1)

SS-Ustuf. Peter Renold	6. 5. 45

2) Werbeplakate für die ausländische Waffen-SS und ihre Thematik

Nachweis	Land	Erscheinungsjahr (ca.)	Militanz	Antikommunismus	Patriotismus	Europäismus	Antisemitismus
Verrat und Widerstand, S. 142	Holland	1941	x	x			
Verrat und Widerstand, S. 141	Flandern	1944	x				x
Zeman, Selling The War, S. 91	England	1944			x		
Zeman, Selling The War, S. 90	Dänemark	1942	x	x	x		
Buss/Mollo: Hitlers Germanic Legions, S. 14	Holland	1941	x	x		x	
Buss/Mollo: Hitlers Germanic Legions, S. 80	Holland	1941	x		x		
Buss/Mollo: Hitlers Germanic Legions, S. 81	Flandern	1941	x		x		
Buss/Mollo: Hitlers Germanic Legions, S. 88	Norwegen	1941	x		x		
Buss/Mollo: Hitlers Germanic Legions, S. 97	Norwegen	1941	x	x			

Buss/Mollo: Hitlers Germanic Legions, S. 120	Holland	1942	x	x	x	
Zeman, Selling The War, S. 107	Frankreich	1943	x			x
Rhodes, Propaganda S. 93	Italien	1944	x		x	
Littlejohn, Foreign Legions I, S. 159	Frankreich	1944	x			x
Littlejohn, Foreign Legions I, S. 162	Frankreich	1944	x		x	
Littlejohn, Foreign Legions II, S. 125	Wallonien	1944	x	x	x	

3) Front-, Schulungs- und Propagandazeitungen ausländischer Freiwilligen- und Parteiverbände

Aserbaidschan
»Azerbajçan«

Aserbaidschanische Legionäre

Flamen
»De SS Man – Kampblad voor Algemeene SS Vlanderen«

Germanische SS Flandern

Franzosen
»Le Combattant Européen« (Der europäische Kämpfer)
»Devenir« (Zukunft)
»Combats« (Kämpfe)

Französische Freiwilligenlegion (LVF)
Französische Waffen-SS
Französische Miliz

Holländer
»De Zwaarte Soldaat« (Der schwarze Soldat)
»Storm SS – Weekblad der Germaansche SS in Nederland«
»De vermolmde Bolsjewiek«
»Het Bruggehoofd« (Brückenkopf)
»SS Front en Heem«

»SS Vormingsbladen«

Wehrabteilungen der NSB

Germanische SS Holland

Niederländische Legion
Brigade Nederland im Baltikum 1944
Monatsschrift für holländische Angehörige der Waffen-SS
Monatsschrift, zuerst nur für den Dienstgebrauch, später auch für Nicht-SS-Angehörige

Italiener	
»Avanguardia« (Vorhut)	Italienische Waffen-SS
Kalmyken	
»Kalmyckij Boec«	Kalmykisches Kavallerie-Korps
(Der kalmykische Kämpfer)	
Kosaken	
»Kosaken-Illustrierte«	1. Kosaken-Kavalleriedivision
(dreisprachig)	
»La terra dei cosacchi«	Kosakenverbände in Oberitalien
(Das Land der Kosaken)	
Krimtürken	
»Kirim« (Krim)	Wochenzeitung der krimtürki-
	schen Freiwilligen, Berlin
	1944–45
Letten	
»Daugavas Vanagi«	Lettische Einheiten der
(Düna-Falken)	Waffen-SS
»Nakotne« (Die Zukunft)	
»Junda« (Zapfenstreich)	
Norweger	
»Hirdmannen«	Norwegische SA (Hird)
»Germaneren – Kamporgan for	Germanische SS Norwegen
Germanske SS Norge«	
Russen	
»Dobrovoletz« (Der Freiwillige)	Russische Freiwilligenverbände
Spanier	
»Nuestro Boletin«	Blaue Division
»Adelante«	
»Hoya de Campana«	
Tataren	
»Deutsch-tatarisches Nachrichten-	Wolgatatarische Legion,
blatt« (zweisprachig)	Monatsschrift, Berlin 1944–45

Turkestaner	
»Yeni Türkistan«	Turkestanische Legionäre
(Neues Turkestan)	
»Svoboda« (Die Freiheit)	162. Turk-Division
»Türk Birligi« (Türkische Einheit)	Osttürkischer Waffen-Verband der SS, Wochenzeitung, Berlin 1944–45

Ukrainer	
»Ukrainskyi Dobrovoletz«	Ukrainische Freiwilligenver-
(Der ukrainische Kämpfer)	bände

Wallonen	
»Annales« (Annalen)	Wallonische Waffen-SS

4) Eide ausländischer Freiwilliger

Germanische Freiwillige der Waffen-SS, 1940
»Ich schwöre Dir, Adolf Hitler, als germanischer Führer Treue und Tapferkeit. Ich gelobe Dir und den von Dir bestimmten Vorgesetzten Gehorsam bis in den Tod, so wahr mir Gott helfe.«
1941 fiel die Bezeichnung »germanisch« fort.

Legionäre der Waffen-SS
»Ich schwöre bei Gott diesen heiligen Eid, daß ich im Kampf gegen den Bolschewismus dem Obersten Befehlshaber der Deutschen Wehrmacht, Adolf Hitler, unbedingten Gehorsam leisten und als tapferer Soldat bereit sein will, jederzeit für diesen Eid mein Leben einzusetzen.«

Mit geringen Abweichungen entsprach dieser Text dem Eid der *Ostlegionäre* der Wehrmacht. Die Ostfreiwilligen schworen:
». . . daß ich im Kampf gegen die bolschewistischen Feinde meiner Heimat . . .«

13. Waffen-Gebirgs-Division der SS *Handschar* (kroatische Nr. 1)
»Ich schwöre dem Führer, Adolf Hitler, als Oberstem Befehlshaber der Deutschen Wehrmacht Treue und Tapferkeit. Ich gelobe dem Führer

und den von ihm bestimmten Vorgesetzten Gehorsam bis in den Tod. Ich schwöre zu Gott dem Allmächtigen, daß ich dem kroatischen Staat und dessen bevollmächtigtem Vertreter, dem Poglavnik, stets treu sein, die Interessen des kroatischen Volkes stets hüten und die Verfassung und die Gesetze des kroatischen Volkes immer achten werde.«

Italienische Waffen-SS
»Ich schwöre bei Gott diesen heiligen Eid, daß ich in dem Kampfe für mein italienisches Vaterland gegen seine Feinde dem Obersten Befehlshaber der Deutschen Wehrmacht, Adolf Hitler, unbedingten Gehorsam leisten und als tapferer Soldat bereit sein will, jederzeit für diesen Eid mein Leben einzusetzen.«

Italienische Hilfswillige der Wehrmacht
»Ich schwöre im Namen Gottes und auf die für das Vaterland Gefallenen mit allen Kräften und in voller Ehrlichkeit, sowohl im Frieden wie im Kriege und bis zum Tode, meine ganze Pflicht für die Ehre und die Größe Italiens zu erfüllen.«

Blaue Division (250. I.D.)
»Schwörst Du vor Gott und bei Deiner Ehre als Spanier, dem Obersten Befehlshaber der Deutschen Wehrmacht, Adolf Hitler, im Kampf gegen den Kommunismus unbedingten Gehorsam entgegenzubringen und schwörst Du, als tapferer Soldat zu kämpfen, der jederzeit bereit ist, sein Leben in Erfüllung dieses Eides hinzugeben?« »Ja, ich schwöre.«

Indische Legion
»Ich schwöre bei Gott diesen heiligen Eid, daß ich für den von unserem Führer Subhas Chandra Bose geführten Freiheitskampf Indiens dem Führer des Deutschen Reiches und Volkes Adolf Hitler als Oberstem Befehlshaber der Wehrmacht unbedingten Gehorsam leisten und als tapferer Soldat bereit sein will, jederzeit für diesen Eid das Leben einzusetzen.«
Quelle: BA/MA RS 4/1146

Phalange Africaine
»In Treue zu Marschall Pétain und seiner Regierung leiste ich dem Führer Adolf Hitler, dem Befehlshaber der deutschen und europäischen Armeen, meinen Eid.

Ich verpflichte mich, bis zu meinem Tode für den gemeinsamen Sieg Frankreichs und der Achsenmächte einzutreten.«

Slowenische Landeswehr
»Ich schwöre beim Allmächtigen, daß ich zusammen mit der bewaffneten deutschen Wehrmacht, die unter dem Befehl des Führers Großdeutschlands steht, mit den SS-Truppen und der Polizei im Kampf gegen die Banditen und den Kommunismus meine Pflichten erfüllen werde für die slowenische Heimat als Teilstück des freien Europa. Für diesen Kampf bin ich bereit mein Leben hinzugeben.«
Quelle: BA/MA Bestand »Südost«

Weißruthenische Heimatwehr
»Als Angehöriger der Weißruthenischen Heimatwehr schwöre ich vor dem allmächtigen Herrgott und vor der Soldatenehre, dem weißruthenischen Volke treu zu dienen und aufrichtig alle Befehle meiner Vorgesetzten auszuführen.
Ich schwöre, an der Seite der deutschen Soldaten die Waffen nicht niederzulegen, bis in unseren Dörfern und unseren Städten die Ruhe einkehrt, bis auf unserem Boden der letzte Feind vernichtet ist.
Ich schwöre, daß ich lieber als Held sterbe, als es zulassen werde, daß meine Frau und Kinder, Eltern und Geschwister und das ganze weißruthenische Volk wieder unter das Joch und die Mißhandlung des Bolschewismus fallen.
Falls ich meiner Schwachheit oder Böswilligkeit wegen den Eid breche, so soll mich der Herrgott mit dem schändlichen Tode des Verräters an seinem Volk und seiner Heimat bestrafen.«
Quelle: BA/MA RH 19/II/202

5) Personalverluste ausländischer Freiwilligenverbände der deutschen Streitkräfte vom 1. 9. 1939 bis 31. 1. 1945

Gefallene, an Verwundungen Gestorbene

Heer + Waffen-SS	60780
Kriegsmarine	2475
Luftwaffe	9409
Todesfälle infolge Krankheit, Unfall etc.	
Kriegswehrmacht	10643
	83307

Verwundete/Erkrankte

Heer + Waffen-SS	108206
Kriegsmarine	554
Luftwaffe	9367
	118127

Vermißte

Heer + Waffen-SS	27268
Kriegsmarine	2174
Luftwaffe	7816
	37258
Insgesamt:	238692

Quelle: Beurteilung der personellen und materiellen Rüstungslage der Wehrmacht vom 14.3.1945. Offensichtliche Rechenfehler wurden berichtigt.

6) Bilanz der Säuberungen. Die Hinrichtung von Kollaborateuren 1944– 1984.

In den Zahlen sind die bereits während der deutschen Besatzung durch die Widerstandsbewegung getöteten Kollaborateure nicht enthalten. Keine Hinrichtungen fanden statt in: Schweden, Finnland, Island, Liechtenstein, Portugal und Spanien.

Land	Vollzogene Todesurteile	Hinrichtungen ohne Prozeß
Albanien	500*	500*
Belgien	242	
Bulgarien	2138[1])	?
Dänemark	46	
England	3	
Frankreich	779	40000*
Griechenland		5000*[2])
Holland	42	
Italien		100000*

398

Jugoslawien		300000*	
Luxemburg	8		7*
Norwegen	25		
Polen		3000*[3])	
Rumänien	500*		?
Schweiz	17[4])		
Estland	⎫		
Lettland	⎬	4000*	
Litauen	⎭		
Sowjetunion		150000*	
Tschechoslowakei	267[1])[5])		
Ungarn	146[1])		6000*

*Hierbei handelt es sich um Schätzungen. Diese orientieren sich an folgenden Kriterien: Angaben in der Literatur; bekannt gewordene Verurteilungen in einzelnen politischen Prozessen; gesetzlich verankertes Strafmaß für den Tatbestand »Kollaboration«; generelle Praxis bei der Verhängung der Todesstrafe.

[1]) Regierungsamtliche Mindestzahlen
[2]) Die Exekutionen erfolgten zum größten Teil durch kommunistische ELAS-Partisanen
[3]) Die Exekutionen erfolgten zum größten Teil durch die sowjetische Spionageabwehr SMERSCH
[4]) Verurteilungen aus den Jahren 1942–44 wegen Landesverrat und Spionage
[5]) 234 Tschechen und 33 Slowaken (bis Mai 1947)

7) *Dienstgrade von Waffen-SS und Wehrmacht*

Waffen-SS	Wehrmacht
Offiziere	
SS-Oberstgruppenführer (und Generaloberst der Waffen-SS)	Generaloberst
SS-Obergruppenführer (und General der der Waffen-SS)	General
SS-Gruppenführer (und Generalleutnant der Waffen-SS)	Generalleutnant

SS-Brigadeführer (und Generalmajor der Waffen-SS)	Generalmajor
SS-Oberführer	
SS-Standartenführer	Oberst
SS-Obersturmbannführer	Oberstleutnant
SS-Sturmbannführer	Major
SS-Hauptsturmführer	Hauptmann
SS-Obersturmführer	Oberleutnant
SS-Untersturmführer	Leutnant

Unteroffiziere

SS-Sturmscharführer	Stabsfeldwebel
SS-Standarten-Oberjunker	Oberfähnrich
SS-Hauptscharführer	Oberfeldwebel
SS-Oberscharführer	Feldwebel
SS-Standartenjunker	Fähnrich
SS-Scharführer	Unterfeldwebel
SS-Unterscharführer	Unteroffizier

Mannschaften

SS-Rottenführer	Stabsgefreiter
	Obergefreiter
SS-Sturmmann	Gefreiter
SS-Mann	Schütze

8) Kurzbiographien

Rudolfs Bangerskis
Geboren am 21. 7. 1878 in Taurupe/Lettland. 1899–1901 Besuch der Kriegsschule in Petersburg, von 1904–06 Teilnahme am russisch-japanischen Krieg. Im 1. Weltkrieg wird er 1916 Oberst und Regimentskommandeur, steht 1918–20 als Divisions- und Korpskommandeur auf Seiten der weißrussischen Armee Koltschaks. In Lettland 1924–25 und 1926–28 Verteidigungsminister; 1937–42 Direktor der Gesellschaft »Kiegelis« (Ziegelei). Nach der deutschen Besetzung Lettlands Zusammenarbeit mit der Besatzungsmacht. Vom 10. 4. 1943 bis zum 2. 5. 1945 als Generalinspekteur der lettischen Legion und SS-Gruppenführer für

die lettischen Freiwilligen verantwortlich. Wird im Februar 1945 Chef des lettischen Nationalkomitees. 1958 bei einem Verkehrsunfall in Oldenburg ums Leben gekommen.

Fürst Junio Valerio Borghese
Geboren am 6. 6. 1906 in Rom als Sohn einer berühmten italienischen Familie. Eintritt in die kgl. Marine. Kommandiert im 2. Weltkrieg das U-Boot Scirè, Erfolge vor Alexandria und Gibraltar. Fregattenkapitän, erhält am 1. 5. 1943 das Kommando über den Eliteverband Decima Flottiglia Mas (Kleinkampfverbände der Marine). Kämpft nach dem Abfall Italiens weiter auf deutscher Seite, hat ca. 10000 Mann unter seinem Kommando. 1945 verhaftet, wird er 1949 wegen Zusammenarbeit mit dem Feind zu 12 Jahren Kerker verurteilt. Auf freien Fuß gesetzt, da 3 Jahre U-Haft angerechnet werden und 9 Jahre unter die Togliatti-Amnestie fallen. Tritt 1951 in die neofaschistische MSI ein, die er bald wieder verläßt. Gründet 1967 die rechtsgerichtete Nationale Front, die über 2000 Anhänger verfügt und mit der er am 7./8. 12. 1970 in Rom angeblich einen Putschversuch unternimmt. Flieht nach Spanien, wo er am 26. 8. 1974 stirbt.
Veröffentlichung: Decima Flottiglia MAS, Milano, 12. Aufl. 1965.

Subhas Chandra Bose
Geboren am 23. 1. 1897 in Cuttack (Orissa)/Bengalen als Sohn eines Rechtsanwalts. Besuch des College und der Universität Kalkutta. 1919 Bachelor of Arts Examen. Anschließend Studium in Cambridge. Besteht die Aufnahmeprüfung für den indischen öffentlichen Dienst der englischen Aufsichtsverwaltung, in die er aus nationalen Gründen nicht eintritt. 1930 Bürgermeister von Kalkutta, 1931 Präsident des Allindischen Gewerkschaftskongresses. 1933–36 ausgedehnte Europareise, u. a. von Mussolini und De Valera empfangen. Kompromißloser Kämpfer für die indische Unabhängigkeit. 1938 und 1939 zum Präsidenten der einflußreichen Kongreßpartei gewählt. Im August 1939 im Hinblick auf seine mangelnde Abgrenzung zu den Achsenmächten zum Rücktritt gezwungen. Gründet mit Linkskräften den antienglischen Forward Bloc. Im Juli 1940 verhaftet, flieht Bose Anfang 1941 über Kabul und die Sowjetunion nach Berlin, wo er im April 1941 eintrifft. Versucht, eine Unabhängigkeitserklärung der Achsenmächte für Indien zu erhalten, gibt den Anstoß zur Bildung der Indischen Legion und betreibt Rundfunkpropaganda für die Heimat. Am 9. 2. 1943 Be-

ginn einer gefahrvollen Reise nach Japan. Zusammenarbeit mit dem japanischen Kaierreich, um Indien die Freiheit zu bringen. Am 21. 10. 1943 Proklamation einer Provisorischen Regierung des Freien Indien in Singapur. Bose kommt bei einem Flugzeugabsturz in Taipeh am 18. 8. 1945 ums Leben.
Veröffentlichung (Auswahl): The Indian Struggle 1920–1942, Bombay 1962.

Alexandur Cankov

Geboren am 28. 6. 1879 in Orjachovo/Bulgarien. Studiert vor dem 1. Weltkrieg Staatsrecht und Wirtschaftswissenschaften in Sofia und in Deutschland. 1908-11 Inspektor im Landwirtschaftsministerium, anschließend Lehrtätigkeit an der Universität, zuerst als Dozent. 1916 zum Professor für politische Ökonomie ernannt, 1919–20 Rektor der Universität Sofia. Wird nach dem von ihm mitgetragenen Militärputsch gegen die Regierung Stambolijski im Juni 1923 Ministerpräsident. Regiert mit Hilfe der rechtskonservativen Demokratischen Eintracht bis Januar 1926 und verfolgt einen scharf antikommunistischen Kurs. Gründet 1934 die Nationalsoziale Bewegung, die im Herbst 1936 nach Putschvorbereitungen verboten wird. 1938 ins Parlament gewählt. Im Herbst 1944, nach dem antifaschistischen Umschwung in Bulgarien, Initiator der Nationalbulgarischen Exilregierung in Wien. Amerikanische Kriegsgefangenschaft. In Sofia in contumaciam von einem Volksgericht zum Tode verurteilt. Emigriert nach Argentinien, wo er am 17. 7. 1959 stirbt.
Veröffentlichung: Trite stopanski sistemi, Sofia 1942.

Gustavs Celmins

Geboren 1899 in Riga. 1918–20 Teilnahme am baltischen Unabhängigkeitskrieg, anschließend Studium in Riga. Beamter im lettischen Finanzministerium. Gründet 1933 die rechtsgerichtete Feuerkreuz-Bewegung (später umbenannt in Donnerkreuz-Bewegung). Nach dem Staatsstreich durch den Führer des Bauernbundes im Mai 1934 werden die Donnerkreuzler unterdrückt, Celmins wird des Landes verwiesen. Im finnisch-russischen Winterkrieg Engagement auf finnischer Seite als Adjutant der internationalen antikommunistischen Brigade Sisu. 1941 kehrt Celmins nach Lettland zurück und arbeitet zeitweise mit der deutschen Besatzungsmacht zusammen. Geht zunehmend auf Distanz zur Okkupationsmacht und wird im März 1944 durch die Gestapo verhaftet und in ein deutsches KZ überführt. 1945 befreit, wandert er 1950 in die USA aus.

Frits Clausen
Geboren 1893 in Abenrå/Nordschleswig. Im 1. Weltkrieg Dienst in der deutschen Armee. Studium der Tiermedizin an deutschen Hochschulen, u. a. in Heidelberg. Nach anfänglicher Mitgliedschaft in der Konservativen Volkspartei ab 1930 Anschluß an die DNSAP, deren Leiter er 1933 wird. 1939 Reichstagsmitglied. Nach dem deutschen Einmarsch 1940 zunehmende Isolation der DNSAP in der dänischen Bevölkerung, die Besatzungsmacht läßt eine Machtergreifung Clausens nicht zu. Wahlschlappe 1943, die Partei verkommt zu einer Sekte. Clausen verfällt dem Alkohol, meldet sich freiwillig zum deutschen Kriegsdienst und tritt am 1. 11. 1943 als Obersturmbannführer und Oberstabsarzt in die Waffen-SS ein. Wird im Februar 1944 in die Nervenheilanstalt Würzburg zu einer Entziehungskur eingewiesen. Tritt im Mai 1944 von der Parteileitung zurück, wird im November aus der DNSAP ausgeschlossen. Nach dem Krieg inhaftiert, stirbt er an einem Herzanfall.

Pierre Clémenti
Geboren 1910, Sportjournalist der Zeitung »La République«. Gründet 1934 die Parti Français National Communiste, die sich bald trotz ihres Namens auf das Vorbild des spanischen und italienischen Faschismus beruft. Im Volksfrontfrankreich politisch unbedeutend. Nach der französischen Niederlage im Sommer 1940 Neugründung der Partei als Parti Français National Collectiviste und Kollaboration mit der Besatzungsmacht. Clémenti gehört zu den Mitbegründern der LVF, in die er im September 1942 eintritt. Seine Bewegung verfällt.

Pierre Costantini
Geboren 1889 in Sartène/Korsika. Teilnahme am 1. Weltkrieg, mehrfach ausgezeichnet, Ritter der Ehrenlegion. Gründet am 6. 3. 1941 die kollaborationistische Ligue française d'épuration, d'entraide sociale et de collaboration européenne. Mitbegründer der LVF. Schließt am 2. 9. 1941 mit Doriot einen Vertrag auf gegenseitige Zusammenarbeit. Sein 1942 ins Leben gerufenes Mouvement Social Européen vergrößert die Zahl der prodeutschen Splittergruppen, bleibt bedeutungslos. 1945 inhaftiert, wegen Unzurechnungsfähigkeit aber nicht verurteilt. Veröffentlichung: La haute signification de la Légion, 1943.

Emilio Esteban Infantes y Martin
Geboren am 18. 5. 1892 in Toledo. 1907 als Kadett Eintritt in das spanische Heer. Absolvent der Kriegsschule, Hauptmann im Generalstab. 1936 Teilnahme am Bürgerkrieg auf Seiten Francos. 1940 Beförderung zum Generalmajor und Chef des IV. Armeekorps. Ab Dezember 1942 Kommandeur der Blauen Division an der Ostfront. Im Oktober 1943 mit dem Ritterkreuz ausgezeichnet, Ende 1943 Rückkehr mit seiner Einheit nach Spanien. Von 1946 bis 1949 Präsident des Obersten Militärgerichtshofes. 1954 General der Infanterie und Chef des Generalstabes des spanischen Heeres, 1956 Chef der Militärkanzlei, zwei Jahre später pensioniert. Gestorben am 6. 9. 1962 in Somió, Provinz Asturien.
Veröffentlichungen (Auswahl): Blaue Division. Spaniens Freiwillige an der Ostfront, Leoni 1958 und 1977; General Sanjurjo, Barcelona 1957.

Rodolfo Graziani
Geboren am 11. 8. 1882 in Filettino als Sohn eines Arztes. Studium der Rechtswissenschaft in Rom, Teilnahme am 1. Weltkrieg, letzter Dienstgrad Oberst. Anschließend langjähriger Aufenthalt in den Kolonien. 1922–30 Teilnahme an den Operationen in Libyen. Vizegouverneur der Cirenaica. 1935 Gouverneur von Somalia, Oberbefehlshaber der Südfront im Krieg gegen Abessinien. 1936 Ernennung zum Marschall von Italien und Marchese von Neghelli. Für 18 Monate Vizekönig von Abessinien. Im Juni 1940 als Nachfolger von Italo Balbo Gouverneur von Libyen. Nach Scheitern des italienischen Angriffs auf englische Positionen in Nordafrika Anfang 1941 abgesetzt. Ende September 1943 Verteidigungsminister der RSI, 1944 Oberbefehlshaber des deutsch-italienischen AOK Ligurien. Am 2. 5. 1950 wegen militärischer Kollaboration zu 19 Jahren Gefängnis verurteilt, von denen 13 Jahre und 8 Monate wegen seiner bisherigen Verdienste erlassen werden. Bald amnestiert, stirbt er am 11. 1. 1955 in Rom, seinem Sarg geben rund 100000 Menschen die Ehre.
Veröffentlichungen (Auswahl): Il Fronte Sud, Milano 1938; Die Eroberung Libyens (1914–1931), Berlin 1939; Africa Settentrionale (1940–41), Roma 1948; Ho difeso la patria, Milano. 24 Auflagen seit 1947.

Muhammad Amin al-Husseini
Geboren 1897 (1895?) in Jerusalem als Sohn einer der vornehmsten arabischen Familien. Studium in Kairo, Teilnahme am 1. Weltkrieg als tür-

kischer Artillerieoffizier. Organisiert 1920 den ersten großen Araberaufstand in Palästina. Von der englischen Mandatsregierung, die ihn zuerst zu 10 Jahren Zuchthaus verurteilt, wird er später begnadigt. Seit 1921 Mufti von Jerusalem und damit religiöses Oberhaupt der Araber in Palästina. Scharfer Gegner aller zionistischen Ansprüche auf seine Heimat. Gründet 1929 das Arabische Exekutivkomitee, das einen Untergrundkampf gegen die Briten führt. Entgeht 1937 der Verhaftung und gelangt nach dem Aufenthalt in verschiedenen arabischen Ländern nach Berlin. Vertritt gegenüber den Achsenstaaten konsequent die Position des arabischen Nationalismus. Im November 1941 von Hitler empfangen, erfolgt eine deutsche Garantieerklärung für die Unabhängigkeit der arabischen Staaten jedoch erst drei Jahre später. Mittlerweile entwickelt sich al-Husseini zum Förderer der muselmanischen Waffen-SS-Einheiten. Setzt seine antizionistischen Aktivitäten 1946 von Ägypten aus fort. Vorsitzender der kurzlebigen Gaza-Regierung und intransigenter Bekämpfer des neugegründeten Staates Israel. In den 60er und 70er Jahren verlegt er seine Tätigkeit in den Libanon. Gestorben am 4. 7. 1974 in Beirut.

William Joyce
Geboren am 24. 4. 1906 in Brooklyn als Sohn irischer Einwanderer. Amerikanischer Staatsangehöriger. Die Familie rückübersiedelt 1909 nach Irland, wo Joyce eine Klosterschule und ein von Jesuiten geleitetes Gymnasium besucht. Ab Ende 1921 in England wohnhaft, ein Jahr später Eintritt in das Offiziersausbildungskorps der Universität London. Anschluß an die British Fascisti und später die BUF, deren Propagandachef er wird. Gründet 1937 die National Socialist League, die eine unbedeutende Splittergruppe bleibt. Von den britischen Behörden als Sicherheitsrisiko eingestuft, siedelt er kurz vor Kriegsausbruch nach Berlin über. Als Mitarbeiter der englischsprachigen Sendungen des Reichsrundfunks wird er in England unter dem Spitznamen Lord Haw-Haw bekannt. Arbeitet propagandistisch auf einen Ausgleich Deutschland—England hin. Seit Juni 1942 Chefkommentator des englischen Dienstes des Reichsrundfunks. Im Mai 1945 von den Engländern verhaftet, wird er im September des gleichen Jahres in Großbritannien wegen Hochverrats zum Tode verurteilt und am 3. 1. 1946 gehängt.
Veröffentlichungen: National Socialism Now, London 1937; Dämmerung über England, Berlin 1940.

Pjotr Nikolajewitsch Krasnow
Geboren 1869 in St. Petersburg, Offizier im Leibgarde-Kosakenregiment. Im 1. Weltkrieg Kommandeur der 10. Donkosaken, nach der russischen Revolution Übernahme des antikommunistischen Dritten Kavalleriekorps und Kampf gegen die Bolschewisten. Im Mai 1918 zum Ataman der Donkosaken gewählt. Zusammenarbeit mit den Entente-Mächten wie mit den Deutschen, um den Kommunismus zurückzudrängen. Im Frühjahr 1920 Flucht nach Deutschland, hier vorwiegend schriftstellerische Tätigkeit. Leiter der inoffiziellen Kosakenzentrale in Berlin. Ab 1943 engagierter Werber für die Bildung von Kosakenformationen auf deutscher Seite, General und Chef der Hauptverwaltung der Kosakentruppen. Ende Mai 1945 von den Engländern an die Sowjets ausgeliefert, wird er im Januar 1947 gehängt.
Veröffentlichungen (Auswahl): Vom Zarenadler zu roten Fahne, Berlin o. J.; Katharina die Große, Essen 1937; Der endlose Haß, 3 Bände, Berlin 1936–39.

Damian Kratzenberg
Geboren am 5. 11. 1878 in Clervaux. Studium in Lille und Berlin, Deutsch- und Griechischlehrer in Luxemburg. Von 1927–36 Mitglied der Liberalen Partei, ab 1935 Präsident der Gedelit. Nach der deutschen Besetzung Luxemburgs von 1940 bis 1944 Landesleiter der Volksdeutschen Bewegung. Von einem luxemburgischen Gericht zum Tode verurteilt und am 11. 10. 1946 erschossen.

Jonas Lie
Geboren 1899 in Norwegen. Jurastudium, Tätigkeit als Anwalt. 1930 Eintritt in den Polizeidienst. Als Polizeioffizier Teilnahme an verschiedenen Aktionen des Völkerbundes: 1935 Chef der multinationalen Polizeitruppe bei der Saarland-Abstimmung, 1938 internationaler Kommissar bei der Volksabstimmung im Sandschak (Alexandrette). Angeblich seit 1934 Mitglied von Nasjonal Samling. 1939/40 als Hauptmann der Reserve eingezogen. Nach der deutschen Besetzung Norwegens von Reichskommissar Terboven als Gegenspieler Quislings favorisiert. Am 30. 5. 1940 Ernennung zum Polizeiinspektor für besondere Aufgaben (Bekämpfung der politischen Kriminalität), ab September 1940 kommissarischer Staatsrat (später Minister) der norwegischen Polizei. 1941 Leiter der norwegischen SS, 1942 als Sturmbannführer und Chef der Polizeikompanie an der Ostfront. Nach Kriegsende in Haft verstorben.

Dimitrije Ljotić
Geboren am 12. 8. 1891 in Belgrad. Jurastudium in Belgrad und Paris, Einsatz im Balkankrieg als Sanitäter. Von 1914–20 Heeresdienst, erst als Unteroffizier, dann als Offizier des serbischen Heeres. Nach der Entlassung Tätigkeit als Rechtsanwalt in Smederevo, wo er aktiv für das Genossenschaftswesen eintritt. Anfang 1931 zum Justizminister berufen, tritt er nach wenigen Monaten zurück, da der König seinem Rat, ein korporatives Wirtschaftssystem zu errichten, nicht folgt. Ruft 1935 die Jugoslawische Völkische Bewegung ZBOR ins Leben, die bei Wahlen nur ca. 30000 Stimmen auf sich vereinigen kann und 1940 verboten wird. Ljotić nimmt am deutsch-jugoslawischen Krieg 1941 als Regimentskommandeur teil. Unterstützt anschließend die Regierung von Milan Nedić und stellt für den antikommunistischen Kampf des Serbischen Freiwilligen-Korps seine Parteijugend zur Verfügung. Er stirbt am 23. 4. 1945 bei einem Autounfall in Slowenien.
Veröffentlichungen (Auswahl): Govori i Clanci, München 1948; Svetska Revolucije, München 1949; Iz Moga Zivota, München 1952.

Jean de Mayol de Lupé
Geboren am 21. 1. 1873 als Sohn einer royalistischen Familie. Mit 16 Jahren Eintritt in ein Benediktinerkloster, am 10. 6. 1900 zum Priester geweiht. Teilnahme am 1. Weltkrieg als Militärgeistlicher. Bleibt bis 1927 bei der französischen Armee, wird aufgrund seiner Verdienste in Syrien Ritter der Ehrenlegion. Als Hauptmann verabschiedet, ernennt ihn die katholische Kirche zu Monsignore. Auf Wunsch deutscher Dienststellen in Paris wird der überzeugte Antikommunist und Anhänger der Bourbonen 1941 Feldgeistlicher der LVF, 1944 der französischen Waffen-SS. Wegen militärischer Kollaboration von einem französischen Gericht am 13. 5. 1947 zu 15 Jahren Zwangsarbeit verurteilt, im Juni 1951 vorzeitig aus der Haft entlassen. Verstorben am 28. 6. 1955.
Veröffentlichungen (Auswahl): Au service de l'état (in Zusammenarbeit mit M. Pinaud), 1938; Un enfant d'autrefois, 1938.

Draža Dragoljub Mihajlović
Geboren am 27. 4. 1893 in Ivancjica. 1910 Eintritt in die serbische Militärakademie. Teilnahme an den Balkankriegen und am 1. Weltkrieg. Generalstabsausbildung, Militärattaché in Bulgarien und der Tschechoslowakei. Wegen einer Abhandlung über Guerillataktik disziplinarisch gemaßregelt. Im April 1941 Stabschef für die Verteidigung Saraje-

407

vos. Erkennt die jugoslawische Kapitulation nicht an und baut nicht-kommunistische Widerstandsgruppen (Četniks) auf. Fungiert als bewaffneter Arm der jugoslawischen Exilregierung, die ihn zum Divisionsgeneral und Kriegsminister ernennt. Hält gleichzeitig Kontakte zur kollaborierenden Nedić-Regierung. Schließt taktische Bündnisse mit den italienischen Besatzungsstreitkräften, bekämpft neben den Deutschen und Kroaten hauptsächlich die kommunistischen Partisanen. Stellt 1943 den Kampf gegenüber der Wehrmacht zurück, um seine Kräfte für die Auseinandersetzung mit Tito zu schonen. Verliert daraufhin die militärische und politische Unterstützung durch die Alliierten und die jugoslawische Exilregierung. Von einem kommunistischen Militärgericht nach Kriegsende zum Tode verurteilt und am 17. 7. 1946 erschossen.

Rexhep Mitrovica

Geboren etwa 1887 als Sohn einer Großgrundbesitzerfamilie aus dem Kosovo. Studium in Istanbul. 1912 Teilnahme am albanischen Aufstand im Kosovogebiet. Im gleichen Jahr Mitglied der albanischen Nationalversammlung. 1923 Unterrichtsminister, 1926 in ein Komplott gegen Präsident Ahmed Zogu verwickelt. Nach der italienischen Besetzung politischer Kampf um die Unabhängigkeit. Aktivist der 1942 gegründeten nationalistischen Balli Kombëtar (Nationale Front). Im November 1943 von der Nationalversammlung und dem Regentschaftsrat zum Ministerpräsidenten einer deutschfreundlichen Regierung ernannt. Rücktritt im Juni 1944 aus gesundheitlichen Gründen. Nach dem Krieg Führer der albanischen Emigrantenorganisation in der Türkei. Gestorben im Mai 1967 in Istanbul.

Olier Mordrel

Geboren am 29. 4. 1901 in Paris als Sohn eines aus der Bretagne stammenden Kolonialoffiziers. Bretonischer Nationalist, gehört 1919 zum Gründungsteam der Zeitschrift Breiz Atao. Entwickelt in den Jahren 1921–28 eine Theorie des bretonischen Nationalismus. Im September 1927 Mitbegründer der Parti Autonomiste Breton, die bis August 1931 besteht. Anschließend Führungsmitglied der PNB, deren separatistische Tendenzen von der Pariser Zentralregierung bekämpft werden. Im August 1939 Flucht über Belgien nach Berlin, am 7. 5. 1940 von einem französischen Militärgericht wegen Verrats zum Tode verurteilt. Während der deutschen Besatzung Zusammenarbeit mit der Okkupationsmacht, um eine unabhängige Bretagne durchzusetzen. Politisch kaltgestellt, darf er sich nur kulturell betätigen. Im Juni 1946 noch einmal von den französischen Behörden zum Tode verurteilt. Mordrel lebt nach mehr als 20jährigem Exil in Argentinien seit 1972 wieder in seiner Heimat.

Veröffentlichungen (Auswahl): Breiz Atao ou histoire et actualité du nationalisme breton, Paris 1973; La voie bretonne, Quimper 1975; Les hommes-dieux, Paris 1979; Le mythe de l'hexagone, Paris 1981; L'idée bretonne, Paris 1981.

Augustin Muñoz Grandes

Am 27. 1. 1896 als Sohn eines Friseurs in Madrid geboren. Mit 17 Jahren Eintritt in die Offiziersschule. Nach Ernennung zum Leutnant Einsatz in Spanisch-Marokko im Rahmen der Kolonialtruppe. 1931 Kommandeur des Wachregiments von Madrid. 1936 von der Volksfrontregierung verhaftet und zum Tode verurteilt, kommt er im Mai 1937 durch einen Gefangenenaustausch frei. Schließt sich Franco an, führt 1938 eine Division, anschließend ein Armeekorps. Von August 1939 bis Mai 1940 Generalsekretär der gleichgeschalteten Falange. Als General 1941 Kommandeur der Blauen Division. Extrem achsenfreundlich, erklärt er 1942 seine grundsätzliche Bereitschaft zum Putsch gegen den zögernd taktierenden Franco. Ende 1942, nach Verleihung des Eichenlaubs zum Ritterkreuz, durch General Esteban Infantes ersetzt. Im März 1943 Chef des Militärkabinetts von Franco, 1951–57 Heeresminister. 1957 Beförderung zum Generalkapitän (Marschall). Im Februar 1962 Ernennung zum Vizepräsidenten Spaniens und Stellvertreter Francos. Vier Jahre später scheidet er aus Altersgründen aus dem aktiven Heeresdienst aus. Gestorben in Madrid am 11. 7. 1970.

Milan Nedić

Geboren in Grocka am 20. 8. 1877. Besuch des Gymnasiums und der serbischen Militärakademie. 1905–08 Ausbildung zum Generalstabsoffizier, Teilnahme an den Balkankriegen als Oberstleutnant. Im 1. Weltkrieg Brigadekommandeur an der Salonikifront. 1923 Beförderung zum Divisionskommandeur. Im August 1939 Übernahme des Armee- und Marineministeriums in der Regierung Cvetcović-Macek. Scheidet im November 1940 nach Kritik an der zögernden Bündnishaltung der Regierung aus dem Kabinett aus. Nach der Zerschlagung Jugoslawiens wird Nedić Chef und Ministerpräsident der mit deutscher

Protektion am 29. 8. 1941 gegründeten serbischen Regierung, die nur geringe Befugnisse besitzt. Er stützt sich innenpolitisch auf die ZBOR-Bewegung, die in Südserbien operierenden Četniks unter Pećanac und Teile des jugoslawischen Offizierskorps. Seine Kollaboration bleibt strikt an den Interessen Serbiens orientiert. Nach Kriegsende von den kommunistischen Behörden interniert, stirbt er am 4. 2. 1946, angeblich durch Selbstmord.

Ante Pavelic
Geboren am 14. 7. 1889 in Bradina (Herzegowina). Abitur 1910 in Zagreb, anschließend Jurastudium. 1915 Promotion, Tätigkeit als Rechtsanwalt. Nach Gründung des Königreichs der Serben, Kroaten und Slowenen Bekämpfung des zentralistischen Einheitsstaates als Sekretär der kroatischen Rechtspartei. 1927 Parlamentsmitglied. Verläßt 1929 Jugoslawien und gründet die nationalistische Ustascha, die ein selbständiges Kroatien propagiert. Von einem serbischen Gericht wegen Hochverrats zum Tode verurteilt. Aufenthalt in Italien. Nach dem Marseiller Attentat auf König Alexander I. und Barthou unter italienischer Polizeiaufsicht. In Jugoslawien erneut in contumaciam zum Tode verurteilt. 1937–40 ohne italienische politische Unterstützung. Übernimmt im April 1941 die Führung des neugeschaffenen Unabhängigen Staates Kroatien. Verantwortlich für Serben- und Judenmassaker. Aufgrund der innenpolitischen Zwangsmaßnahmen ist keine Stabilisierung des Staates möglich. Pavelic flieht kurz vor der Kapitulation nach Österreich und läßt sich 1948 in Argentinien nieder. 1957 bei einem Attentat schwer verletzt, stirbt er am 28. 12. 1959 in Madrid.
Veröffentlichungen (Auswahl): Aus dem Kampf um den selbständigen Staat Kroatien. Einige Dokumente und Bilder, Wien 1931; Dr. Ante Trumbić: Problemi hrvatsko-srpskih odnosa, München 1959; Kairska afera, Paris 1961.

Alessandro Pavolini
Geboren 1903 in Florenz als Sohn eines bekannten Sprachwissenschaftlers. Literarische und künstlerische Neigungen, Studium der Rechts- und Sozialwissenschaften in Rom und Florenz. Aktivist des Frühfaschismus, gleichzeitig Journalist und Gründer verschiedener kultureller Zeitschriften. 1927 Vizeferale, 1929 Federale von Florenz. 1934 Abgeordneter und Präsident des Künstlerbundes. Zusammen mit Galeazzo Ciano als Freiwilliger bei der Luftwaffe im abessinischen

Feldzug 1935, Kriegskorrespondent für »Corriere della Sera«. Von Oktober 1939 bis Februar 1943 Propagandaminister, anschließend Direktor des »Messagero« bis zum 25. 7. 1943. Flucht nach Deutschland, von Mussolini zum Parteisekretär der PFR ernannt. 1944 Initiator der Schwarzhemden-Brigaden. Versucht im April 1945 vergeblich, einen heroischen Endkampf im Veltlin zu organisieren. Am 28. 4. 45 durch Partianen erschossen.

Veröffentlichungen (Auswahl): Giro D'Italia, 1927; Disperata, Firenze 1937; Scomparsa d'Angela, Milano 1940.

Philippe Pétain
Geboren am 24. 4. 1856 in Cauchy-à-la-Tour. 1876 Eintritt in die Offiziersschule von Saint-Cyr, Berufsoffizier. 1916 erfolgreicher Verteidiger Verduns, 1917/18 Oberbefehlshaber der französischen Armeen. 1922 Generalinspekteur der Armee, 1931 in die Académie Française gewählt. 1934 Kriegsminister im Kabinett Doumergue. Seit Frühjahr 1939 Botschafter in Madrid. Wird am 18. 5. 1940 Vizepräsident im Kabinett Reynaud, zu dessen Nachfolger er am 17. 6. gewählt wird. Steuert als Staatschef von Vichy einen Kurs vorsichtiger Kollaboration mit der deutschen Besatzungsmacht, um Frankreich größere Leiden zu ersparen. Wird im August 1944 von der Okkupationsmacht gegen seinen Willen nach Sigmaringen gebracht. Im August 1945 durch ein französisches Gericht zum Tode verurteilt, anschließend von de Gaulle begnadigt und auf der Insel Yeu interniert, wo er am 23. 7. 1951 stirbt.

Ioannis Rallis
Geboren in Athen 1878 als Sohn einer angesehenen Politikerfamilie. Jurastudium in Griechenland, Deutschland und Frankreich. 1906 und 1910 zum Parlamentsabgeordneten gewählt. Nach dem 1. Weltkrieg Übernahme verschiedener Kabinettsposten: 1920 Minister für Marinewesen, 1921 Finanz- und Justizminister. 1932 Außenminister, ein Jahr später Innenminister. Kandidiert zu den Wahlen 1936 mit einer eigenen Partei und gewinnt 8 Parlamentssitze. Nach der Niederlage Griechenlands 1941 Kooperation mit der deutschen Besatzungsmacht. Vom 7. 4. 1943 bis zum 12. 10. 1944 griechischer Premierminister, vertritt innenpolitisch eine scharf antikommunistische und royalistische Politik. Verantwortlich für die Aufstellung der Sicherheitsbataillone (Tagmata Asfalias). Nach dem Rückzug der deutschen Truppen inhaftiert, wird er im Februar 1945 zu lebenslänglicher Freiheitsstrafe verurteilt. Rallis stirbt am 16. 10. 1946 in einem Athener Gefängnis.

Meinoud Marinus Rost van Tonningen
Geboren am 19. 2. 1894 in Niederländisch-Indien. 1919 Reserveleut-
nant, Studium in Leiden, Banklehre. 1923–26 Sekretär des Völkerbundes in Wien, 1928 Leiter des Amsterdamer Bankhauses Hope & Co.,
von 1931–36 wiederum Völkerbundsvertreter. 1936 Eintritt in die NSB,
deren Parlamentssprecher er wird. Im April 1940 von der holländischen Regierung interniert. Nach der deutschen Besetzung Hollands
wird der extrem deutschfreundliche und pangermanistische Rost van
Tonningen SS-Protegé und erhält hohe Funktionen: 1941 Präsident der
Niederländischen Bank, Generalsekretär des Finanzministeriums, Generalsekretär des Ministeriums für besondere wirtschaftliche Angelegenheiten. Ab 1. 7. 1942 Präsident der Nederlandschen Oost-Compag-
nie. Wegen seiner pro-annexionistischen Tendenzen Zerwürfnis mit
NSB-Leiter Mussert, der seinen Stellvertreter Rost van Tonningen
schließlich aus der Partei ausstößt. Im März 1945 als Obersturmführer
bei der Division Landstorm Nederland. Nach Kriegsende von den holländischen Behörden inhaftiert, stirbt er am 6. 6. 1945 unter ungeklärten Umständen.
Veröffentlichung: Nederlandsche Oostcompagnie NV, 1943.

Leon Rupnik
Geboren 1880 in Idria/Krain. Mit 15 Jahren Besuch der Kadettenschule
in Triest, 1899 Fähnrich. Absolvent der Kriegsschule in Wien, zu Ende
des 1. Weltkrieges Generalstabschef einer kroatischen Division an der
Isonzo-Front. Generalstabsoffizier bei der jugoslawischen Armee. 1939
als Festungsdirektor in Laibach verantwortlich für die Befestigungsan-
lagen gegen Italien, Deutschland und Ungarn. Im Mai 1941 Generalstabschef einer südslawischen Armeegruppe in Kroatien. Nach der Besetzung Jugoslawiens durch die Deutschen in Cilli/Südsteiermark
interniert. Als scharfer Antikommunist Zusammenarbeit mit den
Italienern in Slowenien. Bürgermeister von Laibach, 1943 von den
Deutschen zum Verwaltungspräsidenten der Provinz Laibach ernannt.
Bis zum 4. 5. 1945 Kommandeur der Slowenischen Landeswehr
(Domobranen). Von den Engländern 1946 an Tito ausgeliefert, wird
Rupnik nach einem Kriegsverbrecherprozeß zum Tode verurteilt und
hingerichtet.

Frank Ryan
Geboren am 11. 9. 1902 in Elton/Limerick als Sohn einer Lehrerfamilie.
Während seines Universitätsstudiums in Dublin 1921–25 wird er IRA-

Mitglied, 1922/23 ist er wegen seiner Aktivitäten interniert. Adjutant und Reorganisator der berühmten Dublin-Brigade. 1929–33 Herausgeber einer Wochenzeitung, 1930 auf Propagandareise für die IRA in den Vereinigten Staaten. Ab 1934 Führungsmitglied einer linken IRA-Abspaltung, der Gruppe Republican Congress. Verläßt im November 1936 mit 80 anderen antifaschistischen Iren die Heimat, um im spanischen Bürgerkrieg gegen Franco zu kämpfen. Offizier bei der 15. Internationalen Brigade, Propagandasendungen über Radio Madrid. Im März 1938 gefangen genommen, wird er zum Tode verurteilt. Auf Bitte der Abwehr arrangieren die Spanier im Juli 1940 die »Flucht« Ryans aus dem Gefängnis von Burgos. Im Reich aus irisch-nationalistischen Motiven Zusammenarbeit mit der Abwehr. Gestorben am 10. 6. 1944 im Sanatorium Loschwitz bei Dresden.

Horia Sima
Geboren 1906 in Bukarest, Gymnasiallehrer. Regionalführer der Eisernen Garde, nach der Ermordung Codreanus 1938 ihr Führer. Wird nach der Konstituierung des Nationallegionären Staates im September 1940 Vizepräsident des Ministerrates. Flieht nach der gescheiterten Rebellion der Legion im Januar 1941 nach Deutschland, wird in Rumänien in contumaciam zum Tode verurteilt. Im Reich im Lager Berkenbrück bei Fürstenwalde interniert. Ende 1942 Flucht nach Italien, nach der Auslieferung Sonderhäftling im KZ Sachsenhausen. Entlassung nach dem antifaschistischen Staatsstreich in Bukarest im August 1944. Gründet in Wien mit deutscher Unterstützung eine rumänische Nationalregierung. Kann sich bei Kriegsende der Auslieferung entziehen und wird 1946 noch einmal – diesmal von den rumänischen Kommunisten – in Abwesenheit zum Tode verurteilt. Lebt in Spanien im Exil. Veröffentlichungen: Dos Movimientos Nacionales, Madrid 1960; Il caso Iorga Madgearu, Madrid 1961; O Homen novo, Rio de Janeiro 1968; Histoire du Mouvement Legionnaire, Rio de Janeiro 1972.

Johannes Soodla
Geboren am 14. 1. 1897 in Estland. Hochdekorierter Teilnehmer des Unabhängigkeitskrieges 1918/19. Berufsoffizier, beim Einmarsch der Sowjets 1940 Oberst und Kommandeur der estnischen Militärakademie. Flucht nach Deutschland. Nach der deutschen Eroberung des Baltikums militärische Zusammenarbeit mit der Besatzungsmacht. 1943 Kommandeur des 1. Regiments der Estnischen Legion. Inspekteur der

estnischen SS-Legion und ab Oktober 1943 Chef des SS-Ersatzkommandos Estland. Seit 15. 9. 1944 Waffen-Brigadeführer und Generalmajor der Waffen-SS. Nach Kriegsende Flucht in die USA. Gestorben in Goslar am 26 5. 1965.

Josef Tiso
Geboren am 13. 10. 1887 in Velká Bytča als Sohn eines Kleinbauern. Studium der Theologie in Budapest und Wien, 1910 Priesterweihe, ein Jahr später Promotion. Mitbegründer der Slowakischen Volkspartei, 1923 wegen »Volkshetze« verurteilt. Seit 1925 Abgeordneter, von 1927–29 tschechoslowakischer Gesundheitsminister. Führer des konservativen Parteiflügels und Ideologe der SVP. Ab 1930 stellvertretender Parteivorsitzender, 1938 Nachfolger Hlinkas. Von Oktober 1938 bis 10. März 1939 Ministerpräsident der autonomen Slowakei, anschließend von der Zentralregierung abgesetzt. Staatspräsident der unabhängigen Slowakei bis zum Kriegsende, als solcher Garant für den Fortbestand der slowakischen Nation. Von den Amerikanern an die Tschechen ausgeliefert und vom Volksgerichtshof in Preßburg zum Tode verurteilt, wird er am 18. 4. 1947 hingerichtet.
Veröffentlichungen (Auswahl): Ideológia slovenskey ludovey strany, Prag 1930; Politika a náboženstvo, Bratislava 1940; Die Wahrheit über die Slowakei, München 1948.

Vojtech Tuka
Geboren in Piarg als Sohn eines Lehrers am 4. 7. 1880. Studium der Rechts- und Staatswissenschaften in Berlin, Paris und Budapest. 1901 Promotion, 1910 Habilitation. Bis 1921 Professor für Rechtsphilosophie und Völkerrecht an der Universität Preßburg. Starker politischer Einsatz für eine Autonomie der Slowakei. 1922 Parteisekretär, ein Jahr später stellvertretender Vorsitzender der SVP. Gründet innerhalb der SVP die bewaffnete Rodobrana (Stammwehr). Im Oktober 1929 wegen Hochverrats zu 15 Jahren schweren Kerkers verurteilt. Nach der Autonomie-Erklärung der Slowakei aus dem Gefängnis entlassen, wird er am 14. 3. 1939 stellvertretender Ministerpräsident, am 29. 10. Ministerpräsident und 1940 auch Außenminister. Vertritt in der slowakischen Politik die Position der rechtsradikalen Minorität. Im September 1944 aus gesundheitlichen Gründen Rückzug aus dem öffentlichen Leben. Vom tschechoslowakischen Volksgerichtshof zum Tode verurteilt und am 20. 8. 1946 hingerichtet.

Veröffentlichungen (Auswahl): Die Freiheit. Politische Studie, Fünfkirchen 1910; Die Rechtssysteme. Grundriß einer Rechtsphilosophie, Berlin 1941.

Andrej Andrejewitsch Wlassow

Geboren am 1. 9. 1900 im Dorf Lomakino im Gouvernement Nishni-Nowgorod als Sohn eines Bauern. Besuch eines Priesterseminars, 1919 Eintritt in die Rote Armee. 1929 Bataillonskommandeur, ein Jahr später Eintritt in die Kommunistische Partei. 1938/39 als Oberst und Militärberater in China. Juni 1940 Generalmajor, im November 1941 zum Oberbefehlshaber der 20. Armee ernannt, die erfolgreich Moskau verteidigt. Januar 1942 Generalleutnant. Gerät im Juli 1942 als Kommandeur der 2. Stoßarmee am Wolchow in deutsche Gefangenschaft. Versucht mit Unterstützung deutscher Offiziere, eine russisch-antistalinistische Befreiungsarmee auf die Beine zu stellen. Seine ROA bleibt jedoch bis kurz vor Kriegsende ein Phantom. 1944 von Himmler anerkannt, legt Wlassows Befreiungskomitee der Völker Rußlands mit dem Prager Manifest vom November ihr programmatisches Bekenntnis ab. Die Aufwertung als »russischer de Gaulle« kommt zu spät, im April 1945 verfügt er erst über zwei Infanteriedivisionen. Von den Sowjets gefaßt, wird Wlassow im August 1946 hingerichtet.

Abkürzungsverzeichnis

AA	Auswärtiges Amt
AKS	Akademisch Karelische Gesellschaft
ANR	Aeronautica Nazionale Repubblicana
BA	Bundesarchiv
BTE	Bund Treuer Eidgenossen
BUF	British Union of Fascists
CHDGM	Cahiers d'histoire de la seconde guerre mondiale
DAL	Deutsch-Arabische Lehrabteilung
De Vlag	Deutsch-Flämische Arbeitsgemeinschaft
DNSAP	Dansk National Socialistik Arbejderparti
Frw.	Freiwilligen
GNR	Guardia Nazionale Repubblicana
HJ	Hitlerjugend
HKL	Hauptkampflinie

HSSuPF	Höherer SS- und Polizeiführer
I.D.	Infanteriedivision
IKL	Vaterländische Volksbewegung
IR	Infanterieregiment
IRA	Irish Republican Army
JG	Jagdgeschwader
LVF	Légion des volontaires français contre le bolshevisme
MA	Militärarchiv
MGM	Militärgeschichtliche Mitteilungen
MSR	Mouvement Social Révolutionnaire
NF	Nationale Front
NS	Nasjonal Samling
NSB	Nationaal-Socialistische Beweging der Niederlanden
NSDAP	Nationalsozialistische Deutsche Arbeiterpartei
NSFO	Nationalsozialistischer Führungsoffizier
NSKK	Nationalsozialistisches Kraftfahrerkorps
NSNAP	Nationaal Socialistische Nederlands Arbeiders Partij
NSZ	Nationale Bewaffnete Streitkräfte
NTS	Narodno-Trudowoj Sojus = Bund Russischer Solidaristen
OKW	Oberkommando der Wehrmacht
OT	Organisation Todt
OUN	Organisation Ukrainischer Nationalisten
PPF	Parti Populaire Français
RAD	Reichsarbeitsdienst
Rev. d'hist.	Revue d'histoire de la deuxième guerre mondiale
RMO	Reichsministerium für die besetzten Ostgebiete
RNP	Rassemblement National Populaire
RONA	Russkaja Osvoboditel'naja Narodnaja Armija = Russische Volksbefreiungs-Armee
ROA	Russkaja Osvoboditel'naja Armija = Russische Befreiungsarmee
RSHA	Reichssicherheitshauptamt
RSI	Repubblica Sociale Italiana
Schuma-Btl.	Schutzmannschafts-Bataillon
SD	Sicherheitsdienst

SFK	Serbisches Freiwilligen-Korps
SOL	Service d'ordre légionnaire
Teno	Technische Nothilfe
VDA	Verein (später: Volksbund) für das Deutschtum im Ausland
VDB	Volksdeutsche Bewegung
Verdinaso	Verbond van Dietsche Nationaal-Solidaristen
VJHZ	Vierteljahreshefte für Zeitgeschichte
VNV	Vlaamsch Nationaal Verbond
VV	Vlaamsch Verbond van Frankrijk
WWR	Wehrwissenschaftliche Rundschau

Anmerkungen

Einleitung

1) R. Ilnytzkyj, Deutschland und die Ukraine, Bd. 2, München 2. Aufl. 1958, S. 317

2) F. Bentmann, Der Beitrag der europäischen Legionen im Kampf gegen den Bolschewismus, in: Zeitschrift für Politik 34/1944, S. 51

3) R. Cartier, Der Zweite Weltkrieg, Bd. 2, München o.J. S. 724

4) vgl. »Die personellen und materiellen Gesamtverluste der Deutschen Wehrmacht von Kriegsbeginn bis zum 31. Januar 1945«, KTB OKW 1944–1945, Teilband II, Herrsching 1980, S. 1508 ff. Die tatsächlichen Verluste bis Kriegsende dürften weit höher gewesen sein. Leider verfügt auch die Deutsche Dienststelle für die Benachrichtigung der nächsten Angehörigen von Gefallenen der ehemaligen Deutschen Wehrmacht (WASt) in Berlin insoweit nicht über konkretes Zahlenmaterial

5) B. Wegner, Hitlers politische Soldaten, Paderborn 1982, S. 293 über germanische Freiwillige der Waffen-SS

6) S. Wiesenthal, Großmufti – Großagent der Achse, Salzburg-Wien 1947, S. 48 über muselmanische Freiwillige der Waffen-SS

7) R. Landwehr, The European Volunteer Movement in World War II, in: The Journal of Historical Review 1981, S. 78

8) vgl. etwa für die lettischen Freiwilligen: Latviesu Karavirs otra pasaules kara laika, Bd. 1–7, 1970–1979; für die flämischen Freiwilligen: J. Vincx, Vlaanderen in Uniform 1940–1945, Bd. 1–6, Antwerpen 1980–1983

Das Reich und Europa

1) L. Jodl, Jenseits des Endes, Wien-München-Zürich 2. Aufl. 1976, S. 56

2) L. Gruchmann, Nationalsozialistische Großraumordnung, Stuttgart 1962, S. 93; H.W. Neulen, Europas verratene Söhne, Bergisch Gladbach 1982, S. 40

3) vgl. J. Ackermann, Heinrich Himmler als Ideologe, Göttingen-Zürich-Frankfurt 1970, S. 183; Adolf Hitler, Monologe im Führerhauptquartier, hrsgg. von W. Jochmann, Hamburg 1980, S. 290

4) F. Zipfel, Hitlers Konzept einer »Neuordnung Europas«, in: Aus Theorie und Praxis der Geschichtswissenschaft, Berlin 1972, S. 163

5) Goebbels Tagebücher aus den Jahren 1942–1943, hrsgg. von L.P. Lochner, Zürich 1948, S. 325

6) Reichsorganisationsleiter der NSDAP. Hauptschulungsamt (Hrsg.), Schulungs-Unterlage Nr. 25. Der Weltkampf des Reiches, 1943, S. 9

7) Goebbels Tagebücher 1942–1943 a.a.O. S. 186

8) vgl. ADAP, E, Bd. IV, Dok. Nr. 151, S. 262; Laval parle, Genf 1947, S. 135; die Annahme von E. Jäckel, Frankreich in Hitlers Europa, Stuttgart 1966, S. 242, die Formu-

lierung »durch dick und dünn« stamme nicht von Hitler, wird durch das Dok. Nr. 151 widerlegt; vgl. a.W. Greiselis, Das Ringen um den Brückenkopf Tunesien 1942/43, Frankfurt-Bern 1976, S. 274, Anm. 111 und R. Tournoux, Le royaume d'Otto, Paris 1982, S. 200, 217

9) K. Bosl (Hrsg.), Das Jahr 1941 in der europäischen Politik, München-Wien 1972, S. 160

10) Schriftliche Mitteilung von Herrn Einar J. Rustad vom 20.5.1983

11) H.W. Koch, Hitlerjugend, München 1981, S. 166

12) »Reich-Volksordnung-Lebensraum«, Darmstadt 1942, S. 140

13) Interview mit Dr. Werner Best vom 26.08.83; dem Autor liegt außerdem ein Schreiben des damaligen Schriftleiters der Zeitschrift, Professor Dr. Reinhard Höhn, vom 1.3.1967 vor, das die Autorenschaft von Dr. Best bestätigt

14) E.E. Dwinger, Die 12 Gespräche 1933–1945, Velbert-Kettwig 1966, S. 106 f.

15) Th. Oberländer, 6 Denkschriften aus dem Zweiten Weltkrieg über die Behandlung der Sowjetvölker, Ingolstadt 1984, Denkschrift 5, S. 4

16) Interview mit Herrn Dr. Franz Riedweg vom 24.1.1981

17) Dr. F. Riedweg, »Germanisch-völkische Reichspolitik«, Manuskript, etwa Spätsommer 1943 (BA/MA aus: RS 5/310)

18) Interview mit Herrn Dr. F. Riedweg vom 24.1.1981; bei F. Steiner, Die Armee der Geächteten, Preußisch Oldendorf 4. Aufl. 1971, S. 128 ff. findet sich eine eidesstattliche Versicherung von Richard Schulze-Kossens vor dem IMT in Nürnberg, die die Aussage Dr. Riedwegs bestätigt

19) Interview mit Herrn Richard Schulze-Kossens vom 21.2.1981

20) Interview mit Herrn R. Schulze-Kossens vom 21.2.1981; eidesstattliche Aussage von Herrn Schulze-Kossens vor dem IMT in Nürnberg, abgedruckt in Steiner, Die Armee a.a.O. S. 132

21) Aufzeichnung des Reichsleiters Bormann. Besprechung des Führers mit Mussert – NSB am 10.12.1942, ADAP, E, Bd. IV, Dok. Nr. 284, S. 510

22) F. Kersten, Totenkopf und Treue, Hamburg o.J. S. 321; ihm folgend H. Fraenkel/ R. Manvell, Himmler. Kleinbürger und Massenmörder, Herrsching 1981, S. 169

23) Ackermann a.a.O. S. 190

24) vgl. H.-H. Wilhelm/L. de Jong, Zwei Legenden aus dem Dritten Reich, Stuttgart 1974

25) Die entsprechenden Tagebuchaufzeichnungen von Farinacci sind enthalten in: J. de Launay, Les derniers jours du fascisme en Europe, Paris 1974, S. 67 ff.

26) vgl. F.W. Deakin, Die brutale Freundschaft, Köln-Berlin 1964, S. 957 Anm. 25; U.A. Grimaldi/G. Bozzetti, Farinacci il piú fascista, Milano 2. Aufl. 1972, S. 203 f.

27) Geopolitica, anno 2, numero 4 (28.2.1942), S. 93–98

28) H. Zimmermann, Die Schweiz und Großdeutschland, München 1980, S. 438

29) L. Herbst, Der Totale Krieg und die Ordnung der Wirtschaft, Stuttgart 1982, S. 455

30) Das Dritte Reich und Europa, München 1957, S. 115

31) A. Rein, Europa und das Reich, Essen 1943, S. 83

32) Ackermann a.a.O. S. 187

33) B. Brehm, Der geistige und militärische Zusammenhalt in national gemischten Heeren, Main. 1952, S. 16

34) abgedruckt in: O. Buchbender, Das tönende Erz, Stuttgart 1978, S. 315 ff.

420

35) ADAP, E, Bd. V, Dok. Nr. 229, S. 437 ff.
36) ADAP, E, Bd. V, Dok. Nr. 229, S. 439
37) G. Hass/W. Schumann (Hrsg.) Anatomie der Aggression, (Ost)Berlin 1972, S. 182
38) Hass/Schumann a.a.O. S. 193; ADAP, E, Bd. VI, Dok. Nr. 235, S. 415
39) Hass/Schumann a.a.O. s. 201 f.; K. Drechsler/H. Dress/ G. Hass, Europapläne des deutschen Imperialismus im zweiten Weltkrieg, in: Zeitschrift für Geschichtswissenschaft 1971, S. 927 ff. geben eine weitere (?) Notiz des Gesandten von Renthe-Fink vom 9.9.1943 wider, die erhebliche Abweichungen zu der hier zitierten Fassung aufweist. – Das Argument »Nach dem Krieg werden ohnehin wir bestimmen« findet sich auch in einer Denkschrift von Heinz von Homeyer, der im Herbst 1942 wegen seiner Äußerungen gegen die NS-Kolonialpolitik als Leiter der Wirtschaftsabteilung im Generalkommissariat Melitopol zum Rücktritt gezwungen worden war. Homeyer forderte die Ausarbeitung einer Europa-Charta, vgl. Der Gedanke »Europa« – die Kriegsentscheidung, 18seitige Denkschrift vom 1.3.1944 (Dokumentenkabinett Vlotho)
40) Der Chef des Wehrmachtsführungsstabes, Alfred Jodl, hat im Nürnberger Prozeß über entsprechende Erfahrungen mit Hitler berichtet: »Wenn ich mit moralischen Bedenken gekommen wäre, oder mit rein rechtlichen, dann hätte er gesagt: ›Lassen Sie mich mit diesem dummen Geschwätz in Ruhe‹«, L. Jodl a.a.O. S. 277
41) R. Rahn, Ruheloses Leben, Stuttgart-Zürich o.J. S. 381
42) H.A. Jacobsen, Der Weg zur Teilung der Welt, Koblenz-Bonn, 2. Aufl. 1979, S. 272; Hass/Schumann a.a.O. S. 216
43) P. Sérant, Die politischen Säuberungen in Westeuropa, Oldenburg-Hamburg 1966, S. 333; J. de Launay, La Belgique à l'heure allemande, Brüssel o.J. S. 212
44) abgedruckt in Keesings Archiv der Gegenwart 1944, Wien 1944, Nr. 6341 E
45) E. Delvo, Sociale Kollaboratie, Antwerpen-Amsterdam 1975, S. 242
46) In diesem Zusammenhang von Interesse ist auch der Entwurf der Amtsgruppe C des SS-Hauptamtes über »Die politische Aufgabe des deutschen Führers und Unterführers in den fremdvölkischen Einheiten der Waffen-SS« vom Oktober 1944 (BA NS 31/42)
47) Interview mit Herrn Alexander Dolezalek vom 26.3.1983
48) Vortrag »Politische Kriegsführung«, S. 20 f. (Dokumentenkabinett Vlotho). Daß Ende 1944 im SS-Hauptamt Überlegungen hinsichtlich einer Europäischen Eidgenossenschaft angestellt wurden, wurde dem Autor auch durch den ehemaligen norwegischen SS-Obersturmführer Ole Brunaes bestätigt, der seit September 1943 als Verbindungsoffizier im SS-Hauptamt tätig war, vgl. sein Schreiben vom 23.6.1981
49) Auszug aus dem Generalplan 1944, Phase 3: Das deutsche Kriegsziel: die europäische Friedensidee, S. 4a (Dokumentenkabinett Vlotho)
50) Unterlagen zum Europapaß liegen in keinem amtlichen bundesdeutschen Archiv vor. Fehlanzeige meldeten dem Autor insoweit das Institut für Zeitgeschichte/München, das Politische Archiv des AA/Bonn sowie das Bundesarchiv in Koblenz. Aktensplitter zum Europapaß befinden sich im Dokumentenkabinett Vlotho. Darüber hinaus wurde die geplante Ausgabe des Passes dem Autor von folgenden Zeugen bestätigt, die 1944/45 im SS-Hauptamt tätig waren: Interview mit Herrn A. Dolezalek vom 26.3.1983 sowie schriftliche Mitteilungen vom 18.6., 24.6. und 13.7.1983; schriftliche Mitteilung von Herrn Dr. Fritz Arlt vom 6.11.1983, von Herrn Erich Spaarmann vom 8.12.1983 sowie von Frau Dr. Herta Schütze vom 30.8.1983
51) Daher war keine Änderung des Gesetzes über das Paßwesen notwendig

52) Schreiben von Frau Dr. H. Schütze vom 30.8.1983
53) Schriftliche Mitteilung der Bundesdruckerei, Herr Bernhardt, vom 20.9.1983; bestätigt durch ein Schreiben des Landesarchivs Berlin, Frau Preuß, vom 5.10.1983
54) vgl. den kurzen Tagungsbericht in: Zeitschrift für Politik, Heft 1–3, Januar-März 1945, S. 35 f.
55) Mündliche Aussage der Tagungsteilnehmerin Frau Karo von Mende vom 7.5.1983

Das Phänomen Kollaboration

1) Meyers Enzyklopädisches Lexikon, Bd. 14, Mannheim-Wien-Zürich 1975 S. 51
2) Ch. Zentner, Lexikon des Zweiten Weltkrieges, Bergisch Gladbach 1979, S. 162
3) Bosl, Das Jahr 1941 in der europäischen Politik a.a.O. S. 149
4) K. Kohut (Hrsg.), Literatur der Résistance und Kollaboration in Frankreich, Bd. 2, Wiesbaden-Tübingen 1982, S. 189 Anm. 72
5) Zur Selbstdarstellung der Separatisten vgl. die apologetischen Erinnerungen ihres Führers J.A. Dorten: Die Rheinische Tragödie, Bad Kreuznach, 2. Aufl. 1981; zur Auseinandersetzung zwischen Separatisten und deutschen Rechtsaktivisten vgl. H.W. Koch, Der deutsche Bürgerkrieg, Berlin-Frankfurt-Wien 1978, S. 347 ff.
6) G. Bidault, Noch einmal Rebell, Berlin 1966, S. 302
7) Kölner Stadt-Anzeiger vom 9.11.1983
8) vgl. Neulen, Europas verratene Söhne a.a.O. S. 175 ff.
9) W. Herdeg, Grundzüge der deutschen Besatzungsverwaltung in den west- und nordeuropäischen Ländern während des zweiten Weltkrieges, Tübingen 1953, S. 70 Anm. 1
10) So W. Rings in seiner Studie: Leben mit dem Feind, München 1979
11) Rings a.a.O. S. 134
12) Saint-Paulien, Histoire de la collaboration, Paris 1964, S. 425
13) Ursprünglich kam Sicard, wie viele französische Kollaborateure, von der extremen Linken
14) P. Drieu la Rochelle, I cani di paglia, Bolzano 1979, S. 113
15) vgl. Das Dritte Reich und Europa a.a.O. S. 132
16) Mit diesen Worten umschreibt E. von Beckerath, Wesen und Werden des faschistischen Staates, Darmstadt 1979, S. 24, die Einstellung der italienischen faschistischen Kampfverbände der 20er Jahre
17) A. Hitler. Monologe a.a.O. S. 304; vgl. insoweit auch Hitlers Einschätzung der Vichy-Polizei: Lagebesprechungen im Führerhauptquartier, hrsgg. von H. Heiber, Berlin-Darmstadt-Wien 1963, S. 37
18) O. Abetz, Das offene Problem, Köln 1951, S. 244
19) P. Bourget, Der Marschall, Frankfurt-Berlin 1968, S. 276
20) Diesen Aspekt betont zu Recht P. de Pringet, Die Kollaboration, Tübingen 1981, S. 185
21) P. Rostaing, Le prix d'un serment, Paris 1975, S. 187
22) vgl. z.B. R. Butler, The Black Angels, New York 1979, S. 185
23) J.M. van Bemmelen, The Treatment of Political Delinquents in some European Countries, in: Journal of Criminal Science 1948, S. 121
24) Art. 7 II MRK verstößt sowohl gegen Art. 103 II GG als auch gegen § 1 StGB. Der Bundestag hat daher im Dezember 1953 Art. 7 II MRK ausdrücklich mißbilligt und

klargestellt, daß Art. 103 II GG vorrangig ist, vgl. H.-H. Jescheck, Die europäische Konvention zum Schutz der Menschenrechte und Grundfreiheiten, in: Neue Juristische Wochenschrift 1954, S. 785

25) Amnesty International, Die Todesstrafe, Reinbek/Hamburg 1979, S. 222 f.

26) Das Medium Film hat sich der Kollaboration im übrigen bisher nur vereinzelt angenommen. Zu nennen sind hier etwa die Spielfilme »Lacombe Lucien« (franz., Regie Louis Malle), »Klein Ida« (norw.-schwedisch 1981, Regie Laila Mikkelsen), weiter »Eine Frau zwischen Hund und Wolf« (belgisch 1979, Regie André Delvaux) und der durch seine Objektivität bestechende, zweiteilige franz. Fernsehfilm »Die Pflicht eines Franzosen« (1978, nach dem Buch von Denis Lalanne)

27) Kohut, Literatur der Résistance und Kollaboration in Frankreich, Bd. 2 a.a.O. S. 153

28) »Rußland und Wir«, Bad Homburg 1/1983, S. 5

Holland

1) Der Zweite Weltkrieg. Teilband Verrat und Widerstand, Rotterdam 1978, S. 29; P.H. Buss/A. Mollo, Hitlers Germanic Legions, London 1978, S. 49; D. Littlejohn, The Patriotic Traitors, London 1972, S. 89 f. nennt eine Zahl von 30 Holländern; L. de Jong, Die deutsche Fünfte Kolonne im Zweiten Weltkrieg, Stuttgart 1959, S. 185, geht von 100–200 an den Aktionen beteiligten Niederländern aus; ebenso L.D. Stokes, Anton Mussert and the NSB: 1931–45, in: History 56 (1971), S. 396

2) K. Kwiet, Zur Geschichte der Mussert-Bewegung, in: VJHZ 18 (1970), S. 182

3) Stokes a.a.O. S. 402; H.L. Mason, The Purge of Dutch Quislings, The Hague 1952, S. 14

4) Kwiet, Mussert-Bewegung a.a.O. S. 186; K. Kwiet, Reichskommissariat Niederlande, Stuttgart 1968, S. 106

5) Kwiet, Reichskommissariat a.a.O. S. 117 f.; W. Warmbrunn, The Dutch under German Occupation 1940–1945, Stanford 1963, S. 131 f.; W.B. Maass, The Netherlands at War 1940–1945, London-New York-Toronto 1970, S. 62

6) L. Graf Schwerin von Krosigk, Staatsbankrott, Göttingen-Frankfurt-Zürich 1974, S. 313 f.; E. Wiskemann, Erlebtes Europa, Bern-Stuttgart 1969, S. 62

7) M.M. Rost van Tonningen, Statement vom 24.5.1945, S. 10

8) vgl. M. Du Prel/W. Janke (Hrsg.), Die Niederlande im Umbruch der Zeiten, Würzburg-Den Haag 1942, S. 117 ff.; Der Zweite Weltkrieg. Teilband Verrat und Widerstand a.a.O. S. 6, 36 f.; Warmbrunn a.a.O. S. 42, 127; Maass a.a.O. S. 61, 118, 146; D. Littlejohn, Foreign Legions of the Third Reich, Bd. 2, San Jose 1981, S. 214 ff.

9) Kwiet, Reichskommissariat a.a.O. S. 112

10) Der Zweite Weltkrieg. Teilband Verrat und Widerstand a.a.O. S. 32; Littlejohn, Foreign Legions Bd. 2 a.a.O. S. 172 nennt eine Zahl von 3727 Mitgliedern der Germaanschen SS

11) Kwiet, Mussert-Bewegung a.a.O. S. 190; S. van der Zee, Voor Führer, Volk en Vaderland sneuvelde..., Den Haag 1975, S. 119; A.H. Paape, Le mouvement national-socialiste en Hollande, in: Rev. d'hist. Nr. 66 (1967), S. 54

12) Interview mit Herrn Derk-Elsko Bruins vom 1.11.1982

13) Interview mit Herrn Jurrien van der Wal vom 14.1.1983

14) Interview mit Herrn Heinz Slegtenhorst vom 3.12.1982

15) Mitteilung von Herrn Paul van Tienen vom 29.5.1981

16) vgl. Littlejohn, Foreign Legions Bd. 2 a.a.O. S. 195; K.-G. Klietmann, Die Waffen-SS – eine Dokumentation, Osnabrück 1965, S. 441 f.

17) Die NSNAP mußte ebenso wie die rechtsgerichtete Nationaal Front Ende 1941 ihre Arbeit zugunsten der NSB einstellen

18) ADAP, D, Bd. XIII. 1, Dok. Nr. 45, S. 43 Anm. 1

19) B. Wegner, Auf dem Weg zur pangermanischen Armee, in: MGM 1980, S. 104

20) vgl. van der Zee a.a.O. S. 133

21) Interview mit Herrn Werner Boras, der den Transport nach Polen mitgemacht hat, vom 30.1.1982

22) Buss/Mollo a.a.O. S. 54

23) zitiert nach Wegner, Auf dem Weg a.a.O. S. 115

24) van der Zee a.a.O. S. 196

25) Stokes a.a.O. s. 401 f.; Mason a.a.O. S. 10 f

26) Warmbrunn a.a.O. S. 206 f.; Maass a.a.O. S. 141

27) H.J. Giskes, London ruft Nordpol, Bergisch Gladbach 1982, S. 177 f.

28) van der Zee a.a.O. S. 174 ff.; Warmbrunn a.a.O. S. 58; Maass a.a.O. S. 146

29) Ackermann a.a.O. S. 187 ff.; 276–284; van der Zee a.a.O. S. 180 ff.

30) Dokument über eine persönliche Unterhaltung zwischen dem Leider und dem Ritterkreuzträger Mooyman. Geheime Reichssache, 31.3.1943; Kopie im Besitz des Verfassers

31) Zu diesen Formationen vgl. Littlejohn, Foreign Legions Bd. 2 a.a.O. S. 211 f.

32) Interview mit Herrn Heinz Slegtenhorst vom 3.12.1983

33) van der Zee a.a.O. S. 221

34) Interview mit Herrn Derk-Elsko Bruins vom 1.11.1982; vgl. a. R. Landwehr, Narva 1944, Silver Spring 1981, S. 77

35) W. Tieke, Tragödie um die Treue, Osnabrück 3. Aufl. 1978, S. 155

36) Maass a.a.O. S. 213; E. Kock, Unterdrückung und Widerstand, Dortmund 1960, S. 31

37) K. Cerff, Die Waffen-SS im Wehrmachtsbericht, Osnabrück 1981, S. 88

38) Warmbrunn a.a.O. S. 91; die Autoren von: Der Zweite Weltkrieg. Teilband Verrat und Widerstand a.a.O. S. 35 nennen eine Zahl von 7000 Gefallenen; ebenso van der Zee a.a.O. S. 51, 192, der aber auch eine Zahl von 10.000 Gefallenen für möglich hält, vgl. S. 231

39) Mason a.a.O. S. 40

40) Mason a.a.O. S. 51

41) Interview mit Herrn Derk-Elsko Bruins vom 1.11.1982

42) Nach der offiziellen Version beging Rost van Tonningen Selbstmord. Diese Version ist jedoch nicht unumstritten, vgl. van der Zee a.a.O. S. 229

43) Mason a.a.O. S. 77; Sérant, Die politischen Säuberungen a.a.O. S. 287

44) Paul van Tienen war nicht das letzte Mal aus politischen Gründen mit dem holländischen Strafgesetzbuch in Konflikt geraten. Wegen Gründung der Nederlandse Sociaale Bewegung erhielt er 1953 eine Gefängnisstrafe von 2 Monaten. 1965 kam es zu einer erneuten Verurteilung zu 1 Jahr Gefängnis und 10 Jahren Berufsverbot. Dieser Strafe entzog sich van Tienen durch die Flucht ins Ausland

45) Inteview mit Herrn Heinz Slegtenhorst vom 3.12.1982

46) Interview mit Herrn Jurrien van der Wal vom 14.1.1983

47) vgl. Mason a.a.O. S. 22–25; auch G.H. Stein, Geschichte der Waffen-SS, Düsseldorf 1967, S. 126 f. stützt sich auf diese Untersuchung

48) Der Zweite Weltkrieg. Teilband Verrat und Widerstand a.a.O. S. 40

Flandern

1) W. Wagner, Belgien in der deutschen Politik während des Zweiten Weltkrieges, Boppard 1974, S. 163

2) J. de Launay, Hitler en Flandres, Lille 1975, S. 46 f.; J. de Launay, La Belgique à l'heure allemande a.a.O. S. 96

3) J. Vincx, Vlaanderen in Uniform 1940–1945, Bd. 4, Antwerpen 1982, S. 47

4) W.C.M. Meyers, La »Vlaamse Landsleiding«, in CHDGM 2/1972, S. 213 Anm. 3

5) A. De Jonghe, La lutte Himmler-Reeder pour la nomination d'un HSSPF à Bruxelles (1942–1944), 2. Teil, in: CHDGM 4/1976, S. 26 f.

6) Vlamingen aan het oostfront, Bd. 1, Antwerpen 1973, S. 19 f.; J. Vincx, Vlaanderen in Uniform 1940–1945, Bd. 5, Antwerpen 1983, S. 113

7) abgedruckt in: Vlamingen aan het oostfront, Bd. 1. a.a.O. S. 31 f.; R. Landwehr, Lions of Flanders, Silver Spring 1983, S. 19 f.

8) J. Willequet, Les fascismes belges et la seconde guerre mondiale, in: Rev. d'hist. Nr. 66 (1967), S. 104; F. Bertin, L'Europe de Hitler, Bd. 1, Paris 1976, S. 176; Der Zweite Weltkrieg. Teilband Verrat und Widerstand a.a.O. S. 20; Buss/Mollo a.a.O. S. 31; Stein, Geschichte der Waffen-SS a.a.O. S. 139

9) Mitteilung von Herrn Albert Hendrickx vom 10.12.1980

10) vgl. J. Vinks, Pazifismus und Wehrhaftigkeit, in: Junges Forum Nr. 5–6, 1980–81 (Herbst 1981)

11) Interview mit Herrn Remy Schrijnen vom 15.4.1983

12) Schriftliche Mitteilung von Herrn Frans Vierendeels vom 3.3.1981

13) Vincx Bd. 5 a.a.O. S. 119; Landwehr, Lions of Flanders a.a.O. S. 88

14) Landwehr, Lions of Flanders a.a.O. S. 99; nach De Rijek, Beknopte militaire geschiedenis van het Vlaams Legioen, S. 11 (BA/MA RS 3–27/3), waren sogar nur noch 35 kampffähige Flamen übrig

15) W. Weber, Die innere Sicherheit im besetzten Belgien und Nordfrankreich 1940–44, Düsseldorf 1978, S. 109; am 19.7.1942 umfaßte die Wachabteilung bereits 2209 Flamen, vgl. Vincx Bd. 5 a.a.O. S. 121

16) Der Zweite Weltkrieg. Teilband Verrat und Widerstand a.a.O. S. 16; nach Bertin, L'Europe de Hitler, Bd. 1 a.a.O. S. 178 und Willequet a.a.O. S. 105 soll der VNV 1943 nur noch über 50.000 Mitglieder verfügt haben

17) Die belgische Nachkriegsjustiz arretierte Personen allein aufgrund der Tatsache, daß sie den Veranstaltungen des VNV als Zuschauer beigewohnt hatten, vgl. De Jonghe 2. Teil a.a.O. S. 127 Anm. 486

18) A. De Jonghe, La lutte Himmler-Reeder pour la nomination d'un HSSPF à Bruxelles (1942–1944), 3. Teil, in: CHDGM 5/1978, S. 85 f.

19) F. van der Elst, Elias, chef du VNV, in: CHDGM 3/1974. S. 181

20) J. Gérard, La Belgique sous l'occupation 1940–1944, Bruxelles 2. Aufl. 1974, S. 21
21) Littlejohn, The Patriotic Traitors a.a.O. S. 174; Landwehr, Lions of Flanders a.a.O. S. 208 f.; im Juli 1944 soll De Vlag über 55.000 Mitglieder gezählt haben, vgl. Aufzeichnung des Reichskabinettsrats von Stutterheim, ADAP, E, Bd. VIII, Dok. Nr. 112, S. 205
22) De Launay, Hitler en Flandres a.a.O. S. 95–99
23) De Jonghe, La lutte Himmler-Reeder 3. Teil a.a.O. S. 150 Anm. 686
24) Van der Elst a.a.O. S. 187 f.
25) De Jonghe, La lutte Himmler-Reeder 3. Teil a.a.O. S. 37 f.; vgl. a. die Aufzeichnung des Gesandten von Bargen vom 8.7.1943, ADAP, E, Bd. VI, Dok. Nr. 139, S. 239
26) Aufzeichnung des Reichskabinettsrats von Stutterheim vom 13.7.1944, ADAP, E, Bd. VIII, Dok. Nr. 112, S. 203 ff.
27) Cerff a.a.O. S. 72
28) Interview mit Herrn Remy Schrijnen vom 15.4.1983
29) Der heute 72jährige Verbelen wurde nach dem Krieg von einem belgischen Gericht wegen Mordes und Folterungen in contumaciam zum Tode verurteilt. Von 1947 bis 1956 arbeitete er für den US-Geheimdienst. Seit 1959 lebt er in Österreich, vgl. FAZ vom 11.1.1984
30) Meyers a.a.O. S. 222; die von de Launay, La Belgique à l'heure allemande a.a.O. S. 322 angegebene Zahl von 27.000 flämischen Flüchtlingen ist zu hoch
31) Meyers a.a.O. S. 232
32) Van der Elst a.a.O. S. 185 f.
33) Van der Elst a.a.O. S. 194
34) Meyers a.a.O. S. 260
35) Klietmann a.a.O. S. 258; J. Vincx, Vlaanderen in Uniform 1940–1945, Bd. 2, Antwerpen 1981, S. 118; 122
36) zur Zusammensetzung der Division vgl. Vincx Bd. 2 a.a.O. S. 122–125
37) Meyers a.a.O. S. 260; Vincx Bd. 5 a.a.O. S. 127; Littlejohn, Foreign Legions Bd. 2 a.a.O. S. 77 liegt mit einer Schätzung von nur 3.000 Divisionsangehörigen deutlich zu niedrig
38) De Rijek a.a.O. S. 25
39) Landwehr, Lions of Flanders a.a.O. S. 154; Vlamingen aan het oostfront, Bd. 2, Antwerpen 1975, S. 162
40) Schriftliche Mitteilung von Herrn Oluf Krabbe vom 12.6.1981
41) vgl. Willequet a.a.O. S. 108
42) Schriftliche Mitteilung von Herrn Albert Hendrickx vom 10.12.1980
43) Schriftliche Mitteilung von Herrn Frans Vierendeels vom 3.3.1981
44) Interview mit Herrn Remy Schrijnen vom 15.4.1983

Exkurs: Französisch-Flandern

1) W.C.M. Meyers, Les collaborateurs flamands et leurs contacts avec les milieux flamingants belges, in: Revue du Nord 1978, S. 338
2) E. Dejonghe, Un mouvement séparatiste dans le Nord et le Pas-De-Calais sous l'occupation (1940–1944): »Le Vlaamsch Verbond van Frankrijk«, in: Revue d'histoire mo-

derne et contemporaine 1970, S. 64; W.D. Halls, The Youth of Vichy-France, Oxford 1981, S. 238

3) Dejonghe a.a.O. S. 57 f.
4) Vincx Bd. 3 a.a.O. S. 68
5) Histoire magazine Nr. 2/1980, S. 17

Wallonien

1) C. Gutt, La Belgique au carrefour 1940–1944, Paris 1971, S. 71
2) E. Krier, Le Rexisme et l'Allemagne 1933–1940, in: CHDGM 5/1978, S. 189
3) Wagner, Belgien in der deutschen Politik a.a.O. S. 203
4) C. d'Ydewalle, La Légion Wallonne sur la front russe, in: Histoire de notre temps, Paris 1968, S. 236 f.
5) Schreiben von Herrn Franz Hellebaut vom 24.10.1982; vgl. a. M. De Wilde, Belgie in de Tweede Wereldoorlog, Bd. 3, De Nieuwe Orde, Antwerpen-Amsterdam 2. Aufl. 1982, S. 119
6) M. Tarchi (Hrsg.), Degrelle e il Rexismo, Roma 1978, S. 93; De Jonghe, La lutte Himmler-Reeder 3. Teil a.a.O. S. 50
7) A. von Falkenhausen, Mémoires d'outre guerre, Bruxelles o.J. S. 163
8) Schreiben von Herrn Jules Mathieu vom 8.7.1981
9) Mitteilung von Herrn Fernand Kaisergruber vom 8.4.1981
10) Mitteilung von Herrn Henri Philippet vom 24.5.1981
11) J. Förster, Freiwillige aus West- und Südosteuropa, in: Das Deutsche Reich und der Zweite Weltkrieg, Bd. 4, Der Angriff auf die Sowjetunion, Stuttgart 1981, S. 923; J. Förster, Croisade de l'Europe contre le Bolshevisme, in Rev. d'hist. Nr. 118 (1980), S. 24
12) De Jonghe, La lutte Himmler-Reeder 3. Teil a.a.O. S. 56 Anm. 255
13) Weber, Die innere Sicherheit a.a.O. S. 110 f.; 137
14) Weber, Die innere Sicherheit a.a.O. S. 146
15) Bertin, L'Europe de Hitler Bd. 1 a.a.O. S. 171; de Launay, La Belgique à l'heure allemande a.a.O. S. 262; Willequet a.a.O. S. 107
16) Weber, Die innere Sicherheit a.a.O. S. 160 f.
17) Aufzeichnung des Vertreters des AA beim Militärbefehlshaber in Belgien und Nordfrankreich vom 8. Juli 1943, ADAP, E, Bd. VI, Dok. Nr. 139, S. 238
18) De Jonghe, La lutte Himmler-Reeder 3. Teil a.a.O. S. 57 Anm. 259
19) ADAP, E, Bd. V, Dok. Nr. 51, S. 106
20) Aufzeichnung des Vertreters des AA beim Militärbefehlshaber in Belgien und Nordfrankreich vom 8. Juli 1943, ADAP, E, Bd. VI, Dok. Nr. 139, S. 237 f.
21) vgl. von Falkenhausen a.a.O. S. 111; 161
22) De Jonghe, La lutte Himmler-Reeder 3. Teil a.a.O. S. 104
23) Wagner, Belgien in der deutschen Politik a.a.O. S. 291
24) F. Colin, Les mouvements wallons de collaboration pendant la seconde guerre mondiale, Bruxelles 1980 (unveröffentlicht), S. 161 ff.
25) De Jonghe, La lutte Himmler-Reeder 3. Teil a.a.O. S. 105 Anm. 485
26) Colin a.a.O. S. 110

27) P. Carell, Verbrannte Erde, Frankfurt-Berlin 1966, S. 383 f.; unzutreffend insoweit Tarchi a.a.O. S. 33, der die Zahl von 232 Überlebenden nennt
28) L. Narvaez Duchesse de Valence, Degrelle m'a dit, Bruxelles 1977, S. 318
29) Meyers, La »Flaamse Landsleiding« a.a.O. S. 232 Anm. 101
30) Schreiben des ehemaligen Regimentskommandeurs Jules Mathieu vom 8.7.1981
31) Mitteilungen von Franz Hellebaut vom 24.10. u. 24.11.1982, vgl. a. De Wilde a.a.O. S. 124 f.
32) Aufzeichnung vom 4.8.1944, ADAP, E, Bd. VIII, Dok. Nr. 148, S. 277
33) H. Rousso, Un château en Allemagne, Paris 1980, S. 217; vgl. a. B.M. Gordon, Collaborationism in France during the second world war, Ithaca-London 1980, S. 318
34) Telegramm des Vertreters des AA beim Flämisch-Wallonischen Befreiungskomitee vom 14.1.1945, ADAP, E, Bd. VIII. Dok. Nr. 338, S. 632 f.; vgl. a. Saint-Loup, Les SS de la toison d'or, Paris 1975, S. 310
35) Chef WPr vom 25.12.1944 (BA/MA RW 4/v. 709 I2)
36) ADAP, E, Bd. VIII, Dok. Nr. 343, S. 641
37) Cerff a.a.O. S. 89
38) W. Tieke, Das Ende zwischen Oder und Elbe, Stuttgart 1981, S. 258
39) Interview mit Herrn Fernand Kaisergruber vom 22.5.1982
40) Van Bemmelen a.a.O. S. 111; zu den vergeblichen Bemühungen der belgischen Regierung, bei Franco die Auslieferung Degrelles zu erreichen vgl. J. de Thier, Pourquoi l'Espagne de Franco n' a pas livré Degrelle, in: Révue générale 3/1983, S. 3–26
41) P. Vermeylen, The Punishment of Collaborators, in: The Annals of the American Academy of Political and Social Science 1946, S. 75
42) Mitteilung von Herrn Henri Philippet vom 24.5.1981
43) Mitteilungen von Herrn Fernand Kaisergruber vom 28.3., 8.4.1981 sowie 22.5.1982
44) Mitteilungen von Herrn Franz Hellebaut vom 24.10. und 24.11.1982
45) Sérant a.a.O. S. 128

Luxemburg

1) Interview mit Herrn Walther Angerer vom 13.3.1981
2) Interview mit Herrn Walther Angerer vom 13.3.1981
3) vgl. H. Spaeter, Die Brandenburger, eine deutsche Kommandotruppe, München 2. Aufl. 1982, S. 45; 70 f.; P. Cerf, De l'épuration au Grand-Duché de Luxembourg après la seconde guerre mondiale, Luxembourg 1980 S. 26 f.; H. Koch-Kent, 10 Mai 1940 en Luxembourg, Luxembourg 1971, S. 172 ff.
4) Cerf a.a.O. S. 32
5) P. Weber, Geschichte Luxemburgs im Zweiten Weltkrieg, Luxemburg 2. Aufl. 1948, S. 51
6) Weber a.a.O. S. 120; A. Hohengarten, Wie es im Zweiten Weltkrieg (1939–1945) zur Zwangsrekrutierung Luxemburger Staatsbürger zum Nazi-Heer kam, Luxembourg o.J., S. 10
7) Hohengarten a.a.O. S. 20
8) F. Lorang, Ons Jongen. Das Vermächtnis einer Jugend, Luxembourg 1982, S. 72, 76, 81

9) Cerf a.a.O. S. 34

10) Hohengarten a.a.O. S. 23; leicht abweichende Zahlenangaben machen Weber a.a.O. S. 127 und Littlejohn, Foreign Legions Bd. 2 a.a.O. S. 253

11) J. Maertz, Luxemburg in der Ardennenoffensive, Luxemburg 6. Aufl. 1969, S. 466

12) Cerf a.a.O. S. 38

13) Cerf a.a.O. S. 11, 218

14) Rings, Leben mit dem Feind a.a.O. S. 156; Cerf a.a.O. S. 43

Frankreich

1) A. Deniel, Bucard et le Francisme, Paris 1979, S. 256

2) R. Tournoux, Le royaume d'Otto, Paris 1982, S. 144

3) ADAP, E, Bd. VI, Dok. Nr. 182, S. 312

4) J. Madiran, Brasillach, Rennes 1958, S. 161; J. Isorni, Il processo Brasillach, Saluzzo 1983, S. 45

5) S. Hoffmann, Collaborationism in France during World War II, in: Journal of modern history 1968, S. 376

6) ADAP, D, Bd. XIII. 1, Dok. Nr. 78, S. 82, Anm.; vgl. a. Das Deutsche Reich und der Zweite Weltkrieg Bd. 4 a.a.O. S. 916; D. Wolf, Die Doriot-Bewegung, Stuttgart 1967, S. 254; O.A. Davey, The origins of the Légion des Volontaires français contre le Bolshevisme, in: Journal of contemporary history 1971, S. 32 f.; Neulen, Europas verratene Söhne a.a.O. S. 78

7) Davey a.a.O. S. 35

8) H. Charbonneau, Les mémoires de Porthos, Bd. 1, Paris 1981, S. 336

9) J. P. Azéma, La collaboration 1940–1944, Paris 1975, S. 101

10) a) R.O. Paxton, Parades and Politics at Vichy, Princeton 1966, S. 273; b) Davey a.a.O. S. 37; c) Wolf a.a.O. S. 255; d) D. Littlejohn, Foreign Legions of the Third Reich, Bd. 1, San Jose 1979, S. 146

11) H. Amouroux, La grande histoire des Français sous l'occupation. Bd. 3: Les beaux jours des collabos, Paris 1978, S. 267

12) R. Soulat, Französische Freiwilligenverbände, Teil 1: LVF (unveröffentlicht) S. 8; Beispiele für Motive zum Eintritt in die LVF sind weiter widergegeben bei Amouroux Bd. 3 a.a.O. S. 269 ff.

13) Deniel, Bucard a.a.O. S. 189

14) A. Merglen, Soldats français sous uniformes allemandes 1941–1945, in: Rev. d'hist. Nr. 108 (1977), S. 74; Das Deutsche Reich und der Zweite Weltkrieg Bd. 4 a.a.O. S. 920; nach anderen Angaben verlor die LVF sogar 30–50% ihres Bestandes, vgl. P. Gosztony, Deutschlands Waffengefährten an der Ostfront 1941–1945, Stuttgart 1981, S. 255; Amouroux Bd. 3 a.a.O. S. 307 f.

15) Le combattant Européen, 15.3.1944

16) Littlejohn, Foreign Legions Bd. 1 a.a.O. S. 156; vgl. a. F. Duprat, Les mouvements d'extrême droite en France 1942–1944, in: Revue d'histoire du fascisme Nr. 9 (1976), S. 78

17) Zur antijüdischen Politik Vichys vgl. B. Vormeier, Die Deportationen deutscher und

österreichischer Juden aus Frankreich, Paris 1980; L.S. Dawidowicz, Der Krieg gegen die Juden 1933–1945, München 1979, S. 347 ff.; Tournoux a.a.O. S. 167 ff.

18) Littlejohn, Foreign Legions Bd. 1 a.a.O. S. 167

19) O. Reile, Treff Lutetia Paris, München-Wels 1973, S. 142

20) Interview mit Herrn Walther Angerer vom 13.3.1981; zu den von der deutschen Abwehr aufgebauten »R-Netzen« vgl. Reile a.a.O. S. 364 ff.

21) H. Amouroux, La grande histoire des Français sous l'occupation, Bd. 6: L'impitoyable guerre civile, Paris 1983, S. 359

22) Deniel, Bucard a.a.O. S. 238

23) Legationssekretär Wissmann (Vichy) an das AA, 30. 3. 1944, ADAP, E, Bd. VII, Dok. Nr. 307, S. 593

24) Abetz an das AA, 25. 2. 1944, ADAP, E, Bd. VII, Dok. Nr. 230, S. 435; vgl. a. P. Auphan, Histoire élémentaire de Vichy, Paris 1971, S. 330

25) P. Novick, The resistance versus Vichy, New York 1968, S. 204

26) Le combattant Européen, 1. 1. 1944

27) Historia, hors série nr. 32: L'Internationale SS, Paris 1973, S. 136

28) J. Benoist-Méchin, Ernte 1940, Kiel 1983, S. 144 f.

29) Zitiert nach L. Richard, Drieu la Rochelle et la Nouvelle Revue Française des années noires, in: Rev. d'hist. Nr. 97 (1975), S. 82

30) Deniel, Bucard a.a.O. S. 268

31) vgl. ADAP, E, Bd. V, Dok. Nr. 193, S. 384; Dok. Nr. 277, S. 529; Bd. VI, Dok. Nr. 6, S. 15; Dok. Nr. 7, S. 22

32) Schreiben von Herrn Paul Pignard-Berthet vom 18. 3. 1982

33) Mitteilung von Herrn Henri Fenet vom 7. 5. 1981

34) Der Artikel ist auch veröffentlicht in der LVF-Zeitschrift Le Combattant Européen, 15. 4. 1944

35) Soulat, Französische Freiwilligenverbände a.a.O.; Klietmann a.a.O. S. 286

36) Interview mit dem ehemaligen Marinefreiwilligen Robert Soulat vom 16. 1. 1983

37) R. Bail, Monsignor De Mayol De Lupé, in: J. Dumont (Hrsg.), Les survivants de l'aventure hitlérienne, Genf 1975, S. 241

38) vgl. G. Krukenberg, Inspektion der französischen Freiwilligen-Verbände im 2. Weltkrieg, S. 5 (BA/MA RS 3-33/1)

39) G. Krukenberg geht in seinen im BA/MA hinterlegten Aufzeichnungen (RS 3-33/1 + Msg 2/1283) von einer Gesamtzahl von 90 französischen Freiwilligen in Berlin aus

40) Schriftliche Mitteilung von Herrn Henri Fenet vom 26. 5. 1981; Herr Robert Soulat, Schreiber (IIa/b) im Stab der franz. Division, hat diese Angaben in einem Gespräch mit dem Autor am 16. 1. 1983 bestätigt.

41) E. Kuby, Die Russen in Berlin 1945, München 1980, S. 150; Henri Fenet hat die Kämpfe in Berlin beschrieben in der deutschen Zeitschrift »Der Fortschritt«, 1952: »Die letzte Runde. Franzosen kämpfen um Berlin.« Weiter in: Historia, hors série nr. 32 a.a.O. S. 156–171

42) Schriftliche Mitteilung von Herrn Jean-Louis Puechlong vom 27. 2. 1982

43) Novick a.a.O. S. 31

44) Novick a.a.O. S. 204

45) Historia, hors série nr. 41: »L'épuration«, Paris 1975, S. 30 f.

46) P. Saint-Germain, Les prisons de l'épuration, Paris 1975, S. 12; 207; P. de Pringet, Die

Kollaboration, Tübingen 1981, S. 168; vgl. a. Saint-Paulien a.a.O. S. 533 ff.; Sérant a.a.O. S. 153 ff.

47) Die detaillierteste Beschreibung dieses Kriegsverbrechens liefert R. Bail: »Synthèse de la fusillade du 8 mai à Bad Reichenhall–Karlstein«, Manuskript, unveröffentlicht

48) Historama Nr. 1/1984, S. 95

49) H. Allainmat/B. Truck, La nuit des Parias, Paris 1974, S. 67; W.D. Halls, The Youth of Vichy France, Oxford 1981, S. 253 nennt eine Zahl von 2.700 Freiwilligen

Exkurs: Bretagne

1) J.E. Reece, The Bretons against France, Chapell Hill 1977, S. 153; vgl. a.O. Mordrel, Breiz Atao, Paris 1973, S. 272

2) Der Test des Memorandums ist abgedruckt in: H. Umbreit, Zur Behandlung der Bretonenbewegung durch die deutsche Besatzungsmacht im Sommer 1940, in: MGM 1/1968, S. 154 ff.; M.H. Butler, La Collaboration dans la Préfecture régionale de Rennes, in: Rev. d'hist. Nr. 117 (1980), S. 27 ff.

3) Schreiben von Herrn Olier Mordrel vom 12. 6. 1983

4) vgl. Butler a.a.O. S. 18; A. Deniel, Le mouvement breton, Paris 1976, S. 304; M. Hasquenoph, La Gestapo en France, Paris 1978, S. 381; Reece a.a.O. S. 165 ordnet die Einheit fälschlich der Waffen-SS zu; J. Delperrié de Bayac, Histoire de la Milice, Paris 1978, S. 464 macht aus der Miliz Perrot gar eine Formation der Gestapo

5) Butler a.a.O. S. 18; Delperrié de Bayac a.a.O. S. 464 gibt eine Zahl von ungefähr 100 Mann an; nach Mordrel a.a.O. S. 386 zählte die Einheit nie mehr als 72 Mann

6) Mordrel a.a.O. S. 407; H. Le Boterf, La bretagne dans la guerre, Bd. 3, Paris 1971, S. 621

7) W. Best, Erinnerungen aus dem besetzten Frankreich 1940–1942, Manuskript 1951 (unveröffentlicht), S. 53

8) J. Markale, Histoire secrète de la Bretagne, Paris 1979, S. 305

Spanien

1) G.R. Kleinfeld/L.A. Tambs, Hitler's Spanish Legion, London-Amsterdam 1979, S. 2

2) G.R. Kleinfeld/L.A. Tambs, North to Russia: the Spanish Blue Division in World War II, in: Military Affairs 1973, S. 9; P.V. Roig, Spanish Soldiers in Russia, Miami 1976, S. 48

3) ADAP, D, Bd. XIII. 1, Dok. Nr. 70, S. 69; vgl. a. E. Esteban-Infantes, Blaue Division, Leoni 1977, S. 10; Saint-Loup, La Division Azul, Paris 1978, S. 7

4) Unzutreffend A. Krammer, Spanish Volunteers against Bolshevism: The Blue Division, in: The Russian Review 1973, S. 389, der generell einen Mangel an Freiwilligen unterstellt

5) J. Förster, Croisade de l'Europe a.a.O. S. 10; vgl. a. Esteban-Infantes a.a.O. S. 13

6) Zur sozialrevolutionären Programmatik der Falange vgl. B. Nellessen, Die verbotene Revolution, Hamburg 1963; A. Imatz, José Antonio et la Phalange Espagnole, Paris 1981

7) S.G. Payne, Falange, Stanford 1961, S. 128; bei der FAI handelt es sich um die links-extreme Federación Anarquista Ibérica

8) Imatz a.a.O. S. 457

9) spanische Landser

10) G. Ciano, Diario 1939–1943, Milano 5. Aufl. 1971, S. 474

11) Ciano war nur teilweise zutreffend informiert, denn die Blaue Division marschierte nie durch Warschau. Tatsächlich handelt es sich bei der Episode um den Protestakt einer einzelnen Kompanie vom Rgt. 262, vgl. Kleinfeld/Tambs, Hitler's Spanish Legion a.a.O. S. 46

12) Unzutreffend insoweit Krammer a.a.O. S. 395, der davon ausgeht, 4 spanische Staffeln wären gemeinsam zum Einsatz gekommen

13) Esteban-Infantes a.a.O. S. 117; C. Caballero, La »Division Azul«, in: Defensa Nr. 37 (Mai 1981), S. 72

14) »Schickt einen anderen Stier!«, Kleinfeld/Tambs, Hitler's Spanish Legion a.a.O. S. 106

15) T. Luca de Tena, Der Rebell, Leoni 1965, S. 21

16) vgl. Kleinfeld/Tambs, Hitler's Spanish Legion a.a.O. S. 156 ff.; Roig a.a.O. S. 85 f.; Esteban-Infantes a.a.O. S. 38 ff.

17) Goebbels Tagebücher 1942–1943, Zürich 1948, S. 87

18) A. Hitler. Monologe a.a.O. S. 178

19) K.-J. Ruhl, Spanien im Zweiten Weltkrieg, Hamburg 1975, S. 110 f.

20) vgl. Ruhl a.a.O. S. 114; Kleinfeld/Tambs, Hitler'sSpanish Legion a.a.O. S. 196 f.; H.-H. Abendroth, Spanien – Das Ringen um die Gestaltung des Franco-Staates, in: E. Forndran u.a. (Hrsg.), Innen- und Außenpolitik unter nationalsozialistischer Bedrohung, Opladen 1977, S. 122 f.

21) A. Hitler. Monologe a.a.O. S. 391

22) Vertraulicher Bericht des Vortragenden Legationsrats Likus für den RAM vom 8. 1. 1943, ADAP, E, Bd. V, Dok. Nr. 21, S. 41

23) Ruhl a.a.O. S. 253

24) Schreiben von Herrn José Antonio Rodriguez Chaves vom 31. 5. 1982

25) Kleinfeld/Tambs, Hitler's Spanish Legion a.a.O. S. IX

26) Kopie im Besitz des Verfassers; was die Desertionsrate anbetrifft, so sollen insgesamt nur 50 Spanier zu den Sowjets übergelaufen sein, vgl. FAZ vom 10. 12. 1983 Nr. 287

27) Kleinfeld/Tambs, North to Russia a.a.O. S. 12; nach R. Proctor, Agonia de un neutral, Madrid 1972, S. 264 handelte es sich um 100 Mann

28) Zu den unterschiedlichen Verlustziffern vgl. Kleinfeld/Tambs, Hitler's Spanish Legion a.a.O. S. 346; Proctor a.a.O. S. 265; Roig a.a.O. S. 109; Caballero a.a.O. S. 75

29) Kleinfeld/Tambs, Hitler's Spanish Legion a.a.O. S. 351

30) M. Ezquerra, Berlin a vida o muerte, Saluzzo 1980, S. 11

31) Ezquerra a.a.O. S. 15 schreibt irrtümlich »Stablatt«

32) OKH. Fremde Verbände. Spanien (BA/MA RH 2/v. 1416)

33) OKH/Chef H Rüst u BdE/AHA/Stab III Nr. 3545/44 g.Kdos. v. 7. 6. 1944 (BA/MA RH 53-13/140)

34) Proctor a.a.O. S. 273 f.; Caballero a.a.O. S. 75

35) OKH. Fremde Verbände. Spanien (BA/MA RH 2/v. 1416)

36) OKH. Fremde Verbände. Spanien (BA/MA RH 2/v. 1416); Proctor a.a.O. S. 275; Caballero a.a.O. S. 75

37) Ruhl a.a.O. S. 238; Roig a.a.O. S. 109; W. Haupt im Anhang zu Esteban-Infantes a.a.O. S. 134; B. Bauer, Doscientos españoles defendieron la cancilleria berlinesa, in: »Madrid«, 11. 5. 1965; Caballero a.a.O. S. 75; Kleinfeld/Tambs, Hitler's Spanish Legion a.a.O. S. 345; Ezquerra a.a.O. S. 93 ff.

38) Schreiben von Herrn Henri Fenet vom 4. 9. 1981

39) W. Alff, Der Begriff Faschismus und andere Aufsätze zur Zeitgeschichte, Frankfurt 1971, S. 177; vgl. a. Spaeter a.a.O. S. 366; 430

Portugal

1) vgl. E.G. Jacob, Grundzüge der Geschichte Portugals und seiner Überseeprovinzen, Darmstadt 1969, S. 169 f.; A. Romualdi, Il fascismo come fenomeno europeo, Roma o.J. S. 64 f.; 69; A. Mohler, Von rechts gesehen, Stuttgart 1974, S. 202 f.; E. Nolte, Der Faschismus in seiner Epoche, München 4. Aufl. 1971, S. 40 f.

2) Von 20.000 Freiwilligen gehen aus: C. Caballero Jurado, Los Voluntarios (Teil I), in: Blau Division Nr. 246 (Januar 1980); H. Martins, Portogallo, in: S.J. Woolf (Hrsg.), Il fascismo in Europa, Roma-Bari 1973, S. 369; deutlich niedriger geschätzt wird die Freiwilligenzahl von H. Kay, Die Zeit steht still in Portugal, Bergisch Gladbach 1971, S. 108; auch H. Thomas, der in früheren Auflagen eine Zahl von 20.000 portugiesischen Freiwilligen nannte, ist von dieser Ziffer abgerückt, vgl. The Spanish Civil War, Harmondsworth, 3. Aufl. 1979, S. 979

3) vgl. ADAP, D, Bd. XIII. 1, Dok. Nr. 60, S. 59 f.; Ruhl a.a.O. S. 80 f.; Proctor a.a.O. S. 138

4) vgl. Keesings Archiv der Gegenwart 1941, Wien 1941, Nr. 5113

5) Die Zahl von 1.000 Portugiesen bei der Blauen Division, die F. Duprat, Les campagnes de la Waffen-SS, Bd. 2, Paris 1973, S. 18 angibt, dürfte zu hoch gegriffen sein.

Großbritannien

1) A. Wood/M. Wood, Islands in Danger, London 1955, S. 65

2) Wood a.a.O. S. 170; W. Casper, Britische Stimmen über die deutsche Besatzungszeit auf den britischen Kanalinseln, Hamburg-Berlin 1963, S. 18 f.

3) ADAP, E, Bd. V, Dok. Nr. 216, S. 416

4) vgl. R. Benewick, The Fascist Movement in Britain, London 1972, S. 158 ff.; Neulen, Europas verratene Söhne a.a.O. S. 112 f.

5) O. Mosley, Weg und Wagnis, Leoni 1968, S. 323

6) Goebbels Tagebücher 1942–1943 a.a.O. S. 350

7) ADAP, E, Bd. VII, Dok. Nr. 6, S. 11

8) Marquis de Slade, Yeomen of Valhalla, Mannheim 1970, S. 136; R. Seth, The Jackals of the Reich, S. 120 (zitiert nicht nach der Buchausgabe, sondern nach dem Manuskript des Autors, das Roland Seth freundlicherweise zur Verfügung stellte)

9) Marquis de Slade a.a.O. S. 110

10) Aktenvermerk des SS-Standartenführers R. Brandt vom 5. 3. 1945; Kopie im Besitz des Verfassers
11) Briefliche Mitteilung von Herrn Richard Schulze-Kossens vom 14. 12. 1982; Marquis de Slade, The frustrated Axis, Witten 1978, S. 107
12) R. Schulze-Kossens, Militärischer Führernachwuchs der Waffen-SS, Osnabrück 1982, S. 80; 214
13) H.K.J. Ridder, Der Fall William Joyce, in: Zeitschrift für die gesamte Staatswissenschaft, Tübingen 1952, S. 700

Irland

1) H. Thomas a.a.O. S. 591 f.; 602; 979; E. Stephan, Geheimauftrag Irland, Oldenburg-Hamburg 1961, S. 24; nach C.J. Carter, The Shamrock and the Swastika, Palo Alto 1977, S. 96, sollen sogar 1.400 Iren auf nationalspanischer Seite gekämpft haben
2) S. Cronin, Frank Ryan. The Search for the Republic, Dublin 1980, S. 238
3) vgl. Stephan a.a.O. S. 275
4) So wurde das Projekt, Ryan und zwei Brandenburger mit dem Flugzeug nach Irland zu bringen, damit sie dort Kontakte zur IRA aufnehmen und Vorbereitungen für einen evtl. Partisanenkrieg gegen die Engländer treffen konnten, im September 1941 zurückgestellt, um schließlich nie ausgeführt zu werden, vgl. ADAP, D, Bd. XIII. 1, Dok. Nr. 234, S. 299 ff.

Dänemark

1) M. Djursaa, Who were the Danish Nazis?, in: R. Mann (Hrsg.), Die Nationalsozialisten. Analysen faschistischer Bewegungen, Stuttgart 1980, S. 138
2) ADAP, E, Bd. VIII, Dok. Nr. 4 vom 3. 5. 1944, S. 6
3) E. Thomsen, Deutsche Besatzungspolitik in Dänemark, Düsseldorf 1971, S. 72
4) Mitteilung von Herrn Ove Thornberg vom 7. 6. 1981
5) ADAP, D, Bd. XIII. 1, Dok. Nr. 142, S. 171 f.; Dok. Nr. 198, S. 257 f.
6) Littlejohn, The Patriotic Traitors a.a.O. S. 66
7) W. Tieke, Im Lufttransport an Brennpunkte der Ostfront, Osnabrück 1971, S. 182
8) Mitteilung von Herrn Dr. Christian Teisen vom 16. 5. 1981
9) Mitteilung von Herrn Oluf Krabbe vom 20. 5. 1981
10) Thomsen a.a.O. S. 97; 115; Bentmann a.a.O. S. 48
11) Die persönlichen Angaben entstammen der SS-Personalakte von Johannes Hellmers. Kopien im Besitz des Verfassers
12) Kopie im Besitz des Verfassers
13) Thomsen a.a.O. S. 174; W. Best, Die deutsche Politik in Dänemark während der letzten 2½ Kriegsjahre, unveröffenlichtes Manuskript 1951, S. 44 ff.
14) Politischer Kurzbericht über die Lage in Dänemark von Dr. W. Best, 1. 4. 1944, ADAP, E, Bd. VII, Dok. Nr. 311, S. 598
15) ADAP, E, Bd. VIII, Dok. Nr. 93, S. 160; vgl. a. W. Best, Betr.: Adolf Hitler, unveröffentlichtes Manuskript 1949, S. 13 f.

16) ADAP, E, Bd. VIII, Dok. Nr. 327, S. 620
17) ADAP, E, Bd. VIII, Dok. Nr. 287, S. 524
18) Littlejohn, Foreign Legions Bd. 1 a.a.O. S. 109; Littlejohn, The Patriotic Traitors a.a.O. S. 80
19) Interview mit Herrn Dr. Werner Best vom 26. 8. 1983
20) Best, Die deutsche Politik a.a.O. S. 73; 148
21) Thomsen a.a.O. S. 144
22) C.C. Girskov, The Danish »Purge Laws«, in: Journal of Criminal Law and Criminology 1948, S. 452
23) Tieke, Im Lufttransport a.a.O. S. 306
24) Mitteilungen von Claus X. vom 26. 1. und 4. 2. 1983
25) Girskov a.a.O. S. 458
26) S. Schou, De danske Ostfront-frivillige, Kopenhagen 1981, S. 23 ff.
27) Schou a.a.O. S. 27

Norwegen

1) vgl. F. Knudsen, I was Quisling's Secretary, London 1967, S. 90
2) R.K. Lochner, Als das Eis brach, München 1983, S. 655
3) Goebbels Tagebücher 1942–1943 a.a.O. S. 506
4) vgl. H. Boehm, Norwegen zwischen England und Deutschland, Lippoldsberg 1956 S. 122 ff.; H.-D. Loock, Quisling, Rosenberg und Terboven, Stuttgart 1970, S. 558 f.; R. Hewins, Quisling, Verräter oder Patriot, Leoni 1972, S. 347 ff.
5) vgl. V. Quisling, Rußland und wir, Oslo 1942, S. 221 ff.
6) G. Thaer (Hrsg.), Quisling ruft Norwegen, München 1942, S. 82 f.
7) H.-A. Jacobsen, Der Weg zur Teilung der Welt, Koblenz-Bonn 2. Aufl. 1979, S. 245
8) Jacobsen a.a.O. S. 244
9) P.O. Storlid, Regiment »Nordland«, Manuskript, S. 5. Der Autor ist Herrn Storlid für die deutsche Übersetzung seines Aufsatzes, der in Nr. 10/1982 der Norsk Militaert Tidsskrift erschien, zu großem Dank verpflichtet
10) Am 21. Juli 1942 umbenannt in Germanische SS Norwegen
11) P.O. Storlid, Zur Geschichte der Norwegischen Legion, Manuskript S. 1
12) Dies gilt für die landeseigenen Legionen und das Freikorps Danmark, vgl. B. Wegner, Auf dem Weg zur pangermanischen Armee, in: MGM 2/1980, S. 104; Neulen, Europas verratene Söhne a.a.O. S. 132
13) vgl. R. Kristiansen, Rekruttering av nordmenn till vinterkriegen i Finland 1939/40, in: Norsk Militaert Tidsskrift 9/1970, S. 433 f.; G. Mannerheim, Erinnerungen, Zürich-Freiburg 1952, S. 381; M. Jakobson, Diplomatie im Finnischen Winterkrieg 1939/40, Wien-Düsseldorf 1970, S. 330 Anm. 32
14) Storlid, Norwegische Legion a.a.O. S. 2; S. Blindheim, Nordmenn under Hitlers fane, Noregs Boklag 1977, S. 35
15) H. Fröshaug, A Social-Psychiatric Examination of Young Front Combatants, in: Acta psychiatrica et neurologica Scandinavica 1955; S. 443 ff.; vgl. a. die Tabelle im Text
16) Mitteilung von Herrn Bjørn Østring vom 27. 6. 1983
17) Mitteilung von Herrn Bjørn Østring vom 27. 6. 1983

18) Mitteilung von Herrn John Sandstad vom 6. 2. 1983
19) J. Mabire, La Division Nordland, Paris 1982, S. 467
20) Mabire a.a.O. S. 467; Blindheim a.a.O. S. 107
21) Klietmann a.a.O. S. 442; Littlejohn, The Foreign Legions Bd. 1 a.a.O. S. 60 gibt als
Aufstellungsdatum den Jahresbeginn 1943 an; K. Leib, Die Germanische Leitstelle Norwegen, Manuskript vom 9. 11. 1945, S. 4, den Januar 1942
22) Leib a.a.O. S. 7
23) Loock a.a.O. S. 560
24) Goebbels Tagebücher 1942–1943 a.a.O. S. 85
25) Boehm a.a.O. S. 186 ff.; Loock a.a.O. S. 561
26) V. Quisling, Norwegen und die germanische Aufgabe in Europa, in: Zeitschrift für
Politik 12/1942 S. 792
27) Quisling, Norwegen und die germanische Aufgabe a.a.O. S. 794
28) vgl. ADAP, E, Bd. V, Dok. Nr. 310, S. 609–615
29) S.S. Nilson, Knut Hamsun und die Politik, Villingen 1964, S. 175; T. Hansen, Der
Hamsun Prozeß, Hamburg 1979, S. 122
30) Der Text ist widergegeben in: ADAP, E, Bd. VI, Dok. Nr. 353, S. 595
31) Loock a.a.O. S. 561 f.
32) Manuskript von 23 Seiten. »Geheime Reichssache«.
33) H.P. Taylor/R.J. Bender, Uniforms, Organization and History of the Waffen-SS,
Bd. 3, San Jose 2. Aufl. 1978, S. 88
34) P.M. Hayes, Quisling, Newton Abbot 1971, S. 292; J. Andenaes/O. Riste/M. Skod-
vin, Norway and the Second World War, Oslo 1966, S. 80
35) Rede Bergers vom Februar/März 1944, abgedruckt in: H.-A. Jacobsen, 1939–1945.
Der Zweite Weltkrieg in Chronik und Dokumenten, Darmstadt 5. Aufl. 1961, S. 464
36) Mitteilung von Herrn Einar J. Rustad vom 3. 6. 1983
37) Littlejohn, Foreign Legions Bd. 1 a.a.O. S. 65
38) Knudsen a.a.O. S. 152; 161
39) W. Best, Betrifft: Vidkun Quisling, unveröffentlichtes Manuskript vom 25.12.1948,
S. 3 f.
40) zu den oft unterschiedlichen Zahlenangaben hinsichtlich der Säuberungen vgl.
Hansen a.a.O. S. 13; Andenaes/Riste/Skodvin a.a.O. S. 143 f.; T.K. Derry, Norvegia, in:
S.J. Woolf (Hrsg.), Il fascismo in Europa, Roma-Bari 1973, S. 264; Der Zweite Weltkrieg.
Teilband Verrat und Widerstand a.a.O. S. 98; Sérant a.a.O. S. 274 ff.
41) Hansen a.a.O. S. 163
42) vgl. Blindheim a.a.O. S. 8
43) Mitteilung von Herrn Ola Rishovd vom 12. 3. 1983

Island

1) Schriftliche Mitteilung des Isländischen Justizministeriums vom 26. 9. 1983
2) Ackermann a.a.O. S. 275
3) Diese Partei findet Erwähnung in einer Aufstellung des italienischen Außenministe-
riums über faschistische Bewegungen aus dem Jahr 1934, vgl. R. De Felice, Mussolini il
Duce. Gli anni del consenso 1929–1936, Torino 2. Aufl. 1976, S. 901
4) Schriftliche Mitteilung des Isländischen Justizministeriums vom 26. 9. 1983

Schweden

1) Mannerheim a.a.O. S. 381; R.W. Condon, Winterkrieg Rußland-Finnland, München 1980, S. 70; 193; Newsweek vom 29. 1. 1940, S. 19; M. Silverstolpe, Svenska Frivilligkaren – en Aterblick, in: Svensk tidskrift 1948, S. 199–204

2) L. Gruchmann, Schweden im Zweiten Weltkrieg, in: VJHZ 25 (1977), S. 594

3) W.M. Carlgren, Swedish Foreign Policy during the Second World War, London-Tonbridge 1977, S. 37 ff.

4) ADAP, D, Bd. XIII. 2, Dok. Nr. 364, S. 477; tatsächlich dürfte es sich um nicht mehr als 800–850 Mann gehandelt haben, vgl. Das Deutsche Reich und der Zweite Weltkrieg, Bd. 4 a.a.O. S. 927

5) L. Westberg, Schwedische Kriegsfreiwillige in Verbänden der Waffen-SS 1940–1945, vorläufiges Manuskript im Institut für Zeitgeschichte Ms 316, S. 3; der Autor ist Herrn Westberg für die großzügige Überlassung seiner ausgezeichneten Arbeiten zu aufrichtigem Dank verpflichtet

6) Westberg, Schwedische Kriegsfreiwillige a.a.O. S. 4

7) Westberg, Schwedische Kriegsfreiwillige a.a.O. S. 6

8) ADAP, D, Bd. XIII. 1, Dok. Nr. 109, S. 117 f.

9) So schrieb ein bürgerlicher Politiker: »Wenn wir in den Krieg eintreten müssen, so erscheint mir keine andere Position denkbar, als die an der Seite Finnlands und Deutschlands gegen die Sowjetunion«, S. Ekman, La politique de défense de la Suède durant la seconde guerre mondiale, in: Rev. d'hist. Nr. 126 (1982), S. 6

10) ADAP, D, Bd. XIII. 1, Dok. Nr. 270, S. 357 f.

11) ADAP, D, Bd. XIII. 2, Dok. Nr. 364, S. 477

12) S. Hedin, Ohne Auftrag in Berlin, Tübingen-Stuttgart 1950, S. 202

13) A. Hitler, Monologe a.a.O. S. 366

14) F. Kersten, Totenkopf und Treue, Hamburg o.J. S. 177; die Memoiren Kerstens können allerdings nur sehr bedingt als Quelle herangezogen werden

15) Einen kursorischen Überblick geben W. Haas, Europa will leben, Berlin 1936, S. 295–305; E. Nolte, Die faschistischen Bewegungen, München 6. Aufl. 1977, S. 268; W. Wippermann, Europäischer Faschismus im Vergleich, Frankfurt 1983, S. 160 ff.; detailliertere Angaben finden sich bei O.W. Tschernischewa, Faschistische Strömungen und Organisationen in Schweden bis zum Ende des Zweiten Weltkrieges, in: Nordeuropa 1974, S. 41–59

16) Tschernischewa a.a.O. S. 57

17) Westberg, Schwedische Kriegsfreiwillige a.a.O. S. 21 Anm. 56

18) Mitteilung von Herrn Gustav Ekstroem vom 28. 8. 1981

19) In diesem Zusammenhang sei an die starken Sympathien erinnert, die das konservative Schweden in den ersten Jahren des Weltkrieges dem kaiserlichen Deutschland entgegenbrachte. Zudem kämpfte bereits 1914–18 ein kleines Kontingent schwedischer Freiwilliger im deutschen Heer

20) Mitteilung von Herrn Gustav Ekstroem vom 28. 8. 1981

21) Westberg, Schwedische Kriegsfreiwillige a.a.O. S. 10

22) O. Bräutigam, So hat es sich zugetragen, Würzburg, 1968, S. 337

23) Hitlers Tischgespräche im Führerhauptquartier, hrsgg. v. H. Picker, Stuttgart 1977, S. 460

24) Klietmann a.a.O. S. 515

25) »Germanisch-völkische Reichspolitik« (BA/MA aus RS 5/310)

26) Ein Indiz dafür ist die niedrige Zahlenangabe von G. Berger, bezogen auf den 31. 1. 1944, vgl. Anm. 33)

27) L. Westberg, Aufstellung, Kriegseinsatz und Ende der 3. Kompanie der SS-Aufklärungsabteilung 11 »Nordland« 1943–1945, Manuskript, S. 2; Taylor/Bender Bd. 3 a.a.O. S. 88

28) Westberg, Aufstellung, Kriegseinsatz a.a.O. S. 7

29) Das Deutsche Reich und der Zweite Weltkrieg, Bd. 4 a.a.O. S. 928

30) H.-D. Loock, Nordeuropa zwischen Außenpolitik und »großgermanischer« Innenpolitik, in: M. Funke (Hrsg.), Hitler, Deutschland und die Mächte, Kronberg 1978, S. 702

31) F. Duprat, Les campagnes de la Waffen-SS, Bd. 2, Paris 1973, S. 26; die meisten Autoren gehen von einer Gesamtzahl von 300 schwedischen Freiwilligen aus, so auch noch der Autor in: Europas verratene Söhne a.a.O. S. 201

32) Tschernischewa a.a.O. S. 55 unter Bezugnahme auf Meldungen der »faschistischen Presse«

33) Jacobsen, 1939–1945 a.a.O. S. 465. Diese Zahlenangabe weicht von den Ausführungen Riedwegs – vgl. Anm. 25 – ab. Robert Kübler, der eine auf Aussagen Bergers fußende, noch unveröffentlichte Biographie des SS-Obergruppenführers verfaßt hat, kommt auf eine Zahl von 315 schwedischen Freiwilligen bis zum 31. 10. 1944, vgl. Manuskript S. 294

34) Westberg, Aufstellung, Kriegseinsatz a.a.O. S. 6; in seiner vorhergehenden Studie Schwedische Kriegsfreiwillige a.a.O. S. 8 nennt er eine Gesamtzahl von 130 Freiwilligen

35) Mitteilung von Herrn Gustav Ekstroem vom 28. 8. 1981

Finnland

1) W. Erfurth, Der finnische Krieg 1941–1944, München 1978, S. 146 f.; D. Aspelmeier, Deutschland und Finnland während der beiden Weltkriege, Hamburg-Volksdorf 1967, S. 121

2) Zur Geschichte dieser Einheit vgl. Aspelmeier a.a.O. S. 22–27; H. Halter, Finnlands Jugend bricht Rußlands Ketten, Leipzig 2. Aufl. 1941; H. Damerau, Die finnischen Jäger, in: Deutsches Soldatenjahrbuch 1966, S. 150 ff; W. Tieke, Das Finnische Freiwilligen-Bataillon der Waffen-SS, Osnabrück 1979, S. 27–41; Waffenbruder Finnland. Ein Buch für die deutschen Soldaten in Finnland, Helsinki 1942, S. 57–69

3) A.F. Upton, Finlandia, in: Woolf a.a.O. S. 221

4) G.H. Stein/H.P. Krosby, Das Finnische Freiwilligen-Bataillon der Waffen-SS, in: VJHZ 1966, S. 450 ff.; M. Jokipii in: Tieke a.a.O. S. 57

5) ADAP, D, Bd. XIII. 2, Dok. Nr. 534, S. 762 f.

6) Cerff a.a.O. S. 24 f.

7) Schriftliche Mitteilung von Herrn Paavo Maunula vom 15. 4. 1983

8) Schriftliche Mitteilung von Herrn Ensio Anttila vom 3. 3. 1983

9) Schriftliche Mitteilung von Herrn Pekka Kurvinen vom 25. 2. 1983

10) Schriftliche Mitteilung des ehemaligen Rottenführers Oliva W. Heikanen vom 3. 3. 1983

11) vgl. W.H. Tust, Legionäre unter deutscher Flagge 1941–1945, in: Deutsche Zeitung für Briefmarkenkunde Nr. 12/1982

12) BA/MA RH 19 III/251

Schweiz

1) B. Schaeppi, Das Panoramaheim, unveröffentlichtes Manuskript 1947; S. 12; W. Rings, Schweiz im Krieg 1933–1945, Düsseldorf-Wien 1974, S. 303 gibt die Zahl der illegal nach Deutschland ausgereisten Schweizer mit 1.360 an

2) P. Noll, Landesverräter, Frauenfeld-Stuttgart 1980, S. 12; ähnlich W. Wolf, Faschismus in der Schweiz, Zürich 1969, S. 91 und K. Lüönd, Spionage und Landesverrat in der Schweiz, Bd. 2, Zürich 1977, S. 56

3) Interview mit Herrn Dr. Franz Riedweg, dem ehemaligen Leiter der Germanischen Leitstelle, vom 24. 1. 1981

4) Schaeppi, Das Panoramaheim a.a.O. S. 33 ff.

5) Interview mit Herrn Dr. Armin Mohler vom 24. 1. 1981

6) Schaeppi, Das Panoramaheim a.a.O. S. 12 f.

7) Eine – unvollständige – Liste mit Namen von Schweizer Offizieren der Waffen-SS ist abgedruckt in: Storia Illustrata Nr. 298 (September 1982), S. 6

8) Lüönd Bd. 2 a.a.O. S. 57; H. Bütler, »Wach auf, Schweizervolk«, Gümlingen 1980, S. 158 geht von 150 Gefallenen aus; W. Gautschi, Fünfte Kolonne, Landesverräter und SS-Freiwillige, in: NZZ vom 20. 12. 1978, S. 20, beziffert die Zahl der Gefallenen und Vermißten bis Oktober 1944 auf 84

9) Vgl. W. Rüthemann, Volksbund und SGAD, Zürich 1979, S. 258–263

10) H. Zimmermann, Die Schweiz und Großdeutschland, München 1980, S. 213; 454

11) A. Hitler. Monologe a.a.O. S. 366

12) E. Bonjour, Geschichte der schweizerischen Neutralität, Bd. V, Basel-Stuttgart 2. Aufl. 1971, S. 247

13) Vgl. Lüönd Bd. 2 a.a.O. S. 58

14) A. Dolezalek, 1944/45 Leiter der Planungsabteilung im SS-Hauptamt zu den Sandkastenspielen von B.: »Einen Auftrag dazu hatte er bestimmt nicht, jedenfalls nicht von der Amtsgruppe D und noch weniger von der dortigen Planungsabteilung«, schriftliche Mitteilung vom 12. 11. 1983. Im übrigen ist nicht auszuschließen, daß der Zeuge Peter Gloor, selbst Mitarbeiter des SS-Hauptamtes, der B. im Luzerner Prozeß 1947 belastete, Fakten verzerrte oder aufbauschte, um sich den Schweizer Behörden gefällig zu erweisen.

15) Vgl. Lüönd Bd. 2 a.a.O. S. 56

16) A. Zander, Eidgenossenschaft und Reich, Berlin 3. Aufl. 1942, S. 138

17) Interview mit Herrn Dr. Alfred Zander vom 29. 4. 1983

18) Ein Plädoyer von Herrn Dr. Büeler vor dem Obergericht des Kantons Solothurn ist abgedruckt in: Zimmermann, Die Schweiz und Großdeutschland a.a.O. S. 191–201

19) Zimmermann a.a.O. S. 201

20) Vgl. Wolf, Faschismus in der Schweiz a.a.O. S. 103

21) Interview mit Herrn Dr. Alfred Zander vom 29. 4. 1983

22) Interview mit Herrn Dr. Heinrich Büeler vom 1. 10. 1982

23) Zu den Kämpfen der Franzosen in Kolberg vgl. Saint-Loup, Legion der Aufrechten, Leoni 1977, S. 285–293; J. Mabire, Berlin im Todeskampf 1945, Preußisch Oldendorf 1977, S. 389 ff.; Soulat, Manuskript a.a.O. S. 76

24) KTB OKW 1944–1945, Teilband II a.a.O. S. 1182

25) 1943 gab Schaeppi das Buch »Germanische Freiwillige im Osten« heraus, das deutlich zeigt, daß Schaeppi weniger ein Europäer, sondern ein begeisterter Pangermanist war

26) Schriftliche Mitteilung von Herrn Benno Schaeppi vom 22.2.1981

27) Peter Renold hat seine Einsätze geschildert in: Der Freiwillige 1/1978, S. 18 ff.; 2/1978, S. 14 f.; auszugsweise auch abgedruckt in: O. Kumm, »Vorwärts, Prinz Eugen!«, Osnabrück 1978, S. 209–219

28) vgl. Noll a.a.O. S. 16

29) Rüthemann a.a.O. S. 270

30) Bütler a.a.O. S. 183 ff.; Rings, Schweiz im Krieg a.a.O. S. 175 f.

31) Vgl. entsprechende Aufzeichnungen deutscher Dienststellen aus dem Jahr 1943, veröffentlicht in ADAP, E, Bd. V, Dok. Nr. 259, S. 496 ff.; Bd. VI, Dok. Nr. 78, S. 130 ff.

32) D. Bourgeois, Les relations économiques germano-suisses 1939–1945, in: Rev. d'hist. Nr. 121 (1981), S. 61

33) NZZ vom 4. 12. 1947, Morgenausgabe Nr. 2403

34) Morgenausgabe Nr. 2579

35) NZZ vom 13. 12. 1947, Morgenausgabe Nr. 2493

36) Sendung im I. Programm des schweizerischen Rundfunks DRS vom 5. 6. 1977

37) Bütler a.a.O. S. 221

Liechtenstein

1) Schriftliche Mitteilung der Regierung des Fürstentums Liechtenstein vom 7. 4. 1983'

2) Haas a.a.O. S. 213 f.

3) Schriftliche Mitteilung der Regierung des Fürstentums Liechtenstein vom 7. 4. 1983

Italien

1) Jacobsen, 1939–1945 a.a.O. S. 440

2) N. Arena, Aquile senza ali, Milano 3. Aufl. 1972, S. 211; A. Giovannini, 8 settembre 1943, Roma o.J. S. 90; A. Tamaro, Due anni di storia, Bd. 1, Roma 1981, S. 540; M.S. Davis, Söhne der Wölfin, Stuttgart 1975, S. 459

3) C. Caballero Jurado, Foreign Volunteers of the Wehrmacht, London 1983, S. 8; B. Quarrie, German Airborne Troops 1939–45, London 2. Aufl. 1983, S. 19

4) Der Autor dankt Herrn B. Meyer vom Bundesarchiv/Militärarchiv für einen entsprechenden Hinweis

5) Ital. Einheiten in der Dtsch. Wehrmacht, Anl. 3 zu OKH, Gen.St. d.H./Org. Abt.

Nr. 80235/45 g. Kdos. v. 20. 2. 45 (BA/MA RH 2/v. 921); R. Lazzero, Le Brigate Nere, Milano 1983, S. 414; R. Graziani, Ho difeso la patria, Milano 16. Aufl. 1949, S. 553

6) G. Bocca, La Repubblica di Mussolini, Roma-Bari 1977, S. 279; S. Bertoldi, Salò. Vita e morte della Repubblica Sociale Italiana, Milano 2. Aufl. 1976, S. 134; R. Lazzero, X Mas, in: Storia Illustrata Nr. 315 (1984), S. 65; 68

7) L. del Bono, Il mare nel bosco, Roma 1980, S. 21

8) G. Pisanò, Storia della guerra civile in Italia (1943–1945), Bd. 1, Roma 1980, S. 82 f.

9) Tamaro Bd. 1 a.a.O. S. 555 Anm. 69

10) W. Hagen, Die geheime Front, Linz-Wien 1950, S. 418

11) vgl. Tamaro Bd. 1 a.a.O. S. 596 ff.; R. Rahn, Ruheloses Leben a.a.O. S. 347 f; L. Bolla, Perché a Salò, Milano 1982, S. 41 f.; 103; E. Cione, Storia della Repubblica Sociale Italiana, Caserta 1948, S. 242; F. Bellotti, La Repubblica die Mussolini, Milano 1947, S. 65; A.J. Gregor, L'ideologia del fascismo, Milano 1974, S. 262; P. Pisenti, Una repubblica necessaria (RSI), Roma 1977, S. 65

12) Mitteilung von Herrn Clemente Baccherini vom 16. 6. 1981

13) Goebbels Tagebücher 1942-1943 a.a.O. S. 413

14) B. Mussolini, Storia di un anno, Milano 1982, S. 123

15) M. Funke, Hitler und Mussolini, in: Aus Politik und Zeitgeschichte Nr. 43/1976, S. 19

16) S. Ruinas, Pioggia sulla Repubblica, Roma 3. Aufl. 1979, S. 79

17) Pisenti a.a.O. S. 145 ff.

18) E. de Bernart, Da Spalato a Wietzendorf 1943-1945, Milano 1973, S. 71

19) Bocca a.a.O. S. 61; G. Pansa, L'esercito di Salò, Milano 1974, S. 31

20) F.W. Deakin, Die brutale Freundschaft, Köln-Berlin 1964, S. 682

21) vgl. Pansa a.a.O. S. 39 f.; Deakin a.a.O. S. 682; 764; 751; Pisanò Bd. 1 a.a.O. S. 108; Bellotti a.a.O. S. 95; Cione a.a.O. S. 218

22) Mitteilung von Frau Nadia Sala vom Februar 1981

23) Mitteilung von Herrn Rutilio Sermonti vom Februar 1981

24) Bocca a.a.O. S. 279; Pansa a.a.O. S. 205 nennt insoweit eine Zahl von 1800 Mann

25) Arena, Aquile a.a.O. S. 222

26) So jedenfalls die Bezeichnung von R. Lazzero, Le SS italiane, Milano 1982, S. 108

27) Lazzero, Le SS italiane a.a.O. S. 111

28) Lazzero, Le SS italiane a.a.O. S. 18 ff.; später wurden den bei Nettuno eingesetzten beiden Bataillonen die schwarzen Kragenspiegel der Waffen-SS zuerkannt

29) Lazzero, Le SS italiane a.a.O. S. 159

30) Der Text ist abgedruckt in: Lazzero, Le SS italiane a.a.O. S. 183 f.; R. Lazzero, Le SS italiane, in: Storia Illustrata Nr. 291 (1982), S. 26

31) Die in der Literatur hierzu gemachten Angaben sind allerdings wenig glaubhaft. Lazzero, Le SS italiane a.a.O. S. 29 läßt 2000 Italiener die ungarische Hauptstadt verteidigen; nach Bellotti a.a.O. S. 155 sind gar 2000 Italiener, die der 18. SS-Freiw.-Panzer-Grenadier-Div. Horst Wessel angehört haben sollen, in Ungarn gefallen

32) ADAP, E, Bd. VII, Dok. Nr. 216, S. 414

33) Arena, Aquile a.a.O. S. 238

34) F. Kemnade, Die Afrika-Flottille, Stuttgart 1978, S. 483; 486

35) J. Brennecke, Haie im Paradies, München 8. Aufl. 1978, S. 177

36) Zur wenig bekannten Geschichte dieser Truppengattung vgl. N. Arena, L'Aeronau-

tica Nazionale Repubblicana, 2 Bände, Modena o.J.; G. Lazzati, Ali nella tragedia, Milano 1970; L. Traietti, Gli eroi dimenticati, Roma 1982; H.W. Neulen, Deutsche Italiener, in: Flug-Revue 2/1984, S. 50f.

37) Nach dem Rückzug des JG 77 befanden sich keine deutschen Jagdflugzeuge mehr in Italien

38) Bolla a.a.O. S. 220

39) E.F. Moellhausen, Die gebrochene Achse, Alfeld/Leine 1949, S. 239

40) Vgl. Bellotti a.a.O. S. 99

41) Pisenti a.a.O. S. 83-87; Bertoldi a.a.O. S. 219 ff.

42) A. Scalpelli, Scioperi e guerriglia in Val Padana (1943-45), Urbino 1972, S. 264; Deakin a.a.O. S. 785

43) C. Malaparte, Die Haut, Karlsruhe 1950, S. 285 ff

44) vgl. M. Calandri (Hrsg.), Fascismo 1943-1945. I notiziari della GNR da Cuneo a Mussolini, Cuneo 1979

45) G. Conti, La RSI e l'attività del fascismo clandestino nell'Italia liberata dal settembre 1943 all'aprile 1945, in: Storia contemporanea 1979, S. 982

46) P.G. Murgia, Ritorneremo!, Milano 1976, S. 12

47) Scalpelli a.a.O. S. 226

48) Lazzero, Le SS italiane a.a.O. S. 190

49) R. von Tschudi, Die 2. italienische Division »Littorio«, S. 16 (MGFA D - 032)

50) Deakin a.a.O. S. 827

51) Pansa a.a.O. S. 226

52) E. Canevari, Graziani mi ha detto, Roma 3. Aufl. 1947, S. 62; übertrieben insoweit R. Lamb, Salò. L'ultimo esercito di Mussolini, in Storia Illustrata Nr. 282 (1982), S. 37 f., der von einer Desertionsrate von 25 % ausgeht; von Tschudi a.a.O. S. 26 bezeichnet den Anteil von Desertionen bei der Division Littorio als »gering«.

53) vgl. die detaillierte Aufstellung von E. Collotti, Dati sulle forze di Polizia fasciste e tedesche nell' Italia settentrionale nell' aprile 1945, in: Il Movimento di Liberazione in Italia Nr. 71 (1963), S. 51 ff.

54) R. Collier, Der Duce, München 1974, S. 340

55) Deakin a.a.O. S. 891

56) A. Petacco, Pavolini, Milano 1982, S. 9

57) A. Giovannini, I giorni dell' odio. Italia 1945, Roma 1975, S. 41

58) La Torre, Roma Nr. 133 (Mai 1981), S. 12

59) Graziani a.a.O. S. 411

60) Cione a.a.O. S. 462; B. Spampanato, Contromemoriale, Bd. 6, Roma 1974, S. 1577; W. Brockdorff, Kollaboration oder Widerstand in den besetzten Ländern, München-Wels 1968, S. 51, erwähnt 200.000 bis 300.000 Opfer

61) Bocca a.a.O. S. 339

62) Sérant a.a.O. S. 237; vgl. a. K. Rossa, Todesstrafen, Bergisch Gladbach 1979, S. 21

63) Schriftliche Mitteilung von Herrn Edoardo Sala vom Januar 1984

64) J. Evola, Il cammino del cinabro, Milano 2. Aufl. 1972, S. 162; ähnlich die Einschätzung von F. Anfuso, Die beiden Gefreiten, München 1952, S. 311

Slowakei

1) J.K. Hoensch, Die Slowakei und Hitlers Ostpolitik, Köln-Graz 1965, S. 309 f.
2) Zu den unterschiedlichen Zahlenangaben vgl. Hoensch, Die Slowakei a.a.O. S. 132;
Y. Jelinek, Stormtroopers in Slovakia; the Rodobrana and the Hlinka Guard, in: Journal
of Contemporary History 3/1971, S. 104
3) W. Venohr, Aufstand für die Tschechoslowakei, Hamburg 1969, S. 29
4) F. d'Orcival, Le Danube était noir, Paris 1968, S. 202
5) d'Orcival a.a.O. S. 226
6) Zu der Beteiligung slowakischer Einheiten am Ostfeldzug vgl. im einzelnen P. Gosztony, Hitlers fremde Heere, Düsseldorf-Wien 1976, S. 173 ff.; 370 ff.; P. Gosztony,
Deutschlands Waffengefährten an der Ostfront a.a.O. S. 217–229; P. Abbott/ N. Thomas, Germany's Eastern Front Alliies, London 1982, S. 25–28
7) Y. Jelinek, The Parish Republic: Hlinka's Slovak People's Party 1939–1945, New
York-London 1976, S. 67
8) Venohr a.a.O. S. 42
9) Jelinek, Stormtroopers in Slovakia a.a.O. S. 114
10) Venohr a.a.O. S. 243; 246; The Waffen-SS and the Crushing of the Slovak Military
Mutiny, in: Siegrunen Nr. 30, S. 27
11) F. Bertin, L'Europe de Hitler, Bd. 1, Paris 1976, S. 116

Böhmen-Mähren

1) zitiert nach D. Brandes, Die Tschechen unter deutschem Protektorat, Bd. 1,
München-Wien 1969, S. 98
2) Brandes Bd. 1 a.a.O. S. 216; V. Mastny, The Czechs under Nazi Rule, New York-
London 1971, S. 197 f.
3) G. Deschner, Reinhard Heydrich, München 1980, S. 237
4) Bertin, L'Europe de Hitler Bd. 1 a.a.O. S. 68 ff.
5) W. Schellenberg, Aufzeichnungen des letzten Geheimdienstchefs unter Hitler,
München 1981, S. 72
6) D. Brandes, Die deutsche Reaktion auf die Prager Demonstrationen im Herbst 1939,
in: VJHZ 1975 S. 212 ff.; Brandes Bd. 1 a.a.O. S. 86 ff.
7) Deschner a.a.O. S. 219 f.; Brandes Bd. 1 a.a.O. S. 235
8) R. Ströbinger, Das Attentat von Prag, Bergisch Gladbach 1979, S. 177; Brandes Bd. 1
a.a.O. S. 255
9) Mastny a.a.O. S. 216
10) Venohr a.a.O. S. 187
11) D. Brandes, Die Tschechen unter deutschem Protektorat, Bd. 2, München-Wien
1975, S. 124 ff.; J. Thorwald, Die große Flucht, Stuttgart o.J. S. 543 f.
12) vgl. H. Nawratil, Vertreibungsverbrechen an Deutschen, München 1982, S. 59 ff.;
Thorwald, Die große Flucht a.a.O. S. 543 ff.
13) J.K. Hoensch, Geschichte der Tschechoslowakischen Republik 1918 bis 1965, Stuttgart-Berlin 1965, S. 17; nach J. Silverlight, The Victor's Dilemma, London 1970, S. 33 war
die Tschechische Legion in Rußland sogar 70.000 Mann stark

14) Hitlers Tischgespräche a.a.O. S. 306

15) Brandes Bd. 1 a.a.O. S. 148

16) vgl. Brandes Bd. 2 a.a.O. S. 35 f.

17) Die Regierungstruppe war jedoch niemals ein Teil der Waffen-SS

18) Brandes Bd. 2 a.a.O. S. 26

19) Brandes Bd. 1 a.a.O. S. 123; 140

20) V.S. Mamatey/R. Luza (Hrsg.), Geschichte der Tschechoslowakischen Republik, Wien-Köln-Graz 1980, S. 143; 159 f.

21) M. Grey/J. Bourdier, Les armées blanches, Paris 1978, S. 328 ff.

22) Nolte, Die faschistischen Bewegungen a.a.O. S. 247; Hoensch, Geschichte der Tschechoslowakischen Republik a.a.O. S. 61; J. Havránek, Fascism in Czechoslovakia, in: P.F. Sugar (Hrsg.), Native Fascism in the Successor States, Santa Barbara 1971, S. 49

23) Brandes Bd. 1 a.a.O. S. 102; Mastny a.a.O. S. 157

24) vgl. Brandes Bd. 1 a.a.O. S. 45; 113; 122

25) Mamatey/Luza a.a.O. S. 321 Anm. 17

26) Brandes Bd. 2 a.a.O. S. 27

27) zu den Zahlenangaben vgl. Hoensch, Geschichte der Tschechoslowakischen Republik a.a.O. S. 132

Kroatien

1) Nach dem Abschluß des italienisch-jugoslawischen Freundschaftsvertrages von 1937 entzog Rom der Ustascha allerdings die Unterstützung

2) G. Fricke, Kroatien 1941–1944, Freiburg 1972, S. 10

3) H. Neubacher, Sonderauftrag Südost, Seeheim 3. Aufl. 1966, S. 31

4) M. Ambri, I falsi fascismi, Roma 1980, S. 185

5) Neubacher a.a.O. S. 31; F. Bertin, L'Europe de Hitler, Bd. 2, Paris 1977, S. 63; P.A. Carnier, Lo sterminio mancato, Milano 1982, S. 306; K. Meneghello Dinčić, L'état »Oustacha« de Croatie (1941–1945), in: Rev. d'hist. Nr. 74 (1969), S. 54; SS-Brigadeführer Fick schrieb am 16.3.1944 an Himmler, die Ustascha habe 600.000 – 700.000 konfessionelle und politische Gegner »geschlachtet«, vgl. K. Hnilicka, Das Ende auf dem Balkan 1944/45, Göttingen-Zürich-Frankfurt 1970, S. 292

6) Meneghello-Dinčić a.a.O. S. 60

7) M. Djilas, Der Krieg der Partisanen, Wien-München 2. Aufl. 1978, S. 199

8) L. Hory/M. Broszat, Der kroatische Ustascha-Staat 1941–1945, Stuttgart 2. Aufl. 1965, S. 95

9) Fricke a.a.O. S. 146

10) Denkschrift vom 27. 2. 1943, zitiert nach Hory/Broszat a.a.O. S. 146

11) Fricke a.a.O. S. 71

12) vgl. ADAP, D, Bd. XIII. 1, Dok. Nr. 46, S. 44

13) Das Deutsche Reich und der Zweite Weltkrieg, Bd. 4 a.a.O. S. 925

14) Gosztony, Hitlers fremde Heere a.a.O. S. 178; Gosztony, Deutschlands Waffengefährten a.a.O. S. 234

15) Gosztony, Hitlers fremde Heere a.a.O. S. 271

16) St. Martin, Die kroatische Flieger-Legion, in: Zeitschrift für Heeres- und Uniformkunde 1953, S. 92; H. von Pebal, Hrvatska Krila, Graz o.J. S. 63; 66 nennt 350 Abschüsse

17) J. Meister, Die jugoslawische Marine in der Adria 1941–45, in: Marine-Rundschau 1963, S. 149

18) P. Gosztony, Endkampf an der Donau 1944/45, Wien-München 1978, S. 200

19) ADAP, E, Bd. V, Dok.Nr. 125, S. 214

20) vgl. Stein a.a.O. S. 162; Taylor/Bender Bd. 3 a.a.O. S. 139; M. Lespart, Les Oustachis, Paris 1976, S. 211 f.

21) vgl. Anm. 37 im Kapitel »Serbien«

22) vgl. Lespart a.a.O. S. 211

23) vgl. Aufzeichnung des Unterstaatssekretärs Hencke vom 4. 7. 1944, ADAP, E, Bd. VIII, Dok. Nr. 95, S. 162 ff.

24) Brief Himmlers vom 6. 8. 1943, Reichsführer! Briefe an und von Himmler, hrsgg. von H. Heiber, München 1970, S. 285 f.

25) vgl. die Schilderung des damaligen Bürgermeisters von Villefranche de Rouergue: SS + Croates à Villefranche de Rouergue aout 1943 – septembre 1943 (BA/MA RS 3 – 13/5); Taylor/Bender Bd. 3 a.a.O. S. 146; L. Erignac, La révolte des croates, Villefranche de Rouergue 1980, geht irrtümlich davon aus, die Meuterer hätten der Division Prinz Eugen angehört

26) zitiert nach Wiesenthal a.a.O. S. 50

27) vgl. Hnilicka a.a.O. S. 320

28) Interview mit Herrn Dr. Hellmuth Raithel vom 14. 5. 1983

29) R. Kiszling, Die Wehrmacht des unabhängigen Staates Kroatien 1941–1945, in: Österreichische Militärische Zeitschrift 3/1965, S. 263; F. Dragojlov, Der Krieg 1941–1945 auf dem Gebiet des »unabhängigen Staates Kroatien«, in: Allgemeine schweizerische Militärzeitschrift 5/1956, S. 359; Fricke a.a.O. S. 124

30) Neufeldt/Huck/Tessin, Zur Geschichte der Ordnungspolizei 1936–1945, Koblenz 1957, S. 75

31) vgl. Djilas a.a.O. S. 562; E. Schmidt-Richberg, Der Endkampf auf dem Balkan, Heidelberg 1955, S. 82

32) I. Avakumovic, Yugoslavia's Fascist Movements, in: Sugar a.a.O. S. 140

33) Kiszling a.a.O. S. 264; Dragojlov a.a.O. S. 363 hält diese Zahl für zu hoch; Bertin Bd. 2 a.a.O. S. 69 geht von 300.000 Partisanen aus; Meneghello Dinčić a.a.O. S. 63 liegt mit einer Schätzung von 150.000 Partisanen wohl zu niedrig

34) KTB OKW 1944–1945, Teilband II a.a.O. S. 1181 (Eintragung vom 18.3.45) .

35) KTB OKW 1944–1945, Teilband II a.a.O. S. 1224 (Eintragung vom 5. 4. 45)

36) zu den Zahlen vgl. Bertin Bd. 2 a.a.O. S. 69; Carnier a.a.O. S. 315

37) N. Bethell, Das letzte Geheimnis, Frankfurt-Berlin-Wien 1978, S. 132

38) Carnier a.a.O. S. 321; 332; Dragojlov 7/1956 S. 521 f.; Kiszling a.a.O. S. 265; R. Kiszling, Die Kroaten, Graz-Köln 1956, S. 223; N. Tolstoy, The Klagenfurt Conspiracy, in: Encounter 5/1983, S. 28; K. Bilić, in: F. Schraml, Kriegsschauplatz Kroatien, Neckargemünd 1962, S. 293 f.; Hnilicka a.a.O. S. 145; V. Musa, Kurze Kroatische Geschichte, München 1980, S. 178 f.; Lespart a.a.O. S. 236 nennt sogar eine Zahl von 280.000 Opfern

39) vgl. Storia Illustrata Nr. 307 (1983), S. 69; A. Giovannini, I giorni dell' odio, Roma 1975, S. 224

40) Tolstoy, The Klagenfurt Conspiracy a.a.O. S. 29

445

41) vgl. Djilas a.a.O. S. 565; H. Harmsen, Demografische Verluste Kroatiens 1941 bis 1946, in: Donauraum 1979, S. 154–157
42) vgl. Rheinischer Merkur/Christ und Welt Nr. 46 vom 13. 11. 1981
43) FAZ Nr. 102 vom 3. 5. 1983

Slowenien

1) J. Tomasevich, War and Revolution in Yugoslavia, 1941–1945. The Chetniks, Stanford 1975, S. 224 f.
2) vgl. Carnier a.a.O. S. 90; 111; 158
3) zu Rainers Konzept vgl. sein Fernschreiben an den RAM vom 9. 9. 1943, ADAP, E, Bd. VII, Dok. Nr. 304, S. 520 ff.
4) Carnier a.a.O. S. 29
5) Djilas a.a.O. S. 440
6) Die Division kam nie zustande, so daß die Einheit im Dezember 1944 in eine Brigade umgegliedert wurde
7) Carnier a.a.O. S. 80
8) B.M. Karapandzich, The bloodiest Yugoslav Spring, New York 1980, S. 32
9) Karapandzich a.a.O. S. 77; vgl. a. Carnier a.a.O. S. 318 f.; Tolstoy, The Klagenfurt Conspiracy a.a.O. S. 26 f.

Serbien

1) Hory/Broszat a.a.O. S. 110 f.
2) J. Wuescht, Jugoslawien und das Dritte Reich, Stuttgart 1969, S. 266
3) Hnilicka a.a.O. S. 237
4) KTB OKW 1942, Teilband II, Herrsching 1982, S. 1017
5) ADAP, E, Bd. VI, Dok. Nr. 328, S. 556 ff.
6) Neubacher a.a.O. S. 155 ff.
7) KTB OKW 1944–1945, Teilband I a.a.O. S. 709 f.: ADAP, E, Bd. VII, Dok. Nr. 168, S. 334 ff.
8) Hnilicka a.a.O. S. 224 ff.
9) D. Ljotić, Lux in tenebris, o.J. + o.O., S. 76–80
10) Tomasevich a.a.O. S. 110
11) ADAP, E, Bd. V, Dok. Nr. 191, S. 375
12) Hnilicka a.a.O. S. 232
13) Hnilicka a.a.O. S. 233
14) Schreiben des Chefs des OKW Nr. 002336/43 g. Kdos./WFSt/Qu. (V) an Himmler vom 15. 5. 1943 (BA/MA RW 4/v. 709 I2)
15) Schreiben des Chefs des OKW Nr. 001230/43 g. K./WFSt/Qu. (V) vom 12. 3.1943 an Himmler (BA/MA RW 4/v. 709 I2)
16) Dem Autor liegt aus dem Dokumentenkabinett Vlotho eine Abschrift des Dokuments vom 22. 2. 1945, SS-Hauptamt, Amtsgruppe D, vor
17) Bl. 22 des Memorandums, Dokumentenkabinett Vlotho

18) KTB OKW 1944–1945, Teilband I, a.a.O. S. 729 ff.
19) WFSt/Op (H) Südost, KR-Fernschreiben vom 13. 6. 1944 (BA/MA RW 4/v. 709 I2)
20) Neubacher a.a.O. S. 154
21) Der Leiter der Erziehungsabteilung des SFK, Dr. Djoko Slijepcević, hat diesen ange-strebten Frontenwechsel in einem Schreiben vom 14. 4. 1981 ausdrücklich bestätigt
22) WFSt/Op (H) Südost vom 19. 10. 1944 (BA/MA RW 4/v. 709 I2)
23) ADAP, E, Bd. VIII, Dok. Nr. 318, S. 604 ff.
24) BA/MA RW 4/v. 709 I2
25) Die detaillierteste Darstellung dieses Kriegsverbrechens findet sich bei Karapand-zich a.a.O; vgl. weiter Tomasevich a.a.O. S. 449; Neubacher a.a.O. S. 193 nennt die Zahl von 2.400 ausgelieferten und erschossenen Ljotić-Freiwilligen
26) N. Tolstoy, Die Verratenen von Jalta, München-Wien 1978, S. 355
27) J. Amery, Sons of the Eagle, London 1948, S. 18
28) Schreiben des OKH GenStdH/Org. Abt. (II) Nr. 9320/42 geh. vom 29. 10. 1942 an den W. Befh. Südost (BA/MA RW 4/ v. 709 I2)
29) Notiz WFSt/Qu 2 (S) Nr. 04155/43 geh. vom 10. 9. 1943 (BA/MA RW 4/v. 709 I2)
30) vgl. die entsprechenden Nachweise in: BA/MA RW 4/v. 709 I2
31) H. Frank, Landser, Karst und Skipetaren, Heidelberg 1957, S. 21 f.; der Einschätzung von Tomasevich a.a.O. S. 110, das Korps habe bei Kampfeinsätzen erbärmlich versagt, kann daher nicht gefolgt werden
32) Vortragsnotiz WFSt/Qu. (V) vom 8. 5. 1943 (BA/MA RW 4/v. 709 I2)
33) vgl. Tolstoy, Die Verrratenen von Jalta a.a.O. S. 339; 355 ff.
34) Der Name Četnik leitet sich von »četa« (Schar) ab, eine Bezeichnung, die aus den Guerillakriegen gegen die Türken im 19. Jahrhundert stammt
35) Tomasevich a.a.O. S. 111
36) vgl. die entsprechenden Eintragungen im KTB OKW 1942 Teilband II a.a.O. S. 972–1136
37) Lespart a.a.O. S. 157; vgl. a. S. 211; nach Bertin, L'Europe de Hitler, Bd. 2 a.a.O. S. 66 und Hagen a.a.O. S. 251 f. ermordeten die Četniks allein im Sandschak 70.000 Muselma-nen
38) Wuescht a.a.O. S. 64; vgl. auch das Gutachten von Wuescht für den 5. Zivilsenat des OLG Köln (5 U (E) 65/67), enthalten im Bestand Südost, BA/MA
39) vgl. hierzu Patriot or Traitor. The Case of General Mihailovich, Stanford 3. Aufl. 1979; zu Recht gegen die Einschätzung Mihajlovićs als Kollaborateur wenden sich Neu-bacher a.a.O. S. 166 f. und Carnier a.a.O. S. 303
40) Carnier a.a.O. S. 172 f.
41) Gen.Kdo. LXXXXVII. A.K.z.b.V., Ic Nr. 5529/44, Feindnachrichtenblatt Nr. 7 (Stand: 15. 12. 1944) vom 17. 12. 1944 (BA/MA Handmappen Meyer, Serb. Waffenträ-ger, Četniks)
42) Djilas a.a.O. S. 572

Montenegro

1) Bertin, L'Europe de Hitler, Bd. 2 a.a.O. S. 88 f.; Ciano a.a.O. S. 419 f.
2) Tomasevich a.a.O. S. 258

3) Tomasevich a.a.O. S. 350
4) WFSt/Op (H) Südost, KR-Fernschreiben vom 13. 6. 1944 (BA/MA RW 4/v. 709 I2)
5) Neubacher a.a.O. S. 185
6) Djilas a.a.O. S. 202
7) Tomasevich a.a.O. S. 449

Albanien

1) Ch. Stamm, Zur deutschen Besetzung Albaniens 1943–1944, in: MGM 2/1981, S. 101
2) Amery a.a.O. S. 64
3) ADAP, E, Bd. VII, Dok. Nr. 193, S. 377 f.; Neubacher a.a.O. S. 113; Stamm a.a.O. S. 107
4) Amery a.a.O. S. 63
5) A. Serra, Albania. 8 settembre 1943 – 9 marzo 1944, Milano 1974, S. 274
6) M. Maller, Die Fahrt gegen das Ende, Bd. 1, Bonn 1961, S. 285; 307
7) Neubacher a.a.O. S. 113
8) ADAP, E, Bd. VIII, Dok. Nr. 62, S. 143
9) M. Maller, Die Fahrt gegen das Ende, Bd. 2, Bonn 1962, S. 216
10) Kumm a.a.O. S. 241
11) Klietmann a.a.O. S. 229
12) Amery a.a.O. S. 305
13) S. Skendi, Albania, New York 1956, S. 79
14) vgl. Spaeter, Die Brandenburger a.a.O. S. 351
15) Haller Bd. 2 a.a.O. S. 82

Griechenland

1) Ciano a.a.O. S. 399
2) ADAP, D, Bd. XIII. 1, Dok. Nr. 201, S. 259 f.
3) vgl. H. Richter, Griechenland zwischen Revolution und Konterrevolution, Frankfurt 1973, S. 236
4) Richter a.a.O. S. 240 f.
5) vgl. C.M. Woodhouse, Apple of Discord, London 1948, S. 94; E. Barker, Macedonia, London-New York 1950, S. 81
6) J.W. Borejsza, Il fascismo e l'europa orientale, Roma-Bari 1981, S. 62
7) De Felice, Mussolini il Duce. Gli anni del consenso a.a.O. S. 892
8) ADAP, E, Bd. V, Dok. Nr. 232, S. 444
9) W. Speidel, Denkschrift über meine Aufgabe und Tätigkeit im besetzten Griechenland 1942 bis 1944, S. 66 (MGFA P-003)
10) J. Gaitanides, Griechenland ohne Säulen, München 1980, S. 255
11) KTB OKW 1943, Teilband II, Herrsching 1982, S. 1265
12) vgl. Woodhouse a.a.O. S. 188; Richter a.a.O. S. 354; 366; 389
13) ADAP, E, Bd. VIII, Dok. Nr. 136, S. 259
14) Woodhouse a.a.O. S. 306; D. Eudes, Les Kapetanios, Paris 1970, S. 241
15) Woodhouse a.a.O. S. 241; Richter a.a.O. S. 569

Bulgarien

1) P. Schmidt, Statist auf diplomatischer Bühne 1923–1945, Bonn 1950, S. 573 f.
2) Mitteilung des ehemaligen Ratnici-Mitgliedes Ivan Y. vom 20. 5. 1983
3) vgl. H.-J. Hoppe, Bulgarien – Hitlers eigenwilliger Verbündeter, Stuttgart 1979, S. 200 Anm. 34; Haas a.a.O. S. 85 f.
4) zitiert nach M.L. Miller, Bulgaria during the Second World War, Stanford 1975, S. 89
5) Hoppe a.a.O. S. 94; Miller a.a.O. S. 102 f.; W. Oschlies, Bulgarien – Land ohne Antisemitismus, Erlangen 1976, S. 56; bereits im November 1940 war Cankov wegen seines mangelnden Antisemitismus von einem Parlamentskollegen mit der Bemerkung angegriffen worden: »Ihr Platz ist in Palästina, Herr Professor«, Miller a.a.O. S. 95
6) vgl. Dawidowicz a.a.O. S. 380 ff.; Hoppe a.a.O. S. 138 ff.
7) vgl. Hoppe a.a.O. S. 129; Telegramm des RAM vom 14. 12. 1942, ADAP, E, Bd. IV, Dok. Nr. 286, S. 513
8) ADAP, E, Bd. VIII, Dok. Nr. 36, S. 70 f.
9) Interview mit Herrn Dr. Stefan Marinoff vom 14. 11. 1982
10) vgl. Hoppe a.a.O. S. 173 f.
11) Interview mit Herrn Dr. Stefan Marinoff vom 14. 11. 1982
12) vgl. ADAP, E, Bd. VIII, Dok. Nr. 208, S. 404
13) vgl. ADAP, E, Bd. VIII, Dok. Nr. 215, S. 413 f.
14) I. Docheff, Half Century Struggle against Communism for the Freedom of Bulgaria, New York 2. Aufl. 1982, S. 116
15) vgl. Keesings Archiv der Gegenwart 1944, Wien 1944, Nr. 6524 E
16) Keesings Archiv der Gegenwart 1944 a.a.O. Nr. 6595 C
17) Interview mit Herrn Dr. Stefan Marinoff vom 14. 11. 1982
18) vgl. Hoppe a.a.O. S. 184; P. Lendvai, Der rote Balkan, Frankfurt 1969, S. 238; Der Zweite Weltkrieg. Teilband Verrat und Widerstand a.a.O. S. 108
19) Docheff a.a.O. S. 106; 114; George Paprikoff, in: ABN Correspondence, Vol. XXXIV, Nr. 3/1983, S. 35; Hagen a.a.O. S. 323 erwähnt »Zehntausende« von Hinrichtungen; ebenso W. Bretholz, Ich sah sie stürzen, Wien-München-Basel 1955, S. 149 ff.
20) vgl. ADAP, E, Bd. VIII, Dok. Nr. 237, S. 449 f.
21) Klietmann a.a.O. S. 387
22) Mitteilung des ehemaligen Freiwilligen Ivan Y. vom 20. 5. 1983
23) Der häufig in der Literatur erwähnte Einsatz bulgarischer Waffen-SS in Kroatien hat nie stattgefunden
24) Interview mit Herrn Dr. Stefan Marinoff vom 14. 11. 1982

Türkei

1) In der Literatur werden die Begriffe überwiegend synonym verwandt; zu Recht um eine Differenzierung bemüht ist C.W. Hostler, Türken und Sowjets, Berlin 1960, S. 240 ff.
2) ADAP, D, Bd. XIII. 2, Dok. Nr. 361, S. 467 ff.; Z. Önder, Die türkische Außenpolitik im Zweiten Weltkrieg, München 1977, S. 146 f.; L. Krecker, Deutschland und die Türkei im Zweiten Weltkrieg, Frankfurt 1964, S. 212 f.

3) G. von Mende, Erfahrungen mit Ostfreiwilligen in der deutschen Wehrmacht während des Zweiten Weltkrieges, in: Auslandsforschung 1, Darmstadt 1952, S. 25
4) Schreiben des Bundesvorstandes des DGB vom 19. 2. 1980, Az. AA-Rr/Kos

Ungarn

1) zitiert nach F. von Adonyi-Naredy, Ungarns Armee im Zweiten Weltkrieg, Neckargemünd 1971, S. 159
2) G. Hennyey, Ungarns Schicksal zwischen Ost und West, Mainz 1975, S. 71; vgl. a. die Charakterisierung von Szálasi bei C.A. Macartney, October Fifteenth, Bd. 1, Edinburgh 1956, S. 160 f.
3) W. Wippermann, Europäischer Faschismus im Vergleich 1922–1982, Frankfurt 1983, S. 95; Ambri a.a.O. S. 105; G. Barany, The Dragon's Teeth, in: Sugar a.a.O. S. 77
4) W. Laqueur/G.L. Mosse, Internationaler Faschismus 1920–1945, München 1966, S. 39
5) M. Lackó, Ostmitteleuropäischer Faschismus, in: VJHZ 21 (1973), S. 51
6) vgl. K. Konkoly, Waren Ungarns Pfeilkreuzler Nazis?, in: Politische Studien Nr. 167 (1966), S. 307; N.M. Nagy-Talavera, The Green Shirts and the Others, Stanford 1970, S. 116 f; Ambri a.a.O. S. 96 ff.
7) Nagy-Talavera a.a.O. S. 161; M. Lackó, Arrow-Cross Men, Budapest 1969, S. 86 f.
8) Macartney Bd. 1 a.a.O. S. 18; Nagy-Talavera a.a.O. S. 41; abweichende Zahlenangaben machen Wippermann a.a.O. S. 92 und H.-U. Thamer/W. Wippermann, Faschistische und neofaschistische Bewegungen, Darmstadt 1977, S. 100
9) Nagy-Talavera a.a.O. S. 230 f.
10) Mitteilungen von Frau Baronin Elisabeth Kemény vom 14. 11. und 16. 12. 1982; K. Marton, Wallenberg, New York 1982, S. 101 ff.; H. Lichtenstein, Raoul Wallenberg, Köln 1982, S. 59 f.; WDR-Fernsehsendung »Raoul Wallenberg«, 1. Programm, 5. 8. 1982. Redaktion: Jürgen Rühle
11) A. Biss, Der Stopp der Endlösung, Stuttgart 1966, S. 228
12) Interview mit Herrn Ferenc Fiala vom 7. 7. 1983
13) ADAP, E, Bd. VIII, Dok. Nr. 306, S. 568 f.
14) Kossuth = Ludwig von Kossuth, 1802–1894, ungar. Politiker, Führer der Unabhängigkeitsbewegung 1848/49
15) A. von Weißenbach, Die ungarischen Verbände der SS im 2. Weltkrieg, in: Der Freiwillige 8/1975, S. 14
16) A. von G.-Payer, Audiatur et altera pars. Unveröffentlichtes Manuskript über Aufbau und Entwicklung der ungarischen Waffen-SS, das Herr von Payer dem Autor freundlicherweise zur Verfügung stellte
17) H. Bayer, Die Kavallerie der Waffen-SS, Gaiberg/Heidelberg 1980, S. 391
18) Konkoly a.a.O. S. 316; P. Gosztony, Endkampf an der Donau 1944/45, Wien-München 1978, S. 205
19) Staatsmänner und Diplomaten bei Hitler, hrsgg. von A. Hillgruber, Bd. 2, Frankfurt 1970, S. 522
20) Szent Laszlo = Heiliger Stanislaus, König von Ungarn 1077–1095
21) Organisationsabteilung, H.Qu., den 17. 3. 1945 (BA/MA RH 2/v. 1426)

22) Von Weißenbach, Der Freiwillige 11/1975 a.a.O. S. 13

23) Text siehe von Weißenbach, Der Freiwillige 8/1975 a.a.O. S. 16

24) Die Namen der Divisionen sind umstritten. So gibt von Weißenbach, Der Freiwillige 7/1975 a.a.O. S. 18, für die 26. Division den Namen »Hungaria« an; ebenso von Payer a.a.O., der sich auf ungarische Quellen stützt, wonach folgende Divisionsnamen vorgesehen waren: *Waffen-SS* – Hunyadi, Hungaria, Gömbös, Görgey. *Hungaristen-Divisionen* Kossuth, Petöfi, Klapka, Bem. Gemäß deutschen Dokumenten trug die 26. Division den Namen »Gombös« (sic!), vgl. Organisationsabteilung Nr. Z/1195/45 g. den 17. 3. 1945 (BA/MA RH 2/v. 1426). Julius Gömbös = ungar. Politiker, von 1932–1936 Ministerpräsident

25) Von Payer a.a.O.

26) Von Weißenbach, Der Freiwillige 11/1975 a.a.O. S. 14

27) zitiert nach von Payer a.a.O.

28) Entgegen anderslautenden Angaben in der Literatur hat die Division Gömbös kein Füsilierbataillon an die 31. SS-Freiw.-Gren.-Div. abgegeben. Bei dem »ungarischen« SS-Freiw.-Füs.-Btl. 31 – vgl. Klietmann a.a.O. S. 276 – handelte es sich vielmehr um Tiroler; schriftliche Mitteilung des ehemaligen Divisionskommandeurs Gustav Lombard vom 10. 6. 1983

29) Schreiben des kgl. ung. Honvédministers und Oberbefehlshabers der Honvéd Nr. 600 vom 18. 2. 1945 an das OKW (BA/MA RH 2/v. 1426)

30) P. Gosztony, Ungans militärische Rolle im Zweiten Weltkrieg, in: WWR 5/1982 S. 163

31) Interview mit Frau Baronin Elisabeth Kemény vom 14. 11. 1982

32) Der Autor ist Frau Baronin Kemény für die Überlassung einer Abschrift des Testaments ihres Gatten zu aufrichtigem Dank verpflichtet

33) Interview mit Herrn Ferenc Fiala vom 7. 7. 1983; Konkoly a.a.O. S. 316

34) P. Gosztony, Hitlers fremde Heere a.a.O. S. 451

35) Hagen a.a.O. S. 381 geht von »Zehntausenden« von Opfern aus

36) D. Irving, Aufstand in Ungarn, Hamburg 1981, S. 339

Rumänien

1) Zum jüdischen Einfluß in Rumänien vgl. Nagy-Talavera a.a.O. S. 46 f.

2) Ambri a.a.O. S. 209; 226; A. Hillgruber, Hitler, König Carol und Marschall Antonescu, Wiesbaden 1954, S. 12; M. Broszat, Die Eiserne Garde und das Dritte Reich, in: Politische Studien Nr. 101 (1958), S. 630

3) vgl. J. Evola, Il mio incontro con Codreanu, in: Civiltà, Sept. – Okt. 1973, S. 52; J. Evola, Il fascismo visto dalla destra, Roma 2. Aufl. 1970, S. 36 f.

4) vgl. M. Fatu/I. Spalatelu, Die Eiserne Garde. Terrororganisation faschistischen Typs, Bukarest 1975, S. 92 ff.; 239

5) I. Mota, L'uomo nuovo, Padova 1978, S. 202 ff.

6) vgl. Hagen a.a.O. S. 286; Nagy-Talavera a.a.O. S. 316; H. Sima, Intervista sulla guardia di ferro, Palermo 1977, S. 20

7) Z. Barbu, Romania, in: Woolf a.a.O. S. 183; 185; Nagy-Talavera a.a.O. S. 304 gibt für

den Zeitraum nach dem Attentat auf Ministerpräsident Calinescu eine Zahl von 250–300 ermordeten Legionären an

8) M. Sturdza, La fine dell'europa, Napoli 1970, S. 359; nach Borejsza, Il fascismo e l'europa orientale a.a.O. S. 80 zählte die Eiserne Garde 1938 350.000 Mitglieder

9) vgl. Hagen a.a.O. S. 284; Ambri a.a.O. S. 265; Sturdza a.a.O. S. 327 ff.; P. Chirnoaga, Un chapitre d'histoire roumaine (1940–1945), Rio de Janeiro 1962, S. 37 f.; A.E. Ronnett, Romanian Nationalism: The Legionary Movement, Chicago 1974, S. 48 f.; vgl. a. G. Pemler, Der Flug zum Don, Leoni 1981, S. 50

10) N. Rosca, Sarata, Madrid 1981; Sturdza a.a.O. S. 361; Sima a.a.O. S. 25 f.; Ronnett a.a.O. S. 49 f.

11) Goebbels Tagebücher 1942–1943 a.a.O. S. 135

12) Mitteilung von Herrn Dr. Alexander Suga vom 15. 1. 1981

13) Mitteilung von Herrn Dr. Alexander Suga vom 15. 1. 1981

14) vgl. Schreiben des Gesandten in Bukarest an das AA vom 15. 2. 1943, ADAP, E, Bd. V, Dok. Nr. 133, S. 225

15) vgl. zu den Angaben im einzelnen: E. Weber, Die Männer des Erzengels, in: Laqueur/Mosse a.a.O. S. 151 ff.

16) vgl. Stindardul Nr. 149 (Juli 1983), S. 11

17) Macellariu verbüßte nach Kriegsende eine 18jährige Gefängnisstrafe

18) Interview mit Herrn Horia Sima vom 18. 5. 1981

19) Keesings Archiv der Gegenwart 1944 a.a.O. Nr. 6500 B

20) Keesings Archiv der Gegenwart 1944 a.a.O. Nr. 6505 G

21) Schreiben von Horia Sima an den RAM vom 30. 8. 1944, ADAP, E, Bd. VIII, Dok. Nr. 194, S. 382

22) Interview mit Herrn Horia Sima vom 18. 5. 1981

23) Marturii Despre Legiune 24 Junie 1927, Rio de Janeiro 1967, S. 137 ff.

24) Interview mit Herrn Horia Sima vom 18. 5. 1981; P. Chirnoaga, Istoria politica si militara a rasboiului romaniei contra rusiei sovietice, Madrid 1965, S. 332

25) Fatu/Spalatelu a.a.O. S. 346

26) Interview mit Herrn Horia Sima vom 18. 5. 1981; Interview mit Herrn Dr. Alexander Suga vom 23. 2. 1981

27) Hillgruber a.a.O. S. 230

28) Sturdza a.a.O. S. 409

29) der Sowjetunion

30) Interviews mit Herrn Dr. A. Suga vom 15. 1. und 23. 2. 1981

31) vgl. W. Tieke, Das Ende zwischen Oder und Elbe, Stuttgart 1981, S. 278; nach Klietmann a.a.O. S. 385 wurde das gesamte an der Oder eingesetzte rumänische Regiment aufgelöst, was jedoch nach Aussage des Regimentsangehörigen Dr. Alexander Suga nicht zutrifft

32) vgl. Fatu/Spalatelu a.a.O. S. 360 ff.

33) vgl. Vestitorii: Der Prozeß gegen die Legionäre in Rumänien, 9.–12. Okt. 1953, München 1973

34) vgl. FAZ vom 13. 5. 1981

1) S. Myllyniemi, Die baltische Krise 1938–1941, Stuttgart 1979, S. 135; N.E. Suduvis, Allein, ganz allein, München 1968, S. 16 f.

2) vgl. W. Haupt, Baltikum 1941, Neckargemünd 1963, S. 29 u. E. Mariani, La Sovietizzazione della Lituania (1940–1952), Doktorarbeit Universität Rom, Studienjahr 1979–80, S. 69; Suduvis a.a.O. S. 17, sowie Elta Press, Siberia. Cimitero del popolo lituano, Bd. 1, Roma o.J. S. 6 u. Elta Press, Lituania. La chiesa cattolica nella tormenta, Bd. 1, Roma o.J. S. 67, nennen 34.260 Opfer; ähnlich G. von Rauch, Geschichte der baltischen Staaten, Stuttgart-Berlin 1970, S. 190, der die Gesamtzahl der litauischen Verschleppten 1940/41 mit 34.205 angibt; Z. Ivinskis, Lithuania during the War S. 68 u. V.S. Vardys, The Partisan Movement in Postwar Lithuania, S. 87, beide in: V.S. Vardys, Lithuania under the Soviets, New York-Washington-London 1965 gehen übereinstimmend von 35.000 Deportierten aus; die Zahl von 40.000 Opfern findet sich bei J. Daumantas, Fighters for Freedom, New York 1975, S. 70; deutlich niedriger liegt mit der Zahl von 21.000 Verschleppten Myllyniemi, Die baltische Krise a.a.O. S. 144

3) Elta Press, Siberia a.a.O. S. 87 ff.

4) Myllyniemi, Die baltische Krise a.a.0. S. 148

5) zu den Zahlenangaben vgl. Mariani a.a.O. S. 100; Suduvis a.a.O. S. 18; Myllyniemi, Die baltische Krise a.a.O. S. 149; Elta Press, Lituania Bd. 1 a.a.O. S. 112; A. Rei, The Drama of the Baltic Peoples, Stockholm 1970, S. 333

6) S. Myllyniemi, Die Neuordnung der baltischen Länder 1941–1944, Helsinki 1973, S. 77; H. Krausnick/H.-H. Wilhelm, Die Truppe des Weltanschauungskrieges, Stuttgart 1981, S. 205 ff.; G. Hausner, Die Vernichtung der Juden, München 1979, S. 88; M. Broszat/H.-A. Jacobsen/H. Krausnick, Anatomie des SS-Staates, Bd. 2, München 2. Aufl. 1979, S. 301 f.

7) ADAP, D, Bd. XIII. 1, Dok. Nr. 6, S. 6

8) Zu dieser Organisation vgl. von Rauch a.a.O. S. 134 ff.; R.J. Misiunas, Fascist Tendencies in Lituania, in: The Slavonic East European Review 1970, Heft 110, S. 99 ff.

9) Mariani a.a.O. S. 78; Ivinskis a.a.O. S. 77

10) A. Dallin, Deutsche Herrschaft in Rußland, Düsseldorf 1958, S. 196; A. Alexiev, Soviet Nationalities in German Wartime Strategy, Santa Monica 1982, S. 18

11) Reichsführer! a.a.O. S. 294; Hitler dagegen hatte zeitweilig die größten Vorurteile gegenüber den Letten, denen er vorwarf, die »Henker des alten Zarenreiches« gewesen zu sein, vgl. A. Hitler. Monologe a.a.O. S. 42

12) Neufeldt/Huck/Tessin a.a.O., Teil 2, S. 57 f.; A. Silgailis, Die Vorgeschichte der Entstehung der Lettischen Legion im Zweiten Weltkrieg, in: Acta Baltica XXI (1981), S. 258

13) Myllyniemi, Die Neuordnung a.a.O. S. 227; Z. Raulinaitis, Armed Forces, in: Lietuviu enciklopedija, Boston 1953, S. 165 nennt 23 Btl. mit 13.000 Mann und 250 Offizieren; Neufeldt/Huck/Tessin a.a.O. S. 101 ff. haben insgesamt 35 litauische Schuma-Btl. aufgelistet, bei einigen ist die Aufstellung jedoch fraglich

14) Vardys a.a.O. S. 90

15) Myllyniemi, Die Neuordnung a.a.O. S. 234; Ivinskis a.a.O. S. 79; Suduvis a.a.O. S. 22 f.

16) Völlig abwegig ist daher die Annahme, es habe eine »litauische SS-Division« gege-

ben; so aber Der Zweite Weltkrieg. Teilband Verrat und Widerstand a.a.O. S. 104

17) Myllyniemi, Die Neuordnung a.a.O. S. 277 f.; andere Quellen nennen wesentlich höhere Zahlen, so Mariani a.a.O. S. 80 u. Suduvis a.a.O. S. 25, die von 30.000 und mehr Freiwilligen ausgehen

18) Myllyniemi, Die Neuordnung a.a.O. S. 279

19) Suduvis a.a.O. S. 25

20) Ivinskis a.a.O. S. 84; Mariani a.a.O. S. 81; 114 f.; E.J. Harrison, Lithuania's Fight for Freedom, o.O. 3. Aufl. 1948, S. 42

21) Bertin, L'Europe de Hitler, Bd. 2 a.a.O. S. 100

22) RFBO. Bericht vom 24.1.1945 (Privatarchiv Prof. Dr. G. von Mende)

23) Mariani a.a.O. S. 115; Vardys a.a.O. S. 92

24) Elta Press, Siberia. Cimitero del popolo lituano, Bd. 2, Roma o.J. S. 6

Estland

1) Zu den Zahlen vgl. H.P. Taylor/R.J. Bender, Uniforms, Organization and History of the Waffen-SS, Bd. 5, San Jose 1982, S. 127; Myllyniemi, Die baltische Krise a.a.O. S. 144; Rei a.a.O. S. 320; Haupt, Baltikum 1941 a.a.O. S. 29; E. Uustalu, For Freedom only, Toronto 1977, S. 13; Alexiev a.a.O. S. 18 Anm. 37

2) Kölnische Zeitung vom 16.2.1944; kritisch zu den Zahlenangaben Krausnick/Wilhelm a.a.O. S. 300

3) vgl. P. Leverkuehn, Der geheime Nachrichtendienst der Wehrmacht im Kriege, Frankfurt-Bonn 1964, S. 138 ff.; Haupt, Baltikum 1941 a.a.O. S. 99 f.; Uustalu a.a.O. S. 26 f.; O. Reile, Geheime Ostfront, München-Wels 1963, S. 269; 368 ff.; Taylor/Bender Bd. 5 a.a.O. S. 130 f.

4) vgl. Nolte, Die faschistischen Bewegungen a.a.O. S. 236 f.; von Rauch a.a.O. S. 128 ff.; Borejsza, Il fascismo e l'europa orientale a.a.O. S. 70 ff.

5) O. Bräutigam, So hat es sich zugetragen, Würzburg 1968, S. 435; vgl. a. O. Bräutigam, Überblick über die besetzten Ostgebiete während des 2. Weltkrieges, Tübingen 1954, S. 84 f.

6) Armeetagesbefehl vom 4.7.1942 (BA/MA RH 19 III/492)

7) ADAP, D, Bd. XIII. 1, Dok. Nr. 223, S. 287

8) Taylor/Bender Bd. 5 a.a.O. S. 142 f.

9) Taylor/Bender Bd. 5 a.a.O. S. 152 ff.

10) Myllyniemi, Die Neuordnung a.a.O. S. 213 f.; Dallin a.a.O. S. 206; G. Reitlinger, Ein Haus auf Sand gebaut, Gütersloh o.J. S. 178 f.

11) Myllyniemi, Die Neuordnung a.a.O. S. 247; vgl. a. Bräutigam, Überblick a.a.O. S. 17

12) J. Klesment, The Estonian Soldiers in the Second World War, Stockholm 1948, S. 13; ähnlich die Einschätzung von Alexiev a.a.O. S. 30

13) Der Text beider Aufrufe ist abgedruckt bei Klesment a.a.O. S. 29 ff.

14) Kölnische Zeitung vom 1. März 1944

15) H. Speth, Die estnischen Truppenteile im Jahre 1944–45, S. 3 (MGFA D-061); A. Grasser, Kampf an der Narwa-Front bis zur Räumung von Estland und Rückzug auf die Düna, S. 6 (MGFA D-151)

16) vgl. Uustalu a.a.O. S. 71; W. Erfurth, Der finnische Krieg 1941–1944, München 1978, S. 254

17) vgl. F. Forstmeier/H. Forwick/R. Kabath/K. Köhler, Abwehrkämpfe am Nordflügel der Ostfront 1944–1945, Stuttgart 1963, S. 41 f.; 83 ff.

18) Taylor/Bender Bd. 5 a.a.O. S. 182 f.

19) F. Steiner, Die Freiwilligen, Preußisch Oldendorf 5. Aufl. 1973, S. 281

20) MfdBO, Estnische Leitstelle, Gebietsk. Hennig, Vermerk über die Dienstbesprechung vom 2. 11. 1944 (Privatarchiv Prof. Dr. G. von Mende)

21) Hitlers Lagebesprechungen im Führerhauptquartier, hrsgg. von H. Heiber, Darmstadt-Wien 1963, S. 350; unzutreffende Angaben über das »Auseinanderfallen« der Division machen auch Stein, Geschichte der Waffen-SS a.a.O. S. 174; Bertin, L'Europe de Hitler Bd. 2 a.a.O. S. 117; F. Duprat, Les campagnes de la Waffen-SS, Bd. 2, Paris 1973, S. 166; vgl. demgegenüber Taylor/Bender Bd. 5 a.a.O. S. 190 ff.; Der Freiwillige Nr. 12/1976, S. 14 f.

22) Schriftliche Mitteilung von Herrn Johannes Juku Pent vom 21. 9. 1983

23) Doppelzählungen wegen Zugehörigkeit zu mehreren Einheiten wahrscheinlich

Lettland

1) vgl. entsprechende Literaturhinweise bei den Kapiteln über Litauen und Estland

2) ADAP, D, Bd. XIII. 1, Dok. Nr. 4, S. 4

3) Silgailis a.a.O. S. 246

4) Krausnick/Wilhelm a.a.O. S. 556; 596; Bertin, L'Europe de Hitler Bd. 2 a.a.O. S. 106

5) Silgailis a.a.O. S. 256

6) Silgailis a.a.O. S. 262 f.; Myllyniemi, Die Neuordnung a.a.O. S. 210 f.; Rei a.a.O. S. 336

7) Silgailis a.a.O. S. 265

8) J. von Hehn, Lettland zwischen Demokratie und Diktatur, München 1957, S. 25

9) Myllyniemi, Die Neuordnung a.a.O. S. 233; 253

10) Bräutigam, So hat es sich zugetragen a.a.O. S. 667

11) Myllyniemi, Die Neuordnung a.a.O. S. 253 f.

12) H. Wittrock, Erinnerungen, Lüneburg 1979, S. 62

13) Taylor/Bender Bd. 5 a.a.O. S. 17

14) Beide Verbände hatten in einem früheren Stadium die Bezeichnung »Freiwilligen-Division« geführt. Wegen der in Lettland eingeführten allgemeinen Wehrpflicht wurden die Einheiten dann 1944 umbenannt

15) Die entsprechenden Zitatstellen finden sich bei Cerff a.a.O. und bei P. Schill, Die Geschichte der lettischen Waffen-SS, Ettlingen 1977, S. 25 f.

16) vgl. Tabelle im Text; ähnliche Zahlenangaben machen Haupt, Baltikum 1941 a.a.O. S. 160 (112.144 Mann) u. H. Stöber, Die lettischen Divisionen im VI. SS-Armeekorps, Osnabrück 1981, S. 357 Anm. 1 (100.000 Mann); ein Bericht des RFBO vom 24. 1. 1945 (Privatarchiv Prof. Dr. G. von Mende) erwähnt für diesen Zeitpunkt eine lettische Gesamtstärke von 104.000 Mann

17) O. Caunitis, Lettische SS-Freiwilligenlegion, Münster o.J.

18) Forstmeier/Forwick/Kabath/Köhler a.a.O. S. 85; vgl. a. Stöber a.a.O. S. 273 ff.

19) Taylor/Bender Bd. 5 a.a.O. S. 90; unzutreffend die Aussage von Stein a.a.O. S. 174, die Division sei in einer »Reihe von Meutereien« auseinandergebrochen
20) A. Ax, Kämpfe der 15. Waffen-Gren.-Div. der SS im Rahmen des XVI. SS-AK zwischen Netze und Pommernstellung im Januar und Februar 1945, S. 3 (MGFA D-230)
21) Ax a.a.O. S. 11
22) Stöber a.a.O. S. 172
23) Nachweis: Privatarchiv Prof. Dr. G. von Mende
24) Vortragsnotiz von R. Bangerskis in Anwesenheit von SS-Oberführer Silgailis bei SS-Obergruppenführer Berger am 7. 11. 1944 im SS-Hauptamt, Berlin (Privatarchiv Prof. Dr. G. von Mende)
25) Schreiben von Bangerskis an Berger vom 7. 2. 1945 (Privatarchiv Prof. Dr. G. von Mende)
26) Schreiben von Bangerskis an Himmler vom 1. 2. 1945 (Privatarchiv Prof. Dr. G. von Mende)
27) P. Kleist, Die europäische Tragödie, Preußisch Oldendorf 1971, S. 132
28) Tieke, Das Ende zwischen Oder und Elbe a.a.O. S. 375
29) W. Best, Betrifft: Vidkun Quisling, Manuskript 1948, S. 4
30) FAZ vom 2. 4. 1983; vgl. a. zur Auslieferung: P.O. Enquist, Die Ausgelieferten, Hamburg 1969; Nachrichten aus dem Baltikum Nr. 99 (März 1983), S. 13 ff.

Polen

1) H. Krausnick, Denkschrift Himmlers über die Behandlung der Fremdvölkischen im Osten, in: VJHZ 5 (1957), S. 198
2) W. Studnicki, Irrwege in Polen, Göttingen 1951, S. 5
3) Ch. Klessmann, Der Generalgouverneur Hans Frank, in: VJHZ 19 (1971), S. 258
4) M. Broszat, Nationalsozialistische Polenpolitik, Stuttgart 1961, S. 101 f.
5) vgl. A. Schickel, Polnische Offiziere in deutschen Kriegsgefangenenlagern, in: Geschichte Nr. 49/1982, S. 8–19; FAZ vom 15. 11. 1980, S. 10 f.
6) D. Kurzman, Der Aufstand, München 1981, S. 160
7) H. Seton-Watson, Die osteuropäische Revolution, München 1956, S. 71
8) K. Moczarski, Gespräche mit dem Henker, Frankfurt 1982, S. 195
9) vgl. Es gibt keinen jüdischen Wohnbezirk in Warschau mehr. Stroop-Bericht, Darmstadt-Neuwied 1976
10) Kurzman a.a.O. S. 383
11) Moczarski a.a.O. S. 383
12) zur ONR-Falanga vgl. P.S. Wandycz, Fascism in Poland 1919–1939, in: Sugar a.a.O. S. 95 ff.; Borejsza, Il fascismo e l'europa orientale a.a.O. S. 50
13) H. Roos, Polen in der Besatzungszeit, in: W. Markert (Hrsg.), Osteuropa-Handbuch Polen, Köln-Graz 1959, S. 189
14) Der Text des Erlasses ist abgedruckt bei Buchbender a.a.O. S. 315 ff.
15) G. Eisenblätter, Grundlinien der Politik des Reichs gegenüber dem Generalgouvernement 1939–1945, Frankfurt 1969, S. 364
16) T. Bor-Komorowski, Histoire d'une armée secrète, Paris, o.J. S. 354
17) Eisenblätter a.a.O. S. 386

18) BA/MA RH 53-13/140
19) B. Lewytzkyj, Die rote Inquisition, Frankfurt 1967, S. 208
20) H. von Krannhals, Der Warschauer Aufstand 1944, Frankfurt 1962, S. 52

Weißrußland

1) Dallin a.a.O. S. 230; Bertin, L'Europe de Hitler Bd. 2 a.a.O. S. 210; Littlejohn, The Patriotic Traitors a.a.O. S. 302
2) Sie trugen die Nummern 46–49, 60, 64–67 und 69, vgl. Neufeldt/Huck/Tessin a.a.O. S. 61 ff.; 103 f.
3) vgl. Dallin a.a.O. S. 603 f.; Littlejohn, The Patriotic Traitors a.a.O. S. 364 Anm. 24; Reitlinger a.a.O. S. 331
4) Signal 1943/44, Bd. 4, Nachdruck Hamburg 1977, S. 137
5) Der Generalkommissar in Minsk, 21. 3. 1944: Vereidigung der Weißruthenischen Heimatwehr (BA/MA RH 19 II/202)
6) S. Steenberg, Wlassow. Verräter oder Patriot?, Köln 2. Aufl. 1969, S. 136
7) Dallin a.a.O. S. 235
8) vgl. Neufeldt/Huck/Tessin a.a.O. S. 63 f.
9) vgl. Klietmann a.a.O. S. 271 f.
10) Duprat, Les campagnes Bd. 2 a.a.O. S. 182
11) KTB OKW 1944–1945, Teilband I a.a.O. S. 423
12) Interview mit Herrn Siegfried Keiling, ehemals Generalstabsoffizier der 600. ID. (russ.), vom 30. 1. 1983; Steenberg a.a.O. S. 182
13) Dallin a.a.O. S. 653 f.

Ukraine

1) Ukrainischer Verlag (Hrsg.), Russischer Kolonialismus in der Ukraine, München 1962, S. 91; für den Zeitraum von 1932–33 werden allein 4,8 Millionen Opfer angegeben, vgl. S. 37; R. Ilnytzkyj, Deutschland und die Ukraine 1934–1945, Bd. 1, München 2. Aufl. 1958, S. 72 nennt für das Jahr 1933 eine Zahl von 2 bis 4 Millionen Verhungerter
2) vgl. Leverkuehn a.a.O. S. 130 ff.; H. Höhne, Canaris, München 2. Aufl. 1978, S. 303 ff.; Reile, Geheime Ostfront a.a.O. S. 234 f.
3) Höhne, Canaris a.a.O. S. 323; Dallin a.a.O. S. 125
4) Ilnytzkyj Bd. 1 a.a.O. S. 237 f.; J.A. Armstrong, Ukrainian Nationalism, New York-London 2. Aufl. 1963, S. 42 f.
5) Armstrong a.a.O. S. 73; B. Dmytryshyn, The nazis and the SS Volunteer Division »Galicia«, in: American Slavic and East European Review 1956, S. 2
6) Ilnytzkyj Bd. 2 a.a.O. S. 140 Anm. 2
7) Interview mit Herrn Prof. Dr. Dr. Theodor Oberländer vom 24. 9. 1982
8) H. Raschhofer, Der Fall Oberländer, Tübingen 1962; Russischer Kolonialismus a.a.O. S. 352 ff.; Lewytzkyj a.a.O. S. 191 f.; A.M. de Zayas, Die Wehrmachts-Untersuchungsstelle. München 3. Aufl. 1980, S. 333–354

9) Raschhofer a.a.O. S. 69 ff.; Armstrong a.a.O. S. 77 Anm. 12; unzutreffend dagegen Dallin a.a.O. S. 129

10) ADAP, D, Bd. XIII. 1, Dok. Nr. 5, S. 5; Russischer Kolonialismus a.a.O. S. 180

11) Armstrong a.a.O. S. 87; Bertin, L'Europe de Hitler Bd. 2 a.a.O. S. 227

12) Bräutigam, So hat es sich zugetragen a.a.O. S. 460; 504; es erscheint allerdings fraglich, ob der Hetman dieses Versprechen tatsächlich einlösen konnte, da sein politischer Einfluß in der Ukraine nur gering war; St.M. Horak, L'Ukraine entre les nazis et les communistes, Rev. d'hist. Nr. 130 (1983), S. 75, vertritt die Ansicht, die Ukraine hätte ein Heer von 2 Millionen Mann stellen können, wenn in Deutschland »ein zweiter Bismarck« regiert hätte.

13) vgl. Aufzeichnung des Legationsrats Kramarz vom 30. 7. 1941, ADAP, D, Bd. XIII. 1, Dok. Nr. 166, S. 220

14) Neufeldt/Huck/Tessin a.a.O. S. 53; 106

15) Neufeldt/Huck/Tessin a.a.O. S. 64 f.

16) Bräutigam, So hat es sich zugetragen a.a.O. S. 596; Reitlinger a.a.O. S. 290; Armstrong a.a.O. S. 148

17) Bertin, L'Europe de Hitler Bd. 2 a.a.O. S. 238; P. Shandruck, Arms of Valor, New York 1959, S. 217

18) Goebbels Tagebücher 1942–1943 a.a.O. S. 174

19) Dmytryshyn a.a.O. S. 3

20) Taylor/Bender, Uniforms, Organization and History of the Waffen-SS, Bd. 4, San Jose 2. Aufl. 1982, S. 22

21) J.A. Armstrong, Collaborationism in World War II: The Integral Nationalist Variant in Eastern Europe, in: Journal of modern history 40 (1968), S. 409

22) Horak a.a.O. S. 73

23) W.-D. Heike, Sie wollten die Freiheit, Dorheim o.J. S. 112; Shandruk a.a.O. S. 269 f.; Taylor/Bender Bd. 4 a.a.O. S. 35 konstatieren demgegenüber ein »komplettes Desaster«; Augenzeugenberichte ukrainischer Offiziere über die Schlacht von Brody enthält: Siegrunen Nr. 29 (Jan. 1983), S. 138–153

24) Heike a.a.O. S. 192

25) Bräutigam, So hat es sich zugetragen a.a.O. S. 700; Dallin a.a.O. S. 637; O. Skorzeny, Meine Kommandounternehmen, München 3. Aufl. 1977, S. 344

26) Vermerk über die Besprechung beim Reichsführer SS am 8. 1. 1945. Anwesend: SS-Oberführer Dr. Kröger, SS-Standartenführer Dr. Brandt (Privatarchiv Prof. Dr. G. von Mende)

27) Shandruk a.a.O. S. 200 ff.; J. Thorwald, Die Illusion, München-Zürich 1976, S. 216 f.

28) Shandruk a.a.O. S. 197; Armstrong, Ukrainian Nationalism a.a.O. S. 181

29) Mitteilung von Herrn Dr. Fritz Arlt vom 6. 11. 1983

30) vgl. die Schilderung von Shandruk a.a.O. S. 219–222; Dallin a.a.O. S. 661 f. spricht demgegenüber von einem modus vivendi zwischen Wlassow und Shandruk; W. Strik-Strikfeld, Gegen Hitler und Stalin, Mainz 2. Aufl. 1970, S. 232 erwähnt gar eine »Verständigung« zwischen beiden Generalen

31) Lagebesprechungen im Führerhauptquartier a.a.O. S. 351 ff.

32) Shandruk a.a.O. S. 246; 271

33) Shandruk a.a.O. S. 254 f.; Littlejohn, The Patriotic Traitors a.a.O. S. 329

34) Chrustschow erinnert sich, Reinbek/Hamburg 1971, S. 152

Kosaken

1) H. Blaese, Don-Kosaken-Regiment 5, in: Nachrichten der Kameradschaft des XV. Kosaken-Kavallerie-Korps Nr. 40 (1982), S. 9

2) Dallin a.a.O. S. 310

3) Reitlinger a.a.O. S. 348; Dallin a.a.O. S. 311

4) F.W. Seidler, Oskar Ritter von Niedermayer im Zweiten Weltkrieg, in: WWR 1970, S. 171

5) Schreiben Himmlers an Kaltenbrunner vom 21. 7. 1944, veröffentlicht in: Reichsführer! a.a.O. S. 344

6) H.D. von Kalben, Zur Geschichte des XV. Kosaken-Kavallerie-Korps, in: Deutsches Soldatenjahrbuch 1963, S. 67; J. Piekalkiewicz, Pferd und Reiter im II. Weltkrieg, München 1976, S. 68

7) Thorwald, Die Illusion a.a.O. S. 166

8) A. von Bosse, Das Kosaken-Korps, S. 14 (MGFA P-064)

9) von Bosse a.a.O. S. 17

10) E.K. Graf zu Eltz, Mit den Kosaken. Kriegstagebuch 1943–1945, Donaueschingen 1970, S. 40; von Bosse a.a.O. S. 24 spricht von einer Desertionsrate von 2 bis 3%; präzise Daten für den Zeitraum vom 1. 8.–31. 12. 1943 enthält der Tätigkeitsbericht des Ic der 1. Kosaken-Division (BA/MA RS 3-40/6). Danach desertieren im August 11 Kosaken, im September 26 und im Oktober 66.

11) Interview mit Herrn Anton Budde am 10. 4. 1981

12) vgl. Graf zu Eltz a.a.O. S. 99 f.; von Kalben, Deutsches Soldatenjahrbuch 1965 a.a.O. S. 216 f.

13) vgl. Bertin, L'Europe de Hitler Bd. 2 a.a.O. S. 156; W. Haupt, Rückzug im Westen, Stuttgart 1978, S. 185

14) J. Mackiewicz, Tragödie an der Drau oder die verratene Freiheit, München 1957, S. 201; Graf zu Eltz a.a.O. S. 39

15) R. Conquest, Stalins Völkermord, Wien 1970, S. 69

16) J. Hoffmann, Deutsche und Kalmyken 1942 bis 1945, Freiburg 3. Aufl. 1977, S. 135 f.

17) Interview mit dem ehemaligen Kavallerieleutnant Anton Budde vom 10. 4. 1981; schriftliche Mitteilung von Herrn Eitel Friedrich Kamischke vom 16. 1. 1984; demgegenüber berichtet Major Erwein Karl Graf zu Eltz a.a.O. S. 146 von einer »SS-Unterstellung«; gemäß Schreiben des Generals der Freiwilligen-Verbände im OKH vom 20. 12. 1944, I/E Nr. 20400/44 geh., waren die Kosaken zu diesem Zeitpunkt bei der Waffen-SS eingesetzt (BA/MA RH 53-13/140).

18) Bräutigam, So hat es sich zugetragen a.a.O. S. 699

19) Reitlinger a.a.O. S. 348

20) N. Bethell, Das letzte Geheimnis, Frankfurt-Berlin 1978, S. 119

21) Carnier a.a.O. S. 139

22) Mackiewicz a.a.O. S. 147

23) Die Umstände der Auslieferung sind von den britischen Autoren Bethell und Graf Tolstoy detailliert beschrieben worden

24) Selbst diese Formulierung scheint einigen Apologeten des unheilvollen Auslieferungsabkommens zu weit gegangen zu sein, denn das Monument wurde bereits kurze Zeit nach der Aufstellung zerstört

Die Orient-Völker

1) Die Turk-Völker und ihre Behandlung, Anlage 8 zu 162. I.D., Abt. Ia Nr. 3/42 g. Kdos. v. 4. 7. 42 (BA/MA RH 19 V/79); J. Hoffmann, Die Ostlegionen 1941–43, Freiburg 1976, S. 24; Dallin a.a.O. S. 554; Hostler a.a.O. S. 216

2) Lagebesprechungen im Führerhauptquartier a.a.O. S. 46

3) Besprechung des Führers mit Generalfeldmarschall Keitel und General Zeitzler am 8. 6. 1943 auf dem Berghof, S. 19 (BA/MA RW 4/v. 507); Lagebesprechungen im Führerhauptquartier a.a.O. S. 120

4) Bräutigam, So hat es sich zugetragen a.a.O. S. 390; H. von Herwarth, Zwischen Hitler und Stalin, Frankfurt-Berlin-Wien 1982, S. 133; Alexiev a.a.O. S. 31

5) von Herwarth a.a.O. S. 261; Hoffmann, Ostlegionen a.a.O. S. 81 f.; die von F.W. Seidler, Zur Führung der Osttruppen in der deutschen Wehrmacht im Zweiten Weltkrieg, in: WWR 1970, S. 690 gemachte Zahlenangabe von 1 Million umgekommenen Turksoldaten dürfte kaum zutreffen

6) Interview mit Herrn Professor Dr. Dr. Theodor Oberländer vom 24. 9. 1982; von Herwarth a.a.O. S. 267; H. Beher, Erinnerungen an den Sonderverband, drei Bataillone und an die Kameradschaft Bergmann, Krailling 1983, S. 15

7) Interview mit Herrn Professor Dr. Dr. Theodor Oberländer vom 24. 9. 1982; von Herwarth a.a.O. S. 271; Beher a.a.O. S. 26

8) Beher a.a.O. S. 80

9) Ostlegionen hießen die Verbände mit Angehörigen nichtrussischer Minderheitenvölker, während der Begriff Osttruppen (ab 1943 Freiwilligenverbände) alle Einheiten aus dem sowjetischen Raum umfaßte

10) Hoffmann, Ostlegionen a.a.O. S. 33

11) Anlage 1 zu 162. I.D. Abt. Ia Nr. 3/42 g. Kdos. v. 4. 7. 42 (BA/MA RH 19 V/79); Hoffmann, Ostlegionen a.a.O. S. 63

12) P. von zur Mühlen, Zwischen Hakenkreuz und Sowjetstern, Düsseldorf 1971, S. 184; E. Kirimal, Der nationale Kampf der Krimtürken, Emsdetten 1952, S. 305

13) Hoffmann, Ostlegionen a.a.O. S. 44

14) Hoffmann, Ostlegionen a.a.O. S. 172

15) Interview mit Herrn Dr. Baymirza Hayit vom 29. 12. 1983; die Aussage wird bestätigt durch Reitlinger a.a.O. S. 344, wonach im Lager Tschenstochau 30.000 turkmenische Gefangene an Hunger und Typhus starben

16) Interview mit Herrn Dr. Baymirza Hayit vom 29. 12. 1983

17) Interview mit Herrn Sabur Ischimbet vom 13. 5. 1983

18) Herausgegeben vom Kommando der Ostlegionen (BA/MA RH 58/62)

19) R. von Heygendorff, Führung fremden Volkstums, S. 2 f. (MGFA C-043)

20) R. von Heygendorff, Die Zusammenarbeit militärischer Verbände verschiedener Nationalität, S. 28 (BA/MA Msg 2/1259)

21) H.-G. Seraphim, Kaukasische und turkvölkische Freiwillige im deutschen Heer, S. 5 f.; 7; 19 (MGFA C-043)

22) von zur Mühlen a.a.O. S. 134 f.

23) Oberkommando des Heeres Gen.St.d.H./O Qu. IV Nr. 2453/42 geh. vom 2. 7. 1942 (BA/MA RH 19 V/109)

24) B. Hayit, Turkestanische Freiwillige, in: Deutsche Soldaten-Zeitung vom 1. 11. 1954; B. Hayit, Turkestan im Herzen Euroasiens, Köln 1980, S. 103

25) Hoffmann, Ostlegionen a.a.O. S. 134

26) Interview mit Herrn Dr. Baymirza Hayit vom 29. 12. 1983

27) von zur Mühlen a.a.O. S. 135

28) St. Georg, Die Fahnen der Turkestanischen Freiwilligen-Verbände, in: Zeitschrift für Heeres- und Uniformkunde 1954, S. 106

29) Seraphim a.a.O. S. 16

30) O. Münter, Die Ostfreiwilligen, in: Damals 1979, S. 212; Thorwald, Die Illusion a.a.O. S. 98; Reitlinger a.a.O. S. 361

31) Heygendorff, Die Zusammenarbeit a.a.O. S. 27

32) Eine ganze Reihe derartiger Beispiele enthält das vom Kommando der Ostlegionen herausgegebene Merkblatt für deutsches Rahmenpersonal a.a.O. (BA/MA RH 58/62)

33) Bräutigam, Überblick über die besetzten Ostgebiete a.a.O. S. 86

34) E. Köstring, Freiwilligenverbände, Manuskript undatiert, S. 5 (Privatarchiv Prof. Dr. G. von Mende); E. Köstring, Stellungnahme zum Bericht Dr. Seraphims über Turkeinheiten, S. 7 (MGFA C-043); R. Baumeister, Erfahrungen mit Ostfreiwilligen im II. Weltkrieg, in Wehrkunde 1955, S. 155; Bräutigam, Überblick über die besetzten Ostgebiete a.a.O. S. 86 geht von einer durchschnittlichen Desertionsrate von 2,5% aus

35) Seidler, Oskar Ritter von Niedermayer a.a.O. S. 197; vgl. a. Hoffmann, Ostlegionen a.a.O. S. 157

36) Interview mit Herrn Sabur Ischimbet vom 13. 5. 1983

37) Seidler, Oskar Ritter von Niedermayer a.a.O. S. 203

38) KTB OWK 1944–1945 Teilband I a.a.O. S. 273

39) H. Wegmüller, Die Abwehr der Invasion, Freiburg 1979, S. 201

40) Bertin, L'Europe de Hitler, Bd. 2 a.a.O. S. 149

41) von Heygendorff, Die Zusammenarbeit a.a.O. S. 5

42) vgl. Hansen, Als Ia beim Kommandeur der Freiwilligen Verbände beim OB West, 3. u. 4. Teil (BA/MA RH 58/46)

43) W. Fahrmbacher/W. Matthiae, Lorient, Weissenburg 2. Aufl. 1956, S. 77

44) Amery, Sons of the Eagle a.a.O. S. 274

45) vgl. J.A. van der Vlis, Tragedie op Texel, Amsterdam 4. Aufl. 1945

46) von zur Mühlen a.a.O. S. 148

47) Klietmann a.a.O. S. 381 f.; von zur Mühlen a.a.O. S. 151; Kirimal a.a.O. S. 318

48) von zur Mühlen a.a.O. S. 155 f.

49) Interview mit Herrn Dr. Baymirza Hayit vom 29. 12. 1983

50) Nachweis: Privatarchiv Prof. Dr. G. von Mende; Kirimal a.a.O. S. 319

51) vgl. zu den einzelnen Anerkennungsschreiben: von Heygendorff, Die Zusammenarbeit a.a.O. S. 12 (Aserbaidschan); Kirimal a.a.O. S. 321 (Krim-Tataren); Interview mit Herrn Dr. Baymirza Hayit vom 29. 12. 1983 (Turkestan); Privatarchiv Prof. Dr. G. von Mende (Georgien)

52) Hoffmann, Ostlegionen a.a.O. S. 167

53) vgl. zu den Verlustzahlen: Hayit, Turkestan im Herzen Euroasiens a.a.O. S. 103; von Mende a.a.O. S. 32; Baumeister a.a.O. S. 155; von zur Mühlen a.a.O. S. 68 hält diese Verlustzahlen wohl noch für zu niedrig. Bei der hohen Verlustrate der Ostlegionäre wäre das im Anhang widergegebene, auf Unterlagen des OKW beruhende Zahlenmaterial über Verluste ausländischer Freiwilliger *erheblich* zu korrigieren.

Die RONA-Sturmbrigade

1) A. Dallin, The Kaminsky Brigade: 1941–1944, Cambridge/Mass. 2. Aufl. 1956, S. 18; Reitlinger a.a.O. S. 364 bezeichnet Kaminski demgegenüber als sowjetischen Rayonchef von Lokot

2) Steenberg a.a.O. S. 84

3) vgl. Dallin, The Kaminsky Brigade a.a.O. S. 47

4) Dallin, The Kaminsky Brigade a.a.O. S. 36

5) Dallin, The Kaminsky Brigade a.a.O. S. 41

6) Steenberg a.a.O. S. 86; 127; 183

7) Dallin, The Kaminsky Brigade a.a.O. S. 63

8) Die Zahlenangaben schwanken insoweit zwischen 3.300 und 15.000 Mann, vgl. Dallin, The Kaminsky Brigade a.a.O. S. 71 u. Steenberg a.a.O. S. 183

9) Dallin, The Kaminsky Brigade a.a.O. S. 72

10) Steenberg a.a.O. S. 184; H. von Krannhals, Der Warschauer Aufstand 1944, Frankfurt 1962, S. 126; Littlejohn, The Patriotic Traitors a.a.O. S. 321; Dallin, The Kaminsky Brigade a.a.O. S. 82 gibt die Einsatzstärke mit 1450 Mann an; Stein, Geschichte der Waffen-SS a.a.O. S. 238 geht wohl fälschlich davon aus, die gesamte Brigade sei in Warschau eingesetzt worden

11) von Krannhals a.a.O. S. 134

12) von Krannhals a.a.O. S. 127 Anm. 23; Steenberg a.a.O. S. 184

13) von Krannhals a.a.O. S. 407

14) vgl. zu den einzelnen Versionen von Krannhals a.a.O. S. 319 f.; Thorwald, Die Illusion a.a.O. S. 270; Dallin, The Kaminsky Brigade a.a.O. S. 83 ff.; Steenberg a.a.O. S. 184

15) Ihre Divisions-Nummer der Waffen-SS (Nr. 29) ging später auf eine italienische Einheit über

16) Dallin, The Kaminsky Brigade a.a.O. S. 115; demgegenüber behauptet Thorwald, Die Illusion a.a.O. S. 271, der Divisionskommandeur habe den sofortigen Abtransport aller Kaminski-Offiziere verlangt

17) vgl. The Kaminsky Brigade a.a.O.; ebensowenig zu überzeugen vermag die Einschätzung von Bertin, L'Europe de Hitler Bd. 2 a.a.O. S. 141, Kaminski habe die Führung Rußlands angestrebt

18) Dallin, The Kaminsky Brigade a.a.O. S. 100 f.

Die Wlassow-Armee

1) vgl. hierzu ADAP, E, Bd. VI, Dok. Nr. 221, S. 389 f. (Zar Boris); Dok. Nr. 100, S. 183 (König Gustav); Wolf, Die Doriot-Bewegung a.a.O. S. 281 (Doriot)

2) Buchbender a.a.O. S. 365 Anm. 307; vgl. a. S. 224 f. und 312 f.

3) Hinsichtlich der NTS vgl.: NTS – Die revolutionäre Organisation der russischen Widerstandsbewegung, Frankfurt 5. Aufl. 1967; Steenberg a.a.O. S. 47 f.; Bertin, L'Europe de Hitler Bd. 2 a.a.O. S. 126 f.; Strik-Strikfeld a.a.O. S. 115 f.

4) Buchbender a.a.O. S. 243 f.; Dallin, Deutsche Herrschaft in Rußland a.a.O. S. 585; 619

5) von Herwarth a.a.O. S. 252; Strik-Strikfeld a.a.O. S. 80 erwähnt sogar eine zulässige Zahl von 4000 Hiwis pro Division

6) Alexiev a.a.O. S. vi, 27

7) vgl. Steenberg a.a.O. S. 60–68; Thorwald, Die Illusion a.a.O. S. 119–123; Littlejohn, The Patriotic Traitors a.a.O. S. 299 f.; Ch. von Gersdorff, Soldat im Untergang, Frankfurt-Berlin-Wien 1979, S. 115 ff.

8) vgl. Littlejohn, The Patriotic Traitors a.a.O. S. 300; Steenberg a.a.O. S. 115–120, Schellenberg a.a.O. S. 292–295

9) Besprechung des Führers mit Generalfeldmarschall Keitel und General Zeitzler am 8.6.1943 auf dem Berghof, S. 6 f. (BA/MA RW 4/v.507); Lagebesprechungen im Führerhauptquartier a.a.O. S. 113 f.

10) H.-E. Volkmann, Das Vlasov-Unternehmen zwischen Ideologie und Pragmatismus, in: MGM 2/1972, S. 140

11) Goebbels Tagebücher 1942–1943 a.a.O. S. 300; vgl. a. S. 209; 259; 298; 316

12) S. Fröhlich, Begleiter Wlassows von 1943 bis zum Ende, S. 8 (BA/MA Msg 2/v. 2753)

13) Interview mit Herrn Siegfried Keiling vom 30. 1. 1983; es ist unverständlich, wenn von Heygendorff, Die Zusammenarbeit a.a.O. S. 35 ausführt, die Masse der Freiwilligen habe sich über die Verlegung »sehr gefreut«.

14) 2. Dezemberheft 1943 Nr. 24; abgedruckt in Signal 1943/44, Hamburg 1977, S. 129–137

15) Hansen, Als Ia beim Kommandeur der Freiwilligen Verbände beim OB West, 3. Teil, S. 9 f. (BA/MA RH 58/46)

16) Bräutigam, Überblick über die besetzten Ostgebiete a.a.O. S. 87

17) R. Gehlen, Der Dienst, München-Zürich 1973, S. 84

18) Vermerk über die Besprechung beim Reichsführer SS am 8. 1. 1945. Anwesend: SS-Oberführer Dr. Kröger, SS-Standartenführer Dr. Brandt (Privatarchiv Prof. Dr. G. von Mende); Dallin, Deutsche Herrschaft in Rußland a.a.O. S. 662; in einem Gespräch mit Botschaftsrat Hilger vom 11. 1. 1945 hat Kröger diese wichtige Passage nicht widergegeben, vgl. ADAP, E, Bd. VIII, Dok. Nr. 335, S. 629

19) Thorwald, Die Illusion a.a.O. S. 263

20) Manifest des Befreiungskomitees der Völker Rußlands, 8 Seiten (Privatarchiv Prof. Dr. G. von Mende)

21) Unterstreichung durch den Verfasser

22) Dwinger, Die 12 Gespräche a.a.O. S. 143; vgl. a. Kleist, Die europäische Tragödie a.a.O. S. 165 f.; demgegenüber betont Botschaftsrat Hilger in einem Protokoll vom 29.6.1943, Wlassow habe sich zur Anerkennung der Selbständigkeit einiger Republiken bereiterklärt, vgl. ADAP, E, Bd. VI, Dok. Nr. 122, S. 214

23) Lagebesprechungen im Führerhauptquartier a.a.O. S. 318

24) Volkmann a.a.O. S. 133 Anm. 77; vgl. a. Tolstoy a.a.O. S. 395

25) Goebbels Tagebücher 1945, Bergisch Gladbach 1980, S. 144

26) N. Rebikoff, Dienst im Ost-Btl. 628, S. 45 (BA/MA RH 58/47)

27) Interview mit Herrn Siegfried Keiling vom 30. 1. 1983

28) Übereinstimmend nennen diese Zahl: Bertin, L'Europe de Hitler Bd. 2 a.a.O. S. 199; Dallin, Deutsche Herrschaft in Rußland a.a.O. S. 660; Littlejohn, The Patriotic Traitors a.a.O. S. 327; Reitlinger a.a.O. S. 440 (weniger als 50.000); völlig an der Wirklichkeit vor-

bei geht die Schätzung von 2 Millionen Wlassow-Soldaten bei Reile, Geheime Ostfront a.a.O. S. 409

29) ADAP, E, Bd. VIII, Dok. Nr. 341, S. 635 f.

30) Oberkommando des Heeres, GenStdH/Org. Abt. Nr. II/71905/45 geh. vom 16. April 1945 (BA/MA RH 2/v. 921)

31) G. Fisher, Der Fall Wlassow, in: Der Monat Nr. 35, S. 523

32) M. Elliott, Andrei Vlasov: Red Army General in Hitler s Service, in: Military Affairs 2/1982, S. 87

33) J. Epstein, Die Zwangsrepatriierung von antikommunistischen Kriegsgefangenen in die Sowjetunion, in: Politische Studien Nr. 196 (1971), S. 150

34) M. Meandrow, Aufzeichnungen eines zu Tode verzweifelten Menschen (BA/MA Msg. 137/Slg. Steenberg Bd. III)

35) vgl. C. Grimm, Internierte Russen in Liechtenstein, in: Jahrbuch des Historischen Vereins für das Fürstentum Liechtenstein 1971, S. 41–101; H. Frh. von Vogelsang, Nach Liechtenstein – in die Freiheit, Triesen 1980

Indien

1) Insoweit unzutreffend F. Massa, Le fascisme hindou de Chandra Bose, in: M. Bardèche u.a., Etudes sur le fascisme, Paris 1974, S. 85 ff.; abwegig auch die Einschätzung von Ch. Sykes, Adam von Trott. Eine deutsche Tragödie, Düsseldorf-Köln 1969, S. 288, wonach Boses Ideen mit der NS-Philosophie »harmoniert« haben sollen

2) J.H. Voigt, Hitler und Indien, in: VJHZ 1971, S. 40, 52; vgl. a. F. Bernhardt, Die Kollaboration asiatischer Völker mit der japanischen Besatzungsmacht., Hamburg 1971, S. 67

3) R. Schnabel, Tiger und Schakal, Wien 1968, S. 52

4) A. Hitler, Mein Kampf, München 77. Aufl. 1933, S. 746

5) Aufzeichnung des RAM vom 13. 11. 1941, ADAP, D, Bd. XIII. 2, Dok. Nr. 468, S. 636

6) Mussolini war demgegenüber nach einem Gespräch mit Bose durchaus bereit, die Unabhängigkeit Indiens anzuerkennen, vgl. G. Ciano, Diario 1939–1943, Milano 5. Aufl. 1971, S. 549 f.

7) A. Werth, Der Tiger Indiens, München-Esslingen 1971, S. 137 f.

8) N.G. Ganpuley, Netaji in Germany, Bombay 1959, S. 73

9) H. Toye, The Springing Tiger, London 1959, S. 72

10) A. Opitz, Wenn wir fahren gegen Engeland, S. 2 (BA/MA RH 37/6530)

11) Leverkuehn a.a.O. S. 177

12) H. Franzen, Aus meinem Leben und meiner Zeit, Wiesbaden o.J. S. 96

13) Opitz a.a.O. S. 3

14) J.H. Voigt, Indien im Zweiten Weltkrieg, Stuttgart 1978, S. 364 Anm. 354

15) Ganpuley a.a.O. S. 83

16) Eine Abschrift des Urteils befindet sich in: BA/MA RS 4/1146 Indische Legion. Disziplinarangelegenheiten

17) Toye a.a.O. S. 152; unzutreffend ist die Annahme von von Herwarth a.a.O. S. 339, das gesamte Regiment habe sich ergeben

18) Voigt, Indien im Zweiten Weltkrieg a.a.O. S. 295

19) Voigt, Indien im Zweiten Weltkrieg a.a.O. S. 296; Klietmann a.a.O. S. 389

20) Duprat, Les campagnes de la Waffen-SS Bd. 2 a.a.O. S. 22 läßt die Legion fälschlich in Italien kämpfen; tatsächlich befand sich nur ein kleines Vorkommando in Norditalien, wo es in den Strudel des Rückzuges geriet

21) Lagebesprechungen im Führerhauptquartier a.a.O. S. 351

22) J. Keegan, Die Waffen-SS, München 1981, S. 218

23) Die Fahrt von Bose mit U-180 schildert J. Brennecke, Haie im Paradies, München 8. Aufl. 1978, S. 26–34

24) Toye a.a.O. S. 128; A.M. Nair, An Indian Freedom Fighter in Japan, Bombay-Calcutta-Madras-New Delhi 1982, S. 236 geht von einer Gesamtstärke der INA von 25-30.000 Mann aus, wobei die effektive Kampfstärke jedoch nur 15.000 Mann betragen haben soll

25) Voigt, Indien im Zweiten Weltkrieg a.a.O. S. 255; Toye a.a.O. S. 125 f.; abweichende Zahlenangaben macht Nair a.a.O. S. 248

26) Toye a.a.O. S. 171

27) Viele Inder wollten nicht wahrhaben, daß Bose bei einem Flugzeugabsturz am 18. 8. 1945 ums Leben gekommen war. Die indische Regierung setzte zwei Untersuchungskommissionen ein, um Boses Tod zu klären

28) Schnabel a.a.O. S. 40 f.

Palästina

1) A. Schölch, Das Dritte Reich, die zionistische Bewegung und der Palästina-Konflikt, in: VJHZ 30 (1982), S. 652 f.

2) R. De Felice, Storia degli ebrei sotto il fascismo, Bd. 1, Milano 3. Aufl. 1977, S. 208 ff.

3) W. Laqueur, Der Weg zum Staat Israel, Wien 1975, S. 578; Spiegel Nr. 40/1982 vom 4. 10. 1982 S. 187

4) Von der Echtheit des Dokuments gehen aus: K. Polkehn, The secret contacts: Zionism and Nazi Germany 1933–1941, in: Journal of Palestine Studies 1976, Nr. 19/20, S. 78 ff.; J. Gross, Frankfurter Allgemeine Magazin vom 3. 7. 1981; Spiegel Nr. 42/1983 vom 17. 10. 1983, S. 176; einschränkend Schölch a.a.O. S. 652 Anm. 22: »Dieses Dokument mag authentisch sein«.

5) R. Dhunjibhoy, Hitlers Krieg – Hoffnung der Dritten Welt. Araber, Inder und Indonesier. Manuskript der im WDR/wdf am 16. 6. 1983 ausgestrahlten Sendung, S. 9 f.; vgl. a. W.O. von Hentig, Mein Leben, eine Dienstreise, Göttingen 1962, S. 338–339

6) vgl. Schölch a.a.O. S. 665 f.; R. Melka, Nazi Germany and the Palestine Question, in: Middle Eastern Studies 1969, S. 225; A.R. De Luca, Der Grossmufti in Berlin: The Politics of Collaboration, in: International Journal of Middle East Studies 1979, S. 125

7) S. Wiesenthal, Großmufti – Großagent der Achse, Salzburg–Wien 1947, S. 8

Syrien

1) Rahn, Ruheloses Leben a.a.O. S. 236; 249; Bericht Rahns über die deutsche Mission in Syrien vom 9. Mai bis 11. Juli 1941, ADAP, D, Bd. XIII. 1, Dok. Nr. 165, S. 210

2) Bericht Rahns über die deutsche Mission a.a.O. S. 209

3) A. Mockler, Our Enemies the French, London 1976, S. 55
4) vgl. L. Hirszowicz, The Third Reich and the Arab East, London-Toronto 1966, S. 211
5) Bericht Rahns über die deutsche Mission a.a.O. S. 209
6) Rahn, Ruheloses Leben a.a.O. S. 260 f.
7) B.P. Schröder, Deutschland und der Mittlere Osten im Zweiten Weltkrieg, Frankfurt-Zürich 1975, S. 218 f.

Tunesien

1) KTB OKW 1942, Teilband II, Herrsching 1982, S. 1016; vgl. a. Rahn, Ruheloses Leben a.a.O. S. 317
2) Hirszowicz a.a.O. S. 286; F. Grobba, Männer und Mächte im Orient, Göttingen 1967, S. 304; Schröder, Deutschland und der Mittlere Osten a.a.O. S. 210
3) KTB OKW 1943, Teilband I a.a.O. S. 28
4) W. Greiselis, Das Ringen um den Brückenkopf Tunesien 1942/43, Frankfurt/Bern 1976, S. 152
5) Greiselis a.a.O. S. 153; vgl. a. Hirszowicz a.a.O. S. 300; Schröder, Deutschland und der Mittlere Osten a.a.O. S. 230; Littlejohn, Foreign Legions of the Third Reich, Bd. 1 a.a.O. S. 200
6) vgl. R. Pelegrin, La Phalange Africaine, Paris 1973, S. 195; P. Carell, Die Wüstenfüchse, Hamburg 6. Aufl. 1961, S. 416 f.
7) Pellegrin a.a.O. S. 34
8) vgl. Deniel, Bucard et le Francisme a.a.O. S. 197 f.; Halls, The Youth of Vichy France a.a.O. S. 349; Littlejohn, The Patriotic Traitors a.a.O. S. 237
9) Gordon, Collaborationism in France during the Second World War a.a.O. S. 159
10) Die Phalange Africaine besaß die Zustimmung der Vichy-Regierung, was sich auch aus der späteren Auszeichnung der nach Frankreich zurückgekehrten Offiziere ergibt. Die Einschätzung von Auphan, Histoire élémentaire de Vichy a.a.O. S. 256, die Einheit sei nur auf Intervention »exaltierter Kollaborateure« zustandegekommen, vermag der Autor daher nicht zu teilen
11) vgl. R. Murphy, Diplomat unter Kriegern, Berlin 2. Aufl. 1966, S. 176
12) Rahn, Ruheloses Leben a.a.O. S. 307; vgl. a. Gordon, Collaborationism a.a.O. S. 157
13) Histoire de Vichy 1940–1944, Paris 1954, S. 620; kritisch hierzu auch Greiselis a.a.O. S. 325 Anm. 236
14) vgl. Pellegrin a.a.O. S. 91; H. Charbonneau, Les mémoires de Porthos, Bd. 1, Paris 1980, S. 395 geht von 450 Freiwilligen aus; ebenso P. Ory, Les collaborateurs 1940–1945, Paris 1976, S. 246; Littlejohn, Foreign Legions Bd. 1 a.a.O. S. 206 erwähnt die Zahl von 406 Freiwilligen
15) Pellegrin a.a.O. S. 79; ihm folgend: Gordon, Collaborationism a.a.O. S. 160
16) Charbonneau Bd. 1 a.a.O. S. 398
17) Text des Eides siehe Anhang »Eide ausländischer Freiwilliger«
18) Pellegrin a.a.O. S. 111; die geringe Einsatzstärke der P.A. ist darauf zurückzuführen, daß mittlerweile ihre arabischen Freiwilligen – 132 Mann – an die Deutsch-Arabische Lehrabteilung abgegeben worden waren

19) Rahn, Ruheloses Leben a.a.O. S. 313; vgl. a. Greiselis a.a.O. S. 181
20) Littlejohn, The patriotic Traitors a.a.O. S. 255; R.O. Paxton, Parades and Politics at Vichy, Princeton 1966, S. 397
21) Pellegrin a.a.O. S. 169

Die Deutsch-Arabische Lehrabteilung

1) Saadeh wurde 1949 hingerichtet. Seine Partei existiert noch heute und kooperiert mit palästinensischen Gruppierungen, vgl. D. Th. Schiller, Der Bürgerkrieg im Libanon, München 1979, S. 67 ff; M. Bardèche (Hrsg.), I fascismi sconosciuti, Milano 2. Aufl. 1970, S. 183
2) ADAP, D, Bd. XIII. 2, Dok. Nr. 468, S. 634
3) Grobba a.a.O. S. 315
4) Schröder, Deutschland und der Mittlere Osten a.a.O. S. 218; Hirszowicz a.a.O. S. 251
5) Aufzeichnung des Gesandten Schmidt (Büro RAM) vom 30.11.1941, ADAP, D, Dok. Nr. 515, S. 718
6) Schröder, Deutschland und der Mittlere Osten a.a.O. S. 220 Anm. 19
7) Schröder, Deutschland und der Mittlere Osten a.a.O. S. 226; Grobba a.a.O. S. 287
8) Hirszowicz a.a.O. S. 311
9) ADAP, E, Bd. VIII, Dok. Nr. 153, S. 312
10) Hitlers Tischgespräche a.a.O. S. 404
11) Littlejohn, Foreign Legions Bd. 2 a.a.O. S. 287
12) vgl. BA/MA RH 2/v. 1430 OKH. Verschiedene Kriegsgliederungen
13) Hirszowicz a.a.O. S. 311

Exkurs: Die Brigade nord-africaine

1) M. Hasquenoph, La Gestapo en France, Paris 1978, S. 314
2) vgl. Hasquenoph a.a.O. S. 315 ff; Ory, Les collaborateurs a.a.O. S. 258 f

Kriminelle oder Idealisten?

1) vgl. Schou a.a.O. S. 23 ff. (Dänen); Fröshaug a.a.O. in: Acta psychiatrica et neurologica Scandinavica 1955, S. 443 ff (Norweger); Mason a.a.O. S. 25 ff. (Holländer); eine Zusammenfassung der Analysen findet sich in den entsprechenden Kapiteln dieses Buches
2) vgl. die Zeugenauflistung im Quellenverzeichnis
3) Gordon, Collaborationism a.a.O. S. 271
4) Gordon, Collaborationism a.a.O. S. 249; Davey a.a.O. S. 36
5) Amouroux, La grande histoire des Francais Bd. 3 a.a.O. S. 271
6) Amouroux, La grande histoire des Francais Bd. 3 a.a.O. S. 271 f.
7) Amouroux, La grande histoire des Francais sous l'occupation. Bd. 4: Le peuple réveillé, Paris 1979, S. 485

8) Eine genaue Aufstellung über den Sold der französischen Waffen-SS ist im Anhang von J. Mabire/P. Demaret, Les SS Francais. La brigade Frankreich, Paris 1976 widergegeben; Angaben über den Sold franz. Freiwilliger der Kriegsmarine sind enthalten in: Le Combattant Européen, 15. 4. 1944, S. 6

9) zu den Zahlen vgl. Lazzero, Le SS italiane a.a.O. S. 46

10) Kopie im Besitz des Verfassers

11) De Launay, La Belgique à l'heure allemande a.a.O. S. 274

12) Dem Autor liegt eine Übersicht über die materiellen Richtlinien für die Vrijwilligers-Legioen Nederland vor

13) vgl. Neulen, Europas verratene Söhne a.a.O. S. 69 ff.

14) Das Dritte Reich und Europa a.a.O. S. 115

15) Gordon, Collaborationism a.a.O. S. 255

16) Blindheim, Nordmenn under Hitlers fane a.a.O. S. 8

17) J. Keegan, Die Waffen-SS, München 1981, S. 205

18) Interview mit Herrn Dr. Franz Riedweg vom 24. 1. 1981

Quellen- und Literaturverzeichnis

A Unveröffentlichte Quellen

1 Bundesarchiv/Militärarchiv Freiburg (BA/MA)

Bestand »Südost«

Handmappen Meyer, Serb. Waffentr., Četniks

Handmappen Meyer, Serb. Freiw. Kps.

o.Az.: Schuma -Btl. und andere, landeseigene Polizei-/Sicherungskräfte

Msg 2/579

Msg 2/580

Mag 2/584

Msg 2/1259 Ralph von Heygendorff: Die Zusammenarbeit militärischer Verbände verschiedener Nationalität

Msg 2/1283 G. Krukenberg: Kampftage in Berlin 24. 4.–2. 5. 1945

Msg 2/1328 Sowjetische Zersetzung im Kalmücken-Korps Dr. Doll

Msg 2/2702 Dinarische Freischärlerdivision

Msg 2/v. 2753 S. Fröhlich: Begleiter Wlassows von 1943 bis zum Ende

Msg 2/2803

Msg 137/Slg. Steenberg Bd. III

RH 2/v. 921

RH 2/v. 1412 Landeseigene Verbände

RH 2/v. 1416 OKH. Fremde Verbände Spanien

RH 2/v. 1426 Ungarische Freiwillige

RH 2/v. 1430 OKH. Verschiedene Kriegsgliederungen

RH 19 II/202 Anlagen zum Kriegstagebuch der Heeresgruppe Mitte. Führungsabteilung, Akte XIX, Heft 10 vom 1. 2.–31. 3. 1944

RH 19 III/251 Heeresgruppe Nord. Landeseigene Verbände (Legionen)
RH 19 III/252 Heeresgruppe Nord. Abgabe landeseigener Verbände
RH 19 III/492 Heeresgruppe Nord. Aufstellung und Ersatz aus Verbänden von Landes-
einwohnern
RH 19 V/57 H. Gr. Süd. KTB Anlagen Dez. 44, 2. Hälfte
RH 19 V/79 O. Kdo. H. Gruppe A. Anlagenband Turk-Batl. 8. 6.–23. 8. 1942
RH 19 V/108 O. Kdo. Heeresgruppe Süd. Anlagenband. Legionen der Kaukasusvölker
RH 19 V/109 O. Kdo. Heeresgruppe Süd. Anlagenband Turk-legionen 20. 6.–11. 7. 1942
RH 24-80/112 LXXX. AK
RH 37/6530 Opitz: Wenn wir fahren gegen Engeland (Die indische Legion im Zweiten
Weltkrieg)
RH 53-13/140 XIII. AK. Ausländische Soldaten
RH 58/46 Hansen: Als Ia beim Kommandeur der Freiwilligen Verbände beim OB West
RH 58/47 N. Rebikoff: Dienst im Ost-Btl. 628
RH 58/61 Strafbuch 1. Komp. Ost-Btl. 439
RH 58/62 Sammlung Behandlung der Legionäre, N. f. D.
RH 58/67 Tätigkeitsbericht Kommandeur der Osttruppen z.b.V. 710 vom
25. 4. 1943–13. 1. 1944
RH 58/68 Preuß: Aufstellung und Einsatz der Ost-Art. Abt. 621
RH 58/80 Personalunterlagen 2. Regiment des Russischen Schutzkorps
RHD 6/74/16 Straf- und Disziplinarbestimmungen für Freiwillige aus dem Osten in
landeseigenen Verbänden und in deutschen Verbänden (frühere Hilfswillige) vom
23. 9. 1944
RS 3-13/5 SS & Croates à Villefranche de Rouergue Aout 1943–Septembre 1943
RS 3-27/3 De Rijek: Beknopte militaire geschiedenis van het Vlaams Legioen
RS 3-33/1 G. Krukenberg: Inspektion der französischen Freiwilligen-Verbände im
2. Weltkrieg
RS 3-40/6 1. Kosaken Division. Abt. Ic. Tätigkeitsbericht Nr. 1. Begonnen: 1. August
1943, abgeschlossen: 31. Dez. 1943
RS 4/1072 2/ind. Inf. Rgt. 950 (Komp. Einteilung)
RS 4/1143 Die Zeitung der Indischen Legion
RS 4/1146 Indische Legion. Disziplinarangelegenheiten
RS 5/310
RW 4/v. 505 OKW/WFSt/Org. RAD und Volkssturm. Oktober 1944–Februar 1945
RW 4/v. 507 OKW/WFSt/Qu: Emigranten, General d. Osttruppen, allgem.
RW 4/v. 709

2 Militärgeschichtliches Forschungsamt Freiburg (MGFA)

Studies der Historical Division:

C - 043 Hans-Günther Seraphim/General von Heygendorff/General Köstring: Kauka-
sische und turkvölkische Freiwillige im deutschen Heer
D - 032 Rudolf von Tschudi: Die 2. italienische Division »Littorio«
D - 061 Hans Speth: Die estnischen Truppenteile im Jahre 1944–45

D - 151 Anton Grasser: Kampf an der Narwa-Front bis zur Räumung von Estland und Rückzug auf die Düna

D - 230 Adolf Ax: Kämpfe der 15. Waffen Gren. Div. der SS (lett. Nr. 1) im Rahmen des XVI. SS-A.K. zwischen Netze und Pommernstellung im Januar und Februar 1945

D - 358 Heinrich Greiner: Einsatz der 162. (Turk) I.D. auf dem italienischen Kriegsschauplatz vom 5. bis 28. 6. 1944

P - 003 Wilhelm Speidel: Denkschrift über meine Aufgabe und Tätigkeit im besetzten Griechenland 1942 bis 1944, sowie Gedanken über eine zweckmäßigere Führungsorganisation

P - 064 Alexander von Bosse: Das Kosaken Korps

3 Bundesarchiv Koblenz (BA)

NS 31/42 Entwurf: »Die politische Aufgabe des deutschen Führers und Unterführers in den fremdvölkischen Einheiten der Waffen-SS«, nebst Begleitschreiben des SS-HA, Amtsgruppe D vom 22. 10. 1944

NSD 41/237 »Lehrplan für die weltanschauliche Erziehung in der SS und Polizei«, hrsgg. vom SS-Hauptamt

4 Privatarchiv Professor Dr. Gerhard von Mende/Oslo, verwaltet durch Frau Karo von Mende

General Köstring: Freiwilligenverbände, 8seitiges Manuskript, undatiert.

Verzeichnis von fremdvölkischen Verbänden in der deutschen Wehrmacht, 20 Seiten, undatiert.

Manifest des Befreiungskomitees der Völker Rußlands, Prag, den 14. November 1944, 8 Seiten.

RFBO. Bericht vom 24. 1. 1945. Aufstellung ausländischer Einheiten der deutschen Streitkräfte, 3 Seiten.

Unterlagen des Reichsministeriums für die besetzten Ostgebiete zur Landeseigenen Verwaltung Lettlands und zur Lettischen SS-Freiw. Legion.

Unterlagen des Reichsministeriums für die besetzten Ostgebiete über die Wlassow-Bewegung und die Nationalkomitees nicht-russischer Völker.

5 Dokumentenkabinett Vlotho. Studien-Sammlung für europäische Geschichte, Gegenwart und Zukunftsplanung

Heinz von Homeyer: Der Gedanke »Europa« – die Kriegsentscheidung, 18seitige Denkschrift vom 1. 3. 1944.

Dimitrije Ljotić: Allgemeine Lage zu Beginn des fünften Kriegsfrühlings. 26seitige Denkschrift, Abschrift Reichsführer SS, SS-Hauptamt, Amtsgruppe D vom 22. 2. 1945.

Alexander Dolezalek: »Politische Kriegsführung«, Vortrag gehalten im Januar 1945 in Hildesheim, Haus Germanien.

Unterlagen aus dem Generalplan 1944 des SS-Hauptamtes. Materialien zur Konzeption einer Europäischen Eidgenossenschaft und zum Europapaß.

6 Sonstige unveröffentlichte Dokumente

Werner Best: Erinnerungen aus dem besetzten Frankreich 1940–1942, Manuskript 1951.
Werner Best: Betrifft: Vidkun Quisling, Manuskript 1948.
Werner Best: Die deutsche Politik in Dänemark während der letzten 2½ Kriegsjahre, Manuskript 1951.
Werner Best: Betr.: Adolf Hitler, Manuskript, Kopenhagen 1949.
Testament des ungarischen Außenministers Baron Gabor Kemény, Budapest, März 1946.
Karl Leib: Die Germanische Leitstelle Norwegen. Manuskript vom 9. 11. 1945.
M.M. Rost van Tonningen: Statement vom 24. Mai 1945, Utrecht (in englischer Sprache).
Benno H. Schaeppi: Das Panoramaheim. Auffangstelle für Schweizer Flüchtlinge in Stuttgart-Straßburg-Bregenz. März 1941 – Mai 1945, Manuskript 1947.
Rede des Bereichsleiters Schnurbusch (NSDAP Norwegen) auf der Tagung der Dienststellenleiter am 26. Januar 1945. Geheime Reichssache.

B Veröffentlichte Quellen

ADAP – Akten zur Deutschen Auswärtigen Politik, Serie D, 1937 – 1941, Bd. XIII. 1 und XIII. 2. Juni – Dezember 1941; Serie E, 1941 – 1945, Bd. IV. Oktober – Dezember 1942; Bd. V, Januar – April 1943; Bd. VI, Mai – September 1943; Bd. VII, Oktober 1943 – April 1944; Bd. VIII, Mai 1944 – Mai 1945; Göttingen 1970–1979
Anatomie der Aggression. Neue Dokumente zu den Kriegszielen des faschistischen deutschen Imperialismus im zweiten Weltkrieg, herausgegeben von Gerhart Hass und Wolfgang Schumann, (Ost)Berlin 1972.
Aufbruch. Briefe von germanischen Freiwilligen der SS-Division Wiking, Berlin 1943.
Cerff, Karl: Die Waffen-SS im Wehrmachtsbericht, Osnabrück 1971.
Goebbels Tagebücher 1942–1943, herausgegeben von Louis P. Lochner, Zürich 1948.
Goebbels Tagebücher 1945. Einführung von Rolf Hochhuth, Bergisch Gladbach 1980.
Heiber, Helmut: Der Generalplan Ost, in: VJHZ 6 (1958), S. 281–325.
Heinrich Himmler. Geheimreden 1933 bis 1945 und andere Ansprachen. Herausgegeben von Bradley F. Smith und Agnes F. Peterson, Frankfurt-Berlin-Wien 1974.
Hitler, Adolf: Mein Kampf, München 77. Aufl. 1933
Hitlers Tischgespräche im Führerhauptquartier, herausgegeben von Henry Picker, Stuttgart 1977.
Adolf Hitler, Monologe im Führerhauptquartier 1941–1944. Die Aufzeichnungen Heinrich Heims, herausgegeben von Werner Jochmann, Hamburg 1980.

Jacobsen, Hans-Adolf: 1939–1945. Der Zweite Weltkrieg in Chronik und Dokumenten, Darmstadt 5. Aufl. 1961.

Jacobsen, Hans-Adolf: Der Weg zur Teilung der Welt. Politik und Strategie 1939–1945, Koblenz-Bonn, 2. Aufl. 1979

Keesings Archiv der Gegenwart 1939–1945 (7 Bände), Wien 1939–44, Essen 1945.

Krausnick, Helmut: Denkschrift Himmlers über die Behandlung der Fremdvölkischen im Osten, in: VJHZ 5 (1957), S. 194–198.

Kriegstagebuch des Oberkommandos der Wehrmacht 1939–1945, herausgegeben von P.E. Schramm, 8 Bände, Herrsching 1980.

Lagebesprechungen im Führerhauptquartier. Protokollfragmente aus Hitlers militärischen Konferenzen 1942–1945, herausgegeben von Helmut Heiber, Berlin-Darmstadt-Wien 1963.

Oberländer, Theodor: 6 Denkschriften aus dem zweiten Weltkrieg über die Behandlung der Sowjetvölker, Ingolstadt 1984 (Quellenstudien der Zeitgeschichtlichen Forschungsstelle Ingolstadt, 2).

Reichsführer! Briefe an und von Himmler, herausgegeben von Helmut Heiber, München 1970.

Staatsmänner und Diplomaten bei Hitler. Vertrauliche Aufzeichnungen über Unterredungen mit Vertretern des Auslandes 1939–1944, herausgegeben von Andreas Hillgruber, 2 Bände, Frankfurt 1970.

Wegner, Bernd: Auf dem Weg zur pangermanischen Armee. Dokumente zur Entstehungsgeschichte des III. (germanischen) SS-Panzerkorps, in: MGM 28 (2/1980), S. 101–136.

Wollt ihr den totalen Krieg? Die geheimen Goebbels-Konferenzen 1939–1943, herausgegeben von Willi A. Boelcke, München 1969.

C Interviews und schriftliche Zeugenaussagen

Aufstellung nach Nationalitäten, bezogen auf die Jahre 1939–45. Wechsel der Staatsangehörigkeit sind nicht berücksichtigt.

Bulgaren
Dr. Stefan Marinoff, 14. 11. 1982
Ivan Y., 20. 5. 1983

Belgier
Jef François, 2. 5. 1981
Georges Gilsoul, 6. 3. 1983
Franz Hellebaut, 24. 10. + 24. 11. 1982
Albert Hendrickx, 10. 12. 1980
Jean Pierre-Clément van Houtte, 6. 7. 1981
Fernand Kaisergruber, 28. 3. + 8. 4. 1981, 22. 5. 1982
Raymond Lemaire, 27. 5. 1981

Jules Mathieu, Juni 1981 + 8. 7. 1981
Henri Philippet, 24. 5. 1981
Remy Schrijnen, 15. 4. 1983
Frans Vierendeels, 3. 3. 1981
Jan Vincx, 9. 1. 1981 + 12. 7. 1982

Dänen
Jörgen Holst, 29. 4. 1981
Oluf Krabbe, 20. 5. + 12.6. 1981
Dr. Christian Teisen, 16. 5. 1981
Ove Thornberg, 7. 6. 1981
Claus X., 26. 1. + 4. 2. 1983

Deutsche
Walther Angerer, 13. 3. 1981
Dr. Fritz Arlt, 6. 11. 1983
Dr. Werner Best, 26. 8. 1983
Werner Boras, 30. 1. 1982
Anton Budde, 10. 4. 1981
Franz Denk, 7. 9. 1983
Alexander Dolezalek, 26. 3. , 18. 6. , 24. 6. , 13. 7. + 12. 11. 1983
Eitel Friedrich Kamischke, 16. 1. 1984
Siegfried Keiling, 30. 1. 1983
Walter Liebethat, 1. 9. 1983
Gustav Lombard, 10. 6. 1983
W. Lutz, 4. 10. 1983
Prof. Dr. Dr. Theodor Oberländer, 24. 9. 1982
Dr. Hellmuth Raithel, 14. 5. 1983
Dr. Herta Schütze, 30. 8. 1983
Richard Schulze-Kossens, 21. 2. 1981 + 14. 12. 1982
Erich Spaarmann, 8. 12. 1983

Esten
Dr. Olgred Aule, 2. 8. 1983
Arved Kungas, 6. 9. 1983
Johannes Juku Pent, 26. 8. + 21. 9. 1983
Henry Rüütel, 12. 6. 1983

Finnen
Ensio J.V. Anttila, 3. 3. 1983
Oliva V.W. Heikanen, 3. 3. 1983
Pekka Kurvinen, 25. 2. 1983
Paavo Maunula, 15. 4. 1983
Tauno P.V. Pohjanletho, 3. 3. 1983
Heikki Raevaara, 3. 3. 1983
Alf Eric Z., 28. 1. 1983

Franzosen
Ivan Bartholomei, 17. 2. 1982
André Bayle, 5. 1. 1982
Paul Pignard-Berthet, 18. 3. 1982
Abel Chapy, 6. 2. + 19. 2. 1982
Henri Fenet, 7. 5. , 26. 5. + 4. 9. 1981, 30. 1. 1983
Henri Kreis, 24. 7. + 11. 9. 1982
Frans Kwaageburg, 9. 2. 1982
Olier Mordrel, 12. 6. 1983
Jean-Louis Puechlong, 27. 2. 1982
Robert Soulat, 10. 12. 1982 + 16. 1. 1983
Jean Veradde, 23. 2. 1982

Holländer
Derk Elsko Bruins, 1. 11. 1982
F.S. Rost van Tonningen-Heubel, 12. 11. 1982
Heinz Slegtenhorst, 3. 12. 1982
Paul van Tienen, 29. 5. 1981
Jurrien van der Wal, 14. 1. 1983
François de Zomer, 6. 7. 1981

Italiener
Nino Arena, 24. 1. 1984
Clemente Bacherini, 16. 6. 1981
Cesare Mazza, Mai 1981
Giorgio Pillon, Mai 1981
Giuseppe Rauti, Februar 1981
Nadia Sala, Februar 1981
Edoardo Sala, Januar 1984
Rutilio Sermonti, Februar 1981
Orazio Stentella, Januar 1984

Kroaten
Andreas V., 7. 4. 1983

Letten
Alfreds Berzins, 16. 6. 1982
Peteris Biezais, 22. 10. 1982
Indulis Kazocins, 12. 6. 1982
A.K., 30. 12. 1982
Jekabs Leititis, 13. 6. 1981 + 19. 12. 1982
Arthur Silgailis, 20. 12. 1982 + 14. 3. 1984

Norweger
Knut Baardseth, 20. 3. 1983
Inge Martin Bakken, 11. 11. 1981

Ole Christian Brunaes, 23. 6. + 1. 9. 1981
Karo von Mende, 7. 5. 1983
Bjørn Østring, 27. 6. 1983
Ola Rishovd, 7. 2. + 12. 3. 1983
Einar J. Rustad, 20. 5. + 3. 6. 1983
John Sandstad, 6. 2. + 27. 2. 1983

Rumänen
Horia Sima, 13. + 18. 5. 1981
Dr. Alexander Suga, 15. 1. + 23. 2. 1981

Schweden
Gustaf Ekstroem, 28. 8. 1981

Schweizer
Dr. Heinrich Büeler, 1. 10. 1982
Dr. Armin Mohler, 24. 1. 1981
Peter Renold, 3. 11. 1982 + 23. 1. 1983
Dr. Franz Riedweg, 24. 1. + 5. 2. 1981
Benno H. Schaeppi, 22. 2. 1981
Dr. Alfred Zander, 29. 4. 1983

Serben
Dr. Djoko Slijepcević, 14. 4. + 3. 5. 1981

Spanier
José Luis Beltram Caravaca, November 1982
Eduardo Fernandez Garrido, November 1982
Fernando Fernandez-Solis, November 1982
Manuel Lopez Cardona, November 1982
Antonio Martinez Cattaneo, November 1982
Miguel Martinez-Mena Rodriguez, 28. 8. 1982
Antonio Reus Cid, November 1982
José Antonio Rodriguez Chaves, 28. 5. + 18. 6. 1982
Manuel Salvador Girones, September 1982
Angel Sanchez Canalejas, November 1982
Ignacio Seoane Lario, 20. 9. 1982
José Antonio Vidal Gadea, September 1982

Turkestaner
Dr. Baymirza Hayit, 29. 12. 1983
Sabur Ischimbet, 13. 5. 1983

Ungarn
Ferenc Fiala, 7. 7. 1983
Baronin Elisabeth Kemény, 14. 11. + 10. 12. 1982
Dr. Georg Nagyrévi von Neppel, 12. 5. 1983

D Allgemeine Literatur

Abbott, Peter/Thomas, Nigel: Germany's Eastern Front Alliies 1941–45, London 1982
Ackermann, Josef: Heinrich Himmler als Ideologe, Göttingen-Zürich-Frankfurt 1970.
Alff, Wilhelm: Der Begriff Faschismus und andere Aufsätze zur Zeitgeschichte, Frankfurt 1971.
Amnesty International: Die Todesstrafe, Reinbek/Hamburg 1979.

Bardèche, Maurice (Hrsg.): I fascismi sconosciuti, Milano 2. Aufl. 1970
Bardèche, Maurice u.a.: Etudes sur le fascisme, Paris 1974.
Barker, A.J.: Waffen-SS at War, London 1983
Bayer, Hanns: Die Kavallerie der Waffen-SS, Gaiberg/Heidelberg 1980.
Bemmelen, J.M. van: The Treatment of Political Delinquents in Some European Countries, in: Journal of Criminal Science 1948, S. 110–126.
Bentmann, Fritz: Der Beitrag der europäischen Legionen im Kampf gegen den Bolschewismus, in: Zeitschrift für Politik, Jan./Febr. 1944, S. 47–58.
Bertin, Francis: L'Europe de Hitler, Paris 1976–77: 1. Les décombres des démocraties; 2. La marche vers l'est; 3. Les alliés du Reich.
Boveri, Margret: Der Verrat im XX. Jahrhundert. Für und gegen die Nation. Das sichtbare Geschehen, Reinbek/Hamburg 1961.
Brehm, Bruno: Der geistige und militärische Zusammenhalt in national gemischten Heeren, Mainz 1952 (Studien zur Soziologie, 5).
Brennecke, Jochen: Haie im Paradies. Der deutsche U-Boot-Krieg in Asiens Gewässern 1943–1945, München, 8. Aufl. 1978.
Brissaud, André: Hitler et l'Ordre Noir, Paris 1977.
Brockdorff, Werner: Kollaboration oder Widerstand in den besetzten Ländern, München-Wels 1968.
Buchheit, Gert: Der deutsche Geheimdienst. Geschichte der militärischen Abwehr, München 1966.
Buss, Philipp H./Mollo, Andrew: Hitler's Germanic Legions. An illustrated History of the Western European Légions with the SS 1941–1943, London 1978.
Butler, Rupert: The Black Angels. A History of the Waffen-SS, New York 1979.

Caballero, Carlos: Los fascismos desconocidos, Barcelona o.J. (1983).
Caballero Jurado, Carlos: Foreign Volunteers of the Wehrmacht 1941–45, London 1983.
Caballero Jurado, Carlos: Los voluntarios. El comunismo en juego, acht Teile, in: Blau Division Nr. 246 (Januar 1980) – Nr. 257.
Cartier, Raymond: Der Zweite Weltkrieg, 2 Bände, München-Zürich o.J.
Collotti, Enzo: Il »Nuovo Ordine« Europeo e l'imperialismo nazista, in: Rivista di storia contemporanea 1973, S. 358–373.

Dawidowicz, Lucy S.: Der Krieg gegen die Juden 1933–1945, München 1979.
Dearing, Reinhard Josef: The Waffen-SS: A representative Study. Thesis, Louisiana State University 1977.
Delarue, Jacques: Geschichte der Gestapo, Königstein 1979.

Deschner, Günther: Freiwillige. Die große Illusion, in: Das Dritte Reich/Nachkrieg, Hamburg Nr. 56/1976 S. 144–150.

Das Deutsche Reich und der Zweite Weltkrieg. Bd. 1: Ursachen und Voraussetzungen der deutschen Kriegspolitik, Stuttgart 1979; Bd. 2: Die Errichtung der Hegemonie auf dem europäischen Kontinent, Stuttgart 1979; Bd. 4: Der Angriff auf die Sowjetunion, Stuttgart 1983.

Dorten, J.A.: Die Rheinische Tragödie, Bad Kreuznach 2. Aufl. 1981.

Drechsler, Karl/Dress, Hans/Hass, Gerhart: Europapläne des deutschen Imperialismus im zweiten Weltkrieg, in: Zeitschrift für Geschichtswissenschaft 7/1971, S. 916–931.

Das Dritte Reich und Europa. Bericht über die Tagung des Instituts für Zeitgeschichte in Tutzing/Mai 1956, München 1957.

Duprat, François: Les campagnes de la Waffen-SS, 2 Bände, Paris 1973.

Duprat, François: La croisade antibolchevique. Teile I–III, veröffentlicht in: Défense de l'Occident, Paris Nr. 110/1973, 113/1973, 119-120/1974.

Dwinger, Edwin Erich: Die 12 Gespräche 1933–1945, Velbert-Kettwig 1966.

Erdmann, Karl Dietrich: Der Zweite Weltkrieg, München 1980 (Gebhardt Handbuch der deutschen Geschichte, 21).

Europäische Schicksalsgemeinschaft, in: Zeitschrift für Politik, Jan./März 1945, S. 35–36.

Europa. Handbuch der politischen, wirtschaftlichen und kulturellen Entwicklung des neuen Europa, hrsgg. vom Deutschen Institut für Außenpolitische Forschung, Leipzig 1943.

Evola, Julius: Il fascismo visto dalla destra. Note sul Terzo Reich, Roma 2. Aufl. 1970.

Evola, Julius: Il cammino del cinabro, Milano 2. Aufl. 1972.

Forndran, Erhard/Golczewski, Frank/Reisenberger, Dieter (Hrsg.): Innen- und Außenpolitik unter nationalsozialistischer Bedrohung, Opladen 1977.

Förster, J.: »Croisade de l'Europe contre le bolshevisme«, in: Rev. d'hist. Nr. 118 (April 1980), S. 1–26.

Forster, Georg: Im Anblick des großen Rades. Schriften zur Revolution, hrsgg. von Ralph Rainer Wuthenow, Darmstadt-Neuwied 1981.

Fraenkel, Heinrich/Manvell, Roger: Himmler. Kleinbürger und Massenmörder, Herrsching 1981.

Funke, Manfred (Hrsg.): Hitler, Deutschland und die Mächte. Materialien zur Außenpolitik des Dritten Reiches, Kronberg 1978.

Gehlen, Reinhard: Der Dienst. Erinnerungen 1942–1971, München-Zürich 1973.

Gersdorff, Rudolph-Christoph Frhr. von: Soldat im Untergang, Frankfurt-Berlin-Wien 1979.

Gosztony, Peter: Hitlers fremde Heere. Das Schicksal der nichtdeutschen Armeen im Ostfeldzug, Düsseldorf-Wien, 1976.

Gosztony, Peter: Deutschlands Waffengefährten an der Ostfront 1941–1945, Stuttgart 1981.

Grimm, Reinhold/Hermand, Jost (Hrsg.): Faschismus und Avantgarde, Königstein 1980.

Gruchmann, Lothar: Nationalsozialistische Großraumordnung. Zur Konstruktion einer »deutschen Monroe-Doktrin«, Stuttgart 1962 (Schriftenreihe der VJHZ).
Gruchmann, Lothar: Der Zweite Weltkrieg, München 1967 (dtv-Weltgeschichte des 20. Jahrhunderts, 10).

Haas, Werner: Europa will leben. Die nationalen Erneuerungsbewegungen in Wort und Bild, Berlin 1936.
Hagen, Walter: Die geheime Front, Linz-Wien 1950.
Hausner, Gideon: Die Vernichtung der Juden. Das größte Verbrechen der Geschichte, München 1979.
Hausser, Paul: Soldaten wie andere auch. Der Weg der Waffen-SS, Osnabrück 1966.
Hausser, Paul: Waffen-SS im Einsatz. Preußisch Oldendorf 9. Aufl. o.J.
Hedin, Sven: Ohne Auftrag in Berlin, Tübingen-Stuttgart 1950.
Herbst, Ludolf: Der totale Krieg und die Ordnung der Wirtschaft. Die Kriegswirtschaft im Spannungsfeld von Politik, Ideologie und Propaganda 1939–1945, Stuttgart 1982 (Studien zur Zeitgeschichte, 21).
Herdeg, Walter: Grundzüge der deutschen Besatzungsverwaltung in den west- und nordeuropäischen Ländern während des zweiten Weltkrieges, Tübingen 1953 (Studien des Instituts für Besatzungsfragen, 1).
Herre, Paul: Deutschland und die europäische Ordnung, Berlin 2. Aufl. 1941.
Hildebrand, Klaus: Deutsche Außenpolitik 1933–1945, Stuttgart-Berlin-Köln-Mainz 3. Aufl. 1976.
Hillgruber, Andreas/Hümmelchen, Gerhard: Chronik des Zweiten Weltkrieges. Kalendarium militärischer und politischer Ereignisse 1939–1945, Königstein 1978.
Höhne, Heinz: Canaris. Patriot im Zwielicht, München 2. Aufl. 1978.
Höhne, Heinz: Der Orden unter dem Totenkopf. Die Geschichte der SS, Gütersloh 1967.
Hofmann, Fritz: Die Schreckensjahre von Bad Reichenhall, Mitterfelden o.J.

L'Internationale SS, Historia, hors série nr. 32, Paris 1973.

Jäckel, Eberhard: Hitlers Weltanschauung, Stuttgart 1981.
Das Jahr 1941 in der europäischen Politik, hrsgg. von Karl Bosl, München-Wien 1972.
Jescheck, Hans-Heinrich: Die europäische Konvention zum Schutz der Menschenrechte und Grundfreiheiten, in: Neue Juristische Wochenschrift 1954, S. 785 f.
Jodl, Luise: Jenseits des Endes. Leben und Sterben des Generaloberst Alfred Jodl, Wien-München-Zürich 2. Aufl. 1976.
Jong, Louis De: Die deutsche Fünfte Kolonne im Zweiten Weltkrieg, Stuttgart 1959 (Quellen und Darstellungen zur Zeitgeschichte, 4).

Kaehler, S.A.: Geschichtsbild und Europapolitik des Nationalsozialismus, in: Die Sammlung 1954, S. 337–354.
Keegan, John: Die Waffen-SS, München 1981.
Kemnade, Friedrich: Die Afrika-Flottille. Der Einsatz der 3. Schnellbootflottille im 2. Weltkrieg, Stuttgart 1978.
Kleist, Peter: Die europäische Tragödie, Preußisch Oldendorf 1971.

Klietmann, K.G.: Die Waffen-SS – eine Dokumentation, Osnabrück 1965.

Kluke, Paul: Nationalsozialistische Europaideologie, in: VJHZ 3 (1955), S. 240–275.

Koch, H.W.: Hitlerjugend, München 1981.

Koch, Hannsjoachim W.: Der deutsche Bürgerkrieg. Eine Geschichte der deutschen und österreichischen Freikorps 1918–1923, Berlin-Frankfurt-Wien 1978.

Kogon, Eugen: Der SS-Staat. Das System der deutschen Konzentrationslager, München 1977.

Krausnick, Helmut/Wilhelm, Hans-Heinrich: Die Truppe des Weltanschauungskrieges. Die Einsatzgruppen der Sicherheitspolizei und des SD 1938–1942, Stuttgart 1981 (Quellen und Darstellungen zur Zeitgeschichte, 22).

Kriegsheim, Herbert: Getarnt, getäuscht und doch getreu. Die geheimnisvollen »Brandenburger«, Berlin 1958.

Kuby, Erich: Die Russen in Berlin 1945, München 1980.

Kübler, Robert (Hrsg.): Chef KGW. Das Kriegsgefangenenwesen unter Gottlob Berger, Lindhorst 1984.

Kumm, Otto: »Vorwärts, Prinz Eugen!« Geschichte der 7. SS-Freiwilligen-Division »Prinz Eugen«, Osnabrück 1978.

Kunnas, Tarmo: La tentazione fascista, Napoli 1981.

Landemer, Henri: Les Waffen-SS, Paris 1974.

Landwehr, Richard: The European Volunteer Movement in World War II, in: The Journal of Historical Review 1981, S. 59–84.

Laqueur, Walter/Mosse, George L. (Hrsg.): Internationaler Faschismus 1920–1945, München 1966.

Launay, Jacques de: Les derniers jours du fascisme en Europe, Paris 1977.

Ledeen, Michael Arthur: L'internazionale fascista, Roma-Bari 1973.

Leverkuehn, Paul: Der geheime Nachrichtendienst der Wehrmacht im Kriege, Frankfurt 1957.

Lewytzkyj, Boris: Die rote Inquisition, Frankfurt 1967.

Littlejohn, David: The Patriotic Traitors. A History of Collaboration in German Occupied Europe 1940–1945, London 1972.

Littlejohn, David: Foreign Legions of the Third Reich. Vol. 1: Norway, Denmark, France, San Jose 1979; Vol. 2: Belgium, Great Britain, Holland, Italy and Spain, San Jose 1981.

Loock, Hans-Dietrich: Zur »Großgermanischen Politik« des Dritten Reiches, in: VJHZ 8 (1960), S. 37–63.

Lukacs, John: Die Entmachtung Europas. Der letzte europäische Krieg 1939–1941, Stuttgart 1978.

Mabire, Jean: La Division Nordland. Les volontaires scandinaves sur le front de l'est 1941–1945, Paris 1982.

Mabire, Jean: La Division Wiking. Dans l'enfer blanc: 1941–1943, Paris 1980.

Mabire, Jean: La Panzerdivision Wiking. La lutte finale: 1943–1945, Paris 1981.

Mann, Reinhard (Hrsg.): Die Nationalsozialisten. Analysen faschistischer Bewegungen, Stuttgart 1980 (Historisch-Sozialwissenschaftliche Forschungen, 9).

Menzel, Eberhard: Die ausländische Kriegsverbrechergesetzgebung (Polen, Norwegen, Niederlande), in: Archiv des öffentlichen Rechts, Bd. 75 (1949), S. 424–452.

Milward, Alan S.: Der Zweite Weltkrieg. Krieg, Wirtschaft und Gesellschaft 1939–1945, München 1977 (Geschichte der Weltwirtschaft im 20. Jahrhundert, 5).
Mohler, Armin: Von rechts gesehen, Stuttgart 1974.
Mosse, George L. (Hrsg.): International Fascism. New Thoughts and new Approaches, London-Beverly Hills 1979.
Murphy, Robert: Diplomat unter Kriegern. Zwei Jahrzehnte Weltpolitik in besonderer Mission, Berlin 2. Aufl. 1966.

Nawratil, Heinz: Vertreibungsverbrechen an Deutschen. Tatbestand, Motive, Bewältigung, München 1982.
Neufeldt, H.J./Huck, J./Tessin, G.: Zur Geschichte der Ordnungspolizei 1936–1945, Koblenz 1957 (Schriften des Bundesarchivs, 3).
Neulen, Hans Werner: Eurofaschismus und der Zweite Weltkrieg. Europas verratene Söhne, München 1980.
Neulen, Hans Werner: Europas verratene Söhne, Bergisch Gladbach 1982.
Nolte, Ernst: Der Faschismus in seiner Epoche. Die Action française, der italienische Faschismus, der Nationalsozialismus, München 4. Aufl. 1971.
Nolte, Ernst: Die faschistischen Bewegungen, München 6. Aufl. 1977 (dtv-Weltgeschichte des 20. Jahrhunderts, 4).
Nolte, Ernst: Der Faschismus. Von Mussolini zu Hitler. Texte, Bilder und Dokumente, München 1968.

O'Donnell, James P./Bahnsen, Uwe: Die Katakombe. Das Ende in der Reichskanzlei, München 1977.

Piekalkiewicz, Janusz: Pferd und Reiter im II. Weltkrieg, München 1976.
Pringet, Pierre de: Die Kollaboration. Untersuchung eines Fehlschlages, Tübingen 1981.

Quarrie, Bruce: German Airborne Troops 1939–45, London 1983.

Reichsorganisationsleiter der NSDAP. Hauptschulungsamt (Hrsg.): Schulungs-Unterlage Nr. 25. Der Weltkampf des Reiches, November 1943.
Reichsorganisationsleiter der NSDAP. Hauptschulungsamt (Hrsg.): Schulungs-Unterlage Nr. 27. Die europäische Revolution, ca. 1944.
Reider, Frédéric: Histoire de la SS par l'image. La Waffen-SS, Paris 1975.
Reile, Oscar: Geheime Ostfront. Die deutsche Abwehr im Osten 1921–1945, München-Wels 1963.
Reile, Oscar: Treff Lutetia Paris, München-Wels 1973.
Reile, Oscar: Geheime Westfront. Die Abwehr 1935–1945, München-Wels 1962.
Rein, Adolf: Europa und das Reich. Betrachtungen zur Geschichte der europäischen Ordnung, Essen 1943 (Veröffentlichungen des Deutschen Instituts für Außenpolitische Forschung, XVI).
Rempel, Gerhard: Gottlob Berger and Waffen-SS Recruitment: 1939–1945, in: MGM 1980, S. 107–122.
Rhodes, Anthony: Propaganda. The Art of Persuasion: World War II, New York-London 1976.

Rings, Werner: Leben mit dem Feind. Anpassung und Widerstand in Hitlers Europa 1939–1945, München 1979.

Romualdi, Adriano: Il fascismo come fenomeno europeo, Roma o.J.

Romualdi, Adriano: Le ultime ore dell'Europa, Roma 1976.

Rossa, Kurt: Todesstrafen. Ihre Wirklichkeit in drei Jahrtausenden, Bergisch Gladbach 1979.

Schellenberg, Walter: Aufzeichnungen des letzten Geheimdienstchefs unter Hitler, München 1981.

Schmidt, Paul: Statist auf diplomatischer Bühne 1923–45, Bonn 1950.

Schneider, Jost W.: Their honour was Loyality – Verleihung genehmigt. Eine Bild- und Dokumentargeschichte der Ritterkreuzträger der Waffen-SS und Polizei 1940–1945, San Jose 1977.

Schönhuber, Franz: Ich war dabei, München 2. Aufl. 1981.

Schultz-Naumann, Joachim: Die letzten dreißig Tage. Das Kriegstagebuch des OKW April bis Mai 1945, München 1980.

Schulze-Kossens, Richard: Führernachwuchs der Waffen-SS. Die SS-Junkerschulen, in: Deutsches Soldaten-Jahrbuch 1979, München 1979, S. 386–399.

Schulze-Kossens, Richard: Militärischer Führernachwuchs der Waffen-SS. Die Junkerschulen, Osnabrück 1982.

Schwerin von Krosigk, Lutz Graf: Staatsbankrott, Göttingen-Frankfurt-Zürich 1974.

Seidler, Franz W.: Hitlers »Fremdenlegionäre« im Zweiten Weltkrieg. Ein Beitrag zur unbewältigten Vergangenheit der Siegermächte, in: Damals, März 1984, S. 199–210.

Sérant, Paul: Die politischen Säuberungen in Westeuropa, Oldenburg-Hamburg 1966.

Signal. Eine kommentierte Auswahl abgeschlossener, völlig unveränderter Beiträge aus der Propaganda-Zeitschrift der Deutschen Wehrmacht, 5 Bände, Hamburg 1977.

Skorzeny, Otto: Meine Kommandounternehmen, München 3. Aufl. 1977.

Spaeter, Helmuth: Die Brandenburger, eine deutsche Kommandotruppe, München 2. Aufl. 1982.

Stein, George H.: Geschichte der Waffen-SS, Düsseldorf 1967.

Steiner, Felix: Die Armee der Geächteten, Preußisch Oldendorf 4. Aufl. 1971.

Steiner, Felix: Die Freiwilligen der Waffen-SS. Idee und Opfergang, Preußisch Oldendorf 5. Aufl. 1973.

Strassner, Peter: Europäische Freiwillige. Die Geschichte der 5. SS-Panzerdivision Wiking, Osnabrück 3. Aufl. 1977.

Sugar, Peter F. (Hrsg.): Native Fascism in the Successor States 1918–1945, Santa Barbara 1971.

Sykes, Christopher: Adam von Trott. Eine deutsche Tragödie, Düsseldorf-Köln 1969.

Taylor, Hugh Page/Bender, Roger James: Uniforms, Organization and History of the Waffen-SS, vorerst 5 Bände, San Jose 1969–1982.

Thamer, Hans-Ulrich/Wippermann, Wolfgang: Faschistische und neofaschistische Bewegungen. Probleme empirischer Faschismusforschung, Darmstadt 1977.

Thorwald, Jürgen: Die große Flucht, Stuttgart o.J.

Tieke, Wilhelm: Tragödie um die Treue. Kampf und Untergang des III. (germ.) SS-Panzer-Korps, Osnabrück 3. Aufl. 1978

Tieke, Wilhelm: Das Ende zwischen Oder und Elbe – Der Kampf um Berlin 1945, Stuttgart 1981.
Totenkopf und Treue. Heinrich Himmler ohne Uniform. Aus den Tagebuchblättern des finnischen Medizinalrats Felix Kersten, Hamburg o.J.
Tröge, Walter: Europäische Front. Soldaten bauen Europa, Wien o.J. (1942).
Tust, W.H.: Legionäre unter deutscher Flagge, in: Deutsche Zeitung für Briefmarkenkunde Nr. 12/1982

Waffen-SS. SS-Verfügungstruppe und Waffen-SS 1939–1945, Soldat und Waffe/Der II. Weltkrieg, Sonderheft 12, Hamburg 1977.
Les Waffen-SS, troupes maudites. Sonderausgabe von Histoire Pour Tous, hors série nr. 10, Neuilly sur Seine, Januar-Februar 1979.
Wegmüller, Hans: Die Abwehr der Invasion. Die Konzeption des Oberbefehlshabers West 1940–1944, Freiburg 1979 (Einzelschriften zur militärischen Geschichte des Zweiten Weltkrieges, 22).
Wegner, Bernd: Hitlers politische Soldaten. Die Waffen-SS 1933–1945, Paderborn 1982.
Wilhelm, Hans-Heinrich/Jong, Louis de: Zwei Legenden aus dem Dritten Reich, Stuttgart 1974 (Schriftenreihe der VJHZ, 28).
Windrow, Martin: Waffen-SS, London 1980.
Wippermann, Wolfgang: Europäischer Faschismus im Vergleich 1922–1982, Frankfurt 1983.
Wiskemann, Elizabeth: Erlebtes Europa. Ein politischer Reisebericht 1930 bis 1945, Bern-Stuttgart 1969.

Zayas, Alfred M. de: Die Wehrmachts-Untersuchungsstelle. Deutsche Ermittlungen über alliierte Völkerrechtsverletzungen im Zweiten Weltkrieg, München 3. Aufl. 1980.
Zeman, Zbynek: Selling the War. Art and Propaganda in World War II, New York 1982.
Zentner, Christian (Hrsg.): Lexikon des Zweiten Weltkriegs, Bergisch Gladbach 1979.
Zipfel, Friedrich: Hitlers Konzept einer »Neuordnung Europas«, in: Aus Theorie und Praxis der Geschichtswissenschaft. Festschrift für Hans Herzfeld zum 80. Geburtstag, Berlin 1972, S. 154–174.
Der Zweite Weltkrieg. Teilband Verrat und Widerstand, Rotterdam 1978.

E Länderbezogene Literatur

Afrika/Asien (Tunesien, Syrien, Palästina, Indien)

Bihl, Wolfdieter: Deutsche Indienpolitik im Ersten und im Zweiten Weltkrieg, Vortrag vom 14. 5. 1983, gehalten vor der Zeitgeschichtlichen Forschungsstelle Ingolstadt.
Borra, Ranjan: Subhas Chandra Bose, the Indian National Army, and the War of India's Liberation, in: The Journal of Historical Review 1982, S. 407–439.
De Luca, Anthony R.: »Der Großmufti« in Berlin: The Politics of Collaboration, in: International Journal of Middle East Studies 1979, S. 125–138.
Dhunjibhoy, Roshan: Hitlers Krieg – Hoffnung der Dritten Welt. Araber, Inder und

Indonesier. Manuskript der am 16. 6. 1983 im WDR/wdf ausgestrahlten Sendung. Redaktion: Jürgen Rühle.

El Dessouki, Mohamed-Kamal: Hitler und der Nahe Osten, Dissertation FU Berlin 1963.

Franzen, Hans: Aus meinem Leben und meiner Zeit, Privatdruck Wiesbaden o.J.

Ganpuley, N.G.: Netaji in Germany. A little-known chapter, Bombay 1959.

Greiselis, Waldis: Das Ringen um den Brückenkopf Tunesien 1942/43. Strategie der »Achse« und Innenpolitik im Protektorat, Frankfurt-Bern 1976 (Europäische Hochschulschriften III/67).

Grobba, Fritz: Männer und Mächte im Orient. 25 Jahre diplomatischer Tätigkeit im Orient, Göttingen-Zürich-Berlin-Frankfurt 1967.

Hauner, Milan: Les puissances de l'axe et la lutte de l'Inde pour l'indépendance (1939–1942), in: Rev. d'hist. Nr. 96 (1974), S. 37–66.

Hauner, Milan: Das nationalsozialistische Deutschland und Indien, in: Manfred Funke (Hrsg.), Hitler, Deutschland und die Mächte, Kronberg 1978, S. 430–453.

Hentig, Werner Otto von: Mein Leben, eine Dienstreise, Göttingen 1962

Hirszowicz, Lukasz: The Third Reich and the Arab East, London-Toronto 1966.

Kogelfranz, Siegfried: Geschlagen, vertrieben, verraten, Folge III, in: Spiegel Nr. 40/1982 vom 4. 10. 1982, S. 170–192.

Laqueur, Walter: Der Weg zum Staat Israel. Geschichte des Zionismus, Wien 1975.

Massa, François: Le fascisme hindou de Chandra Bose, in: Maurice Bardèche u.a., Etudes sur le fascisme, Paris 1974, S. 85–97.

Melka, R.: Nazi Germany and the Palestine Question, in: Middle Eastern Studies 1969, S. 221–233.

Mockler, Anthony: Our Enemies the French. Being an Account of the War fought between the French and the British. Syria 1941, London 1976.

Nair, A.M.: An Indian Freedom Fighter in Japan, Bombay-Calcutta-Madras-New Delhi 1982.

Polkehn, Klaus: The secret Contacts: Zionism and Nazi Germany, 1933–1941, in: Journal of Palestine Studies, Beirut 1976 Nr. 19/20, S. 54–82.

Schnabel, Reimund: Tiger und Schakal. Deutsche Indienpolitik 1941–1943. Ein Dokumentarbericht, Wien 1968.

Schölch, Alexander: Das Dritte Reich, die zionistische Bewegung und der Palästina-Konflikt, in: VJHZ 4/1982, S. 646–674.

Schröder, Bernd Philipp: Deutschland und der Mittlere Osten im Zweiten Weltkrieg, Göttingen-Frankfurt-Zürich 1975 (Studien und Dokumente zur Geschichte des Zweiten Weltkrieges, 16).

Schröder, Bernd Philipp: Irak 1941, Freiburg 1980 (Einzelschriften zur militärischen Geschichte des Zweiten Weltkrieges, 24).

Toye, Hugh: The springing Tiger. A Study of a Revolutionary, London 1959.

Voigt, Johannes H.: Hitler und Indien, in: VJHZ 19 (1971) S. 33–63.

Voigt, Johannes H.: Indien im Zweiten Weltkrieg, Stuttgart 1978 (Studien zur Zeitgeschichte, 11).

Werth, Alexander (Hrsg.): Der Tiger Indiens. Subhas Chandra Bose. Ein Leben für die Freiheit des Subkontinents, München 1971.

483

Wiesenthal, Simon: Großmufti – Großagent der Achse Salzburg–Wien 1947.
Yisraeli, David: The Third Reich and Palestine, in: Middle Eastern Studies 1971, S. 343–353.

Albanien

Amery, Julian: Sons of the Eagle. A Study in Guerilla War, London 1948.
Frank, Hermann: Landser, Karst und Skipetaren. Bandenkämpfe in Albanien, Heidelberg 1957.
Serra, Alessandro: Albania. 8 settembre 1943 – 9 marzo 1944, Milano 1974.
Skendi, Stavro (Hrsg.): Albania. East-Central Europe under the Communists, New York 1956.
Stamm, Christoph: Zur deutschen Besetzung Albaniens 1943–1944, in: MGM 2/1981, S. 99–121.

Baltikum (Estland, Lettland, Litauen)

Audenas, Juozas (Hrsg.): 20 Year's Struggle for Freedom of Lithuania, New York, 1963.
Caunitis, Oskars: Lettische SS-Freiwilligenlegion, Münster o.J. (hektographiert).
Central Board »Daugavas Vanagi«: Latvia and the Latvians, London 1978.
Daumantas, Juozas: Fighters for Freedom. Lithuanian Partisans versus the U.S.S.R. (1944–1947), New York 1975.
Elta-Press: Siberia. Cimitero del popolo lituano, 2 Bände, Roma o.J.
Elta-Press: Lituania. La chiesa cattolica nella tormenta. Parte prima: dal giugno 1940 al giugno 1941, Roma o.J.
Enquist, Per Olov: Die Ausgelieferten, Roman, Hamburg 1969.
Harrison, E.J.: Lithuania's Fight for Freedom, o.O. 3. Aufl. 1948.
Haupt, Werner: Kurland. Die vergessene Heeresgruppe, Friedberg o.J. (1979).
Haupt, Werner: Baltikum 1941. Die Geschichte eines ungelösten Problems, Neckargemünd 1963 (Die Wehrmacht im Kampf, 37).
Hehn, Jürgen von: Lettland zwischen Demokratie und Diktatur. Zur Geschichte des lettländischen Staatsstreichs vom 15. Mai 1934, München 1957 (Jahrbücher für Geschichte Osteuropas, Beiheft 3).
Ivinskis, Zenonas: The Lithuanian Revolt against the Soviets in 1941, in: Lithuanus, Chicago 2/1966, S. 5–19.
Klesment, Johannes: The Estonian Soldier in the Second World War, Stockholm 1948.
Mariani, Emanuela: La Sovietizzazione della Lituania (1940–1952), Dissertation Universität Rom, Studienjahr 1979–1980 (unveröffentlicht).
Meier-Welcker, Hans (Hrsg.): Abwehrkämpfe am Nordflügel der Ostfront 1944–1945, Stuttgart 1963 (Beiträge zur Militär- und Kriegsgeschichte, 5).
Melzer, Walther: Kampf um die baltischen Inseln 1917–1941–1944. Eine Studie zur triphibischen Kampfführung, Neckargemünd 1960 (Die Wehrmacht im Kampf, 24).
Misiunas, Romuald J.: Fascisst Tendencies in Lithuania, in: The Slavonic and East European Review, Nr. 110, Jan. 1970, S. 88–109.

Müller, Christian: Das militärische Drama im Baltikum 1944/45, in: Jahrbuch des baltischen Deutschtums 16 (1969), S. 92–98.

Myllyniemi, Seppo: Die Neuordnung der baltischen Länder 1941–1944. Zum national-sozialistischen Inhalt der deutschen Besatzungspolitik, Helsinki 1973 (Dissertationes Historicae II).

Myllyniemi, Seppo: Die baltische Krise 1938–1941, Stuttgart 1979 (Schriften der VJHZ, 38).

Rauch, Georg von: Geschichte der baltischen Staaten, Stuttgart-Berlin-Köln-Mainz 1970.

Raulinatis, Zigmas: Armed Forces, in: Lietuviu enciclopedija, Boston 1970, S. 158–165.

Rei, August: The Drama of the Baltic Peoples, Stockholm 1970.

Schill, Paul: Die Geschichte der lettischen Waffen-SS, Ettlingen 1977.

Die letzte Schlacht. Der Einsatz der 20. (erste estnische) Panzergrenadierdivision der Waffen-SS in Oberschlesien im Frühjahr 1945, in: Der Freiwillige 12/1976 S. 14–15.

Schwedische Dokumente über die Auslieferung von Balten, in: Nachrichten aus dem Baltikum, Stockholm Nr. 99, März 1983, S. 13–15.

Silgailis, Arturs: Die Vorgeschichte der Entstehung der Lettischen Legion im Zweiten Weltkrieg, in: Acta Baltica XXI (1981), Königstein 1982, S. 246–281.

Suduvis, N.E.: Allein, ganz allein. Widerstand am baltischen Meer, München 1968.

Stöber, Hans: Die lettischen Divisionen im VI. SS-Armeekorps, Osnabrück 1981.

Uustalu, Evald: For Freedom only. The Story of the Estonian Volunteers in the Finnish Wars 1940–1944, Toronto 1977.

Vardys, Stanley V./Misiunas, Romuald J.: The Baltic States in Peace and War 1917–1945, University Park-London 1978.

Vardys, Stanley V. (Hrsg.): Lithuania under the Soviets. Portrait of a nation, 1940–1965, New York-Washington-London 1965.

Wittrock, Hugo: Kommissarischer Oberbürgermeister von Riga 1941–1944. Erinnerungen, Lüneburg 1979.

Belgien (Flandern, Wallonien)

Brasillach, Robert: Léon Degrelle et l'avenir de »Rex«, Paris 1936.

Carpinelli, Giovanni: The Flemish Variant in Belgian Fascism, in: The Wiener Library Bulletin 1972/73 vol. XXVI nos. 3/4, new series nos. 28/9, S. 20–27.

Colin, Françoise: Les Mouvements wallons de collaboration pendant la seconde guerre mondiale (à l'exception de Rex). Mémoire présenté pour l'obtention du grade de licencié en philosophie et lettres, Universität Brüssel, September 1980 (unveröffentlicht).

Degrelle, Léon: Die verlorene Legion, Preußisch Oldendorf, Neuauflage 1972.

Degrelle, Léon: Hitler per mille anni, Monfalcone 1970.

Degrelle, Léon: La nostra Europa, Padova 1980.

De Jonghe, A.: La lutte Himmler – Reeder pour la nomination d'un HSSPF à Bruxelles (1942–1944), 3 Teile, veröffentlicht in CHDGM 3/1974, S. 103–173; 4/1976, S. 5–160; 5/1978, S. 5–172.

Elst, Frans van der: Elias, chef du VNV, in: CHDGM 3/1974, S. 175–197.

Falkenhausen, Alexander von: Mémoires d'Outre-Guerre (Extraits). Comment j'ai gouverné la Belgique de 1940 à 1944, hrsgg. von Jo Gérard, Brüssel 1974.

Gérard, Jo: La Belgique sous l'occupation 1940–1944, Brüssel 2. Aufl. 1974.

Gutt, Camille: La Belgique au carrefour (1940–1944), Paris 1971.

Krier, E.: Rex et l'Allemagne (1933–1940). Une documentation, in: CHDGM 5/1978, S. 173–220.

Landwehr, Richard: Lions of Flanders. Flemish Volunteers of the Waffen-SS 1941–1945, Silver Spring, Maryland 1983.

Launay, Jacques de: La Belgique à l'heure allemande. La guerre et l'occupation 1940–1945, Brüssel o.J. (1978).

Launay, Jacques de: Hitler en Flandres, Lille 1975.

Laurent, Pierre-Henri: Belgian Rexism and Léon Degrelle, in: George L. Mosse, International Fascism, London-Beverly Hills 1979, S. 295–315.

Meyers, Willem C.M.: La Vlaamse Landsleiding, un »gouvernement« d'émigrés en Allemagne après septembre 1944, in: CHDGM 2/1972, S. 211–269.

Narvaez, Louise Duchesse de Valence: Degrelle m'a dit, Brüssel 1977.

Saint-Loup: Les SS de la toison d'or. Flamands et Wallons au combat, Paris 1975.

Schärer, Martin R.: Deutsche Annexionspolitik im Westen. Die Wiedereingliederung Eupen-Malmedys im zweiten Weltkrieg, Bern-Frankfurt-Las Vegas, 2. Aufl. 1978 (Europäische Hochschulschriften).

Tarchi, Marco (Hrsg.): Degrelle e il Rexismo, Roma 1978.

Thier, Jacques de: Pourquoi l'Espagne de Franco n'a pas livré Degrelle, in: Révue générale, Bruxelles 4/1983, S. 3–26.

Vermeylen, Pierre: The Punishment of Collaborators, in: The Annuals of the American Academy of Political and Social Science, Philadelphia, 1946 S. 73–77.

Vincx, Jan: Vlaanderen in Uniform 1940–1945, vorerst 6 Bände, Antwerpen 1980–1983.

Vinks, Jos: Pazifismus und Wehrhaftigkeit, in: Junges Forum, Hamburg Nr. 5–6/1980–81.

Vinks, Jos: Der Nationalismus in Flandern. Geschichte und Idee, Vaterstetten 1978 (auch in: Junges Forum, Hamburg, Nr. 5–6/1976).

Vlamingen aan het oostfront, 2 Bände, hrsgg. von Etnika V.Z.W., Antwerpen 1973 u. 1975.

Wagner, Wilfried: Belgien in der deutschen Politik während des Zweiten Weltkrieges, Boppard 1974 (Militärgeschichtliche Studien, 18).

Weber, Wolfram: Die innere Sicherheit im besetzten Belgien und Nordfrankreich 1940–1944. Ein Beitrag zur Geschichte der Besatzungsverwaltungen, Düsseldorf 1978.

Wilde, Maurice de: De Nieuwe Orde, Antwerpen-Amsterdam 2. Aufl. 1982 (Belgie in de Tweede Wereldoorlog, 3).

Willequet, Jacques: Les fascismes belges et la seconde guerre mondiale, in: Rev. d'hist. Nr. 66 (1967), S. 85–109.

D'Ydewalle, Charles: La légion wallonne sur le front russe, in: Histoire de notre temps 1968, S. 233–250.

Bulgarien

Docheff, Ivan: Half Century Struggle against Communism for the Freedom of Bulgaria, New York 2. Aufl. 1982.

Hoppe, Hans-Joachim: Bulgarien – Hitlers eigenwilliger Verbündeter, Stuttgart 1979 (Studien zur Zeitgeschichte, 15).

Miller, Marschall Lee: Bulgaria during the Second World War, Stanford/California 1975.

Oschlies, Wolf: Bulgarien – Land ohne Antisemitismus, Erlangen 1976.

Solliers, Robert: Notes sur le fascisme bulgare, in: Maurice Bardèche u.a., Etudes sur le fascisme, Paris 1974, S. 166–173.

Dänemark

Dänische Freiwilligenkorps zusammen mit Deutschland gegen Sowjet-Rußland, in: Militärwochenblatt, Berlin Nr. 13/1941, S. 348–351.

Djursaa, Malene: Who were the Danish Nazis? A Methodological Report on an Ongoing Project, in: Reinhard Mann (Hrsg.), Die Nationalsozialisten, Stuttgart 1980, S. 137–154.

Foged, Harly: Danske landsknaegte – SS-Soldat, Kopenhagen 1983.

Girskov, Carl Christian: The Danish »Purge-Laws«, in: Journal of Criminal Law and Criminologie, London 1948, S. 447–460.

Haaest, Eric: Frontsvin. Frikorps Danmark – folk om kampene ved Ilmensen, Lynge 2. Aufl. 1976.

Haaest, Eric: Frostknuder. Frikorps Danmark – folk om kampene ved Welikije Luki op Korpsets endeligt, Lynge 1975.

Haaest, Eric: Forraedere. Frikorps Danmark – folk om drømmen og virkeligheden, Lynge 1975.

Marini, A.: Fra Kaukasus til Leningrad. Pa basis af en dansk officers krigsoplevelser i SS-Division Wiking, 3 Bände, Kopenhagen 1980.

Schou, Søren: De danske Østfront-frivillige, Kopenhagen 1981.

Thomsen, Erich: Deutsche Besatzungspolitik in Dänemark 1940–1945, Düsseldorf 1971 (Studien zur modernen Geschichte, 4).

Tieke, Wilhelm: Im Lufttransport an Brennpunkte der Ostfront. Geschichte des SS-IR 4 (mot.)/»Langemarck« und des »Freikorps Danmark«, Osnabrück 1971.

Zwischen 1941 und 1945 an der Ostfront mehr dänische Gefallene als im Krieg 1864, in: Der Nordschleswiger, 20. 6. 1981.

England

Benewick, Robert: The fascist Movement in Britain, London 1972.

Casper, Wilhelm: Britische Stimmen über die deutsche Besatzungszeit auf den britischen Kanalinseln 30. 6. 1940 – 8. 5. 1945, Hamburg-Berlin 1963.

Cole, J.A.: Hier spricht der Großdeutsche Rundfunk. Der Fall Lord Haw-Haw, Wien-Hamburg 1965.

Cruickshank, Charles: The German occupation of the Channel Islands, Guernsey 1975.

Mosley, Oswald: Weg und Wagnis. Ein Leben für Europa, Leoni 1968.

Ridder, Helmut K.J.: Der Fall William Joyce, in: Zeitschrift für die gesamte Staatswissenschaft, Tübingen 1952, S. 690–702.

Seth, Roland: Jackals of the Reich. The Story of the British Free Corps, London 1972.
Skidelsky, Robert: Sir Oswald Mosley: From Empire to Europe, in: Twentieth Century Studies, März 1969, S. 38–61.
Slade, Marquis de: Yeomen of Valhalla, Mannheim 1970 (Privatdruck).
Slade, Marquis de: The frustrated Axis, Witten 1978 (Privatdruck).
West, Rebecca: The Meaning of Treason, Harmondsworth 1965.
Wood, Alan u. Mary: Islands in Danger. The story of the German Occupation of the Channel Islands 1940–1945, London 1955.

Finnland

Aspelmeier, Dieter: Deutschland und Finnland während der beiden Weltkriege, Hamburg 1967.
Condon, Richard W.: Winterkrieg Rußland–Finnland, München 1980.
Erfurth, Waldemar: Der finnische Krieg 1941–1944, München 1978.
Die finnischen Jäger. Kgl. Pr. Jägerbataillon Nr. 27, in: Deutsches Soldatenjahrbuch 1966, S. 150–152.
Halter, Heinz: Finnlands Jugend bricht Rußlands Ketten. Die Geschichte des preußischen Jäger-Bataillons 27, Leipzig 2. Aufl. 1941.
Jacobson, Max: Diplomatie im finnischen Winterkrieg 1939/40, Wien-Düsseldorf 1970.
Loock, Hans-Dietrich: Nordeuropa zwischen Außenpolitik und großgermanischer Innenpolitik, in: Manfred Funke (Hrsg.): Hitler, Deutschland und die Mächte, Kronberg 1978, S. 648–706.
Mannerheim, Carl Gustav von: Erinnerungen, Zürich-Freiburg 1952.
Rintala, Marvin: An Image of European Politics: The People's Patriotic Movement, in: Journal of central european affairs 1961, S. 308–316.
Salewski, Michael: Staatsräson und Waffenbrüderschaft. Probleme der deutsch-finnischen Politik, in: VJHZ 27 (1979), S. 370–391.
Stein, George H./Krosby, Peter H.: Das finnische Freiwilligen-Bataillon der Waffen-SS. Eine Studie zur SS-Diplomatie und zur ausländischen Freiwilligen-Bewegung, in: VJHZ 1966, S. 413–453.
Tieke, Wilhelm: Das Finnische Freiwilligen-Bataillon der Waffen-SS, Osnabrück 1979.
Ueberschär, Gerd R.: Guerre de coalition ou guerre séparée: conception et structures de la stratégie germano-finlandaise dans la guerre contre l'URSS (1941–1944), in: Rev. d'hist. Nr. 118 (1980), S. 27–68.
Ueberschär, Gerd R.: Hitler und Finnland 1939–1941. Die Deutsch-Finnischen Beziehungen während des Hitler-Stalin-Paktes, Wiesbaden 1978 (Frankfurter Historische Abhandlungen, 16).
Upton, A.F.: Finlandia, in: Stuart J. Woolf (Hrsg.), Il fascismo in Europa, Roma-Bari 1973, S. 211–247.

Frankreich

Abetz, Otto: Das offene Problem. Ein Rückblick auf zwei Jahrzehnte deutscher Frankreichpolitik, Köln 1951.

Allainmat, Henry/Truck, Betty: La Nuit des Parias. La tragique histoire des 130.000 Francais incorporés de force dans la Wehrmacht et la Waffen-SS, Paris 1974.

Allardyce, Gilbert: Jacques Doriot et l'esprit fasciste en France, in: Rev. d'hist. Nr. 97 (1975), S. 34–44.

Allardyce, Gilbert: Die politische Wandlung des Jacques Doriot, in Laqueur. W./Mosse, G.L. (Hrsg.), Internationaler Faschismus 1920–1945, München 1966, S. 86–110.

Amouroux, Henri: La grande histoire des Français sous l'occupation. Vorerst 6 Bände, Paris 1976–83: 1. Le peuple du désastre (1939–1940); 2. Quarante millions de Pétainistes (juin 1940 – juin 1941); 3. Les beaux jours des collabos (juin 1941 – juin 1942); 4. Le peuple réveillé (juin 1940 – avril 1942); 5. Les passions et les haines (avril – décembre 1942); 6. L'impitoyable guerre civile (décembre 1942 – décembre 1943).

Aron, Robert: Histoire de Vichy 1940–1944, Paris 1954.

Augier, Marc: Götterdämmerung (Europa 1945), Leoni 1957.

Augier, Marc: Alphonse de Châteaubriand entre Jésus et Hitler, in: Jean Dumont (Hrsg.), Les survivants de l'aventure hitlérienne, Genf 1975, S. 127–176.

Auphan, Paul: Histoire élémentaire de Vichy, Paris 1971.

Auphan, Paul/Mordal, Jacques: Unter der Trikolore. Kampf und Untergang der französischen Marine im Zweiten Weltkrieg, Oldenburg 1964.

Azéma, Jean-Pierre: La collaboration (1940–1944), Paris 1975.

Aziz, Philippe: Au service de l'ennemi. La gestapo française en province, Paris 1972.

Bail, René: Monsignor de Mayol de Lupé, in: J. Dumont (Hrsg.), Les survivants de l'aventure hitlérienne, Genf 1975, S. 209–254.

Bail, René: Synthèse de la fusillade du 8 mai 1945 à Bad Reichenhall-Karlstein, Manuskript (unveröffentlicht).

Bailly, André: SS Français à 17 ans, in: Historama 1/1984, S. 90–95.

Benoist-Méchin, Jacques: Ernte 1940, Kiel 1983.

Bidault, Georges: Noch einmal Rebell. Von einer Résistance in die andere, Berlin 1966.

Bourget, Pierre: Der Marschall. Pétain zwischen Kolloboration und Résistance, Frankfurt-Berlin 1968.

Brasillach, Robert: Notre avant-guerre. Une génération dans l'orage. Mémoires, Paris 1973.

Chanal, M.: La Milice française dans l'Isère (février 1943 – août 1944), in: Rev. d'hist. Nr. 127 (1982), S. 1–42

Charbonneau, Henry: Les mémoires de Porthos, 2 Bände, Paris 1981.

Cointet, J.P.: Marcel Déat et le parti unique (été 1940), in: Rev. d'hist. Nr. 91 (1973), S. 1–22.

Le Combattant Européen. Organe bi-mensuel des légionnaires français à l'Est. Paris, Juni 1943 – Juli 1944.

Dank, Milton: The French against the French. Collaboration and resistance, Philadelphia/New York 1974.

Davey, Owen A.: The origins of the Légion des Volontaires Français contre le Bolshevisme, in: Journal of contemporary history 1971, S. 29–45.

Delperrié de Bayac, Jacques: Histoire de la Milice (1918–1945), Paris 1978.

Deniel, Alain: Bucard et le Francisme, Paris 1979.

Devenir. Journal de combat de la communauté européenne. Paris Nr. 1–5, (Febr. – Juli 1944).

Dioudonnat, Pierre-Marie: Je suis partout 1930–1944. Les maurassiens devant la tentation fasciste, Paris 1973.

Drieu la Rochelle, Pierre: I cani di paglia. Romanzo, Bolzano 1979.

Drieu la Rochelle, Pierre: Fragment de mémoires 1940–1941, Paris 1982.

Drieu la Rochelle, Pierre: Der bolivianische Traum, Köln-Lövenich 1981.

Duprat, François: Les mouvemets d'extrème-droite en France. 2 Teile, veröffentlicht in: Revue d'histoire du fascisme Nr. 8 und 9/1976.

Europa unter dem Hakenkreuz: Paris. Film von Helmuth Rompa, ausgestrahlt von der ARD am 19. 12. 1982.

Fabre-Luce, Alfred: Nach dem Waffenstillstand. Französisches Tagebuch 1940–1942, Hamburg 1943.

Fahrmbacher, Wilhelm/Matthiae, Walter: Lorient. Entstehung und Verteidigung des Marine-Stützpunktes 1940/45, Weißenburg, 2. Aufl. 1956.

Gordon, Bertram M.: Collaborationism in France during the Second World War, Ithaca–London 1980.

Gordon, Bertram M.: Un soldat du fascisme: L'évolution politique de Joseph Darnand, in: Rev. d'hist. Nr. 108 (1977), S. 43–70.

Gordon, Bertram M.: The Condottieri of the Collaboration: Mouvement Social Révolutionnaire, in: Journal of contemporary history 1975, S. 261–282.

Goueffon, J.: La guerre des ondes: Le cas de Jean Hérold-Paquis, in: Rev. d'hist. Nr. 108 (1977), S. 27–42.

Grimm, Friedrich: Frankreich-Berichte 1934–1944, herausgegeben vom Kreis seiner Freunde, Bodmann/Bodensee 1972.

Grossmann, S.: L'évolution de Marcel Déat, in: Rev. d'hist. Nr. 97 (1975), S. 3–29.

Grover, Frédéric J.: Drieu la Rochelle (1893–1945). Vie, oeuvres, témoignages, Paris 1979.

Halls, Wilfred D.: The Youth of Vichy France, Oxford 1981.

Hartmann, Peter Claus: Frankreich im Jahr 1941, seine militärische, politische und wirtschaftliche Situation, in: Das Jahr 1941 in der europäischen Politik, München-Wien 1972, S. 39–55.

Hasquenoph, Marcel: La Gestapo en France, Paris 1978.

Heller, Gerhard: In einem besetzten Land. NS-Kulturpolitik in Frankreich. Erinnerungen 1940–1944, Köln 1982.

Historia, hors série Nr. 39: La collaboration, Paris 1975.

Historia, hors série Nr. 40: La Milice. La collaboration en uniforme, Paris 1975.

Historia, hors série Nr. 41: L'épuration – La justice sommaire de l'été 44, Paris 1975.

Hoffmann, Stanley: Collaborationism in France during World War II, in: Journal of modern history 1968, S. 375–395.

Jsorni, Jacques: Il processo Brasillach, Saluzzo 1983

Jacomet, A.: Les chefs du francisme: Marcel Bucard et Paul Guiraud, in: Rev. d'hist. Nr. 97 (1975), S. 45–66.

Jouvenel, Bertrand de: Nach der Niederlage, Berlin 1941.

Kohut, Karl (Hrsg.): Literatur der Résistance und Kollaboration in Frankreich, 3 Bände, Tübingen-Wiesbaden 1982–84.

Labat, Eric: Les places étaient chères, Paris 2. Aufl. 1969.

Labedan, Guy: La répression à la libération dans la région de Toulouse, in: Rev. d'hist. Nr. 131 (1983), S. 105–112.

La Mazière, Christian de: Ein Traum aus Blut und Dreck, Wien-Berlin 1972.

Laurens, André: Le phénomène milicien en Ariège et l'évolution des ses représentations dans l'opinion, in: Rev. d'hist. Nr. 131 (1983), S. 3–23.

Laval parle, Genf 1947.

Mabire, Jean/Demaret, Pierre: Les SS Français. La brigade Frankreich, Paris 1976.

Mabire, Jean: Les SS Français. La division Charlemagne, Paris 1976.

Mabire, Jean: Berlin im Todeskampf 1945. Französische Freiwillige der Waffen-SS als letzte Verteidiger der Reichskanzlei, Preußisch Oldendorf 1977.

Machefer, Philippe: Ligues et fascismes en France 1919–1939, Paris 1974.

Madiran, Jean: Brasillach, Rennes 1958.

Mathieu, Michel: Bad Reichenhall: une tache sur le blason de la 2e D.B., in: Historama, hors série Nr. 46/1981, S. 132–137.

Merglen, Albert: Soldats français sous uniformes allemandes 1941–1945: LVF et Waffen-SS Français, in: Rev. d'hist. nr. 108 (1977), S. 71–84.

Moser, Arnulf: Das französische Befreiungskomitee auf der Insel Mainau und das Ende der deutsch-französischen Collaboration 1944/45, Sigmaringen 1980 (Konstanzer Geschichts- und Rechtsquellen, XXV).

Nachrichten aus Melun. Die Menschlichkeit muß noch warten . . . Der Fall Vasseur als Beispiel, Erbach 1978.

Neugebauer, Karl-Volker: Die deutsche Militärkontrolle im unbesetzten Frankreich und in Französisch-Nordafrika 1940–1942. Zum Problem der Sicherung von Hitlers Kontinentaleuropa, Boppard 1980 (Militärgeschichtliche Studien, 27).

Noli, Jean: Le choix. Souffrance et gloire de la marine française pendant la seconde guerre mondiale, Paris 1972.

Novick, Peter: The Resistance versus Vichy. The Purge of Collaborators in Liberated France, New York 1968.

Ory, Pascal: Les collaborateurs 1940–1945, Paris 1976.

Ory, Pascal (Hrsg.): La France allemande (1933–1945). Paroles du collaborationisme français, Paris 1977.

Paxton, Robert O.: Parades and Politics at Vichy. The French Officer Corps under Marshal Pétain, Princeton/New Jersey 1966.

Pellegrin, René: La Phalange Africaine. La LVF en Tunisie 1942–1943, Paris 1973 (Privatdruck).

Pellegrin, René: Iconographie de la Phalange Africaine, Paris 1975 (Privatdruck).

Pfeil, Alfred: Die französische Kriegsgeneration und der Faschismus: Pierre Drieu la Rochelle als politischer Schriftsteller, München 1972.

Quatre procès de trahison devant la Cour de Justice des Paris: Paquis, Bucard, Luchaire, Brasillach. Réquisitoires et plaidoiries, Paris 1947.

Rebatet, Lucien: Les mémoires d'un fasciste. 2 Bände: 1. Les décombres, 2. 1941–1947, Paris 1976.

Richard, Lionel: Drieu la Rochelle et la Nouvelle Revue Française des années noires, in: Rev. d'hist. Nr. 97 (1975), S. 67–84.

Rostaing, Pierre: Le prix d'un serment. Souvenirs recueillis par Pierre Demaret. Paris 1975.

Rousso, Henri: Un château en Allemagne. La France de Pétain en exil. Sigmaringen 1944–1945, Paris 1980.

Saint-Germain, Philippe: Les prisons de l'épuration, Paris 1975.
Saint-Loup: Legion der Aufrechten. Frankreichs Freiwillige an der Ostfront, Leoni 1977.
Saint-Paulien: Les Maudits. Band 1: La bataille de Berlin, Paris 1973.
Saint-Paulien, Histoire de la collaboration, Paris 1964.
Sartre, Jean-Paul: Paris unter deutscher Besetzung. Artikel und Reportagen 1944–1945, Reinbek/Hamburg 1980.
Sérant, Paul: Romanticismo fascista, Milano 1971.
Sereau, Raymond: L'armée de l'armistice (1940–1942), Paris 1961.
Soucy, Robert: Das Wesen des Faschismus in Frankreich, in: W. Laqueur/G.L. Mosse (Hrsg.): Internationaler Faschismus 1920–1945, München 1966, S. 46–85.
Soucy, Robert: Le fascisme de Drieu la Rochelle, in: Rev. d'hist. Nr. 66 (1967), S. 61–84.
Soulat, Robert: Französische Freiwilligenverbände, unveröffentlichtes Manuskript
Tarchi, Marco (Hrsg.): Doriot e il Partito Popolare Francese, Roma 1974.
Tournoux, J.R.: L'histoire secrète, Paris 1962.
Tournoux, Michel: Le Royaume d'Otto. France 1939–1945. Ceux qui ont choisi l'Allemagne, Paris 1982.
Umbreit, Hans: Der Militärbefehlshaber in Frankreich 1940–1944, Boppard 1968 (Militärgeschichtliche Studien, 7).
Vormeier, Barbara: Die Deportationen deutscher und österreichischer Juden aus Frankreich, Paris 1980.
Warner, G.: Francia, in: S.J. Woolf (Hrsg.), Il fascismo in Europa, Roma-Bari 1973, S. 301–320.
Wolf, Dieter: Die Doriot-Bewegung. Ein Beitrag zur Geschichte des französischen Faschismus, Stuttgart 1967 (Quellen und Darstellungen zur Zeitgeschichte, 15).

Französisch-Flandern und Bretagne

Butler, Marie-Hélène: La collaboration dans la préfecture régionale de Rennes, in: Rev. d'hist. Nr. 117 (1980) S. 3–31.
Déniel, Alain: Le mouvement breton de 1919 à 1945, Paris 1976.
Dejonghe, Etienne: Un mouvement séparatiste dans le Nord et le Pas-de-Calais sous l'occupation (1940–1944): Le »Vlaamsch Verbond van Frankrijk«, in: Revue d'histoire moderne et contemporaine, XVII (1970), S. 50–77.
Fouéré, Yann: La Bretagne ecartelée. Essai pour servir à l'histoire de dix ans 1938–1948, Paris 2. Aufl. 1976.
Foulon, Charles-Louis: L'opinion, la résistance et le pouvoir en Bretagne à la libération, in: Rev. d'hist. Nr. 117 (1980), S. 75–100.
Le Boterf, Hervé: La Bretagne dans la guerre, 3 Bände, Paris 1969–71.
Markale, Jean: Histoire secrète de la Bretagne, Paris 1979.
Meyers, Willem C.M.: Les collaborateurs flamands de France et leurs contacts avec les milieux flamingants belges, in: Revue du Nord 1978, S. 337–349.
Mordrel, Olier: Breiz Atao ou histoire et actualité du Nationalisme breton, Paris 1973.
Mordrel, Olier: L'idée bretonne, Paris 1981.
Mordrel, Olier: De Breiz Atao au F.L.B., permanence et revouveau de l'autonomisme breton, in: Histoire magazine 2/1980, S. 18–22.

Reece, Jack E.: The Bretons against France. Ethnic minority nationalism in Twentieth-Century Brittany, Chapel Hill 1977.
Umbreit, Hans: Zur Behandlung der Bretonenbewegung durch die deutsche Besatzungsmacht im Sommer 1940, in: MGM 1/1969, S. 145–165.

Griechenland

Eudes, Dominique: Les Kapetanios: La guerre civile grecque 1943–1949, Paris 1970.
Gaitanides, Johannes: Griechenland ohne Säulen, Frankfurt 1980.
Mavrocordatis, H.: Le fascisme en Grèce pendant la guerre, in: M. Bardèche u.a., Etudes sur le fascisme, Paris 1974, S. 98–102.
Richter, Heinz: Griechenland zwischen Revolution und Konterrevolution (1936–1946), Frankfurt 1973.
Schramm-von Thadden, Ehrengard: Griechenland und die Großmächte im Zweiten Weltkrieg, Wiesbaden 1955 (Veröffentlichungen des Instituts für europäische Geschichte Mainz, 9).
Tsatos, Jeanne: The sword's fierce edge. A Journal of the occupation of Greece 1941–1944, Charlotte/North Carolina 1969.
Woodhouse, C.M.: Apple of Discord. A survey of recent greek politics in their international setting, London 1948.

Holland

Beekmann, Frans S.A./Kurowski, Franz: Der Kampf um die Festung Holland, Herford 1981.
Giskes, H.J.: London ruft Nordpol, Bergisch Gladbach 1982.
Jong, Louis de: Les Pays-Bas dans la Seconde Guerre Mondiale, in: Rev. d'hist. Nr. 50 (1963), S. 1–26.
Hansen, Eric: Fascism and Nazism in the Netherlands 1929–30, in: European studies review 1981, S. 355–385
Kock, Erich: Unterdrückung und Widerstand. 5 Jahre deutscher Besetzung in den Niederlanden, hrsgg. vom Kulturamt der Stadt Dortmund, 1960 (Dortmunder Vorträge, 35).
Kwiet, Konrad: Zur Geschichte der Mussert-Bewegung, in: VJHZ 18 (1970), S. 164–195.
Kwiet, Konrad: Reichskommissariat Niederlande. Versuch und Scheitern nationalsozialistischer Neuordnung, Stuttgart 1968 (Schriften der VJHZ, 17).
Maass, Walter B.: The Netherlands at War: 1940–1945, London-New York-Toronto 1970.
Mason, Henry L.: The Purge of Dutch Quislings. Emergency Justice in the Netherlands, The Hague 1952.
Paape, A.H.: Le mouvement national-socialiste en Hollande. Aspects politiques et historiques, in: Rev. d'hist. Nr. 66 (1967), S. 30–60.

Prel, Max du (Hrgs.): Die Niederlande im Umbruch der Zeiten. Alte und neue Beziehungen zum Reich. Im Auftrag des Reichskommissars für die besetzten niederländischen Gebiete Reichsminister Dr. Seyss-Inquart, Den Haag 1942.

Stokes, Lawrence D.: Anton Mussert and the N.S.B.: 1931–45, in: History 56 (1971), S. 387–407.

Tienen, Paul van: El dia 5 de noviembre de 1921, Barcelona 1982.

Warmbrunn, Werner: The Dutch under German occupation, Stanford/Calif. 1963.

Zee, Sytze van der: Voor Führer, Volk en Vaderland sneuvelde ... De SS in Nederland, Nederland in de SS, Den Haag 1975.

Irland

Carter, Carolle J.: The Shamrock and the Swastika. German Espionage in Ireland in World War II, Palo Alto/Calif. 1977.

Cronin, Sean: Frank Ryan. The Search for the Republic, Dublin 1980.

Dickel, Horst: Irland als Faktor der deutschen Außenpolitik 1933–1945. Eine propädeutische Skizze, in: M. Funke (Hrsg.), Hitler, Deutschland und die Mächte, Kronberg 1978, S. 565–576.

Stephan, Enno: Geheimauftrag Irland. Deutsche Agenten im irischen Untergrundkampf 1939–1945, Oldenburg-Hamburg 1961.

Italien

Anfuso, Filippo: Die beiden Gefreiten. Ihr Spiel um Deutschland und Italien, München 1952.

Arena, Nino: Aquile senza ali. I paracadutisti italiani nella seconda guerra mondiale, Milano 3. Aufl. 1972.

Arena, Nino: L'Aeronautica Nazionale Repubblicana 1943–1945, 2 Bände, Modena 1973 u. 1974.

Associazione Nazionale delle famiglie dei caduti e dispersi della RSI (Hrsg.): Lettere dei condannati a morte della RSI, Roma 2. Aufl. 1976.

Beckerath, Erwin von: Wesen und Werden des faschistischen Staates, Darmstadt 1979.

Bellotti, Felice: La Repubblica di Mussolini. 16 luglio 1943 – 25 aprile 1945, Milano 1947.

Bernart, Enzo de: Da Spalato a Wietzendorf 1943–1945. Storia degli internati militari italiani, Milano 1973.

Bertoldi, Silvio: Salò. Vita e morte della Repubblica Sociale Italiana, Milano 2. Aufl. 1976.

Bocca, Giorgio: La Repubblica di Mussolini, Roma-Bari 1977.

Bocca, Giorgio: Una repubblica partigiana. Ossola 10 settembre – 23 ottobre 1944, Milano 3. Aufl. 1975.

Bolla, Luigi: Perché a Salò. Diario della Repubblica Sociale Italiana, a cura di Giordano Bruno Guerri, Milano 1982.

Bolzoni, Adriano: La guerra dei neri, Roma 1981.

Borghese, Junio Valerio: Decima Flottiglia Mas. Dalle origini all'armistizio, Milano 2. Aufl. 1968.

Calandri, Michele (Hrsg.): Fascismo 1943–1945. I notiziari della GNR da Cuneo a Mussolini, Cuneo 1979.

Canevari, Emilio: Graziani mi ha detto, Roma 3. Aufl. 1947.

Carlucci, Giuseppe: Repubblica Sociale Italiana. Storia, Roma 2. Aufl. 1959.

Carnier, Pier Arrigo: Lo sterminio mancato. La dominazione nazista nel Veneto orientale 1943–1945, Milano 1982.

Ciano, Galeazzo: Diario 1939–1943, Milano 5. Aufl. 1971.

Cione, Edmondo: Storia della Repubblica Sociale Italiana, Caserta 1948.

Collier, Richard: Der Duce. Aufstieg und Fall des Benito Mussolini, München 1974.

Collotti, Enzo: Dati sulle forze di polizia fasciste e tedesche nell'Italia settentrionale nell'aprile 1945, in: Il Movimento di Liberazione in Italia Nr. 71 (April–Juni 1963), S. 51–72.

Conti, Giuseppe: La RSI e l'attività del fascismo clandestino nell'Italia liberata dal settembre 1943 all'aprile 1945, in: Storia Contemporanea 1979, S. 941–1018.

Davis, Melton S.: Die Söhne der Wölfin. Rom 1943, Stuttgart 1975.

Deakin, F.W.: Die brutale Freundschaft. Hitler, Mussolini und der Untergang des italienischen Faschismus, Köln-Berlin 1962.

De Felice, Renzo: Storia degli ebrei sotto il fascismo, 2 Bände, Torino 3. Aufl. 1977.

Del Bono, Luigi: Il mare nel bosco, Roma 1980.

Dulles, Allen/Gaevernitz, Gero v.S.: Unternehmen »Sunrise«. Die geheime Geschichte des Kriegsendes in Italien, Düsseldorf-Wien 1967.

Entrarano nell'esercito di Salò-perché? Tavola rotonda con Bocca, Del Buono, Montanelli e Almirante, in: Storia Illustrata Nr. 278 (1981), S. 22–38.

Funke, Manfred: Hitler und Mussolini. Anatomische Anmerkung zum 40. Jahrestag der Achsen-Allianz, in: Aus Politik und Zeitgeschichte, Bonn B 43/76, S. 15–20.

Giovannini, Alberto (Hrsg.): 8 settembre 1943. Pieta e tragedia, Roma o.J.

Giovannini, Alberto (Hrsg.): I giorni dell'odio. Italia 1945, Roma 1975.

Graziani, Rodolfo: Ho difeso la patria, Milano 16. Aufl. 1949.

Grimaldi, Ugoberto A.: La Stampa di Salò, Milano 1979.

Guerin, Antonio: L'ultima raffica, Monfalcone 1980.

Haupt, Werner: Kriegsschauplatz Italien 1943–1945, Stuttgart 1977.

Kesselring, Albert: Soldat bis zum letzten Tag, Bonn 1953.

Lamb, Richard: Salò: L'ultimo esercito di Mussolini, in: Storia Illustrata Nr. 282 (1981), S. 24–38.

Lazzati, Giulio: Ali nella tragedia. Gli aviatori italiani dopo l'8 settembre, Milano 1970.

Lazzero, Ricciotti: Le SS italiane, Milano 1982.

Lazzero, Ricciotti: Le SS italiane, in: Storia Illustrata Nr. 291 (1982), S. 20–42.

Lazzero, Ricciotti: X Mas. La milizia privata del principe Borghese, in: Storia Illustrata Nr. 315 (1984), S. 62–78.

Lazzero, Ricciotti: Le brigate nere, Milano 1983.

Lazzero, Ricciotti: Le brigate nere, in: Storia Illustrata Nr. 305 (1983), S. 30–48.

Lombardi, Gabrio: L'8 settembre fuori Italia, Milano 1966.

Malaparte, Curzio: Die Haut, Karlsruhe 1950.

Moellhausen, Eitel F.: Die gebrochene Achse, Alfeld/Leine 1949.

Murgia, Pier G.: Ritorneremo! Storia e cronaca del fascismo dopo la Resistenza, Milano 1976.

Mussolini, Benito: Storia di un anno. Il tempo del bastone e della carota, Milano 1982.

Neulen, Hans Werner: Deutsche Italiener, in: Flug-Revue 2/1984, S. 50 f.

Pansa, Giampaolo: L'esercito di Salò, Milano 1974.

Paolucci, Vittorio: La Repubblica Sociale Italiana e il Partito Fascista Repubblicano. Settembre 1943 – marzo '44, Urbino 1979.

Petacco, Arrigo: Pavolini. L'ultima raffica di Salò, Milano 1982.

Pisanò, Giorgio: Storia della guerra civile in Italia (1943–1945), 3 Bände, Roma 1980.

Pisanò, Giorgio: La generazione che non si è arresa, Milano 9. Aufl. 1979.

Pisenti, Piero: Una repubblica necessaria (RSI), Roma 1977.

Rahn, Rudolf: Ruheloses Leben. Aufzeichnungen und Erinnerungen, Stuttgart-Zürich o.J.

Rauti, Pino/Sermonti, Rutilio: Storia del fascismo. Bd. 6: Nel grande conflitto, Roma 1978.

Revelli, Nato u.a.: La guerra civile in Italia. Racconti, testimonianze, ricordi, Milano 1975.

Riservato a Mussolini. Notiziari giornalieri della Guardia Nazionale Repubblicana, novembre 1943 – giugno 1944. Documenti dell Archivio Luigi Micheletti, Milano 1974.

Ruinas, Stanis: Pioggia sulla Repubblica, Roma 3. Aufl. 1979.

Scalpelli, Adolfo: Scioperi e guerriglia in Val Padana (1943–45), Urbino 1972.

Schröder, Josef: Italiens Kriegsaustritt 1943. Die deutschen Gegenmaßnahmen im italienischen Raum: Fall »Alarich« und »Achse«, Göttingen-Zürich-Frankfurt 1969 (Studien und Dokumente zur Geschichte des Zweiten Weltkrieges, 10).

Smith, Bradley F./Agarossi, Elena: Unternehmen »Sonnenaufgang«, Köln 1981.

Solaro, Giuseppe: La comunità Imperiale Fascista della nuova Europa, in: Geopolitica, Milano 2/1942, S. 93–98.

Spampanato, Bruno: Contromemoriale, 6 Bände, Roma 1974.

Tamaro, Attilio: Due anni di storia, Band 1, Roma 1981.

Traietti, Luciano: Gli eroi dimenticati, Roma 1982.

Vernier, Ettore: Repubblica Sociale Italiana. Zur Problematik eines Dritten Weges I, in: Junges Forum, Hamburg 1/1977.

Jugoslawien (Kroatien, Montenegro, Serbien, Slowenien)

Barker, Elisabeth: Macedonia. Its place in Balkan power politics, London 1950.

Djilas, Milovan: Der Krieg der Partisanen. Memoiren 1941–1945, Wien-München-Zürich-Innsbruck 2. Aufl. 1978.

Dostanic, Miodrag: Das Serbische Freiwilligen-Korps war keine Formation der Deutschen Wehrmacht oder der Waffen-SS, Manuskript, unveröffentlicht.

Dragojlov, Fedor: Der Krieg 1941–1945 auf dem Gebiet des »unabhängigen Staates Kroatien«, in: Allgemeine schweizerische Militärzeitschrift, 1956, Heft 5–7, S. 345–364; 425–449; 509–523.

Erignac, Louis: La révolte des croates, Villefranche-de-Rouergue 1980.

Ernsthausen, Adolf von: Die Wölfe der Lika. Mit Legionären, Ustaschi, Domobranen und Tschetniks gegen Titos Partisanen. Erlebnisse in Kroatien 1944, Neckargemünd 1959.

Fricke, Gert: Kroatien 1941–1944. Der »Unabhängige Staat« in der Sicht des Deutschen Bevollmächtigten Generals in Agram, Glaise von Horstenau, Freiburg 1972 (Einzelschriften zur militärischen Geschichte des Zweiten Weltkrieges, 8).

Harmsen, Hans: Demographische Verluste Kroatiens 1941 bis 1946, in: Donauraum 1979, S. 154–157.

Hnilicka, Karl: Das Ende auf dem Balkan 1944/45. Die militärische Räumung Jugoslawiens durch die deutsche Wehrmacht, Göttingen-Zürich-Frankfurt 1970 (Studien und Dokumente zur Geschichte des Zweiten Weltkrieges, 13).

Hory, Ladislaus/Broszat, Martin: Der kroatische Ustascha-Staat 1941–1945, Stuttgart 2. Aufl. 1965 (Schriftenreihe VJHZ, 8).

Karapandzich, Borivoje M.: The bloodiest Yugoslav Spring 1945. Tito's Katyns and GU-Lags, New York 1980.

Kiszling, Rudolf: Die Wehrmacht des Unabhängigen Staates Kroatien, in: Österreichische Militärische Zeitschrift 3/1965, S. 261–265.

Klietmann, K.G.: Die Kroatische Legion und ihre Auszeichnung, Berlin 1958 (Ordenskunde, 6).

Kroatien marschiert. Erste Jahreslese in Wort und Bild aus der Wochenschrift »Neue Ordnung«, Zagreb 1942.

Lespart, Michel: Les Oustachis, terroristes de l'idéal, Paris 1976.

Ljotić, Dimitrije: Lux in tenebris. Auszug der Gedanken aus den Schriften von Dimitrije V. Ljotić, München o.J. (Privatdruck).

Martin, St.: Die Kroatische Flieger-Legion, in: Zeitschrift für Heeres- und Uniformkunde 1953, S. 91 f.

Martin, St.: Kroatische Marine-Legion, in: Zeitschrift für Heeres- und Uniformkunde 1954, S. 68–70.

Martin, St.: Die Fahne der kroatischen Legion, in: Zeitschrift für Heeres- und Uniformkunde 1954, S. 7 f.

Meister, J.: Die jugoslawische Marine in der Adria 1941–45, in: Marine-Rundschau 1963, S. 137–152.

Meneghello-Dinčić, Kruno: L'état »Oustacha« de Croatie (1941–1945), in: Rev. d'hist. Nr. 74 (1969), S. 43–65.

Musa, Vladislav: Kurze kroatische Geschichte, München 1980.

Patriot or Traitor. The case of General Mihailovich. Proceedings and report of the Commission of Inquiry of the Committee for a fair trial for Draja Mihailovich, Stanford/Calif. 3. Aufl. 1979.

Pebal, Hans von: Hrvatska Krila. Die kroatischen Flieger im 2. Weltkrieg, Graz o.J.

Rauchwetter, Gerhard: »U« über der Ostfront. Als deutscher Kriegsberichter bei einem Kampffliegerverband der kroatischen Legion, Zagreb 1943.

Schraml, Franz: Kriegsschauplatz Kroatien. Die deutsch-kroatischen Legions-Divisionen – 369., 373., 392. Inf.-Div. (kroat.) – ihre Ausbildungs- und Ersatzformationen, Nekkargemünd 1962.

Sundhausen, Holm: Zur Geschichte der Waffen-SS in Kroatien 1941–1945, in: Südost-Forschung 30 (1971), S. 176–196.

Tolstoy, Nikolai: The Klagenfurt Conspiracy. War Crimes and Diplomatic Secrets, in: Encounter, London 5/1983, S. 24–37.

Tomasevich, Jozo: War and Revolution in Yugoslavia, 1941–1945. The Chetniks, Stanford/Calif. 1975.

Wuescht, Johann: Jugoslawien und das Dritte Reich. Eine dokumentierte Geschichte der deutsch-jugoslawischen Beziehungen von 1933 bis 1945, Stuttgart 1969.

Wuescht, Johann: Slowenen und Deutsche, Kehl 1975.

Luxemburg

Cerf, Paul: De l'épuration au Grand-Duché de Luxembourg après la seconde guerre mondiale, Luxembourg 1980.

Hohengarten, André: Wie es im Zweiten Weltkrieg (1939–1945) zur Zwangsrekrutierung Luxemburger Staatsbürger zum Nazi-Heer kam, Luxembourg o.J.

Koch-Kent, Henri: Sie boten Trotz. Luxemburger im Freiheitskampf 1939–1945, Luxembourg 1974.

Koch-Kent, Henri: 10 mai 1940 en Luxembourg. Témoignages et documents, Luxembourg 1971.

Lorang, Fernand: Ons Jongen. Das Vermächtnis einer Jugend, herausgegeben von den Rümelinger Zwangsrekrutierten, Luxembourg 1982.

Maertz, Joseph: Luxemburg in der Ardennenoffensive 1944/45, Luxemburg 6. Aufl. 1969.

Weber, Paul: Geschichte Luxemburgs im Zweiten Weltkrieg, Luxemburg 2. Aufl. 1948.

Norwegen

Andenaes, Johs. u.a.: Norway and the Second World War, Oslo 1966.

Blindheim, Svein: Nordmenn under Hitlers fane, Noregs Boklag 2. Aufl. 1978.

Boehm, Hermann: Norwegen zwischen England und Deutschland, Lippoldsberg 1956.

Esper, Ben: Tsjerkassy. En norsk ambulansekjørers opplevelser pa Østfronten 1943–1944, Kopenhagen 1981.

Fröshaug, Harald: A social-psychiatric examination of young front-combatants (Norwegian volunteers in the German army), in: Acta psychiatrica et neurologica Scandinavica, Kopenhagen 1955, S. 443–465.

Halle, F. (Hrsg.): Fra Finland til Kaukasus. Normenn pa Østfronten 1941–1945, Oslo 1972.

Hansen, Thorkild: Der Hamsun Prozeß, Hamburg 1979.

Hayes, Paul M.: Quisling, The Career and political ideas of Vidkun Quisling 1887–1945, Newton Abbot 1971.

Hayes, Paul M.: Quislings politische Ideen, in: W. Laqueur/G.L. Mosse (Hrsg.), Internationaler Faschismus 1920–1945, München 1966, S. 201–217.

Hayes, Paul M.: Bref aperçu de l'histoire de Quisling et du gouvernement de la Norvège 1940 à 1945, in: Rev. d'hist. Nr. 66 (1967), S. 11–33.

Hewins, Ralph: Quisling – Verräter oder Patriot? Porträt eines Norwegers, Leoni 1972.

Knudsen, Franklin: I was Quisling's Secretary, London 1967.

Kristiansen, Rolf: Rekruttering av nordmenn til vinterkrigen i Finland 1939/40, in: Norsk Militaert Tidsskrift 9/1970, S. 433 f.

Lochner, R.K.: Als das Eis brach. Der Krieg zur See um Norwegen 1940, München 1983.

Loock, Hans-Dietrich: Quisling, Rosenberg und Terboven. Zur Vorgeschichte und Geschichte der nationalsozialistischen Revolution in Norwegen, Stuttgart 1970 (Quellen und Darstellungen zur Zeitgeschichte, 18).

Lunde, Gulbrand: Die nationale Revolution in Norwegen, in: Zeitschrift für Politik 11/1941, S. 653–667.

Nilson, Sten Sparre: Knut Hamsun und die Politik, Villingen 1964.

Quisling, Vidkun: Rußland und wir, Oslo 1942.

Quisling, Vidkun: Norwegen und die germanische Aufgabe in Europa, in: Zeitschrift für Politik 12/1942, S. 787–804.

Soldiers of St. Olaf's Cross: The Legion Norwegen 1941–1943, in: Siegrunen Bulletin Nr. 2 (1979).

Storlid, P.O.: Regiment »Nordland«, in: Norsk Militaert Tidsskrift 10/1982.

Storlid, P.O.: Zur Geschichte der Norwegischen Legion, Manuskript, unveröffentlicht.

Thaer, Günther (Hrsg.): Quisling ruft Norwegen. Reden und Aufsätze, München 1942.

Unstad, Lyder L.: Vidun Quisling. The Norwegian Enigma, in: Susquehanna University Studies 3/1959, S. 458–501.

Ost- und Südosteuropa (allgemein)

Ambri, Mariano: I falsi fascismi. Ungheria, Jugoslavia, Romania 1919–1945, Roma 1980.

Armstrong, John A.: Collaborationism in World War II: The integral nationalist variant in Eastern Europe, in: Journal of modern history 40 (1968), S. 396–410.

Biographisches Lexikon zur Geschichte Südosteuropas, hrsgg. von Mathias Bernath u. Felix von Schroeder. Redaktion Gerda Bartl, 4 Bände, München 1974–1981.

Borejsza, Jerzy W.: Il Fascismo e l'europa orientale. Dalla propaganda all'aggressione, Roma-Bari 1981.

Borejsza, Jerzy W.: Die Rivalität zwischen Faschismus und Nationalsozialismus in Ostmitteleuropa, in: VJHZ 29 (1981), S. 579–614.

Bretholz, Wolfgang: Ich sah sie stürzen, Wien–München–Basel 1955

Broszat, Martin: Faschismus und Kollaboration in Ostmitteleuropa zwischen den Weltkriegen, in: VJHZ 14 (1966), S. 225–251.

Lacko, Miklos: Ostmitteleuropäischer Faschismus. Ein Beitrag zur allgemeinen Faschismus-Definition, in: VJHZ 21 (1973), S. 39–51.

Lendvai, Paul: Der rote Balkan zwischen Nationalismus und Kommunismus, Frankfurt 1969.

Maller, Martin: Die Fahrt gegen das Ende. Erlebnisse aus den Partisanenkämpfen im Balkan, nach Tagebuchaufzeichnungen zusammengestellt, 3 Bände, Bonn 1961–1964.

Nagy-Talavera, Nicholas M.: The Green Shirts and the Others. A history of Fascism in Hungary and Rumania, Stanford/Calif. 1970.

Neubacher, Hermann: Sonderauftrag Südost 1940–1945. Bericht eines fliegenden Diplomaten, Seeheim/Bergstraße 3. Aufl. 1966.

Röhricht, Edgar: Die Entwicklung auf dem Balkan 1943–45, in: WWR 12/1962, S. 391–406.

Schmidt-Richberg, Erich: Der Endkampf auf dem Balkan. Die Operationen der Heeresgruppe E von Griechenland bis zu den Alpen, Heidelberg 1955.

Polen

Andreski, S.: Polonia, in: S.J. Woolf (Hrsg.), Il fascismo in Europa, Roma-Bari 1973, S. 191–209.

Bor-Komorowski, Tadeusz: Histoire d'une armée secrète, Paris o.J.

Broszat, Martin: Nationalsozialistische Polenpolitik 1939–1945, Stuttgart 1961 (Schriftenreihe der VJHZ, 2).

Broszat, Martin: Zweihundert Jahre deutsche Polenpolitik, Frankfurt 1972.

Eisenblätter, Gerhard: Grundlinien der Politik des Reichs gegenüber dem Generalgouvernement 1939–1945, Frankfurt 1969.

»Es gibt keinen jüdischen Wohnbezirk in Warschau mehr«. Stroop-Bericht, Darmstadt-Neuwied 1976.

Fox, John P.: Der Fall Katyn und die Propaganda des NS-Regimes, in: VJHZ 30 (1982), S. 462–500.

Geiss, Imanuel/Jacobmeyer, Wolfgang (Hrsg.): Deutsche Politik in Polen 1939–1945. Aus dem Diensttagebuch von Hans Frank, Generalgouverneur in Polen, Opladen 1980.

Geiss, Imanuel: Die deutsche Politik im Generalgouvernement Polen 1939–1945. Aus dem Diensttagebuch des Generalgouverneurs Hans Frank, in: Aus Politik und Zeitgeschichte, B 34/78, S. 15–33.

Gross, Jan T.: Polish Society under German occupation. The Generalgouvernement 1939–1944, Princeton/New Jersey 1979.

Jacobmeyer, Wolfgang: Heimat und Exil. Die Anfänge der polnischen Untergrundbewegung im Zweiten Weltkrieg, Hamburg 1973 (Hamburger Beiträge zur Zeitgeschichte, IX).

Klessmann, Christoph: Der Generalgouverneur Hans Frank, in: VJHZ 19 (1971), S. 245–261.

Krannhals, Hans von: Der Warschauer Aufstand 1944, Frankfurt 1962.

Kurzman, Dan: Der Aufstand. Die letzten Tage des Warschauer Ghettos, München 1981.

Madajczyk, Czeslaw: Die deutsche Besatzungspolitik in Polen (1939–45), Wiesbaden 1967 (Institut für Europäische Geschichte Mainz, Vorträge Nr. 48).

Moczarski, Kazimierz: Gespräche mit dem Henker. Das Leben des SS-Gruppenführers und Generalleutnants der Polizei Jürgen Stroop, Frankfurt 1982.

Roos, Hans: Polen in der Besatzungszeit, in: W. Markert (Hrsg.), Osteuropa-Handbuch Polen, Köln-Graz 1959, S. 167–193.

Roos, Hans: Geschichte der polnischen Nation 1916–1960, Stuttgart 2. Aufl. 1964.

Schickel, Alfred: Polnische Offiziere in deutschen Kriegsgefangenenlagern, in: Geschichte. Historisches Magazin Nr. 49 (1982), S. 8–19.

Spiegel Nr. 48/80–52/80: Wie Polen verraten wurde. Die kurzlebige Selbständigkeit des polnischen Staates 1918 bis 1946.

500

Studnicki, Wladyslaw: Irrwege in Polen. Ein Kampf um die polnisch-deutsche Annäherung, Göttingen 1951.
Wandycz, Piotr S.: Fascism in Poland 1918–1939, in: P.F. Sugar (Hrsg.), Native Fascism in the Successor States, Santa Barbara 1971, S. 92–97.
Wereszycki, Henryk: Fascism in Poland, in: P.F. Sugar (Hrsg.), Native Fascism in the Successor States, Santa Barbara 1971, S. 85–91.

Portugal

Jacob, Ernst Gerhard: Grundzüge der Geschichte Portugals und seiner Übersee-Provinzen, Darmstadt 1969.
Kay, Hugh: Die Zeit steht still in Portugal. Hintergrund eines politischen Systems, Bergisch Gladbach 1971.
Martins, H.: Portogallo, in: S.J. Woolf (Hrsg.), Il fascismo in Europa, Roma-Bari 1973, S. 345–382.

Rumänien

Armon, Theodor I.: La Guardia di Ferro, in: Storia contemporanea 7/1976, S. 507–544.
Barbu, Z.: Romania, in: S.J. Woolf (Hrsg.), Il fascismo in Europa, Roma-Bari 1973, S. 169–190.
Beer, Klaus: Vorbereitung und Durchführung des Umsturzes vom 23. August 1944 in Rumänien, in: Südost-Forschungen XXXVIII (1979), S. 88–138.
Broszat, Martin: Die Eiserne Garde und das Dritte Reich. Zum Problem des Faschismus in Ostmitteleuropa, in: Politische Studien Nr. 101 (1958), S. 628–636.
Chirnoaga, Platon: Un chapitre d'histoire roumaine (1940–1945), Rio de Janeiro 1962.
Chirnoaga, Platon: Istoria politica si militara a rasboiului romaniei contra rusiei sovietice, Madrid 1965.
Codreanu, Corneliu Z.: Diario dal carcere, Padova 1970.
Codreanu, Corneliu Z.: Circolari e manifesti, Parma 1980.
Codreanu, Corneliu Z.: Il capo di cuib, Padova 1974.
Codreanu, Corneliu Z.: Eiserne Garde, München 1970.
Duprat, François: Quelques aspects du fascisme roumain, in: M. Bardèche u.a., Etudes sur le fascisme, Paris 1974, S. 51–67.
Duprat, François: Naissance, développement et échec d'un fascisme roumain, in: M. Bardèche u.a., Etudes sur le fascisme, Paris 1974, S. 113–164.
Emilian, Ion V.: Der phantastische Ritt. Rumäniens Kavallerie an der Seite der Deutschen Wehrmacht im Kampf gegen den Bolschewismus, Preußisch Oldendorf 1977.
Evola, Julius: Il mio incontro con Codreanu, in: Civilta, Roma 2/1973, S. 51–54.
Fatu, Mihai/Spalatelu, Ion: Die Eiserne Garde. Terrororganisation faschistischen Typs, Bukarest 1975.
Gheorge, Ion: Rumäniens Weg zum Satellitenstaat, Heidelberg 1952.

Hillgruber, Andreas: Hitler, König Carol und Marschall Antonescu. Die deutsch-rumänischen Beziehungen 1939–1944, Wiesbaden 1954 (Veröffentlichungen des Instituts für Europäische Geschichte Mainz, Band 5).
Marturii Despre Legiune 24 Junie 1927. Intemeierea Legiunii Arhangelul Mihail 1927–1967, Rio de Janeiro 1967.
Mota, Ion I.: L'uomo nuovo, a cura di Ion Marii, Padova 1978.
Pemler, Georg: Der Flug zum Don. Aus dem geheimen Kriegstagebuch eines Aufklärungsfliegers, Leoni 1981.
Randa, Alexander von: Lebende Kreuze. Einführung und Nachwort von G. Kahle, München 1979.
Ronnett, Alexander E.: Romanian Nationalism: The Legionary Movement, Chicago 1974.
Rosca, Nicolae: Sarata, Madrid 1978.
Sburlati, Carlo: Codreanu e la Guardia di Ferro, Roma 1974.
Sima, Horia: Intervista sulla Guardia di Ferro, a cura di Maurizio Cabona, Palermo 1977.
Sturdza, Michele: La fine dell'Europa, Napoli 1970
Vestitorii: Der Prozeß gegen die Legionäre in Rumänien. 9.–12. Okt. 1953, München 1973.
Weber, Eugen: Die Männer des Erzengels, in: W. Laqueur, G.L. Mosse (Hrsg.), Internationaler Faschismus 1929–1945, München 1966, S. 143–176.

Schweden

Carlgren, W.M.: Swedish Foreign Policy during the Second World War, London-Tonbridge 1977.
Ekman, Stig: La politique de défense de la Suède durant la seconde guerre mondiale, in: Rev. d'hist. Nr. 126 (1982), S. 3–36.
Gruchmann, Lothar: Schweden im Zweiten Weltkrieg. Ergebnisse eines Stockholmer Forschungsprojekts, in: VJHZ 25 (1977), S. 591–657.
Jerk, Wiking: Endkampf um Berlin, Buenos Aires 2. Aufl. 1947.
Polyglot Armies of Volunteers Massing to Fight for Finland, in: Newsweek, 29. 1. 1940, S. 19–21.
Silfverstolpe, M.: Svenska Frivilligkaren – en aterblick, in: Svensk tidskrift 1948, S. 199–204.
Tschernischewa, Olga W.: Faschistische Strömungen und Organisationen in Schweden bis zum Ende des Zweiten Weltkrieges, in: Nordeuropa. Wissenschaftliche Zeitschrift der Ernst-Moritz-Arndt-Universität 1974, S. 41–59.
Westberg, Lennart: Schwedische Kriegsfreiwillige in Verbänden der Waffen-SS 1940–1945, vorläufiges Manuskript im Institut für Zeitgeschichte, Ms 316.
Westberg, Lennart: Aufstellung, Kriegseinsatz und Ende der 3. Kompanie der SS-Panzer-Aufklärungs-Abteilung 11 »Nordland« 1943–1945, Manuskript, unveröffentlicht.

Schweiz

Bonjour, Edgar: Geschichte der schweizerischen Neutralität, Band III: 1930–1939, Basel-Stuttgart 2. Aufl. 1967; Band V: 1939–1945, Basel-Stuttgart 2. Aufl. 1971.

Bourgeois, Daniel: Documents sur la subversion nazie en Suisse pendant l'été et l'automne 1940, in: Relations internationales 3/1975, S. 107–132.

Bourgeois, Daniel: Le Troisième Reich et la Suisse 1933–1941, Neuchâtel 1974 (Université de Genève, thèse Nr. 261).

Bourgeois, Daniel: Les relations économiques germano-suisses 1939–1945, in: Rev. d'hist. Nr. 121 (1981), S. 49–61.

Bütler, Heinz: »Wach auf, Schweizervolk!« Die Schweiz zwischen Frontismus, Verrat und Selbstbehauptung. 1914–1940, Gümlingen 1980.

Gilg, Peter/Gruner, Erich: Nationale Erneuerungsbewegungen in der Schweiz 1925–1940, in: VJHZ 14 (1966), S. 1–25.

Glaus, Beat: Die Nationale Front. Eine Schweizer faschistische Bewegung 1930–1940, Zürich-Einsiedeln-Köln 1969.

Lüond, Karl: Spionage und Landesverrat in der Schweiz, 2 Bände, Zürich 1977.

Noll, Peter: Landesverräter. 17 Lebensläufe und Todesurteile 1930–1940, Zürich-Einsiedeln-Köln 1980.

Piekalkiewicz, Janusz: Schweiz 39–45. Krieg in einem neutralen Land, Stuttgart-Zug 2. Aufl. 1979.

Rings, Werner: Schweiz im Krieg 1933–1945. Ein Bericht, Düsseldorf-Wien 1974.

Rüthemann, Walter: Volksbund und SGAD. Nationalsozialistische Schweizerische Arbeiter Partei. Schweizerische Gesellschaft der Freunde einer autoritären Demokratie. Ein Beitrag zur Geschichte der politischen Erneuerungsbewegungen in der Schweiz 1933–1944, Zürich 1979.

Schaeppi, Benno: Germanische Freiwillige im Osten, Nürnberg 1943.

Schaeppi, Benno: Erinnerungen und Berührungspunkte zum Freundeskreis der Sebastianer, Privatdruck o.J.

Wolf, Walter: Faschismus in der Schweiz. Die Geschichte der Frontenbewegung in der deutschen Schweiz, 1930–1945, Zürich 1969.

Zander, Alfred: Eidgenossenschaft und Reich. Ein Schweizer über das Verhältnis der Eidgenossenschaft zum Reich, Berlin 3. Aufl. 1942.

Zimmermann, Horst: Die Schweiz und Großdeutschland. Das Verhältnis zwischen der Eidgenossenschaft, Österreich und Deutschland 1933–1945, München 1980.

Zimmermann, Horst: Die »Nebenfrage Schweiz« in der Außenpolitik des Dritten Reiches, in: M. Funke (Hrsg.), Hitler, Deutschland und die Mächte, Kronberg 1978, S. 811–822.

Sowjetunion

Alexiew, Alex: Soviet Nationalities in German Wartime Strategy, Rand Corporation, Santa Monica 1982.

Armstrong, John A.: Ukrainian Nationalism, New York-London 2. Aufl. 1963.

The Battle of Brody through the eyes of officers from the 14th Ukrainian Division of the Waffen-SS, in: Siegrunen Nr. 29 (1983), S. 137–153.

Baumeister, Rudolf: Erfahrungen mit Ostfreiwilligen im II. Weltkrieg, in: Wehrkunde 4/1955, S. 153–157.

Beher, Heinz (Hrsg.): Erinnerungen an den Sonderverband, drei Bataillone und an die Kameradschaft Bergmann, München 1983.

Bethell, Nicholas: Das letzte Geheimnis. Die Auslieferung russischer Flüchtlinge an die Sowjets durch die Alliierten, Frankfurt-Berlin-Wien 1978.

Blaese, Hermann: Don-Kosaken-Reiterregiment 5, in: Nachrichten der Kameradschaft des XV. Kosaken-Kavallerie-Korps 40/1982; 41/1982; 42/1983; 44/1983.

Bräutigam, Otto: Überblick über die besetzten Ostgebiete während des 2. Weltkrieges, Tübingen 1954 (Studien des Instituts für Besatzungsfragen, 3).

Buchbender, Ortwin: Das tönende Erz. Deutsche Propaganda gegen die Rote Armee im Zweiten Weltkrieg, Stuttgart 1978.

Carell, Paul: Verbrannte Erde. Schlacht zwischen Wolga und Weichsel, Berlin-Frankfurt-Wien 1966.

Carell, Paul: Unternehmen Barbarossa. Der Marsch nach Rußland, Frankfurt-Berlin-Wien 1963.

Carlucci, Ugo: Il generale Vlassov e l'armata russa antibolscevica, in: Cultura di Destra, Roma 5/1975, S. 59–65.

Chrustschow erinnert sich. Herausgegeben von Strobe Talbott, Reinbek/Hamburg 1971.

Conquest, Robert: Stalins Völkermord. Wolgadeutsche, Krimtataren, Kaukasier, Wien 1974.

Dallin, Alexander: The Kaminsky Brigade: 1941–1944. A Case Study of German Exploitation of Soviet Disaffection, Russian Research Center, Cambridge/Mass. 2. Aufl. 1956.

Dallin, Alexander: Deutsche Herrschaft in Rußland 1941–1945. Eine Studie über Besatzungspolitik, Düsseldorf 1958.

Deschner, Günther: Freiwillige II. Verraten und verkauft, in: Das Dritte Reich – Nachkrieg, Hamburg Nr. 57/1976 S. 180–187.

Dmytryshyn, Basil: The Nazis and the SS Volunteer Division »Galicia«, in: American Slavic and East European Review 1956 S. 1–10.

Dnjeprow, Roman: Was war die »Wlassow-Bewegung«? in: Kontinent Nr. 18 (April 1981), S. 91–109.

Dwinger, Edwin Erich: General Wlassow. Eine Tragödie unserer Zeit, Frankfurt-Überlingen-Berlin 1951.

Elliott, Mark: Andrei Vlasov: Red Army General in Hitler's Service, in: Military Affairs 2/1982, S. 84–87.

Eltz, Erwein Karl Graf zu: Mit den Kosaken. Kriegstagebuch 1943–1945, Donaueschingen 1970.

Epstein, Julius: Die Zwangsrepatriierung von antikommunistischen Kriegsgefangenen in die Sowjetunion, in: Politische Studien Nr. 196 (1971), S. 149–156.

Fisher, Georg: Der Fall Wlassow, in: Der Monat, 3. Jahrgang Nr. 33 (S. 263–279), Nr. 34 (S. 393–408), Nr. 35 (S. 519-525).

Georg, St.: Die Fahnen der Turkestanischen Freiwilligen-Verbände, in: Zeitschrift für Heeres- und Uniformkunde 1954, S. 106 f.

504

Greehey, William H.: The German XVth Cossack Cavalry Corps, 1943–1945, in: Adjutant's Call, vol. 5, Nr. 3, 1967, S. 29 ff.; Vol. 5, Nr. 4, 1967, S. 54 ff.

Grey, Marina/Bourdier, Jean: Les armées blanches, Paris 1978.

Grimm, Claus: Internierte Russen in Liechtenstein, in: Jahrbuch des Historischen Vereins für das Fürstentum Liechtenstein, Bd. 71 (1971), S. 41–101.

Hayit, Baymirza: Turkestan im Herzen Euroasiens, Köln 1980.

Heike, Wolf-Dietrich: Sie wollten die Freiheit. Die Geschichte der Ukrainischen Division 1943–1945, Dorheim o.J. (1971).

Hoffmann, Joachim: Die Ostlegionen 1941–1943. Turkotataren, Kaukasier und Wolgafinnen im deutschen Heer, Freiburg 1976 (Einzelschriften zur militärischen Geschichte des Zweiten Weltkrieges, 19).

Hoffmann, Joachim: Deutsche und Kalmyken 1942 bis 1945, Freiburg 3. Aufl. 1977 (Einzelschriften zur militärischen Geschichte des Zweiten Weltkrieges, 14).

Horak, Stephan M.: L'Ukraine entre les nazis et les communistes, in: Rev. d'hist. Nr. 130 (1983), S. 65–75.

Hostler, Charles W.: Türken und Sowjets. Die historische Lage und die politische Bedeutung der Türken und der Turkvölker in der heutigen Welt, Frankfurt 1960.

Ilnytzkyj, Roman: Deutschland und die Ukraine 1934–1945, 2 Bände, München 2. Aufl. 1958.

Kalben, Heinrich-D. von: Zur Geschichte des XV. Kosaken-Kavallerie-Korps, Folgen I bis X, in: Deutsches Soldatenjahrbuch, München 1963–1972. Die Folgen IX u. X verfaßte Constantin Wagner.

Kern, Erich: General von Pannwitz und seine Kosaken, Preußisch Oldendorf 3. Aufl. 1971.

Kirimal, Edige: Der nationale Kampf der Krimtürken, Emsdetten 1952.

Longworth, Philipp: Die Kosaken. Legende und Geschichte, Frankfurt 1977.

Mackiewicz, Josef: Tragödie an der Drau oder die verratene Freiheit, München 1957.

Martin, St.: Die Abzeichen der Aserbaidschanischen Legion, in: Zeitschrift für Heeres- und Uniformkunde 1953, S. 26 f.

Martin, St.: Die Abzeichen der Nordkaukasischen Legion, in: Zeitschrift für Heeres- und Uniformkunde 1954, S. 33 f.

Mende, Gerhard von: Erfahrungen mit Ostfreiwilligen in der deutschen Wehrmacht während des Zweiten Weltkrieges, in: Auslandsforschung Nr. 1. Vielvölkerheere und Koalitionskriege, Darmstadt 1952, S. 24–33.

Münter, Otto: Die Ostfreiwilligen. Der vergebliche Kampf der Stalin-Gegner im 2. Weltkrieg, in: Damals 1979, S. 207–226.

Novak, T.: Une tentative de restauration de l'indépendance de l'Ukraine en 1941, in: L'Est européen 1982, S. 21–25.

NTS = Bund Russischer Solidaristen (Hrsg.): Die revolutionäre Organisation der russischen Widerstandsbewegung, Frankfurt 5. Aufl. 1967.

Petrowsky, A.: Unvergessener Verrat! Roosevelt-Stalin-Churchill, München 3. Aufl. 1965.

Raschhofer, Hermann: Der Fall Oberländer, Tübingen 1962

Reitlinger, Gerald: Ein Haus auf Sand gebaut. Hitlers Gewaltpolitik in Rußland 1941–1944, Gütersloh o.J.

Schwarz, Wolfgang: Kosaken. Kampf und Untergang eines Reitervolkes, Esslingen 1976.

Seidler, Franz W.: Zur Führung der Osttruppen in der deutschen Wehrmacht im Zweiten Weltkrieg, in: WWR 1970, S. 683–702.

Seidler, Franz W.: Oskar Ritter von Niedermayer im Zweiten Weltkrieg. Ein Beitrag zur Geschichte der Ostlegionen, in: WWR 1970, S. 168–174 und 193–208.

Shandruk, Pavlo: Arms of Valor, New York 1959.

Silverlight, John: The Victor's dilemma. Allied intervention in the russian civil war, London 1970.

Steenberg, Sven: Wlassow. Verräter oder Patriot? Köln 1968

Stephan, John J.: The Russian Fascists. Tragedy and Farce in Exile, New York-San Francisco-London 1978.

Strik-Strikfeld, Wilfried: Gegen Stalin und Hitler. General Wlassow und die russische Freiheitsbewegung, Mainz 2. Aufl. 1970.

Teske, Hermann (Bearb.): General Ernst Köstring. Der militärische Mittler zwischen dem Deutschen Reich und der Sowjetunion 1921–1941, Frankfurt 1966.

Thorwald, Jürgen: Die Illusion, Rotarmisten in Hitlers Heeren, München-Zürich 1976.

Tolstoy, Nikolai: Die Verratenen von Yalta. Englands Schuld vor der Geschichte, München 1978.

Ukrainian Central Information Service: Thirty Years 1950–1980, Toronto-London 1980.

Ukrainischer Verlag (Hrsg.): Russischer Kolonialismus in der Ukraine, Berichte und Dokumente, München 1962.

Ukrainischer Verlag (Hrsg.): Petlura-Konowalez-Bandera von Moskau ermordet, München 1962.

Ukrainischer Zentraler Informationsdienst (Hrsg.): Zum 30. Jahrestag der Entstehung der Ukrainischen Aufständischen Armee, München 1972.

Vegesack, Siegfried von: Als Dolmetscher im Osten. Ein Erlebnisbericht aus den Jahren 1942–43, Hannover 1965.

Vlis, J.A. van der: Tragedie op Texel. Een oogetuigenverslag van de opstand der Georgiers in April 1945, Amsterdam 4. Aufl. 1945.

Vogelsang, Henning Freiherr von: Nach Liechtenstein – in die Freiheit, Triesen 1980

Volkmann, Hans-Erich: Das Vlasov-Unternehmen zwischen Ideologie und Pragmatismus, in: MGM 2/1972, S. 117–155.

Wenzel, Edgar M.: So gingen die Kosaken durch die Hölle, Wien 1976.

zur Mühlen, Patrik von: Zwischen Hakenkreuz und Sowjetstern. Der Nationalismus der sowjetischen Orientvölker im 2. Weltkrieg, Düsseldorf 1971, (Bonner Schriften zur Politik und Zeitgeschichte, 5).

Spanien

Abendroth, Hans-H.: Spanien – das Ringen um die Gestaltung des Franco-Staates, in: Forndran, E. u.a., Innen- und Außenpolitik unter nationalsozialistischer Bedrohung, Opladen 1977, S. 110–129.

Bauer, B.: Doscientos espanoles defendieron la Cancilleria berlinese, in: Madrid, 11. Mai 1965.

Caballero, Carlos: La »Division Azul«, in: Defensa (span.), Nr. 37 (1981), S. 66–75.

Esteban-Infantes, Emilio: Blaue Division. Spaniens Freiwillige an der Ostfront, Leoni 1977.

Ezquerra, Miguel: Berlin a vida o muerte, Saluzzo 1980.

Imatz, Arnaud: José Antonio et la Phalange Espagnole, Paris 1981.

La Guardia Civil en la Division Azul, in: Revista de estudios historicos, Madrid 1970, S. 23–36.

Kleinfeld, Gerald R./Tambs, Lewis A.: The Spanish Blue Division, in: History Today 1977, S. 520–525.

Kleinfeld, Gerald E./Tambs, Lewis A.: North to Russia. The Spanish Blue Division in World War II, in: Military Affairs 37 (1973), S. 8–13.

Kleinfeld, Gerald R./Tambs, Lewis A.: Hitler's Spanish Legion. The Blue Division in Russia, London-Amsterdam 1979.

Krammer, Arnold: Spanish volunteers against bolshevism, in: The Russian Review 1973, S. 388–402.

Luca de Tena, Torcuato: Der Rebell. Hauptmann Palacios und die Russen, Leoni 1965.

Nellessen, Bernd: Die verbotene Revolution. Aufstieg und Niedergang der Falange, Hamburg 1963 (Hamburger Beiträge zur Zeitgeschichte, 1).

O'Balance, Edgar: The Spanish Blue Division in the Second World War, in: The Royal United Service Institution, London 1964, S. 240–245.

Payne, Stanley G.: Falange. A History of Spanish Fascism, Stanford/Calif. 1961.

Proctor, Raymond: Agonia de un neutral. Las relaciones hispanoalemanas durante la segunda guerra mundial y la Division Azul, Madrid 1972.

Roig, Pedro V.: Spanish Soldiers in Russia, Miami 1976.

Ruhl, Klaus-J.: Spanien im Zweiten Weltkrieg. Franco, die Falange und das »Dritte Reich«, Hamburg 1975 (Historische Perspektiven, 2).

Saint-Loup: La Division Azul. Croisade espagnole de Leningrad au Goulag, Paris 1978.

Scurr, John: Germany's Spanish Volunteers. The Blue Division in Russia, London 1980.

Thomas, Hugh: The Spanish Civil War, Middlesex 3. Aufl. 1979.

Thomas, Hugh: Spagna, in: S.J. Woolf (Hrsg.): Il fascismo in Europa, Roma-Bari 1973, S. 321–344.

Tschechoslowakei (Böhmen-Mähren, Kroatien)

Brandes, Detlef: Die Tschechen unter deutschem Protektorat, 2 Bände, München-Wien 1969 und 1975.

Brandes Detlef: Die deutsche Reaktion auf die Prager Demonstrationen im Herbst 1939, in: VJHZ 23 (1975), S. 210–218.

Deschner, Günther: Reinhard Heydrich. Statthalter der totalen Macht, München 1980.

D'Orcival, François: Le Danube était noir. La cause de la Slovaquie indépendante, Paris 1968.

Havránek, Jan: Fascism in Czechoslovakia, in: P.F. Sugar (Hrsg.), Native Fascism in the Successor States 1918–1945, Santa Barbara/Calif. 1971, S. 47–55.

Hoensch, Jörg K.: Geschichte der Tschechoslowakischen Republik 1918–1965, Berlin-Köln-Mainz 1966.

Hoensch, Jörg K.: Die Slowakei und Hitlers Ostpolitik. Hlinkas slowakische Volkspartei zwischen Autonomie und Separation 1938/1939, Köln-Graz 1965 (Beiträge zur Geschichte Osteuropas, 4).

Jelinek, Yeshayahu: Slovakia's Internal Policy and the Third Reich, August 1940 – February 1941, in: Central European History 1971, S. 242–270.

Jelinek, Yeshayahu: Storm-troopers in Slovakia: the Rodobrana and the Hlinka Guard, in: Journal of contemporary history 1971, S. 97–119.

Jelinek, Yeshayahu: The Parish-Republic: Hlinka's Slovak People's Party 1939–1945, New York 1976 (East European Monographs, XIV).

Mamatey, Victor S./Luza, Radomir (Hrsg.): Geschichte der Tschechoslowakischen Republik 1918–1948, Wien-Köln-Graz 1980.

Mastny, Vojtech: The Czechs under Nazi Rule. The failure of the national resistance 1939–1942, New York-London 1971.

Schmoller, Gustav von: Heydrich im Protektorat Böhmen und Mähren, in: VJHZ 27 (1979), S. 626–645.

Ströbinger, Rudolf: Das Attentat von Prag, Bergisch Gladbach 1979.

Venohr, Wolfgang: Aufstand für die Tschechoslowakei. Der slowakische Freiheitskampf von 1944, Hamburg 1966.

The Waffen-SS and the Crushing of the Slovak Military Mutiny, in: Siegrunen Nr. 30, S. 23–30.

Zacek, Joseph F.: Czechoslovak Fascisms, in: P.F. Sugar (Hrsg.), Native Fascism in the Successor States 1918–1945, Santa Barbara/Calif. 1971, S. 56–62.

Türkei

Krecker, Lothar: Deutschland und die Türkei im Zweiten Weltkrieg, Frankfurt 1964.

Onder, Zehra: Die türkische Außenpolitik im Zweiten Weltkrieg, München 1977 (Südosteuropäische Arbeiten, 73).

Ungarn

Àdonyi-Naredy, Franz von: Ungarns Armee im Zweiten Weltkrieg. Deutschlands letzter Verbündeter, Neckargemünd 1971.

Barany, George: The Dragon's Teeth: The Roots of Hungarian Fascism, in: P.F. Sugar (Hrsg.): Native Fascism in the Successor States 1918–1945, Santa Barbara/Calif. 1971, S. 73–82.

Bierman, John: Righteous gentile. The story of Raoul Wallenberg, missing hero of the Holocaust, Harmondsworth 1982.

Biss, Andreas: Der Stopp der Endlösung. Kampf gegen Himmler und Eichmann in Budapest, Stuttgart 1966.

Cazenave, Robert: Naissance et développement du fascisme hongrois, in: M. Bardèche u.a., Etudes sur le fascisme, Paris 1974, S. 174–216.

Duprat, François: L'évolution parlementaire du fascisme hongrois, in: M. Bardèche u.a., Etudes sur le fascisme, Paris 1974, S. 68–76.

Erös, J.: Ungheria, in: S.J. Woolf (Hrsg.), Il fascismo in Europa, Roma-Bari 1973, S. 131–167.

Fenyo, Mario D.: Hitler, Horthy and Hungary. German-Hungarian Relations 1941–1944, New Haven-London 1972.

Fiala, Ferenc/Marschalko, Lajos: Vádló Bitófák. A Magyar Nemzet Igazi Sirasoi, o.O., o.J.

Friessner, Hans: Verratene Schlachten. Die Tragödie der deutschen Wehrmacht in Rumänien und Ungarn, Hamburg 1956.

Galantai, Maria: The changing of the Guard. The siege of Budapest 1944–5, London 1961.

Gosztony, Peter: Endkampf an der Donau 1944/45, Wien-München 1978.

Gosztony Peter: Der Krieg in Ungarn 1944/45, in: Österreichische Militärische Zeitschrift 1964, S. 388–398.

Gosztony, Peter: Ungarns militärische Rolle im Zweiten Weltkrieg, in: WWR 5/1977 S. 158–165; 5/1981 S. 152–160; 6/1981 S. 183–189; 5/1982 S. 157–164.

G.-Payer, Andreas von: Audiatur et altera pars. Studie über Aufbau und Entwicklung der ungarischen Waffen-SS, Manuskript, unveröffentlicht.

Hennyey, Gustav: Ungarns Schicksal zwischen Ost und West. Lebenserinnerungen, Mainz 1975 (Studia Hungarica, 10).

Hennyey, Gustav: Ungarns Weg aus dem Zweiten Weltkrieg, in: WWR 12/1962, S. 697–719.

Irving, David: Aufstand in Ungarn. Die Tragödie eines Volkes, Hamburg 1981.

Jester, Werner: Im Todessturm von Budapest 1945, Neckargemünd 1960.

Konkoly, Kalman: Waren Ungarns Pfeilkreuzler Nazis? Antwort auf eine offene Frage, in: Politische Studien, Heft 167 (1966), S. 304–316.

Lacko, Miklos: Arrow-Cross Men, National Socialists 1935–1944, Budapest 1969 (Studia Historica Academiae Scientiarium Hungaricae).

Lehmann, Hans G.: Unternehmen Panzerfaust, in: Ungarn-Jahrbuch, Mainz 1973, S. 215–231.

Levai, Jeno (Hrsg.): Eichmann in Ungarn. Dokumente, Budapest 1961.

Lichtenstein, Heiner: Raoul Wallenberg, Retter von hunderttausend Juden, Köln 1982

Macartney, C.A.: October Fifteenth. A History of modern Hungary 1926–1945, 2 Bände, Edinburgh 1956 + 1957

Macartney, C.A.: Ungarns Weg aus dem Zweiten Weltkrieg, in: VJHZ 14 (1966), S. 79–103.

Marton, Kati: Wallenberg, New York 1982.

Mutti, Claudio (Hrsg.): Kitartas. Le Croci Frecciate e il nazionalsocialismo ungherese, Padova 1974.

Ordensrat des Vitéz-Ordens (Hrsg.): Bilderchronik der kgl. ungarischen Streitkräfte (1919–1945), München 1977.

Ránki, György: The Problem of Fascism in Hungary, in: P.F. Sugar (Hrsg.), Native Fascism in the Successor States 1918–1945, Santa Barbara/Calif. 1971, S. 65–72.

Szalasi, Ferenc: Discorso agli intellettuali, Padova 1977.

Tilkovszky, L.: Die Werbeaktionen der Waffen-SS in Ungarn, in: Acta Historica Academiae Scientiarium Hungaricae 20 (1974), S. 127–181.

Weißenbach, Andreas von: Die ungarischen Verbände der SS im 2. Weltkrieg, in: Der Freiwillige 7/1975, S. 17–19; 8/1975, S. 14–16; 9/1975, S. 21–23; 10/1975, S. 16–18; 11/1975, S. 12–15.

Personenregister